Canadas
Westen
und
Alaska

REISE KNOW-HOW im Internet
Aktuelle Reisetips und Neuigkeiten,
Ergänzungen nach Redaktionsschluß
Büchershop und Sonderangebote
Leserforum rund ums Reisen

http://www.reise-know-how.de

Alles zu unseren Büchern der
Nordamerika- und Mallorca-Serie
erfahren Sie im Internet unter

http://www.reisebuch.com

Dr. Hans-R. Grundmann GmbH
Ganderkesee-Steinkimmen
Mitglied der Verlagsgruppe
REISE KNOW-HOW

CANADAS
GROSSER
WESTEN

Alberta, British Columbia,
Yukon und Northwest Territories,
Saskatchewan, Manitoba,
Trans Canada Highway durch Ontario

und ALASKA

Heike & Bernd Wagner, Hans-R. Grundmann

IMPRESSUM

Heike & Bernd Wagner, Hans-R. Grundmann
CANADAS GROSSER WESTEN & ALASKA
Alberta, British Columbia, Yukon und Northwest Territories,
Prärieprovinzen und Trans Canada Highway durch Ontario

5. überarbeitete Auflage 1998
(1. Auflage 1994)
mit separater **Straßenkarte**
und einem **Campingführer Alberta/British Columbia**
ist erschienen im

REISE KNOW-HOW Verlag, Hohenthann
ISBN 3-89662-157-2

© Dr. Hans-R. Grundmann GmbH
Heinrich-Schwarz-Weg 36
27777 Ganderkesee-Steinkimmen

Gestaltung
Umschlag: Manfred Schömann, Köln, Peter Rump, Bielefeld
Satz & Layout: Uta Wilms, Hans-R. Grundmann
Fotos: siehe Nachweis auf Seite 9
Karten: Elsner & Schichor, Karlsruhe
Illustrationen: Folkmar Immel, Westerstede

Druck
SKN-Druck
Stellmacherstraße 14
26506 Norden/Ostfrsld.

Dieses Buch ist in jeder Buchhandlung
in Deutschland, Österreich und der Schweiz erhältlich.
Die Bezugsadressen für den Buchhandel sind

– Prolit Gmbh, 35463 Fernwald
– AVA Buch 2000, CH-8910 Affoltern
– Mohr Morawa GmbH A-1230 Wien
– Barsortimenter

Wer im lokalen Buchhandel Reise Know-How-Bücher nicht findet,
kann diesen und andere Titel der Reihe auch beim Verlag oder bei der
GERMINAL GMBH, Verlags- und Medienhandlung bestellen:
Postfach 70, D-35463 Fernwald; ✆/Fax: 0641-41700

Alle in diesem Buch enthaltenen Informationen und Daten wurden mit
großer Sorgfalt recherchiert, zusammengestellt und vom Verlag gewissenhaft bearbeitet. Inhaltliche und sachliche Fehler sind dennoch nicht auszuschließen. Alle Angaben erfolgen daher ohne Gewähr für die Richtigkeit
im Sinne einer Produkthaftung; Verlag und Autor übernehmen keine Verantwortung und Haftung für inhaltliche wie sachliche Fehler.

ZUR KONZEPTION DIESES REISEFÜHRERS

Dieses Buch wendet sich in erster Linie an Leser, die den Westen Canadas **auf eigene Faust** entdecken und erleben möchten. Es entstand aus der langjährigen Reisepraxis der Autoren und stellt konkrete Fragen, wie sie sich während der Reisevorbereitung und unterwegs ergeben, konsequent in den Vordergrund.

Das einführenden Kapitel liefert spezifische, vor allem unter touristischem Blickwinkel wichtige **Informationen zu den Reisezielen Canada und Alaska (bzw. USA)**. Es erläutert die Möglichkeiten der Urlaubsgestaltung und hilft unter anderem bei der Vorklärung der Frage nach Reisetermin und -region.

Zu **Flügen** nach und in Canada sowie zur Entscheidung über die **Art des Reisens** (mit Wohnmobil, Pkw und Motel/Zelt, Bus oder Eisenbahn) sind in den Folgekapiteln alle bedeutsamen Details und Aspekte zusammengetragen. Die Abschnitte über **Pkw- und Campermiete** gehen in ihrer Ausführlichkeit weit über das sonst gewohnte Maß hinaus. Alle Vor- und Nachteile der Alternativen werden einschließlich ihrer Kosten beleuchtet. Zahlreiche Tips und Hinweise zur Vermeidung von unnötigen Ausgaben, Zeitverlust und Ärger ergänzen die Ausführungen.

Im **Reiseteil** findet der Leser ein **dichtes Netz von Routen im gesamten Westen und Alaska**, außerdem die Anfahrt von Toronto/Niagara Falls nach Westen auf dem *Trans Canada Highway* und – in den Prärieprovinzen – auf dem *Yellowhead* oder *Northern Holiday Highway*, siehe vordere Umschlagklappe. Im eigentlichen Westen, speziell in **British Columbia**, erlaubt die Fülle der beschriebenen Teilstrecken vielfältige Kombinationen. Zusätzlich zu den im Text verfolgten Strecken ergänzen gebietsübergreifende **Routenvorschläge** die Reisekapitel. Sehenswürdigkeiten und Teilstrecken werden grundsätzlich nicht durch die "rosarote Brille" gesehen, sondern – so nötig – auch kritisch betrachtet.

Alles regional Wissenswerte ist unter den Provinzen und Territorien kurz abgehandelt und ergänzt um informativ-unterhaltsame **Essays** zu vielen kanadischen Themen.

In dieser Auflage finden sich neben vielen aktuellen Ergänzungen zahlreiche nützliche **Internet-Adressen** für weitergehende Detailinformationen und *up-to-date* abrufbare Daten und Preise.

Eine gute Reise wünschen Ihnen

Heike & Bernd Wagner
Hans-R. Grundmann

INHALTSVERZEICHNIS

PLANUNG, VORBEREITUNG UND DURCHFÜHRUNG
einer Reise durch Canadas Westen und Alaska

		Seite
1.	**WAS BIETET CANADAS WESTEN?**	**12**
1.1	Reiseziel Canada	12
1.2	Landesüberblick	14
1.3	Vegetation und Tierwelt	16
1.4	Klima und Reisezeit	20
1.4.1	Temperaturen	20
1.4.2	Niederschläge	23
1.4.3	Optimale Reisezeiten	25
1.5	National- und Provinzparks	28
1.6	Naturerlebnis und Abenteuer	31
2.	**REISEVORBEREITUNG UND -PLANUNG**	**40**
2.1	Formalitäten, Finanzen und Versicherungen	40
2.1.1	Einreise nach Canada	40
2.1.2	Einreise in die USA	41
2.1.3	Zollbestimmungen	44
2.1.4	Reiseversicherungen	45
2.1.5	Bargeld, Reiseschecks und Kreditkarten	48
	– Cash	48
	– Travelers Cheques	49
	– Credit Cards	51
2.2	Die Flugbuchung	56
2.2.1	Der Flug nach Canada	56
2.2.2	Fliegen in Canada und von den USA nach Canada	61
	– Kanadische Airlines	61
	– US-Airlines	64
2.3	Individuell Reisen mit dem Auto	66
2.3.1	Mietwagen	66
	– Pkw-Miete – Vorbuchung	67
	– Pkw-Miete vor Ort	74
	– Die Campermiete	76
	– Campertypen	76
	– Die Wahl des "richtigen" Campmobils	81
	– Miet-Tarife, Gesamtkosten und Konditionen bei Vorbuchung	83

	– Ermittlungsschema	
	"Konditionen und Kosten der Campermiete"	84
	– Campermiete vor Ort	89
	– Übernahme des vorgebuchten Mietfahrzeugs	90
	– Reiseformen im Vergleich	94
2.3.2	Canada im eigenen Auto?	99
2.4	**Canada per Bus oder Bahn**	**104**
2.4.1	Greyhound-Busse	104
2.4.2	VIA-Rail	109
2.5	**Canada alternativ**	**113**
2.5.1	Trampen	113
2.5.2	Auto Drive-Away	116
2.6	**Vorbuchung und Reservierung von Hotels**	**118**
2.7	**Was sonst noch zu bedenken ist**	**120**
2.7.1	Foto und Video	120
2.7.2	Alles weitere	121
3.	**UNTERWEGS IN CANADA**	**124**
3.1	**Autofahren**	**124**
3.1.1	Verkehrsregeln und Polizei	124
3.1.2	Straßen in Canada	126
3.1.3	Orientierung	129
3.1.4	Tankstellen und Wartung	130
3.1.5	Automobilklubs	132
3.2	**Hotels, Motels und andere Unterkünfte**	**133**
3.2.1	Hotels und Motels	133
3.2.2	Bed & Breakfast	140
3.2.3	Nachtquartiere für junge Leute	141
3.3	**Camping in Canada**	**142**
3.3.1	Übersicht	142
3.3.2	Zu den Campingplätzen	143
	– Public Campgrounds	143
	– Privat betriebene Plätze	145
3.3.3	Camping ohne Campground	147
3.4	**Essen und Trinken**	**148**
3.4.1	Selbstverpflegung	148
	– Lebensmittel	148
	– Alkoholika	150
3.4.2	Fast Food Lokale	153
3.4.3	Restaurants und Kneipen	156

3.5	**Alles Weitere von A-Z**	**158**
	– Apotheken 158	– Post 161
	– Ärzte/Zahnärzte 158	– Sommerzeit 162
	– Banken 158	– Telefon 163
	– Botschaften/Konsulate 611	– Temperaturen 165
	– Elektrizität 159	– Uhrzeit 165
	– Feiertage 159	– Umsatzsteuer 165
	– Maße & Gewichte 160	– Zeitzonen 166
	– Notfälle 160	– Zoll 167

REISEROUTEN UND ZIELE IN CANADAS WESTEN UND ALASKA 169

1.	**Zum Aufbau des Reiseteils**	**170**
2.	**Die Kanadischen Cities**	**171**
2.1	**Vancouver**	**171**
2.1.1	Klima und Geschichte	171
2.1.2	Information, Orientierung und Verkehrsmittel	173
2.1.3	Unterkunft und Camping	176
2.1.4	Stadtbesichtigung	178
	– Citybereich	178
	– Südwestliche Vororte	184
	– Sehenswertes östlich der City	187
	– North Vancouver und Umgebung	187
2.2	**Calgary**	**192**
2.2.1	Klima und Geschichte	192
2.2.2	Information, Orientierung und Verkehrsmittel	193
2.2.3	Unterkunft und Camping	194
2.2.4	Calgary Stampede	196
2.2.5	Stadtbesichtigung	198
	– Downtown	198
	– Sehenswürdigkeiten außerhalb des Zentrums	201
2.3	**Edmonton**	**204**
2.3.1	Klima und Geschichte	204
2.3.2	Information, Orientierung und Verkehrsmittel	205
2.3.3	Unterkunft und Camping	207
2.3.4	Klondike Days	208
2.3.5	Stadtbesichtigung	209
2.3.6	Edmontons Umgebung	215
2.4	**Winnipeg**	**218**
2.4.1	Klima und Geschichte	218
2.4.2	Information, Orientierung und Verkehrsmittel	219

2.4.3	Unterkunft und Camping	220
2.4.4	Stadtbesichtigung	222
	– Downtown	222
	– Ziele außerhalb des Zentrums	227
2.5	**Toronto und die Niagarafälle**	**230**
2.5.1	Klima und Geschichte	230
2.5.2	Information, Orientierung und Verkehrsmittel	231
2.5.3	Unterkunft und Camping	232
2.5.4	Stadtbesichtigung Toronto	234
	– Am Lake Ontario	234
	– Ziele in und um Downtown	237
	– Sehenswürdigkeiten außerhalb des Zentrums	241
2.5.5	Niagara Falls und Umgebung	243
3.	**VON TORONTO NACH WESTEN**	**250**
3.1	**Trans Canada Highway**	**250**
3.2	**Ontario**	**251**
3.2.1	Daten, Fakten und Informationen	251
	– Steckbrief Ontario	251
	– Geschichte, Geographie und Klima	252
	– Informationen für Touristen	253
3.2.2	Der Trans Canada Highway durch Ontario	255
	– Von Toronto nach Sault Ste. Marie	255
	– Von Toronto zum TCH über Sudbury	264
	– Der TCH über North Bay nach Nipigon	267
	– Von Sault St. Marie nach Thunder Bay	270
	– Von Thunder Bay zum Lake of the Woods	277
3.3	**Durch die Prärieprovinzen**	**283**
3.3.1	Daten, Fakten und Informationen	283
	– Steckbrief Manitoba	283
	– Geschichte, Geographie und Klima	283
	– Informationen für Touristen	289
3.3.2	Der Trans Canada Highway durch Manitoba	290
3.3.3	Daten, Fakten und Informationen	296
	– Steckbrief Saskatchewan	296
	– Geschichte, Geographie und Klima	296
	– Informationen für Touristen	299
3.3.4	Der TCH durch Saskatchewan und Alberta	300
3.3.5	Der Yellowhead Highway	309
3.3.6	Der Northern Holiday Highway (NHH)	317
	– Der NHH in Manitoba	318
	– Abstecher an die Hudson Bay	320
	– Der NHH bis Alberta	323

4. AUSGEWÄHLTE STRECKEN UND ZIELE IN ALBERTA 328

4.1 Daten, Fakten und Informationen — 328
4.1.1 Steckbrief Alberta — 328
4.1.2 Geschichte, Geografie und Klima — 328
4.1.3 Informationen für Touristen — 331

4.2 Reiserouten durch Alberta — 332
4.2.1 Zur Streckenauswahl — 332
4.2.2 Durch Albertas Badlands — 332
4.2.3 Vom Waterton Lakes National Park auf der Forestry Trunk Road nach Grande Prairie — 341

5. RUNDSTRECKEN DURCH BRITISH COLUMBIA UND ROCKY MOUNTAINS NATIONALPARKS 347

5.1 Daten, Fakten und Informationen — 347
5.1.1 Steckbrief British Columbia — 347
5.1.2 Geschichte — 348
5.1.3 Geografie und Klima — 351
5.1.4 Informationen für Touristen — 353

5.2 Zu den Routen — 354

5.3 Die Nationalparkroute — 355
5.3.1 Von Vancouver nach Jasper — 355
    Exkurs: Von Edmonton nach Jasper — 365
5.3.2 Jasper National Park — 366
5.3.3 Banff National Park — 373
5.3.4 British Columbia National Parks — 384
5.3.5 Von Revelstoke nach Vernon — 391
5.3.6 Durch das Okanagan Valley — 394
5.3.7 Von Osoyoos zurück nach Vancouver — 400

5.4 Erweiterungen und Abstecher von der Nationalparkroute
5.4.1 Von Vancouver über die Nugget Route zum Wells Gray Park — 403
5.4.2 Von 100 Mile House bis Prince George (mit Barkerville und Bowron Lakes) — 406
    Exkurs: Der Chilkotin Highway — 407
    Exkurs: John Hart Highway/Hudson`s Hope Loop — 412
5.4.3 Vom Kootenay National Park über den Crowsnest Highway nach Vancouver — 415
    Exkurs: Das High Country zwischen Kootenay und Arrow Lakes — 422

5.5	**Vancouver Island**	**427**
5.5.1	Die Fährverbindungen	428
5.5.2	Victoria und Umgebung	430
	Exkurs: Der Port Renfrew Loop	437
5.5.3	Von Victoria nach Port Hardy	439
	– Trans Canada Highway – Victoria bis Nanaimo	439
	– Von Nanaimo zum Pacific Rim National Park	442
	Exkurs: Der West Coast Trail	444
	– Von Qualicum Beach nach Port Hardy	447
5.6	**Yellowhead Highway Prince Rupert–Prince George**	**452**
6.	**ALASKA HIGHWAY UND NEBENSTRECKEN**	**461**
6.1	**Zum Reisen im Hohen Norden**	**462**
6.1.1	Die Hauptrouten	462
6.1.2	Der Zeitfaktor	463
6.1.3	Ausrüstung und Vorkehrungen	465
6.1.4	Versorgung unterwegs	467
6.1.5	"Liegenbleiben" im Norden	468
6.2	**Alaska Highway**	**468**
6.2.1	Geschichte und Situation heute	468
	Exkurs: Von Edmonton nach Dawson Creek	471
6.2.2	Von Dawson Creek bis Watson Lake	472
6.2.3	Der Cassiar Highway	476
6.2.4	Daten, Fakten und Informationen	481
	– Steckbrief **Yukon Territory**	481
	– Geschichte, Geographie und Klima	481
	– Informationen für Touristen	486
	– Highways im Yukon Territory im Überblick	487
6.2.5	Von Watson Lake nach Whitehorse	488
	– Abstecher nach Atlin	490
	– Abstecher nach Skagway	491
6.2.5	Whitehorse	497
6.2.5	Von Whitehorse nach Alaska	501
	– Die Haines Road	502
	– Von Haines Junction nach Tetlin Junction	505
6.3	**Klondike Loop und Robert Campbell Highway**	**507**
6.3.1	Von Tetlin Junction nach Dawson City	507
6.3.2	Dawson City	508
6.3.3	Dempster Highway	514
6.3.4	Silver Trail	517
6.3.5	Klondike Highway	518
6.3.6	Campbell Highway	518

7.	**ALASKA**	**522**
7.1	**Daten, Fakten und Informationen**	523
7.1.1	Steckbrief Alaska	523
7.1.2	Geschichte	524
7.1.3	Geographie	525
7.1.4	Klima	528
7.1.5	Informationen für Touristen	528
7.2	**Transport in und nach Alaska**	**532**
7.2.1	Straße und Auto	532
7.2.2	Busverbindungen	533
7.2.3	Eisenbahn	533
7.2.4	Fähren	534
7.2.5	Alaska Pass: Alaska zu Lande und zu Wasser	535
7.2.6	Flugverkehr	536
7.3	**Alaska Rundreise**	**537**
7.3.1	Von Tetlin Junction nach Fairbanks	537
	Exkurs: Zum Denali National Park über Richardson und Denali Highways	539
7.3.2	Fairbanks und Umgebung	540
7.3.3	Von Fairbanks nach Anchorage über den Denali National Park	544
7.3.4	Anchorage	553
7.3.5	Von Anchorage nach Seward/Kenai Peninsula	557
7.3.6	Von Seward nach Valdez/Cordova per Schiff	564
7.3.7	Von Valdez nach Tok	567
7.4	**Alaska Panhandle und Inside Passage**	**569**
7.5	**Fähren in den Norden**	**575**
8.	**DIE NORTHWEST TERRITORIES**	**579**
8.1	**Daten, Fakten und Informationen**	**579**
8.1.1	Steckbrief Northwest Territories	579
8.1.2	Geschichte, Geographie und Klima	580
8.1.3	Informationen für Touristen	581
8.2	**Routen durch die Territories**	**584**
8.2.1	Zur Planung	584
8.2.2	Übersicht über das NWT-Straßennetz	585
8.2.3	Mackenzie Highway	586
8.2.4	Liard Highway	590
8.2.5	Yellowknife Highway	591
9.	**ROUTENVORSCHLÄGE**	**592**

Inhalt 9

ANHANG

A. AKTUELLES CANADA — 604
- Steckbrief — 604
- Bevölkerung — 605
- Sprachen — 606
- Politik — 606
- Wirtschaft — 609

B. ADRESSENANHANG — 610
- Fremdenverkehrsbüros — 610
- Botschaften Canada — 611
- Diplomatische Vertretungen in Canada und den USA — 611

C. VERZEICHNISSE — 613
- Index Sachbegriffe — 613
- Index geographische Begriffe — 615
- Kartenverzeichnis — 628

Fotonachweis:

Alberta Tourism: Seiten 32, 55 unten, 333

BC Tourism: Titelfoto, Umschlag hinten und die hintere Klappe, Farbseite 7 unten. SW-Fotos Seiten 69, 111, 132, 172, 175 oben, 349

Chemainus Tourist Council: Farbseite 4 oben

DOT Juneau: Seiten 17, 55 oben, 496, 503, 524, 531, 553, 559, 568, 578

Edmonton Tourism: 213

Grundmann: Umschlagfotos hintere Klappe oben, vordere Klappe Mitte. Farbseiten 2 und 3 oben, Seite 4 unten. SW-Fotos auf Seiten 11, 12, 31, 33, 34, 53, 65, 82, 99, 102, 117, 119, 132, 137, 145, 146, 153, 154, 162, 175 unten, 191, 250, 263, 298, 301, 316, 352, 359, 367, 382, 383, 396, 398, 400, 402, 405, 410, 419, 421, 435, 436, 439, 443, 445, 446, 512 beide, 527, 556

ISTC: Seiten 225, 342 und 463, 603

Kersten: Seiten 526, 539, 564, 567

Krey: Farbseite 7 oben. SW-Fotos Seiten 63, 123 und 157

Manitoba Travel: Farbseite 6 unten

National Parks Canada: Seiten 282, 380, 387, 415, 509, 561

National Park Service USA: Seiten 529, 548

Yukon Tourism: Farbseite 1, Seiten 39, 168, 499, 500, 504, 510, 515

H&B Wagner: alle übrigen Fotos

Ich war schon in Canada. Meine Erlebnisse dort hat Folkmar Immel aufgezeichnet.

INFORMATIVE UND UNTERHALTSAME ESSAYS

You are in Bear Country	18
Mosquitos – zack, schon wieder eine!	27
Waschsalons	138
Eishockey – Der kanadische Nationalsport	216
Die Legende vom Sleeping Giant	275
Die Hudson`s Bay Company	285
Die legendäre Royal Canadian Mounted Police	304
Deutsche Minderheiten in Canada: Hutterer und Mennoniten	338
Die Canadian Pacific Railroad	350
Superlative	399
Regenwald und Logging	450
Bannock	482
Permafrost	485
Chilkoot Pass Trail	495
Das Nord- oder Polarlicht – Aurora Borealis	513
Caribous	529
Schlittenhunde	550
Die Inuit (Eskimos)	582
Bisons in den North West Territories	588

PLANUNG, VORBEREITUNG UND DURCHFÜHRUNG

einer Reise durch
Canadas Westen und Alaska

1. WAS BIETET CANADAS WESTEN ?

1.1 Reiseziel Canada

Natur-erlebnis und Abenteuer

Canada gilt als Inbegriff unberührter Natur, Einsamkeit und Wildnisabenteuer. Weite Gebiete im Westen und Norden des riesigen Landes und nicht zuletzt in Alaska entsprechen auch tatsächlich diesem Bild: Unendliche Wälder, glasklare Bäche und Seen, reißende Flüsse, schneebedeckte Berge und mächtige Gletscher warten auf den Reisenden. Begegnungen mit Bären und Elchen sind keine Seltenheit, Gewässer voller Forellen und Lachse der Traum eines jeden Anglers. Ob per Wohnmobil, mit dem Zelt, zwischendurch vielleicht auch mal auf Schusters Rappen, auf dem Pferderücken oder im Kanu, in Canada gehören Naturerlebnis und Lagerfeuerromantik zu den selbstverständlichen "Zutaten" jeder Reise, ja machen ihren besonderen Reiz aus. In den Nationalparks der Rocky Mountains, am *Trans Canada Highway* in British Columbia, am Superior Lake in Ontario und auf dem *Alaska Highway* mit seinen Nebenstrecken – um nur die touristisch populärsten Bereiche zu nennen – wird jeder Reisende sein "typisches" Canada finden.

Am Maligne Lake im Jasper National Park

Großstädte

Aber durchaus nicht überall stehen zivilisationsferne Attraktionen im Vordergrund. Canadas moderne Großstädte etwa sind Besuchermagneten. Die Lage **Vancouvers** zwischen Meer und Küstengebirge mit Badestränden in Zentrumsnähe, Resten von Regenwald in seinen Parks und Skipisten unweit der nördlichen Vororte wird von keiner anderen Großstadt Nordamerikas übertroffen. Die Präriezentren **Edmonton**, als Sitz der Provinzregierung und Tor zum Norden, und **Calgary** als

Reiseziel Canada 13

Cities	Ölhauptstadt Albertas und Heimat der *Calgary Stampede*, der größten *Rodeo Show* Amerikas, besitzen beide den Vorzug einer kurzen Autodistanz zu den Rocky Mountains Nationalparks. Das am Lake Ontario gelegene **Toronto** ist Canadas größte City und Wirtschaftskapitale des Landes. Eine wachsende Zahl eindrucksvoller Wolkenkratzer und der 500 m hohe Fernsehturm prägen die *Skyline*. Die weltberühmten Niagarafälle liegen nur 100 Meilen entfernt.
Klimatische "Überraschungen"	Weniger bekannt ist, daß die südlichsten Zipfel Canadas auf derselben Breite wie Nordkalifornien oder Barcelona liegen. Während in der subarktischen Tundra die Vegetation gegen Dauerfrost kämpfen muß, gedeihen im südeuropäisch anmutenden Sommerklima Ontarios Weintrauben und Pfirsiche. Auch im südlichen Alberta und Saskatchewan überwiegen im Juli/August Tagestemperaturen von 25°–30°C.
Landschaftliche Vielfalt	Ausgedörrte **Badlands** erinnern dort an Landschaften im Südwesten der USA. Eine Art kanadisches Oberitalien und warme Badeseen, Weinterrassen, Obst in Hülle und Fülle und sogar Kakteenbestände findet man im **Okanagan Valley** in British Columbia. Nur wenige hundert Kilometer nordwestlich davon und auf **Vancouver Island** entlang einer niederschlagsreichen, eher unwirtlichen, aber dennoch überaus reizvollen Küste stehen die Insel Regenwälder. Im Südosten der Insel ziehen dagegen flache Sandstrände und eine warme Meeresströmung Bade-gäste an. An der weitgehend unerschlossenen **Pazifikküste** passieren die Alaska-Fähren durch die *Inside Passage* rauhe Gebirgszüge und kalbende Gletscherfelder.
"Lebende Museen"	Fast wie ein Teil der Landschaft wirken die originalgetreuen Rekonstruktionen historischer Dörfer und Befestigungsanlagen (*Barkerville* und *Fort Steele* in BC, *Fort Walsh* in den Cypress Hills/Saskatchewan oder *Old Fort William* bei Thunder Bay/ Ontario), die als "lebende" Museen zu den besonderen Sehenswürdigkeiten Canadas zählen. Ein Höhepunkt jeder Fahrt in den Norden ist das heute zum historischen Nationalpark erklärte **Dawson City**, Kapitale des Klondike Goldrausches vor der Jahrhundertwende.
Pioniergeist	Wer auf eigene Faust durch Canada reist und sich vielleicht vom **Frontier Spirit**, dem alten Pioniergeist, anstecken läßt, wird noch manches Unerwartete mehr entdecken.
Sprache und Reisekosten	Dazu benötigt man weder perfekte Englischkenntnisse noch eine besonders dicke Brieftasche. Denn sprachlich kommt man leichter "durch" als beim Nachbarn USA; und wegen des seit 1994 sehr günstigen Wechselkurses für den kanadischen Dollar liegt das früher – aus unserer Sicht – hohe Preisniveau heute für viele Produkte und (touristische) Dienstleistungen unter dem deutschen. Reisen in Canada sind daher erschwinglicher als noch vor kurzem und auch bei knappem Budget realisierbar.

1.2 LANDESÜBERBLICK

Fläche und Bevölkerung

Canada umfaßt eine Fläche von fast **10 Millionen km²** und ist damit nach Rußland und (knapp) vor China das zweitgrößte Land der Erde, besitzt aber nur ganze **29 Millionen Einwohner** (zum Vergleich: in Deutschland lebt auf 357.000 km² eine rund dreifache Bevölkerung). Es erstreckt sich in Ost-West-Richtung von St. John`s auf Neufundland bis zur Queen Charlotte Insel vor der Pazifikküste über eine Luftlinie von rund 5.300 km. Die maximale Nord-Süd-Distanz vom *Point Pelee* im Lake Erie bis zum *Cape Columbia* auf Ellesmere Island (nur 750 km vom Nordpol entfernt) beträgt ca. 4.600 km. Die Grenze mit den USA ist im Westen mit dem Verlauf des 49. (Karlsruhe) und im Osten zu einem Teil mit dem des 45. Breitengrades (Turin) identisch. Die Bevölkerung lebt zu über 90% auf nur einem Fünftel des Gesamtterritoriums, innerhalb eines etwa 500 km breiten Gürtels entlang der Grenze in einer Mitteleuropa entsprechenden geographischen Zone.

Kanadischer "Schild"

Mit Abstand am dichtesten besiedelt sind die nördlichen Uferregionen des St. Lorenz Stroms und das Gebiet zwischen Huron, Erie und Ontario See. Dort schlägt das "Herz" Canadas. Inmitten dieser fruchtbaren landwirtschaftlich intensiv genutzten Ebenen liegen die wichtigsten Industriezentren. Nördlich der Großen Seen erstreckt sich in einem weiten Bogen unterhalb der Hudson Bay der sogenannte *Kanadische Schild*, eine felsige, in der Eiszeit geformte **Hügellandschaft**, die sich über den Norden Manitobas, Saskatchewans und Albertas bis in die Northwest Territories hinein fortsetzt. **Zahllose Seen** füllen Senken und Vertiefungen. Das größte Gewässer, der **Lake Winnipeg**, gleicht mit einer Fläche von 24.300 km² (Bodensee: 540 km²) einem Binnenmeer. Der **Canadian Shield** ist dicht bewaldet, eignet sich aber nur begrenzt für Agrarwirtschaft und Viehzucht und blieb daher weitgehend unbesiedelt. Erst in den 70er-Jahren wurden die riesigen, oft durch Flüsse und Wildwasser miteinander verbundenen Seenplatten als touristisch "verwertbare" Freizeit- und Abenteuerreviere erkannt.

Prärien

Die flachen bis leicht hügeligen, scheinbar endlosen **Getreidefelder** im Süden Manitobas, Saskatchewans und Albertas sind eine Fortsetzung der US-amerikanischen **Great Plains**. Die ins Land strömenden Siedler haben in weniger als einem Jahrhundert daraus die Kornkammer Canadas gemacht. Daher müßten die drei "Prärieprovinzen" eigentlich "Weizenprovinzen" heißen. Von den **Grasslands**, Weideflächen einst riesiger Büffelherden, blieben nur kleine Areale erhalten.

Die nördlichen Grenzen der Provinzen British Columbia, Alberta, Saskatchewan und Manitoba verlaufen entlang des 60. Breitengrades, auf dem auch Oslo liegt. Die durch die

Landesüberblick

Der "hohe" Norden

Mackenzie Mountains getrennten Northwest und Yukon Territories stehen in Canadas Westen für den "hohen" Norden. Nadelwälder und unzählige Seen und Flüsse kennzeichnen vor allem die **Northwest Territories**. Dort findet man die beiden größten kanadischen Seen, den **Great Slave Lake** und den **Great Bear Lake** (28.400 km² bzw. 31.100 km²). Der mächtige *Mackenzie River* fließt vom Großen Sklavensee nach Norden ins Eismeer. In weiten Teilen der Territorien herrscht **Permafrost** (⇨ Seite 485), der im Bereich des Polarkreises und weiter nördlich nur noch Tundravegetation in Form von Moos- und Heidebewuchs zuläßt.

Rocky Mountains in Canada

Das **Landschaftsbild** im kanadischen Westen wird geprägt durch mächtige, parallel von Nordwesten nach Südosten verlaufende **Gebirgszüge**. Sie gehören zu den **Kordilleren,** die von den Anden Südamerikas bis nach Alaska reichen. In der Prärie kann man schon aus großer Entfernung die schneebedeckten Gipfel der **Rocky Mountains** erkennen, deren Vorgebirge nach Süden hin immer flacher wird. Im *Waterton Lakes National Park* erfolgt der Übergang zwischen *Great Plains* und Hochgebirge dann vollkommen abrupt. Die *Rockies* im Grenzbereich zwischen den Provinzen Alberta und British Columbia sind erklärte Lieblingsziele europäischer Touristen, denn in ihnen befinden sich mit *Banff* und *Jasper* zwei der populärsten Nationalparks Nordamerikas. Sie setzen sich weiter nördlich als *Cassiar* und *Pelly Mountains* fort. Auch die bereits erwähnten *Mackenzie Mountains* gehören noch zum Massiv der Rocky Mountains.

Küsten-Gebirge

An der Westküste bilden die **Coast Mountains** in Fortsetzung der US-amerikanischen **Kaskaden** die zweite wichtige Bergkette der kanadischen Kordilleren. Ihre steilen Hänge über dem Pazifik lösen sich in zahlreiche fjordartige Buchten und gebirgige Inseln auf. In der südwestlichsten Ecke des Yukon Territoriums (*St. Elias Range/Kluane National Park*) steht der *Mount Logan*, mit 5.959 m höchster Berg Canadas. Dort befindet sich mit dem *Malaspina Glacier* der größte Gletscher der Welt außerhalb der Polarzonen.

Gebirge in British Columbia

Im südöstlichen und nordwestlichen British Columbia sind beide Hauptformationen durch weitere parallel und quer verlaufende Gebirgszüge untereinander verbunden. Sie umrahmen das im zentralen Bereich der Provinz gelegene *Fraser Plateau*, eine bewaldete Hügel- und Seenlandschaft mit einer Basishöhe um 600 m.

Inseln

Der Westküste vorgelagert sind zahlreiche Inseln, davon als bedeutendste **Vancouver Island**, die mit einer Fläche von **31.200 km²** die Ausmaße eines kleineren europäischen Landes besitzt und mit ihren unterschiedlichen Landschaftsformen und Klimazonen ein Reiseziel für sich darstellt.

1.3 VEGETATION UND TIERWELT

Indian Summer/ Wälder

Vor allem die Laubwälder Ontarios liefern im Herbst ein außerordentliches Farbenspiel. Die leuchtenden Rottöne der **Ahornbäume**, die im Frühjahr den beim kanadischen Frühstück unverzichtbaren *Maple Syrup* liefern, und das strahlende Gelb der Eichen, Birken und Espen finden in Europa kaum ihresgleichen. Die intensive Blätterfärbung entsteht durch den früh im Jahr einsetzenden Nachtfrost.

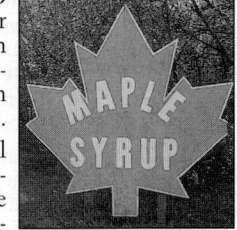

Nach **Norden** hin nimmt der Anteil der Nadelbäume zu, bis in subarktischen Gefilden schließlich der boreale **Nadelwald** dominiert. Die unendlichen Wälder bieten **Hirschen, Elchen, Schwarzbären, Bibern, Waschbären, Füchsen, Bisamratten** und vielen Kleintierarten einen verhältnismäßig ungestörten Lebensraum.

Tundra

Jenseits der Baumgrenze breitet sich bis ans Eismeer die Welt der **Tundra** aus. In dem rauhen Klima vermag nur eine Vegetation zu überdauern, die den langen, dunklen Wintern mit ihren eisigen Schneestürmen trotzen kann und sich mit einer ausgesprochen kurzen Wachstumsperiode zufriedengibt. Die extrem an die Witterung angepaßten, meist kleinen und gedrungenen Pflanzen wachsen in Spalten und Senken oder hinter Felsen und Hügeln, die Schutz vor den Unbilden der Witterung gewähren. Da **im Norden** in der Regel **nur wenig Niederschläge** fallen, haben die Pflanzen wirkungsvolle Mechanismen der Wasserspeicherung entwickelt. Trotz der ungünstigen Bedingungen konnte sich daher eine bemerkenswert vielfältige Vegetation durchsetzen.

Fauna im Norden

Die Fauna ist in dieser unwirtlichen Gegend nicht übermäßig artenreich, die Tundra in erster Linie das Land der *Caribous* (⇨ Seite 529). Die kalten Gewässer des Eismeers und der Hudson Bay sind Lebensraum für **Großwale, Belugas, Walrösser, Seehunde, Eisbären**, zahlreiche Fischarten sowie Kleinstlebewesen. Das sensible Biosystem reagiert auf Störungen sehr empfindlich. Schon im 18. Jahrhundert verschwanden aus unbekannten Gründen viele Walarten aus diesen Gewässern, was die *Inuit* zwang, zur **Robbenjagd** überzugehen.

Prärieprovinzen

Wie oben angedeutet, mußten die einstigen **Kurzgrasprärien** der Provinzen Manitoba, Saskatchewan und Alberta weitgehend dem **Weizenanbau** weichen. Dies führte zu Flächen riesigen Ausmaßes, heute zum Teil **Brachland**, fast ohne natürliche Vegetation. Als Folge kam es zu starker Winderosion. Eisige Winterstürme und heiße, trockene Sommer machen es der Pflanzenwelt zusätzlich schwer, wieder Fuß zu fassen.

Flora und Fauna 17

Der dort arg dezimierte **Tierbestand** findet in vereinzelten kleinen Waldinseln und Prärieresten einen kaum noch nennenswerten Lebensraum.

Bisons Auf die aus freier Wildbahn praktisch verschwundenen **Büffel** (*Bisons*) trifft man nur noch bei privaten Züchtern und in geschützen Bisongehegen wie z.B. in den *Riding Mountain, Elk Island* und *Wood Buffalo National Parks*. Immerhin ist

Biber es gelungen, den **Biber,** Wappentier Canadas, vor der Ausrottung zu bewahren. Es gibt ihn wieder in großer Zahl in den Wald- und Seengebieten nördlich der Landwirtschaftszone.

Bären Die dicht bewaldeten, einsamen Regionen der Rocky Mountains und die Küstengebirge sind *Bear Country*. Das Reich der *Grizzlies* liegt in den schwer zugänglichen Hochregionen, die **Schwarzbären** haben ihr Revier in tiefergelegenen Gebieten. Beide Bärenarten kommen sich aufgrund dieser unterschiedlichen Lebensgewohnheiten selten in die Quere. Typisch für die Bergwelt sind außerdem **Dickhornschafe, Bergziegen** und **Adler.** Aus den stärker besiedelten Gebieten des *Fraser Plateau* – wiewohl ebenfalls überwiegend Waldland – haben sich die Bären lange zurückgezogen. Dort sieht man neben dem Hochwild gelegentlich noch **Elche.** Ansonsten leben in den Wäldern kleine **Pelztiere** wie Marder, Füchse und Dachse; an Seen und Bächen auch dort zahlreiche Biber. Die Gewässer sind reich an **Forellen** und **Lachsen.**

Bären in Alaska auf der Suche nach den besten Stellen fürs Lachsefischen

Regenwald Bereits erwähnt wurden die imposanten Regen(ur)wälder entlang der **Pazifikküste** und auf **Vancouver Island.** Obwohl ihnen die Ausbeutung durch die Holzwirtschaft zusetzt, existieren immer noch große Bestände gewaltiger, moosüberzogener Douglasfichten.

Subtropische Vegetation Bis in den Süden British Columbias reicht ein Ausläufer der *Great American Desert*. Im *Okanagan Valley* bis nach Kamloops und westlich davon sorgen Trockenheit und hohe Sonneneinstrahlung für nahezu subtropische Wachstumsbedingungen. Neben anderen typischen Gewächsen arider Zonen gedeihen in Grenznähe sogar **Kakteen** und **Palmen.**

YOU ARE IN BEAR COUNTRY!

In Canada sind drei Bärenarten heimisch. Schwarzbären (*Black Bears*) sind – mit Ausnahme des südlichen Teils der Prärieprovinzen sowie der baumlosen arktischen Tundra – in ganz Canada verbreitet. Zu den Braunbären gehören als Unterarten Grizzly- und Kodiakbären. *Grizzlies* sind in den einsamen Gebirgsregionen West-Canadas und Alaskas anzutreffen. Der Lebensraum der *Kodiak Bears* beschränkt sich auf die Inseln gleichen Namens und die Westküste Alaskas. Die Eisbären (*Polar Bears*), die dritte bedeutende Bärenart Nordamerikas, leben ausschließlich in arktischen Gefilden.

Die Schwarzbären sind kleiner, schlanker und anpassungsfähiger als die scheueren *Grizzlies* und die Kodiakbären, die als größte Vertreter der Braunbären bis zu 800 kg schwer werden und aufgerichtet eine Länge von bis zu 3 m erreichen. Die Färbung des Pelzes reicht bei den Braunbären von blond über zimtfarben bis zum dunklen Braun, wobei die Grizzlies dem längeren, angegrauten (*grizzled*) Deckhaar ihren Namen verdanken. Am leichtesten zu identifizieren sind sie durch den ausgeprägten Schulterbuckel (*Hump*). Ihr Gesicht ist zwischen Nase und Ohren deutlich gewölbt, während das Profil der *Black Bears* eine nahezu gerade Linie bildet. Die wesentlich längeren Klauen der *Grizzlies* hinterlassen außerdem unverwechselbare Fußspuren.

Natürliche Feinde besitzen Bären nicht; Gefahr droht ihnen hauptsächlich durch den Menschen. Die fälschlicherweise oft als Raubtiere angesehenen Allesfresser bevorzugen pflanzliche Nahrung wie Beeren und Gras. Ihre Fleischkost besteht zu einem großen Teil aus Aas und Kleingetier; für die flinken *Grizzlies* stellen Lachse und Forellen eine willkommene Bereicherung ihres Speiseplans dar. Das Vorrücken der menschlichen Zivilisation hat sich allerdings auch auf das Ernährungsverhalten der Bären ausgewirkt. Sie werden zunehmend von leicht erreichbaren Essensresten auf städtischen Müllplätzen angelockt, und selbst Abfalltonnen vor Wohnhäusern sind mittlerweile vor ihnen nicht mehr sicher. Durch häufige Besuche dieser Futterstellen – wobei sie zuweilen ihr Einzelgängerdasein aufgeben und in größerer Zahl auftreten – verlieren sie schnell die natürliche Scheu vor Menschen und reagieren aggressiv auf Abwehrversuche. Besonders aufdringliche Exemplare werden betäubt, markiert und in die Einsamkeit zurückgeflogen.

Früher wurden in manchen Nationalparks Bären durch regelmäßige Fütterungen an Menschen gewöhnt und zur Parkattraktion. Um Nahrung bettelnde Tiere begannen, eine Gefahr zu werden. Um die "kulinarischen" Verlockungen für die Tiere zu minimieren, stehen heute auf "bärennahen" Campingplätzen verriegelte Abfallcontainer. Allerdings bekunden Bären, die über einen sehr guten Geruchssinn verfügen, nicht nur für Nahrungsmittel ein ausgeprägtes Interesse.

Im Zelt befindliche Kosmetika und Zahnpasta oder angebrannte Marshmellows in der Asche des Lagerfeuers sind gleichfalls Objekte ihrer Begierden! Wildniscamper hängen ihre Lebensmittel über Nacht für Bären unerreichbar an ein Seil zwischen zwei Bäumen. Beim Kochen halten sie Abstand zum Zelt und achten darauf, daß der Wind die Essensdüfte nicht in Richtung Schlafplatz weht.

Wildniswanderungen führen oft durch Bärengebiet. Ein bimmelndes Glöckchen oder eine mit Kieselsteinen gefüllte Coladose am Rucksack, eine Trillerpfeife oder laute Rufe und Singen halten die Tiere in der Regel auf Abstand. Dabei muß der Geräuschpegel natürlich Wind und rauschendes Wasser übertönen. Tatsächlich bietet das einen recht zuverlässigen Schutz, auch wenn der Lärm mitunter lästig wird.

Begegnet man trotz aller Vorsichtsmaßnahmen einem Bären, hilft nur besonnenes Verhalten. Panisches Wegrennen lädt Meister Petz zur Verfolgung ein. Die tapsig wirkenden Bären erreichen Sprintgeschwindigkeiten bis zu 50 km/h. Zufluchtsuche auf dem nächsten Baum empfiehlt sich nur bei *Grizzlies* im Erwachsenenalter, die nicht mehr klettern. Ihre jüngeren Artgenossen und insbesondere *Black Bears* erklimmen Bäume zur Futtersuche und zum eigenen Schutz gern und erstaunlich elegant.

Die *Ranger* der Nationalparks raten, Bären bei einem plötzlichen Zusammentreffen fest ins Auge zu sehen – das ist natürlich leicht gesagt – und dabei geräuschvoll und langsam den Rückzug anzutreten. Sollte der Bär dennoch näherkommen, kann man ihm zur Ablenkung den Rucksack als "Köder" zuwerfen. In den meisten Fällen wird er sich darüber hermachen und dem Wanderer Zeit geben, das Weite zu suchen. Als neue Wunderwaffe und letzte Notbremse gilt ein **Anti-Bear Spray**, dessen Geruch Bären angeblich nicht ertragen können. Bei kranken, verletzten oder hungrigen Tieren, deren Verhalten nicht berechenbar ist, sind – wenn man Pech hat – alle genannten Strategien wirkungslos. Gleiches gilt für Bärinnen mit Jungen, wenn man zwischen Mutter und Nachwuchs gerät.

1.4 KLIMA UND REISEZEIT

Kennzeichnung

Westwinde am Pazifik, stabile Hochs im Zentrum und Tiefdruckgebiete am Atlantik charakterisieren im großen Maßstab das kanadische Klima. Die regionalen Unterschiede sind, wie bei einem so riesigen Land nicht anders zu erwarten, extrem. Im Süden der Prärieprovinzen etwa überschreiten die Temperaturen im Juli/August fast täglich 30°C, während in Inuvik in den Northwest Territories die Sommerwärme gerade ausreicht, den gefrorenen Boden einen Meter tief aufzutauen.

1.4.1 Temperaturen

Pazifikregion

Das Klima in der Pazifikregion wird von relativ milden Luftmassen geprägt. An der Küste sorgt die **Nordamerikaströmung** nicht nur im Süden von Britisch Columbia, sondern auch im *Panhandle* Alaskas für **moderate Wintertemperaturen** oberhalb der Frostgrenze. So hat Anchorage ungeachtet seiner nördlichen Position ähnliche Wintertemperaturen wie Ottawa. Das angenehmste Klima besitzt Victoria auf Vancouver Island: es erfreut sich milder Winter und durchweg warmer und sonniger Sommer mit zahlreichen Tagen im Juli und August, an denen 25°C und mehr gemessen wird.

Britisch-Columbia

Während Wolkenfelder an den windzugewandten Seiten der Gebirge auch im Sommer häufig **kühle Witterung** und Regen mit sich bringen, ist es in geschützten, windabgewandten Regionen wie dem *Okanagan* oder dem unteren *Fraser Valley* von Mai bis September **sehr warm**, im Sommer mit Temperaturen von oft über 30°C sogar **heiß**. Im Mai/Juni muß man im Küstenbereich und in Höhenlagen mit Temperaturen von im allgemeinen unter 20°C rechnen. Im Sommer ist es auch an der Küste und in den Bergen warm, vorausgesetzt, die Sonne scheint. Im Herbst wird es bei tagsüber oft angenehmen Temperaturen nach Sonnenuntergang rasch kühl.

Prärieprovinzen

Östlich der Rocky Mountains, der Klimascheide des westlichen Canada, prägen kalte Winter und warme Sommer mit Temperaturen über 30°C das Bild. Verantwortlich für das Wettergeschehen im Zentrum des Landes ist das **"Kanadische Hoch"**, das kontinental-arktischen Luftmassen aus dem Norden den ungehinderten Zugang nach Süden in die Prärieprovinzen verschafft. Da es keine von Ost nach West verlaufenden Gebirgszüge gibt, die sie aufhalten, bestimmt das *Canadian High* bis tief in die USA hinein die **trockene Witterung**. Die Folge davon sind um ca. 20°C tiefere Wintertemperaturen als in Europa auf demselben Breitengrad.

Im Sommer verzeichnen die Prärieprovinzen oft wochenlang **stabile Hochdruckwetterlagen**, die bisweilen von kräftigen

Temperaturen

Gewittern unterbrochen werden. Verantwortlich dafür ist ebenfalls das *Canadian High*. Es bewirkt selbst im Norden der Provinzen im Juli/August Tagestemperaturen von deutlich über 20°C und läßt das Thermometer nahe der Grenze zu den USA auf Höhen ansteigen, die in Canada sonst nur das *Okanagan Valley* registriert.

Hoher Norden

Die **sommerlichen Temperaturen** im hohen Norden sind wegen der langen Dauer des Sonnenscheins (nördlich des Polarkreises zum Sommeranfang fast "rund um die Uhr") erstaunlich hoch. Bei klarem Wetter erreichen sie im Juli/August meist über 20°C, bisweilen auch 30°C und mehr.

Allerdings gilt dies nicht für den Einflußbereich der **Hudson Bay**. Neun Monate des Jahres schiebt sich vom **Eispanzer** der Bucht ein **Kältekeil** über das kanadische Festland, der auch im Sommer seine Wirkung nicht ganz verliert. Da die kalte Luft wenig Feuchtigkeit aufnimmt, fallen im Norden erheblich geringere Regen- und Schneemengen als in allen anderen Regionen Canadas.

Ontario

Im zentralen Ontario und weiter östlich besitzt das *Canadian High* nur begrenzten Einfluß. **Feuchtwarme tropische Luft** aus der Karibik und dem Golf von Mexiko dringt von Mai bis Oktober oft bis ins südliche Canada vor. **Schwülwarmes Wetter** ist die Folge. Die durchschnittlichen Höchsttemperaturen von bis zu 27°C im Juli/August etwa in Südontario liegen weit über den Mittelwerten in Deutschland. Die Winter sind dort andererseits kalt und schneereich.

Die folgende Übersicht zeigt durchschnittliche Temperaturen an ausgewählten Orten während der Hauptreisemonate:

Herrliches Badewetter; hier am Strand des Seton Lake bei Lillooet im südwestichen British Columbia (Seite 405)

DURCHSCHNITTLICHE TAGESHÖCHST-/TIEFSTTEMPERATUREN

Angaben in °C	Juni	Juli	August	September
Alaska				
Anchorage	17/6	18/10	17/9	13/4
Fairbanks	22/8	22/9	18/6	12/1
Juneau	16/7	17/9	17/8	13/6
Alberta				
Banff	18/5	23/7	22/6	16/4
Calgary	20/7	24/10	23/8	18/4
Edmonton	21/8	22/10	22/8	17/4
Jasper	20/5	23/7	22/6	17/3
Lethbridge	22/9	26/11	25/10	20/6
British Columbia				
Fort St. John	20/8	22/11	20/10	16/5
Kamloops	26/11	29/13	28/12	22/8
Penticton	25/10	29/12	27/12	22/8
Prince George	20/6	22/8	21/7	17/3
Prince Rupert	15/8	17/10	17/10	15/8
Vancouver	20/11	23/13	23/13	19/10
Victoria	18/10	21/11	20/11	18/1
Manitoba				
Churchill	11/2	17/7	15/7	8/2
The Pas	21/8	25/12	23/10	16/4
Winnipeg	23/11	27/14	26/12	19/7
Northwest Territories				
Inuvik	16/4	19/8	16/5	7/-1
Yellowknife	17/7	21/11	18/10	11/4
Ontario				
Niagara Falls	25/14	27/17	26/16	22/13
Sault Ste. Marie	21/8	24/11	23/11	18/8
Sudbury	23/12	25/14	24/13	19/9
Thunder Bay	20/8	24/11	22/11	17/6
Toronto	24/13	27/16	26/16	22/12
Saskatchewan				
Prince Albert	22/8	25/12	24/10	17/4
Regina	23/8	27/11	26/10	20/4
Saskatoon	22/9	25/12	24/10	18/5
Yukon Territory				
Watson Lake	17/3	21/8	20/6	13/2
Whitehorse	20/6	20/7	18/6	13/3

1.4.2 Niederschläge

Pazifikregion

Mit **Regen** rechnen müssen Canada-Reisende vor allem im Einzugsbereich des Pazifik, in erster Linie aber auf Vancouver Island. ***Estevan Point*** an der Westküste der Insel bringt es auf den Rekordwert von 3 m Niederschlag pro Jahr. Im Windschatten der insularen Gebirgszüge erhält Vancouver nur noch ein Drittel dieser Regenmenge, wobei ein Großteil davon auf die Wintermonate entfällt. Im Sommer regnet es in Vancouver vergleichsweise wenig. Etwa 100 km östlich der Stadt gibt es in Hope und Umgebung an den windzugewandten Westhängen der ***Cascade Mountains*** aber wieder erhöhte Niederschlagswerte. Im dahinter gelegenen ***Okanagan Valley*** fällt kaum noch Regen.

Zentrales BC

Rocky Montains

An den diversen Gebirgszügen der Rocky Mountains regnen sich die feuchten Westwinde endgültig ab. In den **Prärieprovinzen** bleibt es daher relativ trocken. Die durchschnittlichen **Jahresniederschläge** liegen dort bei ganzen **40 cm**. Im Sommer prallen Ausläufer feuchtwarmer maritimer Strömungen aus dem Süden auf die trockenen kontinental-arktischen Luftmassen. Dann bilden sich **Sturmwetterlagen** mit kräftigen Gewittern, die aber mit den vorherrschenden Westwinden meist rasch nach Osten abziehen.

Prärien

Ontario

Weiter östlich spielen diese Faktoren eine stärker werdende Rolle, so daß etwa das östliche **Manitoba** mehr sommerliche Regentage zählt als **Saskatchewan** und **Alberta.** Ontario kommt – im wesentlichen bedingt durch die meist starken Schneefälle – oberhalb der Großen Seen und im Osten auf höhere jährliche Niederschläge als die Westprovinzen abseits der Gebirgsregionen. **Toronto** zum Beispiel hat weit größere Schneemassen zu verkraften als Ontarios kalter Norden. Im Sommer dürfen Reisende dort mit gutem Wetter rechnen, wenn auch Regenfronten die Großen Seen deutlich öfter heimsuchen als die Prärie.

Die Zahlen auf der folgenden Seite verdeutlichen noch einmal anschaulich die erläuterten Zusammenhänge. Alle Orte liegen hintereinander in West-Ost-Richtung auf ungefähr derselben Breite unweit der US-Grenze:

Jährliche Niederschlagsmenge

3.000 mm	Estevan Point/Vancouver Island
1.070 mm	Vancouver
1.600 mm	Hope/BC
300 mm	Penticton/BC
350 mm	Medicine Hat/Alberta
400 mm	Regina/Saskatchewan
540 mm	Winnipeg/Manitoba
740 mm	Thunder Bay/Ontario
790 mm	Toronto

Die Tabelle zeigt die Verteilung der Regenmenge in ausgewählten Orten der Westprovinzen auf die Hauptreisemonate:

	\multicolumn{5}{c}{NIEDERSCHLÄGE IN MILLIMETERN}
	Juni	Juli	August	Sept.	Jahr
Alberta					
Calgary	88	58	60	37	437
Edmonton	75	83	72	36	450
Medicine Hat	64	39	39	33	350
British Columbia					
Penticton	36	25	22	18	300
Prince George	58	58	73	56	620
Prince Rupert	107	122	147	243	2.415
Vancouver	45	30	37	61	1.070
Manitoba					
Churchill	40	49	58	52	400
Winnipeg	80	80	74	53	540
Ontario					
Toronto	63	81	67	61	790
Northwest Territories					
Inuvik	18	35	36	20	236
Yellowknife	17	33	36	28	250
Saskatchewan					
Regina	83	58	50	36	400
Yukon Territory					
Whitehorse	29	33	37	29	263
Alaska					
Anchorage	28	51	54	64	387
Fairbanks	34	46	49	28	265
Juneau	77	105	128	163	2.337

1.4.3 Optimale Reisezeiten

Saisonabgrenzungen

Ob man in der **Hauptsaison** (*tourist season*) oder in der Vor- bzw. **Nebensaison** (*off-season*) nach Canada fliegen sollte, hängt nicht nur von terminlichen Vorgaben und Geldbeutel, sondern auch von den Aktivitäten ab, die man während der Reise plant. Grundsätzlich eignen sich die Monate Juni bis September am besten für einen Urlaub im Westen des Landes, bei dem das **Naturerlebnis Canada** im Vordergrund steht. Bis in den Mai hinein und ab Oktober muß man – je nach Region – mit witterungsmäßigen Unbilden und begrenzten touristischen Möglichkeiten rechnen. Regenperioden und sehr kühle Tage, in den Höhenlagen Schnee und Kälte, sind dann wahrscheinlicher. Noch oder schon **geschlossene touristische Einrichtungen** (z.B. Seilbahnen, Berghütten, Schwimmbäder, Campingplätze, sogar Motels) und stark eingeschränkte bzw. eingestellte Angebote (Boots-, Fahrrad- und Pferdeverleih, Veranstaltungen in Nationalparks, Wildwasserfahrten) beeinträchtigen dann die Urlaubsfreude. Gleichzeitig bricht die Dunkelheit früher ein. Einige Straßen schneien bei **Schlechtwettereinbrüchen** selbst im Juni schon mal wieder zu, etwa der *Icefields Parkway* im *Jasper National Park*. **Schnee** bleibt oft in den Frühsommer hinein liegen. Im Winter entstandene Straßenschäden sind daher oft im Mai, gelegentlich auch erheblich später noch nicht beseitigt. *Gravel* und insbesondere *Dirt Roads* (zu den Straßenkategorien ⇨ Seite 126) können bis zum Frühsommer nicht befahrbar sein.

Hauptsaison

Die **Touristensaison** beginnt nach offiziellem Verständnis Mitte Juni und dauert bis zum ersten Montag im September (*Labour Day*). In diese Zeit fallen auch die kanadischen und US-amerikanischen Schulferien. Sieht man ab von den absoluten Brennpunkten des Tourismus wie den bekanntesten Nationalparks, bestimmten Provinzparks und etwa den Niagarafällen, kann aber von einer echten **Hauptsaison** im Sinne voll ausgelasteter touristischer Kapazitäten nur an Wochenenden (in Canada lediglich Samstagmittag bis Sonntagabend) und in der Urlaubskernzeit von **Anfang Juli bis Mitte August** die Rede sein. Außerhalb dieser sechs Wochen, den Wochenenden und generell abseits der touristischen Hauptpfade wird man im Westen Canadas selten einen – nach unseren Begriffen – großen Andrang erleben.

Vor- und Nachsaison

Bei zeitlicher Flexibilität und Reisen in die Rocky Mountains und nach Vancouver Island, aber auch bei Reiseplänen, die Fahrten mit den Alaskafähren einschließen, sollte man einen **Start ab Mitte August bevorzugen**. Auch in den ersten Septemberwochen wird das Wetter tagsüber im allgemeinen noch recht angenehm sein, während die Nächte schon spürbar kühler sind als im Sommer.

Eine **Campingreise per Zelt** im Juni oder September ist daher – speziell in Höhenlagen – nur etwas abgehärteteren Naturen zu empfehlen. Der **Spätsommer/ Frühherbst** besitzt jedoch generell den Vorzug geringer frequentierter Ziele. Auf den dann ruhigen Campingplätzen trifft man überwiegend europäische Urlauber oder amerikanische Rentnerehepaare mit ihren Wohnmobilen. Gelegentlich findet sich ein ganzes Seeufer ohne Nachbarcamper.

Sonderfall Dalton und Dempster Highways

Reisen in den hohen Norden sollte man besser **nicht vor Mitte Juni** antreten. Denn die Pässe können noch verschneit sein. Obwohl im Hochsommer Gutwetterperioden keine Ausnahme sind (siehe oben), kann das **Wetter recht wechselhaft** ausfallen. Schon Ende August wird es nachts in aller Regel empfindlich kühl. Spätestens Mitte September sinken auch die Tagestemperaturen auf ein ungemütliches Niveau, und der erste **Schnee** läßt oft nicht mehr lange auf sich warten.

Mückenplage

Nebenbei sei angemerkt, daß rechtzeitig zur Touristensaison ab Juni fast überall eine mehr oder minder lästige Mückenplage auftritt. Sie nimmt erst im Laufe des August langsam ab. Spätestens im September setzen ihr Nachtfröste ein Ende.

Saisonale Charakteristika

Als zusätzliche Hilfestellung zur Entscheidung für die persönlich optimale Reisezeit sind im folgenden bereits genannte und zusätzliche bedeutsame Charakteristika der Reisebedingungen für Früh-, Hoch und Spätsommer zusammengefaßt:

Frühsommer
(Anfang Juni bis Mitte Juli)

- Die Tage sind besonders lang
- Lange Dämmerlichtzeiten bieten gute Möglichkeiten zur Tierbeobachtung
- Wanderwege verlaufen durch schöne *Bogs* (Sümpfe) mit reicher Vegetation
- Blütezeit der alpinen Blumen
- Flüsse und Fälle führen viel Wasser
- Bergspitzen sind noch fotogen verschneit, aber ebenso die Wanderwege in größeren Höhen
- Das Wetter neigt zu höherer Schauer- und Gewitterbildung
- Zahllose *Black Flies* und *Mosquitos* vergällen bisweilen die Ferienfreude. *Mosquitos* stechen morgens/abends, Schwarze Fliegen beißen tagsüber
- Schotterstraßen zeigen noch Winterschäden

MOSQUITOS – ZACK, SCHON WIEDER EINE!

In Canada sind von Anfang Juni bis Mitte September Stechmücken bzw. *Mosquitos* allgegenwärtig. Sie bevorzugen zwar Feuchtregionen und schattige Waldgebiete, aber vor allem im Juni/Juli entgeht man den Stechmücken fast nirgendwo. Selbst in Hochgebirgslagen und am offenen Wasser, bei Wind und Kälte suchen sie nach Opfern.

Dabei greifen Stechmücken tagsüber meist nur verhalten an. Ihre Zeiten sind vorzugsweise das Morgengrauen und natürlich die Dämmerung, wenn der Canada-Urlauber – gemütlich vor Wohnmobil oder Zelt sitzend – die Abendstimmung in Ruhe genießen möchte. Ein Lagerfeuer bringt nur Entlastung, wenn es ordentlich qualmt. Aber dann vertreibt es meist nicht nur die Insekten. Mit regionalen Unterschieden läßt die Plage etwa ab Ende Juli spürbar nach und verschwindet mit den ersten Nachtfrösten ganz.

Sprays und Lotionen aus europäischer Produktion richten gegen kanadische Mosquitodamen (nur sie stechen) wenig aus. Am besten hält man sich die Mücken mit einheimischen *Insect Repellents* wie dem bewährten *Johnson's Off* oder *Cutters Deep in the Woods* vom Leibe. Die gibt es allerorten in Drugstores, Supermärkten und Tankstellen. Leider steigen die ohnehin schon hohen Preise für den *Mosquito*-Schutz mit der Schwere des Problems. D.h., am höchsten sind sie weitab städtischer Zivilisation. Man sollte sich deshalb vorsorglich in urbanen Gebieten eindecken, wo Konkurrenz die Preise noch im Rahmen hält. Hilfreich für Camper sind *Mosquito Coils*, Mücken-Spiralen, die im Freien vor sich hinkokeln. Summgeräte und ähnliche technische Neuerungen zur Insektenbekämpfung scheinen kanadische Mücken nicht sonderlich zu beeindrucken.

Auch Kleidung bietet nur begrenzten Schutz. Was ein richtiger *Mosquito* ist, der sticht auch durch relativ dicke Stoffe wie Zeltwände und Jeans. Empfehlenswert sind weite Textilien, die jedoch an Hals, Handgelenken und Knöcheln dicht anliegen sollten.

Trotz gewissenhaften Einreibens, Sprayens und anderer Maßnahmen wird ein Urlaub in Canada ohne ein paar Mückenstiche nicht ablaufen. Kratzen gegen den Juckreiz hilft bekanntlich nicht, sondern verschlimmert ihn nur. Der chemischen Industrie sei Dank gibt es auch dagegen geeignete Präparate. Beruhigend ist immerhin, daß kanadische *Mosquitos* im Gegensatz zu ihren tropischen Verwandten keine Krankheiten übertragen.

Hochsommer (Mitte Juli bis Mitte August)
- Wanderwege sind auch in größeren Höhen schneefrei
- Höchste Temperaturen
- In Südontario (Toronto) ist es schwül, im *Okanagan Valley* (BC) und in den südlichen Prärieprovinzen sehr heiß
- Alle Attraktionen haben bis in den Abend hinein geöffnet
- An beliebten Ausflugszielen herrscht großer Andrang
- Hochsaisonpreise
- Motels und Campingplätze sind in populären Urlaubsgebieten (Nationalparks) oft total ausgebucht

Spätsommer/Frühherbst (Mitte August bis Mitte September)
- Im Laubwald tritt die *Fall Foliage*, die Blätterfärbung ein; insbesondere in Ontario und den östlicheren Provinzen bilden sich nach dem ersten Frost prachtvoll bunte Wälder.
- *Black Flies* verschwinden mehr oder weniger; *Mosquitos* erlahmen in ihrer Angriffslust.
- Im allgemeinen darf mit einer relativ stabilen Gutwetterlage gerechnet werden. Die Nächte sind kühl; über 1000 m liegen die Nachttemperaturen unter dem Gefrierpunkt.
- Wasserfälle und Wildbäche führen nur noch wenig Wasser; Stauseen stehen oft halbleer. Feuchtgebiete liegen trocken, ganze Landstriche wirken ausgedörrt.

1.5 NATIONAL- UND PROVINZPARKS

Konzeption und System

Das Nationalparkkonzept Canadas verfolgt wie das der USA zwei **Ziele**: zum einen geht es um den Schutz der Natur und historisch bedeutsamer Stätten vor kommerzieller Ausbeutung, zum anderen dienen die Parks als Erholungs- und Freizeitlandschaft. Der *Canadian Parks Service* verwaltet **38 National Parks** und über **150 National Historic Parks** und **Sites**. Der älteste ist der 1885 gegründete *Banff Nationalpark*, der zusammen mit dem *Jasper Nationalpark*, in der Beliebtheitsskala ganz oben rangiert.

Bei den **National Parks** handelt es sich meist um größere Gebiete, die geographische, biologische und/oder geologische Besonderheiten aufweisen. Wird eine Lokalität wegen ihrer historischen Bauwerke oder wichtiger Ereignisse für schützenswert erklärt, nennt man sie **National Historic Site** oder **Park.**

Lage der Parks/ Transport

Die meisten Nationalparks liegen **abseits der großen urbanen Zentren** und lassen sich in der Regel **nur mit dem Auto** problemlos erreichen. Busverbindungen existieren nur zwischenbesonders populären Parks und den jeweils nächstgelegenen Ortschaften. **Schienenanschlüsse** gibt es mit Ausnahme des *Jasper National Park* so gut wie gar nicht. Trampen ist möglich, aber nicht jedermanns Sache, ⇨ Seite 113.

National- und Provinzparks

Eintritt

Auch innerhalb der Parks ist man auf ein **Fahrzeug** angewiesen. Die in vielen Parks von Konzessionären angebotenen Rundfahrten mit Ausflugsbussen sind meist sehr teuer.

Der Besuch von Nationalparks kostet Eintritt. Ein **Tagespass** (gültig bis 16 Uhr des Folgetages) kostet **$4 oder $5**, für Kinder und Senioren $2/$3. **4-Tage-Pässe** kosten **$8/$10**. Die zusammenhängenden **Parks Jasper/Banff/Yoho/Kootenay** in den BC/Alberta-Rocky Mountains werden wie in Park behandelt.

Ein **Jahrespass** (für 12 Monate ab Kaufdatum) für die Nationalparks in Manitoba, Saskatchewan, Alberta und BC, der *Great Western Annual Pass*, kostet **$35/Person**, für Senioren/Kinder $27/$18. Mehrere Personen (bis zu 10!) im Auto fahren preiswert mit dem **Gruppenticket $8/$10/Tag** bzw. **16/20/4 Tage** bzw. **$70/$53 für den Jahrespass**, Kreditkartenzahlung möglich. Ob sich der Kauf eines Jahrespasses lohnt, ist ein Rechenexempel – für die meisten Urlauber wohl eher nicht.

30 Reiseziel Canada

Jahrespässe Inwieweit sich die Anschaffung eines Jahrespasses lohnt, ist ein Rechenexempel. Ab 7-9 Tagen Aufenthalt in Nationalparks macht der Kauf bereits Sinn.

Information vor Ort An der Einfahrt oder im immer vorhandenen **Besucherzentrum** erhält man gratis ein *Parkfaltblatt* mit einer Karte und wichtigen Hinweisen. In den *Visitor Centres* gibt es in der Regel Ausstellungen, Diashows und Filme zu Flora, Fauna, Geschichte, Geologie und besonderen Höhepunkten des jeweiligen Parks. Die *Park Ranger*, Aufsichtsbeamte und Besucherbetreuer zugleich, sind Ansprechpartner für alle den Park betreffende Fragen, Wanderführer und Vortragsredner.

Internet Informationen zu allen kanadischen Nationalparks findet man im *Internet* unter **http://parkscanada.pch.gc.ca**. Speziell zu den *Rocky Mountain Parks*: **http://www.canadianrockies.net**.

Camping In den Nationalparks ist das **Campen** ausgesprochen **populär**. Die meisten Campingplätze sind erfreulich in Bezug auf Lage und Anlage, aber selten superkomfortabel, ✧ dazu auch Seite 143. Zu in Nationalparks möglichen Aktivitäten gibt das folgende Kapitel ausführlich Antwort.

Provincial Parks Was generell zu den Nationalparks angemerkt wurde, gilt im wesentlichen auch für die Provinzparks. **Naturschutz** und **Erholung** stehen dort ebenso im Vordergrund wie die Bewahrung und Pflege historischer Stätten. Wie die Bezeichnung sagt, obliegt die Verwaltung nicht einer nationalen Behörde, sondern der jeweiligen Provinz. Hinsichtlich landschaftlicher Attraktivität und Infrastruktur stehen viele *Provincial Parks* den *National Parks* nicht nach. Herausragende Beispiele sind u.a. *Wells Gray, Mt. Robson, Manning* und *Barkerville* in British Columbia, *Peter Lougheed* und *Dinosaur* in Alberta, *Meadow Lake* und *Cypress Hills* mit *Fort Walsh* in Saskatchewan, *Whiteshell* und *Spruce Woods* in Manitoba sowie *Quetico, Lake Superior* und *Algonquin* in Ontario. Fast alle Provinzparks verfügen über Campingplätze. Eine Besonderheit von **British Columbia** sind die reinen *Campgrounds* unter Provinzverwaltung. Sie tragen allesamt, ob groß oder klein, besonders reizvoll oder durchschnittlich gelegen, ebenfalls die Bezeichnung *Provincial Park*.

1.6 NATURERLEBNIS UND ABENTEUER

Aktivitäten Die Möglichkeiten für aktive Ferien sind in Canada überaus vielfältig. Das gilt besonders für die **Outdoor Activities**, also sportliche Betätigungen an frischer Luft wie Wandern, Bergsteigen, Reiten, Schwimmen, Angeln, Kanupaddeln, Schlauchbootfahren und Goldwaschen.

Wandern Dem Wanderfreund stehen in Canada buchstäblich alle Wege offen. Insbesondere in den National- und Provinzparks findet man hervorragende **Hiking Trails**, Wege für Wanderungen aller Schwierigkeitsgrade und unterschiedlichster Länge (Hinweise auf reizvolle Wandermöglichkeiten finden sich Reiseteil). Kürzere **Nature Trails** führen durch Bereiche im erschlossenen Teil eines Parks, deren geologische Beschaffenheit und/ oder Flora Aufmerksamkeit verdient. Faltblätter erklären die Besonderheiten der Vegetation oder der Landschaft. Oft sind am Wegesrand Schautafeln mit Erläuterungen aufgestellt.

Lake Agnes Trail	
🚶 Mirror Lake	2.6 km
🚶 Lake Agnes	3.4 km
☕ Teahouse	3.4 km

Sentier du lac Agnes	
🚶 Lac Agnes	3,4 km
🚶 Lac Mirror	2,6 km
☕ Salon de thé	3,4 km

Zweisprachiger Trail-Wegweiser am Lake Louise im Banff National Park

Wegesystem Mit guter Kondition und geeigneter Ausrüstung sind mehrtägige und sogar mehrwöchige Touren ins Hinterland eines Parks auf eigene Faust kein Problem (z.B. **West Coast Trail**, ⇨ Seite 444). Wer sich zum **Backpacking**, dem Rucksackwandern, entschließt, muß allerdings wissen, daß die **Trails** in Canada nicht mit den Wanderwegen in Mitteleuropa zu vergleichen sind. In der Wildnis des einsamen **Backcountry** sind Pfade oft nur schlecht markiert und überwuchert. Auf vielen *Trails* muß man **Wildbäche** überqueren. Da ein ausgedehntes System von Schutzhütten wie in den Alpen in Canada nicht existiert, ist für längere Trips ein **Zelt** unerläßlich.

Permits Fürs *Backpacking* sind **Permits** (Genehmigungen) erforderlich. Man erhält sie nach Erläuterung seiner Pläne und der unvermeidlichen Belehrung durch einen *Park Ranger* **kostenlos** in den Besucherzentren. Diese Kontrollmaßnahme dient einerseits dazu, die Anzahl der Wanderer zu begrenzen und die Natur nicht übermäßig zu belasten. Andererseits möchte man Wanderer von zu ehrgeizigen Plänen abhalten und ggf. Anhaltspunkte über ihren möglichen Verbleib haben.

Bergsteigen

Wer höher hinaus will, findet fabelhafte Möglichkeiten zum Bergsteigen vor allem in den Nationalparks **Banff**, **Jasper**, **Kootenay** und **Yoho**, aber auch in vielen **Provincial Parks**. Die *Ranger* sind Ansprechpartner für Informationen zu Routen und Schwierigkeitsgraden.

Reiten

Das Reiten, **Horseback Riding** genannt und im Western-Stil betrieben, ist in Canada, speziell im Westen des Landes, äußerst populär. In vielen touristisch erschlossenen Regionen gibt es herrliche Reitgelände. **Riding Stables** verleihen Pferde für $10–$15 die Stunde und ab $65 pro Tag. Aber auch sonst – zumal in den westlichen Provinzen – ist es nicht schwer, unterwegs einen Reitstall für einen Ausritt "zwischendurch" zu finden. Komplette Reiterferien auf **Guest Ranches** und geführte Mehrtagestouren in die Wildnis können großartige Erlebnisse sein, haben aber ihren Preis.

Canadas Westen bietet hervorragende Wassersportbedingungen. Aber Baden ist dort nicht unbedingt jedermanns Sache. Denn das **glasklare Wasser** zahlreicher Seen bleibt leider auch im Hochsommer reichlich **kalt**. Nur in bestimmten Regionen von British Columbia (etwa am **Crowsnest Highway** oder im **Okanagan Valley**), in den südlichen Prärieprovinzen (Stauseen und **Lake Winnipeg**) und Ontario (**Lake of the Woods, Lake Nipigon** u.a.) werden im Juli/August badefreundliche Wassertemperaturen gemessen. Der *Lake Superior* zeigt die kalte Schulter. Das gilt ebenso für den Pazifik. Lediglich an den **Sandstränden** der Ostküste von **Vancouver Island** zwischen Victoria und Courtenay und in Vancouver City erwärmt sich das flache Wasser sommers auf 18° bis 20° C.

Schwimmen

Heiße Quellen

Zum Glück existieren an vielen Orten im westlichen Canada wohltemperierte Alternativen. Es gibt zahlreiche heiße **Thermalquellen**, von denen ein großer Teil an oder in der Nähe touristisch interessanter Strecken liegt. Die besten **Hot Springs** befinden sich bei Jasper (*Miette Hot Springs*), in Banff (beide Alberta) und vor allem in British Columbia (*Harrison, Radium, Nakusp, Liard Hot Springs* u.a.). Gelegentlich sprudelt das Wasser in natürlichen Felsbecken, meistens aber sind **Pools** mit unterschiedlichen Temperaturbereichen angelegt.

Aktivitäten

Öffentliche Bäder

Öffentliche Schwimmbäder im Freien, wie wir sie gewohnt sind, findet man kaum. Die wenigen Einrichtungen dieser Art wirken mit Ausnahmen (z.B. in Saskatoon und Vancouver) nicht sonderlich einladend. Attraktiv dagegen sind die verschiedenen Varianten kombinierter **Wasser- und Spiellandschaften** vor den Toren einiger Großstädte (in **Edmonton** auch als *Indoor Water Park*, ✧ Seite 213). Für ein relativ hohes Eintrittsgeld können sich die Besucher solcher Anlagen auf Rutschen aller Art und in Wellenschwimmbecken austoben.

Water Parks

Kanusport

Für Kanutrips, die unter Canada-Urlaubern immer populärer werden, eignet sich das Mutterland des Kanusports wie kein anderes. **Zahllose Seen und Flüsse bieten ideale Bedingungen** für Anfänger, Fortgeschrittene und Wildnisenthusiasten. Die bekanntesten Kanureviere sind die verbundenen Seenplatten Ontarios (vor allem in den **Algonquin** und **Quetico** Provincial Parks) und Britisch Kolumbiens (herausragend der **Bowron Lake** Park). Als Geheimtip gelten die verbundenen Gewässer in den Prärieprovinzen an der **Northern Woods and Water Route** (✧ Seite 317), und in den Northwest Territories.

Kanuverleih

Wer mit dem Gedanken spielt, Canada (auch) per Kanu kennenzulernen, kann sich an eine der zahlreichen Verleihfirmen wenden. Die **Miettarife** betragen ab $25 pro Tag. Ausrüstungsgegenstände (z.B. Zelte, Regenponchos, Kocher etc.) lassen sich normalerweise gleich mitmieten. Für längere Touren in der Hochsaison (Juli/August) empfiehlt es sich, Kanu und Zubehör zeitig im voraus zu reservieren. Aktuelle Informationen, Karten und Adressen von Kanuverleihern erhält man bei den Büros der **Tourist Information** der Provinzen (siehe unter den Reisekapiteln).

Kanuverleih am Bowron Lake/British Columbia

Kanukauf Wer sehr lange unterwegs sein möchte, könnte auch den Kauf eines Kanus in Erwägung ziehen. **Gebrauchte Boote** gibt es zu recht günstigen Preisen; ⇨ unter *Bowron Lake Provincial Park*, Seite 410. Aber auch **neue Kanus** kann man mitunter verhältnismäßig preiswert kaufen.

Hausboote Eine schöne, wenn auch relativ teure Variante eines Canada-Urlaub auf dem Wasser sind **Hausbootferien**. Beste Voraussetzungen dafür besitzen die Seengebiete von Ontario (z.B. der *Lake of the Woods*) und British Columbia (vor allem der *Shuswap Lake*). Dort im Hochsommer auf eigene Faust ein Boot der gewünschten Größe und Ausstattung zu finden, ist schwierig. Für Ferien im Juli/August sollte man auf jeden Fall langfristig vorbuchen. In der Nebensaison (im Juni und ab Ende August, mehr noch im September nach *Labour Day*) sind dagegen Boote immer verfügbar, und die **Miettarife** liegen deutlich niedriger als in der Hochsaison. Es ist dann auch kein Problem, Hausboote direkt vor Ort zu mieten. Vorteilhafterweise kann man dabei die schwimmende Ferienwohnungen vor der Anmietung in Augenschein nehmen. Gerade **Spätsommer und Frühherbst** auf relativ einsamen Gewässern bieten ein besonders intensives Canada-Erlebnis. Tagsüber ist es noch angenehm warm, und die kühleren Nächte stören im komfortablen Hausboot ohnehin nicht.

Reviere Auf die hübschen kleinen Seeuferdörfer und urigen Kneipen, wie sie für europäische Hausbootreviere typisch sind, muß man freilich verzichten. Dafür darf man sich sowohl in Ontario als auch in British Columbia auf schöne Anlegestellen an stillen Buchten und romantische Abende am Lagerfeuer freuen, wo dann der selbstgefangene Fisch in der Pfanne brutzelt.

Hausbootvermieter Adressen von Vermietern findet man in den Broschüren der *Provincial Tourist Information*. Auf Anfrage versenden diese Stellen **Spezialkataloge**. Faßt man den *Lake of the Woods* auf der Grenze zwischen Manitoba und Ontario als Urlaubsrevier ins Auge, gibt folgende Organisation Auskunft:

Hausboote zur Vermietung am Seenverbund Mara/Shuswap Lakes in Sicamous/British Columbia

Ontario's Sunset Country Travel Association
102 Main Street, Suite 201
Box 647
Kenora, Ontario P9N 3X6
✆ (800) 665-0730

Informationen über Hausbootferien auf dem **Shuswap Lake** in British Columbia erhält man direkt bei der

High Country Tourism Association
#2 1490 Pearson Place
Kamloops, BC; V1S 1J9
✆ (800) 567-2275

Wildwasser-fahrten Wer **Wildwasserabenteuer** sucht, kommt im westlichen Canada voll auf seine Kosten. Es gibt heute kaum noch einen für **Schlauchboottrips** geeigneten Fluß, der nicht von kommerziell operierenden Veranstaltern fürs touristische **Whitewater River Rafting** genutzt würde. Die lassen sich das gut abgesicherte Abenteuer mit Nervenkitzel und Restrisiko zwar nicht schlecht bezahlen, aber im "Gummifloß" durch Stromschnellen zu schießen, ist ein Hauptspaß. Vor allem kürzere **Raft Trips** kann man ohne weiteres vor Ort buchen. Wer aber einen festen Reiseplan besitzt und es auf ganz bestimmte Strecken abgesehen hat, ist gut beraten zu reservieren. Die meisten Veranstalter operieren in British Columbia. Ihre Anschriften findet man in der Broschüre **Outdoor and Adventure Vacations** des *BC Tourism Office*, ➪ Seite 353.

Reviere **Fraser River** und **Thompson River** sind die populärsten Flüsse. Aber gute Wildwasser gibt es auch anderswo. In allen lokalen Touristeninformationen liegen Broschüren über das regionale **Whitewater Rafting** Angebot aus. Ein Anruf klärt rasch, ob kurzfristig noch freie Plätze vorhanden sind. Oft genügt die Reservierung einen Tag im voraus. Die **Preise** sind in Abhängigkeit von Region und Schwierigkeitsgrad der Flüsse recht unterschiedlich. In touristisch stark frequentierten Gebieten werden für Kurztrips in etwa **$25 pro Stunde** (auf dem Wasser) verlangt. Längere Touren kosten bezogen auf die Stunde weniger; Ganztagestrips gibt es ab $100.

36 Reiseziel Canada

Kosten geführter Touren

Wer Wert auf Gruppenerlebnis und fachkundige Führung legt, muß für die vorstehenden Aktivitäten bei Buchung (vor Ort) von **einwöchigen Pauschaltrips** (inklusive Verpflegung) in den *Provincial Parks Bowron Lake*, *Wells Gray* und *Manning* (alle **British Columbia**) etwa mit folgenden Kosten rechnen:

Kanufahren	ca.	$500
Trekking	ca.	$600
Bergsteigen	ca.	$600
Trailreiten	ca.	$700
River Rafting	ca.	$1.000

Radfahren

Radfahren – **Bicycling**, **Cycling** oder **Biking** genannt – ist als sportliche Freizeitaktivität ausgesprochen populär; speziell, seit es die **Mountain Bikes** gibt. Fahrräder lassen sich in jeder größeren Stadt, aber auch in vielen National- und Provinzparks **mieten**. Großstädte per Zweirad zu erkunden, kann gar nicht genug empfohlen werden. Kanadische Autofahrer sind auf Leute, die das Fahrrad als Fortbewegungsmittel benutzen, oft nicht eingestellt. Ein wenig mehr Vorsicht als hierzulande ist also angebracht. Dafür bietet das Fahrrad eine unübertroffene Beweglichkeit. Auf Parkplätze oder Busfahrpläne braucht kein Gedanke mehr verschwendet zu werden. Wer mehr über Radfahren und *Mountain Biking* auch in Canada wissen möchte, sollte zum Reise Know-How Titel **Fahrrad-Weltführer** von Helmut Hermann greifen.

Angeln

Die liebste **Freizeitbeschäftigung** eines rechten Kanadiers ist ohne Zweifel das Angeln. Im Sommer sitzen Männer, Frauen und Kinder jeden Alters geduldig an den See- und Flußufern oder werfen unermüdlich Blinker und künstliche Fliegen aus. **Angelgerät** kann man zwar problemlos im Flugzeug mitnehmen, aber drüben wartet eine derartige auf die kanadischen Verhältnisse zugeschnittene Auswahl, daß einiges dafür spricht, sich erst vor Ort einzudecken. Zumal auch die **Preise** dafür günstig sind.

**Angel-
erlaubnis**

Neben der geeigneten Ausrüstung benötigt jeder Angler unbedingt eine *Fishing License* bzw. ein *Fishing Permit* der jeweiligen Provinz oder des Nationalparks. Angelscheine sind noch in kleinsten Ortschaften erhältlich – im Lebensmittelladen, an der Tankstelle oder sonstwo. Jedermann kennt die Ausgabestellen. Die **Gebühren** für *Out-of-Province* Angler sind höher als für Einheimische, die für eine Jahreslizenz nur wenige Dollar bezahlen müssen. Hält man sich längere Zeit in einer Provinz auf, kann es günstiger sein, gleich das **Jahresticket** zu kaufen. Sein Preis entspricht meist den Kosten für drei bis vier Eintageskarten.

Regeln

Die Bestimmungen (die jeder Angler zur Kenntnis zu nehmen verpflichtet ist) zur Regulierung der allgemeinen Angelleidenschaft sind von Provinz zu Provinz unterschiedlich. Sie sollten sorgsam beachtet werden. **Streng kontrollierte Beschränkungen** beziehen sich auf tägliche Fangmenge, Art der Köder und der zum Fang freigegebenen Fischarten. Eine überall geltende Vorschrift besagt, daß ein Angler nicht mehr als **eine Angel** gleichzeitig benutzen darf. Wer ohne gültige Genehmigung erwischt wird, darf sich auf saftige **Geldstrafen** gefaßt machen. Üblich ist zudem die Konfiszierung des Angelgeräts, aber auch des Bootes oder Campmobils, wenn darin illegal gefangene Fische gefunden werden. Bei Begrenzungen der **Tagesmenge** zählen auch Fische, die vom Vortag stammen, aber noch nicht verzehrt wurden! In den **Nationalparks** benötigt man – unabhängig von der jeweiligen Provinz – eine **Sondergenehmigung**. Den landesweit gültigen Schein gibt es in den Besucherzentren.

Zum Schutz der Fischbestände hat man das *Catch & Release Fishing* eingeführt. Dabei geht es nicht mehr um den Fisch als eßbare Beute, sondern ausschließlich um die Aktivität Angeln als solche. Der Angler nimmt den gefangenen Fisch wieder vom Haken und setzt ihn zurück ins Wasser – eine fragwürdige Methode, bei der viele Fische verletzt werden und qualvoll zugrundegehen.

Per Tankwagen werden in "Hatcheries" gezüchtete Jungfische ausgesetzt, um die starke Befischung der Gewässer auszugleichen (hier: Forellen)

Aktivitäten

Fish Hatcheries

Die starke Befischung vieler Seen und Flüsse würde etliche Arten in ihrer Existenz bedrohen, wenn die Bestände nicht immer wieder künstlich aufgestockt würden. Mit der Aufzucht und dem Aussetzen von Jungfischen sind *Fish Hatcheries* betraut, allerorten zu findende **Fischzuchtanstalten**. Sie können häufig besichtigt werden. Da gleichzeitig der Staat über die *Fishing Permits* erhebliche Einnahmen realisiert, ist es günstiger, Fische zu züchten, als wegen leergefischter Reviere auf diese Finanzquelle zu verzichten. Dem Wahlvolk über das bereits vorhandene Reglement hinaus aus ökologischen Gründen weitere Zurückhaltung aufzuerlegen, mag offenbar keine Regierung riskieren.

Jagen

Im Gegensatz zum Angeln ist das Jagen für Ausländer eine aufwendige und kostspielige Angelegenheit. Sie dürfen ausschließlich unter der Obhut von staatlich geprüften Jagdbegleitern **(Outfitters)** jagen, die ihren gut zahlenden Gästen alle Jagdvorbereitungen abnehmen und für den Transport zu den besten Plätzen sorgen . Außerdem kümmern sie sich um die Unterkunft in der Wildnis. Wer Felle oder Geweihe mit nach Europa nehmen möchte, benötigt dazu eine besondere Genehmigung. Genauere Auskünfte geben die Provinz- und Territorial-Informationsbüros und Spezial-Reiseveranstalter.

Lizenzen

In **National Parks** ist **Jagen grundsätzlich verboten**, ebenso das bloße Mitführen von Waffen, sofern sie nicht gebrauchsunfähig verpackt sind.

Goldwaschen

Ein besonderes **Abenteuer** ist für Canada-Touristen das Goldwaschen. An zahlreichen Flüssen und Bächen in British Columbia, in Alaska und im Yukon Territory trifft man noch heute auf Relikte der **Goldrauschepoche von 1850–1900**: zerwühltes Erdreich, verlassene Minen und verrostendes Gerät. An solchen Originalplätzen wie Barkerville, Dawson City, Fairbanks oder Anchorage kann heute jedermann Waschpfannen leihen und sein Glück versuchen.

Situation heute

Grundsätzlich befindet sich Gold zunächst in felsigen Lagerstätten. Bergwerke gewinnen das goldhaltige Erz im **Hardrock Mining**-Verfahren, indem sie tiefe Stollen in den Fels treiben. Durch Erosion freigesetzte Goldpartikel werden aber auch vom Wasser aus dem Erz geschwemmt und setzen sich am Grund und an den Uferböschungen von Wasserläufen ab. Diese **Gold Flakes**, darunter dann und wann auch größere **Nuggets,** waren einst das Ziel der **Gold Prospectors** oder **Digger.** Nach wie vor mit Waschpfanne, aber auch mancherlei ausgetüftelten Gerätschaften sind Prospektoren nach wie vor an der Arbeit. Außer auf früher noch nicht voll ausgeschöpfte Goldreserven haben sie es auf Goldpartikel abgesehen, die erst nach der Goldrauschperiode aus den Lagerstätten herausgewaschen wurden.

Touristen Claims

Wer sich selbst als Goldgräber betätigen möchte, muß sich im *Tourist Claim* entweder nach alter Art stundenlang in einen eiskalten Bach stellen und mit schmerzendem Rücken **Pay Dirt** (goldhaltigen Sand) durchspülen oder am kommerziell betriebenen Trog für ein paar Dollar etwas bequemer eine im voraus mit winzigen **Flakes** präparierte Pfanne auswaschen. Bleibt der Erfolg aus, kann man die "selbst gewaschenen" Goldplättchen zur Not auch kaufen.

Literatur

Vor dem Einstieg in die Praxis sind theoretische Kenntnisse nützlich: In kanadischen *Book Shops* stößt man auf eine beachtliche Auswahl an Werken über Methoden des Goldschürfens, geeignete Ausrüstung und gesetzliche Vorschriften. Die bei *Mister Paperback* erschienenen Bücher **Gold Panning Manual** und **Methods of Placer Mining** von *Garnet Basque* sind preiswert, anschaulich und vor allem für Anfänger gut geeignet (in großen Läden meist vorrätig). In ihnen findet man Adressen von Firmen, die den modernen Prospektor mit allem Erforderlichen ausstatten.

Allgemeine Auskünfte über Goldsuche in Canada und Alaska erhalten Interessenten auch bei den *Tourist InfoCentres*.

Waschpfanne

Eine stilecht zerbeulte Goldwaschpfanne ist im übrigen ein originelles Mitbringsel aus dem hohen Norden und ggf. ein schönes Erinnerungsstück an die "eigene Goldgräberzeit" oder die **Yukon Gold Panning Championship**, die jeden Sommer in Dawson City stattfindet. Leider sind die meisten der zum Kauf angebotenen Pfannen aus Plastik.

Touristen beim Goldwaschen in Barkerville/BC (Seite 409)

2. REISEVORBEREITUNG UND -PLANUNG
2.1 FORMALITÄTEN, FINANZEN UND VERSICHERUNGEN
2.1.1 Einreise nach Canada

Reisepaß und Aufenthaltsdauer

Zur Einreise benötigt man lediglich den noch sechs Monate über den Abflugstermin hinaus gültigen Paß. Direkt aus Übersee einfliegende Touristen mit **Rückflugticket** und genügend Bargeld bzw. Reiseschecks und/oder Kreditkarten erhalten problemlos den erforderlichen Sichtvermerk für eine **Aufenthaltsdauer bis zu maximal 180 Tagen**. Meist stellen die Einwanderungsbeamten keine detaillierten Fragen und geben sich mit einer kurzen Auskunft zu Zweck und Dauer der Reise zufrieden. Dabei findet im Regelfall keine Überprüfung der Angaben des Reisenden statt.

Falls die Canada-Reise in den USA (einschließlich Alaska) beendet werden soll, ist es – vorsichtshalber – sinnvoll, erst das Rückflugdatum nach Europa als Ausreisetermin aus Canada zu nennen. Zwar werden auch bei kürzeren Reisezeiten überwiegend 90 oder sogar die maximal möglichen 180 Tage gewährt, dann hat dies keine Auswirkung. Aber andere Eintragungen kommen vor, etwa bei Auskünften des Touristen, die den *Immigration Officer* zunächst nicht befriedigen.

Einreise nach Canada über die USA

Bei Anreise über die USA und einem bereits von den US-Behörden in den Paß gehefteten ***Departure Record*** (siehe nächsten Abschnitt), erhält man ebenfalls einen Einreisestempel für maximal 180 Tage. Die einmal erteilte Aufenthaltsdauer für die USA bleibt auch für die Wiedereinreise weiter gültig. Wenn diese Absicht besteht, muß man manchmal den kanadischen Grenzbeamten darauf hinweisen, damit er den *Departure Record* nicht aus dem Pass entnimmt. Der vor Jahren noch mögliche "Trick", den *Departure Record* selbst zu entfernen und durch kurzfristige Grenzübertritte den USA-Aufenthalt immer wieder neu beginnen zu lassen, ist heute nicht mehr anwendbar.

Ausreise in die USA und Wiedereinreise

Bei einer Ausreise von Canada in die USA verliert die einmal erteilte kanadische Genehmigung im Prinzip ihre Gültigkeit. Wer aber innerhalb des bereits im Paß eingetragenen Zeitraums nach Canada zurückkehrt, erhält machmal keinen neuen Einreisestempel, darf also auch nicht länger im Land bleiben als ursprünglich vorgesehen. Im Gegensatz zu den USA gibt es dafür aber offenbar keine feste Regelung. Die Gewährung der Aufenthaltszeit ist in das Ermessen des Grenzbeamten gestellt.

Mit Auto von den USA nach Canada

Wegen der etwas günstigeren Mietwagentarife (➪ Seite 69) und der (insbesondere nach Umsatzsteuern) niedrigeren Autopreise sind grenznahe Städte in den USA ggf. bedenkenswerte Ausgangspunkte auch für eine Reise durch Canada sowohl für

Einreise nach Canada/in die USA 41

Mit Auto von den USA nach Canada
Automieter als auch Langzeitreisende, die sich ein Auto kaufen (⇨ Seite 99). Der Grenzübertritt ins Nachbarland ist auch mit einem Fahrzeug problemlos. **Wagenpapiere** oder **Führerschein** werden normalerweise nicht einmal kontrolliert.

Einen Nachweis über die in Canada vorgeschriebene **Haftpflichtversicherung** muß man erst bei Unfällen und gelegentlich bei Verkehrskontrollen erbringen. Einige (wenige) ***Rental Car Agencies*** untersagen den Grenzübertritt. Wer im Mietwagen nach Canada fährt, sollte daher die Absicht, mit dem Mietfahrzeug auch nach Canada zu fahren, vor Vertragsabschluß ankündigen bzw. bereits vor der Buchung die Reisekataloge aufmerksam daraufhin studieren, ob Canada auch mit dem in den USA gemieteten Fahrzeug ohne Einschränkungen befahren werden darf. Es kann nicht schaden, dies bei der effektiven Buchung noch einmal anzusprechen und sich zu vergewissern, daß dem nichts entgegensteht.

Eigenes Fahrzeug
Für ein eigenes Auto benötigt man von seiner (US-amerikanischen) Versicherung eine für Canada gültige ***Non Resident Inter-Province Motor Vehicle Insurance Liability Card*** (entspricht der deutschen grünen Versicherungskarte). Sie wird meist nicht automatisch, sondern nur auf ausdrückliches Verlangen (im allgemeinen ohne Zusatzkosten) ausgestellt.

Bei Verkehrskontrollen fragt die kanadische Polizei bisweilen nach einem **Besitznachweis** für den Wagen. Als Beleg dient die ***Registration***, ein dem deutschen Kraftfahrzeugschein entsprechendes Papier, bzw. der Mietvertrag. Falls das Auto von

Privat geliehenes Fahrzeug
Bekannten geliehen ist, sollte man sich eine **notariell beglaubigte Erlaubnis des Eigentümers** für die Benutzung und Einreise nach Canada geben lassen. Die Beglaubigung nimmt gegen geringe Gebühren jeder ***Notary Public*** vor, den man in den USA "an jeder Ecke", u.a. in Bankfilialen findet.

2.1.2 Einreise in die USA

Ohne Visum
Zur Einreise in die USA, also auch nach **Alaska**, benötigt man ebenfalls einen **Reisepaß**, der mindestens sechs Monate über den Einreisetermin hinaus gültig sein muß. Bürger der meisten westeuropäischen Staaten benötigen kein Visum, wenn sie
– lediglich einen Aufenthalt von **bis zu 90 Tagen** planen
– ein **Ticket** für die Rück- oder Weiterreise besitzen

Wer kein Rückflugticket besitzt bzw. den Termin für die Rückreise offenlassen möchte, benötigt immer ein Visum, da ihn sonst die Fluggesellschaft nicht als Passagier akzeptiert.

Visum/ Voraussetzung
Ein **Visum** wird nur erteilt bei (schriftlich plausibel erläuterten) Reiseplänen für Zeiträume von über 90 Tagen und für Bürger all der Staaten, die nicht ausdrücklich vom Visumerfordernis ausgenommen sind.

Reisevorbereitung und -planung

Erteilung eines Visums für die USA

Zur Erlangung eines US-Visums schickt man **Reisepaß** und das ausgefüllte, mit einem **Foto** versehene **Antragsformular** (eventuell vorrätig bei USA-Reisebüros, sonst beim nächstliegenden US-Konsulat anfordern: Bonn-Bad Godesberg, Berlin oder Frankfurt) **per Einschreiben** an das zuständige Konsulat. Ein ausdrücklich **nicht als Einschreiben frankierter Rückumschlag** muß beigefügt werden. Außerdem wird eine **Gebühr** von (seit 1998) **85,50 DM** erhoben. Die Dauer der Bearbeitung variiert und kann bis zu 8 Wochen betragen.

Das in den Paß gestempelte Visum berechtigt zu beliebig vielen Einreisen (*multiple entries*) in die USA innerhalb des gewährten Zeitrahmens (maximal 10 Jahre). Die letzte Instanz bei der Einreise ist der *US Immigration Officer* auf amerikanischem Boden. Er kann auch Visuminhabern die Einreise verweigern, wenn er dies für nötig hält.

Allgemeine Visa-Auskünfte unter ✆ 0190/270789 (1,20/min).

Einreiseformalitäten

Die Einreiseformalitäten sind mit und ohne Visum in den USA etwas aufwendiger als in Canada. Jeder Besucher muß zwei **Formulare** ausfüllen: Einreisepapier (*Arrival/Departure Record*) und die Zollerklärung (*Customs Declaration*):

Formulare

– Das **Einreiseformular,** das mit dem **Zollformular** bei **Flügen in die USA** bereits beim Einchecken oder spätestens im Flugzeug verteilt wird, ist in Blockbuchstaben auszufüllen.*) Es besteht aus zwei Abschnitten. Der untere, der *Departure Record*, wird – mit dem Datum des letzten zugelassenen Aufenthaltstages versehen – in den Paß geheftet.

Gebühr

Bei **Einreise auf dem Landweg,** z.B. auch von Canada nach Alaska, ist eine **Gebühr von US$6** in bar/$-Reisescheck zu zahlen – keine Kreditkarte, keine kanadische Währung!

Überprüfung

Bei normalen Urlaubsplänen prüft der *Immigration Officer* die Angaben des Reisenden meist nicht weiter und erteilt die Höchstaufenthaltsdauer von 90 bzw. 180 Tagen (letzteres nur mit Visum). In Einzelfällen fragt er schon mal nach **Rückflugticket, Barmitteln** und **Kreditkarte** und verkürzt u.U. die maximal mögliche Aufenthaltsdauer nach Ermessen, z.B., wenn die vorgetragenen Reisepläne nicht zu den nachgewiesenen Finanzen zu passen scheinen.

Departure Record

– Mit dem *US Departure Record* im Reisepaß kann man innerhalb der zugestandenen Aufenthaltsdauer beliebig oft nach Canada oder Mexico reisen und wieder in die USA zurückkehren, ohne erneut die Einreise zu beantragen.

---

*) Unter der Rubrik "Anschrift in den USA" ist unbedingt eine Adresse anzugeben, auch wenn die meisten Touristen strenggenommen keine besitzen. Wer nicht die Anschrift von Freunden oder Verwandten zur Hand hat, setzt z.B. die des ersten Hotels oder die der Autovermietung ein.

Visum für die USA

U.S. Department of Justice
Immigration and Naturalization Service
OMB No. 1115-0148

Willkommen in den Vereinigten Staaten
I-94W Einreise-/Ausreiseformular für visafreies Reisen

Anleitung

Dieses Formblatt ist von jedem Besucher auszufüllen, der nicht im Besitz eines Besuchervisums ist und Staatsbürger eines der in 8 CFR 217 aufgeführten Länder ist. Die Fluggesellschaft kann Ihnen eine Liste der in Frage kommenden Länder zur Verfügung stellen.
Füllen Sie das Formblatt in GROSSBUCHSTABEN mit der Schreibmaschine oder mit der Hand aus. Bitte beantworten Sie die Fragen vorzugsweise **IN ENGLISCH**.
Das Formblatt besteht aus zwei Teilen. Bitte vervollständigen Sie sowohl den Teil, der sich auf die Ankunft bezieht (Arrival Record), Punkte 1 bis 11, als auch den Abschnitt über die Ausreise (Departure Record), Punkte 14 bis 17. Unterschreiben Sie das Formular auf der Rückseite und setzen Sie das Datum ein. Kinder unter 14 Jahren müssen das Formular von einem Elternteil oder Vormund unterschreiben lassen.
Punkt 7 - Wenn Sie in die Vereinigten Staaten auf dem Landweg einreisen, tragen Sie **LAND** unter diesem Punkt ein. Wenn Sie in die Vereinigten Staaten auf dem Seeweg einreisen, tragen Sie **SEA** in diesem Feld ein.

Admission Number
030580413 03

Einwanderungs- und Einbürgerungsdienst
Formular I-94W (05-29-91) - **Einreise**
AUFHEBUNG DER VISUMSPFLICHT

1. Familienname: MUSTERMANN
2. Vorname: KARLHEINZ
3. Geburtsdatum (Tag/Monat/Jahr): 27 04 61
4. Staatsbürger von (Land): GERMANY
5. Geschlecht: MALE
6. Paßnummer: F 411 7823
7. Fluggesellschaft und Flugnummer: LH 504
8. Land, in dem Sie wohnhaft sind: GERMANY
9. Stadt, in der Sie an Bord gegangen sind: FRANKFURT
10. Adresse in den Vereinigten Staaten (Straße/Hausnummer): 1012 AIRPORT WAY
11. Stadt und Bundesstaat: SAN FRANCISCO, CA 34203

Government Use Only

12. | 13.

Departure Number
030580413 03

Einwanderungs- und Einbürgerungsdienst
Formular I-94W (05-29-91) - **Ausreise**
AUFHEBUNG DER VISUMSPFLICHT

14. Familienname: MUSTERMANN
15. Vorname: KARLHEINZ
16. Geburtsdatum (Tag/Monat/Jahr): 27 04 61
17. Staatsbürger von (Land): GERMANY

Siehe Rückseite — **Staple Here**
I-94W (German)

Die Einzelheiten für **Canada** wurden bereits erläutert.

Bei einem Besuch **Mexicos** muß dem Grenzbeamten auf mexikanischer Seite – so überhaupt kontrolliert wird – gelegentlich die Rückkehrabsicht in die USA mitgeteilt werden, damit er den *Departure Record* nicht entnimmt.

Verläßt man Amerika, wird der *Departure Record* beim Einchecken im Airport von den Angestellten der Fluggesellschaft wieder aus dem Paß entfernt.

– Die **Zollerklärung** ähnelt im Aufbau dem Immigrations-Papier. Bei der Aussage "Ich habe noch Früchte, Gemüse, Fleischwaren u. a. m. dabei und war kürzlich auf einem Bauernhof" heißt die kategorische Antwort *no*! Wer noch wursthaltige Marschverpflegung oder Obst von daheim in der Tasche hat, muß alles spätestens im Ankunftsflughafen entweder essen oder vernichten (kein Scherz, sondern Erfordernis der Seuchengesetzgebung).

Die Zollbeamten machen unter dem grünen Schild (*Nothing to declare*) nur **Stichproben**. Aber sie müssen in jedem Fall das **Zollpapier stempeln**, das am Ausgang abzugeben ist. Ohne **Zollstempel** bleibt die Tür zum gelobten Land verschlossen.

Nebenstehend das US-Einreiseformular mit Departure Record.

2.1.3 Zollbestimmungen

Zollfreie Einfuhr Canada

Folgende Waren dürfen zollfrei nach Canada eingeführt werden:

40 Ounces = 1,14 l Spirituosen oder Wein
oder
4 *Sixpacks* Bier zu je 12 *Ounces*
(=24 Drittelliter-Flaschen bzw. Dosen)
sowie **200 Zigaretten und 50 Zigarre**n.

Obst, Gemüse

Beschränkungen gibt es in einigen Gebieten bei der Einfuhr von Obst- und Gemüsesorten, die auch in Canada angebaut werden. Je nach Herkunft der Nahrungsmittel und Zielort des Reisenden werden sie einbehalten und vernichtet, soweit man sie nicht stante pede verzehren mag. Das gilt z.B. für Äpfel bei der Einreise vom US-Staat Washington über Vancouver Island oder das *Okanagan Valley*.

Preisgefälle USA/Canada

Einige Produkte sind in den USA – speziell nach Umsatzsteuern (↪ dazu auch Seite 165) – preiswerter als in Canada, darunter vor allem Tabakwaren, alkoholische Getränke und Benzin. Das Briefporto ist im Nachbarland nur halb so hoch. Viele Kanadier zieht es daher zu **Einkaufstrips** in die USA, wobei sie es mit den zollfreien Mengenbegrenzungen häufig nicht sehr genau nehmen. Vom *Shopping* **jenseits der Grenze** zurückkehrende Kanadier geben auf die Frage ihrer Zollbeamten nach den mitgeführten Waren die unverfängliche Antwort: *Gas and Groceries* – Benzin und Lebensmittel. Denn **eine Tankfüllung ist zollfrei** ebenso wie die meisten Lebensmittel, soweit nicht ein Einfuhrwert von $60 überschritten wird. Das Interesse der kanadischen Grenzer gilt aber in erster Linie Zigaretten und Alkoholika. Außerdem wird oft nach **Schußwaffen** gefragt, da die Waffengesetze in Canada wesentlich strenger sind als in den USA.

Zollfreie Waren USA

Die Einhaltung der amerikanischen Einfuhrbeschränkungen für **Zigaretten** (**200 Stück**), **alkoholische Getränke** (**1 Quart**) und Geschenke (im **Wert bis zu US$100**) wird von den amerikanischen Zollbeamten nur lax kontrolliert. Sie interessieren sich vor allem für eventuell mitgeführte Fleischwaren, Obst und Gemüse, deren Einfuhr streng untersagt ist, ↪ oben. Die **schriftliche Zollerklärung** wird im übrigen nur bei der Einreise in die USA per Flugzeug verlangt. Bei Überquerung der kanadisch-amerikanischen Grenze beschränken sich die Beamten durchweg auf eine kurze mündliche Befragung.

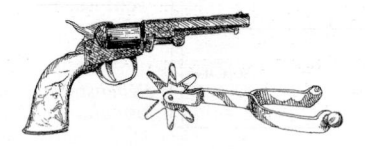

2.1.4 Reiseversicherungen

Kranken-versicherung

Keine Reise nach Nordamerika sollte ohne umfassenden Krankenversicherungsschutz angetreten werden. Den besitzen automatisch nur unbegrenzt Privatversicherte, deren Kassen weltweite Kostendeckung gewähren. **Die gesetzlichen Krankenkassen übernehmen in Canada oder den USA anfallende Behandlungskosten nicht einmal teilweise.** Aber selbst, wer privat krankenversichert ist und glaubt, keine Auslandszusatzversicherung zu benötigen, sollte den **Geltungsbereich** seines Vertrages prüfen. Manche Versicherungen beschränken die Leistungspflicht auf Krankheitskosten, die in Europa und in Ländern rund ums Mittelmeer anfallen.

Spezielle **kurzfristige Auslandskrankenversicherungen** werden von zahlreichen Gesellschaften angeboten. Die meisten Veranstalter von Auslandsreisen legen ihren Buchungsunterlagen Überweisungsformulare für den unkomplizierten Abschluß aller denkbaren Reiseversicherungen bei. Es gibt sie aber auch separat, d.h., völlig unabhängig von einer bestimmten Buchung in jedem Reisebüro. Kreditkartenunternehmen (↔ Seite 54) und **Automobilclubs** bieten ihren Mitgliedern durchweg Vorzugstarife beim Auslandsversicherungsschutz. Im Jahresbeitrag für einige **Kreditkarten**-Edelversionen ist der Versicherungsschutz für Auslandsreisen bis zu einer bestimmten Dauer enthalten.

Tarifvergleich

Grundsätzlich lohnt sich vor Abschluß ein Vergleich nicht nur der Tarife, sondern auch der mit dem Versicherungsvertrag verbundenen Leistungen. Einige Versicherungen verzichten z.B. auf jegliche Eigenbeteiligung des Versicherten, bei anderen müssen die Ausgaben für kleinere Verschreibungen und Behandlungen selbst getragen werden.

Versicherter Zeitraum

Ein wichtiger Punkt bei Auslands-Krankenversicherungsverträgen ist der **maximal versicherte Zeitraum** bei ununterbrochener Abwesenheit. Insbesondere über bestimmte Mitgliedschaften "automatisch" Versicherte (Abbuchung des Beitrages jährlich ohne Notwendigkeit eines erneuten Abschlusses) sind **oft nur bis zu sechs Wochen** geschützt. Bei längeren Reisen muß auch in derartigen Fällen ein gesonderter Vertrag über den gesamten Zeitraum abgeschlossen werden. Eine kurzfristige Anschlußversicherung für den nicht abgedeckten Zeitraum führt nicht zum gewünschten Ergebnis; d.h., keine der beiden Versicherungen zahlt, wenn sich die effektive Reisezeit herausstellt.

Recht **preisgünstig** sind Verträge bis zu 2 Monaten Gültigkeit. Für kurze Fristen ist auch die Auswahl groß. Das Spektrum der Angebote beginnt bei ganzen 14,40 DM für 6 Wochen (HUK Coburg). Verträge mit 3 Monaten Geltungsdauer erhält man ab 40 DM pro Person.

46 Reisevorbereitung und -planung

Für längere Auslandsreisen vermindert sich die Zahl der Anbieter; und auch die Kosten steigen bei einigen Gesellschaften überproportional. Umso wichtiger ist der **Kostenvergleich**.

Langfristige Absicherung

Wie oben in anderem Zusammenhang bereits erläutert, kann man die höheren Tarife langfristiger Verträge nicht durch mehrere aufeinanderfolgende Kurzfristverträge zum Niedrigtarif umgehen. Man verliert dann nach der ersten Vertragsperiode seinen Versicherungsschutz. Das passiert auch dann, wenn unterschiedliche Gesellschaften gewählt werden! Die Versicherer lassen sich nämlich bei kostspieligen Versicherungsfällen Flugscheine oder den Paß mit Einreisestempel vorlegen. Falschangaben des Versicherten kommen dann heraus.

Brille

Brillenträgern sei empfohlen, neben einer Reservebrille den **Brillenpaß** mitzunehmen. Damit kann man bei Brillenverlust oder -beschädigung ohne den Umweg über einen Augenarzt direkt einen Optiker aufsuchen.

Behandlung und Zahlung

Im Krankheitsfall wird in Nordamerika häufig **vor** der Behandlung ein **Nachweis der Zahlungsfähigkeit** verlangt. Eine Kreditkarte ist dabei hilfreich. Ohne ausreichende Mittel und/ oder Kreditkarte muß man sich bei teuren Behandlungen ggf. per Fax oder Telefon an seine Auslandskrankenversicherung wenden und um Vorschuß bzw. Kostenübernahme bitten. Die **Kopie des Vertrags** und die Rufnummern der Versicherung sollte man daher vorsorglich mitführen.

Erstattung

Falls man Arzt- oder Rezeptgebühren vorstreckt, sind für die spätere Erstattung in der Heimat **detaillierte Aufstellungen** mit Datum, Namen des behandelnden Arztes, kurzem Behandlungsbericht etc. notwendig. Je vollständiger die Unterlagen, um so reibungsloser und schneller erfolgt daheim die Überweisung des ausgelegten Betrages. Da die meisten Versicherungen **Dollarausgaben** mit dem Tageskurs umrechnen, an welchem der Erstattungsantrag bei ihnen eingeht, können Währungsschwankungen zu kleinen Verlusten führen. Einige Gesellschaften erlauben deshalb ihren Versicherten, den am Tag der Zahlung der Behandlungskosten geltenden Dollarkurs zugrundezulegen.

Behandlungskosten, die aufgrund chronischer Leiden oder infolge von Erkrankungen vor Reisebeginn anfallen, sind durch Reiseversicherungen nicht gedeckt. Zweifelsfälle sollten vor der Reise mit der Krankenversicherung erörtert werden.

Weitere Reiseversicherungen

Inwieweit man über die Krankenversicherung hinaus weiteren Versicherungsschutz benötigt, hängt von den bereits bestehenden Versicherungen in der Heimat und den individuellen Risikoempfinden ab. Vor Abschluß etwa einer **Reisehafpflicht-** oder **Reiseunfallversicherung** sollte man prüfen, ob nicht die vorhandenen Versicherungsverträge auch außerhalb Europas Deckung gewähren.

Versicherungen

Gepäckversicherung

Über den Nutzen der vergleichsweise teuren **Reisegepäckversicherung** sind die Meinungen geteilt. Bei sorgfältiger Lektüre des "Kleingedruckten" entsteht mitunter der Eindruck, daß die Möglichkeiten des Haftungsausschlusses zahlreicher sind als Fälle, in denen der Versicherer tatsächlich zur Kasse gebeten werden kann. Das **Camping** etwa gilt versicherungstechnisch als besonders riskantes Unternehmen, auf das sich allerhand Ausschlußklauseln beziehen.

Wertsachen sind im allgemeinen nur bis zur Hälfte der Gesamtversicherungssumme gedeckt. Tatsächlich ist das Diebstahlrisiko in Canada, aber auch in den USA bei umsichtigem Verhalten nicht außergewöhnlich hoch.

Versicherungs-Pakete

Bei den von Reisebüros gerne verteilten Versicherungspaketen sollte man prüfen, welche Einzelleistungen wirklich benötigt werden. Eine Haftpflicht- und Unfallversicherung besteht vielleicht schon, und die absolut notwendige Krankenversicherung gibt es manchmal anderswo günstiger.

Reise-Rücktrittskosten-Versicherung

Eine Reise-Rücktrittskosten-Versicherung ist bisweilen im Reisepreis schon enthalten. Sie kann, sollte das nicht der Fall sein, aber auch gesondert abgeschlossen werden. Die Prämien sind relativ niedrig (Elvia, Europäische u.a.). Man sollte darauf speziell bei langfristiger Vorbuchung nicht verzichten.

2.1.5 Bargeld, Reiseschecks und Kreditkarten

Cash

Bargeldlos Bargeld spielt im Zahlungsverkehr Canadas und der USA insgesamt eine deutlich geringere Rolle als in Europa. Kanadier und Amerikaner begleichen oft auch niedrige Beträge per Kreditkarte oder mit Scheck. Auch der Tourist braucht daher **keine größeren Dollarbeträge in bar** mitzunehmen. Es macht ohnehin Sinn, Bargeld zunächst nur für die ersten Ausgaben bereitzuhalten. Denn der Wechselkurs für Reiseschecks, die bei Einlösung keine weiteren Kosten mehr verursachen, ist günstiger als der **Sortenkurs**, den die Bank beim Kauf von Banknoten berechnet.

Umtausch in Canada/USA Europäische Währungen lassen sich ausschließlich in Großstädten und auch dort nur in ganz bestimmten Banken und an internationalen Flughäfen umtauschen, und zwar zu äußerst ungünstigen Kursen. **Euroschecks** mit Euroscheckkarte **helfen in ganz Nordamerika nicht weiter**.

Münzen Kleine Münzen sind in **Canada und den USA** nicht nur vom Aussehen her ähnlich und in der Größe so gut wie identisch, sie tragen auch dieselben Bezeichnungen:

    1 Cent: ***Penny***   5 Cents: ***Nickel***
    10 Cents: ***Dime***   25 Cents: ***Quarter***

In **Canada** sind darüberhinaus **$1- und $2-Münzen** im Umlauf. Auch für sie gibt es umgangssprachliche Bezeichnungen:

    1 can$: ***Loonie***   2 can$: ***Twonie***

Die in den **USA** kursierenden 50-Cent- und Ein-Dollar-Münzen bekommt man so gut wie nie zu Gesicht.

Vor allem ***Quarters*** benötigt man häufig: in der **Telefonzelle**, am **Cola-Automaten** und im **Waschsalon**. Man sollte davon stets einen ausreichenden Vorrat parat haben. Bei Banken gibt es **Rollen** zu je 40 Quarters ($10). Die Dollarmünze findet in Automaten kaum Verwendung.

Münzen benötigt man auch in den öffentlichen Verkehrsmitteln der meisten Großstädte. Die Fahrgäste müssen den abgezählten Fahrpreis in einen gut gesicherten, transparenten Behälter werfen. Die Fahrer verfügen als Vorsichtsmaßnahme gegen Überfälle grundsätzlich nicht über Wechselgeld.

Banknoten Da alle **US-Dollarscheine** unabhängig von ihrem Wert dieselbe Größe und Farbgebung aufweisen – die Zahlseite grauschwarz, die Rückseite blaßgrün –, kommt es bei ihnen leicht zu Verwechslungen und auch mutwilligen Täuschungen. Beim Herausgeben ist deshalb etwas mehr Aufmerksamkeit als bei uns angebracht. **Kanadische Geldscheine** unterscheiden sich zwar auch nicht in der Größe, lassen sich aber dank unterschiedlicher Farbgebung besser auseinanderhalten.

Finanzen 49

US-Dollars in Canada

US-Dollars werden in Canada weitgehend akzeptiert, meist allerdings zu einem Kurs, der ungünstiger ist als der Wechselkurs in der Bank. In grenznahen Gebieten gibt es gelegentlich Werbeaktionen für US-amerikanische Kunden (Tankstellen, Einzelhandel), während der US-Dollars höher bewertet werden als in der Bank.

Wechseln großer Scheine

Aus Sicherheitsgründen behalten manche abends und nachts geöffnete Geschäfte und Tankstellen nicht mehr als **$20 Wechselgeld** in der Kasse. Überschießende Einnahmen verschwinden per Rohrpost unwiederbringlich im Tresor. So können größere als $20-Noten bei kleinen Kaufsummen nicht gewechselt werden; mitunter verweigert man sogar die Annahme. Auch bei Zahlungen am Tage kommt man mit **Geldscheinen bis maximal $50** am besten zurecht. $100-Scheine werden oft ungern oder mitunter gar nicht angenommen.

Cash only!

Trotz der großen Bedeutung der Kreditkarten, gibt es Situationen, wo sie nicht weiterhelfen, wo unbedingt mit *Cash* zu zahlen ist: Für Touristen sind in erster Linie die **Campingplätze** in National- und Provinzparks und besonders in den Nationalforsten zu nennen, wo die Übernachtungsgebühren bar in einem Umschlag deponiert werden müssen, ⇨ Seite 142. Auch manche (Billig-) **Tankstellen** und **Supermärkte** (seltener in Canada, oft in den USA) akzeptieren Kreditkarten nicht.

Travelers Cheques

Anwendung

Reiseschecks braucht man in Nordamerika nicht unbedingt bei Banken in Bargeld umzutauschen, wie in Europa üblich. Denn sie werden in Geschäften und Dienstleistungsunternehmen durchweg ohne Abzug irgendwelcher Gebühren wie Banknoten akzeptiert. Die Auszahlung der Differenz zwischen Wert eines Reiseschecks und dem jeweiligen Rechnungsbetrag erfolgt anstandslos in *Cash*.

Kanadische Dollars (can$)

Wer ausschließlich nach Canada reist, sollte sich auf **kanadische Dollar lautende *Travelers Cheques*** beschaffen. US$-Reiseschecks müssen in Canada zunächst bei Banken mit Kursverlust in can$ gewechselt werden. Zwar nehmen viele Unternehmen auch US$-Reiseschecks an, berechnen aber regelmäßig einen ungünstigen Wechselkurs. In Alaska bzw. im Kernland der USA sind **US$-*Travelers Cheques*** naturgemäß vorteilhafter. Reiseschecks, die auf europäische Währungen lauten, lassen sich in beiden Ländern Nordamerikas nur unter großen Schwierigkeiten einlösen.

Kosten der Reiseschecks

Beim Erwerb von Dollar-Reiseschecks in Europa erfolgt die Währungsumrechnung zum Devisenbriefkurs (⇨ Währungstabelle der Tageszeitung) oder nur wenig darüber. Trotz der Provision von 1% des Wertes sind sie dadurch günstiger als Bargeld zum Sortenkurs. Beim Kauf unterschreibt man in der

Bank die *Travelers Cheques* ein erstes Mal, bei der Einlösung müssen sie in Anwesenheit des Kassierers gegengezeichnet werden. Gelegentlich wird die Vorlage des Passes oder des Führerscheins verlangt.

Ersatz für abhanden gekommene Reiseschecks

Der **Vorteil der Reiseschecks** gegenüber dem Bargeld besteht darin, daß bei Verlust oder Diebstahl rasch Ersatz erlangt werden kann, ohne daß dafür Kosten entstehen. Man muß zu diesem Zweck den Kaufnachweis vorweisen und – etwa durch die notierten Einlösedaten bereits verbrauchter Schecks – glaubhaft belegen, welche Schecks (Nummernfolge) verloren gegangen sind. Die verschiedenen Ausgabeorganisationen von Reiesschecks geben ihren Kunden gebührenfreie Telefonnummern mit, die im Verlustfall angerufen werden können, z.B.

        American Express: ✆ (800) 221-7282
        VISA: ✆ (800) 227-6811

Die Zentrale nennt dem Anrufer die **nächstliegende Bank**, welche den Verlust dokumentieren und die Ersatz-Schecks ausstellen kann. Nicht gebrauchte Reiseschecks lassen sich zu Hause ohne Schwierigkeiten zurücktauschen, sofern man sie nicht für die nächste Reise aufbewahren möchte. Eine Gebühr wird dabei nicht erhoben. Allerdings entstehen Kosten in Höhe der Differenz zwischen Ankauf- und Verkaufskurs.

Optimale Stückelung

Bei Reiseschecks sind **$50-Stückelungen** höheren Nennwerten vorzuziehen, sofern man sie auch als Zahlungsmittel und nicht nur zum Umtausch in Bargeld nutzen möchte, ⇨ oben unter dem Stichwort "Banknoten". Nur wer sehr viele Schecks kauft, sollte auch die $100-Stückelungen wählen. $200- und $500-Reiseschecks eignen sich ausschließlich als Bargeldreserve, da sie praktisch nur in Banken eingelöst werden können.

Tausch Bargeld in Reiseschecks

Wer in Nordamerika größere Beträge in **Bardollars** einnimmt, etwa durch den Verkauf seines Autos, kann als Mitglied eines europäischen Automobilclubs beim kanadischen oder amerikanischen Club (CAA bzw. AAA) *American Express Travelers Cheques* gebührenfrei kaufen und damit sein Geld ohne Risiko mit sich führen.

Credit Cards

Verbreitung der verschiedenen Kreditkarten

In Nordamerika gehört die Zahlung per *Credit Card* seit Jahrzehnten zum täglichen Leben. Die meisten Kanadier und US-Amerikaner besitzen mehrere Kreditkarten. **Visa** und **Mastercard**, das amerikanische Pendant zur **Eurocard**, werden fast überall akzeptiert. Relativ weit verbreitet ist auch die **American Express Card**, jedoch eher bei Unternehmen für Waren und Dienstleistungen des sogenannten "gehobenen" Bedarfs. Ebenso die **Discover Card**, eine in Europa bislang leider noch nicht erhältliche "Bonuskarte", die dem Besitzer für jede Zahlung einen kleinen Prozentsatz der jeweiligen Ausgabe gutschreibt. Wesentlich seltener lassen sich *Diners Club Card* und *Carte Blanche* verwenden.

Vorteile

Kreditkarten machen das Reisen in Canada und in den USA erheblich leichter: Nicht nur kann ein Großteil der Ausgaben per Karte getätigt werden, sondern es wird in manchen Fällen auch mehr oder weniger erwartet. Im Hotel etwa oder bei der **Autovermietung** ersetzt die Kreditkarte eine Überprüfung der Bonität des Kunden. Leute ohne "Plastik" gelten als weniger vertrauenswürdig. Gelegentlich wird man ohne Vorlage einer Kreditkarte keinen Leihwagen bekommen oder zumindest eine extrem hohe Kaution hinterlegen müssen. Hotelzimmer, Mietautos, Fährpassagen, Theaterkarten, Campingplätze etc. lassen sich verbindlich meist nur unter Angabe einer Kreditkartennummer telefonisch oder schriftlich **reservieren.**

Behandlungen durch Ärzte und Zahnärzte oder in Krankenhäusern können von der Zahlungsfähigkeit des Patienten abhängen. Das Vorhandensein einer Kreditkarte räumt in solchen Fällen etwaige Zweifel aus. Die **Anschaffung einer Kreditkarte**, sollte man noch keine besitzen, ist daher vor einer Reise nach Canada und in die USA **mit Nachdruck zu empfehlen.**

Wer seine Kreditkarte konsequent einsetzt, braucht nur noch für *Fast Food Restaurants*, auf öffentlichen *Campgrounds* und für kleine Nebenkosten Bargeld bzw. Reiseschecks.

Kosten Die Kreditkartengesellschaften haben in den letzten Jahren die **Voraussetzungen** (etwa in Bezug auf das Monatseinkommen) für den Erhalt einer Karte erheblich erleichtert. Auch die Gebühren sind heute viel niedriger als noch vor kurzer Zeit. Mitglieder des **ADAC** zahlen z.B. für zwei Karten (VISA und Euro) zusammen nur noch 44 DM Jahresgebühr einschließlich einer Auslandskrankenversicherung. Banken und Sparkassen stellen die Eurocard ab 40 DM aus. Etliche Karten können gebührenfrei zur Probe benutzt werden.

Vergleich Zur Frage, welche Karte den persönlichen Bedürfnissen am besten entspricht, sei verwiesen auf die regelmäßigen veröffentlichten **Kreditkartenvergleiche der Stiftung Warentest** (Zeitschriften "test"/"Finanztest"), z.B. Heft 4/1997 Finanztest. Reports dazu gibt`s auch in Wirtschaftsmagazinen.

Ausgabengrenzen Mit einer Kreditkarte lassen sich beliebig hohe Beträge begleichen, sofern die im Abrechnungszeitraum aufgelaufene Summe aller Rechnungen im Rahmen des festgesetzten persönlichen **Kreditlimits** (speziell Visa) bzw. der von der Hausbank zugestandenen Girokonto-Überziehungslinie (Eurocard) liegen. Bei der Zahlung überprüft meistens ein elektronisches Lesegerät gleichzeitig mit der Belegerstellung die Karte, d.h., ihre **Gültigkeit** und ggf. **Summenbegrenzung.**

Technische Abwicklung Wird noch ein mechanischer Schieber benutzt, der die Daten der Karte auf die Zahlungsvordrucke überträgt, ruft das die Karte entgegennehmende Unternehmen meist die Kreditkartenzentrale an. Erfolgt das "O.K.", erhält der Beleg eine **Codenummer**, unter der die Freigabe gespeichert wurde. Der Karteninhaber unterschreibt dann (vorher die exakte Endsumme kontrollieren!) und erhält eine Kopie.

Effektive Zahlung Für die **Umrechnung** von Dollarausgaben in die heimische Währung ihrer Kunden legen die Kreditkartenorganisationen mehrheitlich den **Devisenbriefkurs** (siehe Wirtschaftsteil der Tageszeitung) **plus 1%** zugrunde. Dies Vorgehen führt normalerweise zu einem Wechselkurs unter dem für Bardollar. Vorteilhaft bei der Zahlung mit Karte kann auch der zeitliche Abstand zwischen dem eigentlichen Geschäft und der Abbuchung sein. Meistens wird einmal monatlich abgerechnet, wobei nicht immer schon alle Belege des vergangenen Monats vorliegen. In Einzelfällen erfolgt die **Belastung** erst zwei oder mehr Monate nach der Zahlung. Der Kunde genießt in der Zwischenzeit kostenlos Kredit. Bei später Belastung, bedingt etwa durch ein verzögertes Einreichen des Belegs durch die entgegennehmende Firma, sind bei steigendem Dollar die Kosten in heimischer Währung allerdings höher als ursprünglich geplant. Sinkt der Wert des Dollar, umso besser.

Finanzen

Kombination Reiseschecks und Kreditkarte

Wer seine Reisekosten vor Ort durch einen kombinierten Einsatz von Reiseschecks und Kreditkarte finanziert, kann ganz bewußt ein bißchen **Währungsspekulation** betreiben. Bei fallendem Dollarkurs setzt man verstärkt auf die Kreditkarte in der Hoffnung, daß der Dollar später wieder steigt und die vor der Reise "teuer" erworbenen Reiseschecks günstig zurückgetauscht werden können. Steigt der Dollarkurs hingegen, zahlt man hauptsächlich mit den dann vergleichsweise billig erworbenen *Travelers Cheques*.

Bargeld per Kreditkarte

Kreditkarten lassen sich auch zur Bargeldbeschaffung einsetzen: *Euro*- und *Visacard*-Inhaber erhalten Bargeld (unter Vorlage von Pass und Karte) in fast jeder Bank; *American Express* Kunden wenden sich an AE-Vertretungen, die man allerdings nur in größeren Städten findet. Ist die Geheimzahl (*Pin Code*) bekannt, können sich auch Ausländer mit ihren Karten an kanadischen und amerikanischen **Geldautomaten** bedienen.

Bei der Barentnahme entstehen allerdings hohe Kosten, in aller Regel mindestens 3% der ausgezahlten Summe oder – bei Entnahmen, die eine bestimmte Summe unterschreiten – eine fixe Minimumgebühr. Reduzierte Gebühren gelten, wenn die Auszahlung aus einem bei der Kartenorganisation gehaltenen (verzinslichen) Guthaben erfolgt. Barentnahmen werden im Gegensatz zu laufenden Ausgaben umgehend dem heimischen Konto belastet.

Reiseschecks aus dem American Express Automaten. Zahlung mit der Kreditkarte für 1% Kosten

Die **Modalitäten der Bargeldbeschaffung** sind in Abhängigkeit von Kartenart und Kreditkartengesellschaft sehr unterschiedlich. Bei einigen Gesellschaften gelten ohne Guthaben ziemlich restriktive Entnahmeregelungen. Ein aufmerksames Studium der Bedingungen ist ratsam, möchte man unterwegs unliebsame Überraschungen vermeiden.

Preise und Zahlungsart

Barzahlung (*Cash*) und Kreditkartenzahlung (*Credit*) sind oft mit unterschiedlichen Preisen verbunden – selbst im Fall scheinbar eindeutig ausgezeichneter Artikel. Insbesondere bei höheren Beträgen lohnt sich deshalb die Frage nach Preisdifferenzen zwischen den Zahlungsarten: **"Same price cash or credit?"** Wegen der Provision der Kartenunternehmen sind viele Geschäftsleute bereit, bei Barzahlung (auch *Traveler Cheques*) Preisnachlaß zu gewähren – **Rebate for Cash**. Viele **Tankstellen** in den USA etwa werben auch explizit mit *Cash* Preisen, d.h., Kreditkartenzahlung kostet mehr.

"Edelkarten"

Neben den "einfachen" Kreditkarten gibt es bei den meisten Kartenorganisationen zu höheren Jahresgebühren **Gold-, Platin-** und andere "Edelkarten". Deren Inhaber dürfen in vorgegebenen Zeiträumen **höhere Bargeldabhebungen** vornehmen und genießen automatisch bei Zahlung mit Karte weitreichenden **Versicherungsschutz.** Allerdings sind nicht alle Versicherungen im Einzelfall von Bedeutung, da viele Kunden bereits anderweitig gleichartige Versicherungen besitzen.

Interessant ist insbesondere die automatische Aufstockung einer eventuell unzureichenden Haftpflicht-Versicherungssumme bei Wagenmiete im Ausland bei Buchung vor Ort (↪ Seite 70; speziell bei einer Miete in den USA, wo viele Mietwagen nur mit der jeweils zulässigen Minimalsumme versichert sind), wie sie etwa die ADAC-Visa-Goldkarte bietet, sofern der vollständige Mietpreis per Karte beglichen und dies von vornherein festgehalten wird.

Mißbrauch

Leider ist das Kreditkartensystem schwer gegen **unerlaubte Nutzung** zu schützen. Wer an Nummern fremder Karten herankommt (also z.B. jeder, der Zahlungen per Kreditkarte entgegennimmt), ist in der Lage, damit telefonische Bestellungen und Reservierungen auf fremde Rechnung vorzunehmen. Verliert man die Kreditkarte oder erhält Kenntnis von einem Mißbrauch, kann man sie durch einen Anruf bei der Gesellschaft mit sofortiger Wirkung **sperren lassen**.

Sperren der Karte

Die gebührenfreien Rufnummern der großen Kartengesellschaften sind für Canada und die USA gleich:

American Express:	1-800-528-4800
Mastercard:	1-800-247-4623
VISA:	1-800-336-8472

Für bis zu einer Sperrung eventuell eingetretene Schäden haftet der Kunde höchstens mit 100 DM.

EC-Karten

EC-Karten-Inhaber können auch in Nordamerika **Bargeld aus allen Geldautomaten** ziehen, sofern sie eine der neueren seit Ende 1997 ausgegebenen Karten besitzen. Auskunft erteilt die kontoführende Institution. **Aber Achtung**: Für eine Direktzahlung sind EC-Karten nicht zu gebrauchen.

Whitewater Rafting ist eine der populärsten touristischen Aktivitäten

Im Frühsommer im Wohnmobil über die Duffey Lake Road nach Lillooet

2.2 Die Flugbuchung
2.2.1 Der Flug nach Canada

Der Flugmarkt hat sich im letzten Jahrzehnt stark verändert. Während früher die dem Internationalen Verband der Luftfahrtgesellschaften (IATA) angeschlossenen Fluglinien mit weitgehend einheitlichen, behördlich genehmigten Transatlantiktarifen den Markt beherrschten, bestimmt heute harte Konkurrenz Flugpreise und -konditionen.

Marktführer ab Deutschland/ Direktflug

Nichtsdestoweniger gibt es im Flugverkehr nach Canada keine extrem billigen Tickets, wie sie gelegentlich für bestimmte Ziele in den USA angeboten werden. Die Touristentarife der Marktführer **Air Canada** und **Canadian Airlines** zu allen wichtigen Städten des Landes sind aber recht günstig. Für beide Fluggesellschaften findet man in den Katalogen von Reiseveranstaltern Flugpreise, die noch unter diesen Spezialtarifen liegen. Es gelten dann aber andere ungünstigere Bedingungen, etwa bei Geltungsdauer, Prozentsatz der Kinderermäßigung oder Umbuchungsregelungen.

Flüge über Amsterdam, London etc.

Einige ausländische Airlines befördern Passagiere aus Deutschland oder der Schweiz mit Zubringerflügen zu ihren Knotenpunkten (insbesondere **KLM**/Amsterdam, **British Airways**/London, **Air France**/Paris und **SAS**/Kopenhagen und Stockholm) und von dort zum Zielflughafen in Canada oder in den USA. Derartige Umsteigverbindungen sind häufig noch preiswerter als die günstigsten Direktflüge.

Stopover

Es sei in diesem Zusammenhang angemerkt, daß der Begriff "**Direktflug**" nicht gleichbedeutend ist mit "**Nonstop-Flug**". "Direkt" bedeutet, daß Ziele ohne Umwege oder Umsteigen, aber unter Umständen mit zeitraubenden Zwischenlandungen angeflogen werden. Nur Nonstop-Flüge garantieren den Transport ohne Flugunterbrechung. Von Europa zu Zielen in Canadas Westen geht es **non-stop** nach **Edmonton, Winnipeg, Toronto, Calgary** und **Vancouver.** Ein Zwischenstop im Osten Canadas oder in den USA auf einem Direktflug oder auch die Notwendigkeit, umsteigen zu müssen, ist nicht unbedingt ein Nachteil. Denn der *Stopover* erlaubt dem Passagier gelegentlich eine Unterbrechung und den Besuch eines weiteren Zieles in Nordamerika ohne Mehrkosten (nicht in Canada, in den USA mehrere Möglichkeiten) oder zu einem relativ geringen Aufpreis (meist 100 DM) in Canada zur Zeit nur in Toronto und Calgary. Mehr dazu ⇨ Seite 61.

Charterflüge

Die Möglichkeiten, per Charterflug nach Canada zu fliegen, haben sich im letzten Jahr wieder erhöht. Von Deutschland aus geht es mit kanadischen Charterfliegern wie *Canada 3000, Royal Airlines* oder *Air Transat* ab Frankfurt, Düsseldorf, München, Berlin und Hamburg, zu den vier touristischen

Hauptzielen Toronto, Vancouver, Calgary und Edmonton – neuerdings auch nach Winnipeg und Whitehorse – zu Preisen, die um 150-200 DM (hängt vom Veranstalter ab) unter den Sonderflugtarifen der Liniengesellschaften liegen.

Gepäcklimits Ein **Nachteil aller Charterer** sind die Gepäcklimits zwischen 20 kg und 32 kg pro Person. Auf **Linienflügen** nach Nordamerika liegt das Limit dagegen bei **64 kg pro Person**, wobei höchstens zwei Gepäckstücke bis zu je 32 kg zugelassen sind.

Vorteil Linienflüge Ein weiterer Nachteil der **Charterer** ist, daß die Maschinen im allgemeinen nur an bestimmten, zudem saisonal wechselnden Wochentagen starten. Eventuell notwendige Umbuchungen lassen sich daher nur unter großen Schwierigkeiten oder gar nicht bewerkstelligen, etwa wenn die Flüge auf Wochen im voraus ausgebucht sind. Die meisten **Liniengesellschaften** bieten von vornherein einen größeren terminlichen Spielraum (täglicher Abflug ist die Regel) und auch mehr Flexibilität hinsichtlich Datenänderungen nach bereits erfolgter Buchung.

Gabelflüge Selbst wenn Chartergesellschaften Gabelflüge zulassen, die durch **unterschiedliche Ziel- und Rückflug-Airports** gekennzeichnet sind, bleiben die Kombinationsmöglichkeiten wegen der geringeren Flugfrequenz und wenigen Ziele begrenzt.

Tarife Wer zur Buchung eines Fluges ins Reisebüro geht, sollte sich vorab bereits ausreichend informiert haben, um die ihm unterbreiteten Angebote beurteilen zu können. Zum Vergleich hier die offiziellen Tarife (6 bzw. 3 Monate gültig, Umbuchung und Storno 150 DM, Jugendermäßigung bis 24 Jahre: 25%) der **Air Canada für die Hochsaison 1998** (12.06.-13.09.)

ab Deutschland nach	Holiday	Ahornblatt	Super Ahornblatt
Toronto	1.821 DM	1.662 DM	1.467 DM
Winnipeg	1.981 DM	– DM	1.667 DM
Calgary/Edmonton/ Vancouver	2.087 DM	1.927 DM	1.717 DM

Die **Vorteile der Holiday-Tarife** liegen u.a. darin, daß Plätze auch dann noch zur Verfügung stehen, wenn Kontingente zu anderen Spezialtarifen ausgebucht sind.

Reservierung und Konditionen Frühzeitige Reservierung sichert nicht nur die gewünschten Termine, sondern auch günstigere Flugpreise als angegeben. Die findet man in den Prospekten kleinerer Reiseveranstalter wie z.B. Aeroplan, Interair-Voss, Explorer u.a., wie in den Katalogen der Großen der Branche (Meier's Weltreisen, CA-Ferntouristik, DERTOUR, ADAC-Reisen). Wer Wert auf besonders niedrige Tarife legt, muß Zwischenstopps, Zubringer ins Ausland, Abflug in der Wochenmitte etc. akzeptieren.

Linie	Zur **Übersicht** im folgenden einige **Hochsaison-Linienflugpreise 1998** ab deutschen Großstädten nach Canada: **Air Canada**: Toronto 1.329 DM; Winnipeg 1.519 DM; Calgary/Edmonton/Vancouver 1.579 DM **British Airways**: Toronto 1.289 DM; Calgary/Vancouver/Winnipeg 1.539 DM; Edmonton/Victoria 1.599 DM **Canadian Airlines**: Toronto 1.299 DM; Calgary/Vancouver/Winnipeg 1.579 DM; Regina/Saskatoon/Edmonton/Victoria 1.639 DM; Whitehorse 1.959 DM **Northwest Airlines**: Toronto 1.339 DM; Winnipeg/Regina/Saskatoon/Calgary 1.589 DM; Edmonton/Vancouver 1.669 DM **Lufthansa**: Toronto 1.449 DM; Calgary/Vancouver 1.699 DM **Continental Airlines**: Toronto 1.399 DM; Vancouver 1.519 DM
Charter	**Charterflüge** kosten in der Hochsaison 1998 (Frühbuchertarife) mit folgenden Airlines und Veranstaltern z.B.: **Canada 3000**: Toronto 1.099 DM; Calgary/Vancouver 1.299 DM (Canusa-Reisen) **Air Transat**: Toronto 1.069 DM; Vancouver 1.299 DM; Calgary/Edmonton 1.349 DM, Whitehorse 1.479 (ADAC-Reisen) **Martinair Holland**: Toronto/Calgary/Edmonton/Vancouver 1.299 DM (Explorer) **Royal Airlines:** Toronto 1.069 DM; Winnipeg/Vancouver 1.349 DM (RSI Reiseservice)
Gebühren	Zu den Tarifen addieren sich 70 DM pro Ticket für Flughafensteuern und Sicherheitsabgaben. Bei Starts am Wochenende werden oft 50 DM Zuschlag je Flugstrecke berechnet.
Graumarkt-Tickets	Überregional tätige **Billigfluganbieter**, die in Tageszeitungen und Reisezeitschriften inserieren, reagieren mit aktuellen Sonderangeboten auf geänderte Marktlagen. Ihre Preise findet man nicht in langfristig gültigen Katalogen, man muß gezielt danach fragen. Überaus nützliche Informationen bieten die vierteljährlich erscheinenden **Magazine "Reise und Preise"** und **"fliegen & sparen"**.
Buchung	In der Hoch(preis-)saison zwischen Mitte Juni und Mitte/Ende August sind die Plätze zu Billigtarifen langfristig ausgebucht, denn nur ein Teil der Kapazität wird "supergünstig" verkauft. Außerhalb dieses Zeitraums gibt es aber selbst zum Sondertarif oft noch kurzfristig freie Plätze.
Anfahrt zum Flughafen	Ein kleines Problem für alle, die nicht in der Nähe des (Ab-)Flughafens wohnen, ist die Anfahrt dorthin. Wenn kein guter Freund den Transport übernimmt, bleiben zwei Alternativen: – Der eigene Wagen wird auf dem Langzeitparkplatz des Flughafens (teilweise extrem teuer) abgestellt oder auf dem **Parkplatz eines Hotels** preiswert bis kostenlos, sofern man dort vor oder im Anschluß an den Flug übernachtet. Entsprechende Angebote findet man in Veranstalterprospekten.

	– Man fährt per **Rail & Fly Ticket** der Bundesbahn. Die Rückfahrkarte kostet in der 2. Klasse bis 300 km 110 DM, darüber 159 DM. Jede zusätzliche Person zahlt entfernungsunabhängig 69 DM.

Canada über die USA

Ein Motiv, den Canada-Urlaub in den USA beginnen zu lassen, könnte die preiswertere Automiete ohne Meilen-/Kilometerbegrenzung sein (Pkw; bei Wohnmobilen besteht zur Zeit kein auffälliges Preisgefälle), ➪ dazu auch Seite 69. Der **Seattle-Tacoma International Airport** etwa liegt nur 200 km von Vancouver entfernt und wird von allen großen amerikanischen und verschiedenen europäischen Fluglinien zu ähnlichen Tarifen wie Vancouver bedient. Auch **Detroit** zwischen Huron und Erie See an der Grenze zu Ontario eignet sich gut als Ausgangspunkt zu Fahrten nach Canada. Ferner kämen noch **Chicago** und das knapp 500 km von der kanadischen Grenze entfernte **Minneapolis** in Frage.

Vielflieger-Programme

Alle großen Fluglinien bieten heute ihren Kunden Vielflieger-Programme, die unter unterschiedlichsten Bezeichnungen laufen (**Frequent Flyer, Miles & More**/Lufthansa etc.) und allerhand Vergünstigungen in Aussicht stellen. In diese Programme kann sich jedermann bereits vor dem ersten Flug bei "seiner" Airline eintragen lassen. Anruf genügt, die Unterlagen kommen ins Haus. Im Gegenzug für das ausgefüllte Formular wird ein kreditkartenähnlicher Ausweis ausgestellt und ein **Bonus-Konto** für den Kunden eingerichtet. Vom Datum des Antrags an können auf diesem Konto Meilen gesammelt werden. Beim Einchecken weist er einfach seine Karte vor, der Rest läuft von alleine. Wer seine Karte (noch) nicht zur Hand hat, kann mit dem verbliebenen Abschnitt seines **Boarding Pass** Meilen auch noch nachmelden. Oft werden schon als Anreiz bei Ausstellung 5.000 Meilen gutgeschrieben, bei **Transatlantikflügen** gibt's zusätzlich zu den Entfernungsmeilen noch **Meilenprämien**. Weitere Meilen werden dem Konto gutgebracht, übernachtet man im Anschluß an einen Flug in den "richtigen", zumeist teuren Hotels oder mietet einen Wagen bei der jeweils kooperierenden Leihwagenfirma.

Vergünstigungen für Vielflieger	Eifrigen Meilensammlern winken Freiflüge, **Upgrading** von der *Economy* in die *Business Class*, kostenlose *Weekends* irgendwo und "Erlebnisprämien". Die kleinen Prämien gibt's schon bei 15.000 Meilen (abhängig von der Fluggesellschaft), für **Freiflüge** braucht man ein paar `zigtausend Meilen mehr. Ziel solcher Programme ist es natürlich, Kunden an eine Fluggesellschaft zu binden.
Information	**Telefonnummern** in Deutschland und **Websites** der wichtigsten **Airlines im USA/Canada Luftverkeh**r:

Alaska Airlines	0130/813358	www.alaska-air.com
Air Canada	069/27115111	www.aircanada.ca
America West	069/291011	www.americawest.com
American	0180/3242324	www.americanair.com
British	0180/3340340	www.british-airways.com
Canadian	069/66583089	www.cdnair.com
Continental	0180/3212610	www.flycontinental.com
Delta	0180/3337880	www.delta-air.com
Lufthansa	0180/3803803	www.lufthansa.com
Northwest	0180/5254650	www.nwa.com
Swiss Air	069/242350	www.swissair.com
United	069/605020	www.ual.com
USAirways	069/67806298	www.usair.com

Spätbuchung	– Bestimmte Reisebüros sind auf die Vergabe von **Restplatzbeständen** spezialisiert. Dort machen Kunden häufig ein Schnäppchen, vorausgesetzt, sie warten bis 4-6 Wochen vor dem gewünschten Abflugtermin und die entsprechenden Flüge sind bis dahin relativ schlecht belegt.
Einfachflüge	*Stand-By*-Flüge sind in der Regel **Einfachflüge** (*One-Way-Tickets*). Wer damit dem Einwanderungsbeamten auffällt und nur geringe Geldmittel "vorzeigen" kann (⇨ Seite 40), muß viele gute Argumente haben, um für den gewünschten Zeitraum den Einreisestempel zu erhalten. In Richtung USA gibt's Einfachflüge nur für Visuminhaber.

Biker können ihr Gerät im Flugzeug mit nach Canada nehmen, benötigen aber eine spezielle Bike Box. Da die Bedingungen für den Transport von Airline zu Airline unterschiedlich sind, klärt ein direkter Anruf die jeweils geltenden Bestimmungen.

2.2.2 Fliegen in Canada und von den USA nach Canada*)

Situation vor Ort

Wegen der enormen Entfernungen und der Mobilität der Bevölkerung besitzt der Luftverkehr in Nordamerika eine erheblich größere Bedeutung als in Europa. Eine Reise per Flugzeug ist in Canada für die meisten Menschen viel alltäglicher als bei uns. Die Kosten sind außerdem – bezogen auf die zurückgelegten Kilometer – relativ niedrig.

Kanadische Airlines

Flugnetz

Die dominierenden kanadischen Fluggesellschaften **Canadian Airlines** und **Air Canada** verfügen beide über ein landesweit dichtes Routennetz. Sie bedienen wichtige Strecken wie **Vancouver–Calgary** tagsüber im Stundentakt und die Transkontinentalroute Vancouver–Toronto neunmal täglich. Über ihre Partnerunternehmen und Tochtergesellschaften (z.B. *Canadian Regional* bei Canadian Airlines bzw. *Air BC*, *NWT Air*, *Air Ontario* bei Air Canada) fliegen sie auch entlegene Regionen an. Im **Norden und Westen Canadas** besitzt *Canadian Airlines* ein dichteres Netz als Air Canada.

Unterbrechung

Wer mehrere weit auseinanderliegende Ziele in Canada und/oder Alaska (⇨ Seite 536) besuchen möchte, sollte bei der Buchung nach einem **Direktflug** mit Unterbrechungsmöglichkeit(en) fragen. Auf dem Weg nach Vancouver kostet ein Zwischenstop in Calgary oder Toronto bei Air Canada 150 DM, bei Canadian Airlines 100 DM Aufpreis. Bei Flügen mit US-Airlines nach Vancouver ist stets ein kostenloser Stopover in den USA möglich, z.B. bei Northwest Airlines in Minneapolis/St. Paul und Detroit, bei United Airlines in Chicago.

Anschlußtarife

Für Reisen zu Städten im Westen Canadas sind die Anschlußtarife der beiden großen kanadischen Airlines sehr günstig, (siehe unten). Beispiel: **Vancouver–Whitehorse can$270 retour** (der Normaltarif kostet über can$500!).

Coupon-Tickets

Für den Fall, daß sich bestimmte Reisepläne über Anschluß-Tarife oder Stopover-Regelungen nicht realisieren lassen, bieten sogenannte *Coupon-Tickets* die Lösung. Dabei entspricht ein Coupon einer Flugstrecke; **mindestens drei Coupons** sind zu buchen. Die Couponkosten unterbieten selbst Sondertarife für einzelne Flüge deutlich. Zum Beispiel kostet in der Hauptsaison ein ***Super-Saver*-Rückflugticket Toronto–Vancouver** mit **can$479** (Nachtflug) bzw. **can$563** (Tagestarif), 14 Tage Vorbuchung, mindestens ein Samstag Aufenthalt, keine Erstattung, Umbuchungsbebühr can$150, fast genausoviel wie ein **3-Coupon-Ticket**, mit dem noch eine zusätzliche Strecke geflogen werden darf.

---

*) Die zahlreichen in diesem Kapitel genannten Preise gelten für den Sommer 1998. Sie unterliegen erfahrungsgemäß raschen Veränderungen, illustrieren aber im Vergleich die im Text getroffenen Feststellungen und informieren über Größenordnungen.

Coupon-Tickets

Gegen diese Preise kann die Eisenbahn nicht konkurrieren, der Greyhound nur, wenn der Zeitfaktor unbeachtet bleibt.

Folgende **Coupon-Tickets** sind erhältlich:

Anzahl der Coupons	Air Canada Unlimited	Visit North America
3	700 DM	760 DM
4	800 DM	920 DM
5	900 DM	1.100 DM
6	1.000 DM	1.230 DM

- **Hochsaisonzusatzcoupons** für den Flug Seattle–Anchorage–Seattle 638 DM. Der Hin- und Rückflug in die Northwest Territories kostet 660 DM Aufpreis.
- Bei *Visit North America* darf das Streckennetz von **AC und United Airlines**, beim *Air Canada Unlimited* Tarif darf **nur** das Streckennetz von **AC** genutzt werden.
- Der **Transatlantikflug** muß beim *AC Unlimited* mit AC erfolgen, bei *Visit North America* mit Air Canada, Lufthansa, United Airlines oder SAS.
- Pro Stadt sind 2 Stops erlaubt. Die maximale Gültigkeit der Coupons beträgt 60 Tage. Nur maximal ein Transkontinental-Hin- und -Rückflug Ost-Westküste erlaubt.

Der *Go Canadian Pass* von **Canadian Airlines** umfaßt mindestens 3 und höchstens 8 Coupons. Er wird nur in Verbindung mit einem Transatlantikflug von Canadian Airlines oder British Airways verkauft. Maximal sind zwei *Stopovers* pro Stadt und zwei Transkontinentalflüge erlaubt. Der *Pass* ist auf dem kanadischen Netz der Airline (ohne Northwest Territories) gültig und kostet:

Anzahl der Coupons	Go Canadian Pass 1. 7. - 31. 8.	Nebensaison
3	493 can$	454 can$
4	563 can$	514 can$
5	633 can$	574 can$
6	703 can$	634 can$

Canadian Airlines offeriert außerdem einen **Nordamerika Pass**. Die Bedingungen entsprechen denen des *Go-Canadian Pass* mit dem wichtigen Unterschied, daß das gesamte nordamerikanische Canadian Airlines-Netz benutzt werden kann, Transatlantikflug nur mit Linienfluggesellschaften.

Für alle *Coupon Tickets* gelten hier nicht ausgeführte weitere Regelungen und Restriktionen, die aus den Tarifunterlagen der Airlines hervorgehen.

Preise für den Nordamerika Pass

Anzahl der Coupons	1. 7. - 31. 8.	Nebensaison
3	545 can$	506 can$
4	615 can$	561 can$
5	685 can$	616 can$
6	755 can$	671 can$

mehr Coupons sind möglich.

Beispiel

Die folgenden Beispiele zeigen die Kosten für eine **Flugreise von Europa über Vancouver nach Whitehorse und zurück** einmal als Kombination Transatlantikflug/Coupon-Tickets und alternativ als Kombination Transatlantikflug/Anschlußflug.

– **TA-Flug und Nordamerika Pass mit 4 Coupons:** Ein CP-Flug von Toronto nach BC, von dort weiter in die Yukon Territories und zurück über Edmonton nach Toronto (–Vancouver–Whitehorse–Edmonton-Toronto) kostet can$615, bei einem Wechselkurs von 1,25 DM/can$ also 768 DM. In Verbindung mit einem BA-Transatlantikflug nach Toronto (1.289 DM) kostet die ganze Angelegenheit 2.057 DM.

– **TA-Flug und Anschluß-Tarif** nach Whitehorse: Der Anschlußtarif Vancouver–Whitehorse–Edmonton mit CP beträgt can$270, bei einem Wechselkurs von 1,25 DM/can$ also 338 DM. In Verbindung mit einem Transatlantikflug mit British Airways nach Vancouver/zurück ab Edmonton (1.539+25 DM) kostet das Ganze 1.902 DM; ist also um rund 150 DM billiger als das Vorgehen oben. Dabei entfällt allerdings die Möglichkeit, in Toronto einen Zwischenstop einzulegen.

In Canada gibt es nicht nur Schotterstraßen, sondern sogar Schotterpisten für Jets: hier in Churchill an der Hudson Bay

US Airlines

Coupon-Tickets

Ähnlich wie Canadian Airlines und Air Canada bieten alle bedeutenden US Airlines *Coupon-Tickets* an. Sie sind unter Umständen auch für "reine" Canada-Urlauber bedenkenswert, weil damit die wichtigsten kanadischen Cities (Montréal, Toronto, Calgary, Edmonton, Vancouver) und grenznahe US-Flughäfen (etwa Detroit, Minneapolis, Seattle, u.a). erreicht werden können. Bei einigen Gesellschaften gibt es **Zusatzcoupons für Alaska**, zum Beispiel bei Northwest Airlines in der Hochsaison 1998 – bei Kauf von mindestens drei Coupons für 733 DM – für 616 DM zwei Coupons Alaska.

Bedenkenswertes

Wegen der unterschiedlichen Flug- und Streckenpläne der einzelnen Airlines läßt sich das für den individuellen Reiseplan günstigste Angebot nur mit erheblichem Arbeitsaufwand herausfinden. Die Coupontickets bestimmter Gesellschaften können im Einzelfall ausgesprochen ungeeignet und trotz scheinbarer Preiswürdigkeit im Endeffekt teuer sein, wenn das Streckennetz im ausgesuchten Zielgebiet dünn ist, lange Wartezeiten für Anschlußflüge existieren und zu viele Coupons beim Umsteigen verbraucht werden. Wer sich für weitere Einzelheiten über die Coupontarife der US Airlines, deren Vorzüge und Nachteile und für die Feinheiten des Fliegens in Nordamerika interessiert, sollte zum Reise Know-How Band **"Die USA mit Flugzeug und Mietwagen"** greifen. Dieses Buch enthält alle Informationen; ➪ vorletzte Seite.

Geeignete US-Airlines für Flüge nach Canada

Grundsätzlich liegt es beim Hauptreiseziel Canada nahe, neben den kanadischen Gesellschaften **Northwest Airlines** in Betracht zu ziehen, da diese Gesellschaft ihre Knotenpunkte im Norden der USA unterhält (Seattle/Tacoma, Minneapolis/St. Paul, Detroit und Boston), von wo aus sie die großen kanadischen Airports bedient. Sie verfügt über ein relativ dichtes Netz mit hoher Flugfrequenz in den nördlichen US-Staaten und fliegt in *Code Sharing* mit **Alaska Airlines** 15x täglich non-stop Seattle–Anchorage.

Die Übersicht zeigt die Hauptziele amerikanischer Fluglinien in West-Canada (Destinationen in Alaska ➪ Seite 536):

Calgary	American, Continental, Delta, United, Northwest
Edmonton	American, Delta, Northwest
Toronto	American, Continental, Delta, Northwest, United, US Airways
Vancouver	American, Delta, Northwest, United, Continental
Victoria	Northwest
Winnipeg	American, Northwest, United

Vor allem Northwest fliegt außerdem zu einer ganzen Reihe von mittelgroßen Städten in Canada.

Kooperation zwischen den Airlines	Zwar bedienen, wie man sieht, die amerikanischen Airlines von den USA aus alle wichtigen Ziele in Canada, sie fliegen aber praktisch nicht auf innerkanadischen Strecken. Allerdings kooperiert United Airlines mit Air Canada im Sinne eines *Code Sharing*, so daß sich das jeweils eigene Streckennetz um das Netz (oder Teile davon) des Partners erweitert.
Buchung ab Europa	Im Regelfalle ist es preislich günstiger und vor allem deutlich sicherer für Folgeplanungen (Leihwagen- oder Wohnmobilübernahme), alle Flüge in Europa zu reservieren und von den oben erwähnten Möglichkeiten wie Stopover-, Anschluß-Tarifen, Flugcoupons und Gabelflügen Gebrauch zu machen.
Buchung in Nordamerika	Wer erst in Nordamerika einen Flug buchen muß/möchte, sollte nicht nur bei einer Airline anrufen, wenn die gewünschte Strecke von mehreren Gesellschaften bedient wird. Jede besitzt ihr eigenes Tarifsystem mit zusätzlichen, nur temporär gültigen Sondertarifen.
Tarife	**Reduzierte Tarife gibt es**

- bei vielen Fluggesellschaften für **Studenten** bis zu einem Alter von etwa 25 Jahren, sofern sie einen gültigen Studentenausweis vorweisen können.
- für Flüge zu Tageszeiten mit geringem Verkehrsaufkommen. Frühmorgens gelten etwa **Early Bird**-Angebote, abends **Night Coach**-Tarife (Abflug ab 21 Uhr).
- unter bestimmten Auflagen, etwa **Vorausbuchung** und mindestens ein Wochenende am Zielort.

Buchungsstellen	Statt bei den Airlines direkt anzufragen und sich der Mühe des Preis- und Konditionenvergleichs zu unterziehen, ist der Weg zum **Reisebüro** (*Travel Agency*) bequemer. Die Reiseabteilungen der Automobilclub-Dependancen (AAA bzw. CAA, ⇨ Seite 132, in allen Großstädten) bieten in dieser Beziehung einen guten Service. Als Mitglied eines europäischen Partnerclubs darf man die Einrichtungen von CAA und AAA nutzen wie jedes einheimische Mitglied.

Maschinen von United und Delta Airlines in Vancouver

2.3 INDIVIDUELL REISEN MIT DEM AUTO

Beurteilung

Für Rundreisen in Canada und Alaska gibt es **zum Auto keine echte Alternative**. Das Streckennetz der öffentlichen Verkehrsmittel ist bei weitem nicht so dicht geknüpft, wie man es in Europa kennt; d.h. **mit Bus oder Bahn** lassen sich hauptsächlich Ziele entlang der Hauptstraßen bzw. weniger Schienenstränge erreichen. Wegen der durchweg niedrigen Verkehrsfrequenz (eine Abfahrt pro Tag, mitunter weniger) **ist ein flexibles Reisen** selbst in erschlossenen Bereichen **nicht möglich**. Vielmehr sind genaue Zeitplanung und -einhaltung erforderlich, sollen lange Wartezeiten vermieden werden. Viele Regionen, National- und Provinzparks sind ohnehin nur mit dem Auto zu erreichen, sieht man ab von Mini-Airlines, die in Canada für teures Geld auch noch die entlegenste Ortschaft anfliegen.

2.3.1. Mietwagen

Voraussetzungen der Automiete

Voraussetzung jeder Wagenmiete ist in ganz Nordamerika fast ausnahmslos, daß der/die Fahrer das **21. Lebensjahr** vollendet hat/haben (bzw. das 25. bei Hertz)[*]. Für jeden **Fahrer unter 25 Jahren** muß in aller Regel ein **Zuschlag** pro Tag von $5-20 (plus Umsatzsteuer) auf die Basismiete gezahlt werden. Jungen Leuten **ab 19 Jahren** bietet der Camperverleiher *Cruise America/Canada GM Blazer 4WD Jeeps* zu normalen Tarifen an (ca. ab 630 DM/Woche), **Gebrauchtfahrzeuge** ab 18 bzw. 19 Jahren vermieten die Firmen *Ruedis Autovermittlung* (℡ und Fax: 0041 31 9113683) in mehreren Städten Canadas und der USA und **Transatlantic** (New York/Vancouver, ⇨ Seite 103). Bei den **Campfahrzeugen** ist bei den meisten Firmen die Miete ab 21 Jahren ohne Zusatzkosten möglich, für die kleineren Van Camper teilweise ab 19 Jahren, ⇨ Seite 86/87.

Alter

Kreditkarte

Eine weitere Voraussetzung, ohne die es bei Miete vor Ort nicht geht, ist eine **Kreditkarte**. Auch im Fall der Buchung und Zahlung bereits in der Heimat wird bei der Übernahme die Vorlage einer Kreditkarte zur Abdeckung der Kaution und erst vor Ort fälliger Zahlungen erwartet (Steuern, Zusatzversicherungen, Einwegzuschlag etc.). Man akzeptiert in diesem Fall aber oft die Hinterlegung der Kaution und die Zahlung

---

[*] Der nationale **Führerschein** genügt. Wer keinen Führerschein im mehrsprachigen neuen Euroformat besitzt, sondern noch den alten deutschen "Lappen", tut sicherheitshalber gut daran, zusätzlich einen Internationalen Führerschein mitzuführen. Der ist eventuell auch nützlich bei Verkehrskontrollen. Dank der vielen deutschen Touristen sind den meisten Verleihfirmen die grauen Uraltformate aber bekannt. Auch die kanadischen und US-Polizisten kennen das eigenartige Papier ihrer besten Radarfallen-Kunden schon.

sonstiger Kosten in bar oder Reiseschecks. Wer keine Kreditkarte besitzt, sollte sich unbedingt vor der Buchung vergewissern, ob dies bei der gewählten Firma möglich ist. Zu beachten ist darüberhinaus, daß Mieter und Kreditkarteninhaber identisch sein müssen.

Welches Fahrzeug?

Wer sich für eine Reise im Auto entscheidet, hat die Wahl zwischen einem **Pkw** bzw. einem Fahrzeug, in dem nicht übernachtet werden kann, und einem **Wohnmobil**, dessen Miete gleichzeitig die **Übernachtungsfrage** löst. Pkw-, Mini-Van- oder Jeep-Fahrer müssen wählen zwischen festen Nachtquartieren wie Hotel, Motel oder Jugendherberge und der preiswertesten Lösung, dem Zelt. Zunächst zum Thema PKW-Miete und allen damit zusammenhängenden Fragen:

Die PKW-Miete – Vorbuchung

Vorteile

Im allgemeinen empfiehlt sich die Buchung eines Leihwagens bereits in Europa. Die Angebote der Reisebüros sind (bei Mietzeiten ab einer Woche!) ausgesprochen fair und günstiger als vor Ort kurzfristig realisierbar. Von Vorteil ist auch, daß das reservierte Fahrzeug mit Sicherheit zum gewünschten Termin, ggf. also bereits bei Ankunft, bereitsteht und nach kurzen Formalitäten übernommen werden kann. Bei Reklamationen hat man den Vertragspartner im Heimatland.

Die Buchung in Europa kann außer in Reisebüros auch direkt bei den **Leihwagenunternehmen** erfolgen, soweit sie hierzulande vertreten sind. In Deutschland unterhalten folgende amerikanische Firmen, die größtenteils auch in Canada operieren, eigene Büros:

	Telefon	Website
Alamo	0130/819226	www.goalamo.com
Avis	0180/55577	www.avis.com
Budget	0180/5214141	www.budget.com
Sixt	wie Budget	www.sixt.com
Hertz	0180/5333535	www.hertz.com
National	0130/824422	www.nationalcar.com
Dollar	0180/5221122	www.dollarcar.com
Thrifty	06131/99330	www.thriftykw.com
Tilden	wie National	nur in Canada

Fahrzeugtypen

Die Auswahl bei den Fahrzeugtypen ist groß und umfaßt das gesamte Spektrum der in Amerika gängigen Marken und Kategorien vom Kleinwagen (**Ford Festiva/Geo Metro**) bis zu Luxuslimousinen (**Cadillac/Ford Lincoln**), **Mini Van**, **Cabriolet** und **Jeep**. Auch in Canada überwiegen in den Fuhrparks der Vermieter Fahrzeuge der drei amerikanischen Hersteller General Motors, Ford und Chrysler. Einige Vermieter sind Tochterunternehmen der Autohersteller.

68 Reisevorbereitung und -planung

Kennzeichnung

Amerikanische Kraftfahrzeuge sind nach wie vor komfortabler als europäische Wagen vergleichbarer Größe. Leihwagen besitzen fast immer ein Automatikgetriebe und Klimaanlage (*Air Condition*). Nichtsdestoweniger hält sich ihr **Treibstoffverbrauch** heute wegen moderner Motoren und Tempolimits (↔ Seite 125) in Grenzen. Dies und die niedrigen Benzinpreise sorgen dafür, daß man drüben selbst in einem Oberklasse-Pkw **geringere Spritkosten** hat als in Europa mit Kleinwagen.

Tarifelemente

Bei den großen Reiseveranstaltern sind bei **Vorausbuchung** mit der Zahlung normalerweise die **Basiskosten** des Mietwagens (einschließlich aller Steuern und Flughafengebühren) und die **Haftpflicht- und Vollkaskoversicherung** abgedeckt (dazu mehr auf Seite 70). **Zusätzlich in Dollar** müssen direkt beim Vermieter **Aufschläge** für junge/zusätzliche Fahrer, **Überführungsgebühren** bei Einwegmieten und eventuelle **Zusatzversicherungen** beglichen werden. Die Zahlung erfolgt üblicherweise bei Fahrzeugrückgabe.

Tarifvergleich Canada/USA

Eine **Pkw-Miete ist heute in Canada** – im Gegensatz zu früheren Jahren – **nicht mehr generell teurer als in den USA**. Dabei kommt es auf den Vermieter und den Wagentyp an, wo man preiswerter mietet. Interessant ist der Umstand, daß einzelne Zusatztage selbst bei höheren Wochentarifen in Canada preiswerter sind als in den USA. Teurer ist Canada in fast allen Fällen nur während der Hochsaison (Mitte Juli bis Ende August), da dann ein (gegenüber den USA) höherer Saisonzuschlag gefordert wird. Dennoch gilt selbst dann, daß sich eine Automiete in grenznahen Städten der USA – etwa in Detroit oder Seattle – bei überwiegender Reise durch Canada kaum lohnt, wenn damit Umstand und Zeitverlust verbunden sind.

Canada-Urlauber, die ihre **Reise sowieso in den USA beginnen**, können aber ggf. Preisvorteile realisieren. Die Ticketpreise für Transatlantikflüge etwa nach Seattle und Vancouver oder nach Detroit und Toronto sind ungefähr gleich, bei einigen Airlines sogar identisch.

Fazit

Der für die eigenen Pläne günstigste Tarif läßt sich letztlich nur durch **Katalogvergleich** und Rechnen mit dem spitzem Bleistift finden. Für beide Länder gilt (für die Saison 1998, früher anders), daß **unlimitierte Meilen Standard** sind. Es sei ergänzend angemerkt, daß es in Canada (bei Vorausbuchung) **keine regionalen Unterschiede** bei den Miettarifen gibt.

Einwegmiete

Alle Tarife gelten grundsätzlich unter der Voraussetzung, daß das Fahrzeug am Ausgangsort zurückgegeben wird. Sonst handelt es sich um eine Einwegmiete, oft sogar innerhalb ein- und derselben Stadt; d.h. am Flughafen übernommene Autos können nicht ohne Zusatzkosten in einer City-Filiale wieder abgegeben werden und umgekehrt. Nur in den USA gibt es bei vielen Firmen eine Reihe **Ausnahmen** von dieser Regel.

Konditionen Einwegmiete	Eine Einwegmiete, soweit erlaubt (in Canada und von Canada in die USA nur zwischen bestimmten Städten, z.B. Vancouver–Seattle oder Toronto–Detroit/Chicago – **nie** von den USA nach Canada!), unterliegt bei allen Verleihfirmen gewissen (unterschiedlichen) **Restriktionen**. In keinem Fall sind alle Wagenkategorien dafür zugelassen, Minivans oder Cabrios davon meistens ausgenommen. *One-way* muß immer ausdrücklich bestätigt werden; d.h., trotz prinzipiell möglicher Einwegmiete Winnipeg-Calgary kann eine Firma einzelne Anfragen für diese Strecke ggf. negativ bescheiden. Generell werden entfernungsabhänge Pauschalbeträge (**Rückführungsgebühr/*One-way Service Fee***) berechnet, die von Vermieter zu Vermieter recht unterschiedlich ausfallen.
Steuern	Sollten **die Steuern nicht von vornherein im Mietpreis eingeschlossen** sein (das gilt immer bei Buchung drüben und bei den Nebenkosten für zusätzliche/junge Fahrer, *one-way* etc.), sind mitunter kräftige Zuzahlungen fällig:
Canada	In Canada wird im ganzen Land einheitlich die ***Goods & Services Tax*** (**GST**) **von 7%** berechnet und zusätzlich **6-8% *Provincial Sales Tax*** (**PST**) der jeweiligen Provinz – mit der Ausnahme Albertas (**0%**) und der nördlichen Territorien.
USA	In den USA beträgt die ***Sales Tax*** zwischen 5% und 9% mit gelegentlichen **Sonderaufschlägen** (bei Wagenmiete) am **Airport** (Seattle insgesamt 17%, Portland Airport 10%!). In Oregon, Montana und Alaska existieren keine *Sales Tax*.
	Zwei weitere Aspekte verdienen bei der Fahrzeugmiete besondere Beachtung: die Höhe der **Haftpflichtversicherungsleistung** und eventuelle **Gebietsausschlüsse**:

John Hart Highway zwischen Prince George und Dawson Creek

Haftpflicht-deckung	Manche Verleihfirmen gönnen ihren Kunden lediglich eine Haftpflichtversicherung, die gerade dem jeweils gesetzlich vorgeschriebenen **Minimalschutz** entspricht. Die ist überall besorgniserregend niedrig und beträgt in einigen Provinzen nur can$ 50.000. In den USA liegen die Mindestdeckungssummen in den vielen Staaten noch niedriger. Es bedarf keiner großen Phantasie, sich Unfälle vorzustellen, bei denen derartige Beträge nicht ausreichen.
Leistungspakete von Reiseveranstaltern	Die großen **deutschen Reiseveranstalter** haben deshalb **Gruppenversicherungen** abgeschlossen, die jeden Kunden, der über sie ein Fahrzeug mietet, automatisch bis zur Summe von 2 Mio. DM absichert, sollte die vorhandene Deckungssumme im Haftpflichtschadensfall nicht ausreichen. In den Tarifen 1997 solcher Veranstalter ist diese Zusatzversicherung in **Leistungspakete** integriert, die entweder einfach "**A**" und "**B**" oder auch "Super-Inklusiv"/"Super-Spar" heißen. Bereits die preiswertere **Fassung A** bzw. **Super-Spar** sorgt außerdem in einigen Fällen dafür, daß vor Ort keine Steuern und Sondergebühren mehr anfallen. Das deutlich teurere **Paket B/Super-Inklusiv** enthält weitere Versicherungen (⇨ Seite 73 unten) und Gebührenentfall für einen zweiten Fahrer. Man sollte ggf. genau nachrechnen, ob die Mehrkosten sich lohnen.
	Aufschluß über die Versicherungssummen und Details der Leistungspakete gibt nur ein aufmerksames Lesen und Vergleichen der Veranstalterkataloge.
Zusatzdeckung/ Sonderversicherung	***Rental Car Companies*** mit niedrigen Deckungssummen (in den **USA** nur in Ausnahmen über $300.000 für Personenschäden und $100.000 Maximum pro geschädigter Person und $25.000 Maximum für Sachschäden, in **Canada** bei den grossen Verleihern aber regelmäßig can$1 Mio) kennen natürlich die Problematik der Unterversicherung und bieten ihren Kunden vor Ort eine Höherversicherung (ALI= ***Additional Liability Insurance***) gegen Zusatzkosten von $8/Tag oder mehr. In solchen Fällen ist es preiswerter, vor der Reise eine **Zusatzhaftpflicht** selbst abzuschließen, wenn eine solche nicht bereits vom Veranstalter getragen wird. Sie kostet z.B. bei der Elvia 92 DM für einen Monat, 149 DM für zwei Monate . Die Unterlagen gibt es in Reisebüros.
Zusatzdeckung über Kreditkartenzahlung	Wer mit der Kreditkarte zahlen möchte und Wert auf die Zusatzhaftpflicht legt, sollte "seine" **Eurocard-Bedingungen** ggf. **überprüfen** und im Zweifel bei der ausgebenden Institution "nachhaken", inwieweit bei Automiete per Karte automatisch eine Haftpflichtaufstockung erfolgt. Dies ist der Fall bei einigen Edel- und Goldkarten in Abhängigkeit von der ausgebenden Institution (Aufstockung auf 2 Mio. DM). Wichtig ist, die damit verbundenen Bedingungen einzuhalten. Das "Kleingedruckte" will also gelesen sein, zumal immer Änderungen eintreten können.

WILD WEST CAMPERS LTD.

VANCOUVER, BC — SAN FRANCISCO, USA — CANADA

ALASKA • CANADA • USA-WEST

Vancouver, die schönste Stadt Kanadas, ist ideal als Ausgangspunkt für eine Abenteuerreise durch den Westen Kanadas und der USA und auch nach Alaska.

Camper Vans - Motorhomes - Travel Vans
Kanus - Motor- und Fahrräder - Allrad-Fahrzeuge
Miete - Verkauf & Rückkauf (*Long Stay* Programm)
One-way von und zu vielen westlichen Destinationen
Flug-, Fähren-, Hotel & Lodge-Reservierung

Auskunft und Buchung: **Wild West Campers Schweiz**, M & H Weber
Kesslermattstr. 9, CH-8965 Berikon
Tel.: 056 - 633 81 17   Fax: 056 - 631 68 72

Anruf/Fax von Deutschland aus: 0041 56 - 633 81 17 bzw. 56 - 631 68 72

Das Ausflugsboot auf dem Maligne Lake im Jasper National Park/Alberta (Seite 368) fährt täglich über die ganze Länge des Sees zu einem malerisch gelegenen Inselchen (Abbildung auf Seite 12)

Gebietsausschlüsse

Die großen überregionalen Vermieter gestatten in aller Regel den Grenzübertritt zwischen Canada und dem **Kernland der USA**; zu den Grenzbestimmungen ⇨ Seite 41. Die Regeln für Fahrten **nach Alaska** sind nicht ganz einheitlich. Die Mehrheit der internationalen Verleiher schließt Fahrten nach Alaska aus. Bei Anmietung eines Wagens in Alaska bestehen ebenfalls oft Beschränkungen für einen Grenzübertritt nach Canada.

"Gesperrte" Straßen

Auch innerhalb "erlaubter" Regionen dürfen Leihwagen nicht auf allen Strecken eingesetzt werden. Erst vor Ort, bei der Aushändigung des Mietvertrages, erfährt man die Einzelheiten im Kleingedruckten auf der Rückseite unter dem Punkt ***Prohibited Use of the Vehicle***. Überwiegend ist die Nutzung des Mietwagens ausschließlich auf asphaltierte Straßen und (in offiziellen Straßenkarten verzeichnete) regelmäßig instandgehaltene Schotterstraßen beschränkt. Aber wie unterscheidet man eine erlaubte von einer *prohibited Gravel Road*? Und wann wird daraus eine *Dirt Road*, deren Schotter mit der Zeit abhanden gekommen ist?

Problematik

Strenggenommen liegt manche Zufahrt zu Sehenswürdigkeiten in Nationalparks schon außerhalb des zugestandenen Fahrgebietes. Ganz sicher auch die Mehrheit der Forststraßen, die als Zubringer zu manchen Campingplätzen dienen. Abseits der erlaubten Routen kommt die Vollkaskoversicherung ggf. nicht für Schäden auf. Bei ausgerechnet dort auftretenden Problemen hat der Mieter "schlechte Karten".

Auch wenn im Vorwege alles bedacht wurde, ergeben sich bei der Wagenübernahme regelmäßig noch **weitere Fragen** bzw. werden von den Mitarbeitern der Verleihfirma gestellt:

Anderes Fahrzeug als gebucht

– Gelegentlich sind Fahrzeuge einer bestimmten Kategorie **überbucht,** dann wird Kunden "eigentlich" automatisch ein Wagen der nächsthöheren Klasse zugewiesen – ohne Aufpreis! Es kommt durchaus vor, daß diese Situation aber so nicht mitgeteilt wird, sondern man stattdessen das Angebot erhält, für eine gewisse Zuzahlung ein größeres Modell zu nehmen. Man muß sich darauf nicht einlassen. Die Chance ist nicht gering, daß dann das ***Upgrading*** kostenlos erfolgt. Auf keinen Fall sollte man "blind" akzeptieren, sondern zunächst einmal den teureren Wagen in Augenschein nehmen. Wenn andererseits das gebuchte und zugewiesene Fahrzeug nicht gefällt, besteht immer noch die Möglichkeit, auf ein anderes Modell zu wechseln.

CDW/LDW Bedeutung

– Die – nach unserem Verständnis – **Vollkaskoversicherung,** je nach Gesellschaft **CDW/***Collision Damage Waiver*, **LDW/***Loss&Damage Waiver* oder **PDW/***Physical Damage Waiver* genannt, ist bei Vorbuchung fast immer in den Tarifen enthalten, wie oben erwähnt. Da es sich nicht direkt um eine Versicherung im üblichen Sinn handelt, wird in den Katalogen von **Haftungsbefreiung** (von Schäden am eigenen Mietwagen) gesprochen. Überwiegend entfällt sogar jede Selbstbeteiligung, in Einzelfällen beträgt sie $100. Die Haftungsbefreiung bezieht sich auch auf Schäden, an denen der Mieter schuldlos ist. In Amerika zahlt er ohne CDW etc. zunächst selbst für **alle** Schäden am Fahrzeug. Solange etwa der Unfallgegner sein Verschulden nicht anerkennt bzw. nicht rechtskräftig schuldig verurteilt ist und effektiv den Schaden trägt, bleibt der Mieter ohne CDW o.ä. auf dem fremdverursachten Schaden sitzen.

Es kann geschehen, daß ein Mitarbeiter der Verleihfirma den Vermerk "*includes CDW* o.ä." auf dem vom Kunden eingereichten *Voucher* übersieht und auf dem Mietvertrag noch einmal als Extra einträgt. Man sollte sich die einzelnen **Punkte des Vertrages** genau ansehen und im Zweifel erläutern lassen, bevor man seine Unterschrift leistet bzw. per "Kürzel" (*Initials*) eingekringelte Passagen abzeichnet, die sich später als vielleicht gar nicht gewünschte (und kostspielige) Zusatzversicherungen herausstellen.

Zusatzversicherungen – Die werden dem Mietwagen-Kunden nämlich gerne angeboten: neben **ALI**, der Zusatzhaftpflicht, von der bereits die Rede war, noch **PAI/***Personal Accident Insurance* oder **PPP/***Personal Passenger Protection*, beides eine Insassen-Unfallversicherung, und **PEP/***Personal Effects Protection* oder **PEC/***Personal Effects Coverage*, Gepäckversicherungen. Sie kosten jeweils mehrere Dollars pro Tag, sind aber in einigen neuerdings verkauften "Paketen" (Seite 70) ganz oder teilweise schon enthalten. Sofern derartige Versicherungen vorgedruckt im Mietvertrag stehen, sollte man ggf. darauf achten, daß ihre Ablehnung (*no!*) markiert ist und mit den eigenen Initialen "abgehakt" wird. Wer Risiken scheut und alle Angebote wahrnimmt, wird sich über die Endabrechnung wundern.

Tankfüllung – Ein hübscher **Trick** der Vermieter besteht darin, dem Kunden anzubieten, die Tankfüllung zu einem besonders niedrigen Liter-/Gallonenpreis von vornherein zu übernehmen, statt den Wagen – wie an sich üblich – mit vollem Tank zurückzugeben. Akzeptiert der Kunde, erhält er den Sprit zwar nominal billig und spart die Fahrt zur Tankstelle kurz vor Rückgabe, wird es aber nur selten schaffen, den Tank leerzufahren. Im Gegenteil, wer die Genauigkeit der Tankuhr nicht kennt, benötigt immer einige "Sicherheitsliter bzw. -gallonen". Was am Ende im Tank steckt, wird unvermeidlich dem Vermieter geschenkt, fast immer also ein schlechtes Geschäft für den Mieter.

PKW-Miete vor Ort

Am Flughafen

Auf größeren Flughäfen Nordamerikas sind regelmäßig **die international bekannten Leihwagenfirmen** im Ankunftsbereich der *Terminals* vertreten, außerdem noch der eine oder andere preiswertere Anbieter. In Canada gehört ein Schalter der Gesellschaft ***Tilden*** (=National) zum gewohnten Bild.

Auch ohne Vorausbuchung findet sich **dort immer ein Auto**, wiewohl nicht unbedingt in der gewünschten Kategorie und selten zu einem besonders günstigen Preis. Ein Mindestalter von 21 Jahren, Führerschein und Kreditkarte sind Voraussetzung der Miete direkt vor Ort, ⇨ auch Seite 66.

Lokaler Tarifvergleich

Wer erst in Canada oder in den USA ein Auto mieten möchte, spart in der Regel Geld, wenn er **nicht** direkt den **Flughafen-** oder **Cityschalter** eines Vermieters ansteuert, sondern telefonisch erst den Tarif erfragt. Es darf ruhig kurzfristig sein, etwa wenige Stunden oder ein Tag vor der geplanten Übernahme. Dabei macht es Sinn, mehrere Vermieter anzurufen, um die Verfügbarkeit des gewünschten Wagens und die jeweiligen Tarife zu erfragen, bevor man fest reserviert. Die **Unterschiede** sind nicht nur bei den **Basis-Mietkosten** groß, sondern auch bei der **CDW/LDW**, die bei Buchung in Canada oder in den USA mit Ausnahme weniger Staaten **immer extra zu zahlen ist. Der Anruf** für Auskünfte und Reservierungen **kostet nichts**; die gebührenfreien Nummern der wichtigsten überregional operierenden *Rental Car Companies* lauten (**Websites** ⇨ Seite 67):

Alamo	1-800-GO-ALAMO
Avis	1-800-331-1212
Budget	1-800-527-0700
Dollar	1-800-800-4000
Hertz	1-800-654-3131
National	1-800-CAR-RENT
Rent a Wreck	1-800-421-7253
Thrifty	1-800-FOR-CARS
Tilden	1-800-CAR-RENT

Kurzmieten

Zwar sind die Tarife für Vorausbucher bei mindestens einwöchiger Mietzeit im allgemeinen günstiger als direkt in Nordamerika, aber bei **Kurzmieten** ist das nicht unbedingt der Fall. Insbesondere nicht bei flexiblem Vorgehen unter Ausnutzung lokaler Sonderangebote.

Immer günstig kann man Pkw einschließlich Minivans usw. an Wochenenden mieten. ***Weekend Special*-Tarife** gibt es von allen Vermietern bei mindestens zwei Tagen Mietzeit meist bereits ab Donnerstag Mittag, spätestens ab Freitag, bis Montag Mittag. Übernahme- und Rückgabezeiten sind darüberhinaus verhandelbar. Sonderkonditionen werden oft auch in den Bordzeitschriften der *Airlines* und in Tageszeitungen veröffentlicht.

**Sonder-
discounts**

Einige Leihwagenfirmen räumen den Passagieren bestimmter Airlines *Discounts* ein; es kann nicht schaden, danach zu fragen. Vorlage des Boarding Pass genügt dann, um in den Genuß derartiger Kooperations-Rabatte zu kommen. Wer einen *Frequent Flyer Pass* besitzt (➪ Seite 59), sollte nicht vergessen, daß Leihwagenbuchungen bei der "richtigen" Firma zusätzliche Meilen bringen.

**Kleine
Vermieter/
Problematik**

Preisgünstiger als die bekannten überregionalen Vermieter können **lokale *Auto Rentals*** sein. Ihre Rufnummern lassen den *Yellow Pages*, den Gelben Seiten des Telefonbuches entnehmen. Diese Firmen bieten keinen Transfer vom/zum Flughafen, wenn sie nicht in dessen unmittelbarer Nähe residieren, gelegentlich aber einen **Abholservice für Hotelgäste** in der City. Buchungen vor Ort bei anderen als den bekannten überregionalen Verleihfirmen sind aber für Touristen eher problematisch, denn nur zu oft gelten einige, wenn nicht alle der folgenden Einschränkungen:

- Die im Basispreis enthaltenen **Kilometer sind limitiert** (selten mehr als 100 km), ein Überschreiten des Limits führt rasch zu hohen Kosten.

- Der **Aktionsradius** ist auf einzelne Bundesstaaten bzw. Provinzen beschränkt, ein Grenzübertritt von den USA nach Canada und umgekehrt nicht gestattet.

- Bei **Panne oder Unfall** außerhalb der Geschäftszeiten ist die Firma schwer zu erreichen, rascher Ersatz in solchen Fällen nur schwer und, wenn überhaupt, unter Zeitverlust möglich.

- Die **Basismiete** enthält weder Vollkasko- noch Zusatzhaftpflicht-Versicherungen, die zusammen leicht $20 und mehr pro Tag kosten

- Übernahme und Rückgabe sind an die **Geschäftszeiten** gebunden, eventuell an Sonn- und Feiertagen nicht möglich.

- **Probleme** können **nur vor Ort** geregelt werden und nicht auch noch in nachhinein von der Heimat aus.

Im übrigen sind bei der Vor-Ort-Miete die im vorigen Abschnitt ausführlich erläuterten Punkte zu Steuern, Haftpflicht- und anderen Versicherungen, Gebietsausschlüssen etc. ebenso bedeutsam wie bei Vorausbuchungen.

Wer eine Vor-Ort.Buchung erwägt, sollte bezüglich seiner Kreditkarte unbedingt vorgesorgt haben, d.h., eine der Edelkarten besitzen, die automatisch eine Haftpflichtaufstockung beinhalten, ➪ Seite 70. Andernfalls stellt sich bei Vorliegen geringer Deckungssummen die Frage nach teurer Höherversicherung (➪ Seite 72), die einen an sich preiswerten Basistarif rasch teuer werden läßt.

Die Camper-Miete

Voraussetzung

Camper, welcher Größe auch immer, dürfen mit **Pkw-Führerschein** bewegt werden. Niemand fragt danach, ob der soeben eingetroffene Tourist jemals vorher hinter dem Steuer eines vergleichbaren 30-Fuß-Ungetüms saß. Er muß sehen, wie er – kaum die Einweisung hinter sich – mit dem großstädtischen Nachmittags-Verkehr auf dem vollbesetzten *Trans Canada Highway* klarkommt. Tatsächlich ist das Bewegen selbst eines großen *Motorhomes* aber einfacher, als es zunächst den Anschein haben mag. Man gewöhnt sich schnell an die Ausmaße des Fahrzeugs, an die für unsere Begriffe weiche Federung und die dadurch bedingte Schwammigkeit der Straßenlage sowie an die meist sehr leichtgängige Lenkung.

Welcher Camper?

Damit zu den konkreten Fragen der Campermiete in Canada. Zunächst ist es wichtig, die verschiedenen **Fahrzeugtypen** zu kennzeichnen. Im Gegensatz zu den Pkw-Kategorien, die sich im wesentlichen durch Größe, kaum aber durch abweichende Funktionalität unterscheiden, besitzen die diversen Camper-typen **spezifische Vor- und Nachteile.** Die Entscheidung für oder gegen eine bestimmte Fahrzeugart ist nicht nur eine **Kostenfrage,** sondern auch abhängig von den **Ansprüchen des Mieters** an das Fahrzeug.

Campertypen

Recreational Vehicles/ Kennzeichnung

In Nordamerika gelten Camper vom kleinsten Modell bis zum Riesen-Motorhome als ***Recreational Vehicles*** (umgangssprachliches Kürzel **RV**, sprich "Arwí"). RVs verfügen in aller Regel über einen großvolumigen **6/8-Zylinder-Motor**, automatisches Getriebe, Servolenkung und -bremsen sowie Klimaanlage. Das alles und die kastenförmige Bauart kombiniert mit hohem Gesamtgewicht sorgen für einen ausgeprägten **Benzindurst** schon bei den kleineren Modellen. **Dieselfahrzeuge** sind auf dem Markt relativ selten und in den Mietflotten bislang so gut wie nicht vorhanden.

Schaut man in die Nordamerika-Kataloge der Reiseveranstalter, findet man für Canada **fünf unterschiedliche Typen** von Campfahrzeugen im Angebot:

(1) **VW-Westfalia/California oder Vanagon**
(2) **Van Conversion oder Van Camper**
(3) **Motorhome**
(4) **Pick-up- oder Truck-Camper**
(5) ***5th-Wheeler* Gespann (*Super Travel* Campmobil)**

VW-Camper

zu (1): Die Campmobile auf Basis des Volkswagen-Busses sind eine **Spezialität** weniger verbliebener **kanadischer Vermieter.** Sie besitzen einen relativ beengten Innenraum (was teilweise durch sinnreiche Aufteilung wettgemacht wird), aber den

Vorteil hoher Wendigkeit und bester Straßenlage. Fahrzeugtypisch ist die sehr gute **Tauglichkeit auf schlechten Wegen**. Dazu hält sich der Benzindurst in Grenzen: **11-13 l/100 km** sind bei ruhiger Fahrweise in Canada möglich. Für 2 Personen ohne besonderen Anspruch an den Wohnkomfort ist der VW daher ein geeignetes Campfahrzeug. In den Versionen mit Ausstelldach kommen sogar Familien mit 2 Kindern unter. Das Problem des Volkswagens ist der **Mietpreis;** er liegt auf einer Ebene mit den Kosten für erheblich geräumigere und komfortablere *Van-Conversion*.

Van Camper/ Conversion

zu (**2**): Der *Van Conversion/Van Camper* entspricht von seinen Ausmaßen her in etwa einem Kastenwagen der Klasse VW-LT/Fiat Ducato und besitzt grundsätzlich **Stehhöhe**. Bei rund 2 m Breite gibt es ihn in unterschiedlichen Längen von 17–20 Fuß (4,90 m/6,10 m) und Ausstattungsvarianten auf Fahrgestellen der drei großen amerikanischen Hersteller (*Ford, GM, Chrysler*). Aufbauten und Inneneinrichtung werden von Spezialfirmen ausgeführt – oft nach genauer Spezifikation der Vermieter. Mit Ausnahme der kleinsten Modelle besitzen sogar die Vans ein **Doppelbett im Hochdach** über der Fahrerkabine oder hinten. Der Abstand zwischen Matraze und Dach ist für erwachsene Schläfer jedoch oft zu gering. Die zweite (überwiegend schmalere) Schlafgelegenheit besteht entweder aus einem langen **Klappsofa** oder aus der abends umzubauenden **Sitzecke. Gasherd, Spüle** und **Kühlschrank** (ab 19 Fuß in Haushaltsgröße) fehlen nie. Eine tragbare Chemietoilette gehört zumindest optional zur Ausstattung auch des kleinsten Vans. Die größeren Typen verfügen heute meist über eine Spültoilette und oft sogar ein Mini-Duschbad. Ein 17-Fuß Van mit 6 Zylindern begnügt sich schon mal mit **15 l/100 km**, längere und schwerere Versionen brauchen **leicht 20 l/100 km**.

Van Camper 19/20-Fuß, schon fast ein richtiges Motorhome

Motorhomes	**zu (3)**: Die **technische Basis** eines *Motorhome* ab 20/21 Fuß (6 m/6,30 m) bis etwa 27/28 Fuß (8,10 m/8,40 m) entspricht weitgehend dem des *Van Conversion*; Fahrerkabine, Motoren und Fahrgestelltechnik sind im Prinzip identisch. Die **Hinterachse** ist allerdings **verstärkt** und **mit Zwillingsreifen** versehen, damit das breite, seitlich überstehende Campinggehäuse getragen werden kann. Über den Vordersitzen befindet sich ein **Dachüberhang,** der im Normalfall recht weit über die Windschutzscheibe hinausragt. Die Sicht zur Seite und nach oben ist durch diese Bauweise stark eingeschränkt.
Ausstattung	Der Überhang beherbergt ein (Alkoven-) Doppelbett, das mehr Höhe als im *Van Conversion* bietet. Umbauliege/Sitzecke, **Küchen-Einbaugeräte in Haushaltsgröße** inklusive Mikrowelle und Toilette/Duschbad gehören ebenso wie die gesonderte, elektrisch zu betreibende **Klimaanlage** bereits zum Standard kleinerer *Motorhomes*. Ab 23 Fuß Länge gibt es durchgängig ein **gesondertes Doppelbett im hinteren Teil** des Wagens und ein Minibadezimmer mit Toilette; Sessel ergänzen den Wohnbereich.
Komfort-maximierung	Um auch im Stand und in der Wildnis alle Geräte betreiben zu können, besitzen *Motorhomes* ab 23 Fuß, spätestens ab 25 Fuß einen **Generator.** Man erkennt nebenbei: viel Komfort bedeutet auch viel Technik, die als Kehrseite der Annehmlichkeiten nicht ganz von selbst funktioniert, sondern richtig behandelt und gut gewartet werden will.
Luxus-RVs	Dem Komfort sind nichtsdestoweniger kaum Grenzen gesetzt. Ab 29/30 Fuß wird aus dem *Motorhome* eine Art Reisebus. Die Überhänge verschwinden zugunsten eines integrierten Cockpits mit besserer Rundumsicht, über dem nachts ein Doppelbett abgesenkt werden kann. Derartige Fahrzeuge verfügen über ein abgeschlossenes Schlafzimmer und einen großzügigen Naßbereich.

23-Fuß Motorhome auf einem BC Provincial Park Stellplatz

Campermiete

Pick-up oder Truck-Camper

zu (4): *Pick-up* oder *Truck Camper*, **Kleinlastwagen,** auf deren Ladefläche ein "**Campingkasten**" montiert wurde, haben sich in den letzten Jahren bei fast allen Vermietern stark in den Vordergrund geschoben und in einigen Flotten die *Van Camper* ersetzt. Nicht etwa, weil sie als die besseren Fahrzeuge erkannt wurden, sondern weil Anschaffungspreis und Abschreibung geringer sind und damit wohl trotz etwas günstigerer Miettarife unter dem Strich mehr übrig bleibt. Da sich *Trucks* im Gegensatz zu reinen Campfahrzeugen zu allen Jahreszeiten besser verkaufen lassen, fällt es leichter, eine *Truck-Camper* Flotte zu erneuern als einen Fahrzeugpark, der aus *Van Campern* besteht. Dabei ersetzen auch Firmen, die mit neuen Modellen werben, in der Regel wohl nur das Fahrzeug und nutzen den Campingaufsatz mehrere Jahre.

Kompakter Pick-up Truck mit angenehm geringen Überhängen des Campingaufsatzes am Meziadin Lake/BC

Typen

Die zur Vermietung stehenden Fahrzeuge verfügen über **Aufsätze unterschiedlichster Größe** vom relativ einfach ausgestatteten 17-Fuß-Camper (wie etwa *Van Conversion* gleicher Länge, siehe oben) bis zum "**Luxuskasten**" (Klimaanlage, Mikrowelle, Backofen, Warmwasserversorgung, Duschbad etc.) mit enormen Überhängen, was die Gesamtlänge des Fahrzeugs auf bis zu 24/25 Fuß bringen kann. Über der Fahrerkabine befindet sich in allen Versionen ein **Alkovenbett**; die Sitzecke (*Dinette*) wird bei Bedarf in Liegen verwandelt.

Nachteile

Da zwischen *Truck* und Campingkasten **kein Durchgang** besteht (Eingang meistens vom Heck aus) und Ladefläche und Seitenwände die Raumverhältnisse nach unten bzw. seitlich begrenzen, geht es im *Truck-Camper* beengter zu als in *Van Conversion* oder *Motorhome* gleicher Länge. Die **Fahrerposition** ist unbequemer; es überwiegt die Sitzbank mit geringen Verstellmöglichkeiten. Die **Sicht** ist bis auf die kleinsten Modelle nach allen Seiten und oben durchweg stark behindert. Die Straßenlage ist eher schlechter als bei anderen *RVs*. Hinzu kommt eine sehr starke Windempfindlichkeit.

Vorteile

Jedoch besitzen **Truck Camper** dank hoher Bodenfreiheit und ihrer Grundkonzeption als **"Arbeitstier"** deutliche **Vorteile bei schlechten Straßenverhältnissen**. Sie dürfen deshalb bei einigen Vermietern (gegen Zuschlag) in die Yukon und Northwest Territories und nach Alaska gefahren werden. *Truck Camper* gibt es auch mit **Vierrad-Antrieb**. Das eigentliche Plus des *Truck* Campmobils gegenüber anderen Campfahrzeugen ist die mögliche **Trennung von Fahrzeug und Aufsatz**. Aber gerade die bleibt den meisten Mietern verwehrt, da die dazu nötige Vorrichtung nicht mitgeliefert wird. Die Vermieter befürchten Probleme bei unsachgemäßer Handhabung.

Gespanne

zu (5): Wer auf die Trennmöglichkeit entscheidenden Wert legt, findet die Lösung des Problems durch Miete eines Gespanns aus *Pick-up Truck* und einem sog. **5th Wheeler**, einem doppelachsigen Wohnwagen mit Auflieger auf der Ladefläche des Zugfahrzeugs. Von der **Wohnqualität** her sind diese Anhänger, die in unterschiedlicher Größe angeboten werden, ohne weiteres mit *Motorhomes* vergleichbar. Ist der **Trailer** auf dem *Campground* abgestellt und fixiert, kann man Ausflüge und Einkäufe bequem per *Truck* erledigen, ohne in der Stadt oder auf engen, kurvigen Straßen durch den Anhänger behindert zu werden. Das **Fahren mit Trailer** ist allerdings nicht ganz so einfach wie mit einem *Motorhome*, und speziell das Rangieren auf Park- und Campingplätzen für Ungeübte so eine Sache. Dafür liegen die **Miettarife unter denen vergleichbarer Motorhomes** (z.B. bei *Canada Campers* mit Stationen in Vancouver, Calgary, Edmonton und Whitehorse) bei ähnlichem Benzindurst.

Canada-Urlaub im Wohnmobil als Gruppenerlebnis mit Reiseleiter im "Führungsfahrzeug", ausgearbeiteter Route und vorgebuchten Campingplätzen.

Die Wahl des "richtigen" Campmobils

Wie eingangs bereits angesprochen, hängt die Entscheidung für ein bestimmtes Fahrzeug nicht nur von den Kosten ab, sondern auch von den Reiseplänen und der persönlichen "Reisephilosophie".

Schlechte Straßen

Gerade unter Canada-Urlaubern gibt es viele, die weniger auf Komfort und Bewegungsfreiheit im Fahrzeug Wert legen, als auf Fahreigenschaften und Wendigkeit. Mit einem **VW** lassen sich auch abseitig gelegene "Ecken" und Campingplätze ansteuern oder gar die *Forestry Trunk Road* (↳ Seite 341) ohne Probleme abfahren, während große **Van Camper** oder **Motorhomes** sich auf schlechter Straße doch recht schwer tun: spätestens auf dem ersten Stück welligem Schotter wird man vom Gerüttel der Achsen und dem Geschepper der Aufbauten genervt. Normal instandgehaltene Schotterstraßen lassen sich mit Vans jedoch passabel befahren. Zu beachten ist bei Mietfahrzeugen aber das Kleingedruckte bezüglich der erlaubten Fahrgebiete, sonst kann es bei Schäden Probleme geben.

Wer nicht nur den **Fahrkomfort des VW** schätzt, sondern sich am liebsten draußen aufhält und abends vorzugsweise am Lagerfeuer sitzt, trifft – bei Belegung mit 2 Personen – mit dem Volkswagen eine gute Wahl. Bei schlechtem Wetter und an den langen Abenden der Nachsaison allerdings wird es selbst eingeschworenen VW-Fans leicht zu eng.

Vorteile Van-Camper

Van- und *Truck Camper* bieten da zu gleichen oder sogar geringeren Tarifen **mehr Platz und Komfort**, wenngleich die Fahreigenschaften mit denen des VW nicht konkurrieren können und obendrein der Benzinverbrauch deutlich höher ist. Wie aus den Erläuterungen oben hervorgeht, gehören dabei die Sympathien der Autoren weniger den *Truck-Campern*: unterwegs ist der **Van Camper** das angenehmere Fahrzeug.

82 Reisevorbereitung und -planung

Für Fahrten auf schlechten Straßen jedoch – und dazu gehört manche Zufahrt zu National- und Provinzparks nicht nur im hohen Norden – eignen sich die *Trucks* besser, auch wenn`s im Campingaufsatz klappert.

Fazit Bis zu einer Besetzung mit 4 Personen (d.h., 2 Erwachsene und 2 kleinere Kinder) stellen die etwas größeren, gut ausgestatteten **Van Camper** den **besten Kompromiß** zwischen Fahreigenschaften, Kosten und Verbrauch einerseits sowie Platz und Komfort andererseits dar. Ohne die Absicht, Strecken zu fahren, auf denen es auf die spezifischen Vorteile der *Truck Camper* ankommt, sollte bei mehr Platzbedarf eher an ein *Motorhome* als an größere *Truck Camper* gedacht werden.

Aber keine Frage: die kleinen **Truck Camper sind die preiswertesten Campingfahrzeuge** auf dem Markt, ihre größeren Versionen billiger als *Motorhomes* vergleichbarer Länge.

Welches Motorhome? Wer ein **Motorhome** bevorzugt, steht immer vor der Entscheidung für die **"richtige" Version**. Man muß bedenken: je größer das *Motorhome*, umso weniger geeignet ist es für Abstecher zu Zielen, die sich nur auf engen und mitunter schlechten Straßen erreichen lassen. Die Anfahrt zu manch einem besonders reizvoll gelegenen Campingplatz wird bei Fahrzeugen über 21 Fuß schon mal kritisch. Nicht zu reden von der mit zunehmender Länge überproportional steigenden **Rangiermühe.** Sonderklauseln in den Mietverträgen, die bei selbst verursachten Heckschäden einen erhöhten Eigenanteil des Wohnmobilfahrers festlegen, sprechen für sich. Bei großem Radabstand sind auch **ebene Stellplätze** auf Campingplätzen schwerer aufzutreiben. Auf unebenen Straßen kann man Schlaglöchern schlechter ausweichen.

Empfehlung Wenn der größte *Van Conversion* platzmäßig nicht reicht, sollte **das kleinste noch passend erscheinende *Motorhome*** erste Wahl sein. "Vorsichtshalber" den Camper eine Nummer größer zu wählen als eigentlich benötigt, ist im allgemeinen keine gute Idee. Es sei denn, daß ruhiges Reisen mit längeren Verweilperioden und sehr hoher Komfortbedarf die Wahl stärker bestimmen als der Wunsch, in Canada viel zu sehen und deshalb auch viel zu fahren.

Gespann Über die Miete eines **5th Wheeler**s sollte nur nachdenken, wer bereits Erfahrung mit Gespannen hat und nicht plant, den Canada-Urlaub überwiegend "auf Achse" zu verbringen.

Equinox Van Camper, Baujahr 1989, die preiswerte Alternative zum Neufahrzeug, ↷ Seite 86 (für Mieter ab 19 Jahren)

Tarife, Gesamtkosten und Konditionen bei Vorbuchung

Kosten in der Hauptsaison

Campmobile aller Kategorien sind ein relativ teures Vergnügen. Selbst der kleinste **Van Camper** kostet als Neufahrzeug (bis 2 Jahre alt) in der kanadischen **Hauptsaison** (Anfang Juli bis Mitte/Ende August) **bei nur 160 Freikilometern** kaum unter **180 DM pro Tag**. Die Tagestarife für *Motorhomes* ab 20 Fuß Länge liegen überwiegend über **200 DM bis über 300 DM** (diese Zahlen enthalten der besseren Übersicht halber bereits Steuern, Übergabegebühren, Endreinigungskosten, Pauschalen für *Camping-Kit* - Geschirr, Decken, Axt etc. - und Haftungsbefreiung (CDW/VIP). Interessant im Vergleich sind ggf. die Tarife des US-Verleihers *El Monte* mit einer Station in Bellingham/USA unweit Vancouver.

Zwischen-/ Nachsaison

Von Anfang Juni bis zum Beginn der Hauptsaison und danach bis Mitte/Ende September gelten bereits **erheblich niedrigere Tarife**, wobei die genauen saisonalen Abgrenzungen vom jeweiligen Vermieter abhängen. Für den Rest des "touristischen" Jahres (Oktober und April-Mai) sinken die Tarife auf 50% der Hochsaisonrate und darunter. Zur Eignung dieser Monate für Ferien in Canada ↔ Seiten 25/28.

Schema

Um dem Leser in Anbetracht des unübersichtlichen Tarifgefüges einen Preisvergleich zu erleichtern, findet sich auf den Folgeseiten ein **formalisiertes Berechnungsschema zur Ermittlung der Gesamtkosten einer Campermiete**. Auf Kopien davon lassen sich leicht die Daten konkreter Angebote eintragen und die effektiven Gesamtkosten ermitteln. Die erste Seite bezieht sich auf grundsätzliche Daten des Vorhabens und des zu prüfenden Angebots sowie auf die Eventualitäten, in denen der Mieter zur Kasse gebeten werden könnte. In vielen Fällen müssen die Eigenanteile ausdrücklich erfragt werden, da sie nicht komplett in den Katalogen abgedruckt sind.

Die Details der Bedingungen und des Berechnungsschemas bedürfen der Erläuterung. Dabei werden alle bei einer Campermiete wichtigen Einzelheiten mit angesprochen:

– Die meisten hiesigen Veranstalter arbeiten in Canada mit mehreren Vermietern zusammen, die unterschiedlichste Konditionen bieten. Die **Vertragspartner** sind in den Katalogen durchnumeriert oder auch namentlich genannt. Für Preisvergleiche benötigt man die Firmennamen.

– Wie bereits weiter oben erläutert, differieren die **Saisonabgrenzungen** von Vermieter zu Vermieter – auch innerhalb des Kataloges ein- und desselben Veranstalters. Während z.B. bei Vermieter X Ende August bereits der günstigere Zwischensaison-Tarif gilt, berechnet Vermieter Y noch den teuren Tagesmietpreis der Hochsaison. Bei einer längeren Reise mit einem großen Motorhome können daraus leicht Unterschiede von 1.000 DM und mehr resultieren.

KONDITIONEN UND GESAMTKOSTEN DER CAMPERMIETE

Reisedaten: von _____ bis _____ = _____ Tage

Campertyp: _____

Prospekt Firma _____ Vermieter _____

Saisonkategorie laut Prospekt: _____

Übernahme in: _____ am _____

Rückgabe in: _____ am _____

Tage mit dem Camper unterwegs: _____
(Übernahme- plus Rückgabetag = 1 Miettag)
Geplante Kilometer (Kartendistanz + 20%): _____

Einzelheiten, die man ggf. erfragen sollte:

Mindestalter des Fahrers:
Fahrten in die USA/nach Alaska erlaubt: ja/nein
Fahrten ins Yukon/Northwest Territories erlaubt: ja/nein/Zuschlag?

Haftpflichtversicherungssumme: _____ can$/US$/DM

Eigenbeteiligung bei Schäden am Fahrzeug:

	ohne VIP	mit VIP
Selbstverschuldeter Unfall (mit Vandalismus, Feuer und Diebstahl)	_____	_____
Windschutzscheibe/Glas	_____	_____
Schäden auf Campgrounds	_____	_____
Schäden durch Zurücksetzen	_____	_____
"Dachschäden"(Klimaanlage)	_____	_____
Unterbodenschäden (Tanks)	_____	_____
Inneneinrichtung	_____	_____
Kaution (can$/US$):	_____	_____

MIETKOSTEN (in DM/sFr/öS)

(1) ...... Freikilometer/Tag x .... Miettage = ... Summe Freikilometer

Geplante Kilometer – Freikilometer = ... Mehrkilometer

daraus ggf. abgeleitet: ..... 800 km-Pakete plus ....Zusatzkilometer

(2) Tagessatz (..............) x Miettage:	....
oder (2a) Satz für 1. Woche (*Cruise Canada*)	....
plus Wochensatz x Zusatzwochen	....
ggf plus **(2)** für "überhängige" Miettage	....
plus Kosten .... (Anzahl) Kilometerpakete	....
plus Mehrkilometer x Satz/km ($0,.......) x $-Kurs:	_____
(3) Gesamte Mietkosten inkl. geschätzter Kilometer:	....
(4) Mietkosten bei unbegrenzten Kilometern (Tagessatz x Miettage) + ggf. Fixpauschale	_____
Niedrigerer Wert (3) oder (4), falls verfügbar	....
+ ggf. lokale Steuern (.......% in can$ x Kurs)	....

+ VIP-Versicherung (siehe Text, $/DM/sFr/öS)

Tagessatz x Tage =	....	
(ggf. + ...% Steuern	....................)	
Insgesamt:	....	(ggf. x Kurs) ....

+ Nebenkosten (siehe Text, $/DM/sFr/öS)

Erstausstattung (*Preparation Fee*)	....	
Kosten Convenience Kit (Bettzeug, "Pöt und Pann")	....	
Sonstiges (Einwegzuschlag, Kindersitze, Generator)	....	
ggf. Yukon-/Alaskagebühr	....	
Summe Nebenkosten:	....	(ggf. x Kurs) _____
Gesamtkosten des Campers		_____

Zusätzlich Benzinkosten:

...... l Verbrauch x ca. 0,80 DM/l = Spritkosten gesamt: _____

Flüge ★ Camper ★ Canada ★ USA

ORBIT MOTORS RV
schweizer Firma mit Kombis inklusive Zeltausrüstung, VW-Campern, Pickup-Campern und Motorhomes Einwegmiete zwischen allen Stationen und Kanada ↔ Kalifornien möglich.

★ Vancouver Island ★ Calgary ★
★ Los Angeles ★

ROAD-LION R.V. CANADA
schweizer Firma mit Kombifahrzeugen und Minivans mit/ohne Campingausrüstung, sowie Camper Vans und Motorhomes, günstige Longstay-Angebote, Einwegmiete zwischen allen Stationen und Kanada ↔ Kalifornien möglich.

★ Vancouver ★ Calgary ★ Montreal ★
★ Toronto ★ Los Angeles ★ San Francisco ★

rent adventure inc. canada
deutsche Firma mit Outdoor Pickup-Trucks, mit kompletter Campingausrüstung, Angelgerät, Kanu und Mountainbikes, keine Zuschläge für Yukon, Northern Territories und Alaska, Einwegmiete zwischen allen Stationen und Kanada ↔ Kalifornien möglich.

★ Edmonton ★ Calgary ★ Vancouver ★

WILD WEST CAMPERS CANADA
schweizer Firma mit verschiedenen Vans, dem neuen Royal Maxi Van mit Kanu und neuen Motorhomes, günstige Longstay-Angebote, Einwegmiete zwischen allen Stationen und Kanada ↔ Kalifornien möglich.

★ Vancouver ★ Calgary ★ San Francisco ★
★ Los Angeles ★ San Diego ★

adventure 🌴 *travel*
Alt Astheim 22 · 65468 Trebur · Telefon 0 61 47/9 32 76 · Fax 0 61 47/9 33 26

Der Spezialist für Sport- und Abenteuerreisen weltweit.

Campermiete 87

One-way – **Einwegmieten** erlauben unter Umständen attraktivere Reiserouten als die Rückkehr zum Ausgangspunkt. Der Aufpreis wird durch ersparte Kilometer und Reisetage für die Rückfahrt oft kompensiert. Insbesondere die Strecke Vancouver-Calgary ist beliebt und bei allen Vermietern zugelassen, die dort Stationen besitzen. Die **Zuschläge dafür** sind recht **unterschiedlich** und reichen von $350 bis $750. Interessant für manchen sind die Sonderpreise bestimmter Vermieter für Einwegfahrten von Calgary/ Vancouver nach Whitehorse im Frühsommer und umgekehrt im Herbst. Letzteres gibt es auch zwischen Alaska und dem Kernland der USA (z.B. mit *Cruise America*).

Alter – Das **Mindestalter** des/der Fahrer schwankt zwischen 19 Jahren (*Equinox,* siehe nebenstehend; *Cruise America* bzw. *Canada* für *Truck-Camper* 17 Fuß) und 25 Jahren (z.B. *Go West*), liegt meist aber bei 21 Jahren.

Hoher Norden – Die Regelungen für **Fahrten in den hohen Norden** sind sehr unterschiedlich. Eine Reihe von Vermietern untersagt sie ganz für Fahrzeuge, die im Süden übernommen werden. Möglich sind sie z.B. bei *Cruise America/Canada* und bei anderen Vermietern unter gewissen Zusatzbedingungen mit bis zu $500 Aufschlag.

Haftpflicht – Die **Haftpflichtversicherungssumme** kann ein problematischer Punkt sein, aber eher, was in den USA angemietete Fahrzeuge angeht. Wer dort mietet, sollte ggf. Vorsorge treffen oder bei einem der Veranstalter buchen, der seine Kunden zusätzlich absichert, wie auf Seite 70 ausgeführt.

Bei **Miete in Canada** stellt sich das Problem weniger. Abgesehen von den im Zweifel einspringenden Zusatzdeckungen, sind in Canada zugelassene Campmobile in der Regel besser haftpflichtversichert als in den USA.

CDW – Die **Abkürzung CDW** steht für *Collision Damage Waiver* (manchmal auch **LDW**, L für *Loss*) und suggeriert Freistellung von Kosten im Schadensfall. Faktisch ist sie fast in allen Fällen in den Camper-Miettarifen enthalten, beinhaltet aber eine Eigenbeteiligung bei Schäden am Fahrzeug (unabhängig davon, wer der schuldige Verursacher sein mag) von $2.000 bis $3.000. Bei bestimmten Schäden, die nicht auf Straßenunfall zurückgehen, haftet der Mieter auch mit CDW häufig unbegrenzt – ↷ Seite 84 (z.T. sind sie gar nicht versicherbar).

VIP – Die **Zusatzversicherung** mit der schönen Bezeichnung **VIP** (*Vacation Interruption Policy*) ergänzt CDW/LDW. Sie kostet can$14-16/Tag (plus Steuern) oder – bei Buchung in den USA – US$12-14/Tag und ist bei längeren Mietperioden für maximal 30-40 Tage zu entrichten. Der Abschluß

VIP	der **VIP-Versicherung reduziert die Selbstbeteiligung** bei Schäden am Fahrzeug vermieterabhängig auf $100-$200. Über CDW gar nicht abgedeckte Schäden (etwa eine Beschädigung der Dachklimaanlage) gehen bei Abschluß der VIP z.B. bei *Cruise Canada* und *El Monte* nur noch bis maximal $3.000 zu Lasten des Mieters. Im Fall "grober Fahrlässigkeit", wie immer das definiert sein mag, haftet der Mieter auch mit VIP meist voll. Sollte unterwegs eine Fahrtunterbrechung wegen eines vom Mieter nicht zu verantwortenden Defekts unvermeidlich sein, erhalten Mieter mit VIP eine begrenzte finanzielle Kompensation.
	– **VIP ist immer optional**. Es stellt sich daher oft die Frage: Lohnt sich der Abschluß dieser doch relativ teuren Zusatzversicherung eigentlich? Leider weiß man erst nach Ende der Reise, ob die Ausgabe für VIP sinnvoll war. Statistisch lohnt sich VIP nicht, weil die meisten Mieter schadenfrei bleiben. Im Einzelfall jedoch fährt man sicher entspannter mit der VIP. Und wie es so geht, passiert oft gerade dann etwas, wenn man unversichert ist.
Kaution	– Die **Höhe der Kaution** hängt ab von den jeweils abgeschlossenen Zusatzversicherungen. Sie kann bei Vorbuchung aus dem Ausland in bar oder Reiseschecks hinterlegt werden. Üblich ist eine **Blankounterschrift auf einem Kreditkartenbeleg**. Man sollte darauf bestehen, daß von vornherein die vorgesehene Kautionssumme eingetragen wird.
Kosten	Das **Kalkulationsschema** erklärt sich weitgehend selbst. Es berücksichtigt die heute gültigen unterschiedlichen Möglichkeiten der Tarifgestaltung, so daß immer einzelne Zeilen freibleiben müssen. Die meisten Tarife verstehen sich inklusive lokaler Umsatzsteuern, gelegentlich sind sie vor Ort zusätzlich zu zahlen. Da die **Nebenkosten** oft in Dollar anfallen, muß ggf. umgerechnet werden. Bei Ansatz in Dollar kommen immer die Steuern hinzu (*Sales Taxes*).
Benzin	**Der Preis für einen Liter bleifreies Benzin betrug** in Canada bei Druckbeginn dieses Buches umgerechnet etwa 0,70 DM bis 0,90 DM je nach Provinz und Region. Mit einem Durchschnittswert von 0,80 DM liegt man alles in allem nicht ganz verkehrt. Eine kleine Ungenauigkeit an dieser Stelle beeinflußt die Gesamtrechnung nur geringfügig.
Vorteil Vorbuchung	Nicht zuletzt die relativ komplizierten **Miet- und Haftungskonditionen sprechen für eine Buchung vor der Reise.** Denn zunächst einmal hat man Zeit zum Vergleich. Und außerdem ist im Problemfall Vertragspartner der heimische Veranstalter, mit dem man sich ggf. nach der Reise auseinandersetzen kann. Bei Buchung vor Ort kann es gelegentlich schwer sein, während der Reise aufgetretene Mängel mit Erfolg zu reklamieren oder gar Erstattungen durchzusetzen.

Campermiete vor Ort

Prinzipielles Wer einen Camper vor Ort mieten möchte, sei es in Canada oder auch jenseits der Grenze in den USA, hat bis Ende Mai und nach dem *Labour Day* im September relativ gute Aussichten, ein Fahrzeug des gewünschten Typs zu einem akzeptablen Preis zu finden. In der Hauptsaison ab Mitte Juni bis Ende August ist ein Camper allerdings nur schwer aufzutreiben. Bis April und ab Oktober freuen sich die Verleihfirmen speziell in Canada über jeden Kunden, soweit die Stationen dann überhaupt besetzt sind. Wer in der **Vor- und Nachsaison** in einer der Großstädte Canadas und auch der USA die Mühe auf sich nimmt, "seinen" Camper direkt zu suchen, wird aber keine prinzipiellen Schwierigkeiten haben.

Geeignetes Vorgehen Die Voraussetzungen für eine Campermiete vor Ort sind identisch mit denen der Pkw-Miete, ⇨ oben. Telefonnummern der Verleihfirmen findet man in den Gelben Telefonbüchern (*Yellow Pages*) unter der Rubrik ***Automotive/ RV-Rental*** oder direkt unter ***Recreational Vehicles*** oder für preiswertere Gebrauchtfahrzeuge unter ***Used RVs***; außerdem in **Kleinanzeigen** (*Classified Ads*) in der Tageszeitung.

Kosten und Versicherung Für die Ermittlung der Gesamtkosten und zum Preisvergleich eignet sich auch für Angebote vor Ort das Berechnungsschema auf den vorstehenden Seiten. Genau wie bei der Vorbuchung sollte man sich Klarheit verschaffen über **Haftung des Mieters** bei Eintritt der unterschiedlichen Schadensfälle. Eine **Aufstockung der Haftpflichtdeckungssumme** bereits im Vorwege durch eine Sonderversicherung (⇨ Seite 70) ist speziell dann zu erwägen, wenn die Miete **in den USA** erfolgen soll.

Problematik Die Gretchenfrage **"Lohnt es sich, erst drüben zu mieten?"** kann wegen der Komplexität der Angelegenheit selbst für die *Off-Season* und einen niedrigen Dollarkurs nicht eindeutig beantwortet werden. Vieles spricht für die Mietet hier, denn erstens gibt es bei den heimischen Veranstaltern auch für die Vor- und Nachsaison günstige Angebote, und zweitens spielen qualitative Aspekte eine Rolle, die eventuelle kleine Kostenvorteile vielleicht gegenstandslos machen. Z.B. können Suche und Auswahl stressig und nicht gerade der ideale Einstieg in die Canadareise sein. Ein wenig ermunternder Gedanke ist auch, daß man bei Mängeln des Fahrzeugs und eventuellen Schäden eine Auseinandersetzung mit dem Vermieter im fremden Land führen müßte.

Zu beachten ist, daß bei Buchung vor Ort Steuern, CDW/VIP und ggf. Deckungsaufstockung immer zum Basistarif hinzu kommen und damit selbst scheinbar günstige Tagesmietpreise zu erheblichen Gesamtkosten führen können.

Campermiete auf eigene Faust vor Ort mögen die Autoren auch außerhalb der Hochsaison letztlich nur Leuten raten, die über mindestens gute Englischkenntnisse und individuelle Reiseroutine im Ausland verfügen.

Übernahme des vorgebuchten Mietfahrzeugs

PKW-Miete Vorausgesetzt, das Mietfahrzeug wurde bereits in der Heimat gebucht, geht es erst einen oder mehrere Tage nach Ankunft zur **Vermietstation**. Im Fall einer **Pkw-Miete** bei den großen internationalen Vermietern kann der Wagen schon bei Ankunft am Airport übernommen werden. Die **Camper-Verleihfirmen** holen ihre Kunden in der Regel im Hotel ab; bei größerem Buchungsaufkommen deutschsprachiger Touristen verfügen sie meist über Personal mit Deutschkenntnissen. Bei den Pkw-Verleihern kann man damit nicht rechnen.

Dafür geht die **Übernahme eines Pkw** rascher über die Bühne: Voucher des Veranstalters, Paß, Führerschein vorlegen, ggf. noch Beschlußfassung über die zu buchenden Zusatzversicherungen, Unterschrift und Hinterlassung einer **Kaution** (durchweg Kreditkartenerfordernis, ⇨ oben), Unterschrift unter die Formulare, Schlüssel steckt schon, Auto ist (meistens) vollgetankt, fertig. Kein Mensch wird auf die Idee kommen, irgendetwas zu erklären. Leuchtet die Bedienung der Automatik, der Klimaanlage, des Tempomats, der Zündschloß- oder Anlassersperre (!) etc. nicht ein, muß man schon ausdrücklich fragen. Alle **Warntöne** schalten sich aus, wenn die Türen geschlossen und die Gurte eingerastet sind. Vor der Abfahrt sollte man eine **Inspektion rund ums Auto** nicht vergessen und bereits vorhandene Dellen oder Kratzer "protokollarisch" festhalten lassen. Nicht schaden kann eine Kontrolle der Beleuchtungsanlage.

Rückgabe Auch die **Rückgabe ist unkompliziert** und bis unmittelbar vor Abflug zu erledigen, wenn die Station im Airportbereich liegt.

Camper- miete/ Formales	Beim **Camper** sieht das etwas anders aus. Das beginnt damit, daß am **Tag der Ankunft** nach einem Transatlantikflug die **Wagenübernahme** aus versicherungstechnischen Gründen **nicht** erfolgen kann*). Zunächst identisch ist das Formale. Die Kaution bzw. Blanko-Kreditkartenunterschrift deckt hier nicht nur Risiken ab, sondern bezieht sich auf eine ggf. lange Liste von Extrakosten wie Übergabegebühren, Zusatzversicherungen, Zusatzmeilen, Leihgebühren für Campingausrüstung, Geschirrset und Bettwäsche, Benutzung des Generators, Endreinigung, Gasfüllung, lokale Steuern und ggf. Schäden. Abrechnung nach Rückgabe.
Technik	Nach Klärung der Formalitäten erfolgt die Inspektion des Fahrzeugs verbunden mit einer mehr oder minder intensiven **Einweisung**. Schließlich soll der Kunde wissen, was es mit Umbauliegen, Wassertanks, Schmutzwasserbehältern, Gasherd, Kühlschrank und Nebenaggregaten auf sich hat. Bei Andrang sind die unter Zeitdruck gegebenen **Erläuterungen** indessen nicht immer optimal und vollständig. Glücklicherweise wurden die **Bedienungsanleitungen** in den letzten Jahren von den größeren Verleihern stark verbessert und zumeist ins Deutsche übersetzt. Fragen sollte man nach **Unterleghölzern** zum Niveauausgleich, der auf vielen Campingplätzen bitter nötig ist. Ein nicht waagerecht stehender Wagen bringt schlafstörende Schieflage der Betten mit sich.
Erster Tag	Am ersten Tag ist es ratsam, nicht viel weiter als bis zum nächsten Campingplatz zu fahren und sich nach den ersten Besorgungen Zeit für ein **gründliches Durchchecken des Fahrzeugs** und seiner Technik zu nehmen. Sollte sich nun herausstellen (auf dem Platz des Vermieters wird man das selten so schnell merken), daß etwa der Kühlschrank nicht richtig funktioniert, der Wasserschlauch zum Auffüllen fehlt oder Bedienungsdetails beim besten Willen nicht einleuchten, kann man zur Not noch einmal bei der Station vorbeifahren.
Checkliste	Vor jeder morgendlichen Abfahrt muß allerhand verstaut, verzurrt und festgemacht sein, auch außen 'rum darf nichts mehr hängen oder ungewollt offenstehen. Besonders **ohne bisherige Campererfahrung** des Reiseteams sollte man sich eine kleine Checkliste machen, die man vor Aufbruch abspult. Sonst bleibt am Ende der Wasserschlauch draußen, oder die Klappstufen des Einstiegs reißen am nächsten Bordstein ab. Nach einiger Zeit hat man die Kontrollpunkte im allgemeinen auch ohne Liste im Griff; "gefährlich" sind vor allem die ersten Tage.

---

*) Wer dagegen von Nordamerika aus in die Stadt der Fahrzeugübernahme einfliegt, z.B. von Toronto nach Vancouver, und rechtzeitig genug eintrifft, hat mit dieser Regelung keine Probleme und darf noch am selben Tag in "seinen" Camper steigen.

Der folgende **Check** vor der Abfahrt **nach jedem Stop** wird bald zur festen Gewohnheit:
- Ist im Innenraum alles wieder rutschfest verstaut?
- Ist der Kühlschrank ggf. auf Batteriebetrieb umgestellt, ist die Tür gesichert?
- Ist das Dachfenster geschlossen?
- Ist das Gas abgedreht?
- Ist der Tritt unter der hinteren Tür eingeklappt?

Wartung

Mieter aller Fahrzeuge sind **bei langfristiger Miete** verpflichtet, in vorgegebenen Abständen Wartungsarbeiten durchführen zu lassen. Die **Kosten** dafür müssen zur späteren Verrechnung ausgelegt werden. Da es in Nordamerika viele Stationen für den schnellen Ölwechsel einschließlich einer **Kontrolle anderer wichtiger Liquide** gibt (Automatikgetriebe, Bremsflüssigkeit, Servolenkung), macht das wenig Probleme, ✧ Seite 130.

Reparaturen

Ärgerlich sind Reparaturen, die – sofern sie minimale Kosten (heute meist can$ 100/US-$ 50) übersteigen – **immer erst nach Rücksprache mit der Verleihfirma** ausgeführt werden dürfen. Dazu gehört auch der Ersatz von unterwegs verschlissenen Reifen. Die größeren Vermieter haben Verträge mit landesweit operierenden Reifenfirmen w.z.B. *Canadian Tire* oder *Goodyear*, die nicht nur aufs Reifengeschäft fixiert sind, sondern auch viele gängige Routinereparaturen durchführen. Für die jeweils kooperierenden Unternehmen erhält der Mieter eine Liste der Vertretungen, die er im Bedarfsfall von sich aus anlaufen kann. Das hat den u.a. Vorteil, daß die mitunter schwierige telefonische Kommunikation mit dem Vermieter entfällt. Das übernimmt die Werkstatt und entscheidet in Absprache mit dem Vermieter, welche Reparaturen ausgeführt werden sollen.

Pannen

Spätestens bei der ersten Panne wird man feststellen, daß es **kaum Bordwerkzeug** gibt, mitunter nicht mal einen Schraubenzieher. Dahinter steckt Methode: Der Kunde soll gar nicht erst auf die Idee kommen, selbst "herumzufummeln". Das geht soweit, daß (in den USA) einige Vermieter sogar Wagenheber und Radschlüssel entfernen. Man soll bei einer Panne eben den **Straßendienst** anrufen – in mancher Situation leichter gesagt als getan. Aus der Sicht der Firma jedoch macht es Sinn: Sollte nämlich der Reifen irgendwo auf einer schlechten Schotterstraße zum einsamen *Campground* oder in einer an sich "ausgeschlossenen" Region draufgehen, existiert gleich ein Protokoll über Ort und Uhrzeit, und man kann den Kunden ggf. zur Kasse bitten. Das hört sich recht dramatisch an, aber ernsthafter Ärger bei den überwiegend relativ neuen Mietfahrzeugen tritt eher selten auf. Man tut dennoch gut daran, sich auf die Möglichkeit einzustellen und ggf. ein wenig vorzusorgen, ✧ Seite 122.

Rückgabe des Campers	Vor der Abreise steht die Rückgabe des Campers, bei den meisten Vermietern am Vormittag. Möchte man hohe **Endreinigungskosten vermeiden,** muß der Camper besenrein und mit entleerten Abwassertanks zurückgegeben werden, oft auch mit gefülltem Frischwasser- und Benzintank, falls man letzteren voll übernommen hat –. Die Vermieter akzeptieren im allgemeinen äußerlich "normal" verschmutzte Fahrzeuge. Es wird aber erwartet, daß der Kunde groben Dreck (an einer der zahlreichen Waschanlagen mit Druckreinigern) vor der Rückgabe selbst entfernt. Andernfalls bittet man (wieder) zur Kasse. Ist indessen nichts beschädigt, gibt es bei der Rückgabe keine Probleme. Die **Formalitäten,** d.h. kurze Inspektion des Wagens, Abrechnung von Mehrmeilen, Steuern etc., sind rasch erledigt.
Flughafen-Transfer	Der Vermieter sorgt für den Transport zum Hotel bzw. zum Airport. Bei Planung von **Rückgabe und Abflug am selben Tag** sollte auf reichlich Zeit geachtet werden: besser nicht unter 5 Stunden zwischen frühestmöglicher Ankunft in der Station und Abflug bei einer angenommenen Transferzeit von etwa 1 Stunde. Denn gelegentlich entstehen **Wartezeiten,** etwa auf weitere Kunden, die im selben Bus ggf. zu anderen Zielen transportiert werden müssen. Entspannter verläuft auf jeden Fall die Rückgabe einen Tag vor Abflug.

Reiseformen im Vergleich:
Pkw mit Zelt oder Motel und Campmobil

Die Vor- und Nachteile des Reisens per Pkw/Zelt, Pkw/Motel und im Campmobil lassen sich nur begrenzt verallgemeinern. Denn zu unterschiedlich sind individuelle Vorstellungen und Ansprüche. Aber es gibt einige in Nordamerika, besonders im Westen Canadas wichtige, teilweise aber nicht offenkundige Aspekte, die vor der Entscheidung für die eine und gegen eine andere Reiseform bedacht werden sollten.

Doch dazu mehr am Ende dieses Abschnitts. Die recht unterschiedlichen **Kosten der drei Alternativen** klären vielleicht schon im Vorwege, welche Möglichkeit in Frage kommt – ganz unabhängig von weiteren Überlegungen:

Die Kosten

Annahmen

Ein Kostenvergleich zwischen Reiseformen muß generalisieren und Annahmen machen, die im Einzelfall so nicht immer zutreffen. Das folgende Schema kann aber leicht mit saisonal und/oder aktuell veränderten Zahlen modifiziert und so für die persönliche Reiseplanung und -dauer zugrundegelegt werden.

Für den Vergleichszweck sei ausgegangen von

- einem **4-Wochen-Urlaub** (28 berechnete Tage/28 Übernachtungen) für **2 Personen** in der **Hauptsaison**, die in Canada bezüglich der Hotel-/Motelkosten die vollen Monate Juli und August umfaßt. Für die Campmobilmiete ist dies nur teilweise der Fall; die hier unterstellten Preise gelten bei einigen Verleihern nur in einer 5 6 wöchigen "Kernzeit" (davor und danach liegen die Miettarife niedriger)
- **Pkw-Miete ab Seattle** (unlimitierte Meilen und Zusatzgebühr für Zweitfahrer) und **Campermiete ab Vancouver** zum Neufahrzeugtarif. In der Praxis sind Pkw maximal 1 Jahr alt, Camper maximal 3 Jahre.
- saldierten **Mietkosten** mit Langzeitermäßigung, die bereits Steuern und VIP-Versicherung beinhalten, wichtige Kostengrößen, die in vielen Katalogen separat ausgewiesen werden.
- **Campertarifen mit 250 Freikilometern pro Tag**; das macht in 28 Tagen 7.000 km, die in den meisten Fällen ausreichen, gleich, ob man mit Pkw oder Camper unterwegs ist.
- auf diesen 7.000 km basiert der **Benzinkostenansatz**. Der Benzinpreis wird mit 0,80 DM/l angenommen.
- bei **Wohnmobilen** von zusätzlichen "**Nebenkosten**": Erstausstattung mit Toilettenchemikalien und Propangas, Geschirr, Bettwäsche usw. Die Berechnung variiert stark. Oft fallen "Ausrüstungskosten" auch beim Pkw an. Denn

- im Fall des Zelturlaubs geht es nicht ohne Coolbox, Kocher und Kochgeschirr. Kauft man diese Gegenstände in Canada zusammen (*Canadian Tire* oder Kaufhäuser), benötigt man für eine akzeptable Qualität 150 DM-200 DM. Alle anderen Utensilien werden mitgebracht, so die Annahme.
- Übernachtung auf **gebührenpflichtigen Campingplätzen**, bei **Zeltcamping:** can$12/Nacht. Bei **Campercamping** wird in 50% der Nächte Nutzung eines *Full Hook-up* (Anschluß an Strom, Wasser, Abfluß) angenommen und damit im Schnitt erhöhte Kosten von can$20/Nacht; ⇨ Seiten 143/145.
- **Hotelübernachtung** für alle Reisearten 1 Nacht im Airport/City-Hotel ($120). Zusätzlich **27 Nächte in Hotels/Motels** Mittelklasse (in der Hochsaison: $80 im Schnitt inkl. Steuern, ⇨ Seite 135) bei **Pkw-Hotel-Urlaub**. Im Fall von **Pkw-Zelt-Camping** zusätzlich 3 Nächte zu $50 in preiswerteren Motels an Schlechtwettertagen oder in Städten.

Iglu-Zelt sind nicht nur selbsttragend. Sie können mit Hilfe von Holzscheiten oder Steinen zur Not auch ohne Häringe ausreichend fest am Boden gehalten werden.

- **Verpflegung bei Camping** nicht unter can$30 pro Tag (für 2 Personen) einschließlich gelegentlichem *Fast Food*, aber **ohne** Alkoholika, Restaurant- und Kneipenbesuche.

Annahmen
- Bei der **Variante Pkw/Hotel** sind die Möglichkeiten zur Selbstverpflegung begrenzter; relativ häufige **Cafeteria- und Restaurantbesuche** gehören dazu, d.h., ohne eisernen Willen zum Sparen sind can$60/Tag (für beide Reisepartner zusammen) kaum zu unterbieten. Leicht wird es mehr.
- **Eintrittsgelder,** die ja unabhängig von der jeweiligen Reiseform anfallen, persönliche **Nebenkosten, Einkäufe** günstiger Artikel (Jeans etc.), Kosten für **Souvenirs, Mitbringsel** etc. sind in den Zahlen der folgenden Tabelle nicht explizit berücksichtigt und noch individuell zu addieren.

Zu den konkreten Zahlen (1998)

Die folgenden Zahlen für **Mietkosten** basieren auf Preisen aus einem deutschen Veranstalterkatalog für 1998. Als Leihwagen wurden **Hertz-Fahrzeuge** ausgewählt (*Economy* 4-türig bei Zeltcamping, *Midsize* 4-türig für Motel-Übernachter, jeweils ab Seattle). Die Kosten für die **Campfahrzeuge** beziehen sich auf Zahlen für **Van Camper 19 Fuß** und **Motorhome 22 Fuß** der Firma **Travelhome** ab Vancouver. Gleichartige Fahrzeuge können je nach Veranstalter und Vermieter auch etwas preiswerter oder teurer sein. Alle anderen Werte errechnen sich aus den erläuterten Einzelkosten wie auf den vorstehenden Seiten erläutert.

KOSTENVERGLEICH CANADA-URLAUB FÜR 2 PERSONEN IM JULI/AUGUST (DM)*)

Kostenart	Pkw[1]/Zelt	Pkw[2]/Hotel	Van Camper[3] 18/19 Fuß	Motorhome[4] 21-23 Fuß
Mietkosten[5] (4 Wochen Pkw bzw. 28 Tage im Camper)	1.560	1.920	5.543	6.166
Ausrüstung	200	–	120	120
Benzinkosten	420	525	1.050	1.365
Übernachtung	698	2.850	825	825
Verpflegung	1.050	2.100	1.050	1.050
Gesamtkosten	**3.928**	**7.395**	**8.588**	**9.526**

Anmerkungen:
[1] kompakte oder untere Mittelklasse (z.B. Ford Escort); der Verbrauch wurde hier mit in Canada/USA realistischen 8 l/100km angenommen.
[2] Mittelklasse (wie Opel Omega o.ä.); Verbrauch etwa 10 l/100km.
[3] bzw. *Van Conversion*; preislich ähnlich der allerdings deutlich kleinere, dafür wendigere und verbrauchsgünstigere VW-Westfalia/VW *Vanagon* und *Pick-up Truck* Camper, siehe Seite 77; Verbrauchsannahme 20l/100 km, oft weniger.
[4] Bietet bereits ab 21 Fuß bei einem guten Grundriß ausreichend Platz auch für 4 Personen. Modelle größer als 23 Fuß bringen nach Meinung der Autoren kaum Zusatznutzen, jedoch eingeschränkte Wendigkeit und nicht nur mehr Mietkosten, sondern auch (noch) höheren Verbrauch, Annahme hier: recht hohe 26 l/100 km. Besonders die neueren Modelle bis 23 Fuß brauchen weniger.
[5] Basis für alle Zahlen sind Tarife inklusive CDW und Steuern bei den Pkw (Paket A). Bei den Campern wurde ebenfalls inklusive Steuern und VIP-Versicherung gerechnet, ⇨ Seite 94.

---

*) ohne Flugkosten, die in jedem Fall die Gesamtsumme um rund 3.000 DM oder etwas weniger (Charter) oder mehr (Holiday Tarif) erhöhen, und Eintrittsgelder und sonstige Nebenkosten, ⇨ vorhergehende Seite unten.

Kommentar

Interpretation der Tabellenwerte

Die **Kostenunterschiede** zwischen Urlaub im Pkw und den Campervarianten sind hier **enorm bis spürbar.** Wegen der von Haupt- und Nebensaison kaum beeinflußten Miettarife für Nicht-Campingfahrzeuge und saisonal ebenfalls kaum schwankender Campgebühren entsprechen die Kosten fürs Camping per Pkw/Zelt auch in der Vor- und Nachsaison der Realität.

Beim finanziell aufwendigeren **Hotelurlaub** dagegen ist die "Gefahr", daß das oben errechnete Budget in der Hauptsaison nicht ausreicht, relativ hoch. Das gilt insbesondere dann, wenn viele Tage Aufenthalt in touristisch populären (und teuren) Gebieten wie etwa in Banff und Jasper oder im hohen Norden geplant sind. Die **Kostendifferenz zur Zeltalternative** kann dann noch drastischer ausfallen. Anders ist es vor Juli und ab September. Bei den Übernachtungskosten läßt sich in der Nebensaison einiges sparen, aber unter die 6.000 DM-Marke wird man nur mit Mühe und/oder erheblichen Komfortabstrichen "rutschen".

Die extrem hohen Kosten für die **Campermiete** in der Hauptsaison **verzerren** diesen Vergleich insgesamt sehr. In der Vor- bzw. Nebensaison kosten Van-Camper bzw. Motorhome bei demselben Vermieter 1.800 DM-2.000 DM weniger. Dann sind per **Van Camper** Kosten realisierbar, die denen der Hotel-/Motel-Alternative in der Nebensaison in etwa entsprechen, zumindest aber nicht mehr wesentlich höher liegen.

Das **Motorhome** ist per Saldo auch **im Juni** und **September** im allgemeinen noch die teuerste Reiseform, obwohl dann bei sonst gleichen Annahmen die Gesamtkosten (ohne Flüge und Nebenkosten) an 7.000 DM heranreichen.

Fazit

Zu bedenken: Zeltcamping

Wie nicht anders zu erwarten, ergeben sich bei **Canada-Ferien im Zelt** die geringsten Kosten. Wer Spaß am Zeltcamping hat, noch dazu unter den in Nordamerika gegenüber Europa ungleich viel besseren Bedingungen (⇨ Seite 142), braucht nicht lange zu überlegen. Zelten wird auch vielen jungen Leuten und Junggebliebenen in Canada Spaß machen, die Campingurlaub hierzulande weniger abgewinnen können. Zu bedenken ist jedoch, daß es wegen der Höhenlage selbst im Hochsommer in manchen Regionen (z.B. *Icefields Parkway!*) nachts **ziemlich kalt** werden kann. Und auch im Juli/August sind in Pazifiknähe und im Nordwesten mehrere aufeinanderfolgende **Schlechtwettertage** samt kräftigen Niederschlägen keine Seltenheit, erst recht nicht in Frühsommer und Herbst. Kurz, man sollte sich über die voraussichtlichen **Witterungsbedingungen** der ins Auge gefaßten Ziele informieren, bevor die Entscheidung fürs Zelten fällt.

PKW/Motel Die erheblichen Mehrkosten für **Hotel-/Motelübernachter** sind gegenüber dem Camper nicht unbedingt mit höherer **Urlaubsfreude** verbunden. Im Sommer bedeutet die Suche nach einer geeigneten Unterkunft gelegentlich Streß und Frust. Zwar können auch Campingplätze bei später Ankunft voll besetzt sein, aber die Ausweichmöglichkeiten sind meist besser. Die Alternative, alle Quartiere im voraus zu buchen, besitzt den Nachteil, unterwegs völlig unflexibel zu sein und weder auf neue Eingebungen noch widriges Wetter angemessen reagieren zu können.

Bedacht werden sollte, daß mit Ausnahme der Großstädte und einer Handvoll touristischer Hochburgen (Banff, Jasper, Okanagan Valley, Whitehorse, Dawson City) der Urlaubstag mit dem Einchecken ins Hotelzimmer weitgehend "gelaufen" ist. Zum abendlichen Bummel etwa fehlen anderswo gemeinhin alle Voraussetzungen. Die Gelegenheiten zum Ausgehen sind ebenfalls dünn gesät, **Kneipen in Canada Mangelware**. Nach dem Abendessen bleibt oft nur der Fernseher als einzige Zerstreuung, während der Camper vielleicht gerade dann "sein" Canada am Lagerfeuer genießt.

Vorzüge Campmobil Genau das rechtfertigt letztlich die hohen Kosten des Campmobils. Es bietet mit **Unabhängigkeit, Mobilität** und **Bequemlichkeit** Vorzüge, die sich in Canada ideal kombinieren lassen mit Landschafts- und Naturerlebnis. Langweilige Abende gibt`s im Camper kaum. Die **Gestaltungsmöglichkeiten** sind schon tagsüber vielfältiger. Der Kontakt zu anderen Reisenden fällt leichter. **Geselligkeit,** wenn man sie sucht, ergibt sich zwanglos. Und nichts hindert den Campmobilisten, seinen *Afternoon Tea* auf der Terrasse des *Banff Springs Hotel* genauso zu genießen, wie der Hotelgast. Ob man dabei mit einem *Van Camper* oder einem *Motorhome* vorfährt, spielt keine Rolle, ist vielmehr eine Frage persönlicher Präferenzen, ✧ auch weiter oben Seite 82.

Wer mit dem Gedanken spielt, ein Campmobil zu mieten, aber vor den hohen Kosten zurückschreckt, kann bei Ausweichen auf Zeiträume der **Nebensaison** und konsequenten **Preisvergleich** die oben beispielhaft errechneten Zahlen um einiges unterschreiten.

Fahrten in den hohen Norden Soll die Reise überwiegend **nach Norden** gehen, auf Routen jenseits des *Yellowhead Highway*, **gibt es zum Camping** – sei es im Zelt oder im Campmobil – **kaum noch eine Alternative**. Übernachtungen selbst in einfachsten Quartieren sind dort sehr teuer und Motels gerade entlang der besten Strecken rar gesät – ganz im Gegensatz zu den oft herrlich gelegenen Campingplätzen. **Mehrkosten** fallen allerdings auch im Camper über Sonderzuschläge für Fahrten in den Norden und höhere durchschnittliche Fahrtstrecken an.

2.3.2 Canada im eigenen Auto?

Langzeitreisen

Wer eine längere Reise durch Canada plant, fragt sich, ob nicht unter Umständen der Kauf eines Autos der Miete vorzuziehen ist. Denn während zwei oder mehr Monaten kommen selbst bei einem Fahrzeug der kleinsten Kategorie ansehnliche Mietkosten zusammen. Von größeren Fahrzeugen und Campern gar nicht zu reden.

Autokauf in Canada

Allerdings sind **in Canada Autos generell teurer als in den USA** und obendrein mit höheren Umsatzsteuern (bis auf Alberta) belegt, die der Käufer auf jeden Fall verliert und nicht an den nächsten Besitzer weiterreichen kann. Da die meisten Canada-Langzeitreisenden klimatisch bedingt im Frühsommer starten und im Herbst vor dem Verkaufsproblem stehen, erleiden sie beim Kauf in Canada leicht auch noch eine **saisonal bedingte Zusatzabschreibung** unabhängig von Typ, Zustand und Tachostand des Wagens. Ein Kauf in Canada und Wiederverkauf in den USA (schwierig, aber möglich) macht ökonomisch keinen Sinn. **Die Zulassung und damit der Verkauf eines aus den USA "exportierten" Autos ist in Canada privat nicht möglich.** Wer mit dem Gedanken spielt, ein Fahrzeug zu kaufen, sollte also von vornherein einen passenden Startpunkt in den USA ins Auge fassen und die Reise auch in den USA beenden. **Ausnahme**: dank der voraussichtlich vorhandenen Hilfestellung von Freunden oder Verwandten bei Kauf, Zulassung und späterem Verkauf erscheint eine kanadische Stadt geeigneter.

Autokauf in den USA

Minimale Reisezeit für Kauf

Vor der Entscheidung für die Beschaffung eines eigenen Fahrzeugs sollte insbesondere bei Reisezeiten bis zu 3 Monaten eine realistische **Kostenvergleichsrechnung zwischen den Alternativen Kauf und Miete** stehen. Bei Reisezeiten über 3 Monaten (nur mit US-Visum!) errechnen sich schon eher Vorteile für den Kauf, wenn der Wertverlust sich in Grenzen hält. Dabei bleibt allerdings immer die Unwägbarkeit, am Ende der Reise in angemessener Frist nicht nur einen Käufer zu finden, sondern auch noch einen akzeptablen Preis zu erzielen.

Preiswerte ältere Camping-Fahrzeuge zum Verkauf an Touristen auf dem Hof eines Händlers

Folgende Gesichtspunkte – erläutert anhand eines "billigen" Beispiels: **Kauf eines 10 Jahre alten Pkw in den USA für US$ 2.500, 3 Monate Reisezeit und 20.000 km unterwegs** – müssen bei einem Vergleich bedacht werden:

Nebenkosten der Zulassung – Zum Kaufpreis addieren sich die *Sales Tax* (↔ Seite 69), die Kosten für Zulassung (*Registration*) und Nummernschilder, ggf. für die notwendige amtliche **Inspektion** mit Abgasuntersuchung und kleinere Formalitäten. Zusammen kommen dabei leicht **US$ 300** oder mehr heraus.

Versicherung – Während bei Kauf und Anmeldung eventuell auftauchende **Probleme** (bedingt durch die Ausländereigenschaft des Käufers) in den meisten US-Bundesstaaten noch relativ leicht geklärt werden können, läßt sich eine **Haftpflichtversicherung** vor Ort nur unter großen Schwierigkeiten und/oder hohen Kosten finden. Im Zweifel ist der Automobilclub **AAA** behilflich. Die über AAA angebotenen Prämien entsprechen in etwa denen, die auch über die deutsche **Versicherungsvermittlung Tour Insure** in Hamburg, Tel.: 040/25172150; Fax: 040/25172121, oder bei **Nowak-Versicherungen in Wiesbaden,** ✆ 06122/15646, Fax 8993, erhältlich sind. Für **3 Monate Haftpflicht** (Pkw/Kombi) ist bei Fahrern ab 25 Jahren mit einer Summe um **US$ 500** zu rechnen.

Zeitbedarf – Für die Suche nach einem geeigneten Gebrauchtwagen und die Erledigung aller **Formalitäten** benötigt man für einige Tage, ggf. auch eine ganze Woche einen **Leihwagen.** Bucht man ihn im Vorwege, sind ab **400 DM (US$ 220)** zu kalkulieren. Vor Ort wird's selten billiger, siehe oben.

Wartung – An **Unterhaltskosten** entstehen mindestens **US$ 200** für zwei **Ölwechsel** plus ein bißchen Verschleißmaterial (Kerzen, Luftfilter etc) und einen **Reifenersatz.**

Reparaturen – bei älteren Wagen treten immer – hoffentlich kleinere – Reparaturen auf, ob nun die Scheinwerfer ausfallen, der Vergaser streikt oder die Wasserpumpe ihren Geist aufgibt. Auch wer das nötigste Werkzeug selbst mitbringt, braucht mit Sicherheit noch einige **Ersatzteile** und vielleicht weitere Werkzeuge (amerikanische Wagen haben keine metrischen Teile). Mit Glück bleiben die **Kosten** unter **US$ 200.** Wer allerdings eine Werkstatt aufsuchen muß, wird bei Stundensätzen ab US$ 50 kaum damit auskommen.

Verkauf – Da sich ein Auto meist nicht unmittelbar vor dem Rückflug eben "auf die Schnelle" verkaufen läßt, muß wenigstens eine Reservewoche für diese Aktivität eingeplant werden. Neben dem **Zeitaufwand** kostet das Geld für zusätzliche Lebenshaltung, für Telefonate und ggf. Anzeigen. **US$ 200** sind dabei wohl die Untergrenze der effektiv entstehenden Kosten.

Abschreibung – Ein besonders günstiger Verkaufspreis wird unter Zeitdruck selten zustandekommen. Speziell Gebrauchtwagenhändler erkennen natürlich rasch die **schlechte Verhandlungsposition** des Touristen. Wenn der Wagen kein besonderes Schnäppchen war, ist ein Verkaufspreis von US$ 1.800 (das entspricht **US$ 700 Abschreibung**) für drei Monate und 13.000 Meilen nach dem Kauf sicher nicht zu niedrig, sondern eher optimistisch angesetzt. Besser geht`s nur mit viel Zeit und Glück.

Gesamtkosten Kauf bei "Billigwagen"

Rechnet man alle vorstehend aufgeführten Positionen zusammen, ergibt sich (**bei komplikationsloser Fahrt ohne bedeutende Reparaturen!**) im günstigsten Fall ein Betrag von knapp **US$ 1.600 für Spesen, Fixkosten, Wartung und Reparaturen** und **US$ 700 Wertverlust**. Das entspricht zusammen etwa den Kosten, die in den USA bei einem (neuen!) Leihwagen der Kompaktklasse in 10 Wochen anfallen – einschließlich oben nicht enthaltener Vollkasko-Versicherung und ohne jegliches Reparaturkostenrisiko!

Mietkosten 3 Monate

Bei drei Monaten (=13 Wochen) Aufenthalt **kostet der Mietwagen bei dieser Kalkulation also höchstens 1.200 DM** mehr als ein eigenes (altes) Fahrzeug. Dafür genießen Mieter nicht nur den Vorteil, für Unfallschäden und Reparaturen nicht aufkommen zu müssen, sondern steigen in das bereitstehende Fahrzeug, wo es ihnen paßt, und geben es am Ende der Reise einfach wieder ab. Der ganze organisatorische Aufwand für den Kauf und der Streß des Verkaufs entfallen.

Kosten Kauf neueres Auto

Das Risiko größerer Reparaturen läßt sich mit dem Kauf eines neueren Autos zwar mindern, aber nie ganz ausschließen. Investiert man mehr für einen Gebrauchtwagen, werden auch höhere Umsatzsteuern fällig. Und die Abschreibung dürfte rasch auf über US$ 700 steigen.

Fazit

Das Beispiel zeigt, was bereits ausgedrückt wurde: **Ein eigener Pkw ist bei den zur Zeit geltenden Mietwagenkosten erst bei relativ langen Reisezeiten erwägenswert**. Günstiger fällt die Kalkulation nur aus, wenn man bei An- und Verkauf auf die Hilfe von Verwandten oder Freunden zählen kann.

Auch wenn ein Vergleich etwa zwischen einem größeren Gebrauchtwagen und den Kosten für ein entsprechendes Mietfahrzeug zu einer kürzeren "kritischen" Reisezeit zugunsten des Kaufs führt, bleibt die Aussage gültig. Denn die allgemeinen, hier gar nicht in Dollar bewerteten **Vorteile der Miete** spielen eine nicht zu unterschätzende positive Rolle. Ärger mit dem (eigenen) Fahrzeug kann dagegen die Reisefreude erheblich beeinträchtigen.

Campmobil

Generell gilt: erst wenn alle Nebenkosten und Risiken berücksichtigt sind, lassen sich Autokauf und -miete einigermaßen miteinander vergleichen. Dabei kann je nach Reisesaison, -dauer und Wagentyp der Vergleich auch anders ausfallen als im Beispiel. Die **Miete** etwa **für Campmobile** ist **im Sommer** für längere Zeiträume **nahezu unbezahlbar**. Aber auch der Kauf eines Campmobils – begnügt man sich nicht mit einem reparaturanfälligen Uraltmodell – erfordert zunächst einen relativ hohen finanziellen Einsatz und verursacht eine nur schwer abschätzbare Abschreibung. Ein großer **Station Wagon** (Kombi) oder besser noch **Van** (Kastenwagen/Kleinbus) in Eigenbesitz läßt sich ohne viel Aufwand zum Schlafen herrichten, und **Platz für *Coolbox*, Kocher und Wassertank** ist auch genug. Die dafür anfallenden Kosten bewegen sich eher im Pkw-Rahmen. Eine derartige Lösung des Problems lohnt sich bereits für weniger als drei Monate.

Vorteil des eigenen Wagens

Wichtig für die Entscheidung "Kauf oder Miete?" kann auch sein, daß eine Fahrt im eigenen Wagen nicht durch "**lästige**" Gebietsausschlüsse reglementiert wird. In Canada betrifft dieser Aspekt teilweise reizvolle Schotterstrecken wie z.B. Abschnitte der ***Forestry Trunk Road*** (Alberta) oder des ***Cassiar Highway*** (British Columbia), den gesamten Norden und ggf. Grenzübertritte nach **Alaska**, in den USA Fahrten durchs ***Death Valley*** und nach **Mexico.**

Wer einen Autokauf erwägt, findet alle wichtigen Einzelheiten zum organisatorisch-technischen Vorgehen einschließlich der US-Regelungen für Zulassung und Versicherung, aber auch für den temporären Import eines bereits vorhandenen Wagens nach Nordamerika im REISE KNOW-HOW Handbuch USA/CANADA, ⇨ Seite 626.

Kauf mit Rücknahmezusage des Verkäufers

Was tun, wenn man zwar gerne per Auto oder Camper für mehr als 3-4 Monate Nordamerika entdecken möchte, aber die Mietkosten für den langen Zeitraum denn doch zu hoch erscheinen, andererseits der mit einem Kauf bei selbständigem Vorgehen verbundene Umstand und das spätere Verkaufsrisiko abschrecken? Die Lösung für diesen Fall bieten u.a. die Firmen **Transatlantic** (nebenstehend) oder **Adventures on Wheels** (bei New York, ✆ 001 732 583-8714, Fax 8932). Beide verkaufen Fahrzeuge (einschließlich Zulassungs- und Versicherungsservice) an Langzeitreisende und nehmen sie nach Ende der Tour entsprechend den Konditionen wieder zurück.

17-Fuß Camper, Bj. 1990 von Adventures on Wheels für ca. US$ 8.000 plus Tax mit Rückkaufgarantie. Zulassung und Versicherung (Deckung $1 Mio.) für Käufer ab 19 Jahren.

Der **Verkauf mit Rücknahmegarantie** des Wagens durch den Verkäufer funktioniert wie folgt:

– Der Kunde kontaktiert die deutsche bzw. Schweizer Vertretung und erläutert seine Reisepläne und Vorstellungen. Sind passende Fahrzeuge vorhanden, erhält er konkrete Angebote. Sagt ihm ein Fahrzeug zu, wird ein Vertrag abgeschlossen, der die Zahlungsmodalitäten, Garantie, Abschreibung etc. im Detail regelt.

– Bei Ankunft des Kunden steht der Wagen "abmarschfertig" bereit, also vollgetankt, frisch gewartet und gereinigt – nicht anders als bei einer Miete.

– Nach der Rückkehr nimmt der Verkäufer das Fahrzeug zurück, sofern der Käufer es nicht anderweitig selbst verkaufen möchte (und dies vertraglich zulässig ist), und zahlt – wie vereinbart – die von Meilenzahl und/oder Zeit abhängige Rückkaufsumme aus.

Die **Gesamtkosten** liegen bei Inanspruchnahme der Rücknahmegarantie irgendwo zwischen dem Mietaufwand für einen gleichartigen Wagen und der (vielleicht) erzielbaren geringeren) Abschreibung bei selbständigem Vorgehen. **Je länger der vereinbarte Zeitraum, umso günstiger ist das Geschäft im Vergleich zur Miete**. Auch die Vorteile gegenüber dem Kauf auf eigene Faust liegen auf der Hand: nicht nur **Kauf-, Zulassungs- und Versicherungsproblematik entfallen**, sondern auch und vor allem das Verkaufsrisiko. Die Gesamtkosten sind im Vorwege kalkulierbar. Gelingt am Ende sogar ein anderweitiger Verkauf für einen höheren Betrag als den garantierten Rücknahmepreis, umso besser.

USA CANADA im eigenen Auto erleben

Kaufen und Mieten

★ KAUFFAHRZEUGE AB 6 WOCHEN REISEZEIT
★ MOTORHOME, CAMPER, VAN, KOMBI, PKW
★ GARANTIERTER RÜCKKAUF, GROSSZÜGIGE GARANTIE
★ AN- UND ABMELDEFORMALITÄTEN TÄTIGEN WIR AUCH SCHON FÜR 18-JÄHRIGE
★ VERSICHERUNGEN AUCH SCHON FÜR 18-JÄHRIGE
★ MIETFAHRZEUGE: Kombi, Camper, Motorhome
★ NEW YORK, LOS ANGELES, VANCOUVER B.C.

INFO: TRANSATLANTIC AUTOMOBILE
BRD: Rossinistraße 11 · D-49565 Bramsche
Tel. 05461-62060 · FAX 05461-64834
E-mail: taed@transatlantic-d.com
Niederlande: Tel.& FAX 0031-10-404-8725 FAX-8987
Schweiz-N.Y.: Tel. 001-914-739-8314
E-mail: transrv@transatlantic-rv.com, www.transatlantic-rv.com

2.4 Canada per Bus oder Bahn
2.4.1 Greyhound-Busse

Nicht nur in den USA, sondern auch in Canada ist Busfahren eng mit dem Namen *Greyhound* verbunden. Die "Windhundlinie" verfügt einschließlich ihrer assoziierten Dienste als einzige Busgesellschaft über ein überregionales Streckennetz in ganz Canada.

Kennzeichnung

Bis Ende der 60er Jahre galt *Greyhound* als Synonym für bequemes, preiswertes und schnelles Reisen. Seither hat *Greyhound* viele Passagiere verloren, denn die **Kosten** sind im Zeitalter der *Super-Saver*-Flugtickets nicht mehr so konkurrenzlos wie vor Jahren. Und Geschwindigkeit und Bequemlichkeit, Faktoren, die sich bei *Greyhound* verändertern, beurteilt man heute anders als damals. Dennoch bieten die **Buspässe** von *Greyhound* zumindest **für Alleinreisende** nach wie vor **die billigste Möglichkeit, durch Nordamerika zu reisen**, und die Busse sind auf den Hauptrouten immer noch relativ schnell. Beispielsweise benötigt *Greyhound* für die 4.450 km lange Direktverbindung Toronto–Vancouver einschließlich Pausen 63 Stunden; das entspricht einer Durchschnittsgeschwindigkeit von 70 km/h.

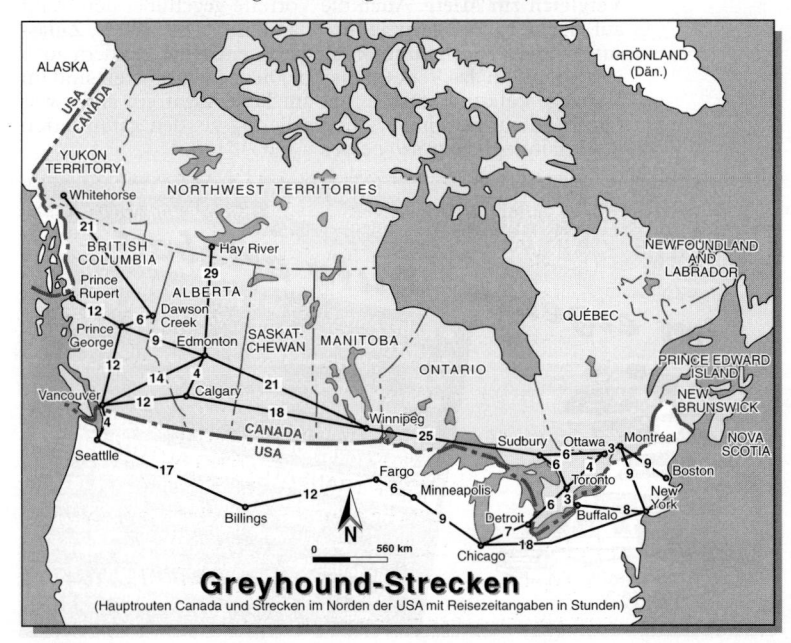

Greyhound-Strecken
(Hauptrouten Canada und Strecken im Norden der USA mit Reisezeitangaben in Stunden)

Routennetz Das **Greyhound-System** besteht in Canada und den USA aus zwei weitgehend separaten Streckennetzen. Während die USA nahezu flächendeckend mit Busverbindungen bedient werden, beschränkt sich das *Greyhound*-**Angebot in Canada** hauptsächlich auf **Routen über Hauptstraßen im Süden** des Landes. Interessante Ausnahmen sind die Strecken nach Prince Rupert, nach Whitehorse/Yukon Territory und nach Hay River/Northwest Territories *(Mackenzie Highway)*. **Eine *Greyhound*-Verbindung von Canada nach Alaska gibt es nicht.** Für grenzüberschreitende Anschlüsse müssen *Greyhound*-Passagiere in Whitehorse umsteigen und ein teures Extra-Ticket lösen.

Buspässe Canada *Greyhound*-Pässe können in Reisebüros gekauft werden. Die deutsche Vertretung von *Greyhound* liegt bei der Firma **ISTS Intercontinental Reisen** in München, ✆ 089/2727118, Fax 089/2717386. Die von der Geltungsdauer abhängigen **Kosten 1998** für *Greyhound*-Canadapässe sind:

7-Tage-Canadapass	290 DM
15-Tage-Canadapass	395 DM
30-Tage-Canadapass	530 DM
60-Tage-Canadapass	675 DM

Der **Canadapass** erlaubt unbegrenzt viele Fahrten auf den Greyhound-Routen westlich von Linie Toronto/Ottawa.

Ferner gilt er für die Strecken:
- New York–Toronto und umgekehrt
- Toronto–Detroit
- New York–Montreal
- Vancouver–Seattle
- Toronto/Ottawa–Montréal *(Via Rail)*,
- Liniendienst Banff–Jasper *(Brewster Transportation)*,

Einen **Canada Pass Plus** mit zusätzlichen Routen im Gebiet östlich von Montréal kann man für 400 DM (15 Tage), 530 DM (30 Tage) und 650 DM (60 Tage) erwerben.

Buspässe USA *Greyhound-Ameri*pässe für die USA gelten außer auf US-Routen auch auf folgenden grenzüberschreitenden Strecken: Seattle–Vancouver, Boston–Montréal, New York-Montréal, Buffalo–Toronto, Detroit–Toronto. **Sie kosten 1998**:

5-Tage-Ameripass	260 DM
7-Tage-Ameripass	330 DM
15-Tage-Ameripass	500 DM
30-Tage-Ameripass	680 DM
60 Tage-Ameripass	1.000 DM

Eine **tageweise Verlängerung** der Pässe ist nicht mehr möglich.

Fahrplaninfo USA unter ✆ (800) 231-222

Fahrplaninfo Canada unter ✆ (800) 661-TRIP

Internet: http://www.greyhound.com

-	**Folgende allgemeine Bestimmungen sind bedeutsam:**
Laufzeit der Pässe	Ein Datum für den ersten Geltungstag braucht man bei Kauf in Europa nicht anzugeben. Jeder Pass "läuft" ab dem Tag der ersten Fahrt. Der **4-Tage-Pass** kann nicht von Freitag bis Sonntag benutzt werden, erlaubt ist mit ihm aber eine nichtzusammenhängende Kombination von Tagen, etwa Mittwoch/Donnerstag und Montag/Dienstag der Folgewoche.
Beschaffung/ Rückgabe	In Deutschland müssen sowohl der *Canada*- als auch der *Ameripass* **vor der Reise** gekauft werden. Zur Not läßt sich ein ***Canada-/Ameripass*** auch noch in den USA (**nicht in Canada!**) in einigen ***Greyhound International Offices*** (etwa in New York) gegen Vorlage des Reisepasses erwerben. Nicht in Anspruch genommene Pässe können minus einer Bearbeitungsgebühr von 20% des Kaufpreises an die Verkaufsagentur zurückgegeben werden (außer 4-Tage-Pass).
Kostenvergleich Buspass versus Automiete	Wer mit dem Gedanken spielt, per **Greyhound** durch Canada zu fahren, wird die dafür anfallenden Kosten mit denen einer **Automiete** vergleichen. Da sich der Bus in Canada weniger für eine reine Rundreise – etwa durch British Columbia und Alberta – als für eine **Transkontinentalfahrt** mit Abstechern eignet, werden im folgenden beispielhaft die Reisekosten für

2 Personen von Vancouver nach Toronto bei 6 Wochen Reisezeit

miteinander verglichen. Wegen der in den USA niedrigeren Leihwagentarife, und weil Einwegmieten über diese Distanz entweder kaum aufzutreiben oder noch teurer als in den USA sind, ist Ausgangspunkt der Mietwagenfahrt Seattle; die Abgabe erfolgt in Detroit. Die Ticketkosten für den Gabelflug Vancouver/Toronto bzw. Seattle/Detroit sind bei einigen Gesellschaften identisch (z.B. *British Airways*), bei anderen Airlines differieren sie nur geringfügig:

FAHRTKOSTEN PKW-MIETE KATEGORIE ECONOMY 4-TÜRIG (DEUTSCHER VERANSTALTERPREIS 1998)

Mietkosten ab Seattle:
(*Hertz*/unbegrenzte Meilen Hochsaison)
inklusive Vollkasko, Haftpflicht 2 Mio. DM,
Steuern, Zusatzgebühren zweiter Fahrer

Miete inkl. Steuern in 6 Wochen	ca.	2.320 DM
plus Einweggebühr (Hertz: $500) + Steuern	ca.	960 DM
plus Benzin für rund 9000 km (Verbrauch ca. 8 l/100 km; Benzinpreis 0,75 DM/l)	ca.	540 DM
Gesamte Fahrtkosten Mietwagen	**ca.**	**3.820 DM**

FAHRTKOSTEN MIT DEM *GREYHOUND*	
60 Tage Canadapass für 2 Personen (billiger als 30 Tage + 15 Tage!)	1.350 DM
plus Zusatzfahrtkosten*)	ca. 600 DM
Gesamtkosten Greyhound	**1.950 DM**

Kostenvorteil Greyhound? Der scheinbar große **Preisvorteil** von knapp 1.900 DM zugunsten von *Greyhound* muß relativiert werden. Er resultiert zur Hälfte (960 DM) aus der Einwegmiete. Aber selbst wenn – wie im Beispielfall – dieser Betrag unvermeidlich anfällt, vermindern **mit dem Mietwagen verbundene** indirekte **Kostenvorteile** die rechnerische Differenz in der Regel erheblich bzw. kompensieren sie sogar. In erster Linie beziehen diese sich auf Übernachtung und Verpflegung:

Versorgungskosten im Auto Autofahrer können sich durch **Einkauf im Supermarkt** leicht selbst versorgen; Greyhoundpassagiere sind dagegen überwiegend auf **Cafeterias, *Fast-Food*-Lokale und Restaurants** angewiesen, günstigstenfalls auf Läden in der Nähe von Bushaltestellen, die aber meistens nur ein begrenztes Sortiment mit relativ hohen Preisen führen. Mit einem Auto lassen sich jederzeit **preiswerte Zeltplätze** und **Quartiere** erreichen, die weitab jeder Bushaltestelle liegen. Busreisende müssen in vielen Fällen (bei Ankunft spät am Abend und/oder großer Entfernung vom nächsten preiswerten Quartier) mit **Motels und Hotels im Umfeld der *Terminals*** vorlieb nehmen, wo miese Unterbringung auch noch mit happigen Kosten verbunden sein kann. Campingplätze, Jugendherbergen und *YMCAs* befinden sich zwar nicht immer außer Reichweite, aber im Durchschnitt dürften die **Übernachtungskosten der Busbenutzer deutlich über denen der Autofahrer** liegen. Wobei unterstellt ist, daß beide gleichermaßen bemüht sind, diesen Ausgabenposten niedrig zu halten.

---

*) Die Inhaber eines *Canadapass* bezahlen ihr erstes Zusatzticket beim Transfer vom Flughafen zum *Greyhound Terminal* und müssen in den Städten Bus- und U-Bahn-Tickets kaufen. Eine Taxifahrt wird gelegentlich nicht zu vermeiden sein (z.B. nächtliche Ankunft, Unterkunft weit entfernt vom Busbahnhof). Legt man eine eher knapp bemessene Summe von can$60 für innerörtlichen Transport und (nur!) 6 Abstecher zu jeweils can$30 abseits der Greyhoundrouten zugrunde, kommen pro Person can$240 hinzu. Mietwagenfahrer werden am Flughafen umsonst zur Vermietstation transferiert und erreichen später fast alle Zielpunkte per Auto. Es fallen allerdings (hier vernachlässigte) Parkgebühren an.

**Vorteil
in can$/DM**

Ein **täglicher Vorteil** der Automieter von **can$10 pro Person** bei den Positionen Verpflegung und Übernachtung ist nicht nur möglich, sondern eher zu niedrig als zu hoch angesetzt. Dies allein macht bei 2 Personen in 6 Wochen bereits mindestens 1.000 DM aus und halbiert den Kostenunterschied beider Alternativen. Vermeidet man die Einweggebühr, ergibt sich – insgesamt gesehen – immer eine kostenmäßige Überlegenheit des (kleinen) Leihwagens. **Nur allein kann man per Bus billiger reisen.** Ab drei Personen liegen die reinen Fahrtkosten des *Greyhound* selbst im Einweg-Beispiel bereits so nah an den Autokosten, daß die Busreise sich auf keinen Fall lohnt.

Fazit

Der **größte Vorteil eines Mietwagens** ist durch den Kostenvergleich gar nicht erfaßt! Nur mit dem Auto erreicht man in Canada a l l e touristisch erwähnenswerten Ziele – und das bei freier Zeiteinteilung in selbstgewählter Reihenfolge. **Greyhoundfahrer** dagegen besitzen **kaum Flexibilität**; sie sind an Busrouten und Fahrpläne gebunden und müssen viele Ziele von vornherein aus ihrer Planung ausklammern. Einmal angekommen, benötigt der Busfahrer überproportional viel Zeit für Unterkunftssuche, Einkauf und Wege, die der Autofahrer rasch hinter sich bringt. Von der damit verbundenen **Unbequemlichkeit** nicht zu reden.

Eine Reise per *Greyhound* bietet aber **nicht nur Nachteile.** Im Bus lernt man leichter Mitreisende kennen; der **Kontakt zu Land und Leuten** ist anders und in mancher Beziehung intensiver. Wer mit dem Leihwagen unterwegs ist, bleibt eher für sich. Kontakte zu Kanadiern, die über den Austausch üblicher Floskeln in Hotels, auf Campingplätzen, in Läden und Restaurants hinausgehen, sind seltener.

Die Trassenführung der Eisenbahn durch die Rocky Mountains ist äußerst reizvoll.

VIA Rail

Situation der Schiene

Von 1886 bis zur Fertigstellung des *Trans Canada Highway* bildete die Schiene für fast 80 Jahre die einzige durchgehende transkontinentale Ost-West-Verbindung, ✎ Seite 250. In den Folgejahren geriet die Eisenbahn gegen die Konkurrenz des Straßenverkehrs aber rasch ins Hintertreffen. Als sich in den Dekaden seit 1960 auch noch das Flugzeug zum Massentransportmittel entwickelte, verlor die Eisenbahn endgültig ihre einst dominierende Position beim Personentransport. Beim Güterverkehr spielt sie nach wie vor eine starke Rolle: Die jährliche Transportleistung der kanadischen Bahnen übertrifft die der deutschen Bundesbahn um das Dreifache.

Netz

Das Streckennetz, auf dem kanadische Eisenbahnen unter der Verbundbezeichnung **VIA-Rail** Personen befördern, beträgt heute nur noch rund **13.700 km** (hinzu kommen einige überwiegend touristisch genutzte *Sightseeing*-Routen, ✎ unten). Bei den **VIA-Rail Strecken** bezieht sich etwa die Häfte der Gesamtdistanz auf die Transkontinentalverbindung **Halifax–Motréal–Toronto–Vancouver.** Auf den fast 7.000 km braucht man nur zweimal umzusteigen!

Hauptstrecken

Ab Toronto fährt Canadas berühmtester Zug, der *Canadian*, **dreimal wöchentlich** über Winnipeg, Saskatoon, Edmonton und Jasper nach Vancouver. Für die knapp 4.500 km benötigt der *Canadian* fast 71 Stunden, also länger als der *Greyhound*. Im Westen bieten einige Streckenabschnitte dafür viel fürs Auge, speziell gilt auf der langen Fahrt durch die Rocky Mountains und weitere Bergketten in British Columbia weitab von der Zivilisation und vielbefahrenen Hauptstraßen. Wer die Zugreise allerdings für einen Zwischenstop unterbricht, wartet mindestens zwei Tage auf den nächsten Zug.

Nebenstrecken

Neben der beschriebenen Hauptroute betreibt VIA-Rail im Westen Canadas nur **vier weitere Strecken**:

- in Ontario von **Sudbury nach White River**; 3 x wöchentlich.

- in Manitoba von **Winnipeg nach Churchill** an der Hudson Bay oder nach Lynn Lake im Nordwesten der Provinz; je dreimal wöchentlich ((✎ Seite 320).

- in British Columbia von **Jasper nach Prince Rupert**; dreimal wöchentlich.

- auf Vancouver Island von **Victoria über Nanaimo nach Courtenay**; täglich.

Insgesamt erfordern Bahnreisen in Canada sehr viel Zeit und genaue Vorausplanung.

Andere Eisenbahnen

Neben **VIA-Rail** gibt es noch drei weitere Eisenbahnen mit Personenbeförderung:

- *Ontario Northlander Railway* (http://www.ont.on.ca) fährt 6 x wöchentlich von Toronto nach Cochrane mit Anschluß an den **Polar Bear Express** (↔ Seite 268).
- *Algoma Central Railway* (http://www.wwb.com) verkehrt 3 x die Woche von Sault Ste. Marie nach Hearst (↔ Seite 264).
- *British Columbia Railway* verbindet 3 x wöchentlich Vancouver mit Prince George.

Eine Sonderstellung nimmt der **Rocky Mountaineer** ein. Der **Luxuszug**, befördert Touristen für rund 1.500 DM (Preis für zwei Personen) von Vancouver über die Nationalparks *Glacier*, *Yoho* und *Banff* nach Calgary. Im Preis dieser zweimal wöchentlich stattfindenden Tour inbegriffen ist eine Übernachtung im Hotel in Kamloops. Die Streckenführung durch die **Canadian Rockies** ist noch attraktiver als die vergleichbare VIA-Rail Route von Vancouver nach Edmonton über Jasper; Buchung über CRD, siehe unten.

Im Zug

Generell bieten Eisenbahnen in Canada wesentlich mehr Komfort als bei uns gewohnt. Die **Skyline Dome Car** etwa, ein verglaster Aussichtswagen in den Transkontinentalzügen, ist für jeden Fahrgast unabhängig von der Ticketklasse zugänglich. Einzel- und Doppelabteile mit Naßzelle, die nachts zu privaten Schlafzimmern umgebaut werden können, sind buchbar (**Roomette** bzw. **Bedroom**), ebenso Liegeabteile (*Sections*). Grundsätzlich muß auch die **Coach**-Klasse (abteillose Großraumwagen) reserviert werden, da Fahrgäste ohne Sitzplatz nicht zugelassen sind. **Fahrräder** von Fahrgästen, die im gleichen Zug mitreisen, werden ohne Kosten befördert.

VIA-Rail Auskünfte und Buchungen in Deutschland bei:

Canada Reise Dienst (CRD)
Rathausplatz 2
22926 Ahrensburg; ✆ (04102) 88770, Fax 887755

Kosten

Wer per Eisenbahn vor allem die kanadischen Großstädte (außer Regina und Calgary) besuchen möchte, ist mit dem **CANRAIL-Pass** gut bedient. Für die einfache Fahrt Toronto-Vancouver und einen Abstecher Winnipeg–Churchill bezahlt man per **Einzelticket** bereits mehr als für den **30 Tage auf dem gesamten Streckennetz in der Coach Class** gültigen *CANRAIL Pass*. Plätze in Liege- oder Schlafabteilen müssen in jedem Fall gesondert bezahlt werden.

Der **CANRAIL PASS** kostet **1998** (exklusiv 7% GST):

	Erwachsene	ermäßigter Tarif
Hauptsaison (15.05.-15.10.)	can$ 569	can$ 499
Nebensaison	can$ 369	can$ 339

| | **Konditionen** | Trotz der 30-tägigen Gültigkeit **darf der Paß nur an 12 Tagen für Fahrten genutzt werden** (gegen Aufpreis von $49 bzw. $31/Tag in der Haupt-/Nebensaison auch an maximal 15 Tagen). Ein um rund 10% ermäßigter Tarif bezieht sich auf Jugendliche unter 24 Jahren bzw. Senioren über 60 Jahren, die auch auf alle Einzeltarife 10% Rabatt erhalten. **Umbuchungen, Stornierungen** und Erstattungsanträge kosten 25 DM. |

Einzeltickets Zum Vergleich hier einige **Beispiele 1998** für Einzeltickets (einfache Fahrt, Hauptsaison; auf der Strecke Toronto–Vancouver sind die Mahlzeiten im Fahrpreis eingeschlossen). Die Preise beziehen sich auf eine Person; Quotierung ohne Steuern (7% GST zusätzlich, *Bedroom* für 2 Personen kostet den doppelte *Roomette*-Preis, siehe oben):

	Coach Class	Liegeabteile	*Roomette*
Toronto–Vancouver	can$ 529	can$ 994	can$ 1.389
Toronto–Winnipeg	can$ 257	can$ 550	can$ 769
Winnipeg–Churchill	can$ 193	can$ 288	can$ 339
Thompson–Churchill	can$ 71	can$ 115	can$ 133
Vancouver–Jasper	can$ 149	can$ 443	can$ 619

Die Reservierung von Plätzen ist kostenlos. Sofern *CAN-RAIL-Pass*-Besitzer nicht bereits mit dem Ticketkauf in der Heimat reserviert haben, sind vor Ort folgende Telefonnummern (auch für Umbuchungen) anzurufen:

✆ 1-800-561-8630 (von den Westprovinzen aus)

✆ 1-800-361-1235 (von Ontario aus)

Weitere up-to-date Informationen zu Fahrten mit ViaRail findet man im Internet auf der **Website**:

http://www.viarail.com

112 Reisevorbereitung und -planung

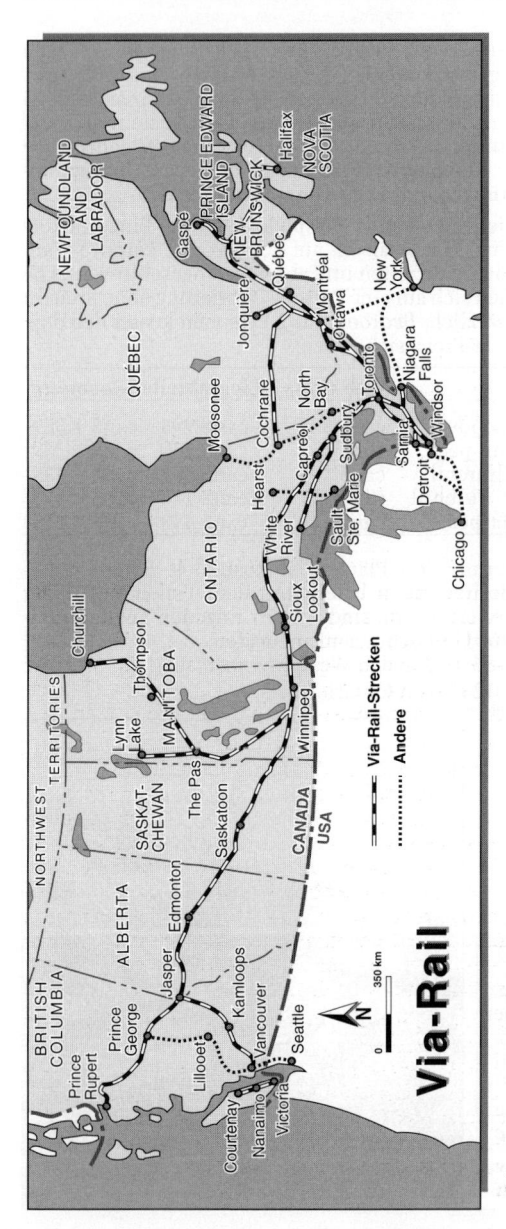

2.5 CANADA ALTERNATIV
2.5.1 Per Anhalter

Situation

Die große Zeit des Trampens (*Hitchhiking*) ist sowohl in Canada als auch in den USA vorbei. Gründe sind der heute selbst bei Jugendlichen vorhandene hohe Motorisierungsgrad und wohl auch – begründet oder nicht – die **Furcht vor Kriminalität**. Sie hält manchen potentiellen Tramper vom *Hitchhiking* ab und hindert viele Autofahrer, am Straßenrand Unbekannte "aufzulesen". In den letzten Jahren wurden außerdem die Möglichkeiten zum Trampen durch strikte Verbote erheblich eingeschränkt. An vielen Straßen, speziell im Umfeld großer Städte, finden sich **Schilder** mit der Aufschrift **No Hitchhiking**. An Autobahnen ist das Trampen ohnehin untersagt – genau wie bei uns. Ignorieren lassen sich diese Verbote kaum, denn der nächste Polizist ist mit Sicherheit nicht weit, und damit Ärger und möglicherweise auch ein *Ticket* (Strafmandat). Anderseits gilt, daß nach dem ersten "Abchecken", wenn sich herausgestellt hat, daß die Papiere in Ordnung sind, anfänglich grimmige *Sheriffs* oft "auftauen" und freundlich und hilfsbereit sind. **Ausländische Tramper** werden im allgemeinen nachsichtiger behandelt als einheimische.

Sprachkenntnisse

Wer Canada als Anhalter bereisen möchte, sollte möglichst vorher einschlägige Erfahrungen gesammelt haben. Dabei geht es nicht ohne ausreichende **Englischkenntnisse.** Nach dem Weg fragen und die Antwort dazu verstehen können, ist die Mindestvoraussetzung. Denn anders als im kleinen Europa findet sich bei Verständigungsschwierigkeiten selten jemand, der in der Lage ist auszuhelfen.

Knappes Budget

Reisende mit knappem Budget haben gelegentlich schon bei der Einreise nach Canada bzw. in die USA die erste Hürde zu überwinden. Dem *Immigration Officer* muß nämlich ggf. plausibel gemacht werden, wie das "vorgezeigte" Kapital für die angestrebte Aufenthaltsdauer reichen soll. Ihm "auf die Nase zu binden", daß man per Anhalter sein Glück versuchen möchte und daher voraussichtlich nicht viel Geld benötigt, ist wenig ratsam. Eine **Kreditkarte** und/oder ein kleiner Extravorrat an Reiseschecks, aus dem sich zur Not ein *Greyhound-Ticket* finanzieren ließe, sind da hilfreicher.

On the Road

An der Straße kann ein **Schild** nützen, auf dem das jeweilige Ziel und auch das Heimatland genannt werden – also *from Germany, Austria, Switzerland* etc *to Winnipeg, Calgary* o.ä. Dadurch verleiht sich der Tramper eine Art Identität. Einfach den Landeswimpel ans Gepäck zu hängen, bleibt nach aller Erfahrung ohne Wirkung. Kaum jemand kennt die Farben. Größere Erfolge wird dagegen haben, wer sich mit bayrischen **Lederhosen und Trachtenhut** an den Straßenrand stellt.

Im allgemeinen gilt: Gepflegtes Aussehen erhöht die Chancen auf einen *Lift*, denn Kanadier sind eher konservativ.

Trucker, soweit sie Angestellte sind, dürfen in den meisten Fällen keine Tramper mitnehmen. Die es dennoch tun, scheren sich nicht um Verbote ihrer Firmen oder sind selbständige Fahrer und Lastwagenbesitzer in einem.

Trampen zu zweit

Die Chancen auf einen *Lift* sind naturgemäß geringer für Männer, die zu zweit trampen. Sie werden von vielen als **potentiell bedrohlich** eingestuft. Pärchen dagegen haben bessere Chancen. (Noch) Stärker gefährdet als in Europa sind **Frauen.** Ihnen ist vom Trampen in Amerika auch zu zweit abzuraten.

Entfernungen

Ein für viele unerwartetes Problem sind die immensen Entfernungen und lange einsame Straßenabschnitte, die das Durchhaltevermögen auf die Probe stellen. Von Toronto nach Vancouver etwa ist es genauso weit wie vom Nordnorwegen quer durch Europa bis in die Türkei; mehrere hundert Kilometer ohne nennenswerte Ortschaften gibt es oberhalb der Großen Seen sogar entlang des *Trans Canada Highway*.

Klima

Das **Wetter** kann einem Anhalter gelegentlich arg zusetzen: An der Westküste und auf Vancouver Island regnet es schon mal – selbst im Sommer – tagelang hintereinander; im Süden der Prärieprovinzen brennt im Juli/August die Sonne unbarmherzig. Dort geht es nicht ohne eine Extraflasche Wasser oder Saft. **Mücken** sind im Juli und August fast überall unangenehme Wegbegleiter. Ein **Moskitospray** gehört dann ins Gepäck jeden Trampers.

Abends

Sobald unterwegs die **Dämmerung** hereinbricht, sucht man besser einen passenden Schlafplatz, selbst wenn das eigentlich angepeilte Ziel noch weit ist. Sollte beim besten Willen keine andere Lösung in Sicht sein, bieten *Rest Areas*, meist mit sanitären Anlagen ausgestattete Rastplätze für Autofahrer, **zur Not** eine versteckte Ecke für den Schlafsack oder sogar ein kleines Zelt. Obwohl dort Campen offiziell untersagt ist, gibt es nur selten Probleme. Vom Versuch, bei Dunkelheit weiterzutrampen, ist unbedingt abzuraten.

Risiken

Die mit dem Trampen verbundenen generellen Risiken sind bekannt. Sie gelten auch für Canada und die USA. Sieht man vom Umfeld großer Städte ab, wo man aufs Trampen besser verzichtet, birgt zumindest **Canada keine größeren Gefahren als Europa**. Canada unterscheidet sich darin von den USA, wo wegen des allgemein verbreiteten Waffenbesitzes leichter kritische Situationen entstehen können. Vorsichtshalber sollten auch in Canada wichtige Papiere wie Flugtickets, Paß und das Gros der Reiseschecks getrennt vom Bargeld am Körper in Hüft- oder Beingurt aufbewahrt werden. Zusätzlich können Kopien nicht schaden, die man im Reisegepäck beläßt.

Kontakte unterwegs	Kleinere Summen in bar und Reiseschecks, (vielleicht noch ein alter, abgelaufener Ausweis) bleiben im auffälligen Brustbeutel. Den kann man bei **Bedrohung** zur Not herausrücken, ohne damit zwangsläufig das Ende der Reise herbeizuführen.

Kontakte unterwegs

Neben den eher problematischen Aspekten des Trampens gibt es außer den niedrigen Kosten einen weiteren positiven Punkt: mit keiner anderen Reiseform sind vergleichbare Kontakte verbunden. Tramper mit ausreichenden Englischkenntnissen können über **Land und Leute** in 4 Wochen mehr lernen als mancher Autotourist in einem halben Jahr. Gelegentliche **Einladungen** sind sehr wahrscheinlich. Man darf ihnen ohne weiteres Folge leisten, werden sie von Leuten ausgesprochen, die keinen Anlaß zu Mißtrauen bieten. Aber Vorsicht, die Floskel **You're welcome** stellt keine Einladung dar, sondern ist die übliche Antwort auf ein Dankeschön.

Die Verkehrsregelung an Baustellen wird in ganz Nordamerika überwiegend Aushilfskräften überlassen. Sie sind fast immer zu einem kleinen Schwätzchen aufgelegt

Ride Board

Wenn es mit dem Vorwärtskommen per Anhalter mal nicht so klappt, kommen als Alternative Mitfahrgelegenheiten in Frage. An *Universities* und *Colleges* werden sie am allgemeinen "Schwarzen Brett" oder sogar an einem speziellen *Ride Board* angeboten. Mit Glück findet sich ein *Ride*, der in den eigenen Zeitrahmen und Routenplan paßt. Die Benzinkosten werden dabei zwischen den Insassen des Autos geteilt. Eine andere Möglichkeit bieten Autoüberführungen.

Wer für den Fall Vorsorge treffen möchte, daß die Tramperei sich als zu mühsam und/oder anderweitig problematisch erweist, könnte sich **vor der Reise einen *Greyhound Pass*** zulegen, der bei nicht erfolgter Nutzung gegen eine relativ geringe Gebühr zurückgegeben werden kann, ⇨ Seite 104.

2.5.2 *Auto-Drive-Away*

Kennzeichnung

Hinter dem Begriff **Auto-Drive-Away** verbergen sich Überführungsfahrten, die von speziellen **Drive-Away** Agenturen vermittelt werden. Ihre Adressen stehen in den Telefonbüchern (*Yellow Pages*) aller größeren Städte unter *(Auto)* **Drive-Away** oder **Auto Transport**. Per Anruf läßt sich klären, ob eine der Firmen gerade einen Fahrer braucht. Wer ein ganz bestimmtes Ziel im Auge hat, wird oft lange warten müssen. Mit größerer **Flexibilität** – also z.B. in Toronto nicht nur "Calgary", sondern bereits "Saskatoon" akzeptieren – steigen die Chancen angeheuert zu werden.

Die Fahrzeuge gehören meistens **Privatleuten**, die umziehen oder längerfristig Urlaub in einem anderen Landesteil machen und ihr Auto dabei haben möchten, aber selbst fliegen. Auch Firmen lassen Fahrzeuge in andere Städte überführen, u.a. die **Autoverleiher**. Das Vermittlungsbüro übernimmt gegen entsprechende Provision die Suche nach geeigneten Fahrern und kümmert sich um die Versicherung.

Voraussetzungen

Um für einen **Überführungs-Job** in Frage zu kommen, muß man kein Kanadier/Amerikaner sein. Auch eine **Arbeitserlaubnis** ist dazu **nicht notwendig**, denn es erfolgt keine Bezahlung. Voraussetzung sind ein Mindestalter von 21 Jahren und ein gültiger Führerschein (zur nationalen möglichst auch die internationale Version). Vorzulegen ist außerdem der **Reisepaß**. Üblicherweise wird eine **Kaution** von mindestens $100 gefordert, die man nach Abschluß der Fahrt und ordnungsgemäßer Übergabe des Autos am Bestimmungsort vom Empfänger zurückerhält. Oft bestehen die Agenturen darauf, daß man eine feste Adresse im Land angibt oder Empfehlungsschreiben (*References*) vorweist. Es genügt in solchen Fällen die Anschrift von Bekannten und ein kurzer Brief, in dem ein beliebiger Kanadier/Amerikaner sich positiv zur Vertrauenswürdigkeit des Bewerbers äußert. Da mit Deutschen, Österreichern und Schweizern offenbar gute Erfahrungen gemacht wurden, hat ein **Tourist** aus diesen Ländern auch ohne die letztgenannten Punkte Chancen. Im übrigen ist wichtig, daß man sich gut "verkauft" und z.B. die eigene **Fahrpraxis** ins rechte Licht setzt. Erfahrungen etwa als Taxifahrer o.ä. können hilfreich sein, um etwaige Mitbewerber für eine attraktive Tour "aus dem Feld" zu schlagen.

Konditionen

Die Wagen werden im allgemeinen leer, aber vollgetankt bereitgestellt. Die weiteren **Benzinkosten** zahlt der Fahrer. Eine **Vollkaskoversicherung** sollte automatisch für die Überführung abgeschlossen und im Vertrag ausdrücklich erwähnt sein. Gelegentlich gehen die Kosten dafür zu Lasten des Fahrers. Meist hat er ausreichend **Zeit**, um zum verabredeten Zielort zu gelangen; zurückzulegen sind **500 km bis 800 km pro Tag**.

Je nach Entfernung erhält man einen Kilometer-Spielraum, der etwa 10% über der Distanz der direkten Route liegt.

Vor Fahrtantritt füllen Fahrer und Eigentümer bzw. die Agentur gemeinsam den *Condition Report* aus, in dem bereits vorhandene Beschädigungen am Wagen festgehalten werden. Versorgt mit den Telefonnummern aller Beteiligten kann es losgehen. Einen Tag vor Ankunft meldet man sich per *Collect Call* beim Empfänger und vereinbart den Übergabetermin.

Problematik Tatsächlich kann man per *Drive-Away* **billiger als im eigenen Auto** fahren; nämlich zu Sprit- und vielleicht noch ein bißchen Versicherungskosten. Allerdings nicht nach Gutdünken, sondern im Rahmen von Verfügbarkeit, Ziel- und Zeitvorgaben. Der schwerwiegendste **Nachteil** ist, daß Autoüberführungen sich nicht planen lassen. Ob es gelingt, jeweils passende Überführungsjobs zu finden, unterliegt totaler Ungewißheit. Das *Drive-Away* macht daher im allgemeinen nur Sinn als **ergänzende Transportmöglichkeit**, wenn Termin, Start und Ziel zufällig "hinkommen".

Kosten **Scharfe Rechner** kommen ebenfalls nicht immer auf ihre Kosten. Eine Fahrt im mittelgroßen Pkw etwa von Toronto nach Vancouver (ca. 4.400 km) kostet bei mäßigem Benzinverbrauch mindestens 300 DM. Das ist deutlich mehr als der Preis eines *Greyhound-Canadapass* für 7 Tage. **Erst bei zwei und mehr Personen wird's im Auto billiger** – allein von den Transportkosten her gesehen. Aber das nicht unbedingt immer, denn die effektiven Benzinkosten ergeben sich erst während der Fahrt. Wer Pech hat, erwischt auch schon mal einen *Gas Guzzler*, einen Spritschlucker.

Überführt werden müssen ab und zu auch sogenannte Limousinen, Straßenkreuzer mit verlängertem Radstand, die gerne von Wirtschaftsbossen und Prominenz gefahren aber auch für festliche Anlässe vermietet werden. Bei langen Strecken schlagen bei solchen Autos die Benzinkosten stark zu Buch.

2.6 VORBUCHUNG UND RESERVIERUNG VON HOTELS

Mietwagen/ Hotel reserviert

In den Katalogen der großen Reiseveranstalter werden Mietwagenfahrern **ausgearbeitete Routen durch Canada** mit reservierten Hotels (überwiegend der gehobenen Mittelklasse) angeboten. Wenn die "Strecke" mit den eigenen Vorstellungen übereinstimmt, erspart man sich mit der Buchung derartiger Touren eigenen organisatorischen Aufwand und/oder die (tägliche) Suche nach einem passenden Quartier. Nachteilig ist dabei aber die Vorab-Festlegung der Tagesetappen, die einen Großteil der an sich mit dem Auto verbundenen Flexibilität wieder zunichte macht. Abgesehen davon, suggerieren derartige Angebote indirekt, es gäbe unterwegs Schwierigkeiten, ohne Reservierung unterzukommen.

Knappe Hotelbetten

Grundsätzlich ist aber gerade das in Canada (und auch in den USA) relativ selten der Fall, siehe die nachstehende Auflistung. Vielmehr kann man insbesondere in den Touristengebieten und in vielen Städten eher von **Überkapazitäten im Beherbergungsgewerbe** sprechen.

Vorbuchung

Nicht zuletzt dieser Umstand ermöglicht wohl die vergleichsweise **günstigen Übernachtungstarife** heimischer Veranstalter auch bei Einzelbuchung, also unabhängig von pauschalen Mietwagen+Hotel-Reisen. Die **Preise** für die überwiegend angebotenen Häuser der gehobenen Mittel- bis Luxusklasse lassen sich vor Ort nur selten realisieren. Wer also bestimmte Daten (Ankunft/Abflug) kennt bzw. im Rahmen eines sonst flexiblen Reiseplans im voraus festlegt, kann in vielen Hotels/Motels **bei Vorbuchung durchweg billiger** übernachten als bei Reservierung und Zahlung in Canada oder den USA. Wie gesagt, gilt dies erst ab einem relativ hohen Niveau, bezogen auf Canada etwa bei Quartieren ab 100 DM für eine Nacht.

Buchungen sind vor allem in folgenden Fällen vor Reisebeginn zu empfehlen:

Erste Nächte nach Ankunft

– für die erste Nacht oder auch mehrere in der Ankunftscity. Mieter von Campmobilen müssen ohnehin mindestens eine Übernachtung zwischen Transatlantikflug und Übernahme des Fahrzeugs legen.

Nationalparks

– in den oder im unmittelbaren Umfeld der Nationalparks im Hochsommer, allen voran in den Orten Banff, Jasper und Lake Louise. Wer Wert auf Übernachtungen in besonders beliebten Hotels wie dem *Banff Springs*, dem *Chateau Lake Louise* oder dem *Prince of Wales* (Waterton Lakes NP) legt, sollte für die Hochsaison Monate im voraus reservieren.

Veranstaltungen

– bei speziellen Großveranstaltungen, in erster Linie also der *Stampede* in Calgary oder den *Klondike Days* in Edmonton.

Verlängerte Wochenenden	– an mit Feiertagen verbundenen Wochenenden (***Labor Day, Canada Day***, ✧ Seite 159) und **Juli-/August Weekends** im Einzugsbereich aller populären touristischen Ziele. Neben den National- und Provinzparks etwa ganz Vancouver Island, das **Okanagan Valley** und weitere Gebiete im Süden von British Columbia. In den großen Städten sind mit Ausnahme von Vancouver und Victoria die Hotels am Wochenende eher weniger belegt als an den Werktagen.
Besondere Pläne	– für spezielle Vorhaben im Sommer wie Übernachtung auf einer Ranch oder Blockhauseinsamkeit mit *Fly-in-Fishing*.
Letzte Nacht in Canada	– für die letzte Nacht, denn es beruhigt, wenn von vornherein die **Nacht vor dem Abflug** gebucht ist. Selten geht es von Flughäfen im Westen Canadas bereits am Vormittag nach Europa. Man benötigt also kein Hotel in unmittelbarer Airportnähe. Sollte der Rückflugtermin auf Samstag oder Sonntag fallen, übernachtet man andererseits gerade dort – bei Buchung vor Ort – relativ preiswert.
Hotel-Coupons	Einige **Hotelketten,** die sich durch einen weitgehend identischen Komfort auszeichnen, sind mit ihren Häusern auf dem gesamten nordamerikanischen Kontinent vertreten. Dafür bieten Reiseveranstalter Übernachtungsgutscheine an, deren Kosten zunächst günstig erscheinen. Derartige Coupons sind aber oft mit Restriktionen verbunden und selbst dann, wenn sie wirklich unter den effektiven Tarifen verkauft werden, nicht immer vorteilhaft, denn:

– in einigen Fällen akzeptieren nicht alle Hotels der Kette die Gutscheine oder berechnen zeitweise **Aufschläge.**

– in Canada ist die **Bindung von Hotels und Motels** an bestimmte Ketten nicht so ausgeprägt wie in den USA. Die **Anzahl** der in Frage kommenden Häuser kann relativ gering und die **Dichte** sehr unterschiedlich sein.

– gelegentlich wird man vor Ort auf Tarife stoßen, die günstiger als die Gutscheinpreise sind, etwa **Special Weekend Rates** oder andere Reduzierungen.

Hotel Chateau Lake Louise im Banff National Park

Hotel/ Motelketten

Wer sich über die Verteilung und Preise der **auch in Canada** vertretenen amerikanischen Hotel- bzw. Motelketten informieren möchte, kann folgende in Deutschland vertretene Firmen (großenteils gebührenfrei) anrufen und sich Unterlagen schicken lassen:

	Telefon	Website
Best Western:	0130/4455	www.travelweb.com
Choice Hotels (Clarion, Comfort, Quality, Econolodge, Sleep, Mainstay, Rodeway):	0130/855522	
Holiday Inn:	0130/815131	www.holiday-inn.com
Hilton:	0130/818146	www.travelweb.com
Radisson:	040/35020	www.radisson.com
Sheraton:	0130/853535	www.sheraton.com
Westin:	0130/852662	www.westin.com

Alle weiteren Informationen zu Preisen, Buchung und Reservierung etc. von Hotels und Motels während der Reise liefert Kapitel 3.2 im Unterwegs-Teil, ➪ Seite 136.

2.7 WAS SONST NOCH ZU BEDENKEN IST

Vor jeder Reise fragt sich, was unbedingt eingepackt werden muß, was ggf. noch zuhause beschafft werden sollte und was günstiger im Ferienland zu erstehen wäre. Zunächst zum wichtigen Thema

2.7.1 Foto und Video

Filme aus der Heimat

Zu den Vorbereitungen im Heimatland gehört für Canada-Urlauber der Einkauf von **Foto- und Filmmaterial** und von Reservebatterien für Kamera und Blitzlicht. Ein paar Extrafilme können nicht schaden, denn drüben ist alles teurer und nicht immer in der benötigten oder gewünschten Spezifizierung vorhanden. **Dia-Filme** (*Film for Colour Slides*) findet man insbesondere in kleinen Orten, wenn überhaupt, nur in einer Standard-Empfindlichkeit.

Filme in Canada wo?

In Canada wie in den USA kauft man **Filme** üblicherweise in **Supermärkten** oder in Fotoabteilungen von Kaufhäusern oder *Drugstores*. Wie bei uns verkaufen in touristischen Regionen auch **Souvenir-Shops** Filme, allerdings zu höheren Preisen als ohnehin schon. **Fotofachhändler** gibt es nur in großen Städten. **Kodak-Produkte** dominieren die Auswahl, in den letzten Jahren ergänzt durch **Fuji Filme**. Ab und zu findet man in Canada auch 3M oder *Scotch*, deutsche Fabrikate spielen keine Rolle.

Kodachrome

Kodachrome-Diafilme werden in ganz Nordamerika oft **ohne Entwicklungsgutscheine** verkauft. Zu Hause sendet man derartige Filme ins Kodak-Labor; die Rücksendung erfolgt per teurer Nachnahme. Wenn der Vorrat mitgebrachter Filme

Ektachrome	ausgeht, empfiehlt sich ein Nachkauf von Ektachrome-Filmen. Sie brauchen nicht zu Kodak geschickt zu werden; viele Labors entwickeln E-6 Filme (auch vor Ort) preisgünstig.
Entwicklung und Abzüge	Supermärkte, *Drug Stores* und Fotoläden bieten gelegentlich **Entwicklung und Abzüge von Negativfilmen** einschließlich Ersatzfilm zu Pauschalpreisen an, die kaum höher liegen als bei uns. Die Größe der Bilder (*Prints*) ist bei Sonderangeboten manchmal kleiner als gewohnt. Das europäische **9x13 cm** Standardformat entspricht in Nordamerika etwa **3,5x5 Inches**.
Kamerakauf?	Die aus den USA bekannten **niedrigen Preise** für fast alle elektronischen und optischen Artikel gibt es **in Canada nicht**. Ein Kamerakauf drüben macht keinen Sinn bzw. nur bei einem Abstecher in die USA, wenn der Dollar wieder unter 1,60 DM fällt. Wer eine neue Kamera kaufen möchte, muß selbst in Städten wie Calgary und Edmonton nach gut sortierten Fotogeschäften suchen.
Videokassetten	Wer seine Videokamera nach Canada mitnimmt, sollte ebenfalls vorgesorgt haben. Videokassetten – **Video-8 und VHS-C** – sind zwar nicht teurer als bei uns (billiger in den USA), aber die Hi-8 Kassetten schwer aufzutreiben.
Videokamera	Bei Anschaffungsplänen für eine Videokamera (nur in den USA vorteilhaft bei wieder gefallenem Dollarkurs, aber das auch ohne Berücksichtigung **heimischer Mehrwertsteuer und Zoll**), muß beachtet werden, daß **VHS nicht gleich VHS** ist. Auf amerikanischen VHS/NTSC-Kameras gedrehte Videofilme sind auf unseren Fernsehern mit PAL-Norm nicht abspielbar. Die Ladegeräte lassen sich großenteils nur mit 110 V/ 60 Hz betreiben (➪ Maße und Gewichte, Seite 160).

2.7.2 Alles weitere

Die folgende kurze Aufstellung soll Anregungen geben bzw. wichtige Posten in Erinnerung rufen:

- **Adapter**: Häufig gehören mehrere Elektrogeräte (Fön, Rasierer, Radio o.ä.) zum Urlaubsgepäck. Adapter kauft man am besten bei uns; es gibt sie in Kaufhäusern und Elektrogeschäften. In Canada muß man danach mühsam suchen.

- **Lampe** für den Zigarettenanzünder: Bei Fahrten während der Dunkelheit ist eine (Kabel-oder Gelenkarm-) Lampe hilfreich, die direkt auf den Sitz des Beifahrers strahlt und den Fahrer im Gegensatz zu den meisten Innenbeleuchtungen nicht blendet.

- **Erste-Hilfe-Kasten**: Einen Verbandskasten wird man in Leihwagen oder Wohnmobil vergeblich suchen. Erste-Hilfe-Päckchen, wie man sie im Drugstore für $10-$20 findet, sind recht dürftig und mit unserer vorgeschriebenen Ausrüstung nicht vergleichbar. Wer den Verbandskasten im Gepäck

- unterbringen kann, sollte darauf nicht verzichten. In diesen Zusammenhang paßt auch der Hinweis auf die kleine **Reiseapotheke**. **Medikamente** (*Drugs*), auch die rezeptfreien, sind in Canada im allgemeinen teurer als bei uns. Benötigt man rezeptpflichtige Präparate, ist man besser nicht auf kanadische Ärzte angewiesen. Außer in Notfällen erhalten durchreisende Touristen nur schwer kurzfristig Arzttermine. Brillenträger sollten **Reservebrille** und Brillenpaß nicht vergessen.

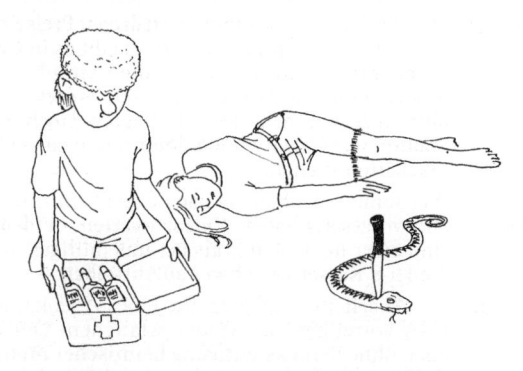

- **Musikkassetten**: Fast alle Campmobile und Leihwagen verfügen über ein **Radio mit Kassettenteil**. Da in vielen Regionen der Radioempfang schlecht oder gar nicht vorhanden ist, sorgen Kassetten für Abwechslung. Wer keine mitgebracht hat, findet unterwegs preiswerte Kassetten
- **Taschenlampe**: Ebenfalls mitgebracht oder drüben preiswert erstanden ist eine Taschenlampe für Autofahrer bei einer Panne oder sonstigem Notfall in Dunkelheit **unverzichtbar**. Ebenso beim **Camping**.
- **Werkzeug**: Automieter, besonders wenn sie campen, sind gut beraten, ein wenig "Notwerkzeug" dabeizuhaben. Vielzwecktaschenmesser (mit Dosenöffner) erweisen sich in mancher Situation schon als außerordentlich hilfreich. Ein aus der heimischen Kiste zusammengestellter **Schraubenzieher- und Schlüsselset** plus einer **Zange** für eventuelle kleine Reparaturen kann nicht schaden.
- **Reserveschlüssel**: Viele Vermieter geben ihren Kunden nur einen Fahrzeugschlüssel. Besonders bei längeren Mietzeiten sollte man sich bei erster Gelegenheit **Ersatzschlüssel besorgen**. Sie sind billig und rasch hergestellt bei speziellen Schlüsseldiensten (oft in *Shopping Centres*), in Eisenwaren-Geschäften (*Hardware Stores*), bei *Canadian Tire* und sogar in mancher Tankstelle.

- **Sicherheitskopien**: Kopien der wichtigen Papiere (Führerschein, Reisepaß, Flugscheine, Kreditkarte) sind bei Verlust der Originale hilfreich.
- **Schlafsäcke**: Vor allem in der Vor- und Nachsaison ist mit kalten Nächten zu rechnen, in Höhenlagen mit Nachtfrösten. Je nach Region (*Rocky Mountains*) und Wetterlage auch im Sommer. Camper sollten das einkalkulieren und frostsichere Schlafsäcke mitbringen. Sie sind relativ preiswert auch in Canada zu beschaffen. Mieter von mit Decken ausgestatteten und heizbaren Campmobilen plagt dieses Problem weniger.
- **Camping-Kocher und -Leuchten** auf Gas- oder Benzinbasis – besonders verbreitet die Marke *Coleman* – sind in Canada und mehr noch in den USA wesentlich **preiswerter** als in Europa. Das dafür geeignete Benzin erhält man überall, passende Gaskartuschen gibt es in Warenhäusern, bei *Canadian Tire* und in *Hardware Stores*.
- **Kurzwellenradio**: Wer unterwegs auf Nachrichten aus der Heimat nicht verzichten möchte, nimmt ein Kurzwellenradio mit. Die Frequenzen der Deutschen Welle für die USA und Canada wechseln in Abhängigkeit von der Tageszeit. Auskünfte über aktuelle Frequenzen und ein Programmfaltblatt für Nordamerika erhält man beim Sender:

Deutsche Welle
Öffentlichkeitsarbeit
Postfach 100444
50588 Köln
✆ (0221) 3890; Fax (0221) 389-4155
Internet-Info: http://www.dwelle.de

Wildniscamping im Bereich der Forestry Trunk Road/Alberta

3. UNTERWEGS IN CANADA

3.1 AUTOFAHREN

Europäer kommen im Straßenverkehr Nordamerikas gut zurecht. Man gewöhnt sich schnell an die ruhige und gelassene kanadische Fahrweise und die Tempolimits.

3.1.1 Verkehrsregeln und Polizei

Verkehrsregeln und -zeichen entsprechen weitgehend den europäischen. Folgende **Unterschiede** zu kennen, ist wichtig:

- Das kanadische **Stopschild** hat zwar dieselbe Bedeutung wie in Europa. Aber es gibt viele Kreuzungen, an denen alle Straßen ein Stopschild aufweisen (*3-* oder *4-Way-Stop*); dort muß jeder Verkehrsteilnehmer anhalten. Die Kreuzung wird in Reihenfolge der Ankunft überquert.
- **Ampeln** befinden sich in Nordamerika allgemein **hinter** oder über der Kreuzung; natürlich muß an der (nicht immer klar erkennbaren) Stoplinie **vor** der Kreuzung gewartet werden. Bei Freigabe wechselt **Rot direkt auf Grün**; Gelb wird nur in der Übergangsphase von Grün nach Rot angezeigt.
- **Rechtsabbiegen** an Ampelkreuzungen ist – nach kurzem Stop – auch bei **Rot grundsätzlich erlaubt**. Ausnahmen werden durch ein Schild *No Turn on Red* angezeigt. Beim Wechsel von einer Einbahnstraße in eine andere ist auch das Linksabbiegen bei Rot gestattet.
- Eine der wichtigsten bei uns nicht bekannten Regelungen betrifft **die gelben Schulbusse**: Wenn Kinder ein- und aussteigen, dürfen Schulbusse weder überholt noch in Gegenrichtung passiert werden. Man darf – in beiden Richtungen! – erst weiterfahren, wenn das blinkende rote Stoplicht des Busses erloschen ist. Das Verbot besitzt die Schärfe der Stopregel bei roten Ampeln. Nichtbeachtung ist ein schweres Verkehrsdelikt.

Die gelben Schulbusse besitzen Sonderrechte

- Die zulässige **Höchstgeschwindigkeit** liegt auf kanadischen Autobahnen meistens bei 100 km/h., in BC teilweise bei 110 km/h. Auf anderen Straßen sind 80 km/h, gelegentlich auch 90 km/h, und innerorts 50 km/h das Limit. Die Einhaltung des Tempos wird selten durch stationäre Radargeräte, sondern überwiegend durch in allen Polizeifahrzeugen befindliche Radar-Pistolen kontrolliert. Das Gegenmittel des kanadischen Autofahrers sind Radardetektoren. Ihre Benutzung ist in einigen Provinzen und in Alaska legal.
- Auf vierspurigen Straßen wird gerne **rechts überholt**. Theoretisch ist das nur erlaubt bei höherem Tempo des gesamten Verkehrs auf der rechten Spur, wird aber nicht so eng ausgelegt. Im Stadtbereich zweigen überdies Autobahnausfahrten manchmal von der linken Spur ab. **Die rechte Fahrbahn verdient daher generell mehr Beachtung als bei uns**.
- Innerstädtische **Parkverbote** sind durch farbig (meist gelb) markierte Bordsteine und/oder ein Schild *No parking any time* gekennzeichnet. Vor **Hydranten** darf niemals geparkt werden. Als *Tow Away Zone* (Abschleppzone) sind Straßenabschnitte markiert, auf denen abgestellte Fahrzeuge ohne "Vorwarnung" abgeschleppt werden.

Polizei Polizeiliche Verfolgungen – z.B. wegen einer **Geschwindigkeitsübertretung** – laufen in Canada und in den USA so ab, wie wir es aus Fernsehserien und Filmen kennen. Der Streifenwagen schaltet seine *Bubblegum Lights* ein, rotierende rot-blaue Leuchten, und setzt sich hinter den Übeltäter. Ein kurzes Aufheulen der Sirene macht unmißverständlich klar, wer gemeint ist. Nach dem Anhalten bleibt die Polizei weiter hinter dem gestoppten Fahrzeug. Der Autofahrer steigt nicht aus, sondern wartet mit den **Händen am Steuer** (!), bis der *Officer* kommt. Auf keinen Fall darf man bereits vor dessen Eintreffen hektisch nach Papieren suchen; es könnte als Griff zur Schußwaffe mißdeutet werden!

Gewöhnlich ist die Polizei bei Kontrollen zuvorkommend und höflich. Von einem Strafmandat (*Ticket*) für geringfügige Verkehrsübertretungen wird bei ausländischen Touristen schon mal abgesehen. Aber zu arg darf man es nicht getrieben haben. Polizisten in Touristengebieten kennen die deutschen "Raser" und verpassen gelegentlich knallharte Denkzettel.

Führerschein In diesem Zusammenhang gehört der Hinweise auf den alten deutschen Führerschein: der graue "Lappen" irritiert manchen *Officer*, der an eine scheckkartengroße *Driving License* gewöhnt ist. Obwohl viele Polizisten ihn bereits kennen und die Rückfrage bei der Zentrale ergeben wird:"*It`s o.k.*", macht sich ein zusätzlicher **Internationaler Führerschein** mit aktuellem Foto besser. Mit der neuen mehrsprachigen Fahrerlaubnis gibt es keine Probleme.

3.1.2 Straßen in Canada und Alaska

Kennzeichnung

Eine Autostraße, welcher Qualität auch immer, ist in Canada wie auch in den USA grundsätzlich ein **Highway**. Ein begrifflicher Unterschied zum Wort **Road** existiert nicht. Lediglich Autobahnen bezeichnet man nicht als *Road*. Für autobahnartig ausgebaute Straßen wird der englische Sammelbegriff *Motorway* verstanden, aber selten benutzt. **Autobahnen** oder Teilstücke davon besitzen in der Regel einen Namen, an den meistens die Bezeichnung **Expressway** oder **Freeway** (*Free* im Sinne von Freie Fahrt/keine Kreuzungen) angehängt wird.

Autobahnen

Im Westen Canadas existieren **nur wenige Autobahnen**; vor allem sind dies besonders stark befahrene Teilabschnitte des **Trans Canada Highway**, die Verbindung zwischen Edmonton und Calgary sowie Umgehungsstraßen und Zubringer der großen Städte. Nur der **Coquihalla Highway**, eine Autobahn zur Entlastung des *Trans Canada Highway* durchs *Fraser River Valley* in British Columbia, ist **gebührenpflichtig**.

Rest Areas

An allen wichtigen Verkehrsachsen, aber auch an anderen Straßen gibt es zahlreiche **Rastplätze (*Picnic/Rest Areas*)**. Viele davon sind liebevoll angelegt und ähnlich wie Campingplätze mit **Picknicktischen** und **Grillrosten** ausgestattet. An Gelegenheit, unterwegs Mahlzeiten bequem im Freien zu bereiten, fehlt es damit nicht.

Straßenqualität

Das im Süden Canadas insgesamt dichte Netz asphaltierter Straßen (***Paved Roads***) befindet sich in guter Verfassung. Man kann davon ausgehen, daß auch kleinste, in den Karten als befestigt ausgewiesene Nebenstrecken ohne jeden Vorbehalt befahrbar sind.

Erstaunlich **weitmaschig** ist das **Straßennetz** in **British Columbia**. Bedingt durch Topographie und extrem dünne Besiedelung großer Gebiete selbst im Süden verfügt die Provinz über weit weniger befestigte Straßenkilometer als die östlichen Nachbarprovinzen.

Schotterstraßen

Der **Norden Canadas** ist durch die erst neuerdings voll asphaltierten *Alaska* und *Klondike Highways* heute auch mit Wohnmobilen gut erreichbar. Zahlreiche für den öffentlichen Verkehr zugelassenen Straßen in den nördlichen Gebieten der Provinzen und in den Yukon und Northwest Territories sind allerdings nur geschottert. Aber selbst in den südlichen Landesteilen gibt es in verkehrsarmen Gebieten viele **Gravel Roads**. Von ihnen sind für Touristen vor allem Zufahrten zu Campingplätzen und sonstige Straßen in Provinz- und Nationalparks bedeutsam. Eine ganz besondere, überwiegend geschotterte Straße (teilweise Asphalt, teilweise *Dirt Road*, siehe unten) ist die **Forestry Trunk Road** durch die Ostausläufer der Rocky Mountains in Alberta (➪ Seite 341).

Schotter tritt auch schon mal ganz unerwartet auf, nämlich an **Baustellen.** Dort geht es mangels alternativer Strecken bisweilen kilometerlang auf notdürftig planierten Pisten durch Dreck und Staub. Das gilt insbesondere für die heute an sich auch durchgehend befestigten *Alaska* und *Klondike Highways*, an denen immer irgendwo gearbeitet wird.

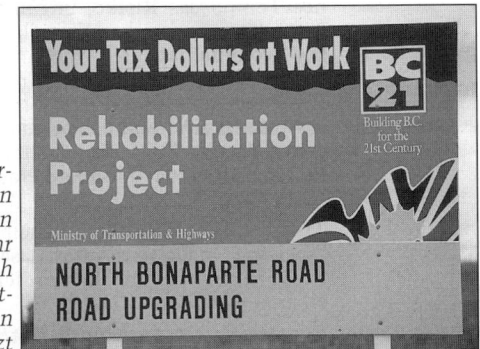

Schotterstraßen werden immer mehr durch Asphaltstraßen ersetzt

Da wir normalerweise das **Fahren auf Schotterstraßen** über längere Strecken nicht kennen, erscheinen **einige Hinweise** dazu angebracht:

Befahrbarkeit Hinsichtlich ihrer Befahrbarkeit stellen *Gravel Roads* im Prinzip kein Problem dar. Einigermaßen frequentierte Strecken werden in der Regel durch *Grading* "gepflegt", d.h., mit schnee-schieberartigen Fahrzeugen geglättet, wenn Querrillen ("Wellblech") und Schlaglöcher das Fahren allzusehr erschweren. *Gravel Roads* in gutem Zustand erlauben **Geschwindigkeiten von 80–90 km/h**. Sie sind sogar geringeren Tempi vorzuziehen, da das Fahrzeug dann über Unebenheiten sozusagen "hinwegfliegt". **Am besten** lassen sich Schotterstraßen einige Tage **nach Regenfällen** befahren, wenn der Staub noch gebunden, aber Matsch schon abgetrocknet ist.

Probleme der Gravel Road Auf trockener *Gravel Road* entwickeln Fahrzeuge oft kolossale **Staubwolken**. Der Staub dringt durch alle Ritzen auch in den Innenraum. Unangenehm und manchmal gefährlich sind die langen, dichten Staubschleier, die entgegenkommende *Trucks* hinter sich herziehen. Gelegentlich versucht man, den Staub durch das Versprühen von Calciumchlorid unter Kontrolle zu halten (***Dust Control***).

Bei starkem **Regen** sammelt sich Wasser in den Spurrillen, die Straße weicht auf und wird **extrem rutschig**. Die dann ohne Gefahr mögliche Geschwindigkeit ist sehr niedrig. Der Wagen "schlammt" in kurzer Zeit völlig zu.

Weitere Hinweise zu *Gravel Roads* finden sich auf Seite 465f.

| Gefährdung durch Schotter | **Aufgewirbelter Schotter** kann insbesondere für Scheinwerfer und Windschutzscheiben gefährlich sein. Denn bei schnell fahrendem Gegenverkehr vermindern seitlicher Abstand und geringeres eigenes Tempo das Risiko, ungünstig "getroffen" zu werden. Vorsicht ist bei voranfahrenden Wagen geboten, die gerade von einer *Gravel Road* auf eine asphaltierte Straße gewechselt sind und daher auf den ersten Metern Steinchen aus ihren Reifenprofilen nach hinten herausschleudern. |

Treffer auf der Windschutzscheibe zerstören sie selten irreparabel. In Canada sind **Auto-Glaser** darauf spezialisiert, kleine Schäden so zu behandeln, daß sich die Reparaturstellen kaum erkennen lassen.

"Dreckstraße" Der niedrigsten Stufe in der Straßenqualität entspricht die ***Dirt Road***, auch – etwas feiner – **Unimproved Road** genannt. Die "Dreckstraße" ist in der Regel ein besserer Feldweg, der sich bei Trockenheit häufig angenehmer befahren läßt als eine *Gravel Road*, jedoch bei längerem Regen ohne Vierradantrieb **unpassierbar** wird.

Typischer Zustand einer Dirt Road nach einem Tag "Landregen" Hier im Riding Mountain National Park

Die Benutzung von *Dirt Roads* muß nicht sein, läßt sich aber mitunter nicht ganz vermeiden, etwa im Falle von **Zufahrten zu Campgrounds in National oder Provincial Parks oder zu Trailheads.** Die bereits erwähnte *Forestry Trunk Road* ist streckenweise eine *Unimproved Road*. Darüberhinaus gibt es zahlreiche weitere Forststraßen (*Logging* oder *Forestry Roads*), die nur den Namen *Dirt Road* verdienen.

Logging Roads   Vom Befahren von *Logging Roads* ist eher abzuraten. Sie sind im Regelfalle Privatstraßen der Holzindustrie, man benutzt sie auf eigenes Risiko; d.h., der Betreiber ist nicht haftbar zu machen, wenn etwa am Hang die Straße abrutscht. **Logging Trucks** haben übrigens immer Vorfahrt.

Restriktionen **Das Befahren von *Gravel* und *Dirt Roads* wird von den meisten Verleihfirmen untersagt** bzw. mit Zuschlägen belegt. Wer mit einem gemieteten Fahrzeug trotz eventueller Restriktionen Schotterstraßen (außer unvermeidlichen Umleitungen) fährt, braucht ein bißchen Glück. Passiert ausgerechnet dort etwas (Unfall oder technische Probleme), hat man sehr "schlechte Karten".

3.1.3 Orientierung

Straßennummern   In Nordamerika orientiert sich der Autofahrer in erster Linie an **Straßennummern** und **Himmelsrichtungen**. Bei einer Fahrt etwa auf dem *Trans Canada Highway* von Vancouver in Richtung Osten nach Calgary folgt man der Ausschilderung *#1 East*, in diesem Fall noch mit einem **Ahornblatt** unterlegt, und braucht unterwegs auf die Ortsnamen im Prinzip nicht mehr zu achten.

Im Fall des *Trans Canada* und auch des *Yellowhead* und *Crowsnest Highway* (✧ Reiseteil) läuft die Straße unter identischer Nummer durch mehrere Provinzen. An sich jedoch besitzt **jede Provinz ihr eigenes Straßennummer-System**. Grenzüberschreitende Straßen wechseln deshalb normalerweise von Provinz zu Provinz die Numerierung.

Straßensystem in Städten   **Innerstädtisch** erleichtert das meistens dem Straßenplan zugrundeliegende **Schachbrettmuster** die Orientierung. In **Calgary** etwa heißen die Straßen in Nord-Süd-Richtung *Street*, in Ost-West-Richtung *Avenue*. **Centre Street** und **Memorial Drive** als Längs- und Querachse mitten durch die City unterteilen die Stadt in vier **Quadranten**. Alle Straßen, die beispielsweise südlich des *Memorial Drive* und östlich der *Centre Street* liegen, erhalten den Zusatz Südost bzw. *Southeast* (**SE**). Die Straßennumerierung beginnt an den beiden Achsen. Dabei ist die *1st Street SE* die erste Straße östlich der Centre Street, die *1st Street SW* die erste Straße westlich der Centre Street. Beide liegen südlich des Memorial Drive, der die Querachse darstellt. Die Numerierung aller weiteren Straßen erfolgt mit aufsteigenden Ziffern bis zu den Stadtgrenzen. Gleiches gilt für die Avenues.

Dieses Grundschema wird in den meisten Städten angewandt, aber mitunter geringfügig variiert. In Edmonton z.B. läuft die Numerierung durchgehend von Stadtrand zu Stadtrand und fängt nicht – wie in Calgary – in der City an.

Adressen	Die **Hausnummern** sind analog zum Straßensystem aufgebaut. An erster Stelle steht die Nummer der vorangegangenen Querstraße, dann erst folgt die eigentliche zweistellige Hausnummer. Die Adresse "**2566, 7th Street SW**" kennzeichnet die Adresse das Haus mit der Nummer 66 auf der 7. Straße, südlich der 25. Avenue bzw. zwischen 25. und 26. Avenue. Man kann mit Hilfe dieser Logik ohne Stadtplan und ohne zu fragen jede Adresse finden.
Zum System	Vor allem wichtig ist dabei, dem **Buchstaben hinter den Straßennamen** Beachtung zu schenken. **N, S, E** und **W** kennzeichnen hierbei die Grobrichtungen, **NE, NW, SE** und **SW** sind genauere Unterteilungen nach der erläuterten "**Quadrantenmethode**". Wer von West nach Ost etwa entlang der 9th Ave **SW** fährt, findet bis zur Längsachse kleiner werdende Hausnummern. Jenseits der Centre Street, dann also auf der 9th Ave **SE**, steigen die Nummern wieder an. Daher gibt es bei diesem System auf derselben Avenue bzw. Street zwei Gebäude mit der gleichen Hausnummer, die sich nur am Zusatz der Himmelsrichtung unterscheiden.

3.1.4 Tankstellen und Wartung

Benzinpreis	Benzin wird nach Litern berechnet, nicht in Gallonen, wie in den USA üblich. Der Liter unverbleites **Normalbenzin** kostet je nach Wechselkurs und Region umgerechnet zwischen 70 und 90 Pfennig. In Anchorage gibt`s *Regular Unleaded* schon für umgerechnet weniger als 0,60 DM/l.
	Der Benzinpreis ist in Canada unabhängig von der **Zahlungsweise**. In den USA einschließlich **Alaska** hingegen unterscheiden viele Tankstellen zwischen *Cash* und *Credit*. Bezahlt man bar (auch Reiseschecks), ist das Benzin gelegntlich 4-5 Cents billiger als bei Zahlung mit Kreditkarte.
Benzinarten	Alle Tankstellen führen ***Unleaded*** (unverbleites Benzin) meist in drei von der Oktanzahl abhängigen Qualitätsstufen: **Regular, Super** und **Premium Unleaded**. Leihwagen kommen meist mit *Regular* aus. Verbleites Benzin (**Leaded Gas**) wird seit 1991 in Canada nicht mehr verkauft. **Diesel** (das auch in Nordamerika so heißt) gibt es außer im hohen Norden überall.
Nachts tanken	Tankstellen nehmen nachts oft keine größeren Scheine an als $20 oder maximal $50, da aus Furcht vor Überfällen nur kleine Mengen Wechselgeld gehalten werden. Das kassierte Geld verschwindet sofort in einem unzugänglichenTresor.
Reifendruck	Einen **Druckluftservice**, wie bei uns selbstverständlich, vermißt man an vielen Tankstellen. Wo vorhanden, findet man entweder einen Schlauch, dessen Ventil unter Druckbelastung die Meßskala freigibt oder einen Münzkompressor, der für einen Quarter ein paar Minuten anspringt.

Messung	Besonders zuverlässig sind beide Methoden nicht. Wer sichergehen möchte, kauft sich einen eigenen Miniprüfer im Kugelschreiberformat ($2–$5). Die Reifendruckempfehlung des Herstellers findet man bei amerikanischen Fahrzeugen meistens an Türrahmen oder Tür der Fahrerseite, gelegentlich auch im Deckel des Handschuhfachs. 1 psi entspricht etwa 7 kPa oder – in der alten Maßeinheit – **1 atü etwa 14 psi**.
Ölwechsel	Mit einem langfristig gemieteten Pkw der großen Vermieter sind zu den **Wartungsintervallen** Filialen der Firmen anzulaufen. Die eigenständige Wartung (insbesondere der Ölwechsel) wird vom Kunden nur von kleinen Vermietern und beim Camper verlangt. Ist die entsprechende Meilenzahl erreicht, kann im Prinzip eine beliebige **Tankstelle** in Anspruch genommen werden. Perfekter und schneller arbeiten darauf spezialisierte, in Städten zu findende **Service-Stationen** mit eindeutigen Bezeichnungen wie *Quick Lube* o.ä. (*to lube* = abschmieren/ölen), die neben Öl- und Filterwechsel auch gleich alle anderen wichtigen Checkpunkte abprüfen und ggf. erledigen (Bremsflüssigkeit, Getriebeöl etc. auffüllen). Die dafür anfallenden Kosten werden von den Vermietern bei Rückgabe verrechnet.
Panne	Alle Auto- und Campervermieter geben ihren Kunden eine Telefonnummer mit auf den Weg, die bei Pannen oder Unfall angerufen werden muß. Bei den großen Firmen ist das Telefon in der Regel Tag und Nacht besetzt, ⇨ auch Seite 92.

3.1.5 Die Automobilklubs

Status	Die nordamerikanischen Automobilklubs **CAA** (*Canadian Automobile Association*) und **AAA** (*American Automobile Association*), kurz *Triple A*, akzeptieren Mitgliedskarten europäischer Clubs auf Gegenrechtsbasis.
Broschüren	Für alle Provinzen Canadas und für die Bundesstaaten der USA gibt es gratis Straßenkarten (*Road Maps*), Campingplatzverzeichnisse (*Camp Books*) und Reisehandbücher mit Hotellisten (*Tour Books*).
Service	**Bargeld** wird beim AAA und CAA ohne die übliche 1%ige Provision **in *American Express Travelers Cheques*** umgetauscht. In den klubeigenen Shops (nur in Großstädten) ist **Reiseliteratur** etwas preiswerter als in Buchläden. Geschäftsstellen von CAA bzw. AAA findet man in allen Orten ab mittlerer Größe.

Der Club unterhält außerdem einen **Notfall-Service**. Unter

✆ **(800) CAA-HELP (= 222-4357)**

kann man Tag und Nacht gebührenfrei die Telefonnummer des lokal zuständigen Straßendienstes erfahren.

**Straßen-
atlanten**

Der jährlich aktualisierte **Rand McNally Road Atlas** (US$9.95) im DIN A3 Format ist als Straßenatlas für ganz Nordamerika unschlagbar. Es gibt ihn als **Hallwag Rand McNally** mit deutschsprachigen Erläuterungen auch bei uns zu kaufen (in Deutschland 29,80 DM). Der **CAA/AAA-Straßenatlas** bietet in etwa dasselbe, ist aber weniger attraktiv, dafür bei Nebenstrecken etwas ausführlicher. Beide enthalten – gegliedert nach Provinzen – auch das kanadische Straßennetz, aber keine wirklich brauchbaren Karten des Nordens. Die British Columbia-Karte ist für manche Tour unterwegs nicht ausreichend. Für die **Grobplanung** der eigenen Reise genügen die Karten in diesem Buch.

**Straßen-
kasten**

Unterwegs sehr gut geeignet sind im allgemeinen die gratis verteilten Provinz- bzw. Territorial-Karten (***Official Highway Maps***) der jeweiligen Tourismusbehörde. In ähnlicher Qualität gibt es ***Provincial Maps*** beim AAA/CAA oder von *Rand McNally* für wenige Dollar. Wer sich etwas abseits der touristischen Hauptpfade begibt, benötigt – z.B. im Süden von British Columbia – genauere **Regionalkarten;** sie lassen sich preiswert dazukaufen.

**Ausge-
arbeitete
Routenpläne**

Automobilklubs in Deutschland, der Schweiz und Österreich versenden an ihre Mitglieder auf Anfrage **Karten und Routenvorschläge** auch für Nordamerika. Sie können die kanadischen bzw. amerikanischen Originale aber nicht ersetzen. Sich bereits in der Heimat weitergehendes, in der Regel teures Kartenmaterial zu beschaffen, ist unnötig, zumindest unwirtschaftlich.

Warten auf den Gegenverkehr, bevor es an der Baustelle weitergeht. Sehr oft fährt ein sog. "Pilot Car" der jeweiligen Schlange vorweg und bestimmt damit Tempo und Fahrspur über den provisorischen Schotter.

3.2 HOTELS, MOTELS UND ANDERE UNTERKÜNFTE
3.2.1 Hotels und Motels

Situation — Canadas Touristen wird die Suche nach einer geeigneten Unterkunft leichtgemacht. Hotels und Motels konzentrieren sich unübersehbar an den Ausfallstraßen von Städten und Ortschaften, an typischen Ferienrouten, in der Nähe der Flughäfen und in bestimmten Bereichen der großen Cities. Vor allem die *Motels* und *Motor Inns* zeigen mit

Vacancy/No Vacancy
Welcome/Sorry
oder ganz einfach **Yes/No**

meist unmißverständlich an, ob die Nachfrage nach einem freien Zimmer lohnt.

Suche — Während man in Europa im Sommer besser schon zur Mittagszeit mit der Quartiersuche beginnt, genügt es in Canada in der Regel, **ab dem späten Nachmittag** Ausschau zu halten (**Ausnahmen**: besonders populäre Regionen/Orte, Veranstaltungstage, typische Wochenendziele). Nur in bestimmten Fällen ist es nötig, Unterkünfte bereits vor der Reise zu buchen (⇨ Seite 118). Wer sichergehen möchte, ruft einige Tage vorher bis spätestens vormittags des Übernachtungstages das Motel/Hotel seiner Wahl an, ⇨ weiter unten.

Abgrenzung der Begriffe — Die Begriffe **Hotel, Motel** und **Motor Inn** werden in Canada genau wie in den USA ohne klare Abgrenzung verwendet. Für die Qualitätseinstufung spielen sie eine nachrangige Rolle:

Motel — Man darf davon ausgehen, daß im **Motel** der Wagen nahe am gemieteten Zimmer oder Appartement abgestellt werden kann, und damit die Be- und Entladung des Autos auf kürzestem Wege möglich ist. Ein Motel verfügt typischerweise über ebenerdige und bisweilen doppelstöckige Zimmertrakte (ohne weiteres von außen unkontrolliert zugänglich!) und eine Rezeption, **nicht aber über eine eigene Gastronomie**. Der Gästeservice beschränkt sich auf Cola- und Snacktütenautomaten sowie Eiswürfelmaschinen. Bei Buchung erhält der Gast an der Rezeption gegen **Vorauszahlung** bzw. Kreditkartenunterschrift den Zimmerschlüssel. Er wird am nächsten Morgen von vielen Gästen in der Tür gelassen, sofern kein Schlüsselpfand auszulösen ist.

Cabins — Auf dem Lande besteht manches Motel aus einer Ansammlung sogenannter **Cabins** oder **Cottages**, zimmergroßer Holzhäuschen, oft in Blockhausbauweise. *Cottages* können aber auch komplett ausgestattete Ferienhäuser sein. Man findet sie u.a. auf *Guest Ranches* oder *Lodges* in der Wildnis, wo die Gäste nicht nur wenige Tage, sondern ganze Urlaubswochen verbringen.

Motor Inn	– *Motor Inns* unterscheiden sich in vielen Fällen durch nichts außer ihrer Bezeichnung vom Motel, sind aber vom **Standard** her im Schnitt **höher** angesiedelt. In etwas besseren *Inns* erfolgt der Zutritt zu den Zimmern wie im Hotel über die Rezeption oder Nicht-Gästen verschlossene Eingänge und Korridore, d.h., nicht über ungeschützt außenliegende Türen. Das ist zwar unpraktischer, kommt aber dem Sicherheitsbedürfnis der Gäste entgegen. Parkraum steht immer reichlich zur Verfügung. *Motor Inns* der gehobenen Klasse verfügen oft über Restaurant und Bar.
Hotel	– Eine allgemein zutreffende Kennzeichnung wie im Fall der *Inns* und Motels läßt sich für die **Hotels** nicht formulieren. Zwischen "Absteigen" in Randbezirken der Stadtzentren und den oft nur wenige Blocks entfernten Luxusherbergen aus Glas und Beton liegen Welten. **Gemeinsames Merkmal** fast aller Hotels ist die zum Haus gehörende **Gastronomie** und die Erhältlichkeit von **Alkoholika** (nie in Motels, bedingt in *Motor Inns*). Bei innerstädtischen Hotels fehlt oft Parkraum. Gehören bewachte Parkgaragen zum Haus (ab obere Mittelklasse), werden dafür meist auch den Gästen Gebühren abverlangt.
Lodge	Vor allem in landschaftlich reizvollen Gebieten und Nationalparks nennen sich Hotels gerne *Lodges* und signalisieren damit, daß neben dem Hotelkomfort **Aktivitäten** wie Reiten, Fischen, Kanufahren, *Whitewater Rafting* etc. geboten werden oder im Umfeld möglich sind. *Lodges* gibt es in Preisklassen von $50 bis $150 und mehr pro Nacht und Zimmer.
Komfort und Ausstattung	Die **Innenausstattung** kanadischer wie amerikanischer Hotel- und Motelzimmer zeichnet sich durch **weitgehende Uniformität** aus: Je nach Größe des Raums ein großes Bett*) oder auch zwei davon, gegenüber eine Schränkchen mit Fernseheraufsatz, ggf. in der Verlängerung eine Schreibplatte, in einer Ecke Sessel/Stühle plus Tischchen. Man schläft zwischen zwei Laken unter einer Wolldecke, deren Zustand in billigen Unterkünften schon mal zu wünschen übrig läßt. Im Gegensatz zu Europa gehören **eigenes Bad** und **Farbfernseher** noch zum preiswertesten Raum, in sommerheißen Gebieten überall und in besseren Hotels immer auch eine **Klimaanlage**. Unterschiede im Preis drücken sich weniger in Mobiliar und Zimmergröße als durch Qualität der Ausstattung und Grad der Abnutzung aus. Neuere Häuser der Mittelklasse bieten für $60 bis $100 einen Raumkomfort, der denen in viel teureren Hotels kaum nachsteht.

---

*) ***Double***: 1,35x1,90 m, ***Queen Size***: 1,50x2 m, ***King Size***: 1,95x2 m; Einzelbetten kleiner als *Double* gibt es so gut wie nicht

Kosten	Die Preise für die Übernachtung unterliegen erheblichen regionalen und saisonalen **Schwankungen**. Sieht man ab von den Zentren der großen Cities (vor allem Vancouver, Calgary und Toronto), bestimmten Brennpunkten des Tourismus zur jeweiligen Saison (Banff und Jasper Nationalparks, *Okanagan Valley*) und dem hohen Norden (Yukon/Northwest Territories und Alaska) kommt man **im allgemeinen preiswerter als bei uns** unter. Es gibt immer noch eine relativ große Zahl einfacher Motels, die bei Belegung mit zwei Personen auch in der Hochsaison nur bis zu $60 pro Nacht und Zimmer fordern – vor allem an Wochentagen auf dem Land und in kleinen Ortschaften. Die Mehrheit der Unterkünfte in der (durchaus akzeptablen) Mittelklasse liegt im Preisbereich um $50–$80. Nur selten berechnen *Motels* und *Motor Inns* der Mittelklasse ohne Sonderfaktoren wie Airportnähe, Wochenende, Großveranstaltung etc. über $100 fürs Zimmer.
Belegung	Die Übernachtungskosten sind meist nur geringfügig und mitunter gar nicht von der Anzahl der Gäste pro Raum abhängig. Bei Belegung mit nur einer Person spricht man von ***single occupancy***. Tatsächlich gibt es keine echten Einzelzimmer, mindestens steht ein kleines Doppelbett (➪ Fußnote) im Raum, der auch für ***double occupancy*** genutzt wird. Der Preis fürs Einzel liegt deshalb nur um wenige Dollar unter dem Doppelzimmerpreis oder ist sogar identisch. In ***Twin Bedrooms*** (mit 2 Doppelbetten) können bis zu 4 Personen übernachten, ohne daß dafür immer ein Aufgeld verlangt wird. Insbesondere **Kinder** – oft bis zum Alter von 16/18 Jahren – sind im Zimmer zusammen mit ihren Eltern normalerweise "frei".
Sales Tax	**Alle Preisangaben sind netto**; hinzu kommt immer die *Provincial Tax* und die *Goods&Services Tax* (GST), die Ausländer sich aber erstatten lassen können, ➪ Seite 165. Ein **Frühstück** ist grundsätzlich **nicht im Zimmerpreis enthalten**, wird in
Frühstück	Form eines ***Continental Breakfast*** aber in letzter Zeit mehr und mehr als kostenlose "Sonderleistung" gewährt. Sogar ein richtiges ***American Breakfast*** gibt`s neuerdings bei einigen Kettenhotels als Zugabe. Falls kein ***Coffeeshop*** zum Quartier gehört, geht der Motelgast zum Frühstücken ins nächste ***Fast Food Restaurant***, ➪ Seite 153.
"Zugaben"	Mit Extras wird kräftig geworben: Außer **Free Coffee** oder **Free Breakfast** vor allem mit **Free Movies**. Gratisfilme am laufenden Band (fast) ohne werbliche Unterbrechung gibt es auf Spielfilmsendern wie HBO, die viele Motels zur Beglückung ihrer Gäste abonniert haben. Bessere Unterkünfte bieten eine Exklusivauswahl neuester Produktionen als sogenanntes ***Pay-TV***. Nach ein paar Freiminuten zum "Reinschauen" wird eine kräftige Gebühr fällig, die der Abrechnungscomputer automatisch dem Zimmer belastet.

136   Unterwegs

Kaffee **Gratiskaffee** bezieht sich meistens auf eine laufend in Gang gehaltene Haushaltskaffeemaschine in der Rezeption oder ein kleines Heißwassergerät im Zimmer plus einige Tütchen Pulverkaffee. Beim "kontinentalen" **Frühstück** handelt es sich überwiegend um Kaffee oder Tee aus dem Automaten und ein Tablett voll süßen Gebäcks zur gefälligen Bedienung. Bisweilen gibt`s auch noch *Cereals* mit Milch und Obst.

Hotel- Wie bereits im Vorkapitel gesagt, enthalten die **gratis** ausge-
verzeichnisse gebenen ***Tourbooks*** des Automobilklubs CAA relativ vollständige Verzeichnisse mit aktuellen Preisen und Daten für Hotels und Motels ab unterer Mittelklasse. Sie nennen darüberhinaus **Sondertarife für Mitglieder**. Dazu gehören auch die Mitglieder europäischer Klubs. Die Gewährung des Discounts hängt lediglich von seiner Erwähnung ab; man muß nach der ***Special CAA/AAA-Rate*** fragen. Discounts gibt`s auch gegen Vorlage von **Werbecoupons**, auszuschneiden etwa aus den letzten Seiten im *Rand McNally Road Atlas* und Tourismus-Broschüren oder einfach mitzunehmen aus einem der ***Visitor Information*** Büros.

Ebenfalls **gratis** erhält man in Canada für sämtliche Provinzen einen *up-to-date* **Accommodation Guide**, der fast ausnahmslos alle Hotels und Motels auflistet – gelegentlich einschließlich Jugendherbergen und Campingplätzen. Darin findet man neben genauen Beschreibungen und Preisen auch die **Reservierungs-Telefonnummern**. Die Unterkunftsführer gibt es allerorten in den Informationsbüros; siehe dazu im Detail den Vorspann zu den einzelnen Provinzen im Reiseteil dieses Buches.

Reservierung Um Zimmer telefonisch zu reservieren, bedarf es nicht einmal einer Kreditkarte, solange man vor 18 Uhr ankommt (gelegentlich früher). Wenn ein Zimmer auch bei späterem Eintreffen unbedingt festgehalten werden soll, nennt man seine **Kreditkartennummer** samt Verfallsdatum (*Expiration Date*) und läßt sich eine ***Confirmation Number*** geben (als Buchungsbestätigung). Die Kreditkarte wird dann auf jeden Fall – also unabhängig von der tatsächlichen Inanspruchnahme des Zimmers – mit dem Übernachtungspreis belastet. Wer rechtzeitig weiß, daß er ein derart vorbestelltes Zimmer nicht benötigt, kann die Lastschrift nur vermeiden, wenn er vor der *Deadline* des Übernachtungstages storniert (auch dafür gibt`s eine Bestätigung, die ***Cancellation Number***).

Telefon- Bei Hotel-/Motelreservierungen entstehen dank der gebühren-
nummern freien (*toll-free*) **800-Nummern** oft keine Telefonkosten. Über diese Nummern verfügen nicht nur Hotelketten, sondern auch viele Einzelquartiere. Mit den folgenden Telefonnummern erreicht man die Reservierungszentralen der bekanntesten Ketten. (Reservierung ab Deutschland ⇨ Seite 120)

Preiswert bis moderat

Super 8	(800) 800-8000
Econo, Friendship, Rodeway, Journey's End	(800) 221-2222
Travelodge	(800) 578-7878

Mittelklasse

Best Western	(800) 528-1234
Clarion, Comfort, Quality	(800) 221-2222
Days Inn	(800) DAY-SINN
Holiday	(800) HOL-IDAY
Howard Johnson	(800) IGO-HOJO
Ramada	(800) 2RA-MADA
Sandman	(800) SAN-DMAN

Oberklasse

Canadian Pacific	(800) 441-1414
Delta	(800) 268-1133
Hilton	(800) HIL-TONS
Hyatt	(800) 233-1234
Sheraton	(800) 325-3535
Westin	(800) 228-3000

Vorgehen Reservierung Damit bei einer **Reservierung per Telefon** alles klappt, sollte man systematisch vorgehen:

- Bei einem **Direktanruf** im Hotel/Motel Art des Zimmers (*Single/Double Bedroom, Non-Smoker, 1 or 2 Beds etc.*) und die Daten nennen. Im Fall eines Anrufs bei einer Kette nennt man dem *Reservationist* natürlich auch noch Provinz und Stadt. Sind Zimmer wie gewünscht frei, wird der Preis genannt, dem man zustimmen muß.

- Nächster Punkt ist die Frage der **Ankunft.** Wer nicht vor 18 Uhr (*6 pm*, gelegentlich auch früher), eintrifft, muß die Reservierung mit einer Kreditkarte "garantieren", ⇨ oben.

- Zusätzliche Fragen können sich auf die genaue **Adresse** und **Anfahrt,** die lokale Rufnummer des gebuchten Hotels/Motels etc. beziehen.

Neben den Häusern der Kettenhotels und -motels gibt es durchaus noch Hotels mit individueller Note auch unterhalb der Luxusklasse

Absage	Bei Absagen kann man es mit guten Chancen auf Buchung am Tag selber **kurz nach 12 Uhr** (!) noch einmal probieren. Spätestens bis *Noon* müssen abreisende Gäste ihre Zimmer geräumt haben. Oft werden dann unerwartet Zimmer frei, die ursprünglich länger gebucht waren.
Trinkgeld	Ein kleines Problem ist für europäische Touristen die Frage der "richtigen" **Trinkgeldbemessung**. Da nordamerikanische Hotel- und Restaurantangestellte in höherem Maße vom Trinkgeld *(tip)* abhängig sind als ihre europäischen Kollegen (⇨ Seite 157), wird bei allen Dienstleistungen im Hotel ein Trinkgeld erwartet. Überläßt man es in großen Hotels einem **Attendant**, den Wagen auf dem Hotelparkplatz abzustellen (***Valet Parking***, üblich in der "Oberklasse"), bekommt dieser dafür nicht unter \$2. Der ***Bellhop*** (Hotelpage) erhält fürs Koffertragen \$1 pro Gepäckstück, der ***Doorman*** (Türsteher) \$0,50–\$1 fürs Taxiholen und das ***Room Maid*** (Zimmermädchen) \$1–\$2 täglich, im Zimmer zu hinterlassen.

WASCHSALONS

Wer hat schon Lust, seine Kleidung unterwegs mit der Hand zu waschen? Früher oder später dürfte selbst der zäheste *self-wash-man* nach einem Münzwaschsalon Ausschau halten. Sie heißen in Nordamerika **Coin-Laundromats** oder kurz **Laundries.** Man findet sie noch in kleinsten Ortschaften und zwar meistens an der Hauptdurchgangsstraße. Und wo nicht, kennt jeder Einheimische den Standort des nächsten Automaten-Waschsalons. Münzwaschmaschinen gibt es außerdem auf privat betriebenen Campingplätzen, in Nationalparks, in Jugendherbergen und auch in vielen Motels und Hotels.

Legt man die große Zahl öffentlicher Waschsalons und ihrer Benutzer zugrunde, muß es erstaunlich viele Kanadier und Amerikaner ohne eigene Waschmaschine geben. Aber vielleicht ist auch nur die heimische Ausfallquote der – aus europäischer Sicht – ungewöhnlichen amerikanischen Waschmaschinen hoch.

Im der *Laundry* benötigt man außer Waschpulver (***Detergent***), das mitzubringen ist oder in kleinen Packungen aus einem Automaten gezogen werden kann, vor allem jede Menge ***Quarters***! Denn Waschmaschinen und Trockner verschlingen bereits bei mittleren Wäschemengen massenhaft Kleingeld. Pro Waschmaschine sollte man 4-8 *Quarters*, also \$1 bis \$2, für mehrere Trockengänge noch einmal bis zu \$1 pro Ladung kalkulieren. Zwar gibt es hier und dort Wechselautomaten, sie sind aber meist gerade dann außer Betrieb *(out-of-order)*, wenn das eigene Kleingeld knapp wird. Vor der großen Wäsche muß also ein ausreichender Münzvorrat gesammelt oder bei der Bank beschafft worden sein.

Obwohl es auch (meist teurere) Trommelwaschmaschinen gibt, überwiegt in Nordamerikas Waschsalons ein aufrecht stehender, einer Rührschüssel ähnlicher Waschbottich, in dessen Mitte ein "Quirl" die Wäsche bewegt.

Die Wassertemperatur läßt sich auf *hot*, *warm* und *cold* einstellen. Die höchste Stufe steht nicht etwa für Kochwäsche, sondern entspricht der Einstellung des Wasserboilers, also etwa maximal 60 C. Ein Auf- oder Nachheizen in der Maschine erfolgt nicht. Je nachdem, wie viele davon gleichzeitig in Betrieb sind, fällt "heiß" gelegentlich auch nur lauwarm aus. Gleich, ob nun der Waschgang auf *normal*, *heavy duty* oder *permanent press* (bügelfrei) eingestellt wird, das meist schon nach zwanzig Minuten erreichte Ergebnis ist selten befriedigend. Bei "normaler" oder "starker" Einstellung liegt die Wäsche leicht geschleudert bereit, bei "bügelfrei" klitschenaß.

Den Inhalt der Trommel bugsiert man in einen **Trockner,** der ebenfalls *Quarters* schluckt. Mit einem Trockengang ist es oft nicht getan. Dadurch zieht sich jede Waschaktion meist länger hin als erwartet, zumal in vielen *Laundries* die Trockner einen Engpaß darstellen. Ist der *Quarter-Vorrat* oder die Geduld am Ende, spart Zeit und Geld, wer zu guter Letzt die Wäsche gleichmäßig im Autos oder im ganzen Camper verteilt. Die Restfeuchte ist spätestens am folgenden Tag verschwunden. Schneller geht es mit Wäschestücken, die fürs extrem heiße maschinelle Trocknen vieler *Laundromats* nicht geeignet sind; sie verlieren alle Feuchtigkeit im Nu und schrumpfen "platzsparend" auf die Hälfte ihrer Ursprungsgröße, daher Vorsicht!

Auch wenn sich beim Warten quälende Langeweile einstellt, eine *Laundry* sollte man nicht für längere Zeit verlassen. Sonst findet man unter Umständen fremde Wäsche in der Maschine und die eigene fertig gewaschen irgendwo in einer Ecke, womöglich vermischt mit gänzlich unbekannten Socken, Handtüchern und T-Shirts. Die Zeit vor der Waschmaschine eignet sich im übrigen gut dazu, Postkarten zu schreiben, Reiseführer zu lesen, Kaffee zu trinken und – bisweilen auch – Leute kennenzulernen.

3.2.2 Bed & Breakfast

Verbreitung Eine Übernachtungsmöglichkeit, die erst in den 80-er Jahren weite Verbreitung fand, ist **Bed & Breakfast** in **Privathäusern** und **Pensionen.** Im Gegensatz zu England, wo in Städten und touristischen Regionen **B&B-Schilder** überall ins Auge springen, machen in Canada bei weitem nicht alle Quartiere deutlich erkennbar auf sich aufmerksam. Man benötigt einen *Bed & Breakfast Guide* (Buchhandel) oder eine Liste der regionalen *Tourist Information.*

Kosten *Bed & Breakfast* ist weder in Canada noch in den USA die billige Alternative zum Hotel, sondern liegt preislich eher im Bereich der Mittelklasse. Reizvoll an *B & B* kann bisweilen der "Familienanschluß" sein, der den Kontakt zu Land und Leuten erleichtert. Eine **Vorbuchung** von *Bed & Breakfast* läßt sich in Deutschland über *Anglo American Tours* abwickeln (49492 Westerkappeln; ✆ 05404/96080, Fax 960811).

3.2.3 Nachtquartiere für junge Leute

Jugendherbergen Das Jugendherbergswesen ist in Nordamerika im Vergleich zu Europa zwar unterentwickelt, aber gerade im Westen Canadas findet man einige Herbergen in besonders schöner oder verkehrsgünstiger Lage (etwa in Victoria, Vancouver, Calgary, Edmonton, Dawson City und in den Nationalparks Banff und Jasper). Die Kosten liegen in Häusern von **Hostelling International – Canada** zwischen $10 und $18 pro Nacht für Mitglieder. Nichtmitglieder werden im allgemeinen akzeptiert und zahlen einen geringen Aufschlag.

Wer Jugendherbergen benutzt, kennt deren Vor- und Nachteile. Das Gesamtverzeichnis für die Herbergen in den USA und Canada **Hostelling North America, The Official Guide to Hostels in Canada and the United States** gibt es beim DJH-Verband in 32756 Detmold, Bismarckstr. 8, ✆ 05231/99360.

Hostels im Internet
Im *Internet Guide to Hostelling* findet man ebenfalls alle Informationen zu *AYH-Hostels* und anderen Billigunterkünften: **http:// www.hostels.com** und **http://www.hostellingntl.ca.**

Ein unabhängiges *Hostel Handbook* für ganz Nordamerika versendet *Jim Williams* gegen $5; **e-mail: InfoHostel@aol.com.**

Alles voll?
In Jugendherbergen müssen – wie auch in Hotels – Reservierungen bis 18 Uhr wahrgenommen werden, soweit sie nicht durch Kreditkarten gesichert sind. Wer um 18 Uhr auf der Matte steht, hat meist gute Aussichten auf das Bett eines No-Shows bei eigentlich vollem Haus.

CVJM
Der Christliche Verein Junger Männer/Frauen – **YMCA** bzw. **YWCA** – bietet vor allem in Großstädten Übernachtungsmöglichkeiten. YMCA-Häuser verfügen über Mehrbetträume und Einzel- wie Doppelzimmer und nehmen Gäste beiderlei Geschlechts auf. Für die meisten YWCA-Heime gilt dagegen *Ladies only*. Die **Übernachtungskosten** sind im allgemeinen etwas niedriger als im jeweils preiswertesten Motel. Dafür können die Gemeinschaftsanlagen wie Trimmräume, Pools, Lesesäle etc. von den Gästen mitbenutzt werden.

Ein **Gesamtverzeichnis** der YMCA/YWCA-Häuser gibt`s beim
CVJM-Gesamtverband, Im Druseltal 8, 34131 Kassel
✆ 0561/30870; **Internet**: http://www.cvjm.de

oder direkt in Canada:
Central YMCA
180 Argyle Ave, Ottawa, Ontario K2P 1B7
Fax: (001) 613-788-5095; **Internet**: http://www.ymca.com

Jugendherbergen wie Y`s müssen insbesondere in den Cities und in der Nähe touristisch bedeutsamer Ziele (z.B. Nationalparks) Wochen im voraus reserviert werden.

Studentenwohnheime
Eine Übernachtungsalternative sind in den Sommermonaten (Mai bis einschließlich August) die dann teilweise leerstehenden Studentenwohnheime, die **University Residences** oder **College Dormitories**. Fast jede Mittelstadt verfügt über mindestens ein *College*. Die Bedingungen variieren sehr. Während in manchen Fällen Einzelübernachtungen – sofern nicht ganz ausgeschlossen – kaum weniger oder sogar mehr als in billigen Motels kosten, liegen die Preise auch schon mal um $20 pro Nacht. Günstig sind *Dormitories* immer dann, wenn man sich eine Woche oder länger einmietet. Abgesehen vom preiswerten Unterkommen bieten sie **Kontakte und Mitbenutzung** von Einrichtungen wie Sportanlagen und Cafeterias.

3.3 CAMPING IN CANADA

In National- und Provinzparks und der unendlichen Weite ihres Landes genießen die Kanadier "Natur pur". Camping gehört schon deshalb dazu, weil oft gar keine andere Möglichkeit zur Übernachtung besteht. Selbst wenn, das Campen bildet auch ohne totale Einsamkeit eine der besten Erfahrungen jeder Canada-Reise und kann gar nicht genug empfohlen werden. Bei uns gibt es nichts Vergleichbares.

3.3.1 Übersicht

Kennzeichnung

Canada bietet dem Camper alles, was sein Herz begehrt, sei es komfortabel im Wohnmobil oder im Zelt weitab jeder Zivilisation. Platz ist genug, und dementsprechend sind auch die meisten Campingplätze angelegt. Ein **Stellplatz** für Campmobil oder Zelt beschränkt sich nicht auf einige Quadratmeter Wiese oder Heidelandschaft, sondern umfaßt durchweg ein eigenes **Areal mit Picknicktisch, Feuerstelle und separatem Grillrost**. Auf staatlichen *Campgrounds* ist so ein Platz bisweilen mehrere hundert Quadratmeter groß, und die Nachbarcamper geraten schon mal aus dem Blickfeld. Dann künden nur noch abendlicher Feuerschein und appetitanregende Grilldüfte von der Anwesenheit anderer. Zwar sind nicht alle Plätze derart großzügig angelegt, aber **Lagerfeuer und Barbecue** gehören zur kanadischen Campingtradition. Oft liegt sogar das **Feuerholz** geschlagen und gratis bereit.

Campingplatzverzeichnisse

Um in Canada auf Camping-Tour zu gehen, muß man sich nicht einmal einen **Campingführer** kaufen. Man erhält in den Besucherinformationen der Provinzen nahezu lückenlose **Verzeichnisse** aller auf öffentlichen Straßen erreichbaren Campingplätze, sieht man ab von den *National Forest Campgrounds*, auf die noch zurückzukommen sein wird. Ebenfalls gratis, jedoch nicht komplett, sind die **Campbooks** des Automobilklubs CAA, ⇨ Seite 132, die es für Canada West (mit Alaska) und Ost getrennt gibt. Einige Campervermieter stecken ihren Kunden den **KOA-Atlas** zu, der die Plätze dieser größten Campingkette Nordamerikas listet, siehe weiter unten.

Gebühren

Auf staatlichen Plätzen gilt eine **pauschale Einheitsgebühr (*Fee*) pro Stellplatz** unabhängig von der Personenzahl (in der Regel bis zu einer Obergrenze von 6 Personen mit maximal 2 Zelten und/oder Fahrzeugen). Die Gebühren werden auf **Public Campgrounds** überwiegend im **Self-Registration**-Verfahren erhoben. Die Camper schieben das Geld in einen bereitliegenden (kurz auszufüllenden) Umschlag und werfen ihn in eine gesicherte Box. Ehrlichkeit wird dabei großgeschrieben. **Auf privaten Plätzen** überwiegt die **Basisgebühr für 2 Personen** plus Aufschlag für jeden zusätzlichen Gast.

Komfort Camping

Viele Besitzer von Campfahrzeugen glauben, ihren eingebauten Komfort nur dann voll nutzen zu können, wenn auf dem Campingplatz Wasseranschluß, Abflußrohr und Steckdose vorhanden sind. Die meisten Privatplätze und einige Plätze in National- und Provinzparks verfügen über den sogenannten *Full Hook-Up*, den Dreifach-Anschluß. Häufig trifft man auch auf *Semi-serviced Campsites* (nicht mit allen Anschlüssen versehene Stellplätze), meist mit Elektrizität und/oder Wasser, aber ohne Abflußrohr. Bei einiger Aufmerksamkeit kommt der Wohnmobilfahrer gut ohne *Full Hookup* aus. Denn auf vielen Campingplätzen ohne Anschlüsse an den Stellplätzen befinden sich *Dump-, Sani-* oder *Sewage-Stations*, wo gegen eine Gebühr oder gratis Schmutzwasser abgelassen und Trinkwasser aufgefüllt werden kann. Auch Tankstellen bieten gelegentlich diese Möglichkeit.

Hier wird der Abwasserschlauch mit Frischwasser gereinigt.

3.3.2 Zu den Campingplätzen

Public Campgrounds

Die Campingplätze in National- und Provinzparks liegen überwiegend in reizvoller Umgebung und zeichnen sich durch großzügige Aufteilung aus, wie oben beschrieben.

Nationalparks Einige *National Park Campgrounds* sind wegen des in der Hochsaison stattfindenden Massenandrangs von erheblichen Ausmaßen. Die Mehrheit der Plätze verfügt neben den üblichen Ausstattungsmerkmalen nur über **einfache sanitäre Einrichtungen**. Lediglich ausgesprochene Großanlagen (etwa in Jasper und Banff) bieten mehr Komfort, der aber bezahlt werden muß. Die Kosten liegen zwischen **$8** und **$16** je Nacht.

Gratis sind **Walk-in** oder **Wilderness Campgrounds** abseits der Straßen. Für sie benötigt man ein *Camping-Permit*, das in den Besucherzentren und *Ranger-Stationen* ausgestellt wird.

Provinzparks Alle Provinzen unterhalten **Provincial**, die Northwest Territories **Territorial Parks**. In den USA/Alaska entsprechen ihnen die *State Parks*. Zwar gibt es auch Provinzparks mit reinem **Day-use** Charakter mit Kinderspielplatz, Naturlehr- und Joggingpfade, Badestrände etc., aber zu den meisten gehören Campingplätze.

144 Unterwegs

Provincial Parks
Oft steht das Campingmotiv im Vordergrund, etwa in der Mehrheit der *British Columbia Provincial Parks*. Die **Provincial Campgrounds** weisen unterschiedlichste Komfortmerkmale auf. Manche verfügen über Duschen, einige über Wasser- und Stromanschluß an den Stellplätzen, die meisten sind aber sanitär einfach ausgestattet. Die Übernachtungskosten variieren und liegen ungefähr in derselben Größenordnung wie in den Nationalparks.

Reservierung für 44 BC-PP-Campgrounds: ℡ (800) 689-9025

Forest Service
In den riesigen Wäldern haben der *Forest Service* und *Logging Companies* (Holzkonzerne) unzählige Campingplätze der Einfachkategorie angelegt. Unter ihnen befinden sich **traumhafte Anlagen** inmitten sonst unberührter Natur. Viele dieser Plätze sind nicht in den Verzeichnissen der Provinzen oder des CAA, schon gar nicht in kommerziellen Campingplatz-Führern zu finden. Markierungen in den *Official Highway Maps* der Provinzen und im *Rand McNally* weisen oft auf ihre Lage hin. Genaue Karten erhält man in den regionalen Büros des *Forest Service*. Die **Übernachtungskosten** betragen dort zwischen $0 und $10. Die Höhe richtet sich weniger nach der Ausstattung, die über eine Wasserpumpe und Plumpsklos/Chemietoiletten (*Pit/Chemical Toilets*) selten hinausgeht, als nach der Lage. Am teuersten sind leicht erreichbare Plätze.

Städtische Plätze
Manche Städte und Landkreise unterhalten in eigener Regie Plätze (*Municipal/County Campgrounds*) recht unterschiedlicher Güte. Auch Organisationen wie der *Lion`s Club* gehören gelegentlich zu den Trägern.

Vergaberegeln
Für die Plätze unter staatlicher oder städtischer Trägerschaft gilt im allgemeinen die Regel **first-come-first-served**, d.h., jeder offensichtlich noch nicht besetzte Stellplatz auf *Campgrounds* von National- und Provinzparks, National Forests etc. kann als frei betrachtet und vom Ankömmling belegt werden. Erst seit kurzem lassen sich einige besonders populäre Plätze auch reservieren. Sie sind in den Campverzeichnissen markiert und speziell an Wochenenden oft ausgebucht.

Alles voll?
Bei großem Andrang öffnet die Parkverwaltung z.B. in den *Alberta Rocky Mountain Parks* Reserveplätze, sogenannte **Overflow Areas**. Sind auch sie voll, bleibt keine andere Wahl, als den Park zu verlassen. Ein Campen/Übernacht-Parken außerhalb offizieller Plätze ist in National- und Provinzparks streng untersagt. Man kann aber Stellplatzinhaber auf an sich belegten *Campgrounds* ansprechen, um mit ihnen Platz und Gebühren zu teilen. Oft sind die *Sites* groß genug, um noch ein zusätzliches Fahrzeug und ggf. Zelt aufzunehmen.

Auf Besonderheiten des Camping in den verschiedenen Provinzen bzw. in den nördlichen Territories und Alaska wird im Reiseteil noch ausführlich eingegangen.

An der Einfahrt jedes Provinzparks erläutert eine Tafel die grundsätzlichen Regelungen einschließlich der Höhe der Gebühren (fee), die meistens im "Self Service"-Verfahren zu entrichten sind.

Der Begriff "Fire Closure" bezieht sich auf ein Lagerfeuer-Verbot, das 1994 wegen zahlreicher Waldbrände in British Columbia in vielen Provincial Parks in Kraft war.

Privat betriebene Plätze

Ausstattung und Preise

Bei den kommerziell betriebenen Campingplätzen überwiegen solche mit **Full Hook-up** (⇨ oben) und knapperem Zuschnitt der Stellplätze als bei den *Public Campgrounds*. Die Preisgestaltung orientiert sich an der sanitären Ausstattung und der Nähe zu touristischen Reiserouten und -zielen. Die **preisliche Untergrenze** für simple und/oder abgelegene Privatplätze liegt bei etwa **$10-$12** (ohne *Hook-ups*). Im Umfeld touristischer Attraktionen und im Einzugsbereich der Cities kostet die Nacht bis zu $30 und darüber. Grundsätzlich darf der Camper dafür aber mit Duschen, Münz-Waschmaschinen, Swimmingpool, Minishop, Fernsehraum etc. rechnen.

Lage

Zur Sicherstellung hoher Auslastung liegen viele Privatplätze in verkehrstechnisch günstiger Position, also **an vielbefahrenen Straßen**. Ist der Lärmpegel auf solchen Plätzen selbst im Camper noch hoch, überschreitet er im Zelt oft das erträgliche Maß. Die Kunden der Privaten sind auch deshalb mehrheitlich Wohnwagen- und Wohnmobilbesitzer, für die es in erster Linie auf den Vollanschluß ankommt. Von den großartigen Möglichkeiten des Camping in Canada lassen derartige Anlagen, speziell einige RV-Parks, nichts ahnen.

KOA-Plätze

Ähnlich wie in der Hotel- und Restaurantbranche existieren **Campingplatz-Ketten** (KOA, *Good Sam*). Während etwa *Good Sam Campgrounds* nur als loser Verbund privater Betreiber

KOA

zusammenarbeiten und die Einhaltung bestimmter Richtlinien bei der Ausstattung garantieren, sind die über 600 *Kampgrounds of America* eine straff geführte Franchise-Kette. Sie bieten ihren Kunden auf dem ganzen Kontinent einen relativ hohen Komfort und Sanitär-Standard. Man kann KOA-Campgrounds sogar in Deutschland unter der gebührenfreien **Faxnummer 0130/817423** reservieren. In Canada gibt es rund 40 KOA-Plätze entlang der touristischen Hauptpfade. KOA lockt in Kooperation mit Campmobilvermietern deren Kunden mit der gratis ausgegebenen *KOA-ValueCard*, die einen **10%igen Discount** verspricht. Tatsächlich sind KOA-Plätze nicht die billigsten, der *Discount* ist beim Listenpreis einkalkuliert.

Reservierung

Alle kommerziell organisierten Campingplätze können reserviert werden. Ein Anruf genügt; die Telefonnummern finden sich in den Camping-Verzeichnissen. Wie bei Hotels werden Reservierungen oft nur dann akzeptiert bzw. auch für eine Ankunft nach 18 Uhr zuverlässig festgehalten, wenn der Anrufer eine **Kreditkartennummer** nennt. Auch bei Nichterscheinen wird diese dann belastet.

Herrlicher privat betriebener Campground am Bowron Lake (British Columbia) mit vielen Stellplätzen direkt am Wasser

3.3.3 Camping ohne Campground

In der Einsamkeit

Wer auf *Gravel Roads* oder *Dirt Roads* in die Einsamkeit von *National Forests* vordringt, benötigt nicht unbedingt die Gewißheit, am Ende auf einen Campingplatz zu stoßen. Mit ein bißchen Glück findet sich dort und im hohen Norden auch ohne Planung ein geeignetes Fleckchen Erde am Gebirgsbach oder an einem einsamen See, wo man wunderbar die Nacht oder sogar einige Tage verbringen kann. Auf öffentlichem Land (*National Forest*) wird es niemand verbieten.

Privat-eigentum	Wichtig ist die Respektierung von Privatbesitz, denn in ganz Nordamerika besitzt das ***Private Property*** einen hohen Stellenwert. Selbst in abgelegenen Regionen ergeben sich bisweilen unerwartete Probleme. Scheinbar kaum benutzte Wege führen bisweilen wohl an den erhofften See, aber am Ende entpuppt sich ein potentieller Übernachtungsplatz leider als private Wochenendparzelle. Wenn auch nach vielen Meilen beschwerlicher Anfahrt die Versuchung groß sein mag, man sollte zeitweise verlassene Grundstücke grundsätzlich nicht zum *Campground* machen.
Rastplätze	"Wildes" Camping ist (mit Campmobilen) oft auf ***Rest Areas*** möglich. Sie bieten sich gelegentlich zur **"Überbrückung"** für eine Nacht an. In Alberta etwa ist das ***Overnight Parking*** auf Rastplätzen sogar gestattet, in anderen Regionen mal erlaubt, mal verboten. Parken zu später Stunde noch Autos, speziell Campmobile auf *Rest Areas*, spricht einiges dafür, daß sie als "inoffizieller" Übernachtungsplatz genutzt/geduldet werden.
Städte	In Großstädten sollte man **nicht auf die Idee kommen, außerhalb offizieller Plätze** zu campen, auch wenn stadtnahe *Campgrounds* entweder voll oder einem zu teuer sind. In städtischen **Parks** oder auf **Parkplätzen** gratis zu übernachten ist nicht nur gefährlich, sondern auch illegal. Sollte es gar nicht anders gehen, steht man auf belebten *Truck Stops*, in vollgeparkten Wohnstraßen besserer Viertel oder auf einigermaßen besetzten Parkplätzen (von Yachthäfen, Hotels etc.) sicherer, wo freilich niemandem die nächtliche Nutzung des Fahrzeugs auffallen darf.
Sicherheit	Zwar ist die Gefährdung durch Kriminalität in Canada (und auch in den USA) außerhalb von Ballungsgebieten gering, aber dennoch bleibt ein Restrisiko für alle, die – wo auch immer – isoliert von anderen übernachten. Wer Bedenken spürt, sollte diesen nachgeben und lieber auf das "Schwarzcampen" verzichten.

3.4 ESSEN UND TRINKEN
3.4.1 Selbstverpflegung
Lebensmittel

Supermärkte Die Selbstversorgung auf Reisen bereitet in Canada keinerlei Schwierigkeiten. Supermärkte (*Food Marts*) von oft kolossalen Ausmaßen findet man bis hinunter in kleine Ortschaften. Gesetzlich geregelte Ladenschlußzeiten gibt es weder in Canada noch in den USA. In Canada schließen die Läden zwar tendenziell früher als im Nachbarland, aber Supermärkte sind werktags meist **bis 21 Uhr geöffnet**, samstags und immer häufiger auch sonntags bis 18 Uhr. Viele Supermärkte – speziell in Großstädten – bleiben rund um die Uhr geöffnet.

Lage Supermärkte muß man selten suchen. Sie befinden sich in größeren Orten an den Ausfallstraßen, häufig im Verbund mit anderen Läden und einem Warenhaus (*Department Store*) integriert in kleine und große *Shopping Plazas* oder *Centres.* In kleinen Orten liegen sie fast immer an der Hauptstraße. Canadas größte Supermarktkette ist *Safeway*.

Sonstige Läden Außer in Supermärkten gibt es Lebensmittel, aber kaum Obst, Gemüse und Frischfleisch in – nicht selten rund um die Uhr betriebenen – *Mini-Marts*. Die Mini-Märkte sind mehrheitlich mit **Tankstellen** kombiniert und fungieren außerdem mit kalten Getränken, Kaffee, Speiseeis und allerhand Snacks als Versorgungsstationen für eilige Autofahrer. In manchen Dörfern stößt man auch noch auf den *General Store*, den klassischen ländlichen Gemischtwarenladen, der von der Milch bis zum Angelhaken alles führt, was die Kunden im Einzugsbereich so brauchen.

Preisniveau Der reguläre Supermarkt bietet größte Auswahl und (relativ) günstige Preise. Dafür kann – im Gegensatz zum Mini-Mart – oft nicht mit **Kreditkarte** bezahlt werden. Lebensmittel sind in Canada bei einem Kursniveau von 1,25-1,30 DM für den Dollar in etwa genauso teuer wie **in Deutschland**. Das gilt auch für Fleisch, vor allem *Steaks*, die allerdings im Nachbarland billiger angeboten werden. Etwas teurer als bei uns sind die Preise für **Obst und Gemüse**, sieht man von Erntezeiten im Anbaugebiet ab. Mit wachsender Entfernung von den Bevölkerungszentren steigen die Preise für jede Art von Frischprodukten. Wer Wert auf gesunde Ernährung legt, muß für Health Food ohne Chemie, Joghurt, reine Fruchtsäfte etc. viel Geld ausgeben.

Salattheken Eine bei uns im Supermarkt kaum zu findende Spezialität sind *Salad Bars* mit oft verlockender Salatauswahl zur Selbstbedienung. An der Kasse wird nach Gewicht abgerechnet. Auch **Suppentöpfe** und anderes mehr stehen häufig bereit.

Einige Anmerkungen dürfen nicht fehlen:

Fleisch   Das Angebot an Fleisch (***Meat***) ist in den Supermärkten groß. Spezielle **Schlachterläden gibt es aber nicht**. Die vielfältigen Bezeichnungen für Rindfleisch sind uns nur teilweise geläufig. Fürs **Grillen** eignen sich besonders *Prime Rib, Sirloin, New York* und *Porterhouse Steaks. Tenderloin* (Filetsteak) ist noch besser, aber teuer. Die **Qualität** des Fleisches läßt selten zu wünschen übrig.

Fisch   Die Kühlregale für Fisch stehen üblicherweise gleich neben den Fleischtheken. Die Auswahl variiert regional. Besonders im Bereich der Pazifikküste ist das Angebot groß und fangfrisch. Lachs und Forellen gibt es überall zu günstigen Preisen.

Wurst   Wurstwaren, überwiegend scheibenweise vakuumverpackt, schmecken nicht wie gewohnt; auch Bezeichnungen wie ***German Mettwurst*** und ***Braunschweiger Liverwurst*** können darüber nicht hinwegtäuschen. Wurst darf in Canada mit pflanzlichen Zusatzstoffen vermischt sein und nur zu einem geringen Teil aus Fleisch bestehen. Für qualitativ bessere **Wurstimporte** muß man tief in die Tasche greifen.

Milch und Käse   Die Kühlregale für Milcherzeugnisse werden von vielfältigen Joghurt- und Milchsorten beherrscht. Milch gibt es von ***Non Fat*** (ohne Fett) über 1%-2% ***Low Fat*** bis zu 3,5%iger ***Homo(-genized) Milk*** (=Vollmilch). Milch ist immer mit Vitamin A und D angereichert. Der kanadische ***Cheddar Cheese*** in verschiedenen Abstufungen von *mild* bis *extra sharp* schmeckt ausgezeichnet. In "*Deli*(katessen)"-Abteilungen gibt`s auch teure importierte und ausgefallene einheimische Käsesorten wie *Strawberry* (rosa!) oder *Chocolate Cheese*. Das Ausgangsprodukt Käse läßt sich in manchen Fällen kaum mehr herauszuschmecken. Bemerkenswert ist ***Cheese Substitute***, "Chemiekäse" ohne nennenswerten Anteil an Milchbestandteilen. Man findet diesen Ersatz statt ***Real Cheese*** oft als Pizzabelag.

Obst und Gemüse   Das Angebot an Obst und Gemüse variiert mit der Region und Saison. Normalerweise ist die Auswahl sehr reichhaltig. Preiswertes ***Produce*** gibt`s an Straßenverkaufsständen in den Obstanbaugebieten (z.B. im Okanagan Valley).

Brot   Das pappige amerikanische, auch in Canada vorherrschende **Weißbrot** begeistert Mitteleuropäer im allgemeinen wenig. Aber oft gibt es deutschen Brotsorten nahekommende Produkte und sogar Importe, bei denen fehlende Frische durch gesalzene Preise ausgeglichen wird. Wer nichts findet, was schmeckt, sollte mal das ***Bannock***-Rezept ausprobieren, es steht auf Seite 482.

Müsli   Müsliprodukte gibt es abgepackt (sehr gut die Variationen der Marke ***Quaker*** und ***Granola***) und lose als ***Bulk Food***. In offenen Behältern werden nicht nur Haferflocken, Nüsse etc. lose

Bulk Food	angeboten, sondern oft auch Süßigkeiten, Gewürze, Teigwaren und sogar Hundefutter. Man füllt die benötigte Menge ab und notiert die Kennziffer der Ware auf der Tüte; gewogen und abgerechnet wird an der Kasse.
Tiefkühlkost	Besonders gut gefüllt sind Tiefkühltruhen und -schränke. Wer im Wohnmobil über Backherd oder Mikrowelle verfügt, kann seine Speisekarte preiswert durch tiefgefrorene **Fertigmahlzeiten** "bereichern".
Kuchen	Kuchen und Kekse (*Cookies*) erfreuen sich großer Beliebtheit, aber Achtung: die starke Süße und der ausgeprägte Einsatz von Chemie sind nicht unbedingt jedermann`s Sache. Ganz gut schmecken *Donuts*, vor allem, wenn sie frisch aus der supermarkteigenen *Bakeries* kommen. Hier und dort trifft man auf einen **Bäckerladen** deutscher Einwanderer, wo weniger mit Lebensmittelfarbe und Zucker, sondern mit den "richtigen" Zutaten gebacken wird.
Getränke	Beeindruckend ist die **Getränkevielfalt.** Es gibt jede Menge preiswerter Limonadengetränke und verschiedene Coca- und Pepsi-Cola Marken. Nektare und andere "Fruchtgetränke" mit geringem Fruchtgehalt sind billig, teuer dagegen 100%-Fruchtsäfte.
Kaffee/Tee	Der anders geröstete und **grobgemahlene Kaffee** wird bei Kaffeefreunden kaum auf Gegenliebe stoßen. Man trinkt ohnehin mehr Pulverkaffee als bei uns. Die **Teeauswahl** ist außer in wenigen Fachgeschäften dürftig und besteht vor allem aus den Teebeuteln einiger großer Hersteller. Wer seinen Morgenkaffee oder spezielle Teesorte im Urlaub nicht missen möchte, packt die benötigte Ration besser in den Koffer.

Alkoholika

Liquor Store	In kanadischen Supermärkten werden mit der Ausnahme von Québec **keine Alkoholika** verkauft. Lediglich *Light Beer* und im Alkoholgehalt reduzierte Weinsorten sind erhältlich. Für "richtiges" Bier, Wein und Hochprozentiges muß man *Liquor Stores* aufsuchen, staatliche Monopolläden. Aus der einstigen Alkoholkontrolle ist für den Staat ein großes Geschäft geworden. Nicht nur schöpft er enorme Summen über die Umsatzsteuer und exzessive Alkoholsteuern ab, er verdient auch noch kräftig am Handel. *Liquor Stores* gibt es bis hinunter ins kleinste Dorf.*) Sie sind bestens sortiert und führen alles, was auf dem Weltmarkt alkoholisch Rang und Namen hat.

---

*) Nicht im hohen Norden. Im Yukon Territory etwa gibt es *Government Liquor Stores* nur in Dawson City, Haines Junction, Watson Lake und Whitehorse. In anderen Orten dürfen lizensierte Restaurants Bier und Wein verkaufen.

Essen und Trinken

Lage

Die Alkoholläden liegen oft etwas "verschämt" abseits der Hauptstraßen. Als Ortsfremder muß man danach fragen. Ihre **Öffnungszeiten** variieren mit den lokalen Gegebenheiten. Besonders in kleinen Ortschaften ist damit zu rechnen, daß ***Liquor Stores*** **nach 18 Uhr geschlossen** sind, an **Sonntagen ohnehin**. Dank der hohen **Besteuerung** ist jede Art alkoholisches Getränk extrem teuer und kostet im Schnitt doppelt soviel wie bei uns. Wer Alkoholika kaufen möchte, muß im übrigen **21 Jahre alt** sein. Jünger aussehende Kunden werden nach ihrem Ausweis gefragt.

Konsum von Alkohol

Alkoholgenuß ist in ganz Canada offiziell nur in geschlossenen Räumen oder auf Privatgrundstücken erlaubt. Zum Privatbereich zählt auch der Stellplatz auf dem *Campground*. Man darf also ungestraft sein Bier am Lagerfeuer trinken. Sonst ist **Alkoholkonsum unter freiem Himmel** – in der Öffentlichkeit also – **gesetzwidrig**. Vorbeugend wird man gelegentlich darauf hingewiesen: ***No Alcoholic Beverages in the Park, on the Beach*** etc. Angebrochene Spirituosen dürfen sich darüberhinaus nicht im Innenraum eines Fahrzeugs befinden. Strenggenommen gilt das auch für Wohnmobile.

Zu den alkoholischen Getränken im einzelnen:

Bier

Nordamerikanische Biere sind in der Regel leichte **helle Biere** (***Lager***), wobei die kanadischen Marken mehr Würze (**Molson**!) aufweisen als die geschmacklich indifferenteren US-Sorten. Bier darf künstliche und natürliche Zusatzstoffe enthalten. Es gibt durchaus entsprechend unserem Reinheitsgebot gebrautes Bier, aber auch Mixturen auf Reisbasis. Unter den teuren Importbieren besitzen ***Heineken*** und deutsches ***Beck's Bier*** hohe Marktanteile. Trotz der Originalverpackung schmecken die Importe nicht so wie im Ursprungsland.

Pfand

In Canada ist die Einwegverpackung für Bier – im Gegensatz zum Nachbarn USA – "eigentlich" seit langem abgeschafft. Man zahlt grundsätzlich **Pfand** auf Flaschen wie Dosen. Die Rückgabe bereitet auf Reisen Probleme, weil sie vielfach nicht im *Liquor Store*, sondern in gesonderten, schwer zu findenden **Sammelstellen** erfolgen muß.

Wein	Wie oben bemerkt, ist das Weinangebot überwältigend. Neben Weinsorten aus aller Herren Länder gibt es auch **kanadische Weine**. Sie stammen vorwiegend aus den Weinanbaugebieten des *Okanagan Valley* und dem klimatisch begünstigten Süd-Ontario. Die geschmacklich akzeptablen Sorten sind ebenso wie die besseren **kalifornischen Weine** ziemlich teuer. **Europäische Importe** schießen jedoch preislich den Vogel ab. Dabei handelt es sich selten um erste Qualitäten – im Gegenteil.
	Wer auf sein Glas Wein auch in Canada nicht verzichten und gleichzeitig zu große Löcher in der Reisekasse vermeiden möchte, sollte auf Weine aus **Chile** und **Osteuropa** achten. Sie sind vergleichsweise preiswert und meistens "trinkbar".
Spirituosen	Die Angabe der Prozente (***proof***) bei den Sprituosen entspricht dem doppelten der in Deutschland üblichen Kennzeichnung; *84 proof* sind also 42 Volumenprozente. Wer sich für **Whisky** interessiert, muß in Canada drei Typen unterscheiden: den ***Whiskey*** mit "e" (amerikanischer ***Bourbon***, der zu mindestens 50% aus Mais gebrannt wird), ***Scotch*** und ***Rye***, kanadischen Whisky auf Kornbasis.

3.4.2 Fast Food Lokale

Situation	Nicht nur im letzten Winkel der USA, sondern auch noch im abgelegenen kanadischen Dorf findet man die Filialen der amerikanischen ***Fast Food*** Industrie. Von der Kleinstadt aufwärts besetzen sie die Ausfallstraßen in mehr oder minder dichter Folge. Wo sich ein *McDonald`s* niedergelassen hat, ist die Konkurrenz nicht weit, und das Eis der *Dairy Queen* gibt es dann an der nächsten Ecke. Um die Gunst der eiligen Kunden konkurrieren außerdem zahllose lokale ***Snackbars***, ***Cafeterias*** und ***Coffee Shops***.
Getränke	Allen gemeinsam ist das moderate Preisniveau und der fast identische Geschmack der gängigsten Gerichte. Grundsätzlich erfolgt **kein Alkoholausschank**, getrunken wird ***Soda Pop***, also Cola, Fanta etc. aus großen Bechern mit Unmengen von Eis. Mineralwasser ist so gut wie nie erhältlich. Eine weitere Gemeinsamkeit besteht in der tischdeckenlosen, saubernüchternen Plastikeinrichtung.
Frühstück	Unabhängig von ihrer Spezialisierung für den Rest des Tages gibt es in vielen *Fast Food* Restaurants morgens von 6–10 Uhr Frühstück. Das **Canadian Breakfast** besteht aus 2 Eiern (nach Wunsch: *scrambled* = Rührei, *fried, sunny side up* = Spiegelei), gebratenem Speck (*Bacon*) und/oder Bratwürstchen (*Sausage*) und *Hash Browns* (halb Bratkartoffeln, halb Kartoffelpuffer/-reibekuchen). Dazu werden Toast und Marmelade serviert oder Waffeln mit Ahornsirup (*Maple Syrup*) sowie Kaffee oder Tee nach Belieben.

Hamburger-Ketten	Allerorten präsent und sechstgrößter kanadischer Arbeitgeber ist **McDonald's**. Bekanntlich serviert *McDonald's* vor allem Hamburger in diversen Ausführungen und vormittags bis 10/11 Uhr (ausschließlich) preiswerte Frühstücksimbisse. Der **Burger King**, *Home of the Whopper*, dem Pendant zum *Big Mac*, und die #2 unter den Hamburger-Ketten, unterscheidet sich hauptsächlich im Namen von McDonald's. Das Sortiment und die Preise stimmen ziemlich überein; gelegentlich gibt es eine kleine **Salad Bar**. Der dritte im Bund ist **Hardee's**. Die größte Konkurrenz liefern sich die Marktführer bei den hauseigenen **Spielplätzen**. Kinder und Eltern lieben die sauberen, oft überdachten oder sogar als **Indoor Playground** konzipierten Anlagen der Hamburger-Konkurrenten mit Styroporballbecken, Kletternetzen und Rutschen.

Konkurrenz um Familienkundschaft mit Spielplätzen

"Sonderfall" Wendy's	**Wendy's** lockt die Mehrheit der Kunden heute weniger mit dem Basisprodukt "Hamburger" als mit einer *Salad Bar*, die in vielen Filialen um **Pasta** und **Mexican Food** zur **Super Bar** erweitert ist. Zum Einheitspreis (***All you can eat!***) kann man bei *Wendy's* relativ gesund essen oder den großen Hunger mit Spaghetti und mexikanischen Bohnen bekämpfen.
Hamburger und Eis bei der Dairy Queen	Auf **Dairy Queen** Lokale stößt man in Canada allerorten. Ursprünglich spezialisiert auf Milch-Mixgetränke, Eis und Joghurt, bietet die "Königin der Milchprodukte" heute obendrein die üblichen Hamburger-Varianten nebst Beilagen. *Dairy Queen* ist weniger einheitlich aufgemacht als die Ketten-Konkurrenz. Es gibt sowohl die simple Dorf-Cafeteria wie den modern gestylten Plastikschuppen. Immer jedoch schmeckt das **Eis** sehr gut, insbesondere **Banana Split** und *Frozen Yoghurt* aller Geschmacksvarianten unter der schönen Bezeichnung **Blizzard**. "Spitzenprodukt" ist **Hot Fudge Sundae Brownie Delight**, Eis mit heißer Schokoladen-Karamel- und Erdbeersoße auf einem *Brownie* (typischer amerikanischer Schokoladenkuchen).

Eisdielen Oft in Shopping *Malls* vertretene reine **Eisdielen** sind die Ableger der Franchise Ketten **Häagen Dasz** und **Baskin Robbins** mit hervorragendem, aber sehr teurem Eis.

Mexikanische Spezialitäten Ausgehend vom Südwesten der USA haben sich die Lokale mit mexikanischen Spezialitäten wie **Taco Bell** und **Taco John`s** auch in Canada durchgesetzt. Basis ihrer Gerichte sind *Tortillas*, Mais- oder Weizenfladen, die mit Hackfleisch, Püree aus roten Bohnen, Salat, Sauerrahm und Käse gefüllt werden. Man rollt die weichen Tortillas zu **Burritos, Enchiladas** oder **Soft Tacos** zusammen. Kross fritierte *Tortillas* belegt man mit den obengenannten Zutaten zu **Tostadas** oder klappt sie zu **Tacos** zusammen. Die **Tortilla-Variationen** sind ausgesprochen preiswert. Kaum irgendwo sonst läßt sich für so wenig Geld der Magen füllen.

Donuts Beliebt sind die **Donuts Shops**, sozusagen die Cafés der *Fast Food*-Kultur, wie etwa **Dunkin Donuts** oder **Tim Horton's**, wo rund um die Uhr *Donuts* und *Muffins* serviert werden – im Dutzend billiger. Die gefüllten oder ungefüllten, mit Schokolade oder Caramel glasierten Teigkringel ähneln in der Basisausführung geschmacklich "Berlinern".

Die Donut- und Kaffeequalität sind immer gut für einen Nachmittagsstop bei Tim Horton`s

Combi Platters	Alle Ketten werben nahezu kontinuierlich mit **Sonderpreisen** für bestimmte Gerichte wie **Tacos $0,59** oder Kombinationen von *Items*, etwa *"Large Coke + Cheeseburger + French Fries"* (Pommes Frites) für **$2,49**. Wer auf derartige Angebote achtet und es darauf anlegt, kann in *Fast Food Places* fast preiswerter essen als bei Selbstverpflegung.
Drive-in	Der eilige Gast verläßt zum schnellen Imbiß sein Auto nicht, sondern fährt am mittlerweile auch bei uns eingeführten **Drive-in** vor. Vom Fahrersitz aus wird über eine Sprechanlage bestellt. **Aufwendig verpackt** steht das Gewünschte wenig später am Ausgabeschalter bereit. Bei größeren Bestellungen gibt`s meist sogar ein Papptablett. Tatsächlich läuft bei Andrang zur Mittagszeit oder in den frühen Abendstunden die Bedienung am Schalter oft rascher als im Lokal selbst.
Steakhäuser	Nicht ganz *Fast Food* und auch nicht ganz "richtige" Restaurants sind Ketten-Gaststätten **ohne Alkoholausschank**. Dazu gehören zum Beispiel die preiswerten Steak-Restaurants **Ponderosa, Bonanza** und **Sizzler** mit einer Mischung aus Selbstbedienung und *Service*. Im Gegensatz zu den beschriebenen *Fast Food*-Lokalen, wo jeder Gast erheblichen Verpackungsmüll verursacht, wird dort nicht auf Pappe oder Wegwerf-Plastik serviert und mit "richtigen" Bestecken gegessen.
Pizza	Zwischen *Fast Food* und vollwertigem Restaurant ist auch die **Pizza Hut** angesiedelt. Die Häuser dieser Kette bieten **Pizza, Pasta** und **Salads** zu moderaten Preisen. An der Qualität gibt es selten etwas auszusetzen, und die Größe der Pizzen steht in einem vernünftigen Verhältnis zum Preis. Die *Pizza Hut* gehört in beiden Ländern Nordamerikas zu den besten *Fast-Food*-Optionen.
Coffee Shops	Empfehlenswert sind im allgemeinen auch die *Coffee Shops* der **Truck Stops** an großen *Highways*, die oft rund um die Uhr *Hamburger, Steaks* und andere Standardgerichte servieren. Für moderate Preise gibt es ordentliche Portionen bei akzeptabler Qualität. Ein **Canadian Breakfast** schmeckt dort meist besser und ist reichlicher als in *Fast Food* Lokalen, aber kaum teurer.

3.4.3 Restaurants und Kneipen

Übersicht

In den großen Cities ist die **Vielfalt der Restaurants** enorm, während sich in Kleinstädten und auf dem Lande das Angebot nicht selten auf die typischen Hamburger- (auch im Restaurant!) und Steakgerichte beschränkt, äußerstenfalls noch erweitert um Pizza, Spaghetti, *Mexican Food* und die allgemein verbreitete chinesische Küche. An den Küsten und auf Vancouver Island gibt es auch viele *Seafood* **Restaurants**, die insbesondere Lachsgerichte relativ preiswert servieren.

Lage und Qualität

Mit Ausnahme stark touristisch geprägter Orte und bestimmter Großstadtviertel findet man Restaurants ebenso wie die *Fast Food* Filialen an den Hauptstraßen. In den Touristeninformationen gibt es überall Broschüren voller **Werbung der lokalen Gastronomie**. Die ist allerdings oft vollmundiger als die Realität. Sieht man ab von teuren Restaurants in den Zentren der großen Städte und/oder in höherklassigen Hotels, darf man hier keine zu hohen Ansprüche stellen. Das **Preis-Leistungs-Verhältnis** ist aber alles in allem bei einem Dollarkurs um 1,25 DM in Ordnung. Das *Dinner* ist im übrigen teurer als ein *mittägliches Lunch* bei identischer Speisenfolge.

In Restaurants gelten einige uns nicht vertraute Regelungen, an die man sich gewöhnen muß:

Plazierung

– Üblicherweise werden in ganz Nordamerika Restaurantbesucher "plaziert". Ein Schild **Wait to be seated** weist meist explizit darauf hin. Wenn er nicht ausdrücklich zum **Seat yourself** aufgefordert wird, wartet daher der Gast, bis sich ein **Waiter/Host** oder eine **Waitress/Hostess** seiner und der dazugehörenden *Party* annimmt und einen Tisch zuweist. Einzelne freie Plätze an sonst bereits besetzten Tischen werden nicht vergeben. Ist im Moment kein Tisch frei, werden die **Namen** der ankommenden Gäste **notiert** und der Reihe nach aufgerufen: *"Meyer, party of three!"* soll heißen, für den Gast Meyer und insgesamt 3 Personen steht ein Tisch bereit. Wartezeiten überbrückt man an der Bar, so vorhanden.

Essen und Trinken 157

Salattheke	– Vor allem Steak-Restaurants verfügen oft über eine **Salad Bar**, an der unbegrenzt nachgefaßt werden darf. Meistens sogar **ohne ein Hauptgericht** zu bestellen, wiewohl das selten ausdrücklich auf der Karte steht. Das kostet nur wenige Dollar und ersetzt zur Not eine ganze Mahlzeit.
Nachtisch	– Nach dem Hauptgericht fragt man den Gast regelmäßig, ob er noch **Sweets** oder **Dessert** wünscht. In Canada und in den USA sind Kuchen und Kaffee nach dem Essen üblich.
Kaffee	– Kaffee wird in den meistens **beliebig nachgeschenkt**, aber nur einmal berechnet. Kännchen gibt es nicht.
Steuern und Trinkgeld	– Die Rechnung (amerikanisch: **Check**; das britische *Bill* wird auch in Canada selten gebraucht) weist neben den Nettopreisen zusätzlich die ***Provincial Sales Tax*** und die ***Goods & Services Tax*** in Höhe von weiteren 7% aus. Da der Service nie im Preis enthalten ist, das Personal auch nur ein niedriges Fixum erhält, wird ein für europäische Verhältnisse **üppiges Trinkgeld** erwartet. Üblich sind 12%–15%, bei guter Bedienung auch mehr nicht ungewöhnlich. Ein *Tip* von \$10 bei einer Rechnung über \$70 gilt in Restaurants der mittleren bis gehobenen Kategorie als durchschnittlich. In British Columbia (*Sales Tax* und *GST* je 7%) muß man also zu den Preisen der Karte gut **30% addieren**, möchte man die **Effektivkosten** des **Essengehens** richtig abschätzen.
Zahlen	– Gezahlt wird selbst in besseren Restaurants nicht selten an einer Kasse. Auch dann hinterläßt man den ***Tip*** bar am Tisch. Bei Rechnungsbegleichung per Kreditkarte vermerkt man das Trinkgeld auf dem Beleg.
Alkohol	Alkoholische Getränke werden nur in Verbindung mit einer Mahlzeit gereicht. Verweilen und der Wunsch nach alkoholischem Nachschub wird in vielen Restaurants Befremden hervorrufen. Nach dem Essen erwartet man im Prinzip, daß der Gast den Tisch räumt. Wer den Abend in gemütlicher Runde fortsetzen möchte, sucht eine Kneipe oder Bar auf.
Kneipen	Die allerdings sind rar in Canada. In Großstädten gibt`s in besseren Hotels zwar **hauseigene Bars** oder ***Cocktail Lounges***, und immer auch ein paar Kneipen irgendwo, aber selten in der bei uns gewohnten Dichte. **Sonntags** und zu später Stunde steht man selbst dort leicht vor verschlossener Tür. Denn unterschiedlichste regionale und lokale Gesetze regeln den Alkoholausschank. Ganz düster sieht`s aus in Kleinstädten und auf dem Lande. Wenn überhaupt vorhanden, wirken viele **Pubs** alles andere als einladend. Die bei uns bekannte Kombination aus Kneipe und Restaurant, die gemütliche **Gaststätte,** in der sich angenehm ein Abend verbringen läßt, ist **in Canada nicht existent**.

3.5 ALLES WEITERE VON A BIS Z

Apotheken

Apotheken gibt es in Canada als selbständiges Geschäft nicht. Man findet **Pharmacies** als Abteilungen in **Drugstores**, Drogerien vergleichbaren Läden, mitunter auch in Supermärkten. Nicht verschreibungspflichtige Medikamente gibt es dort in Selbstbedienung, die rezeptpflichtigen an einer Sondertheke für **Prescriptions.**

Ärzte und Zahnärzte

Trotz einer insgesamt hohen Dichte bei der ärztlichen und zahnärztlichen Versorgung ist es in Canada nicht ganz einfach, einen kurzfristigen Termin bei einem Arzt (**Physician**) oder Zahnarzt (**Dentist**) zu finden. Im Prinzip benötigt man eine persönliche "Beziehung". Das kann der Campingplatzbetreiber oder das Hotelpersonal sein. Das gilt nicht für **Ambulatorien**, die man in großen und auch kleineren Städten als Gemeinschaftspraxis verschiedener Spezialisten findet. Mit **akuten Beschwerden** und Verletzungen kann man sich direkt zum **Emergency Room** (der Notfallaufnahme) im nächsten Hospital begeben. Bei Problemen hilft die örtliche **Visitor Information** eventuell weiter. In National- und Provinzparks sind die **Ranger** natürliche Ansprechpartner und in aller Regel sehr hilfsbereit.

Die in Canada und den USA einheitliche Telefonnummer für Notfälle aller Art (*Emergencies*) ist 911.

Banken

Eine Bankfiliale gibt`s in Canada noch im kleinsten Ort. Alle Banken akzeptieren anstandslos die gängigen Reiseschecks und zahlen in aller Regel ohne Abzug den Nennwert aus. Meistens verlangen sie dafür die Vorlage des Passes. Das gilt auch fürs **Cashing**, die Auszahlung von Bardollars gegen Kreditkarte. Die Mehrheit der Banken honoriert **Mastercard/ Eurocard** und **VISA.** Die Schalter sind überwiegend montags bis freitags ab 9 Uhr durchgehend **geöffnet.** Geschäftsschluß ist gelegentlich bereits um 14 Uhr, selten später als 16 Uhr.

Botschaften und Konsulate

↳ Adressenanhang Seite 611.

Datum

Daten werden in der Reihenfolge Monat/Tag/Jahr mit Schrägstrich geschrieben. Der Termin **02/04/98** entspricht dem **04.02.98** unserer Schreibweise.

Elektrizität

Spannung — Canada und die USA mit Alaska verfügen über ein **110 Volt-Wechselstromnetz** von 60 Hertz. Geräte, die sich auf 110 Volt umschalten lassen, kann man problemlos verwenden.

Adapter — Allerdings passen europäische Stecker nicht in die amerikanischen Steckdosen (die auch in Wohnmobilen eingebaut sind). Es empfielt sich, für jedes Gerät einen eigenen Adapter mitzunehmen. Die "Amerikastecker" gibt es bei uns für wenig Geld in größeren Elektroläden und in den Elektroabteilungen der Kaufhäuser. Adapter in Canada oder den USA aufzutreiben, ist schwieriger.

Feiertage

An Feiertagen sind Postämter, Banken und die öffentliche Verwaltung geschlossen. Supermärkte und Einkaufszentren bleiben meist geöffnet, wenn auch bei reduzierten Öffnungszeiten.

– Nationale kanadische Feiertage

New Year's Day	1. Januar
Good Friday	Freitag vor Ostern
Easter Monday	Montag nach Ostern
Victoria Day	vorletzter Montag im Mai
Canada Day	1. Juli
Labour Day	1. Montag im September
Thanksgiving	2. Montag im Oktober
Remembrance Day	11. November
Christmas/Boxing Day	25./26. Dezember

– Zusätzliche Feiertage der einzelnen Provinzen

Alberta:	*Heritage Day*, 1. Mo im August
British Columbia:	*BC Day*, 1. Mo im August
Manitoba, Ontario, Northwest Territories:	*Civic Holiday*, 1. Mo im August
Saskatchewan:	*Saskatchewan Day*, 1. Mo im August
Yukon:	*Discovery Day*, 3. Mo im August

– Feiertage in Alaska

New Year's Day	1. Januar
President's Day	3. Montag im Februar
Seward's Day	letzter Montag im März
Memorial Day	letzter Montag im Mai
Independence Day	4. Juli
Labor Day	1. Montag im September
Alaska Day	18. Oktober
Veterans Day	11. November
Thanksgiving	4. Donnerstag im November
Christmas Day	25. Dezember

Maße & Gewichte

Metrisches System
Bereits Ende der 70er-Jahre wurde in Canada das metrische System eingeführt. Aber in den Köpfen der Kanadier spuken immer noch **Meilen** und *Pounds* herum. Bei der Frage nach dem Weg sollte man zweifelsfrei klären, ob der Auskunftgeber Kilometer oder Meilen gemeint hat. Immer noch existieren Wegweiser mit Meilenangaben, besonders am *Alaska Highway*. In Alaska gilt natürlich das amerikanische Maßsystem (unten)

Pounds
Preisauszeichnungen für Obst und Gemüse beziehen sich in vielen Supermärkten noch immer auf das **American Pound** (**1 lb = 454 g**), an der Kasse wird dann aber in Kilogramm ausgewogen und abgerechnet. Zur Ermittlung des Kilopreises multipliziert man den Pound-Preis mit dem Faktor 2,2.

Werkzeuge
Bei Werkzeugen oder Ersatzteilen gibt es schon mal kleine Probleme, denn amerikanische Fahrzeuge dominieren den kanadischen Markt. Ihr "Innenleben" wird in *Inches* (Zoll) gemessen. Die passenden Schraubenschlüssel sind mit Bruchteilen eines Zolls abgestuft, z.B. 5/16 inch (entspricht 10/32 inch), 11/32 inch etc., die selten mit glatten Millimetern übereinstimmen. Mit metrischem Werkzeug reißt man Muttern und Schraubenköpfe leicht kaputt.

Der Vollständigkeit halber hier die Maßeinheiten der USA:

1 inch		2,54 cm
1 foot	12 inches	30,48 cm
1 yard	3 feet	91,44 cm
1 mile	1760 yards	1,61 km
1 acre	4840 square yards	0,40 ha
1 square mile	640 acres	2,59 km²
1 fluid ounce		29,57 ml
1 pint	16 fluid ounces	0,47 l
1 quart	2 pints	0,95 l
1 gallon	4 quarts	3,79 l
1 barrel	42 gallons	158,97 l
1 ounce		28,35 g
1 pound (lb)	16 ounces	453,59 g
1 ton	2000 pounds	907,19 kg

Notfälle

– Krankheit/Unfall

In dringenden Notfällen, gleich ob man in erster Linie einen Arzt, den Unfallwagen oder die Polizei benötigt, ruft man die **Nummer 911** an. Sollte die *Emergency Number* ausgefallen sein, wählt man die "Amtsleitung" Null. Der *Operator* verbindet weiter.

Informationen von A–Z 161

Notfall Vor jedem Notfall-Anruf sollte man sich über den eigenen **Standort** vergewissern und für Rückrufe die Nummer des Apparates, von dem aus man telefoniert, parat haben. In Canada und den USA besitzen auch Münzfernsprecher eine Nummer und können angerufen werden.

An den Autobahnen stehen kaum **Notrufsäulen** (*Motorist Aid Call Boxes*). Fahrer liegengebliebener Fahrzeug signalisieren durch die **geöffnete Motorhaube** (*hood*), daß sie Hilfe benötigen.

Pass-/Geldverlust

Pass Bei Verlust des Passes helfen die nächstgelegenen diplomatischen Vertretungen (Kopien der wichtigsten Dokumente sind hilfreich), aber auch die Notfallzentralen der Kreditkartenunternehmen.

Reiseschecks Falls Reiseschecks verlorengehen oder gestohlen werden, ruft man die ausgebende Institution (*Toll Free Number*) an und erhält dann vom Aufenthaltsort abhängige Direktiven für die Ausstellung von Ersatzschecks. Voraussetzung für den Ersatz ist das Vorhandensein des Kaufnachweises und eine "Buchführung" über ausgegebene Schecks.

Hilfe Sind Papiere und auch die Kreditkarten abhanden gekommen, hilft **Western Union** (Büros in vielen Städten Canadas und der USA) in Kooperation mit der **Reise Bank** (Filialen in den Bahnhöfen der wichtigsten deutschen Großstädte, in Flughäfen und an einigen Grenzübergängen). Wer sich **von zu Hause Geld schicken lassen** möchte, kann innerhalb weniger Minuten nach Einzahlung in einer Reise Bank-Filiale in einem *Western Union Office* seiner Wahl über den Betrag verfügen. Weitere Details dazu unter ✆ 0180/5225822. Die gebührenfreie Nummer von *Western Union* in Canada ist ✆ (800) 238-5772, in den USA ✆ (800) 325-6000.

Post

Tarife Postkarten und Briefe nach Übersee kosten $0,90. Für kürzere Mitteilungen empfehlen sich **Aerogramme**, die am Postschalter gekauft werden können. Das Porto ist im Kaufpreis bereits enthalten. Für Briefmarken aus **Automaten** muß ein Aufpreis gezahlt werden, d.h. der bezahlte Betrag ist höher als der Nennwert der Briefmarken. Postämter gibt es auch noch im kleinsten Dorf.

Laufzeit Postkarten und Briefe aus dem Westteil Canadas sind **nach Europa 6-10 Tage** (*air-mail*) unterwegs. Ein Paket braucht auf dem Land- und Seeweg (*surface mail*) mindestens 6 Wochen. Wer ein Paket schicken möchte, muß für Gewicht und Ausmaße bestimmte Obergrenzen beachten.

Postlagernd Briefe von zu Hause kann man sich postlagernd schicken lassen. Sie müssen dann wie folgt adressiert werden:

Name des Empfängers
c/o General Delivery
Name der Stadt und der Provinz sowie *Zip Code*
Canada

Der Zusatz **General Delivery** nach dem Adressaten bewirkt, daß der Brief im Hauptpostamt *(Main/General Post Office*, sofern mehrere Postämter vorhanden sind und ein *Zip Code* fehlt) eines Ortes zwei Wochen lang aufbewahrt wird. Wichtig ist der **Zip Code** (Postleitzahl), der in Canada hinter die Provinz geschrieben wird. Wie in Großbritannien besteht er aus einer sechsstelligen Buchstaben- und Ziffernkombination. Man kann an kanadischen Postschaltern das *Zip Code* Verzeichnis für alle Postämter einsehen.

In ländlichen Gebieten Canadas und der USA wird die Post nicht den einzelnen Häusern zugestellt, sondern an der nächstgelegenen größeren Straße abgeliefert. An bestimmten Stellen stehen daher ganze Batterien von "Hausbriefkästen", wo sich jeder seine Post abholt, aber auch eigene Sendungen hinterlassen kann. Ein Fähnchen zeigt schon von weitem an, ob Post vom oder für den "Briefträger" wartet.

Sommerzeit

In den meisten Provinzen und Territorien Canadas beginnt die Sommerzeit (*Daylight Saving Time*, kurz DST) jeweils am 1. Sonntag im April. Die Uhren werden dann um eine Stunde vorgestellt. Sie endet am letzten Sonntag im Oktober. **Saskatchewan** hält sich nicht an die DST. Deswegen haben Manitoba und Saskatchewan im Sommer trotz identischer Zeitzone verschiedene Uhrzeiten und Alberta und Saskatchewan die gleiche Uhrzeit, obwohl sie in verschiedenen Zeitzonen liegen.

Telefon

System
Canada und die USA bilden telefonisch eine Einheit. Jede Provinz bzw. jeder US-Staat besitzt eine **dreistellige Vorwahl, den *Area Code***, einige dicht besiedelte Staaten der USA oder die Provinz Ontario mehrere davon. Dieser Vorwahl folgt die stets siebenstellige Rufnummer.

Auf der Telefontastatur sind den Ziffern von 2-9 jeweils drei Buchstaben zugeordnet. Damit prägen sich geschickt ausgesuchte Zahlenkombinationen besser ein, wie etwa die Nummer (800) CAR-RENT (entspricht 227-7368) des Autovermieters *Tilden/National*.

Ferngespräche
Bei Gesprächen über den regionalen *Area Code* hinaus muß eine "1" vorweggewählt werden. Bereits Anrufe beim Nachbarn um die Ecke, der eine abweichende zweite Vorwahl besitzt, sind "Ferngespräche". Statt des Ortsgesprächtaktes gilt für die Gebühren dann der **Minutentakt** (die Kosten ergeben sich aus angebrochenen Minuten multipliziert mit einem entfernungsabhängigen Satz).

Internationale Gespräche
Über die Vorwahl 01, gelegentlich auch 011, öffnet man den **Zugang zum internationalen Netz**. Mit

    49 für Deutschland,
    41 für die Schweiz und
    43 für Österreich

und die reduzierte Ortsvorwahl (ohne 0) sind Verbindungen in die Heimat von Privatanschlüssen aus leicht hergestellt.

Münztelefone
In nordamerikanischen Münzfernsprechern (***Pay-Phones***) ist die direkte Durchwahl, national wie international, nicht ohne weiteres möglich. Internationale **Ferngespräche** lassen sich **nur mit Hilfe eines *Operator*** führen, sofern der Anrufer keine *Calling Card* besitzt.

AT&T/Sprint
Bis vor kurzem war hier die *Calling Card* der amerikanischen Gesellschaften ***AT&T***, ***Sprint*** oder ***MCI*** die optimale Methode zur Vermeidung hoher Telefonkosten für Ferngespräche innerhalb Amerikas wie auch für Anrufe in der Heimat. Man kann sie hier über die Kreditkartengesellschaften erwerben.

Ohne sie mußte man für Ferngespräche in *Pay Phones* **jede Menge Kleingeld** dabeihaben. Dabei kostet Barzahlung in Telefonzellen deutlich mehr als Telefonate von privaten Anschlüssen aus bzw. per *Calling Card*, zumal mindestens 3 min (!) zu entrichten sind. Für Anrufe in Europa benötigt(e) man **rollenweise *Quarters***. Denn Telefonate nach Übersee kosten ab $5 für die ersten 3 min. Da immer ein *Operator* einzuschalten ist, gibt/gab es oft Verständigungsprobleme.

Calling Cards
Solche Komplikationen sind mittlerweile Schnee von gestern dank überall (in Tankstellen, Hotels, Campingplätze, *Mini Marts* etc.) zu kaufender ***Calling Cards*** der verschiedensten

Telekomunikationsunternehmen. Man kann Telefonkarten für Nordamerika sogar schon in Deutschland beim Reiseveranstalter erwerben. Aber mit vor Ort beschafften Karten telefoniert man of günstiger, z.B. mit der Kundenkarte der Supermarktkette **Overwaitea/Save-on-Foods**, die zum Telefonieren mit Dollarbeträgen geladen wird und gleichzeitig beim Einkauf Bonuspunkte sammelt und Niedrigpreise garantiert. Ein extrem gutes Angebot ist die **IDT-Calling Card** mit Minutenpreisen von $0,15 (Nordamerika) bzw. $0,24 (Europa).

Die **Calling Cards** funktionieren in Apparaten ohne Einsteckschlitz (das ist die Mehrheit, sieht man ab von Ontario, wo faktisch keine *Pay Phones* ohne Kartenaufnahme mehr existieren) wie folgt: 800-Nummer für die gewünschte Sprache (darunter oft auch deutsch) wählen, dann die Codenummer der Karte eintasten, die Rufnummer wählen und fertig. Eine Ansage nennt die Restminuten. Außer den niedrigen Kosten ist ein Vorzug des Systems die Sicherheit: mehr als der jeweilige Restwert der Karte kann nicht verlorengehen.

Kreditkarte   Dort, wo Karten eingeschoben werden können, also in allen öffentlichen Telefonen in Ontario oder an entsprechenden Geräten in *Airports* oder *Shopping Malls*, läßt sich direkt ohne die lästige Zahlentipperei **per normaler Kreditkarte telefonieren**. Die dafür erhobenen Gebühren sind aber in aller Regel höher als bei Anrufen mit einer günstigen *Calling Card*.

Im Hotel   Wie bei uns ist das Telefonieren in Hotels und Motels mit hauseigenen Aufschlägen belegt. Sie sind aber durchweg niedriger als in Europa, bisweilen werben Motels sogar mit Netto-Telefongebühren. **Ferngespräche** lassen sich daher vielfach bequemer **vom Hotelzimmer aus** führen als von *Pay Phones* aus. Ebenso Anrufe zum **Nulltarif** bei einer der **800-Nummern**, etwa zur Reservierung eines Mietwagens oder Hotelzimmers für die nächsten Nächte oder in die Heimat per *Calling Card*.

Hotel   Für **gebührenfreie** und **Kreditkartengespräche** vom Zimmertelefon aus berechnen Hotels und Motels manchmal nichts oder einen Fixbetrag von $0,50-$1 pro Anruf.

1-800/888   Bei der **Vorwahl 1-800** oder **1-888** schaltet sich auch von *Pay Phones* aus kein *Operator* ein; die Kosten gehen zu Lasten des Angerufenen. **Auch von Europa aus sind 800/888-Nummern neuerdings zu erreichen – über die ganz normale Durchwahl 001**. Sie kosten jedoch die normalen Gebühren für Überseegespräche. Bevor die Verbindung hergestellt wird, macht eine Ansage auf Englisch auf den Gebührenanfall aufmerksam.

1-900   Das Gegenteil der 800-Nummern sind **900-Nummern**, für die neben den üblichen Kosten der Telefongesellschaft im Minutentakt eine **Honorierung für den Angerufenen** fällig wird; z.B. für kommerzielle Ratgeber, Partnervermittlung etc. wie bei unseren 190-Nummern.

Handy

Handy-Besitzer können in NA noch nicht ohne weiteres angerufen werden bzw. telefonieren. Wer hier indessen D1-Kunde der **Telekom** ist, kann für die Dauer der Reise bei einem der Service Center ein für Nordamerika geeignetes Gerät mieten. Die hiesige Nummer wird auf das NA-Netz "aufgeschaltet".

Temperaturen

In Canada werden Temperaturen mal in °Fahrenheit mal in °Celsius angegeben. Die vereinfachte Formel für die Umrechnung von Celsius in Fahrenheit und umgekehrt lautet:

°Fahrenheit = 32° + 1,8 mal °Celsius bzw.

°Celsius = (°Fahrenheit – 32°) : 1,8

Celsius	–15°	–10°	–5°	0°	5°	10°	15°	20°	25°	30°	35°	40°
Fahrenheit	5°	14°	23°	32°	41°	50°	59°	68°	77°	86°	95°	104°

Uhrzeit

In Canada steht **"am"** (*ante meridiem*, vormittags) oder **"pm"** (*post meridiem*, nachmittags) hinter einer Zeitangabe:

      9 Uhr   9 am
     21 Uhr   9 pm

Besonders zu beachten ist:

     12.00 Uhr   12:00 pm oder ***noon***
     12.20 Uhr   12:20 pm
     24.00 Uhr   12:00 am oder ***midnight***
      0.20 Uhr   12:20 am

In **Fahrplänen** stehen "am-Zeiten" häufig in Normalschrift, "pm-Zeiten" in Fettschrift.

Umsatzsteuer/Sales Tax-Erstattung

GST

Alle ausgezeichneten Preise in Canada sind Nettopreise. Erst an der Kasse wird die jeweilige ***Provincial Sales Tax*** (Umsatzsteuer der Provinz; sehr unterschiedlich, ⇨ Reiseteil) und die ***Goods&Services Tax*** (***GST***, eine nationale Mehrwertsteuer von 7%) addiert. Lebensmittel sind oft *tax exempted*, d.h. von Umsatzsteuer befreit.

Die während des Aufenthaltes in Canada im Zusammenhang mit bestimmten Ausgaben **gezahlte GST kann Besuchern auf Antrag erstattet werden**, wenn Einzelquittungen mindestens auf $50 lauten und die Gesamteinreichung sich auf minimal $200 beläuft. Dabei darf der Besucher nicht aus Canada stammen und muß Originalquittungen vorlegen (keine Kreditkartenabschnitte), welche die GST-Zahlung explizit ausweisen.

Die GST wird nur erstattet für

- Übernachtungskosten in Hotels, Motels etc.
- Waren, die innerhalb von 60 Tagen nach dem Kauf aus Canada ausgeführt werden

Keine GST wird erstattet für

- Mahlzeiten, Getränke und Lebensmittel
- Tabakprodukte
- Tickets für Beförderungsmittel wie Bahn, Bus, Schiff, Flugzeug, Leihwagen, Campmobile, Hausboote usw.
- Serviceleistungen wie Wagenreparatur
- Veranstaltungen aus Sport, Musik usw.
- Benzin
- Waren die in Canada konsumiert oder hinterlassen werden

Die **Erstattungsanträge** für die GST gibt es u.a. in den Büros der **Visitor Information**. Das ausgefüllte Formular muß mit Quittungen (innerhalb eines Jahres) an folgende Adresse geschickt werden:

Visitor Rebate Program- Summerside Tax Centre
Summerside PE, Canada C1N 6C6

Nach frühestens **zwei Monaten** erhält man einen Scheck mit der Steuergutschrift, für dessen Einlösung allerdings hohe Gebühren anfallen. Wer von Canada in die USA reist, kann den Antrag auf Steuerrückerstattung (bis $500) in vielen **Duty Free Shops** abgeben und bekommt sofort sein Geld zurück.

Noch detailliertere **Informationen** erhält man unter ✆ (800) 66VISIT (= 668-4748) oder ✆ (902) 432-5608.

Mit demselben Formular kann man sich auch in Manitoba gezahlte *Provincial Sales Tax* zurückerstatten lassen.

Zeitzonen

In **Canada** gelten **6 Zeitzonen**:

– *Newfoundland Standard Time* (nur auf Newfoundland)	MEZ minus 4,5 Stunden;
– *Atlantic Standard Time* (New Brunswick, Nova Scotia und Prince Edward Island)	MEZ minus 5 Stunden;
– *Eastern Standard Time* (Québec und fast ganz Ontario)	MEZ minus 6 Stunden;
– *Central Standard Time* (Manitoba und Saskatchewan)	MEZ minus 7 Stunden;
– *Mountain Standard Time* (Alberta und den westl. NWT)	MEZ minus 8 Stunden;
– *Pacific Standard Time*: (Yukon Territory und BC)	MEZ minus 9 Stunden;

Für **Alaska** gilt die

– *Alaska Standard Time* MEZ minus 10 Stunden

Der Übergang von einer Zeitzone zur anderen ist oft unklar. Selten gibt es Hinweisschilder. Auch wenn aus der Karte ein Zeitzonenwechsel klar hervorgeht, muß das nicht heißen, daß die Uhrzeit sich wirklich ändert, ⇨ unter "Sommerzeit".

Zoll

Zum Zoll bei der **Einreise nach Canada** ⇨ Seite 44. Wer aus Nordamerika **nach Deutschland** zurückkehrt, braucht bis zu folgenden Grenzwerten weder Zoll noch Umsatzsteuer zu bezahlen:

Mitbringsel im Wert bis zu **350 DM,**

darin enthalten maximal

500 Gramm Kaffee und
50 Gramm Parfüm und
200 Zigaretten und
1 l Spirituosen oder **2 l Wein**.

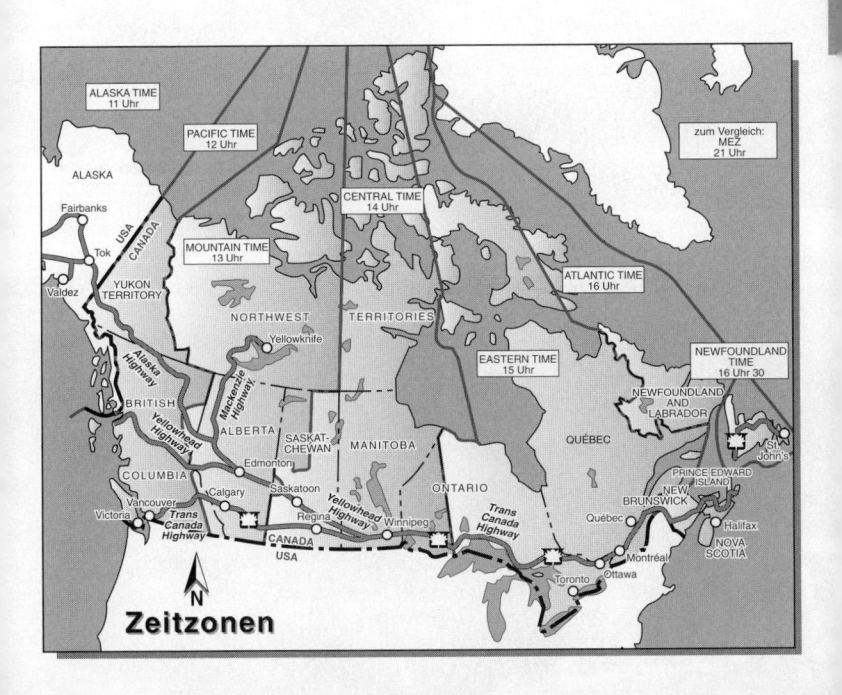

Zeitzonen

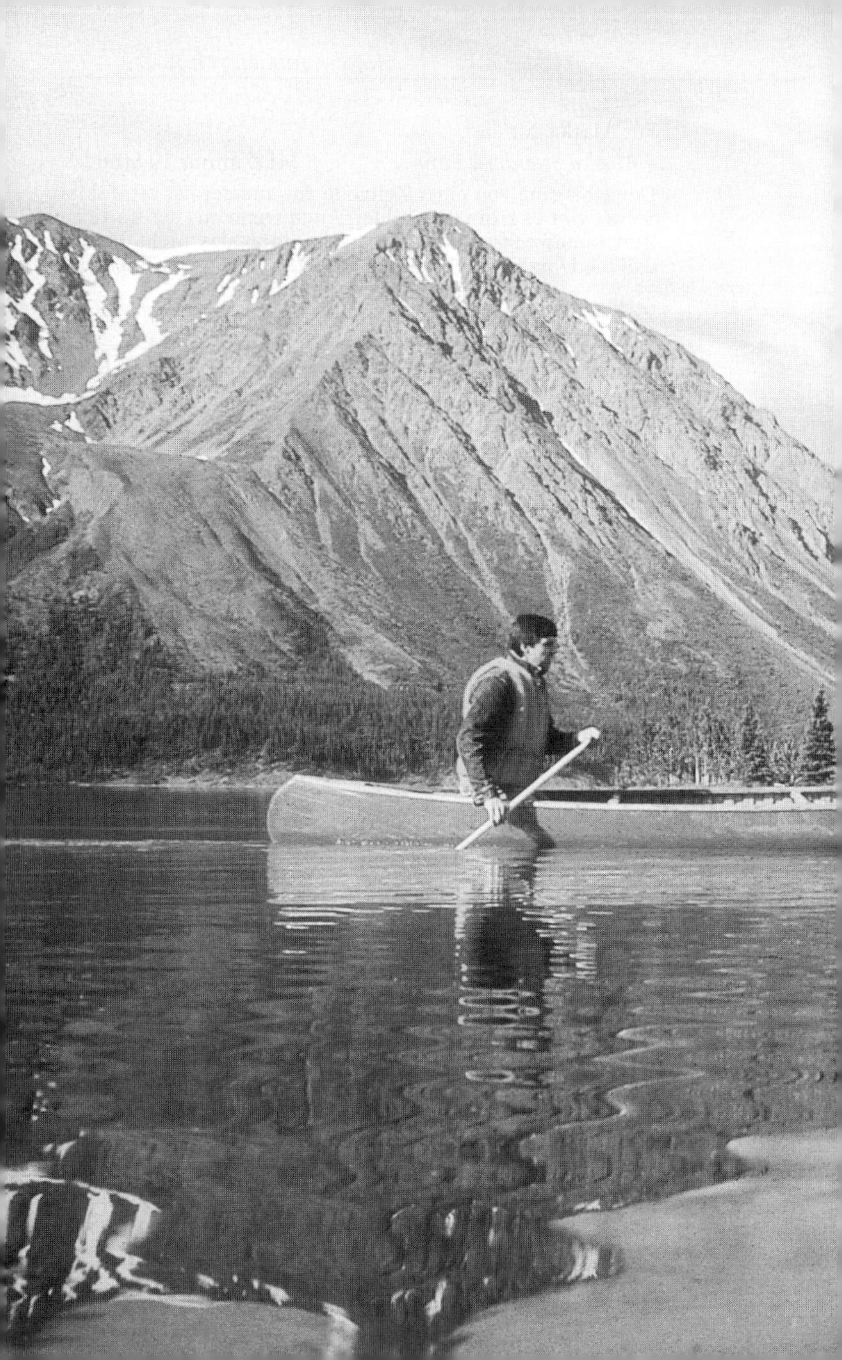

**REISEROUTEN
UND ZIELE

IN CANADAS WESTEN
UND ALASKA**

1. ZUM AUFBAU DES REISETEILS

British Columbia und die **Nationalparks der Rocky Mountains** in Alberta bilden sozusagen die **touristische Zentralregion** des kanadischen Westens. Die meisten Reisenden starten aus diesem Grund in Vancouver oder Calgary.

Da diese beiden Städte, die Nationalparks Banff und Jasper und einige weitere populäre Ziele auf der "Besucher-Wunschliste" ganz oben stehen, konzentriert sich die Mehrheit der Urlauber auf wenige verbindende "Rennstrecken". Zwar ist das Netz asphaltierter Allwetterstraßen im Westen Canadas und selbst im Süden von British Columbia recht weitmaschig und begrenzt damit die Anzahl reizvoller Alternativen, aber dennoch gibt es sie.

Im folgenden werden für den Bereich zwischen Alberta und Vancouver einschließlich Vancouver Island **a l l e** touristisch ergiebigen Routen ausführlich beschrieben, darunter auch und besonders Strecken abseits der touristischen Hauptpfade.

Weitere **Schwerpunkte** setzt dieses Buch im Norden von British Columbia, im Yukon Territory und in Alaska, ergänzt um einen kurzen Blick auf die North West Territories. Da Reisen in der "Hohen Norden" sich auch heute noch von Fahrten durch die Zivilisation südlich des 60. Breitengrades ein wenig unterscheiden, wurde den allgemeinen Informationen in den entsprechenden Kapiteln viel Raum eingeräumt.

Die Routenbeschreibungen beginnen aber zunächst mit einer Fahrt von Toronto nach Westen durch die Prärieprovinzen auf dem *Trans Canada Highway* und alternativen Straßen.

Die wichtigsten **Großstädte** wurden "ausgeklammert" und eingangs separat behandelt, da sie auch unabhängig von bestimmten Routen besucht werden können und werden.

In allen Kapiteln findet der Leser **Camping- und Wanderempfehlungen**. Sie beruhen durchweg auf persönlicher Erfahrung der Autoren. Die drei Camping-Piktogramme signalisieren das Vorhandensein eines positv eingeschätzten Platzes, wobei das Hauptgewicht der Beurteilung auf Anlage und landschaftlicher Einbettung liegt, gelegentlich auf Preiswürdigkeit. Nicht bzw. nur von nachgeordneter Bedeutung waren die Qualität sanitärer Anlagen und/oder das Vorhandensein des *Full Hook-up*. Die weitaus meisten *Campgrounds* eignen sich für Zelte und Wohnmobile.

Das Wanderpiktogramm bezieht sich überwiegend auf Tageswanderungen von kurzer bis mehrstündiger Dauer, gelegentlich auch auf Ganztagsunternehmungen.

2. DIE KANADISCHEN CITIES

2.1 VANCOUVER

Vancouver ist die attraktivste Großstadt Canadas, ihre Lage zwischen Küstengebirge, Fraser River und Meer unübertroffen. Strände und zahlreiche Parks prägen das Stadtbild.

2.1.1 Klima und Geschichte

Klima

Da sich ein Großteil der vom Pazifik kommenden Winde schon an den vorgelagerten Bergen von Vancouver Island abregnet, bleibt Vancouver von den ärgsten Niederschlägen verschont – zumindest im Sommer. Im Juli/August hält sich die Anzahl der Regentage (6–7) in Grenzen. Eine durchschnittliche Tageshöchsttemperatur von 23°C sorgt dann für ein recht warmes Klima. Auch Juni und September sind im allgemeinen angenehme Monate mit ein wenig mehr Regen und kühleren Abenden. Dabei differieren die Witterungsbedingungen innerhalb des Stadtgebietes oft erheblich: während etwa auf dem Gelände der *University of BC* im Südwesten Sonnenschein und Wärme vorherrschen, kann North Vancouver am Fuße der *Coast Mountains* wolkenverhangen und ungemütlich kühl sein. Bis zu 20 und mehr Regentage (Schnee nur selten) zählt man in den Monaten November bis Januar. Aktuelle **Wetterauskünfte** gibt es unter ✆ (604) 664-9010.

Geschichte

Die Geschichte Vancouvers begann – recht besehen – schon geraume Zeit vor der Gründung. Denn bereits 1792 steuerte der britische Kapitän *George Vancouver* auf der Suche nach der legendären Nordwest-Passage sein Schiff in das Burrard Inlet, eine tief ins Land reichende Bucht zwischen dem heutigen Downtown und North Vancouver. Er ahnte nicht, daß an den Ufern später eine nach ihm benannte Stadt entstehen sollte. 1808 erforschte der Pelzhändler **Simon Fraser** die nach ihm als Fraser River bezeichneten Fluß und gelangte dabei auch an sein Mündungsdelta im Süden der Metropole.

Stadt-gründung

Die erste Siedlung gründeten erfolglose Goldsucher 1862 am Ufer des **Burrard Inlet**. Offiziell als Gründer gilt *John Deighton*, **Gassy Jack** (gassy = geschwätzig), der bei seinem Eintreffen 1867 ein Faß Whisky im Reisegepäck hatte und sogleich einen *Saloon* eröffnete. Dieser erfreuliche Umstand bewirkte, daß die Siedlung als *Gastown* bekannt wurde. Sie erhielt aber bereits 1869 die offizielle Bezeichnung *Granville*. An den "Stadtgründer" erinnert heute ein Denkmal in *Gastown* (➪ Seite 181), das *Gassy Jack* auf einem Whiskyfaß darstellt.

Brand 1886

Im Jahre 1886 wurden dem mittlerweile 2.000 Einwohner zählenden **Granville** die Stadtrechte und ein neuer, ehrenvollerer Name, eben der von *Captain Vancouver* verliehen. Nur wenige Wochen danach zerstörte ein Feuer die Kleinstadt,

Brand 1886	ein zur damaligen Zeit, als noch alle Gebäude überwiegend aus Holz bestanden, keineswegs seltenes Unglück. Die Siedlung erholte sich jedoch rasch und besaß bald mehr Einwohner als vor der Brandkatastrophe.
Entwicklung	Als im folgenden Jahr der erste Zug aus den Ostprovinzen in Vancouver einlief, waren wortwörtlich die Weichen für den wirtschaftlichen Aufschwung der jungen Stadt gestellt. Viele Chinesen, die beim **Bau der Eisenbahn** mitgewirkt hatten, wurden in Vancouver seßhaft und begannen, Handelsbeziehungen mit Asien aufzubauen. Bereits 1889 segelten Schiffe der *Canadian Pacific Fleet* regelmäßig von Vancouver zu fernöstlichen Märkten. Gleichzeitig entwickelte sich die rasch wachsende Stadt zum wichtigsten Verkehrsknotenpunkt im westlichen Canada. Für Tausende von Goldsuchern war in den Jahren 1897/98 Vancouver neben Seattle Ausgangspunkt und Hauptversorgungsstation für die Schiffsreise zu den Goldfeldern an Klondike und Yukon River. Zu Beginn des 20. Jahrhunderts besaß Vancouver bereits rund 100.000 Einwohner.
Altstadt	*Gastown*, der ursprüngliche **Ortskern**, verkam im Laufe dieser Entwicklung allmählich zu einem slumartigen Stadtteil am Rande des Geschäftszentrums. Nur knapp entging er Ende der 60er-Jahre einer "Totalsanierung"; man erklärte *Gastown* und die benachbarte *Chinatown* zu **Historic Areas**. Nach der mittlerweile weitgehend abgeschlossenen Restaurierung der City gehören sie zu den Hauptanziehungspunkten.
Expo 1986	1986 war Vancouver Schauplatz einer Weltausstellung. Die *EXPO '86* bescherte der Stadt eine Reihe architektonischer Glanzleistungen wie den **Canada Place** (siehe unten) und den **Sky Train**, ein modernes U- und S-Bahn-System.
Metropolitan Vancouver	Das Wachstum der Stadt hält unvermindert an: In den letzten Jahren verschmolzen die Vorstädte so weit mit der Metropole, daß die einstigen Grenzen nur noch an den Ortsschildern abzulesen sind. Fast die Hälfte der gesamten Provinzbevölkerung konzentriert sich im Großraum von *Metropolitan Vancouver* (ca. 1.600.000 Einwohner), der die *City of Vancouver* und 12 Vorstädte umfaßt. Davon lebt mehr als ein Viertel (ca. 470.000 Einwohner) im eigentlichen Citybereich.

Blick auf Vancouver City Im Vordergrund Canada Place, Kongresszentrum und Anleger für Kreuzfahrtschiffe

2.1.2 Information, Orientierung und öffentliche Verkehrsmittel

Kartenmaterial und Broschüren zu den Sehenswürdigkeiten der Stadt gibt es auf Anforderung beim

Vancouver Touristinfo Waterfront Centre
Plaza Level, 200 Burrard St
Vancouver, BC V6C 3L6

✆ (604) 683-2000; Fax (604) 682-6839

Internet-Info: http://www.travel.vancouver.bc.ca
http://www.vancouver-webpages.com

Information

Dieses Besucherzentrum bietet noch mehr Serviceleistungen als ohnehin in Canada gewohnt, u.a. Geldwechsel, Briefmarkenverkauf, Reservierungen für Hotels, Restaurants und Autovermietung. Sehr nützlich ist der gratis erhältliche Stadtplan (***Official City Map***) mit allen touristischen Attraktionen.

In folgenden Informationsbüros erhält man Unterlagen nicht nur für Vancouver, sondern für die ganze Provinz:

Travel Infocentre
George Massey Tunnel–Hwy 99
Richmond, ✆ (604) 278-9333

Travel Infocentre
131 East 2nd St
North Vancouver, ✆ (604) 987-4488

Verkehr und Straßen

Von Südosten und von Norden her läßt sich Vancouver bequem über den **TCH** erreichen, der allerdings den Innenstadtbereich selbst nicht berührt. Er verläuft über die **Second Narrows Bridge**, eine der beiden Brücken, die nach North Vancouver hinüberführen. Mit West Vancouver ist *Downtown* durch die *Burrard Bridge* und die *Granville Bridge* verbunden. Zur **Rush Hour** ist im Brückenbereich meist alles "dicht". Man sollte Autofahrten in die City zwischen 7 und 9 Uhr sowie zwischen 15 und 18 Uhr nach Möglichkeit meiden. Die wichtigste Nord-Süd-Achse ist die Straße #99, eine Fortsetzung der US-amerikanischen *Interstate* #5, die von der mexikanischen bis zur kanadischen Grenze läuft. Sie führt – als Granville St – durch die Innenstadt und weiter über die **Lions Gate Bridge** und **North Vancouver** verlaufs-identisch mit dem TCH bis Horseshoe Bay und dann weiter nach Nordosten.

Orientierung

Die im Schachbrettmuster angeordneten Straßen von **Downtown** tragen Namen und allesamt das Attribut *Street*. Die meisten sind Einbahnstraßen. **Außerhalb der Innenstadt** heißen Straßen in Ost-West-Richtung *Avenue*, Straßen in Nord-Süd-Verlauf *Street*. Letztere führen wiederum Namen, die *Avenues* dagegen sind nummeriert; die Numerierung beginnt mit der *1st Avenue* südlich der City.

Öffentlicher Transport	Das öffentliche Nahverkehrssystem *(BC Transit)*, ist gut ausgebaut und relativ preiswert. Innerhalb des Stadtgebiets gilt ein Einheitstarif von $1,50, unabhängig davon, ob Bus, Bahn oder Schiff benutzt werden. Dabei muß das Fahrgeld immer abgezählt zur Hand sein! BC-Transit bedient neben Downtown mehrere Vororte, darunter North Vancouver, Horseshoe Bay und Burnaby. Ein *All Day Pass* für $6, den man wochentags ab 9.30 Uhr und an Wochenenden bzw. Feiertagen ganztägig benutzen kann, berechtigt zu beliebig vielen Fahrten mit allen Verkehrsmitteln (Bus, *Sky Train*, *Sea Bus*). Man bekommt den Paß bei den Fahrkarten-Schaltern, in bestimmten Läden wie den Filialen Supermarktkette *Safeway* und in den Mini-Märkten *7/11* (Hinweis durch ein blau-rotes Schild **Faredealer** im Fenster), in den **Youth Hostels** und an den **Sky Train Ticket Machines**.
Sky Train	Die Züge des *Sky Train*-Systems verkehren im 5-Minuten-Takt zwischen **Waterfront Station** in der Nähe des *Canada Place* und der **Endstation King George** in Surrey südlich des Fraser River (über Burnaby und New Westminster). Zwischen den ersten vier Haltestellen in Downtown läuft der *Sky Train* – trotz seines Namens – unterirdisch; die anderen Streckenabschnitte legt er oberirdisch *(elevated)* zurück.
Parken	Auto- und besonders Wohnmobilfahrer sind gut beraten, ihr Fahrzeug außerhalb von *Downtown* im Umfeld einer **Sky Train Station** zu parken und zur Stadtbesichtigung mit der Bahn ins Zentrum zu fahren. Dabei spart man nicht nur Zeit, sondern auch Geld, denn die in der Innenstadt zu entrichtenden Parkgebühren für einen ganzen Tag übersteigen leicht den Fahrpreis oder sogar die Kosten des bereits erwähnten *All Day Pass* selbst für mehrere Personen.
	Relativ citynah liegt u.a. der **Parkplatz des *Centennial Vancouver Museum*** an der English Bay. Von dort gelangt man per Bus oder Boot (vom Anleger am benachbarten *Maritime Museum*) rasch hinüber in die Innenstadt. Auch **North Vancouver** kommt als Ausgangspunkt einer Besichtigung des zentralen Vancouver in Frage: Der **Sea Bus** pendelt tagsüber alle 15 Minuten vom **Lonsdale Quay** (dort ein Restaurant-, Markt- und Shoppingkomplex) über das binnenseeartige Burrard Inlet nach Downtown zur **Seabus Station** (Cordova/Ecke Granville St). Bei gutem Wetter gehört dieser Trip durch den *Vancouver Harbour* zu den Höhepunkten eines Besuchs. Der Preis für die Hin- und Rückfahrt beträgt $3. Besitzer eines *All Day Pass* brauchen dafür kein gesondertes Ticket.
Automiete	Wer in Vancouver ein Auto benötigt, mietet preiswert bei der folgenden Adresse:
	ABC Rent-a-Car, 255 West Broaday ℡ (604) 873-6622 oder – am Airport – ℡ (604) 273-6622

Lions Gate Bridge zwischen Downtown (Stanley Park) und North Vancouver, Hauptverkehrsader in Richtung Horseshoe Bay (Fähren).

Totempfähle im Stanley Park, Ziel jeder Stadtrundfahrt und das Fotomotiv Nr.1 in Vancouver

2.1.3 Camping und Unterkunft

In Vancouver ist es wie in vielen Großstädten: vor allem in der Touristensaison im Sommer sind freie Zimmer zu erschwinglichen Preisen oft ausgebucht. Camping in Citynähe ist nicht möglich oder extrem teuer. Wirklich gute Plätze liegen weit außerhalb.

Camping

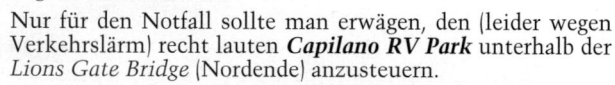

Nur für den Notfall sollte man erwägen, den (leider wegen Verkehrslärm) recht lauten *Capilano RV Park* unterhalb der *Lions Gate Bridge* (Nordende) anzusteuern.

Ein weiterer, hochpreisiger Platz in günstiger Lage zur City, der *Cariboo RV Park,* befindet sich in Burnaby (*Cariboo Exit* vom TCH). In Surrey, rund 30 km südöstlich der Innenstadt, gibt es mehrere private Campingplätze zu erträglichen Tarifen (u.a. **Peace Arch RV Park,** 14601 40th Ave, Abfahrt White Rock/Crescent Beach von der Autobahn #99). Über 40 km von Vancouver entfernt ist der fantastisch am Howe Sound oberhalb Horseshoe Bay (Straße #99) gelegene **Provinzpark** *Porteau Cove* (mit Duschen). Die Stellplätze (überwiegend am Wasser) sind im Sommer meist früh belegt. Nur wer am Vormittag zeitig anreist, hat Aussicht unterzukommen.

Preiswerte Unterkünfte

Die **erstklassige Jugendherberge** am *Jericho Beach Park* bietet ein exzellentes Preis-/Leistungsverhältnis. Mit dem Bus #4 sind es vom City Center (Granville Mall) kaum mehr als 15 Min. Fahrt bis zur Ecke 4th St/Northwest Marine Dr:

International Hostel Vancouver Jericho Beach
1515 Discovery St, Vancouver, BC V6R 4K5
✆ (604) 224-3208, Fax (604) 224-4852; ab $16

In der City gibt es u.a. folgende **Hostel-Unterkünfte**:

International Hostel Vancouver Downtown
1114 Burnaby St, Vancouver, BC V6E 1P1
✆ (604) 684-4565, Fax (604) 684-4540; ab $18.

American Backpackers Hostel
347 West Pender St, Vancouver, BC V6B 1T3
✆ (604) 688-0112; Bett ab $10. EZ $25, DZ $35.

Backpackers Hostel Vincent`s on Main
927 Main, Vancouver, BC V6A 2V8
✆ (604) 682-244; Bett ab $10. EZ $20, DZ $25.

Harbourfront Hostel Vancouver Downtown
209 Heatly St, Vancouver BC, V6A 3G1
✆ (604) 254-0733, ab $15.

Universität

Teurer aber immer noch preiswert sind die Quartiere in der (allerdings weit von *Downtown* entfernten) *University of British Columbia*. Während der Sommermonate werden die Zimmer in den Studentenwohnheimen *(Dormitories)* **ab $20** pro Nacht vergeben. EZ $20-$54, DZ $72-$95.

UBC Conference Center
5961 Student Union Blvd
Vancouver, BC V5Z 1J8
✆ (604) 822-1010   Fax (604) 822-1001

Dasselbe gibt's auch in Burnaby bei der *Simon Fraser University* (EZ ab $19 und DZ für $38, ✆ (604) 291-4503).

Hotels/ Motels

Im zentralen Bereich der City findet man hauptsächlich Hotels der gehobenen Preisklasse. Die **Übernachtungspreise** beginnen in der Hauptsaison bei etwa $100 (*Days Inn, Quality Hotel*). Die Häuser der bekannten **Hotelketten** können über gebührenfreie Nummern reserviert werden (↪ Seite 137); z.B.:

- *Best Western Chateau Granville* (1100 Granville St)
- *Best Western O'Doul's* (1300 Robson St)
- *Days Inn Downtown* (921 W Pender St)
- *Holiday Inn Downtown* (1110 Howe St)
- *Quality Hotel Downtown* (1335 Howe St)
- *Travelodge* (1304 Howe St)
- *Sandman* (180 W. Georgia St)
- *Hyatt* (655 Burrard St)

Vororte

Zahlreiche Hotels und Motels der **Mittelklasse** liegen entlang der **südlichen Einfallstraßen**

- Straße #99/Granville St und
- Straße #1A/99A/Kingsway (im Bereich Victoria Dr preiswert; gutes Preisleistungs-Verhältnis im *2400 Motel*)

sowie entlang der

- Straße #7A/Hastings St, die von Osten in die City führt.

Relativ citynah, aber preiswerter als in Downtown kommt man in **North Vancouver** (Marine Dr) unter.

Eine Alternative zu Hotels, Motels ist auch in Vancouver *Bed & Breakfast*. In den Büros der *Tourist Information* findet man Adressen und Telefonnummern diverser Agenturen.

Skilaufen selbst mitten im Sommer bei Vancouver: Ab Whistler, nur 1,5 Autostunden von der City entfernt, geht es in den ewigen Schnee der Coastal Mountains

2.1.4 Stadtbesichtigung
Citybereich

Stanley Park In Vancouver kann man der großstädtischen Hektik rasch entfliehen. Nur wenige Gehminuten westlich von *Downtown* liegt der über 4 km² große Stanley Park. Die von dichter Regenwaldvegetation bedeckte Landzunge zwischen English Bay und Burrard Inlet wurde bereits im Jahre 1889, wenige Jahre nach der Stadtgründung, als Erholungsraum reserviert und nach dem damaligen Gouverneur, *Lord Stanley*, benannt.

Wegesystem Im östlichen Teil wirkt der Park heute wie ein gepflegter Stadtwald, im Westteil dagegen blieb der Urwald weitgehend erhalten. Das Wegesystem des Parks besitzt eine Länge von 81 km und wird von Joggern, Skatern und Bikern stark genutzt. (**Skate- und Bike-Verleih** preiswert bei *Bikes & Blades*, 718 Denman St, Fahrrad ab $10/Tag - auch gut zur Stadterkundung). Auf der *Seawall Promenade*, einem ausgebauten Rad- und Wanderweg von 10 km Länge am Wasser entlang, genießt man wunderbare Ausblicke auf City und Hafen, auf die *Coast Mountains* und über die *English Bay*. Schöne, saubere **Strände** befinden sich an der Westseite des Parks; besonders beliebt ist die *Third Beach* an der *English Bay*.

Auto-Rundkurs Der Stanley Park läßt sich auch per Auto befahren: ein Einbahn-Rundkurs (Anfahrt auf der Georgia St/ Straße #99, am *Vancouver Rowing Club* rechts ab; Fahrtrichtung gegen den Uhrzeiger) verläuft überwiegend als Uferstraße. Dabei passiert sie neben vielen Aussichtspunkten – besonders schön *Brockton Point* – gleich eingangs eine Ansammlung hoher Original-Totempfähle der *Haida* Indianer aus dem Nordwesten von British Columbia. Sie bilden einen unverzichtbaren Fotostop sämtlicher Stadtrundfahrt-Busse (✧ Foto auf Seite 175).

Aquarium Im Park befindet sich auch das *Vancouver Public Aquarium* (vom 1. Juli bis *Labour Day* täglich 9–20 Uhr, sonst kürzer, Eintritt $12). Stars unter den Tieren sind die schwarzweißen **Orcas**, "Killerwale", deren Wasserbecken malerisch von Felsen eingerahmt wird. Auch Belugawale und Delphine zeigen ihre Kunststücke; ein Haifischbecken fehlt ebenfalls nicht. Unter ✆ (604) 682-1118 erfährt man Fütterungszeiten und Vorführtermine. Hinter dem Aquarium wartet ein **kleiner Zoo** auf Besucher; phantasievolle Spielplätze sind nicht weit.

City of Vancouver *Downtown Vancouver*, begrenzt durch den Stanley Park, das *Burrard Inlet*, die *English Bay* und östlich den *False Creek*, besitzt nur wenige herausragende Sehenswürdigkeiten. Neben der Glas- und Betonarchitektur einer ganzen Reihe von Hochhäusern der Postmoderne, die man bei einer Fahrt oder einem Stadtbummel durch das Zentrum unweigerlich passiert, fällt vor allem der an ein riesiges Segelschiff erinnernde Komplex

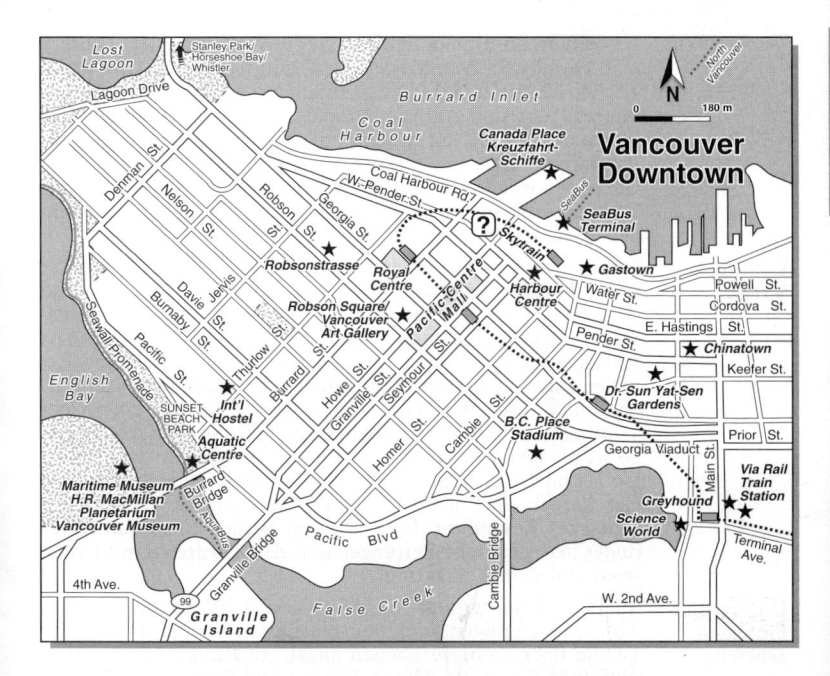

Canada Place an der *Waterfront* auf (Nordende Howe St, siehe auch Titelfoto dieses Buches und kleines Foto unten auf Seite 172). Dieses neue Wahrzeichen der Stadt beherbergt das *World Trade and Convention Centre* mit dem luxuriösen **Pan Pacific Hotel** (unbedingt mal hineingehen!), Shops und Restaurants. Längsseits machen die Kreuzfahrtschiffe fest. Im Nordteil des Gebäudes ist ein **IMAX-Kino** mit neuartiger, dreidimensionaler Projektionstechnik untergebracht. Auf den Besucher wartet dort ein ungemein plastisches Filmerlebnis. Das aktuelle Programm und Anfangszeiten unter ✆ 682-IMAX (4629).

Shopping

Die City of Vancouver gilt als **Shoppers Paradise**, als Paradies für Einkaufswütige. Läden und Einkaufszentren konzentrieren sich vor allem auf die Robson St und den Bereich zwischen Burrard und Seymour St von der *Waterfront* bis hinauf zur Nelson St. Die Granville St ist in dieser Zone für Privatfahrzeuge gesperrt und nennt sich dort **Granville Mall**.

Robson Square

Einer der beliebtesten Treffpunkte ist der großenteils unter Straßenniveau angelegte Robson Square zwischen Hornby und Howe St. Blumenbeete, Kaskaden und Springbrunnen schmücken diesen Platz, der sich über zwei City-Blocks über die Robson Street hinaus erstreckt.

Kunstmuseum	An seinem nördlichen Ende steht die ***Vancouver Art Gallery*** (750 Hornby St; Mo, Mi–Sa 10–17 Uhr, Do bis 21 Uhr, So ab 12 Uhr, Eintritt $5). Die permanente Gemälde-Kollektion konzentriert sich auf westeuropäische Kunst der letzten vier Jahrhunderte und auf nordamerikanische Maler. Wechselnde Programme ergänzen diese Austellung. Das einst in diesem Gebäude tagende Gericht hat heute seinen Sitz in der modernen Konstruktion aus Stahl und Glas auf der gegenüberliegenden Seite des Platzes.
Robson Street	Die Robson St westlich des Robson Square etwa bis hinunter zum ***Sheraton Landmark*** Hotel ist mit ihren Boutiquen und Restaurants – ginge es nach der örtlichen Werbung – das kanadische Gegenstück zum *Rodeo Drive* in Beverly Hills/Los Angeles. Davon kann zwar keine Rede sein, aber eine Art "***Flaniermeile***" für einen Schaufensterbummel, den Nachmittagskaffee und einen Drink zur Abendstunde an einem der zahlreichen ***Open-air*** **Tischchen** ist die *Robsonstrasse* schon. So wurde bis in die 80er-Jahre hinein der Abschnitt zwischen Jervis und Thurlow St genannt, da dort viele deutschstämmige Geschäftsinhaber ansässig waren. Heute gibt es nur noch ein deutsches Restaurant. Im Zeitschriftenladen ***Canadian News*** findet man **deutsche Zeitungen** und Zeitschriften – mit Glück sogar einigermaßen aktuell.
Untergrund Einkaufszentren	Mehrere *Underground Shopping Malls* bieten ungetrübtes Einkaufsvergnügen auch bei schlechtem Wetter. Die größte ist die über mehrere Ebenen angelegte ***Pacific Centre Mall*** zwischen Granville, Howe, Robson und Pender Sts. Verbunden damit sind die (oberirdischen) Kaufhäuser ***Eaton's*** und ***The Bay***, das gleichzeitig ein Teil der ***Vancouver Centre Mall*** zwischen Granville und Seymour St ist. Unter dem *Hyatt Hotel* in der Burrard/Ecke Georgia St befindet sich das ***Royal Centre***, mit zahlreichen Modeboutiquen und einem ausgedehnten Kinokomplex.
"Weitblick"	Die vierte große *Mall* in *Downtown Vancouver*, das ***Harbour Centre*** (West Hastings/Ecke Seymour St), befindet sich gegenüber der *Seabus Station*. Zum Gebäudekomplex gehört der 167 m hohe *Harbour Tower* mit ***The Lookout*** im 40. Stockwerk, das einen tollen Panoramablick über Stadt und Umgebung bietet (täglich 8.30–22.30 Uhr; Eintritt $8 einschließlich der Multimedia-Show *Once in a World Vancouver*). Über den Hotels *Landmark* (***Cloud 9***, 1400 Robson) und *Vancouver Renaissance* (***Vistas on the Bay***, 1133 West Hastings), drehen sich ebenfalls Restaurants der Spitzenklasse einmal pro Stunde um die eigene Achse.
Gastown	Im ältesten Bezirk Vancouvers, der *Gastown* (Bereich **Water St östlich des *Harbour Centre*** etwa bis Columbia St), gelang die Restaurierung eines heruntergekommenen, Ende der 60er-Jahre eigentlich zum Abbruch vorgesehenen Stadtteils.

Gastown

Heute besitzt *Gastown* hinter auf nostalgisch getrimmten neuen Fassaden eine attraktive gastronomische Szene, die von Einheimischen Touristen und gleichermaßen geschätzt wird. Nirgendwo sonst im westlichen Canada findet man so viele **Kneipen** auf vergleichbar engem Raum, aber auch selten derart viele Shops für Krimskrams, T-Shirts und Souvenirs. *Gastown* besitzt gleich zwei "**Wahrzeichen**": die Statue des berühmtberüchtigten Stadtgründers ***Gassy Jack*** auf dem Whiskyfaß (Maple Tree Square) und die originelle ***Steam Clock*** (Water/Cambie St), die viertelstündlich pfeift und stündlich Dampf abläßt. Sie wird vom zentralen Dampfheizungssystem der *Gastown* angetrieben.

Gassy Jack auf dem Whiskyfaß, Gastowns Wahrzeichen

Im "Olde Tyme" Fotostudio lassen sich Touristen in nostalgischer Wildwest-Verkleidung ablichten

Chinatown	An *Gastown* grenzt südöstlich die *Chinatown* (Hauptbereich: Pender St zwischen Carrall und Gore St). Vancouver besitzt eines der größten Chinesenviertel Nordamerikas. Anders aber als in San Francisco wird die Struktur dieser *Chinatown* nicht vom Geschäft mit den Touristen dominiert. Die **Atmosphäre** des Viertels blieb relativ **authentisch**. Tagsüber kann man dort in verwinkelten chinesischen Geschäften stöbern und in zahlreichen Restaurants die fernöstliche Küche in unverfälschter Form probieren. Ein Großteil des Handels spielt sich auf der Straße ab; die Auslagen der kleinen Lebensmittelläden sind ein Fest für die Augen.
Chinesischer Garten	Der *kleine Dr. Sun Yat-Sen Classical Chinese Garden* in der Carrall St (täglich 10–19.30 Uhr, Eintritt \$5) ist eine ruhige Idylle inmitten der lebhaften Geschäftigkeit. Dieser traditionelle chinesische Garten bildet einen reizvollen Kontrast zu den Beton- und Glasstrukturen der nahen City. Nebenan befindet sich das **Chinese Cultural Centre**, in dem oft sehenswerte Kunstausstellungen stattfinden. Im Lesesaal des Kulturzentrums liegen neben chinesischen Veröffentlichungen auch Zeitungen und Zeitschriften in englischer Sprache aus.
Granville Island	Südlich der City mitten in der Bucht **False Creek** unter der Granville Bridge, liegt Granville Island. Die 1913 aufgeschüttete künstliche (Halb-)Insel diente bis in die 70er-Jahre hinein als Industriestandort. Da sich dem Stadtbild abträgliche Spuren eines Niedergangs zeigten, beschloß man 1973, Granville Island "umzufunktionieren". 1979 eröffnete in alten Lagerhallen und Fabrikgebäuden der **Granville Island Public Market**. Später kam der benachbarte *Maritime Market* hinzu, und Granville Island erweiterte sich zu einem großen Komplex mit eigener Brauerei, zahlreichen Restaurants und Kunstgalerien und sogar einem **College of Art**. Auch einen Markt nur für Kinder, einen Park samt Abenteuerspielplatz und Wohnquartiere an und auf dem Wasser gibt es heute. Im *Granville Island* **Information Centre**, das mit Ausstellungen und audiovisuellen Programmen die Entwicklung der Insel erläutert, erhält man einen Lageplan und viel Werbung zu Shopping, Restaurants, Kneipen und möglichen Aktivitäten.
Transport nach Granville Island	Von einer Anfahrt mit dem eigenen Auto ist abzuraten (außer man kommt ohnehin aus den südlichen Vororten), da die Parkplätze auf Granville Island und in der Umgebung regelmäßig überfüllt sind. Am besten nimmt man den **Aquabus** von der City (Anleger am Nordende der Burrard Bridge) hinüber zur Anlegestelle am *Public Market* (Pendelverkehr 7.30–23 Uhr von Ende Mai bis *Labour Day*, sonst nur bis 20 Uhr, \$1,50 pro Strecke).
Vanier Park	Ebenfalls am jenseitigen Ufer des False Creek eingangs der English Bay liegt der *Vanier Park*, der den Gebäudekomplex **Vancouver Museum** (1100 Chestnut St), **Maritime Museum**

und **Planetarium** beherbergt. Ein kleiner Fußmarsch über die Burrard Bridge vom *Aquatic Centre* dorthin dauert 15 min. Für Besucherfahrzeuge verfügt der Parkplatz vor dem Museum meistens über ausreichend freie Kapazität.

Vancouver Museum
Das *Vancouver Museum* (*Victoria Day* bis *Labour Day* täglich 10–21 Uhr, Eintritt $5) informiert lebendig über die Geschichte Britisch Kolumbiens mit Schwerpunkt Vancouver und zeigt außerdem wechselnde Ausstellungen mit breitgefächerter Thematik. Der Besuch ist aber kein "Muß". Das **MacMillan Planetarium**, im gleichen Gebäude untergebracht wie das Museum, bietet zweimal täglich **Space- und Laser-Shows**.

Maritime Museum
Interessant ist ein Besuch des **Maritime Museum** (1905 Ogden Ave) in dessen Mittelpunkt das originalgetreu restaurierte RCMP-Patrouillenboot **St.Roch** steht (unter Obhut der Nationalpark-Verwaltung, täglich 10–17 Uhr, Eintritt $5). Dieses relativ kleine, robust gebaute Holzschiff schrieb Seefahrtsgeschichte. Mit ihm wurde Anfang der 40er-Jahre erstmalig die Nordwestpassage in beiden Richtungen bezwungen. Als das Boot nach Halifax an die Atlantikküste verlegt wurde, führte die Reise durch den Panamakanal. Die *St.Roch* hatte damit als erstes Schiff ganz Nordamerika voll umrundet.

Science World
Am Rande von Downtown Vancouver, südöstlich der City, liegt das ehemalige EXPO-Gelände, ein ausgedehntes, für die Weltausstellung 1986 umgestaltetes Areal am False Creek zwischen Granville Bridge und Main St. Neben dem *Sky Train* blieb davon zur Nutzung durch die Öffentlichkeit kaum mehr als das einstige *Expo Centre* (Quebec St an der *Sky Train Station* Main St, geöffnet täglich 10–17 Uhr). Es beherbergt seit einigen Jahren das naturwissenschaftliche Museum **Science World**. Auf anschauliche Weise werden dort Naturphänomene und physikalische Mechanismen erläutert. Besonders beliebt ist die begehbare Fotokamera. Das in Konzeption und Ausführung überzeugende Museum ist seinen Eintrittspreis wert; $12 inklusive Omnimax-Kino.

Omnimax
Zum Gebäudekomplex gehört der auffällige **Geodesic Dome**, eine kreisrunde Konstruktion nach Art des Brüsseler Atomiums. In ihm ist ein Omnimax-Filmtheater untergebracht. Das Innere der Kugel dient als Projektionsfläche. Programminformation/Anfangszeiten der Vorstellungen unter ✆ 875-6664.

BC Place Stadion
Das bemerkenswerte *BC Place Stadium*, ein über 60.000 Zuschauer fassendes geschlossenes Stadion mit einer – bei Fertigstellung 1983 – neuartigen **Zeltkonstruktion als Dach**, liegt am Rande des ehemaligen Weltausstellungsgeländes zwischen Pacific Boulevard South und North, Höhe Robson St. Ein in den Bau integriertes Sportmuseum, die **Sports Hall of Fame** (✆ 687-5520), wurde kürzlich umgestaltet und erweitert. Geöffnet täglich 10–17 Uhr, Eintritt $4.

*Vancouver
Art Gallery am
Robson Square*

Südwestliche Vororte

Kitsilano Beach

Vom *Vanier Park* und seinen Museen an der English Bay war bereits die Rede. Nur wenige hundert Meter weiter westlich erstreckt sich im Anschluß an den kleinen **Hadden Park** die Kitsilano Beach, der populärste Strand der Stadt. Dort findet man alle erdenklichen Einrichtungen für aktive Freizeitgestaltung: ein geheiztes Salzwasser-Schwimmbad (**Kits Pool**) für alle, denen es im Meer zu kalt ist (geöffnet *Victoria Day* bis *Labour Day*, Eintritt), eine Surfschule samt Surfboard-Verleih, Tenniscourts, Jogging-Pfade, Basket- und Volleyballplätze, Duschen und Picknicktische sowieso. Die Umgebung der *"Kits Beach"* gehört zu den besseren Vierteln der Stadt. Shops, Restaurants und Kneipen, sogenannte, in Wohngebieten anderswo in Canada kaum vorhandene **Neighbourhood Pubs**, sind zahlreich. Mehrere Pubs (z.B. **Darby Dawes, Bimini** und **Jerry`s Cove**) findet man in der 4th Ave, der Hauptstraße der *Kits* Region, zwischen Burrard und Highbury.

Marine Drive West

Folgt man der 4th Ave nach Westen oder fährt an der **English Bay** entlang (Cornwall/Point Grey Rd), stößt man auf den Jericho Beach Park, an dessen Ufern sich Yachthäfen und die hervorragende Jugendherberge (siehe oben) der Stadt befinden. Ab der Locarno Beach rund um die **University Peninsula** läuft der Marine Dr (von der West 4th Ave dorthin über Discovery oder Trimple St). Auf ihm passiert man zunächst die langgestreckte **Spanish Banks Beach**, bevor die Straße zum höhergelegenen Campus der **University of British Columbia** hinaufführt. Oben versperrt dichter Regenwald den Blick über die *Strait of Georgia*, die Meeresstraße zwischen Festland und Vancouver Island.

Vancouver 185

Museum of Anthropology

An der äußersten Spitze der Halbinsel liegt das *Museum of Anthropology*, eine eigenwillige Konstruktion aus Glas und Beton über den Klippen des *Point Grey*. Glanzstücke des Museums sind zahlreiche **Original-Totempfähle**; sie allein lohnen einen Besuch. Den Schwerpunkt der Ausstellung bildet eine umfangreiche Kollektion von Kunst- und Gebrauchsgegenständen der Nordwestküsten-Indianer. Einige Schwächen in der Systematik werden durch informative Broschüren und Filme zur Indianerkultur mehr als ausgeglichen. Mit kleineren Sammlungen sind Zivilisationen anderer Kontinente vertreten. Geöffnet täglich 11–17 Uhr, Dienstag bis 21 Uhr, Juli bis *Labour Day*, Rest des Jahres Mi–So, Eintritt $6.

Gärten

In unmittelbarer Nähe des anthropologischen Museum liegen ebenfalls am Marine Dr (gegenüberliegende Straßenseite) der hübsche *Rose Garden* und der japanische *Nitobe Garden*. Letzterer kostet Eintritt; im Sommer geöffnet 10–18 Uhr.

Wreck Beach

Vom steilen Südwestufer der *University Peninsula* führen Pfade vom Marine Dr durch die üppige Vegetation hinunter zur *Wreck Beach*, dem inoffiziellen **Nacktbadestrand** Vancouvers. Er befindet sich in Nachbarschaft zu riesigen Holzflößen. Ausgeschildert ist der steile **Beach Trail No.6**, der im belebteren Strandbereich endet. Zugang schräg gegenüber der Einmündung des University Blvd in den Marine Dr.

Universitätsparks

Die Universität von British Columbia, der die Halbinsel ihren Namen verdankt, ist nicht nur Eigentümer an Grund und Boden des Campus`, der mitsamt ausgedehnten Wohnanlagen für Studenten und Einfamilienhaus-Siedlungen für den Lehrkörper mehrere hundert Hektar bedeckt. Sondern ihr gehören weitere 10 km² unbebaute *University Endowment Lands* südlich der genutzten Fläche.

Ein Teil davon ist durch **Trails** und (wenige) Straßen erschlossenes Parkgelände größer als der citynahe Stanley Park (siehe oben), der Rest bildet eine im Naturzustand belassene "ökologische Nische" mitten in der Großstadt. Am nördlichen Rand der *Endowments Lands* befinden sich unverfehlbar beidseitig des Marine Dr ein **Asiatischer** und ein großer **Botanischer Garten** (*UBC Botanical Garden*). Beide sind durch eine Fußgängerunterführung miteinander verbunden. Speziell der *Asian Garden* lohnt einen Spaziergang; er ist weit mehr als die Bezeichnung vermuten läßt: eher ein Arboretum voller im Regenwald heimischer Bäume und Sträucher; geöffnet im Sommer 10–18 Uhr; geringer Eintritt.

Van Dusen Botanical Gardens

Größer und insgesamt attraktiver, wenn auch konventioneller gestaltet sind indessen die *Van Dusen Botanical Gardens*, einige Kilometer östlich der *University of BC* (Ecke Oak/37th St, Juni bis Mitte August 10–21 Uhr, bis Ende September 10–20 Uhr, sonst kürzer, Eintritt $5).

Man kann in den *Van Dusen Botanical Gardens* auf dem Weg zum **Queen Elizabeth Park** leicht einen Stop einlegen; ein Restaurant mit Tischen im Freien ist bei gutem Wetter ein geeigneter Ort fürs *Lunch* oder den Snack zwischendurch.

Queen Elizabeth Park

Etwas feiner und teurer, dafür aber mit herrlicher Aussicht über Vancouver speist man im Restaurant des *Queen Elizabeth Park*, dem *Seasons in the Park Restaurant*, ℂ (604) 874-8008. Der Besuch dieses Parks ist zu Recht ein obligatorischer Programmpunkt aller geführten Stadtrundfahrten. Auch auf dem **Little Mountain**, der mit 150 m höchsten Erhebung der Stadt, steht das **Bloedel Conservatory**, ein architektonisch reizvolles Gewächshaus mit vielen tropischen Pflanzen; geöffnet von April bis Anfang Oktober, Mo–Fr 9–20 Uhr, Sa und So 10–21 Uhr, Rest des Jahres 10–17 Uhr, Eintritt $3. Der Parkbesuch ist kostenlos.

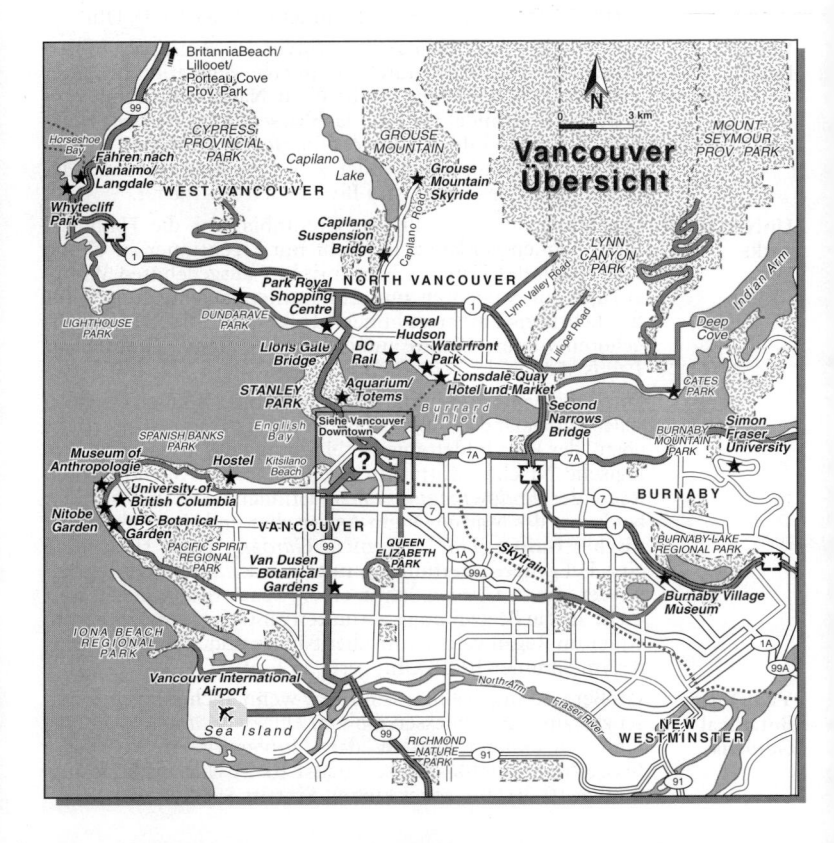

Sehenswertes östlich der City

Burnaby Mountain Park

Vom *Burnaby Mountain Park*, rund 15 km östlich von Downtown (erreichbar auf der Hastings St/Straße #7A in Richtung Coquitlam), fällt der Blick aus größerer Entfernung über ganz Vancouver und die Strait of Georgia nach Westen. An schönen Tagen belohnt ein herrlicher Sonnenuntergang die weite Anfahrt. An den Park grenzt das Gelände der modernen **Simon Fraser University**. Von der Lage und Großzügigkeit auch dieses Campus` können deutsche Studenten und Professoren nur träumen.

Village Museum

Vom *Burnaby Mountain Park* ist es nicht weit zum *Burnaby Village Museum*. Es liegt unweit des TCH durch Burnaby (Exit 33/Kensington Ave South) an der 6501 Deer Lake Ave. Das regionaltypische Dorf im Stil der Jahrhundertwende ist im Vergleich zu anderen "lebenden Museen" zwar recht klein, vermittelt aber ein besonders stimmiges Bild. Geöffnet April bis September 11–16.30 Uhr, Eintritt $6.

Deer Lake Park

Die **Burnaby Art Gallery** unweit des *Village* am Deer Lake präsentiert Werke des 20. Jahrhunderts unter besonderer Berücksichtigung der lokalen Kunstszene; geöffnet Di–Fr 9–17 Uhr, Wochenende 12–17 Uhr, Eintritt $2. Am Sonntagnachmittag bieten Künstler und solche, die es werden wollen, ihre Werke im Deer Lake Park zum Verkauf an.

Rodeo in Surrey

Hoch schlagen alljährlich Ende Mai (*Victoria Day Weekend*) die Wogen der Begeisterung in **Surrey**, einem südöstlichen Vorort, während des **Cloverdale Rodeo**. Es ist das größte Rodeo Britisch Kolumbiens und – laut Eigenwerbung – das sechstgrößte der Welt. Wer zu dieser Zeit in Vancouver weilt, sollte es nicht verpassen. Zum Ablauf und den typischen Rodeo-Ereignissen in Stadt und Stadion ➪ Beschreibung zur *Calgary Stampede*, Seite 196, und unter Williams Lake, Seite 406.

North Vancouver und Umgebung

Lions Gate Bridge

In die nördlichen Vororte Vancouvers jenseits der tief ins Land reichenden Bucht, die je nach Standort *Burrard Inlet*, *Second Narrows Inlet* oder *Indian Arm* heißt, geht es von Downtown durch den Stanley Park über die **Lions Gate Bridge** und weiter östlich auf dem TCH (Autobahn #1, **Second Narrows Bridge**). Die von der Guiness-Familie als gebührenpflichtige "Privatunternehmung" errichtete, heute aber gebührenfreie *Lions Gate Bridge* sorgt erst seit 1938 für die verkehrstechnische Anbindung des nunmehr dicht besiedelten Stadtnordens an die City. Bis dahin war er nur per Boot erreichbar. Die Brücke führt direkt auf den *Marine Drive* in Nord-Vancouver, den **North Shore Scenic Drive**, die in ihrem nordwestlichen Abschnitt schönste Küstenstraße der Stadt.

Der Seabus verkehrt laufend zwischen Downtown Vancouver und dem Nordufer des Burrard Inlet

Marine Drive North

Rund 10 km sind es zum urwüchsigen **Lighthouse Park** auf einer Landzunge in der südwestlichsten Ecke des Nordufers (Rundwanderung durch den Regenwald zum alten, malerisch gelegenen Leuchtturm ca. 5 km). Durch traumhafte Wohngebiete mit zahlreichen kleinen und großen Yachthäfen kann man von dort die Fahrt nach **Horseshoe Bay** fortsetzen.

Einmal auf dieser Straße sollte man kurz vor deren Ende am Fährhafen auf keinen Fall den Abstecher zum *Whytecliff Park* auslassen. Unter den vielen schönen Parks in Metropolitan Vancouver ist diese gepflegte Anlage hoch über dem Meer eine der reizvollsten. Bereits die (ausgeschilderte) Zufahrt lohnt den kleinen Umweg.

Cypress Park

Der Hauptverkehr zum *Ferry Terminal* nach Vancouver Island (Nanaimo) und zu den nördlichen Küstenorten läuft über den TCH, dessen Trasse hier weiter landeinwärts hoch über der Küste angelegt wurde. Über ihn (Ausfahrt#8) und die **Cypress Bowl**, eine serpentinenreiche Zufahrt, erreicht man den *Cypress Provincial Park* in rund 800 m Höhe über dem Meer, ein beliebtes Wintersportgebiet. Ein Besuch lohnt bei klarem Wetter wegen des atemberaubenden Blicks über Vancouver und die *Strait of Georgia* bis nach Vancouver Island auch im Sommer. Im Südosten erkennt man dann die immer schneebedeckte Spitze des Vulkans *Mount Baker* im US-Bundesstaat Washington. Die Sicht auf die City wird jedoch oft durch eine gelbliche Smogglocke getrübt.

Der besonders reizvolle **Highview Lookout Point** ist gleichzeitig Ausgangspunkt mehrerer Wanderpfade. Durch den Cypress Park läuft auch der sehr schöne 42 km lange **Baden-Powell Trail** durch die North Shore Mountains, der an der Horseshoe Bay beginnt. Er führt weiter durch den *Capilano River Regional Park* und den *Mt. Seymour Provincial Park* nach Deep Cove am Indian Arm. Beide Parks können ebenfalls – wie im folgenden erläutert – mit dem Auto angesteuert werden.

Capilano Park

Für einen Besuch des **Capilano River Regional Park** biegt man vom Marine Dr östlich der Lions Gate Bridge bzw. vom TCH auf die Capilano Rd ab und gelangt rasch zum gleichnamigen **Canyon.** Eine 137 m lange **Hängebrücke** spannt sich über die 70 m tiefe Capilano Schlucht. Das "Vergnügen", den Canyon auf schwankenden Planken zu überqueren, kostet stolze $8 pro Person und muß nicht sein. Geöffnet *Victoria Day* bis *Labour Day*, 8.30–21 Uhr; sonst bis 17 Uhr.

Folgt man weiter dem Capilano Dr, passiert man zunächst die **Capilano Salmon Hatchery** (Fischzuchtanstalt, die pro Jahr u.a. über 2 Mio Lachse aussetzt; 8–20 Uhr) und erreicht kurz dahinter den **Cleveland Dam**, der den Capilano River zum See und Trinkwasserreservoir für Vancouver aufstaut. Von dort führt auch ein Fußweg zur *Fish Hatchery*.

Grouse Mountain

Am Ende der Straße liegt die Talstation des *Grouse Mountain* **Super-Skyride.** Wer den Blick über die Umgebung aus 1200 m Höhe genießen möchte, muß tief ins Portemonnaie fassen. Gäste des Nobelrestaurants **Grouse Nest** sparen die Seilbahnkosten von $15/Person; sie werden vom Menüpreis abgezogen. Gebührenfrei geht es per Auto im *Mt. Seymour Provincial Park* immerhin auch auf über 1.000 m Höhe (siehe unten).

Lynn Canyon Park

Und auch zur *Capilano Bridge* gibt es eine kostenlose Alternative, nämlich die Hängebrücke im *Lynn Canyon Park* an der **Lynn Valley Rd** (Ausfahrt #19 vom TCH). Ein **Ecology Centre** informiert (täglich 10–17 Uhr) über den Stand des Umweltschutzes in Canada.

Demonstration Forest

Aufschlußreich ist auch der *Mount Seymour Demonstration Forest* östlich des Lynn Canyon Park, erreichbar über die Lillooet Rd, die unmittelbar nördlich der *Second Narrows Bridge* vom TCH abzweigt. Der Park wird von der in British Columbia besonders einflußreichen Holz- und Forstindustrie verwaltet. Vor einigen Jahren wurde dort ein Waldlehrpfad mit der etwas pompösen Bezeichnung **Integrated Forest Resource Management Interpretive Trail** eingerichtet. Schautafeln und ein gratis erhältliches Faltblatt erläutern Abholztechniken, Aufforstungsmaßnahmen und die Zusammenhänge zwischen Ökologie und Forstwirtschaft. Der Unterschied zwischen ursprünglichem und bewirtschaftetem Wald wird "in natura" demonstriert. Daß sich dabei Aufklärung und objektive Information mit Propaganda für die Anliegen der Holzindustrie verbinden, bleibt nicht aus. Wer einmal die naturbelassenen **Rain Forests** etwa im *Pacific Rim* oder *Mount Revelstoke National Park* gesehen hat, wird den Ausführungen zur sinnvollen Waldnutzung sicher nicht in allen Punkten folgen mögen. Außer dem Lehrpfad existiert ein hübscher **Rundweg** um den kleinen Rice Lake herum. Vom Rice Lake kann man auch hinüber zum *Lynn Canyon Park* wandern.

Mount Seymour Provincial Park

Der *Mt. Seymour Provincial Park* liegt hoch über dem *Indian Arm* nordöstlich der Wohngebiete von North Vancouver. Vom TCH (Ausfahrt #22) geht es zunächst auf dem **Mt. Seymour Parkway** zur Parkeinfahrt. Die Zufahrt (13 km) windet sich über zahlreiche Serpentinen zum großen Parkplatz und Besucherzentrum in 1000 m Höhe. Mehrere **Picnic Areas** laden an der Strecke zur Rast ein. Angenehm ruhig ist die *Mushroom Picnic Area*, zu der man vom **Vancouver Lookout Parking Lot** noch ein Viertelstündchen laufen muß.

Das **Visitor Centre** mit Cafeteria und Skiliften ist gleichzeitig Ausgangspunkt für eine ganze Reihe schöner *Trails*. U.a. empfehlenswert sind die 20-minütige Kurzwanderung zum Aussichtspunkt *Dinky Peak* und – bei mehr Zeit – der **Loop Trail** rund um den Goldie Lake (ca. 5 km). Zum Gipfel des Mount Seymour (1453 m) sind es 4 km.

Deep Cove

Vom TCH, Ausfahrt #23 nördlich der *Second Narrows Bridge*, führt der **Dollarton Highway** (als Teil des **North Shore Scenic Dr**) am *Cates Park* vorbei nach Deep Cove am **Indian Arm**. Der kleine Ort eignet sich bestens für einen Bummel und ein Picknick am Strand. Im bunten Hafen dümpeln Fischerboote neben vielen eleganten Yachten.

Eine wunderbare, wenn auch nicht ganz billige **Paddeltour** per Klepperboot in den *Indian Arm* (mit Lachs-Grillen) kann man bei **Lotusland Tours** buchen ✆ 1-800-328-3531 (deutsch).

Yachthafen im Nobelvorort Deep Cove

Britannia Beach

Ein besonders reizvoller Ausflug führt über Horseshoe Bay hinaus nach **Britannia Beach/Squamish** am äußersten Ende des Howe Sound. Sowohl die Straße nördlich Horseshoe Bay (#99) als auch der parallele Schienenstrang verlaufen streckenweise spektakulär zwischen Meer und *Coast Mountains*. In Britannia Beach wartet das hochinteressante **BC Museum of Mining**, eine stillgelegte Kupfermine, auf Besucher.

Hauptattraktionen des Museums sind die alte Minenbahn, mit der es in die Stollen des Untertageabbaus geht, ein im Übertagebau (*Open Pit Mining*) eingesetzter **Super Truck** und das Goldwaschen. Geöffnet von Mai bis Mitte Oktober; Juli bis *Labour Day* 10–16.30 Uhr, ansonsten nur Mi–So zu denselben Zeiten, Eintritt $10, Goldwaschen $3 extra.

Exkursion nach Squamish

Statt mit dem Auto zu fahren, kann man die Strecke von Vancouver nach Squamish auch auf einem kombinierten Ausflug per (nostalgischer) **Eisenbahn und Ausflugsschiff** genießen. Die Anlegestelle für das *MV (Motor Vessel) Britannia* befindet sich am *Coal Harbour* östlich des Stanley Park (Nordende der Denman St). Die historische **Dampflok Royal Hudson** fährt mit liebevoll restaurierten Waggons ab der *BC Rail Station* in North Vancouver (1131 W First St). Boot und Zug verkehren in der Zeit von Mai bis September Mi–So und nur im August täglich; Abfahrt der *Royal Hudson* 9.30 Uhr, der *Britannia* 9.30 Uhr, Gesamtdauer ca. 8 Stunden. Die kombinierte Tour ist mit $56 pro erwachsener Person nicht eben billig, aber bei gutem Wetter ihren Preis wert. Sie kann auch umgekehrt durchgeführt werden (hin mit dem Boot; zurück per Eisenbahn), aber morgens ist es kühler auf dem Wasser, und vor allem herrschen am Nachmittag, wenn die Sonne im Westen steht, fürs Fotografieren die besseren Lichtverhältnisse. Hin- und Rückfahrt ausschließlich mit der Bahn kostet $43 und dauert ca. 6 Stunden. Vom Coal Harbor und der Bahnstation werden die Gäste kostenlos per Bus zu ihrem Ausgangspunkt zurückbefördert. Aktuelle Fahrpläne, Preise und Reservierung unter ✆ 688-7246 oder ✆ 1-800-663-1500.

Fährhafen Horseshoe Bay: Idylle zwischen Bergen und Meer

2.2 CALGARY

Die Weizen-, Vieh- und Ölmetropole Albertas in den westlichen Ausläufern der Prärien ist gleichzeitig **touristische Hauptstadt** der Provinz. Wegen ihrer Nähe zu den Rocky Mountains eignet sich Calgary fast ebensogut wie Vancouver als Ausgangspunkt für Reisen durch Alberta und British Columbia. Für Abstecher in die USA (Yellowstone Park!) liegt Calgary sogar noch etwas besser.

2.2.1 Klima und Geschichte

Klima

Die Prärien erfreuen sich eines trockenen, sonnig-warmen Sommerwetters. Da sich die Westwinde weitestgehend an den Rockies abregnen, sind in Calgary Regenperioden im Hochsommer äußerst selten. Allenfalls kommt es hin und wieder zu kräftigen Gewitterschauern. Juni und September können dagegen ziemlich wechselhaft ausfallen. Im übrigen gelten die Ausführungen zum Klima der Provinz Alberta auf Seite 330.

Geschichte

Schon lange vor Columbus siedelten **Blackfoot** Indianer im Gebiet des südlichen Alberta und des heutigen US-Staates Montana. Erst kam Weiße in nennenswerter Zahl in diesen Teil Canadas (⇨ Geschichte Albertas, Seite 328). Als Whiskyschmuggler aus den USA die "kanadischen" Indianer mit Alkohol versorgten, schickte die Zentralregierung Einheiten der **North West Mounted Police**. 1875 errichtete diese Polizeitruppe am Zusammenfluß von Bow und Elbow River ein Fort, was Signalwirkung für den Zustrom weiterer Siedler hatte.

Viehzucht

Aber erst als die Bautrupps der kanadischen transkontinentalen Eisenbahn 1883 Alberta erreichten, begann der eigentliche Aufstieg. *Fort Calgary*, inmitten reichen Weidelandes gelegen, entwickelte sich zum Zentrum der wichtigsten Viehzuchtregion Canadas, und aus der *Cowboy-Town* rund um das Fort wurde rasch eine Stadt.

Öl

Das moderne Industriezeitalter hielt 1909 in Turner Valley, 50 km südlich von Calgary, Einzug: die **Dingman #1 Oil Well**, heute im *Heritage Park* zu besichtigen, förderte das erste Öl. Im selben Jahr eröffnete die Weizenbörse in einem sechsstöckigen, damals höchsten Gebäude der Stadt.

Stampede

1912, als trotz der Ölfunde noch die Rinderzucht Hauptwirtschaftsfaktor war und das Cowboyleben noch eine wichtige Rolle spielte, fand zum ersten Mal die **Calgary Stampede** statt. Dieses seither alljährlich im Juli abgehaltene Rodeo entwickelte sich zur **Greatest Outdoor Show on Earth** und begründete den Ruf Calgarys als attraktives touristisches Ziel.

Ölmetropole

Der Bau einer ersten Raffinerie ließ noch bis 1923 auf sich warten, danach war kein Halten mehr: Calgarys Ölindustrie sorgte für einen anhaltenden Boom bis zu den Ölkrisen der 70er-Jahre. Seither folgt die Wirtschaftsentwicklung derStadt dem Auf und Ab des internationalen Ölpreises. Aber selbst in sogenannten "schlechten" Jahren bringt das Öl- und Gasgeschäft Calgary weit mehr ein als Weizen und Steaks. Heute besitzen über 400 kleine und große Ölfirmen Niederlassungen oder ihr Hauptquartier in Canadas Ölmetropole.

Calgary heute

Die Prosperität der 80er Jahre verhalf Calgary zu einem starken Bevölkerungsanstieg auf rund **755.000 Einwohner** und – damit einhergehend – einer von Glas und Beton geprägten Hochhaus-Silhouette. Die **Olympischen Winterspiele von 1988** brachten der Stadt einen zusätzlichen Bauboom. Calgary übertrifft heute die an Einwohnern etwas stärkere Provinzhauptstadt Albertas, Edmonton, nicht nur wirtschaftlich, sondern strahlt auch durch das von zahlreichen Hochhäusern geprägte Stadtbild größere Bedeutung aus.

2.2.2 Information, Orientierung und öffentliche Verkehrsmittel

Touristen Information

Was Calgary außer der *Stampede* und den Palästen der *Oil Companies* noch zu bieten hat, erfährt man vorzugsweise in den *Visitor Information Centres* der Stadt. Dort erhält man Kartenmaterial, Prospekte und Gratis-Broschüren. U.a. gibt es den **Visitor's Guide/Key to Calgary**, der alle Attraktionen der Stadt vorstellt, Restaurants und Hotels verzeichnet und eine Liste aller wichtigen Telefonnummern enthält.

Touristeninformationen befinden sich u.a.

– in der Ankunftshalle des *Calgary International Airport*
– am Fuße des *Calgary Tower*

Adresse der Zentrale für schriftliche/telefonische Anfragen:

Calgary Convention and Visitors Bureau
Burns Building
237 8th Ave. SE
Calgary, AB, T2G 0K8
✆ (403) 263-8510 und ✆ 1-800-661-1678
Fax: (403) 262-3809
Internet: http://www.visitor.calgary.ab.ca

Straßensystem

Die Orientierung in Calgary fällt leicht. Das Straßennetz ist im wesentlichen schachbrettartig angelegt. In Nord-Süd-Richtung verlaufende Straßen heißen *Streets*, Straßen in Ost-West-Richtung *Ave*. Die Zählung beginnt jeweils im Stadtzentrum mit dem Zusatz des Himmelsrichtungs-Quadranten, durch den der jeweilige Straßenabschnitt läuft, also z.B. SE (für Südost), NW (für Nordwesten) etc. Größere, überwiegend als Autobahn ausgebaute Durchgangsstraßen tragen die Bezeichnung **Trail**. Die wichtigste Nord-Süd-Verbindung ist die Straße #2, bzw. der *Deerfoot Trail*, der von der amerikanischen Grenze durch Calgary hindurch bis Edmonton führt. Der TCH durchquert die Stadt als 16th Avenue nördlich des Bow River in Ost-West-Richtung.

Parken

In Calgarys Innenstadt südlich des Bow River herrscht **Parkplatzmangel**. Die Großparkplätze rund um die innere City sind werktags oft schon ab frühmorgens belegt. Die besten Chancen hat man im Bereich südlich des *Calgary Tower* (10th Ave). Die *Calgary Parking Authority* bietet aber auswärtigen Besuchern einen Sonderservice: Sie erhalten einen **Free Parking Pass**, der ihnen auf öffentlichen Parkplätzen und in einigen Parkhäusern die Gebühren erspart – sofern sie einen Platz finden. Einzelheiten dazu bei der **Calgary Parking Authority** ✆ 262-6174.

Öffentlicher Nahverkehr

Für Fahrten nach *Downtown* Calgary kann man aber gut auf öffentlichen Transportmittel ausweichen. Busse und elektrische Straßenbahnen (*Light Rail Rapid Transit*, auch **C-Train** genannt) verkehren auf einem relativ dichten Netz und mit ausreichender Frequenz. Der *C-Train* auf der 7th Ave, eine der Haupteinkaufsstraßen der Innenstadt, kann zwischen *City Hall* (2nd St SE) und der 9th St SW **gratis** benutzt werden. *Calgary Transit* unterhält ein Informationsbüro in der 206 7th Ave SW, 8.30–17 Uhr. Dort gibt es **Fahrpläne, Tagespässe** ($5) und **Ticket-Books** ($14 für 10 Tickets, statt $16 bei Einzelkauf). Information unter ✆ 262-1000.

2.2.3 Unterkunft und Camping

Hotels/ Motels

Dank erheblicher Hotel- und Motelkapazitäten findet man in Calgary und Umgebung im allgemeinen – auch in den niedrigeren Preisklassen – immer ein freies Zimmer. Besonders viele **Motels** gibt es am TCH, am **Macleod Trail**, der Haupteinfahrt in die Stadt von Süden her, und in den Außenbezirken am **Glenmore/Sarcee Trail**, der südlichen Umgehungsautobahn.

Das **Preisniveau** für Hotelzimmer in Calgary liegt deutlich niedriger als in Vancouver. **Downtown Hotels** bieten z.B. an Wochenenden attraktive Raten an, etwa das **Westin Hotel** ab $95 (320 4th Ave SW). In Flughafennähe befinden sich Häuser der großen Ketten wie etwa **TraveLodge** (2750 Sunridge Blvd), **Best Western** (1947 18th Ave NE) oder **Comfort Inn** (2363 Banff Trail NW).

Unterkünfte während der Stampede

Nur wenn die *Calgary Stampede* oder eine andere Großveranstaltung stattfindet, **werden freie Zimmer zu Mangelware**. Speziell während der Stampede-Tage (siehe unten) sind alle Betten langfristig ausgebucht. Wer das Glück hat, trotzdem eine Unterkunft zu finden, zahlt **kräftige Aufschläge**. Auch preiswertere Quartiere wie die Universitätsunterkünfte und die Jugendherberge sind dann hoffnungslos überfüllt. Eine Chance unterzukommen hat nur, wer rechtzeitig reserviert. Sehr hilfreich ist für diesen Zweck der von *Travel Alberta* jährlich neu herausgebene **Alberta Accomodation Guide** mit einer nahezu kompletten Liste aller Motels und Hotels der Provinz, ➪ Kapitel 4, Seite 331.

Preiswert kommt man auch in Calgary in der Jugendherberge, beim YWCA oder (saisonabhängig) auf dem Universitätscampus unter:

International Hostel
520 7th Ave SE
Calgary, Alberta T2G 0J6
✆ (403) 269-8239, Fax (403) 266-6227
ab $14 pro Bett

YWCA nur für Frauen
320 5th Ave SE,
✆ (403) 263-1550, ab $16 pro Bett

Camping

Die nächsten **Provincial Parks** mit Campmöglichkeiten sind über 50 km von Calgarys Innenstadt entfernt. Der **Wyndham-Carseland Park** am Bow River liegt südöstlich der Stadt an der Straße #24 in der Nähe von Carseland. Westlich von Calgary im *Kanaskis Country* gibt es an der Straße #66 gleich **5 Provincial Campgrounds** in 10 bis 50 km Entfernung von Bragg Creek. Mehrere private Campingplätze liegen relativ citynah, zum Beispiel der **KOA Campground** unweit des TCH im Westen Calgarys (ca. 1 km zum *Olympic Park*; zur Stampede Preisaufschläge, Reservierung notwendig unter ✆ 800-KOA-0842). In und bei **Okotoks**, ca. 25 km weiter südlich, gibt es drei ordentliche, ruhige Plätze am Sheep River. Der **Foothills Lions Centennial Park** in Black Diamond, 12 km westlich von Okotoks, bietet preiswertes Komfortcamping.

Stampede Camping

Eine Übernachtung im Auto oder Wohnmobil innerhalb der Stadtgrenzen wird nur während der *Stampede Days* von der Polizei (in Grenzen) toleriert. Ein möglicher Standort ist dann der Parkplatz am Zoo auf St. George Island.

2.2.4 Calgary Stampede

Kennzeichnung

Die Top-Attraktion Calgarys ist die *Stampede*, welche alljährlich die ganze Stadt in "Aufruhr" versetzt. Nachdem sie **1912 erstmalig** veranstaltet worden war, werden die zehn Tage der seit 1922 größten **Rodeo Show** Nordamerikas Pflichtprogramm für Fans, professionelle und Freizeit-Cowboys. Eine zur selben Zeit stattfindende Industrie- und Landwirtschaftsmesse lockt zusätzlich Besucher an.

Ablauf	Traditionell wird die *Stampede* am Freitagvormittag des 2. Juli-Wochenendes mit einer großen Parade durch die Innenstadt eröffnet. In einem farbenfrohen Spektakel präsentieren sich Musik- und Tanzgruppen, Reiterstaffeln und Indianer, aber auch Bürgermeister und Vereine (alle natürlich stilecht mit Cowboyhüten und -stiefeln) vor einer riesigen Zuschauermenge. Täglich steht während der **10 Stampede Days** die Innenstadt kopf. Indianertänze, **Square Dance** zum Mitmachen und Wettbewerbe wie Barhockerrennen und Tauziehen beleben die Fußgängerzone. "Freßbuden" im Westernstil servieren allen, denen Schlangestehen nichts ausmacht, gratis **Flapjacks and Bacon** (Pfannkuchen mit Speck) und Kaffee. Bier wie andere Alkoholika sind auch bei größter Hitze verpönt, die Stimmung unter den Tausenden von Besuchern ist gleichwohl prächtig.
Ort	Die Rodeo-Veranstaltungen finden im **Stampede Park** statt. Anfahrt auf der 2nd St SE/Macleod Trail, besser noch mit dem *C-Train*, denn Parkplätze sind rar.
Disziplinen	Die klassischen Rodeo-Disziplinen, die auf der **Greatest Outdoor Show on Earth** zum täglichen Nachmittagsprogramm gehören, sind das

- **Bareback** und **Saddle Bronc Riding**
  (Pferdezureiten mit und ohne Sattel)
- **Calf Roping**
  (Lassowurf und Fesselung eines Kalbes)
- **Barrel Racing**
  (Frauen reiten um einen von Tonnen markierten Parcours)
- **Steer Wrestling**
  (Umwerfen eines Stiers mit bloßen Händen)
- **Bull Riding**
  (Bullenreiten mit nur einem Arm am Haltestrick)

Neben diesen altbewährten Übungen gibt es humorige Einlagen wie etwa das **Wild Cow Milking**, wobei einer ungezähmten Kuh ein paar Tropfen Milch abzuzapfen sind, aber auch den ausgezeichneten **Musical Ride** der Royal *Canadian Mounted Police*, die in ihren roten Uniformen ein prächtiges Reiterspektakel bieten (Siehe Foto im Farbteil).

Evening Show und Cuckwagon Race	Höhepunkt der Abendvorstellung sind die **Chuckwagon Races**, unter großem Lärm und enormer Staubentwicklung absolvierte Rennen von vierspännigen (Renn-) Planwagen. Danach findet auf einer Open-air-Bühne vor der Tribüne eine grandiose **Evening Show** statt, eine Mischung aus Operette, Zirkus und modernem **Entertainment**. Den Abschluß des Tages bildet jeweils ein großes Feuerwerk.
Eintritt	Ein Besuch der *Stampede* ist dennoch kein sehr teures Vergnügen (Eintritt ins Ausstellungsgelände ohne Rodeo $8):

Eintritt	Auf der Haupttribüne (***Grandstand***, bei preiswerteren Plätzen keine ausreichende Sicht) kostet das Ticket pro Person:

Nachmittagsrodeo ab $17
Chuckwagonraces mit *Evening Show* ab $22

Ermäßigung	Wer aufpaßt und/oder langfristig vorplant, kann diese Kosten leicht reduzieren. So ist beispielsweise der allgemeine Eintritt bei vorbestellten *Rodeo-* und *Grandstand-Tickets* schon enthalten, und Kinder haben an sogenannten **Kids' Days** freien Zutritt zum Stampede-Gelände. Unter Rubriken wie **Special Days** und **Free Entertainment** in Werbebroschüren, die von der Stampede-Gesellschaft auf Anforderung zugesandt werden (Adresse siehe unten), findet man alle Einzelheiten zu diesen und weiteren Vergünstigungen.
Daten	Die *Stampede* findet in der zweiten Juliwoche vom Freitag der Vorwoche bis einschließlich Sonntag statt. Die Daten für die nächsten Jahre sind:

3.7. – 12.7.1998
9.7. – 18.7.1999
7.7- – 16.7.2000

Tickets	Unmittelbar nach Ausklang jeder Stampede können bereits Tickets fürs nächste Jahr bestellt werden bei:

Calgary Exhibition and Stampede
Box 1060
Calgary, Alberta
Canada T2P 2K8
✆ (403) 261-0101, ✆ 1-800-661-1260 (von außerhalb Calgary)
Internet: http://incalgary.com/rodeo

Bull Riding auf der Calgary Stampede

2.2.5 Stadtbesichtigung

Downtown

Geographie Downtown ist überschaubar und läßt sich problemlos zu Fuß erkunden. Zumal in den letzten Jahren die **autofreie Zone** von der 8th Ave SW (*Stephen Ave Mall* zwischen 1st St SE/ Olympic Plaza und 3rd St SW/Toronto Dominion Sq) auf die *Barclay Mall* (bis hinauf zur 1st Ave SW) ausgedehnt worden ist. Ein großer Teil der City-Gebäude ist überdies durch **Elevated Walkways**, Fußgängerwege in 15 Fuß Höhe, miteinander verbunden. Sie führen durch Gebäude und über verglaste und offene Straßenbrücken (*Enclosed* und *Open Walkways*). In einigen City-Plänen und Führern für Touristen ist das Wegesystem eingezeichnet.

Calgary Tower Als Ausgangspunkt für eine "Downtown-Runde" eignet sich besonders gut der *Calgary Tower*, an dessen Fuß sich ein Informationsbüro befindet, siehe oben. Der bereits 1967 fertiggestellte Turm (191 m), einst im wahrsten Sinne herausragender Punkt in der **City Skyline**, ist heute umringt von Wolkenkratzern, die ihn zum Teil bereits überragen, so der **Petro-Canada Tower #2** (210 m) oder die **Bankers Hall** (197 m).

Ein Aufzug befördert Besucher in nur 62 Sekunden zur **Observation Terrace**. Von dort hat man aus schwindelnder Höhe eine wunderbare Rundumsicht über die ganze Stadt und kann bei gutem Wetter im Westen die Gipfel der Rocky Mountains erkennen. Auffahrt täglich 7.30–24 Uhr, Eintritt $4. Über der Aussichtsterrasse befindet sich der **Panorama Dining Room**, ein Drehrestaurant, das sich pro Stunde einmal um die eigene Achse dreht. Den Drink vorm Essen, aber auch leichte Mahlzeiten nimmt man in der **Tops Bar and Grill** ein. Die Preise entsprechen der Höhenlage.

Glenbow Museum Der Straßenblock gegenüber beherbergt das großzügige **Convention Centre**, in dem das ausgezeichnete *Glenbow Museum* untergebracht ist (Mai bis September, täglich 9–17 Uhr, sonst So+Mo geschlossen; Eintritt $5). Die Ausstellung über **Indianer- und Inuitkultur** zählt zum Besten, was Canada in dieser Beziehung zu bieten hat. Auch die **mineralogische Kollektion** des Museums ist einen Besuch wert. Eine weitere Abteilung widmet sich der Wirtschaftsgeschichte des westlichen Canada vom Pelzhandel der Gründerzeit bis zur modernen Ölindustrie. Verläßt man das Museum in Richtung 8th Ave, gelangt man automatisch auf das östliche Ende der Shopping Meile **Stephen Avenue Mall**, die Olympic Plaza, um die sich Rathaus und wichtige Verwaltungsgebäude der Stadt gruppieren.

Fußgängerbereich Zu einem Bummel durch die Fußgängerzone gehört unbedingt auch der Besuch der **Devonian Gardens** im 3. und 4. Stock des Einkaufs- und Bürokomplexes **Dominion Square** an der Ecke 8th Ave/3rd St gegenüber dem **Eaton Centre**.

Der über zwei Stockwerke angelegte **Indoor Park** belegt eine Fläche von rund 1 ha. Inmitten dichter Vegetation aus kanadischen und tropischen Pflanzen scheint das Getriebe der Straße weit entfernt zu sein. Bei Sonnenschein sind Blumenbeete und Wasserbasins, in denen sich die umliegenden Hochhäuser spiegeln, hübsche Fotomotive (geöffnet 9–21 Uhr).

Energeum Einige Blocks weiter nordwestlich liegt das *Energeum* (640 5th Ave SW zwischen 5th/6th St). Es informiert anschaulich und unterhaltsam über die **Energieressourcen** des Landes sowie über wissenschaftliche Grundlagen und wichtige Felder der **Energiewirtschaft.** Wie in den anderen Museen "zum Anfassen" kann man hier kleine Experimente selbst durchführen und "spielend" lernen. Die Funktionsweise von Bohrtürmen und Anlagen zur Extraktion von Öl aus Sand und Schiefer wird an Modellen erläutert. Öffnungszeiten von Juni bis August So–Fr, 11–16 Uhr, sonst So geschlossen; freier Eintritt.

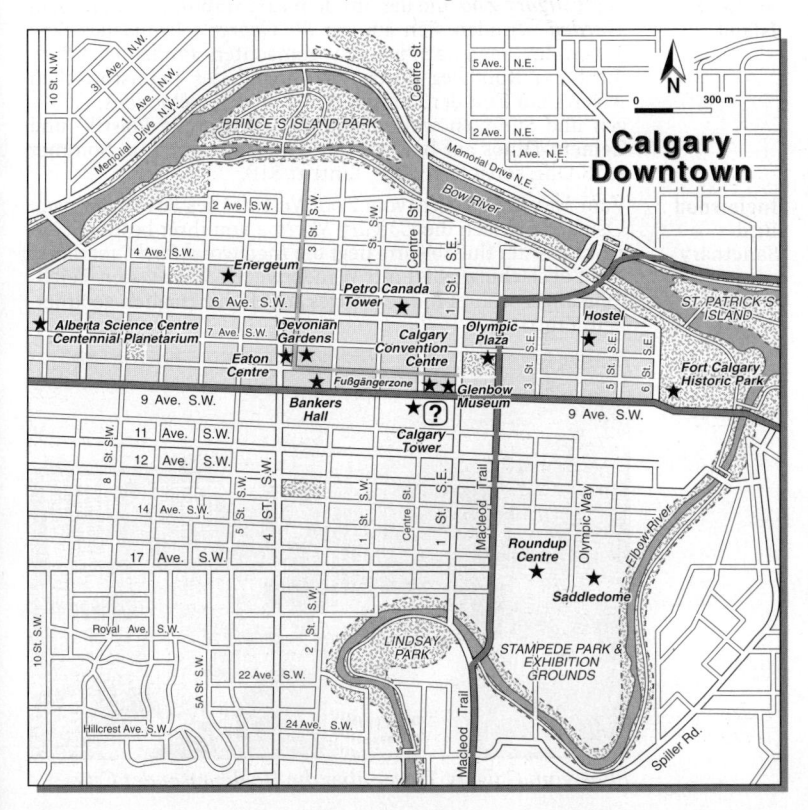

Science Centre

Am Westende der City (11th St/7th Ave SW) befindet sich das für nordamerikanische Großstädte heute fast obligatorische **Wissenschaftsmuseum**. Selbst herbeizuführende Effekte und Demonstrationen erhellen dem Besucher naturwissenschaftliche Phänomene. Zum *Science Centre* gehört das **Centennial Planetarium**, wo an Wochenenden **Lasershows** stattfinden. Geöffnet Ende Mai bis Anfang September 10–20 Uhr, Rest des Jahres kürzer, Eintritt $8; Kombinationsticket mit Planetarium möglich; *Lasershows* extra.

Fort Calgary

Östlich der Innenstadt stehen am Bow River die Reste des *Fort Calgary*, dessen Errichtung im Jahre 1875 den Beginn der Stadtgeschichte markierte. Im **Visitor Centre** wird ausführlich und großer mit Detailfreude das einstige Leben im Fort dokumentiert. Geöffnet Anfang Mai bis Mitte Oktober Mi–So 9–17 Uhr, Eintritt $2.

St. George Island

Der **Calgary Zoo** und der mit dem Zoo verbundene **Botanical Garden** befinden sich auf der *St. George's Island* des Bow River. Im angrenzenden gut gemachten **Prehistoric Park** führt ein Rundweg durch ein Modell des prähistorischen Alberta zur Zeit der Dinosaurier. Zwischen *Hoodoos*, Gebirgen und Sümpfen warten dort **28 lebensgroße Plastik- und Zement-Dinos** auf Bewunderer. Öffnungszeiten im Sommer 9–18 Uhr, sonst 9–16 Uhr, Eintritt $10.

Inglewood Bird Sanctuary

Vom *Memorial Drive* (vom Zoo/Westufer des Bow River nach Osten) zeigt sich die *Calgary Skyline* von ihrer besten Seite. Etwas weiter flußabwärts liegt die *Inglewood Bird Sanctuary*, ein **Vogelschutzgebiet** mit Wanderwegen. Hier rasten Teichrohrsänger während ihres Zuges im Herbst (täglich geöffnet, kein Eintritt).

Blick vom Calgary Tower über die Hochhäuser der City

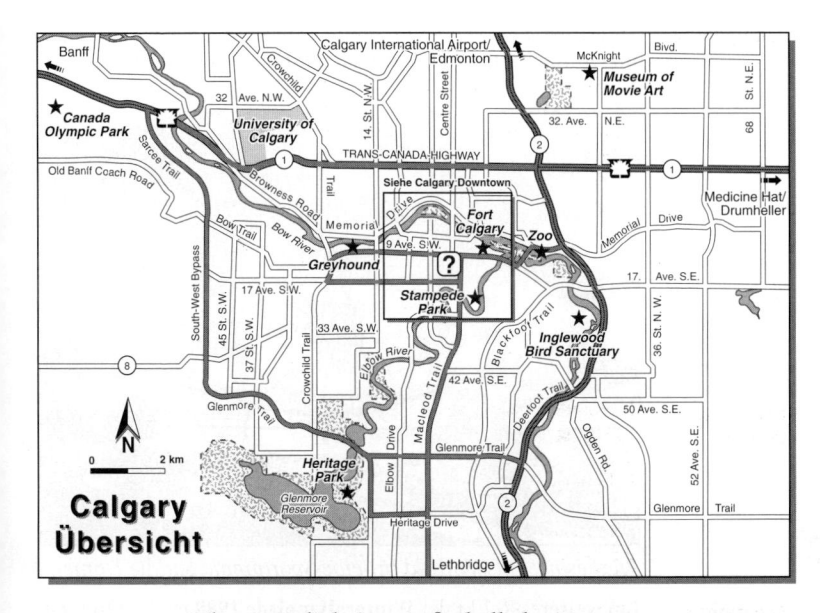

Sehenswürdigkeiten außerhalb des Zentrums

**Getreide-
"Akademie"**

Das Stampede-Gelände bleibt den Rest des Jahres keineswegs ungenutzt. Im oberen Stockwerk des **Roundup Centre** im Stampede Park etwa befindet sich, freilich etwas versteckt, die **Grain Academy**, das Getreidemuseum der Provinz Alberta. Ausstellungen und Filmvorführungen erläutern Anbau und Transportwege des Weizens in Vergangenheit und Gegenwart. Das Modell eines Getreidespeichers (**Grain Elevator**) zeigt die Funktionsweise der für die Prärieprovinzen typischen Lagerhäuser. Geöffnet April–September Mo–Fr 10–16 Uhr, Sa 12–16 Uhr.

Stampede Park

Die **Rennbahn** im Stampede Park ist von April bis Mai und September bis November jeweils mittwochs und an den Wochenenden Austragungsort von Galopprennen. In den dazwischenliegenden Sommermonaten finden Trabrennen statt. Im **Stampede Casino** (Mo–Sa 12–24 Uhr) erwartet den Besucher kein glitzerndes Spielerparadies wie in Las Vegas, sondern eine eher nüchterne Spielhalle ohne Flair.

Saddledome

Weltweites Interesse zog Calgary durch die **Olympischen Winterspiele 1988** auf sich. Der damals errichtete, den regionalen Traditionen gemäße *Saddledome*, eine überdachte Arena in der Form eines Pferdesattels, steht unweit des Stampede-Geländes. Sie faßt über 20.000 Zuschauer. Die Eishockey-Mannschaft *Calgary Flames* absolviert dort ihre Heimspiele.

Saddledome Fotos mit dem *Saddledome* im Vorder- und der *City-Skyline* im Hintergrund schießt man am besten von der hochgelegenen Salisbury Ave östlich des Elbow River.

Pferdesattel als Vorbild für eine Sportarena: Saddle Dome

Olympic Park Ein weiteres Relikt der **Winterolympiade 1988** ist der *Olympic Park* im Westen Calgarys, einige Kilometer außerhalb der Stadtgrenzen am TCH. Unübersehbar sind die vier Sprungschanzen. Eine etwas entschärfte Bob- und Rodelschlittenbahn bietet Nervenkitzel für Touristen (1. Fahrt $13, jede weitere $9). Öffnungszeiten des Parks 10–19 Uhr; Informationen zu Betriebszeiten und Führungen unter ✆ 286-2632.

Universität Die **University of Calgary** (2500 University Dr NW, ✆ 220-3500, 22.000 Studenten) etablierte sich 1966 als eigenständige Universität. Der Campus im Nordwesten der Stadt beherbergt u.a. das **Nickle Arts Museum** (434 Collegiate Blvd, Eintritt, Di–Fr 10–17 Uhr, Sa–So 13–17 Uhr, Eintritt $2) mit Galerien zur Numismatik. Die Sportanlagen der Universität, darunter ein olympischer Eislaufring, Squash-, Badminton- und Tennisplätze, 50m-Schwimmbecken, Kraftraum u.a., stehen auch Besuchern offen (täglich geöffnet, Eintritt $5).

Familien-Fitness Über ähnliche Sportanlagen mit Eislaufring und einer 100 m langen Wasserrutsche verfügt das **Family Leisure Center** (11150 Bonaventure Dr SE, ✆ 278-7542, Eintritt).

Calaway Park Ebenfalls am TCH liegt nur wenig westlich des *Olympic Park* der 28 ha große *Calaway Park*, ein mittelmäßiger **Amusement Park** mit Kinderkarussells, Wasserrutschen, Riesenrad und weiteren typischen Jahrmarktsattraktionen. Dazu gibt es *Entertainment*, Souvenirshops und jede Menge Snackbars.

Die **Flintstones** dienen als wandelnde Maskottchen. Mitte Juni bis Anfang September täglich 10–20 Uhr, früher und später nur an Wochenenden; Eintritt $18.

Heritage Park
Ein wirklich **lohnendes Ausflugsziel** ist der *Heritage Park* am Glenmore Reservoir südlich der City. Für ein im Stil vor der Jahrhundertwende errichtetes **Museumsdorf** sind Gebäude aus ganz Canada Stück für Stück demontiert und dort wieder aufgebaut worden. Wohn- und Geschäftshäuser, Schule, Rathaus und Kirche vermitteln ein der Gründerzeit entsprechendes Stadtbild und außerdem – dank **Goldmine**, **Ölbohrturm** und **Fort** der *Hudson's Bay Company* – **Wildwest-Flair**.

Die historische Eisenbahn rund ums Gelände fehlt ebensowenig wie der **Raddampfer** auf dem Glenmore Reservoir, und auch das Personal sorgt in zeitgenössischen Kostümen für authentische Atmosphäre. Geöffnet *Victoria–Labour Day* 10–18 Uhr; Eintritt $10, mit Fahrten $16.

Spruce Meadows
An der Straße #22 (*Marquis of Lorne Trail*, ca. 3 km westlich des *MacLeod Trail*) liegt südwestlich von Calgary *Spruce Meadows*, ein international bekanntes **Springreiterzentrum**. Zu dort ausgetragenen bedeutenden Turnieren zählt auch das *Spruce Meadows Invitational*, das zur Zeit der *Stampede* stattfindet. Außerhalb von Turniertagen Führungen oder Besichtigung auf eigene Faust Mo–Fr 10–16 Uhr; Picknickplatz vorhanden.

Luftfahrtmuseum
In einer alten 40er-Jahre-Halle der *Royal Air Force* ist das **Aerospace Museum** beheimatet (Hangar 10, 64 McTavish Pl NE, unweit des Flughafens im Nordosten der Stadt). Es thematisiert den kanadischen Beitrag zur modernen Luft- und Raumfahrt. Unter den Ausstellungsstücken befindet sich das erste Flugzeug Calgarys, die *Westwind*. Eintritt $5

Film-Museum
EinMuseum besonderer Art steht an der 3600, 21st St NE: Das **Museum of Movie Art** rühmt sich glaubhaft, die weltweit größte Sammlung von Filmplakaten zu besitzen. Cineasten werden an den Exponaten, die teilweise noch aus den 20er-Jahren stammen, ihre Freude haben. Im gut sortierten **Poster Shop** läßt sich manche Entdeckung machen. Geöffnet Mo–Fr 9.30–17.30 Uhr, Sa 11–17 Uhr; Eintritt $1.

Heißluftballons
Calgary gilt als nationales Zentrum für Heißluftballonfahrer und nennt sich nicht ohne Stolz **Hot Air Balloon Capital of Canada** – wohl auch, um nicht ausschließlich auf das Image einer *Rodeo-City* festgelegt zu sein. Eine ganze Reihe von Firmen bietet Exkursionen in luftige Höhen über die Stadt und in Richtung Rocky Mountains auch für Touristen an; die Kosten solcher Trips beginnen bei $120, Dauer 60–90 Min. Adressen von Veranstaltern findet man im offiziellen *Visitor's Guide* und in den Büros der *Tourist Information*.

2.3 EDMONTON

Lage

Edmonton liegt inmitten einer flachen, streckenweise leicht hügeligen Prärielandschaft knapp 300 km nördlich von Calgary und etwa ebenso weit östlich der Rocky Mountains. Mit 840.000 Einwohnern ist der Großraum Edmonton bevölkerungs-stärkste Region der Provinz Alberta. Überwiegend landwirtschaftlich genutzt, bietet die unmittelbare Umgebung keine besonderen Reize.

Albertas Hauptstadt

Obwohl Sitz der Provinzregierung, steht Edmonton ein wenig im Schatten von Calgary, der "heimlichen" Hauptstadt Albertas. Für Fahrten in den hohen Norden ist die Stadt aber ein bedenkenswerter Ausgangspunkt (600 km bis Dawson Creek, wo der *Alaska Highway* beginnt).

2.3.1 Klima und Geschichte

Klima

Wie auf Seite 330 ausgeführt, zeichnet warmes, weitgehend **trockenes Sommerklima** die Prärieregionen Albertas aus. Niederschläge sind selten und meist verbunden mit kurzen heftigen Gewittern. Dank seiner Lage relativ hoch im Norden scheint an schönen Tagen im Juni/Juli in Edmonton bis zu 17 Stunden die Sonne. Eher wechselhaftes Wetter mit gelegentlich recht kühler Witterung zeichnet Frühjahr und Herbst aus. Informationen zum Wetter in Edmonton gibt`s unter ✆ (403) 468-4940.

Geschichte

Wie viele andere Städte des kanadischen Westens ging auch Edmonton aus der Niederlassung einer der beiden großen Pelzhandelsgesellschaften hervor. In diesem Fall war es die ***Hudson's Bay Company***, die am Ufer des Saskatchewan River 1846 ein Fort errichtet hatte, von dem aus Tauschgeschäfte mit **Cree** und **Blackfoot Indians** getätigt wurden. Im Umfeld entstand bald eine Siedlung.

Goldrausch

Der Goldrausch der Jahrhundertwende verwandelte das entlegene Prärienest in eine **Boom Town**, als viele Prospektoren auch auf dem Landweg (die überwiegende Mehrheit wählte den Seeweg von San Francisco, Seattle oder Vancouver aus durch die *Inside Passage* nach Dyea/Skagway – ➪ Seite 493) zu den Goldfeldern an Yukon und Klondike River strebten. Die wenigsten schafften es, sich bis zum Ziel "durchzukämpfen". Auf den *Boom* folgte kein *Bust*, die Talfahrt, wie sie so viele andere Städte nach plötzlichem Wachstum erleben mußten, wenn die Basis der Expansion entfiel. Edmonton behielt Zentralfunktion für die weitere Entwicklung des Nordwestens und avancierte 1905 zur Hauptstadt der neuen Provinz Alberta. Nach dem Anschluß an das transkontinentale Eisenbahnnetz im Jahr 1915 wurde Edmonton zu einem der wichtigsten Verkehrsknotenpunkte im westlichen Canada.

Edmonton

Alaska Highway

Als in den 30er-Jahren die Erschließung bislang unzugänglicher Regionen im hohen Norden per Flugzeug begann, spielte Edmonton dabei eine bedeutende Rolle. Beim Bau des *Alaska Highway* in den Kriegsjahren (⇨ Seite 469) war die Stadt eine der wichtigsten Etappen für den Nachschub. Die Bezeichnung Edmontons als *Gateway to the North* stammt aus jener Zeit.

Öl

1947 stieß man 40 km südlich der Stadt bei Leduc auf Öl, was den zweiten *Boom* auslöste. Danach galt Edmonton zeitweise noch vor Calgary als *Oil Capital of Canada*. Heute sprudeln rund um die Stadt an die 2.400 Quellen. Außerdem wird von Edmonton aus die Ausbeutung der ölhaltigen Sände bei Fort McMurray gelenkt.

2.3.2 Information, Orientierung und öffentliche Verkehrsmittel

Tourist Information

Besucherinformationen befinden sich im *Gateway Park* an der Autobahn #2 südlich von Edmonton, an der östlichen und westlichen Stadteinfahrt am *Yellowhead Highway* (Straße #16, nur im Sommer), am *International Airport* und – mitten in der Innenstadt – im Rathaus (99th St/102 Ave). In allen *Visitor Centres* sind die *Edmonton Mini Map* und die hilfreiche Broschüre *Edmonton Attractions* gratis erhältlich, sowie das übliche Werbematerial zu Sehenswürdigkeiten und Veranstaltungen wie etwa den *Klondike Days*. Adresse und ✆ lauten:

Edmonton Tourism
9797 Jasper Ave
Edmonton, AB T5J 1N9
✆ (403) 496-8400 oder (800) 463-4667

Eine besondere Erwähnung verdient die *Tourist Information* am *Calgary Trail* (Autobahn #2) bei Leduc. Dort ist der erste Bohrturm Albertas, der *Imperial Leduc #1 Oil Derrick* an seinem ursprünglichen Ort zu besichtigen **Gateway Park**. Nebenan informiert ein *Display* über Ölförderung und *-Business* in Alberta. Infos zu Parks und Freizeitaktivitäten der Stadt gibt es außer bei der *Tourist Information* bei:

Edmonton Parks and Recreation
River Valley Outdoor Centre
10125 97th Ave
Edmonton, AB T5J 2R7
✆ (403) 496-7275

Straßensystem

Dank der übersichtlichen Straßenführung und -bezeichnung ist es in Edmonton nicht schwer, sich zurechtzufinden. Die *Avenues* verlaufen alle in ost-westlicher Richtung, die *Streets* von Norden nach Süden; die fortlaufende Zählung beginnt für die *Avenues* im Süden, für die *Streets* im Osten (Meridian St).

Orientierung Der in weiten Bogen quer durch die Stadt fließende **Saskatchewan River** teilt Edmonton in nördliche und südliche Stadtteile. Die Straßenzählung setzt sich ungeachtet der Unterbrechung durch den Fluß auf beiden Seiten fort. Neun Brücken überqueren innerhalb des Stadtgebietes den Saskatchewan River, dessen Ufer auf nahezu ganzer Länge durch die Stadt von Grün- und Sportanlagen gesäumt werden. Das **Zentrum** Edmontons mit der *City Hall* und den Gebäuden der Provinzregierung liegt erhöht über dem Nord-ufer des Flusses. Hauptgeschäftsstraße ist die **Jasper Ave**. Auf der Südseite befinden sich der eindrucksvolle Campus der *University of Alberta* und schöne Wohnviertel.

Nahverkehr Edmonton verfügt über ein verhältnismäßig gut ausgebautes öffentlichen Nahverkehrssystem, das Bus und Straßenbahn (*Light Rail Transit*, kurz **LRT**) kombiniert. Einzelfahrten kosten $1,60; ein ***Daypass*** für $4 erlaubt eine beliebig häufige Nutzung aller Linien; Erhältlich im Informationszentrum der Verkehrsbetriebe, 100A St/Jasper Ave; geöffnet Mo–Fr 9–17 Uhr, ✆ (403) 421-4636. Die Benutzung des ***C-Train*** auf der 7th Ave ist zwischen vier Stationen **im Zentrum frei**.

Blick auf die City of Edmonton vom AGT-Tower

2.3.3 Unterkunft und Camping

Hotels/Motels

Wer nostalgisch und luxuriös übernachten möchte, findet im 1915 erbauten **Hotel Macdonald** (10065 100th St, gehört zur *Canadian Pacific* Kette, ➪ Seite 137) eine angemessene Unterkunft. Dort wie auch im **Sheraton Grande Edmonton** (10235 101st St) oder im **Renaissance Edmonton Hotel** (10155 105th St) gibt es an Wochenenden Sondertarife weit unter den üblichen Zimmerpreisen. Relativ preisgünstig für ein Hotel im Zentrum ist das **Econo Lodge Downtown** (10209 100 Ave).

Außerhalb der Innenstadt findet man zahlreiche Hotels und Motels der **Mittelklasse** entlang der südlichen Zufahrtstraße #2 (*Calgary Trail*) im Bereich der Kreuzung mit Straße #14 (z.B. das *Best Western Cedar Park Inn*, 5116 Calgary Trail) und am *Yellowhead Highway West*, speziell an dessen Verlängerung *Stony Plain Rd* im Bereich der 170. Straße.

Bed & Breakfast

Bei der Buchung von *Bed & Breakfast*-Unterkünften im Raum Edmonton (ab $40 fürs Doppelzimmer) helfen neben Edmonton Tourism:

Alberta's Gem Bed & Breakfast Reservation Agency
11216 48th Ave
Edmonton, Alberta T6H 0C7
✆ und Fax (403) 434-6098

Preiswerte Unterkünfte

Die **Jugendherberge** liegt in Downtownnähe. Ein Fahrradverleih sorgt für umweltfreundliche Mobilität der Gäste:

Edmonton International Hostel
10422, 91st St
Edmonton, Alberta T5H 1S6
✆ (403) 429-0140; Fax 421-0131
ab $13 pro Nacht und Bett

Vorausreservierung empfiehlt sich ebenso wie beim stets gut besuchten YMCA, das direkt in der Innenstadt liegt. Das Hotel des Christlichen Vereins Junger Männer besitzt einen *Swimming Pool* und einen *Exercise Room*. Im YMCA sind auch Frauen und ganze Familien willkommen:

YMCA
10030, 102A Avenue
Edmonton, Alberta T5J 0G5
✆ (403) 421-9622

Preiswerte Quartiere bietet im Sommer auch die Universität von Alberta:

University of Alberta
87. Ave & 116 St.
Edmonton/Alberta Canada T6G 2H6
✆ (403) 492-4281; Fax 492-7032

Cities

Camping

Camper finden rund um die City mehrere gute Plätze:

Im Südwesten der Stadt liegt der städtische **Rainbow Valley City Park und Campground** (1430 56th Ave) am Whitemud Creek nicht weit vom gleichnamigen *Freeway*, Abfahrt 119th Street. Im Sommer muß auf diesem beliebten Platz (nur z.T. *Hook-up*) zeitig am Tage eintreffen, wer noch unterkommen möchte; Reservierung möglich unter ✆ (403) 434-1621. Etwas weiter von Edmonton entfernt findet man am Blackmud Creek westlich der Autobahn #2 den **Klondike Valley Tent & Trailer Park** (1660 Calgary Trail), Abfahrt Ellerslie Rd einige Kilometer nördlich der *Leduc Tourist Information*, siehe oben, in ebenfalls schöner Lage, Reservierung unter ✆ (403) 988-5067.

Neben weiteren privat betriebenen Plätzen bieten die einfachen **Alberta Travel Campgrounds** (↔ Seite 331) weitere Möglichkeiten zur Übernachtung im Stadtumfeld. Relativ verkehrsgünstig liegt der Platz bei Ardrossan (direkt am *Yellowhead Highway* zwischen dem *Elk Island National Park* und Edmonton).

2.3.4 Klondike Days

Kennzeichnung

Alljährlich Mitte Juli lassen die **Klondike Days** Erinnerungen an die wilde Zeit des Goldrausches wieder aufleben. Sie beginnen stets am **Donnerstag nach der Calgary Stampede**; die Daten finden sich unter Calgary im Stampede Abschnitt. In der sonst eher ruhigen Stadt geht es in den zehn Tagen des *Klondike Fever* turbulent zu, insgesamt aber sollte man nicht zuviel erwarten. Vor allem fehlen zugkräftige Großereignisse wie beispielsweise die Rodeos der *Calgary Stampede*.

Wer während der sogenannten **K-Days** in der Stadt weilt, sollte auf jeden Fall einen Blick in den Veranstaltungskalender werfen, um herauszufinden, wo was stattfindet. Den eigenen Urlaubsplan mit Blick auf die Klondike Days entsprechend auszurichten, wäre nicht angemessen.

Veranstaltungen

Das **K-Days-Programm** umfaßt Ausstellungen und Veranstaltungen wie Paraden von Schüler- und Veteranenkapellen und Volkstanzvorführungen sowie allerhand humorige Wettbewerbe wie Badewannenrennen oder Bartwuchskonkurrenzen. Das **Kinsmen Sports Centre** im gleichnamigen Park am Südufer des Saskatchewan River wird für die Zeit der *K-Days* in ein riesiges **Spielkasino** umfunktioniert. Für den Hunger der Besucher sind überall reichlich Imbißstände aufgebaut. Frühmorgens gibt es wie in Calgary das traditionelle **Pancake Breakfast.** Für historisches Kolorit sorgen nach der Mode der Jahrhundertwende gekleidete Bürger Edmontons. Infos gibt es unter ✆ (403) 471-7335.

2.3.5 Stadtbesichtigung

Parks

Edmonton ist mit seinen schönen Parks auf beiden Seiten des North Saskatchewan River alles in allem eine recht attraktive Stadt. Sie rühmt sich, unter den Großstädten Canadas über die höchste Grünfläche pro Einwohner zu verfügen.

In den Parks gibt es zahlreiche Freizeiteinrichtungen, Wander- und Fahrradwege. Ein attraktiver Uferweg führt von der 120th zur 99th St. Der Blick fällt von dort über den Fluß auf die *Skyline* Edmontons mit den 4 markanten Hochhäusern **Manulife Place** (146 m), **Royal Trust Tower** (145 m), **Telus Tower** (134 m) und **Canada Trust Tower** (134 m).

Zentrum

Das übersichtliche Stadtzentrum von Edmonton läßt sich gut zu Fuß erkunden. Ein guter Ausgangspunkt ist das terrassenförmig angelegte *Shaw Convention Centre* an der Jasper Ave. Diese wichtigste innerstädtische Ost-West-Straße (entspricht der 101st Ave) erhielt jüngst ein neues Gesicht durch gepflasterte und mit Kunstwerken versehene Bürgersteige.

Vom *Telus-Tower* führt ein Treppenzug steil hinab zum North Saskatchewan River. Wer den 2 km langen Marsch über die **Low Level Bridge** nicht scheut, kann von der Innenstadt aus zu Fuß das **Muttart Conservatory** besuchen.

Churchill Square

Kunstmuseum

Über die 100th St nordwärts gelangt man ins eigentliche Stadtzentrum. Zunächst passiert man den **Rice Howard Way**. Die attraktive Passage mit Geschäften, Restaurants und Straßencafés lädt zum *Outdoor Dining* ein. Ein wenig weiter nördlich liegt der große Sir Winston Churchill Square, einer der beliebtesten Treffpunkte Edmontons. Die **Edmonton Art Gallery** am Nordostende des Platzes zeigt Exponate verschiedener

Die Glaspyramiden des Muttart Conservatory

Kunstrichtungen. Geöffnet Mo–Mi, 10.30–17 Uhr, Do/Fr 10.30–20 Uhr, So, Sa und feiertags 11–17 Uhr; Eintritt $3; Do 16–20 Uhr kostenlos.

Einkaufs-center

Trotz der enormen Konkurrenz durch die *West Edmonton Mall* (siehe unten) eröffneten in der 80er-Jahren auch noch **drei große Malls** in der City. Die größte von ihnen ist das *Edmonton Centre* mit 140 Geschäften auf 4 Stockwerken. *Pedways*, verglaste Verbindungswege, führen zum *Eaton Centre* (ebenfalls vier Stockwerke, 120 Geschäfte) und zum *Manu-Life Place* (65 Geschäfte) im höchsten Gebäude Edmontons an der Ecke 101st St/102nd Ave. Nur wenig nordwestlich davon liegt der **Boardwalk Market** (102nd Ave/103rd St). Zwei alte Warenhäuser wurden zu einem Markt umgewandelt.

Regierungs-gebäude

Im **Alberta Legislature Building** an 107th St/97th Ave, wo einst das originale Fort Edmonton stand (siehe unten), tagt das Parlament von Alberta. Das aus dem Jahre 1912 stammende nostalgische Gebäude besitzt, wie die Repräsentationsbauten in anderen Provinzhauptstädten auch, klassizistische und an europäischen Vorbildern orientierte Stilelemente. Halbstündlich finden Führungen statt: Juli und August täglich 9–17 Uhr, ansonsten kürzer. Südlich davon überspannt die **High Level Bridge**, eine 8.000 t schwere Stahlkonstruktion von 1913, den Saskatchewan River.

Provinz-museum

Einen Besuch verdient auf jeden Fall das fabelhafte **Provincial Museum of Alberta**, 12845, 102nd Ave, in dem man leicht mehrere Stunden verbringen kann. Dieses naturkundlich und kulturgeschichtlich ausgerichtete Museum unterscheidet sich in seinem klaren Aufbau und der deutlichen Schwerpunktsetzung wohltuend von manch anderen Provinzmuseen. Sehenswert sind insbesondere die **Habitat Gallery** mit ausgestopften Tieren des kanadischen Westens in ihrer natürlichen Umgebung und die **Indian and Fur Trade Gallery**, die einen Überblick über die Kultur der Indianer und die Siedlungsgeschichte der Region gibt. Bemerkenswert sind auch die geologische und biologische Abteilung. Öffnungszeiten: zwischen *Victoria Day* und *Labour Day* 9–20 Uhr, ansonsten 9–17 Uhr, Eintritt $5,50.

Gallery Walk

Ganz in der Nähe (an der Kreuzung Jasper Ave/124th St) warten acht private **Kunstgalerien** auf Besucher. Der *Edmonton Gallery Walk* (Broschüre bei der Tourist-Info) verbindet sie.

Space & Science Center

Das **Wissenschaftsmuseum** *Edmonton Space&Science Centre* ist in einem futuristisch gestalteten Gebäude im **Coronation Park** (Kreuzung 142nd St/112th Ave) mehrere Kilometer nordwestlich von Downtown untergebracht. Ausstellungen und visuelle und akustische Versuche erhellen naturwissenschaftliche Zusammenhänge. Schwerpunkte sind dabei Astronomie und die Eroberung des Weltraums. Im *Challenger Centre* wird sogar eine Raumfahrt simuliert (Voranmeldung erforderlich).

Edmonton Downtown (Karte)

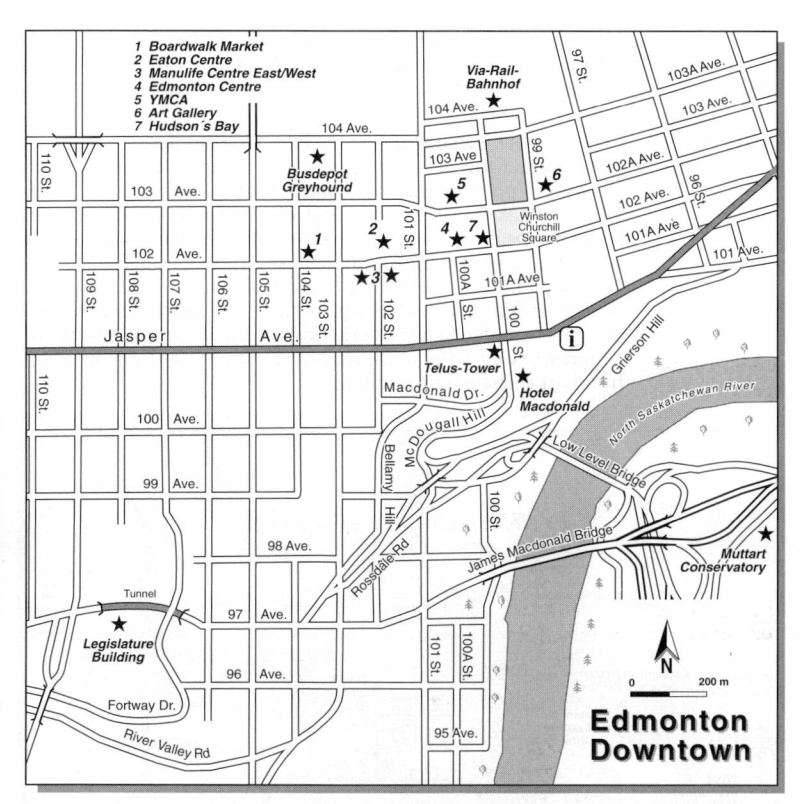

Legende:
1 Boardwalk Market
2 Eaton Centre
3 Manulife Centre East/West
4 Edmonton Centre
5 YMCA
6 Art Gallery
7 Hudson's Bay

Im angeschlossenen *Margaret Zeidler Theatre* finden im großen Kuppelsaal *Sternen-* und *Lasershows* statt, im **IMAX Theatre** Filmvorführungen. **Eintritt** ($7) wird jeweils getrennt erhoben, Kombinationstickets erhältlich. Di–So 10–22 Uhr; Observatorium von 13 Uhr bis Mitternacht geöffnet.

Universität Südlich des Flusses zwischen dem Saskatchewan Dr, 116th St und 87th Ave liegt der parkartige Campus der **University of Alberta**. Über 30.000 Studenten sind dort eingeschrieben. Bibliothek, Theater und Sportplätze stehen auch Nicht-Studenten offen. Im Universitätsbereich befindet sich das **Rutherford House** (11153 Sakatchewan Dr), ein aus der Zeit um die Jahrhundertwende stammendes, aufwendig restauriertes Gebäude, das einst dem ersten Premierminister Canadas gehörte. *Tour Guides* in zeitgenössischer Kostümierung führen die Besucher gruppenweise durch die Räume. Geöffnet Mitte Mai bis Ende September täglich 10–18 Uhr; Eintritt $2.

Fort Edmonton Park

Der Fort Edmonton Park zwischen dem Südostufer des North Saskatchewan River (Quesnell Bridge/Fox Dr) und der Ringautobahn um die Stadt (dort #2) ist Standort eines eindrucksvollen Blockbohlenforts.

Altes Fort

Das alte **Fort Edmonton**, ein im Jahr 1846 im Bereich des heutigen Regierungsviertels gegründeter befestigter Handelsposten der *Hudson's Bay Company*, wurde in den 70er-Jahren am Ufer des Flusses originalgetreu wiedererrichtet. Sowohl seine imposanten Palisaden als auch die Anlage innerhalb der Befestigung sind ein gründliche Besichtigung unbedingt wert. Neben *Old Fort William* (➪ unter Thunder Bay) und *Fort Walsh* in den Cypress Hills (➪ Seite 306) gehört diese Rekonstruktion zu den sehenswertesten in ganz Canada. Öffnungszeiten wie *Old Edmonton*; eine halbe Stunde sollte man allein fürs Fort mindestens einplanen.

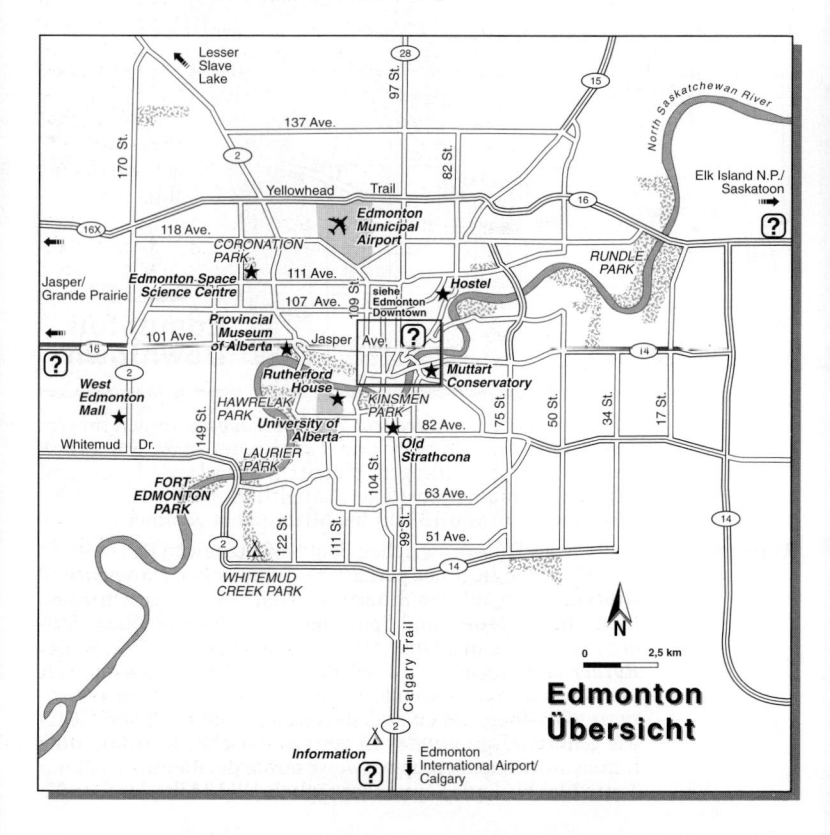

Postkutsche im Fort Edmonton Park

Old Edmonton	Später entstand auf dem Gelände des Parks zusätzlich ein **Museumsdorf** mit typischen Edmonton-Straßenzügen aus den Jahren 1885, 1905 und 1920. Dazu wurden einige Originalgebäude hierher versetzt und restauriert, die Mehrheit der Häuser jedoch nachgebaut. Postkutschen und eine historische Straßenbahn komplettieren das nostalgische Bild. Für die kombinierte Anlage gelten identische Öffnungszeiten (10–18 Uhr, *Victoria* bis *Labour Day*, im Juni kürzer) und eine gemeinsame Eintrittskarte, $7.
Nature Centre	Das dem Park benachbarte *John Janzen Nature Centre* eignet sich von seiner Konzeption her weniger für Einzelbesucher als für spezifisch interessierte Gruppen wie etwa Schulklassen, die im Rahmen ihres Biologieunterrichts Flora und Fauna der Region kennenlernen wollen. Geöffnet *Victoria* bis *Labour Day* Mo–Fr 9–18 Uhr, Sa und So erst ab 11 Uhr; eintrittsfrei.
West Edmonton Mall	Vom Fort Edmonton Park ist es auf dem Whitemud Dr (Autobahn #2) nicht sonderlich weit zur *West Edmonton Mall* (*WEM*) an der Ecke 170th St/87th Ave. Auch von der Innenstadt aus ist das **weltgrößte überdachte Shopping- und Entertainmentzentrum** leicht zu finden: Jasper Ave West, 102nd Ave, Yellowhead Highway #16, dann links ab auf die 170th St. Die weiträumige Ausschilderung erleichtert die Orientierung und weist darauf hin, daß sich die *WEM* seit ihrer Eröffnung im Jahr 1980 zu einer Top-Attraktion entwickelt hat.
WEM	Die Dimensionen der WEM sind überwältigend. Der von außen unansehnlich wirkende, von riesigen Parkplätzen und -garagen umgebene Komplex besitzt ein "Innenleben" von 800 Läden, 100 Restaurants, 11 Kaufhausfilialen und 30 Kinos, wo 15.000 Menschen beschäftigt sind. Wem das Einkaufen zu langweilig wird, kann im *Galaxyland* im weltgrößten **Indoor-Rollercoaster** Nervenkitzel suchen, in einem U-Boot abtauchen, Eislaufen, Minigolf oder richtig Golf spielen, Delphine bewundern und im *Fantasyland Hotel* gleich über Nacht bleiben.

Im **World Water Park** sorgen künstlicher Strand, ein Brandungsbad und ein gutes Dutzend unterschiedlichster Wasserrutschen für Badespaß selbst mitten im Winter. Eine neuere Errungenschaft ist der **Bungee Tower** für den gefahrlosen Sprung in die Tiefe.

Nachbauten von **Columbus' Santa Maria**, von New Orleans' **Bourbon Street**, von **Versailles-Springbrunnen** und chinesischen **Pagoden** bemühen sich um internationales Flair. Jede Sonderattraktion kostet allerdings Eintritt. Wenn das Geld nicht reicht, hilft vielleicht ein Besuch in der **Bingo-Halle** oder im **Spielkasino.**

Die *WEM* ist täglich geöffnet: Mo–Fr 10–21 Uhr, Sa 10–18 Uhr, So 12–17 Uhr Programmansage unter ✆ 444-5304 und 1-800-661-8890.

Wer über genügend Zeit verfügt, könnte noch den Besuch der folgenden Ziele südlich des Saskatchewan River erwägen:

Muttart Conservatory
Drei der vier spitzen **Glaspyramiden** des *Muttart Conservatory* (an der Ecke 98th Ave/96thA St, auch gut zu Fuß vom Stadtzentrum aus erreichbar, ✧ Foto auf Seite 209) stehen für Klimazonen der Erde; in ihnen wachsen Pflanzen aus gemäßigten, trockenen und tropischen Regionen. Im vierten Pavillon wechselt die blütenreiche Bepflanzung mit den Jahreszeiten. Zwar werden Gartenfreunde am Besuch durchaus ihre Freude haben, besonders gilt das für den *Tropical Garden.* Ein "Muß" sind die *Muttart*-Treibhäuser trotzdem nicht. Für die Kamera jedoch bilden sie mit der *Skyline* Edmontons im Hintergrund ein wunderbares Motiv. Geöffnet So–Mi 11–21 Uhr, Do–Sa 11–18 Uhr; Eintritt $4,50.

Old Strathcona
Die *Old Strathcona* **Historic Area** liegt im Bereich 82nd Ave (Whyte Ave) und 104th St. Sie weist in ihrem historischen Kern über 100 Jahre alte Gebäude auf. Bereits 1912 wurde Old Strathcona nach Edmonton eingemeindet. Heute prägen Restaurants, Boutiquen und Souvenirläden die restaurierten Straßenzüge um den **Strathcona Square** an der 105th Street.

2.3.6 Edmontons Umgebung

Die flache Umgebung Edmontons bietet dem touristischen Blick nicht allzuviel, sieht man vom **Elk Island National Park** am *Yellowhead Highway*, ca. 50 km östlich der Stadt, einmal ab (Beschreibung auf Seite 317). Reizvolle Ziele in etwas größerer Entfernung sind die **Seenplatten** um Cold Lake und Lac La Biche entlang und nördlich des *Holiday Highway* (früher *Northern Woods and Water Route*, ✧ Seite 327) und natürlich sommers wie winters die Rocky Mountains, insbesondere der *Jasper National Park* (✧ ab Seite 366).

Der **Lesser Slave Lake**, rund 200 km nördlich von Edmonton, macht sich auf der Karte besser als in der Realität: als eigenes Ausflugsziel kommt er nicht in Frage. Auf dem Weg in die Yukon oder Northwest Territories kann man den – in Wahrheit riesigen – "Kleinen" Sklavensee aber gut "mitnehmen". Die Entfernung bis Peace River oder Dawson Creek ist über die Straßenkombination #33/#2/#49 nicht nennenswert größer als auf der – ebenfalls nicht sonderlich abwechslungsreichen – Hauptanfahrtsroute #43/#34 zum *Mackenzie* und *Alaska Highway*.

Nachbau der "Santa Maria" in der West Edmonton Mall

EISHOCKEY - DER KANADISCHE NATIONALSPORT

Die mit Abstand beliebteste Sportart in Canada ist *Hockey* – natürlich Eishockey. Obwohl Holländer und Briten nachweislich schon früher einen Ball mit Schlägern über die Eisfläche getrieben haben, behaupten Kanadier gerne und mit Nachdruck, Canada sei Mutterland des Eishockeys. Daran ist immerhin so viel richtig, daß die Regeln des Spiels erstmals in Canada schriftlich niedergelegt wurden und man dort wohl auch auf die Idee kam, den Ball durch die seither übliche Scheibe zu ersetzen.

Etwa eine Million Kanadier jagen selber hinter dem Puck her, Eishockey hat sich zu einem Geschäft mit enormen Umsätzen entwickelt, in dem "mit harten Bandagen" gekämpft wird. An der schier endlosen Berichterstattung, die die Medien von Oktober bis April und oft noch bis in den Mai hinein beherrscht, läßt sich die Bedeutung dieser Sportart ablesen.

Sechsundzwanzig Mannschaften aus Canada und den USA tragen in der *National Hockey League* (NHL) ihre Meisterschaftsspiele aus. Die sechs kanadischen Vertreter sind die *Calgary Flamers*, *Edmonton Oilers*, *Montréal Canadiens*, *Ottawa Senators*, *Toronto Maple Leafs* und *Vancouver Canucks*. Im Gegensatz zu europäischen Ligen versteht sich die NHL als exklusiver Zirkel, bei dem es weder Auf- noch Abstieg gibt. Die Vereine gehören millionenschweren Besitzern, die mit ihren Eishockey-Unternehmen beträchtliche Profite erwirtschaften, andernfalls ziehen die Mannschaften mit Sack und Pack um, wie z.B. 1995 die *Québec Nordigues* als *Colorado Avalanche* nach Denver oder 1996 die *Winnipeg Jets* als *Phoenix Coyotes* nach Arizona.

Die Profiliga-Meisterschaft um den *Stanley Cup*, 1893 vom damaligen britischen Generalgouverneur in Canada, *Lord Stanley*, gestiftet, gilt den Kanadiern als wichtigstes Sportereignis des Jahres. Es ist in seiner Bedeutung vergleichbar mit dem Endspiel im Europacup der Fußball-Landesmeister. Dahinter muß selbst die Eishockey-Weltmeisterschaft zurückstehen: Da sie regelmäßig zur gleichen Zeit wie die *Play Offs* um den *Stanley Cup* stattfindet, nehmen an ihr durchweg nur kanadische Spieler der zweiten Garnitur teil, d. h., Spieler aus jenen Mannschaften, die aus dem laufenden Wettbewerb bereits ausgeschieden sind.

Bei einem Gespräch über Eishockey fällt früher oder später der Name *Wayne Gretzky*, bis heute unübertroffener Torschützenkönig des NHL. 1984 gewann dieser Spieler – die legendäre Nummer 99 der *Edmonton Oilers* – mit seiner Mannschaft zum ersten Mal den *Stanley Cup*. 1988 verließ er dann den Verein und wechselte für $15 Mio zu den *Los Angeles Kings*. Der Weggang des nationalen Eishockeyhelden bestimmte wochenlang die Schlagzeilen der kanadischen Presse. Die Wogen der Empörung schlugen so hoch, daß in einer symbolischen Aktion eine Puppe, die *Peter Pocklington*, den Besitzer der *Edmonton Oilers*, darstellte, gelyncht wurde. Im Mai 1990 war die kanadische Eishockeywelt aber wieder in Ordnung: Die *Edmonton Oilers* gewannen den begehrten *Stanley Cup* auch ohne ihren Superstar.

Die überschäumende Eishockey-Begeisterung hat einen interessanten Hintergrund. Diese Sportart ist eine der wenigen Gebiete, in denen die Kanadier den Vergleich zu den USA nicht zu scheuen brauchen. Gewinnt ein kanadischer Verein die Meisterschaft, ist der Nationalstolz geschmeichelt: ein Wochenende lang steht Canada nicht im Schatten der USA!

2.4 WINNIPEG

Lage

Winnipeg ist die einzige "echte" Großstadt zwischen Toronto (ca. 2.000 km) und Calgary/Edmonton (ca. 1.300 km) und wirtschaftliches und kulturelles Zentrum einer weit über die Provinzgrenzen hinausreichenden Region. Die Hauptstadt liegt in der südöstlichen "Ecke" von Manitoba, rund 150 km westlich von Ontario und 100 km nördlich der Grenze zu den USA.

Auf einer Fahrt von Ost nach West oder umgekehrt geht an Winnipeg kein Weg vorbei, denn alle wichtigen Straßen und auch die Eisenbahnlinien durch Manitoba führen über die Provinzkapitale.

2.4.1 Klima und Geschichte

Klima

Das Klima Winnipegs entspricht weitgehend der auf Seite 289 zu findenden Kennzeichnung für die Provinz Manitoba. Die ungeschützte Lage nach Norden wie nach Süden sorgt für starke jahreszeitliche Gegensätze. Im warmen bis heißen Sommer (mit im Juli/August durchschnittlichen Tageshöchsttemperaturen knapp unter 30°C) kann man mit stabilen **Schönwetterperioden** rechnen; nur gelegentlich setzen kräftige Gewitter Straßen und Campingplätze unter Wasser. Im Winter beschert das wetterbestimmende kontinentale Hoch der Stadt relativ geringen Schneefall und Temperaturen bis unter –20°C bei oft strahlendem Sonnenschein.

Geschichte

Der Zusammenfluß von Assiniboine und Red River war seit alters her ein wichtiger Treffpunkt der indianischen Urbevölkerung. Die Franzosen unter **Pierre de la Veréndrye** erkannten die strategisch günstige Position dieses Ortes und gründeten dort im Jahr 1738 die Pelzhandelsstation *Fort Rouge*, von wo aus die Erschließung des kanadischen Nordwestens betrieben wurde. An fast gleicher Stelle errichtete 1804 die *North West Company* das *Fort Gibraltar* und 1821 die *Hudson's Bay Company* das **Upper Fort Garry**.

Métis

Nachdem 1812 der **Earl of Selkirk** schottische Siedler an die fruchtbaren Ufer des Red River gebracht hatte, kam es zu ständigen Konfrontationen mit den bereits dort ansässigen *Métis*, Nachkommen französischer Trapper und indianischer Frauen. Denn mit der Abholzung von Waldland zur Ausdehnung der Landwirtschaft reduzierten sich die Jagdreviere der *Métis*. Die Auseinandersetzungen gipfelten in der **Red River Rebellion** von 1869, die zur Schaffung Manitobas und zur Anerkennung von Minderheitenrechten für die *Métis* führte.

Nach den ersten unruhigen Jahren verlief die weitere Geschichte der Siedlung, die sich um das **Fort Rouge** entwickelt hatte, weniger turbulent.

	Mit der Konstituierung Manitobas (1870, ➪ Seite 288) wurde Winnipeg Verwaltungssitz, erhielt aber erst **1873 Stadtrechte** und den heutigen Namen, der aus der Sprache der *Cree*-Indianer stammt (*win nipee* = schlammiges Wasser).
Eisenbahn	Bereits mit dem Anschluß an das Eisenbahnnetz des Ostens (1876) gewann Winnipeg eine zentrale Stellung für den Weizentransport in die Bevölkerungszentren. Die Ankunft der **Canadian Pacific Railroad** (CPR) und die Verkehrsanbindung auch an die Westküste 1885 sowie der Bau weiterer Bahnlinien, u.a. nach Churchill an der Hudson Bay, machten Winnipeg zum Eisenbahnknotenpunkt und bald zur – für lange Jahre – einzigen Großstadt der Prärieprovinzen. Bereits 1887 war die *Winnipeg Commodity Exchange* gegründet worden, eine Agrarbörse, die bis auf den heutigen Tag den einzigen Agrar-Terminhandel Kanadas abwickelt.
Bevölkerung	Winnipeg besaß zu Beginn des 1. Weltkrieges 160.000 Einwohner. Heute leben mit über 680.000 Menschen knapp 60% der Bevölkerung Manitobas in der Provinzhauptstadt.

2.4.2 Information, Orientierung und öffentliche Verkehrsmittel

Touristen Infomation	Das gut sortierte Stadtbüro der *Tourist Information* befindet sich in The Forks National Historic Site:

Tourism Winnipeg
320-25 Forks Market Rd
Winnipeg, Manitoba R3C 4S8
✆ (204) 943-1970 oder 1-800-665-0204; Fax (204) 942-4043
Internet: http://www.tourismwinnipeg.mb.ca

Zusätzlich gibt es in den *Manitoba Travel Information Centres* entlang der Hauptrouten der Provinz ebenfalls Stadtpläne und reichlich Informationsmaterial über Winnipeg.

Ein Besucherzentrum des **National Park Service** befindet sich im Büro im *The Forks Park* im *Children's Museum*:

National Park Visitor Centre
✆ (204) 983-2290

Es versorgt seine Besucher mit Informationen zu den Nationalparks und national bedeutsamen historischen Stätten in Manitoba, Saskatchewan, den Yukon und Northwest Territories.

Lage des Zentrums	Das Stadtzentrum mit einer in den letzten Jahren dichter gewordenen Hochhauskulisse liegt nordwestlich der Einmündung des Assiniboine River in den Red River, in etwa begrenzt durch die Portage Ave, Broadway und Main St. Am östlichen Ufer des Red River befindet sich das alte Stadtviertel *St. Boniface* mit französischsprachiger Bevölkerungsmehrheit.

Verkehrs-situation

Der **Trans Canada Highway** führt mitten durch die City (Main St/Portage Ave, Straßennummern 1/135/85). Alternativ dazu ist eine im Süden weiträumig die City umgehende Autobahn (**Perimeter Highway #100**) ebenfalls als TCH ausgeschildert. Im großzügig angelegten Winnipeg bereitet das Autofahren wenig Kopfzerbrechen. Der Verkehr hält sich selbst in den *Rush Hours* von 8–10 Uhr und 16–18 Uhr noch in erträglichen Grenzen. **Parkprobleme sind weniger gravierend** als in anderen Großstädten Canadas.

Nahverkehr

Wer Downtown Winnipeg und die wichtigsten Sehenswürdigkeiten besuchen möchte, kommt allerdings auch ganz gut ohne Auto aus. Der **Downtown Area Shuttle** (**DASH**) verkehrt täglich von 11–15 Uhr auf einem Rundkurs um das Geschäftszentrum und weiter zum Bereich *City Hall/Centennial Centre/Chinatown* (siehe unten). Auch der *The Forks-Bus #96* zwischen Stadtzentrum und Forks Market (täglich 11–18.15) kostet nur 75 Cents. Auf anderen Strecken gilt für **Winnipeg Transit Busse** unabhängig von der Fahrtstrecke ein Einheitstarif von $1,50. Man benötigt abgezähltes Kleingeld. Für *Transit Information* wählt man ✆ (204) 986-5700.

2.4.3 Unterkunft und Camping

Hotels/Motels

Übernachten ist in Winnipeg relativ preisgünstig. Die Broschüre **Accommodations & Travel Services** der *Visitor Information* enthält eine Liste aller Motels und Hotels in *Downtown* Winnipeg ab $25.

Direkt in *Downtown* befinden sich u.a. Häuser der Ketten **Best Western** (*Carlton Inn*, 220 Carlton St) und **TraveLodge** (360 Colony St, ✧ Seite 137) sowie das historische **Hotel Fort Garry** (✧ Seite 226).

In den Außenbezirken Winnipegs findet man zahlreiche Hotels und Motels entlang der südlichen Zufahrtsstraße #42 (Pembina Hwy), an der westlichen Zufahrtsstraße #85 (Portage Ave) sowie im Flughafenbereich. Ein ordentliches Preis-Leistungs-Verhältnis bieten zum Beispiel **Comfort Inn Winnipeg Airport** (1770 Sargent Ave), **Comford Inn Winnipeg South** (3109 Pembina Hwy), **Holiday Inn** *Airport West* (2520 Portage Ave W), **Country Inn & Suites by Carlson** (730 King Edward St) **Holiday Inn Fort Richmond** (2935 Pembina Hwy).

Preiswerte Unterkünfte

Die preiswerteste Übernachtungsmöglichkeit in Winnipeg bietet – wie auch anderswo – die **Jugendherberge** ($11–15 pro Nacht und Bett:

Ivey House International Hostel
210 Maryland St
Winnipeg, Manitoba R3G 1L6;
✆ (204) 772-3022

Guest House International
168 Maryland St.
Winnipeg, Manitoba R3G 1L3
✆ (204) 772-1272

Da die Herberge nur über 35 Betten verfügt, sollte man rechtzeitig reservieren.

Bed & Breakfast

Die folgende Agentur vermittelt im Stadtbereich von Winnipeg zahlreiche Quartiere zu Preisen ab $30.

Bed & Breakfast of Manitoba
434 Roberta Avenue
Winnipeg, Manitoba R2K 0K6
✆ (204) 661-0300

Quartiere gibt es auch auf Farmen:

Manitoba Country Vacations Assoc.
Box 278, RR2
Winnipeg, Manitoba R3C 2E6
✆ (204) 633-3326

Camping

Der stadtnächste, sehr empfehlenswerte öffentliche Campingplatz (400 Stellplätze) befindet sich im ***Birds Hill Provincial Park***, 25 km nordöstlich von Downtown Winnipeg an der Straße #59. Der Provinzpark verfügt über eine hervorragende Infrastruktur mit Reitstall, Badesee, Wander- und Fahrradwegen. Dem alljährlichen ***Winnipeg Folk Festival*** dient er als Veranstaltungsort (⇨ Seite 229).

Unter mehreren kommerziell betriebenen Plätzen im Bereich des *Perimeter Highway* #100 ist **Travellers RV Resort** eine gute Wahl. Der Platz liegt 14 km östlich von *Downtown* Winnipeg am TCH, an der Kreuzung TCH/Hwy #100.

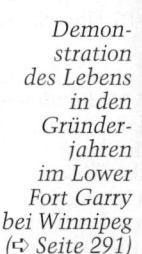

Demonstration des Lebens in den Gründerjahren im Lower Fort Garry bei Winnipeg (⇨ Seite 291)

2.4.4 Stadtbesichtigung
Downtown

Situation Die Besichtigung von Downtown Winnipeg läßt sich gut zu Fuß bewältigen. Zur Überwindung etwas größerer Distanzen, speziell zwischen dem Geschäftszentrum und dem Bereich *Centennial Centre*, kann man den **Downtown Area Shuttle Service (DASH)** in Anspruch nehmen, siehe oben.

Start Die folgende Beschreibung der Sehenswürdigkeiten Winnipegs beginnt mit dem **Centennial Centre**, das als Ausgangspunkt für eine(n) Rundfahrt/-gang nicht zuletzt deshalb besonders geeignet erscheint, weil dort normalerweise freier Parkraum zur Verfügung steht.

Kulturzentrum Der Gesamtkomplex des bereits Ende der 60er-Jahre entstandenen Kulturzentrums an der Main St umfaßt das **Manitoba Museum of Man and Nature**, das Planetarium, die **Manitoba Opera**, das *Winnipeg* **Symphony Orchestra** und die Bühne des **Royal Winnipeg Ballet**.

Museum of Man & Nature Das *Museum of Man and Nature* (Main St/Rupert Ave) ist eine der herausragenden Attraktionen der Stadt. In 7 Abteilungen (*Galleries*) wird Natur- und Menschheitsgeschichte – mit starkem Akzent auf Manitoba und Canada – über Dioramen, Filme und naturgetreue Modelle äußerst anschaulich dargestellt. Die **Earth History Gallery** vermittelt einen Überblick über die geologischen Epochen der Manitoba Region; in der **Arctic & Subarctic Gallery** und der **Boreal Forest Gallery** geht es um das Leben der Ureinwohner des Nordens, und in der **Grass-lands Gallery** um die Siedlungsgeschichte des südlichen Manitoba. Ein originalgctrcuer Nachbau (15 m) des Segelschiffs **Nonsuch**, mit dem *Des Groseilliers* 1668/69 in der Hudson Bay überwinterte, bildet einen der Höhepunkte der Ausstellung. Vor der Verbringung ins Museum mußte das Schiff anläßlich der 100-Jahr-Feier für den französischen Entdecker die Seereise in die Hudson Bay "noch einmal" absolvieren. Ein weitere Attraktion bilden die Straßenzüge einer Kleinstadt, die zeigen, wie Winnipeg im 19. Jahrhundert aussah. Geöffnet Ende Mai bis Anfang September täglich 10–18 Uhr, die restliche Zeit des Jahres Di–Fr 10–16 Uhr, Sa+So 10–17 Uhr, Eintritt $5.

Planetarium Im Planetarium sorgen 154 Projektoren und eine kolossale Lautsprecheranlage für beeindruckende **Multi Media Shows**. Vor allem visuelle Reisen durchs Weltall und der "Sturz" in ein "Schwarzes Loch" fesseln die Besucher. In der Ausstellung **Science Centre** garantieren verblüffende Effekte und Illusionen wie stehengebliebene Schatten, Gespräche mit Computern und Gesichtertausch einen höchst kurzweilige Aufenthalt. Öffnungszeiten wie *Man and Nature*.

Exchange District	Das *Centennial Centre* grenzt an den **Old Market Square Heritage District**, ein über 20 Blocks umfassendes historisches Viertel, das auch **The Exchange** oder *Exchange District* genannt wird, eine Bezeichnung, die der Bezirk der *Winnipeg Commodity Exchange* verdankt, der Warenbörse (360 Main St). Von der Besuchergalerie im 5. Stock (Room 500) des **Commodity Exchange Tower** kann man dem geschäftigen Treiben der Börsianer zusehen (Mo–Fr 9.30–13.20 Uhr; Eintritt frei).

Die Shopping- und Restaurant-Arkaden dieser Gegend locken zahlreiche Besucher an. Der **Kernbereich** liegt westlich der Main St. Insbesondere in **Old Townsite**, in hundert Jahre alten Gebäuden um den *Old Market Square*, verbergen sich hinter den sorgfältig restaurierten Fassaden ehemalige Wohn-, Handels- und Lagerhäuser aus der Zeit um die Jahrhundertwende. An Sommer-Wochenenden breitet sich im Bereich der Albert St ein *Open-air* Markt aus; zahlreiche **Fast Food-Stände** sorgen dann für das leibliche Wohl der Besucher, und in den Straßen gibt es *Entertainment* von Musikern, Artisten und Zauberkünstlern bis in die Abendstunden hinein.

Chinatown An den *Exchange District* schließt sich nördlich **Chinatown** an (Zentrum an der King St), das bereits im 19. Jahrhundert als Wohnstadt chinesischer Eisenbahnarbeiter entstand. Das Viertel ist klein und nicht vergleichbar mit der Chinatown in Vancouver, aber für einen kurzen Abstecher durchaus erwägenswert. Sehenswert sind das in traditioneller Architektur um einen chinesischen Garten herum errichtete **Dynasty Building** (180 King St) und das Chinesische Tor.

Ukrainisches Zentrum Westlich der Chinatown besitzt die nach Briten und Deutschen drittgrößte ethnische Gruppe Manitobas mit dem **Ukrainian Cultural and Educational Centre** (*Oseredok*, 184 Alexander Ave East) das größte Kulturzentrum dieser Art außerhalb der Ukraine. Es präsentiert ukrainische Geschichte und Volkskunst, u.a. handgemalte Ostereier (*Pysanky*), Kleidungsstücke, Keramik und Kunst (Di–Sa 10–16 Uhr). Wer die Main St (Hwy #52) ca. 2 km weiter in Richtung Norden fährt, kann die markanten byzantinischen Kuppeltürme der **Holy Trinity Ukrainian Orthodox Cathedral** nicht verfehlen. Im Erdgeschoß ist das **Ukrainian Museum of Canada** untergebracht mit ähnlichen Exponaten wie im Kulturzentrum (15. Juni bis 15. September Mo–Fr 10–12 und 13–16 Uhr).

City-Center Hauptgeschäftsstraße in Winnipeg ist die **Portage Avenue** zwischen Main St und Memorial Blvd. Die großen Kaufhäuser (*Hudson's Bay; Eaton's*) und Shopping-Komplexe (**Portage Place; Winnipeg Square/Lombard Concourse; Eaton Place**) konzentrieren sich dort und in unmittelbarer Nähe). Sie sind teilweise über verglaste Brücken oder unterirdisch miteinander verbunden. Das größte der Einkaufszentren, der **Portage Place**, erstreckt sich über 3 Blocks und beherbergt u.a. ein **IMAX Theatre**. In der oberen Etage verkauft **Northern Images** teure, aber garantiert echte **Inuit**- und Indianer-Kunst.

Deutsche Zeitungen Der **News Shop** an der Portage Ave führt ein breites Sortiment internationaler Presseprodukte, darunter auch deutsche Zeitungen und Zeitschriften. Ganz sicher findet man dort den nationalkonservativen **Kanadakurier**, der sich an die deutsche Minderheit in den westlichen Provinzen wendet. Die Lektüre sollte man sich nicht entgehen lassen. Inhalt und Stil erinnern an längst vergangene Zeiten.

Kunst-Museum Die **Winnipeg Art Gallery**, 300 Memorial Blvd, ist zwischen Calgary und Toronto konkurrenzlos. Das gilt auch für die ungewöhnliche Architektur des Museumsgebäudes. Den dreieckigen Grundriß nimmt man im Inneren des Baus wegen der geschickten räumlichen Gestaltung aber kaum noch wahr.

Unter den Kollektionen verschiedener Kunstrichtungen und Epochen sind insbesondere die Sammlung zur kanadischen Gegenwartskunst und die umfangreiche Ausstellung der **Inuit-Art** hervorhebenswert. Öffnungszeiten Di, Do–So 11–17 Uhr, Mi 11–21 Uhr, Eintritt $3.

Regierungs-gebäude

In einem eigenen Park zwischen Broadway/Assiniboine River und Osborne/Kennedy St erhebt sich das **Legislative Building**, Sitz der Provinzregierung und des Manitoba-Parlaments. Auf der Kuppel des 1919 fertiggestellten, neoklassizistischen Bauwerks steht in 80 m Höhe das Wahrzeichen Winnipegs, die Statue des **Golden Boy**, eines rennenden Jünglings mit einer Weizengarbe im Arm und einer Fackel in der Hand. Das Gebäude steht täglich zur Besichtigung offen. Im Sommer finden Führungen statt (Mo–Fr 8.30–16.30 Uhr).

Osborne Village

Auf der anderen Seite des Flusses (Zugang über die *Osborne Bridge*, Hwy #62) gibt es zahlreiche kleine Geschäfte beiderseits der Osborne St. Zusätzliche Attraktivität gewinnt das *Osborne Village* durch seine **Restaurants und Cafés.**

Dalnavert House

Amerikanische Besucher schwärmen für das mit über 100 Jahren "uralte" **Dalnavert House** in der 61 Carlton St. Es verkörperte 1895 nicht nur äußerlich den Gipfel des Luxus', sondern war mit Zentralheizung, Heißwasserversorgung und Elektrizitätsanschluß auch technisch auf dem neuesten Stand. In dem akribisch restaurierten Anwesen lebte *Sir Hugh John MacDonald*, Sohn des ersten kanadischen Ministerpräsidenten und *Premierminister* Manitobas um die Jahrhundertwende. Geöffnet Juni bis August Di–Do und Sa+So 10–17 Uhr; während der restlichen Monate gelten abweichende Zeiten. Eintritt.

Blick über den Red River auf Downtown Winnipeg

Kasino — Im 7. Stock des **Fort Garry Hotel** (222 Broadway Ave) ist das **Crystal Casino** untergebracht. Fürs Spielkasino gilt ein *semiformal dress code*, d.h. Jackett und Krawatte haben die Herren. Geöffnet Mo–Sa 12, So 14 bis jeweils 2 Uhr morgens.

Fort Garry — In einem kleinen Park an der Main St (schräg gegenüber des Bahnhofs) zeugt nur der kleine Torbogen **Upper Fort Garry Gate** vom ersten Fort der *Hudson's Bay Company* in Winnipeg (siehe oben unter "Geschichte"). Es wurde später nach einer Überflutung den Red River flußabwärts in die Nähe von Selkirk verlegt (↔ Kapitel "Manitoba" Seite 284).

The Forks — Vom Park des **The Forks National Historic Site** am Zusammenfluß von Assiniboine und Red River war bereits im Zusammenhang mit den öffentlichen Transportmitteln die Rede, siehe oben. *The Forks* nimmt das gesamte Freigelände zwischen der Bahnlinie östlich der Main St und dem Westufer des Red River ein. *Parks Canada* hat die *Forks* wegen ihrer signifikanten Rolle in der Erschließung Manitobas (↔ Geschichte) zu einem **National Historic Site** deklariert, obwohl auf dem eigentlichen Parkgelände keine historischen Bauwerke mehr vorhanden sind. Der Zugang zum Park erfolgt nördlich oder südlich der *Via-Rail* Station. Von der Innenstadt aus nimmt man die Water Ave (= Westzufahrt zur *Provencher Bridge*) und biegt vor dem Fluß rechts in den Pioneer Blvd ab. Hier befinden sich Informationsstellen von Manitoba und Winnipeg, ein restaurierter Hafen, ein umgebautes Lagerhaus und Marktgebäude mit Restaurants und kleinen Läden, sowie ein Kindermuseum und ein Sportmuseum.

Freizeitpark — In den letzten Jahren hat die Stadt Winnipeg das ehemalige Eisenbahngrundstück der *Canadian National Railroad* an den *Forks* zu einem vielbesuchten Freizeitpark einschließlich **Public Market** umgestaltet. Mit Mietbooten kann man beide Flüsse erkunden. Das Wassertaxi **Splash Dash** bedient fünf Innenstadtdocks, u.a. am *Legislature Building*. Uferwege laden zu gemütlichen Spaziergängen im Grünen mit Blick auf die *Skyline* Winnipegs ein. The *Forks* ist ein beliebter Ort für Veranstaltungen aller Art mit Amphitheater und *Plaza* direkt am Red River. Die **Wall through Time** (Zeitgeschichtliche Wand) enthält eine Chronik der Provinzgeschichte. Der Text ist in englisch, französisch und im indianischen *Cree* abgefaßt. Im Hochsommer können Besucher bei archäologischen Ausgrabungen mithelfen. Anmeldungen unter ✆ (204) 943-7752.

Flußboote — Unterhalb der **Provencher Bridge** (Westufer des Red River, Anfahrt über Water St und Gilroy St) starten die Schaufelraddampfer **Paddlewheel Princess, Queen** und **River Rouge** zu Ausflügen auf Assiniboine und Red River (Mai bis September täglich 14 und 19 Uhr, Fr+Sa auch 22 Uhr). Im Juli und August fährt die *Paddlewheel Princess* bis zum Lower Fort Garry. Reservierungen unter ✆ (204) 944-8000 oder 942-4500.

Aussichts-turm	Der erwähnte *Forks Public Market* ist in einem restaurierten alten Eisenbahngebäude untergebracht (täglich geöffnet). Vom 6. Stock eines verglasten Aussichtsturms überblickt man die *Forks* und das Bahngelände.

Ziele außerhalb des Zentrums

St. Boniface	*St. Boniface*, der Stadtteil am Ostufer des Red River sozusagen gegenüber *Downtown* Winnipeg, beherbergt die größte französischsprachige Gemeinde Canadas außerhalb der Provinz Québec. Er entstand um das **Fort Rouge**, den ersten französischen Vorposten im Manitoba. In *St. Boniface* wurde der spätere Rebell **Louis Riel** 1844 geboren (⇨ Geschichte). Während die Anglokanadier den später gehängten *Riel* als notorischen Aufrührer betrachten, sehen die Frankokanadier in ihm einen Vorkämpfer für ihre Rechte. Sein Grab bei der **St. Boniface Basilica** (Ave de la Cathedrale/Red River) wird bis heute sorgfältig gepflegt. Die erste römisch-katholische Kirche wurde in der ersten Hälfte des 19. Jahrhunderts erbaut, fiel aber wiederholt Bränden zum Opfer. Das letzte Großfeuer wütete 1968 und ließ allein die romanische Vorderfront mit der Statue des *St. Boniface* stehen. Die heutige Basilika stammt bis auf dieses Relikt aus dem Jahre 1972. In der Nachbarschaft befindet sich das **Collège Universitaire de St. Boniface**, ein französischsprachiger Ableger der *University of Manitoba*.
Museum	Das ebenfalls benachbarte **Musée de St. Boniface** an der 494 Taché Ave befindet sich in einem Eichen-Blockhaus, dem ältesten noch existierenden Gebäude Winnipegs, das 1846 ursprünglich für vier Nonnen errichtet wurde. Über die Jahre diente es als Schule, Krankenhaus und Altenheim, bevor das Museum einzog. Hauptthema ist der Beitrag der **Métis** zur Entwicklung Winnipegs. Geöffnet Ende Mai bis Anfang September Mo–Fr 9–21 Uhr, Sa 10–17 Uhr, So 10–21 Uhr, restliches Jahr verkürzte Zeiten; Eintritt $2.
Riel House	Das **Riel House National Historic Site**, Wohnhaus der Mutter von *Louis Riel*, liegt außerhalb des Viertels *St. Boniface* im Süden Winnipegs. Riel hat das kleine Holzhaus nie bewohnt. Er wurde aber nach seiner Hinrichtung 1885 dort aufgebahrt (330 River Rd, geöffnet täglich 10–18 Uhr Mitte Mai bis *Labour Day*, September nur an Wochenenden, Eintritt frei.

Canadian Mint	Der futuristisch anmutende Glasbau der *Royal Canadian Mint* (520 Lagimodiere Blvd) liegt unübersehbar im Osten Winnipegs südlich der Kreuzung Hwy #20 (Lagimodiere Blvd) und Hwy #135 (hier: *Trans Canada Highway*), geöffnet Mai bis Ende August, Mo–Fr 9–16 Uhr; Eintritt $2. Die **Mint** produziert alle kanadischen Münzen und Geldstücke für 30 weitere Länder. Lediglich für die Prägung des **Maple Leaf Dollar** (die kanadische Goldmünze) ist die Zentrale in Ottawa zuständig. Die Führung erfolgt auf einer Besuchergalerie oberhalb und im wesentlichen fernab der Maschinerie. Beeindruckend sind der Einführungsfilm und die Münzausstellung.
Assiniboine Park	Am Südufer des Assiniboine River westlich der Innenstadt befindet sich mit dem *Assiniboine Park* der älteste Stadtpark Winnipegs. Zufahrt am Fluß entlang der Wellington Ave oder über die Corydon Ave. Das ausgedehnte Parkgelände besitzt Rad- und Wanderwege, ein Gewächshaus mit tropischen Pflanzen, einen "formalen" Garten sowie den **Winnipeg Zoo.**
Prairie Museum und Park	*Living Prairie Museum and Nature Preservation Park* (2795 Ness Ave südöstlich des Flughafens, täglich geöffnet 10–17 Uhr, kein Eintritt) schützen Reste einer einst für den Süden Manitobas typischen Prärielandschaft. Im Besucherzentrum gibt es eine Diaschau, ein Lehrpfad vermittelt das Gesehene in natura.
Flugzeugmuseum	Das **Western Canada Aviation Museum** (958 Ferry Rd, Hangar T2, Südwestende des Flughafens, Mo–Sa 10–16 Uhr, So 13–16 Uhr, Eintritt $2) widmet sich der kanadischen Luftfahrt von der Ära der frühen Buschpiloten bis heute. Neben 26 Flugzeugen sind Erinnerungsstücke und Videos zu sehen. Eine Spezialausstellung ist Frauen in der Luftfahrt gewidmet.
Fort Whyte Centre	Im 80 ha großen Freigelände des **Fort Whyte Centre for Family Adventure and Recreation** (1961 McCreary Road südlich des Assiniboine Forest am Hwy #155; Mo–Fr 9–17 Uhr, Sa+So 10–17 Uhr; Eintritt $4) durchqueren Wanderwege und Holzplankenstege sieben unterschiedliche Feuchtbiotope und einen Sumpf. Schautafeln erläutern ökologisch bedeutsame Details.
	Der deutsch-kanadische Club **Treffpunkt** (mit Restaurant) ist im Winnipeg Canoe Club (50 Donker Place, © (204) 233-5888) direkt am Red River ansässig. Dort kann man auch einige deutschsprachige Zeitungen und Magazine lesen.
Plansch Park	Besonders an heißen Hochsommertage kommt ein Abstecher zum **Fun Mountain Water Slide Park** mit 7 großen Wasserrutschen in Frage: am TCH östlich der City, Abzweig Murdock Rd; Juni 10–18 Uhr, Juli + August 10–20 Uhr; Eintritt $12.
Strände	Eine gute Autostunde entfernt befinden sich die **Sandstrände** des Lake Winnipeg (*Grand Beach*, ➪ Seite 291).

Winnipeg 229

Folk-Festivals

In Winnipegs Kalender sind drei Daten hervorzuheben:
- an drei Tagen im Juli findet im *Birds Hill Provincial Park* das international besetzte **Winnipeg Folk Festival** statt.
- im August läuft die **Folklorama** über zwei Wochen. In ca. 40 über die Stadt verteilten Pavillons zeigen ethnische Gruppen nationaltypische Gerichte, Kunst- und Handwerksprodukte. Ein vielfältiges Veranstaltungsprogramm ergänzt die Ausstellungen.
- Mitte Juli – im Anschluß an die *Calgary Stampede* – findet südlich von Winnipeg in Morris die zweitgrößte Rodeoveranstaltung Canadas statt, die **Manitoba Stampede** (↪ Seite 293 uns unter Calgary Seite 196).

1 Polo Park Shopping Mall
2 Fort Whyte Centre
3 Royal Canadian Mint
4 Assiniboine Park
 Tropical House, Zoo, Conservatory, English Gardens
5 Kildonan Park- Rainbow Stage
6 Riel House
7 Ukrainian Museum- Holy Trinity Cathedral
8 Western Canada Aviation Museum
9 Living Prairie Museum

Winnipeg Übersicht

2.5 TORONTO UND DIE NIAGARAFÄLLE

Kenn-zeichnung

Toronto gehört – dank der Lage am Ufer des Lake Ontario – zu den besonders attraktiven *Big Cities* Nordamerikas. Sie ist die "amerikanischte" aller kanadischen Großstädte, typisch in Anlage und *Skyline*.

2.5.1 Klima und Geschichte

Klima

Die sommerlichen, in den Prärien vorherrschenden Hochdruckgebiete des zentralen Kanada reichen nicht immer bis Südontario. **Atlantische Tiefausläufer** und die Wassermassen der umgebenden Großen Seen beeinflussen das Wettergeschehen. In den warmen Sommern überwiegen im **Juli und August** die Tage mit Temperaturen von **25°C bis 30°C** und gelegentlich mehr, die oft von großer Schwüle begleitet sind. Kräftige Regenschauer, bisweilen auch mehrere Regentage hintereinander kennzeichnen das Frühjahrswetter, das insgesamt dem unserer Breiten ähnelt. Der Winter ist für kanadische Verhältnisse eher mild, aber verbunden mit (moderaten) Minustemperaturen von Dezember bis März. Rund 70 Wintertage liegt Schnee in Toronto.

Geschichte

Vermutlich setzte der Franzose *Etienne Brûlé* 1615 als erster Europäer seinen Fuß auf den Boden, auf dem eines Tages Toronto entstehen sollte. Erst 130 Jahre später errichteten dort französische Pelzhändler aus Québec ein **Fort Rouillé.** Im Frieden von Paris (1763) wurde das Land den Briten zugesprochen, und die Franzosen zogen sich aus der Region zurück, ohne daß sogleich britische Siedler folgten. Aber gegen Ende des amerikanischen Unabhängigkeitskrieges (1783) ließen sich königstreue Flüchtlinge aus den neugegründeten USA am Nordwestufer des Lake Ontario nieder.

Upper Canada

Colonel *John Graves Simcoe*, erster Gouverneur von *Upper Canada* (↻ Seite 252), sorgte 1793 für den Bau des **Fort York** an der Humber Bay des Sees. Die dort stationierten Truppen sollten die Siedler des Gebietes gegen amerikanische Übergriffe schützen. Um das Fort herum entstand das Städtchen York, Keimzelle des heutigen Toronto und bereits zur Jahrhundertwende Hauptstadt Upper Canadas. Zwar wurde das Fort im amerikanisch-kanadischen Krieg (1812 bis 1814) von den USA zerstört, doch nach dem Ende der Kampfhandlungen wiederaufgebaut. 1834 erhielt das mittlerweile 9.000 Einwohner zählende York Stadtrechte und seinen bis heute geltenden Namen **Toronto**, ein indianisches Wort für **"Treffpunkt"**.

Toronto entwickelte sich rasch zu einer Großstadt. Sie stand jedoch lange Zeit im Schatten von Montréal. Als sich nach dem 2. Weltkrieg der Sprachkonflikt in Québec verschärfte,

Toronto 231

Toronto heute

verließen viele Firmen Montréal. Vor allem Toronto und Südontario profitierten davon. Diese Region ist heute der am dichtesten besiedelte Ballungsraum Canadas, Toronto die bei weitem größte Stadt und Finanzzentrum des Landes. ***Metropolitan Toronto*** zählt 3,9 Mio., die ***City*** rund 2.3 Mio. Einwohner.

2.5.2 Information, Orientierung und öffentliche Verkehrsmittel

Zentralbüro

Die zentrale Besucherinformation Torontos befindet sich an der *Harbourfront* (siehe unten):

Metropolitan Toronto
Convention & Visitors Association
207 Queen's Quay Terminal
Suite 590
Toronto, Ontario M5J 1A7
✆ (416) 203-2500 oder (800) 363-1990

Information Ontario

Ein saisonaler Informationsschalter befindet sich im **Eaton Centre** (Yonge/Dundas St); dort sind im wesentlichen Stadtpläne erhältlich. An anderer Stelle des *Eaton Centre* ist ein ausgezeichnetes **Ontario Travel Centre** eingerichtet, das ebenfalls über Material zu Toronto verfügt.

Straßensystem

Toronto liegt im Schnittpunkt wichtiger Autobahnen: Auf dem *Highway* #401 geht es nach Detroit im US-Bundesstaat Michigan und – an Lake Ontario und St.-Lorenz-Strom entlang – nach Montréal. Der **Queen Elizabeth Way** (kurz: **QEW**) führt um den Ontariosee herum über *Niagara Falls* nach Buffalo (New York State). Der **Highway #400** verbindet Toronto mit der *Georgian Bay* und dem *Trans Canada Highway*, der die Hauptstadt Ontarios nicht berührt.

Downtown Toronto erreicht man aus westlicher Richtung am besten auf dem **Gardiner Expressway** (#2); von Osten und Norden kommend nimmt man den **Don Valley Parkway**.

Downtown

Den **Kernbereich der City** "oberhalb" des *Gardiner Expressway* begrenzen die Yonge St im Osten, die University Ave im Westen und die Bloor St im Norden. Die **Harbourfront** besetzt das Ufer des Lake Ontario "unterhalb" der City. Vorgelagert sind die Toronto Islands. Die **Skyline** wird vom CN Tower beherrscht, aber auch andere "Wolkenkratzer" sind beeindruckend. In Toronto stehen die **7 höchsten Gebäude Canadas**, darunter auch der *First Canadian Place* (290 m, 72 Stockwerke) südlich der City Hall.

Verkehrssituation

Wie in anderen Metropolen auch kennzeichnen **erhebliche Probleme** die Verkehrssituation. Trotz breit ausgebauter Stadt-Autobahnen mit separaten Expreß- und Durchgangs-Fahrspuren herrscht zur *Rush Hour* allerorten *Stop-and-Go*-Verkehr.

Parken

Die Parkplatzsuche in der Innenstadt kann an Wochentagen ein schwieriges Unterfangen sein. **Parkstreß** vermeidet, wer den Wagen an einer Vorort-Station stehenläßt und mit der U-Bahn in die City fährt. Wer das Auto bevorzugt, findet am ehesten einen (citynahen) freien Parkplatz in der Umgebung des *St. Lawrence Market* (am Ostrand von *Downtown*: Front St zwischen Jarvis und Church); Anfahrt über den *Gardiner Expressway* oder den Lake Shore Blvd bis Jarvis St. Etwas weiter von *Downtown* entfernt sind die **Parkplätze an der Harbourfront** und im Bereich **Skydome/CN-Tower**, siehe unten.

Ein positiver Aspekt des nachmittäglichen Verkehrskollaps' auf dem hochgelegten *Gardiner Expressway* ist, daß – bei Fahrt in Richtung Westen – der Beifahrer in Ruhe die *Downtown-Skyline* fotografieren kann.

Öffentlicher Nahverkehr

Das öffentliche Verkehrssystem Torontos gehört zu den besten Nordamerikas. Alle touristisch wichtigen Anlaufpunkte, die nicht in leicht zu bewältigender Fußgängerdistanz in und um *Downtown* liegen, lassen sich per **U-Bahn**, **Straßenbahn** oder **Bus** gut erreichen. Eine Einzelfahrt im Nahverkehrsnetz der **Toronto Transit Commission** kostet $2. Bei Einzelfahrten in Bus oder Straßenbahn (*Street Cars*) ist das Fahrgeld abgezählt bereitzuhalten oder ein U-Bahn-*Token* in den Fahrgeldbehälter zu werfen. Etwas günstiger ist die "10-Fahrten-Karte" (**10-fareticket**) für $15, noch attraktiver der **Day Pass** für $6, die Tagesnetzkarte für alle Verkehrsmittel des Systems. Für den Pass gilt die Einschränkung, daß Mo–Fr die U-Bahnen erst ab 9.30 Uhr benutzt werden dürfen, Sa+So ganztägig.

Man erhält **Token** und Mehrfach-Tickets an allen U-Bahn-Stationen und in Läden im Downtown-Bereich, die ein *Exact Fare*-**Schild** im Fenster zeigen. Aktuelle Informationen der *Toronto Transit Commission* unter ✆ 393-INFO (4636).

2.5.3 Unterkunft und Camping

Hotels/Motels

Zahlreiche Hotels findet man im Bereich des *Pearson International Airport* im Einzugsbereich der Autobahnen #401 und #409, darunter die preislich moderaten Häuser der Ketten **Comfort Inn** (240 Belfield Rd), **Days Inn** (6257 Airport Rd) und – etwas teurer – **Delta Airport Hotel** (801 Dixon Rd); Reservierung gebührenfrei unter den jeweiligen 800-Nummern, ➪ Seite 137.

In der City kommen u.a. in Frage das **Hotel Selby**, eine preiswertes viktorianisches Haus, ✆ (416) 921-3142 oder (800) 387-4788, und in der Mittel- bis Oberklasse das **Holiday Inn on King** (➪ Seite 137), das **Sky Dome Hotel**, ✆ (416) 341-7100 oder (800) 441-1414, und das **Best Western Primrose Hotel** (➪ ebenfalls Seite 137).

	Toronto 233

Jugend- Von den preiswerten Übernachtungsmöglichkeiten ist auch
herberge in Toronto die Jugendherberge am günstigsten. Mitglieder
zahlen $23 fürs Bett im Schlafsaal. Das Hostel liegt zentral:

Toronto International Hostel **YWCA Woodlawn Residence**
223 Church St 80 Woodlawn Ave East
Toronto, Ontario M5B 1Y7 Toronto, Ontario M4T 1C1
✆ (416) 971-4440, ✆ (416) 923-8454
✆ (800) 668-4487 Fax (416)961-7739
Fax (416) 971-4088

YWCA Die Preise des YWCA-Hauses (nur für Frauen) schließen zwar das Frühstück mit ein, sind mit $45 fürs Einzel- und $59 fürs Doppelzimmer relativ hoch.

Universitäts- Die **University of Toronto**, ✆ (416) 978-8735, und die **Victo-**
unterkünfte **ria University**, ✆ (416) 585-4525, vermieten ebenfalls Zimmer. In letzterer zahlt man fürs Einzel ca. $42, Doppel $60; die Toronto Universität nennt ihre Preise auf Anfrage. Etwas preiswerter – mit Doppelzimmern um die $38 – ist das unweit des *Eaton Centre* gelegene

Neill-Wycik College Hotel
96 Gerrard St East
Toronto, Ontario M5B 1G7
✆ (416) 977-2320, 1-800-268-4358
Fax (416) 977-2809

Als Alternative zu teuren Hotels einerseits und Billigunterkünften andererseits gibt es in Toronto viele *Bed* & *Breakfast* Quartiere. Vermittlungsagenturen sind:

Bed & Breakfast Guest Houses Association
PO Box 190, Station B
Toronto, Ontario M5T 2W1
✆ (416) 368-1420
Fax (416) 368-1653

oder für den Großraum **Toronto mit Niagara Falls**:

Toronto Bed&Breakfast Inc.
PO Box 269, 253 College St
Toronto, Ontario M4E 2N4
✆ (416) 588-8800, Fax (416) 690-5089

Camping Kein Campingplatz in bzw. um Toronto übertrifft in Lage und Anlage den städtischen **Glen Rouge Park Campground**, ✆ (416) 392-2541, in der Nähe der Kreuzung Old Kingston Rd (Straße #2)/Autobahn #401. Fast 30 km vom Zentrum entfernt, gehört er nichtsdestoweniger zu den "citynahen" Plätzen.

Das gilt auch für den komfortablen **Indian Line Campground** oberhalb (nördlich) des *International Airport*: Autobahn #427, *Exit* Finch Ave, dann noch 1 km nach Westen, ausgeschildert; Reservierung unter ✆ (905) 678-1233. Leider relativ laut.

2.5.4 Stadtbesichtigung
Am Lake Ontario

Uferparks — Torontos Stadtväter haben dafür gesorgt, daß aus vielen einst unansehnlichen Uferanlagen am Lake Ontario **attraktive Parks** und Freizeitflächen wurden. Auf dem Lakeshore Blvd erreicht man alle Uferparks und Strände. Der populärste Strand Torontos ist der weitläufige **Ashbridge's Bay Park** etwas östlich der City. Der reizvollste Strand befindet sich weiter außerhalb unter der Steilküste des **Rouge River Park** östlich der Stadt (➪ *Glen Rouge Campground*).

Ontario Place — In den Werbeprospekten der Stadt werden der **Ontario & Exhibition Place**, ein Gelände am Seeufer südwestlich der Innenstadt (Ende Dufferin St östlich der *Sunnyside Beach*), stark herausgestellt. Für Sonderattraktionen und -veranstaltungen muß Eintrittsgeld entrichtet werden. Parkgebühren fallen immer an. Geöffnet Mo–Sa 10.30–1 Uhr morgens von Mitte Mai bis Anfang September.

Hauptanziehungspunkte des drei (künstliche) Inselchen umfassenden *Ontario Place*-Komplexes sind die blumenreiche, hübsch gestaltete **Gartenanlage**, das **IMAX-Kino *Cinesphere*** mit einer 6 Stockwerke hohen Leinwand, Jahrmarkt (im wesentlichen für Kinder mit Wasserrutschen, Tretbooten, Lego-kreativ Spielcenter) und einige Showbühnen mit allerhand Musik- und Tanzprogrammen. Ab und zu gibt es auch Konzerte großer Stars. Logisch, daß Souvenirshops, Restaurants und Snackbars nicht fehlen.

Exibition Place — Der *Exhibition Place* füllt sich im Gegensatz zum immer gut besuchten *Ontario Place* nur von Mitte bis Ende August mit Leben, wenn die *Canadian National Exhibition* stattfindet, eine großangelegte, allgemeine kanadische "Leistungsschau" mit Messecharakter. Zu anderen Zeiten wartet dort nur das mäßig interessante **Marine Museum of Upper Canada** mit einem Zerstörer aus dem zweiten Weltkrieg am Kai auf Besucher (Di–Fr 10–17 Uhr, Sa+So 12–17 Uhr).

Fort York — Unweit des *Exhibition Park* liegt an der Garrison Road (Zufahrt über Fleet St) das **Old Fort York**. Um das 1793 errichtete eigentliche Fort (➪ Geschichte) gruppieren sich acht akribisch restaurierte Gebäude aus dem 19. Jahrhundert. Die Anlage als solche muß man nicht gesehen haben (geöffnet vom 1. Mai bis Labour Day Di–Fr 10–16 Uhr, Sa+So 12–17 Uhr, sonst kürzer), aber der von Komparsen in historischen Uniformen nachgespielte Angriff der amerikanischen Invasionstruppe 1812 lohnt den Besuch. Info zu den Anfangszeiten des Spektakels unter ✆ 392-6907.

Harbourfront — Der *Harbourfront* Shopping-, Restaurant- und Kultur-Komplex am **Queen's Quay** (etwa zwischen Spadina Ave und Bay St) schließt quasi "unterhalb" der City die Reihe der westlichen

Toronto Islands

Waterfront Parks ab. *Harbourfront Building* und der große "gläserne" *Queen's Quay Terminal* sind die zentralen Gebäude der parkartigen, seeseitig von Marinas begrenzten Anlage. In ihnen läuft ganzjährig ein vielseitiges Programm, im Sommer ergänzt durch **Open-Air-Veranstaltungen**. Aktuelle Informationen zur Frage *"What's on at the Harbourfront?"* gibt's unter ℂ 973-3000.

Der nur mit der Fähre erreichbare, der *Harbourfront* vorgelagerte *Toronto Islands Park* ist Torontos populärstes **Ausflugsziel**. Neben den Stränden ziehen Picknick- und Kinderspielplätze, Boots- und Fahrradverleih, Joggingpfade und Tennisplätze vor allem an schönen Sommerwochenenden zahlreiche Besucher an. Die 15-minütige Überfahrt mit dem *Islands Shuttle* lohnt sich allein schon wegen des großartigen Panoramas. Sie kostet $4 retour. Die Fähren legen am *Bay Street Ferry Dock* ab, östliches Ende der *Harbourfront*. Ihre Frequenz hängt ab von Saison und Tageszeit. Im Sommer verkehren die Boote alle 15-30 Min; Auskunft unter ℂ 392-8193. Ein Teil von ihnen steuert neben dem Hauptanleger auf *Centre Island* auch noch die westliche (*Hanlan*) und östliche (Ward) der untereinander verbundenen Inseln an. Die Entfernung zwischen den äußeren Anlegestellen entspricht etwa einer Stunde Fußweg.

Toronto vom CN Tower aus gesehen

Toronto Downtown

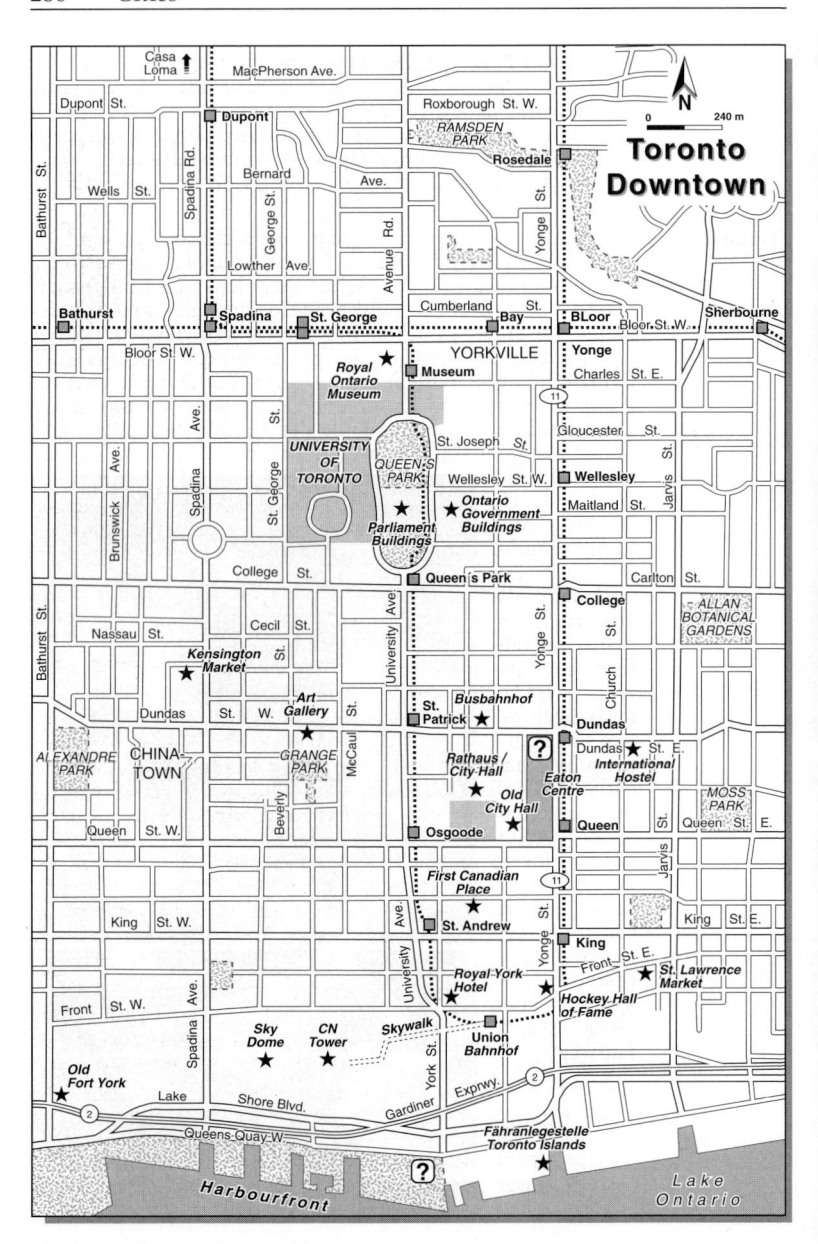

Ziele in und um Downtown

Lage — Die *Harbourfront* begrenzt seeseitig das **zentrale Toronto**, das östlich und westlich in etwa von Spadina Ave und Jarvis St und im Norden von der Bloor St markiert wird. Als **Downtown** Toronto bezeichnet man den Bereich zwischen Yonge St/ University Ave und Kings/Dundas St.

CN Tower — Unweit der *Harbourfront* überragt – zwischen Lake Shore Boulevard und Front St – der *CN Tower* die Stadt, der mit 553 m zweithöchste Turm der Welt (zum Vergleich: das New Yorker *Empire State Building* bringt es "nur" auf 381 m). Aussichtsetagen befinden sich in 346 m und in 447 m Höhe. Die knapp eine Minute dauernde Auffahrt im gläsernen Expreßfahrstuhl bis zum untersten **Observation Deck** gehört zum touristischen Pflichtprogramm, auch wenn sie stolze $13 kostet, und oft stundenlanges Anstehen unvermeidlich ist. Weitere $4 zahlt, wer noch 100 m höher zur obersten Plattform fährt. Die Aussicht ist in beiden Fällen atemberaubend; von ganz oben kann man an klaren Tagen sogar die Niagarafälle (160 km) erkennen. Für Gäste des welthöchsten **Revolving Restaurant** ist der Aufzug gratis – Tischreservierung unter ✆ (416) 360-8500.

Der *CN Tower* kann vom 1. Juli bis *Labour Day* täglich 10–24 Uhr besucht werden, in der restlichen Zeit des Jahres So–Do 10–22 Uhr, Fr+Sa 10–23 Uhr. Bei langen Schlangen (insbesondere an Wochenenden) vor der Kasse und vor den beiden Aufzügen muß man mit 2 bis 3 Stunden Wartezeit rechnen.

Sky Dome — In unmittelbarer Nachbarschaft des *CN Tower* steht der *Sky Dome*, ein riesiges **überdachtes Stadion**, als Mittelpunkt eines Komplexes, der auch Wohnungen, Luxushotel, Schwimmhalle und eine komplette Besucherinfrastruktur umfaßt. Seine Planung geht zurück auf die vor Jahren erfolgte (und gescheiterte) Bewerbung für die Olympischen Spiele 1996. Das 52.000 Personen fassende Stadion wird von einer dreiteiligen 9.000 t schweren Dachkonstruktion überwölbt, die innerhalb von 20 Minuten geöffnet werden kann. Der Elektrizitätsverbrauch des Sporttempels ist so gewaltig, daß eine Stadt von 25.000 Einwohnern damit versorgt werden könnte.

Baseball — Im Sommer tragen die bekannten Baseball- und Footballteams Torontos, die **Blue Jays** bzw. *Argonauts*, ihre Heimspiele im *Sky Dome* aus. Publikumsmagneten sind die *Toronto Blue Jays*, neben den **Montréal Expos** die zweite kanadische Profi-Baseballmannschaft, die in der US-dominierten nordamerikanischen Liga "mitmischen" darf. Zu ihren knapp 90 (!) Heimspiele kommen jedes Mal rund 50.000 Zuschauer ins Stadion. 1992 gewannen die *Blue Jays* als erstes kanadisches Team die seit 1903 ausgetragenen nordamerikanischen Meisterschaften (*World Series*).

Der Jubel kannte kein Ende, als dieser Erfolg 1993 sogar wiederholt werden konnte. Sportfans sollten Heimspiele *live* mitverfolgen – Fernsehübertragungen vermitteln nicht einmal ansatzweise die unglaubliche Atmosphäre im *Sky Dome*. Unter ✆ (416) 341-1111 erfährt man Termine und Ticketpreise. Dem Spielgeschehen kann aber nur, wer die Regeln einigermaßen kennt.

Downtown Toronto gilt als **Shopper's Paradise**. Das **Eaton Centre** – an der Yonge St zwischen Queen und Dundas – ist das bekannteste und zugleich attraktivste unter den diversen Einkaufszentren der Innenstadt. Für einige Jahre konnte es für sich in Anspruch nehmen, das größte überdachte Einkaufszentrum der Welt zu sein, bis es diesen schönen Rang an die **West Edmonton Mall** (↔ Seite 213) abgeben mußte.

Eaton Centre Das *Eaton Centre* wirkt äußerlich trotz seiner Größe eher unauffällig, aber die Innenarchitektur ist sehenswert. Eine 450 m lange Glaskuppel sorgt tagsüber für weitgehend natürliche Lichtverhältnisse. Auf vier Etagen warten rund 320 Läden und 50 Restaurants auf Kunden.

Untergrund Shopping Rein rechnerisch noch mehr geballtes *Shopping, Business* und Unterhaltung gibt es in der **Underground City**: die sieben U-Bahn-Stationen im *Downtown*-Bereich sind außer durch Schienen über ein Fußgänger-Tunnelgeflecht von 10 km Länge miteinander verbunden, das über 1.000 Läden, Kinos, Bankfilialen, Snack Bars und Restaurants beherbergt.

Weltgrößter Buchladen Auf einen weiteren **Superlativ** stößt man in der nahen Edward St. Einen Block nördlich des *Eaton Centre* befindet sich der **World's Biggest Bookstore** mit einer überwältigenden Auswahl an Büchern jedweder Thematik und Fachrichtung. In der ebenfalls bestens sortierten Zeitschriftenabteilung fehlen auch aktuelle deutsche Zeitungen und Magazine nicht.

Yonge Street Die lebhafte und ebenfalls populäre, wenn auch nicht eben elegante **Shoppingmeile** der Yonge St mit zahlreichen kleinen Läden für alles und jedes, Bäckereien, *Eateries* und *Sex Shops* beginnt etwa auf Höhe des *Eaton Centre* und wird mit zunehmender Entfernung von Downtown schäbiger. In der **Hockey Hall of Fame** (Yonge/Front St) feiern die Kanadier vor allem ihre *Toronto Maple Leafs* (Mo–Fr 10–17 Uhr, Sa 9.30–18 Uhr, So 10.30–17 Uhr).

Yorkville

Erst nahe *Yorkville* ändert sich das Bild. Aus dem einstigen Hippie-Viertel im Bereich **Bloor Street** zwischen Yonge St und Avenue Road (Verlängerung der University Ave) wurde Torontos erste Adresse für gut verdienende *Yuppies* und die obere Mittelschicht. Kunstgalerien, schicke Restaurants und Boutiquen reihen sich in der Bloor St aneinander. Ein Bummel nicht nur durch die Haupt-, sondern auch durch die grünen **Wohnstraßen,** in denen sich viktorianische Fassaden und moderne Architektur harmonisch ergänzen, läßt die Hektik der Großstadt fast vergessen.

Rathaus

Zurück nach *Downtown*: Zum touristischen *Sightseeing* gehört in Toronto auf jeden Fall ein Besuch des Rathauses bzw. seines großen Vorplatzes **Nathan Phillip Square**, nur einen Block (westlich) entfernt vom *Eaton Centre*. Die bei Fertigstellung 1965 vielgerühmte und -bestaunte ***City Hall*** besteht aus zwei halbkreisförmigen Bürohochhäusern, die den Sitzungssaal des Stadtparlaments flankieren. Heutzutage wirken Architektur und Anordnung nicht mehr sonderlich avantgardistisch. Das Leben und Treiben auf dem Vorplatz des Rathauses, dem angeblich beliebtesten Treffpunkt Torontos, ist da schon interessanter. Zur Mittagszeit verwandelt er sich bei gutem Wetter in eine Art Picknickplatz für Büroangestellte. Gelegentlich finden ***Open-air*-Konzerte** statt. Im Winter wird das große Wasserbecken zur Eislaufbahn umfunktioniert.

Architektur

Die heutige *City Hall* übernahm seinerzeit die Funktion der benachbarten **Old City Hall** (jetzt Gerichtsgebäude). Deren Vorgänger als Rathaus war ein heute als Marktgebäude genutzter Bau in der Front St östlich der Jarvis St. Wer den *St. Lawrence Market* besucht, findet an der Kreuzung Front/Wellington/Church St das **Gooderham Building**, ein nostalgisches dreieckiges Backsteinhaus, das vor den hoch aufragenden Stahl- und Glasfassaden einiger Wolkenkratzer ein sehr reizvolles Fotomotiv abgibt (➪ letzte Seite dieses Kapitels).

Blick auf Toronto von der Harbour-front aus

Art Gallery Einige Blocks vom Rathaus entfernt – am besten geht man zu Fuß auf der zwischen University und Spadina lebhaften und zugleich etwas "schrägen" Queen St, dann McCaul oder Beverley zur Dundas St – liegt die **Art Gallery of Ontario** im Anschluß an den *Grange Park*. Das **Kunstmuseum** genießt wegen seiner *Henry Moore* Skulpturen einen guten Ruf. Darüberhinaus findet man in ihm Exponate aller möglichen Kunstgattungen und Stilrichtungen, wobei die Werke kanadischer Künstler überwiegen. Geöffnet Di–So 10.30–17.30 Uhr, Mo nur an Feiertagen, mittwochs zusätzlich – bei freiem Eintritt – bis 22 Uhr. Zu den üblichen Öffnungszeiten Eintritt $7,50.

Zum Museum gehört das für kanadische Begriffe uralte **Grange House**, ein Herrenhaus aus den 30er-Jahren des vergangenen Jahrhunderts, in dem einst die Kunstgalerie untergebracht war.

Chinatown Die *Art Gallery* befindet sich am Ostrand von Torontos **Chinatown**, der größten Canadas, mit Zentralbereich etwas weiter westlich (Kreuzung Dundas St/Spadina Ave). Sie ist ein **Highlight** und beeindruckt durch ihre pulsierende Lebendigkeit ohne Folklore-China für Touristen. Angefangen beim Höker an der Ecke über Einkaufspassagen und Banken findet sich alles, was eine Großstadt ausmacht – nur eben auf chinesisch.

Kensington Market Das Flair eines multikulturellen Basars erwartet den Besucher am nahen *Kensington Market*, der sich zwischen den Sackgassen Baldwin und Andrew St westlich der Spadina Ave ein wenig versteckt. In zahlreichen kleinen Geschäften und Ständen bieten Händler italienischer, portugiesischer, jüdischer oder karibischer Abstammung ihre Waren an. Dort darf, ja, es muß gehandelt werden.

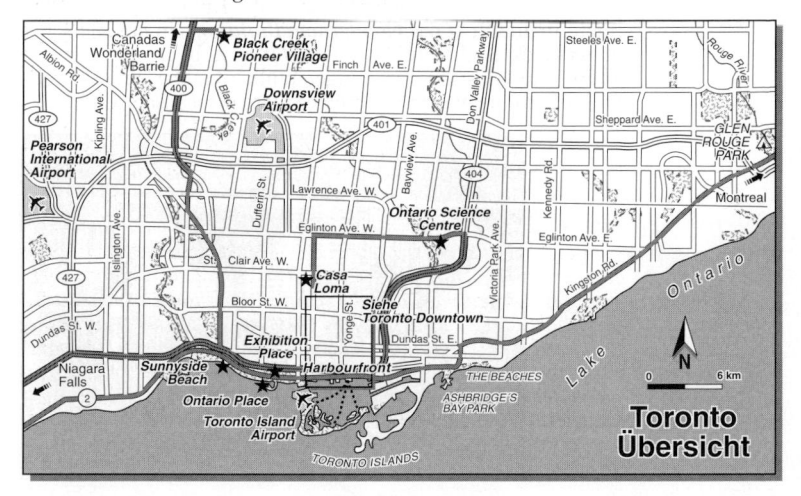

Toronto

Bereich-Queens Park

Auf der University Ave erreicht man nördlich von Downtown den *Queens Park*, mit den aus Sandstein und Granit errichteten **Parliament Buildings**. Der Parlamentssitz der Provinz Ontario zeigt typisch britische Stilelemente ebenso wie die älteren Gebäude der unmittelbar benachbarten **University of Toronto**. Sie sehen aus, als seien sie direkt aus den englischen Universitätsstädten Oxford und Cambridge hierher versetzt worden.

ROM

Oberhalb des *Queen's Park* befindet sich das **Royal Ontario Museum** (kurz ROM). Es gilt als das bedeutendste naturgeschichtliche Museum Canadas. Die thematische Vielfalt überzeugt ebenso wie die fabelhafte Präsentation der Ausstellungsstücke. Den Besuch sollte man unbedingt einplanen und mindestens 2-3 Stunden Zeit mitbringen. Das ROM ist täglich geöffnet 10–18 Uhr, Di 10–20 Uhr. Sa ab 11 Uhr; Eintritt $8.

Dem Hauptgebäude des ROM angegliedert ist das **McLaughlin Planetarium**, in dem nachmittags und abends *Lasershows* und kaum weniger faszinierende Astronomie-Programme geboten werden.

Sehenswürdigkeiten außerhalb des Zentrums

Ontario Science Centre

Das *Ontario Science Centre* ist seit seiner Gründung im Jahre 1969 Vorbild für mittlerweile zahlreiche Museen ähnlicher Art in ganz Nordamerika. Das Konzept einer experimentell-unterhaltsamen Vermittlung naturwissenschaftlicher Phänomene durch **Hands-on-Exhibits**, Versuchsanordnungen zum Selber-Ausprobieren, wurde seither laufend verbessert. Wer einen Vor- oder Nachmittag (3 Stunden Zeit sind mindestens nötig) erübrigen kann, wird begeistert sein. Die neueste Attraktion des Museums ist ein **OMNIMAX**-Kino mit 24 m hoher, gewölbter Leinwand. Es ist deutlich attraktiver als z.B. das IMAX im Ontario Place.

Das OSC befindet sich an der Ecke Eglinton Ave/Don Mills Rd; geöffnet 10–18 Uhr, Mi bis 20 Uhr; Eintritt $8. Mit Auto fährt man am besten über den *Don Valley Parkway*, Ausfahrten Don Mills Rd oder Eglinton Ave, mit der U-Bahn bis zur Station Eglinton und dann weiter mit dem Bus.

Museumsdorf

Lohnend ist auch ein Besuch des **Black Creek Pioneer Village**, eines Museumsdorfes mit 30 originalen hierher versetzten oder authentisch rekonstruierten Gebäuden, in dem die Lebensbedingungen in Canada während der ersten Hälfte des 19. Jahrhunderts demonstriert werden. Wer keine Gelegenheit hat, andere noch attraktivere "lebende" Museen wie beispielsweise *Old Fort William* (↷ Seite 276), *Fort Steele* (↷ Seite 419) oder *Barkerville* (↷ Seite 409) zu sehen, könnte ab drei Tagen Aufenthalt in Toronto den Abstecher zum *Pioneer Village* einplanen. Es liegt etwa 25 km von der City entfernt

Paramount Canada's Wonderland	im Nordwesten Torontos. Man erreicht es nur per Auto: Autobahn #400, Exit Steeles Ave. Geöffnet Anfang Mai bis Anfang September 10–17 Uhr, im Sommer bis 18 Uhr; Eintritt $8. März/April und September–Dezember Mi–So 10–17 Uhr.

Paramount Canada's Wonderland

Jahrmarktstrubel wartet einige Kilometer weiter nördlich in *Canada's Wonderland*, einem typisch amerikanischen **Amusementpark.** Neben Fahrten in den unvermeidlichen **Rollercoasters** und anderen mehr oder weniger aufregenden *Rides* (bei Andrang lange Warteschlangen!) gibt's ein bißchen Show-bühnenglamour, einen kleinen Zoo und eine Portion Disneyland. Künstliche Berge und Wasserfälle dienen der Feuerstein-Familie, den Schlümpfen sowie **Yogi Bear & Co.** als "Lebensraum". Fürs kanadische Wunderland gibt es Tickets ohne *Rides* und ein "Alles-Inklusiv-Ticket". Wer nicht per U-Bahn anfährt (Stationen *York Dale* oder *York Mills*, von dort Pendelbusse) muß $5 fürs Parken dazurechnen. Abfahrt von der #400 Rutherford oder Major Mackenzie Road. Öffnungszeiten Mitte Juni bis Anfang September täglich 10–22 Uhr; ab Mai und bis Mitte Oktober nur Sa+So bis 20 Uhr; Eintritt $32.

Casa Loma

Der Vollständigkeit halber soll *Casa Loma* nicht unerwähnt bleiben, ein burgähnliches Gemäuer (nordwestlich der City unweit der Spadina Ave/Davenport Rd) vor dem alle Stadtrundfahrt-Busse einen Stop einlegen. Das altenglisch wirkende *Casa Loma* entstand 1914 als **Privatschlößchen** des Industriellen *Henry Pellat*, der aber bereits sechs Jahre später pleite war. Der Palast mit seinen 98 luxuriös ausgestatteten Zimmer wurde zunächst zum Hotel, aber bald zur Touristenattraktion umfunktioniert. Eine Besichtigung der Räumlichkeiten (täglich 10–16 Uhr, Eintritt $8) muß nicht unbedingt sein. Es genügt, sich dieses Beispiel eines nostalgischen Baustilverschnitts von außen anzusehen.

American Falls des Niagara River

2.5.5 Niagara Falls und Umgebung

Anfahrt Die Niagarafälle sind nur **120 km von Toronto** entfernt und über die Autobahn *Queen Elizabeth Way* rasch zu erreichen. Eine neue Alternative bietet das **Ausflugsboot** der **Shaker Cruise Line** von der *Toronto Harbourfront* über den Lake Ontario nach Port Dalhousie (c$27/Person). Die Fahrt ist angenehmer und billiger als der *Greyhound* und – je nach Verkehrslage – ggf. sogar schneller.

Welland Canal Östlich von St. Catharines überquert der QEW den *Welland Canal*, der Erie und Ontario Lake verbindet und bereits seit 1829 als Umgehung des Niagara River dient. Der Kanal kann von Schiffen bis 220 m Länge befahren werden. Der Höhenunterschied von ca. 100 m wird über **8 Schleusen** bewältigt. An Schleuse No. 3 in St. Catharines befindet sich eine Besucherplattform mit prima Überblick. Ein **Visitor Centre** informiert über Geschichte, Bedeutung und Funktion des Kanals (Exit #38/Glendale Ave vom QEW und Ausschilderung).

Zufahrt Niagara Falls Von St. Catharines sind es auf direktem Weg noch rund 25 km bis zu den Fällen. Wer sich ein wenig mehr Zeit läßt, könnte erst nach Niagara-on-the-Lake fahren (↔ Seite 248) und von dort dem *Niagara Parkway* folgen. Kaum Zeitverlust bedeutet ein Abweichen vom QEW in Richtung Queenston (Autobahn #405) und von dort die Benutzung des *Niagara Parkway*.

Hotels/ Motels Die Doppelstadt Niagara Falls beidseitig des 56 km langen Niagara River, der zwischen Lake Ontario und Lake Erie die Grenze zwischen Canada und den USA bildet, lebt überwiegend vom Tourismus. Kaum zu zählen sind die Hotels und Motels an den Ausfallstraßen in Richtung Toronto, z.B. an der **Lundy's Lane**. Viele von ihnen werben mit *Honeymoon Suites & Rates*, mit Zimmern und Sonderpreisen für Flitterwöchner, die Niagara Falls zur **Honeymoon Capital of the World** gemacht haben. In Canada und den USA bildet eine Hochzeitsreise an die Niagarafälle den krönenden Abschluß einer traditionellen Eheschließung. Den Anstoß dazu gab, so heißt es, ein Bruder Napoleons mit seiner jungen Frau.

Daten der Fälle Damals lieferten die Fälle und ihre Umgebung immerhin noch ein unverfälschtes **Naturschauspiel**, und kolossale Wassermassen stürzten jahraus, jahrein auf rund **1 km Breite** (*American* und *Horseshoe Falls* zusammengenommen) **52 m tief** hinab. Mit dem Bau mehrerer Wasserkraftwerke, vor allem des seinerzeit weltgrößten *Robert Moses Power Plant* (1950 MW) auf amerikanischer Seite reduzierte man bis 1963 die ursprüngliche Gewalt des Niagara River tageszeitabhängig um bis zu 75%. Unterirdische Kanäle entnehmen dem Flußoberhalb der Fälle bis zu 4.500 m^3 Wasser pro Sekunde(!). Aus immensen Auffangbecken beidseitig des Niagara schießt das Wasser einige Kilometer flußabwärts durch die Turbinen der Kraftwerke zurück in das Flußbett. Tagsüber verbleibt ein Minimum von 3.000 cbm/sec für die Fälle, wovon rund 90% über die **Horseshoe Falls** der kanadischen Seite stürzen, die "eigentlichen" Niagara Fälle. Nur 10% fließen über die **American** und die schmalen **Bridal Veil Falls** auf amerikanischer Seite. Ein weiteres Motiv für den Kraftwerksbau war die Absicht, die starke **Erosion der Abbruchkante** zu bremsen, die eine Verlagerung der Fälle um jährlich rund einen Meter zur Folge hatte. Mit der Verminderung des Wasserflusses verringerte sich der Abrieb des Felsens tatsächlich wie erhofft auf wenige Zentimeter pro Jahr.

Parken

In Niagara Falls angekommen, stehen Autofahrer oft vor erheblichen Parkproblemen, obwohl rund um die Fälle und an der den Fluß begleitenden *River Road* an sich viel (gebührenpflichtiger) **Parkraum** vorhanden ist. Besonders "eng" gestaltet sich oft die Parksituation für **Wohnmobile**. Mit größeren Fahrzeugen steuert man dann am besten den **Rapids View Parking Lot** an, etwa 2 km südlich der Fälle. Von dort pendeln im Sommer die Busse des **People Mover System** im 20-Minuten-Takt bis zu den 9 km entfernten *Whirlpool Rapids* und stoppen an allen wichtigen Punkten. Die Fahrkarte ($3,50) gilt einen vollen Tag für beliebig viele Fahrten und kann im Bus gelöst werden. Von Mitte Juni bis Anfang September wird die Route bis zum *Queenston Heights Park* ausgedehnt. Ein sog. **Explorer`s Passport Plus** für $17 gilt als Kombinations-ticket für *People Mover*, *Table Rock Tunnels*, *Spanish Aero Car* und *Great Gorge Adventure* (siehe unten).

People Mover Busse

Uferparks

Die Uferbereiche entlang des Niagara River wurden auf beiden Seiten parkartig angelegt. In Canada begleitet neben der Autostraße des *Niagara Parkway* der Fußgängern und Radfahrern vorbehaltene **Niagara Parks Recreational Trail** den Fluß von Fort Erie bis Niagara-on-the-Lake. Der Besucherstrom konzentriert sich auf den etwa 2 km langen Abschnitt des Uferweges zwischen der **Rainbow Bridge** (Hauptgrenzübergang in die USA) und dem *Table Rock* vor den 670 m breiten *Horseshoe Falls*. Wer näher an die tosenden Wassermassen heran möchte, hat zwei Möglichkeiten:

Per Boot an die Fälle

– "Hautnah" erlebt man die Wasserfälle auf einem der kleinen weißen Boote, die zu Recht alle den Namen **Maid of the Mist** tragen. Die Anlegestelle auf kanadischer Seite befindet sich unverfehlbar einige hundert Meter südlich der *Rainbow Bridge* gegenüber den *American Falls*. Die von weitem beängstigend winzig wirkenden, in Wirklichkeit sehr stabilen und starken Schiffchen fahren bis dicht an die Fälle heran mitten in die Gischt hinein. Damit die Passagiere nicht vollkommen durchnäßt werden, sind (Leih-)Gummistiefel und Regenmäntel im Fahrpreis von $10 enthalten.

Niagara Falls 245

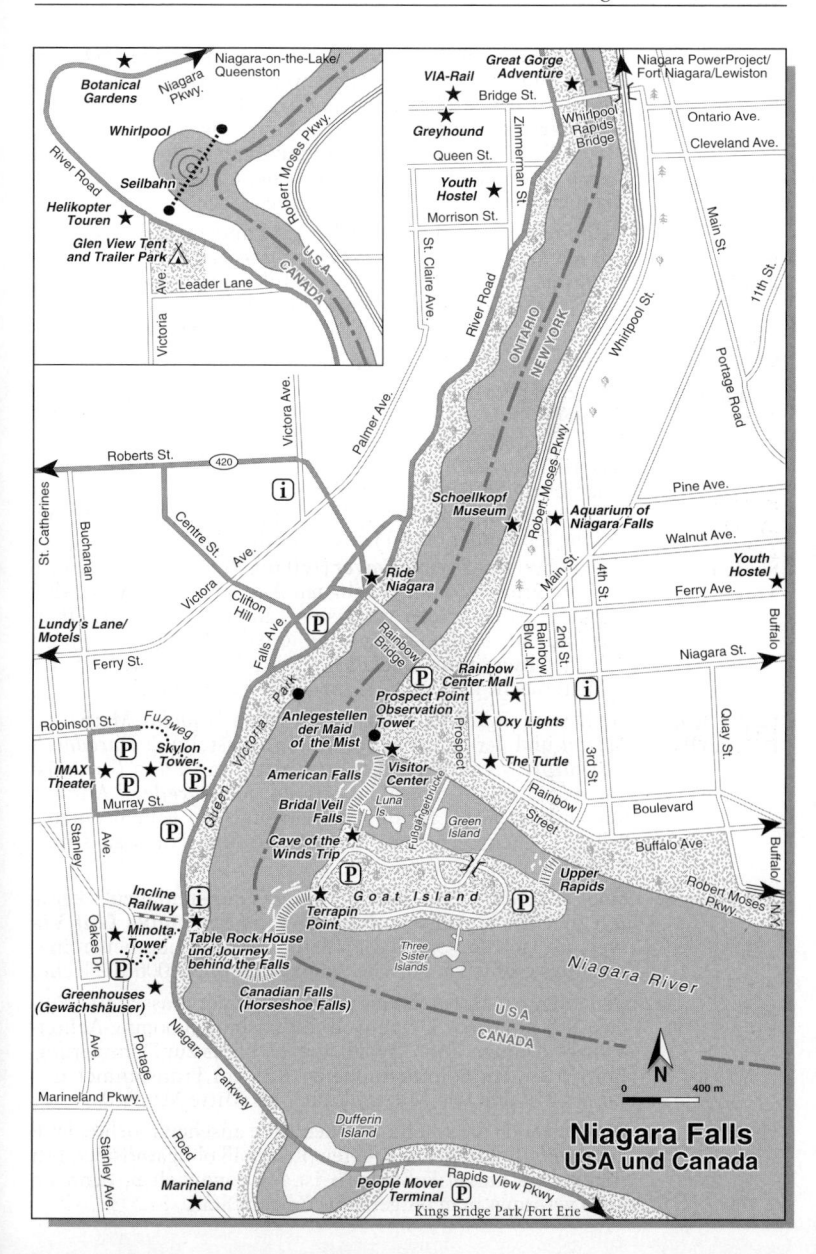

Maid of the Mist	Die Boote fahren zwischen Mitte Juni und *Labour Day* im 15-Minuten-Takt, von Mitte Mai bis Mitte Juni und im September/Oktober halbstündlich. Trotzdem bilden sich oft **Warteschlangen!** Ein Indiz dafür, wie reizvoll der Trip ist. Wer sich entschließt mitzufahren, sollte versuchen, sich einen **Platz im Vorschiff** zu sichern. Dort ist der Spaß am größten.
Tunnel unter den Fällen	– Kaum weniger aufregend, aber ganz anders ist das Niagara-Erlebnis bei der ***Journey behind the Falls***. Ein Fahrstuhl befördert die Besucher vom Steilufer durch den Fels unter die *Horseshoe Falls* auf eine Höhe von etwa 8 m oberhalb des Talkessels. Eintritt einschließlich Regenjacke $6.
View Tower	***Skylon-*** und ***Minolta Tower*** bieten den Blick von oben:
Minolta Tower	– $1 kostet die Auffahrt vom *Table Rock* hinauf zur Portage Rd unterhalb des **Minolta Tower** (99 m) mit der *Incline Railway* (Fußpfad links von der Station). Autofahrer parken oben gratis. Von der Aussichtsplattform des fallnächsten Turms genießt man einen tollen Panoramablick. Im Sommer bis Mitternacht, sonst bis 21 Uhr göffnet. Eintritt $6, Jugendliche $5. Kinder bis 10 Jahre in Begleitung frei.
Skylon Tower	– Der Clou des **Skylon Tower** (160 m), Robinson St etwas im Hintergrund (Zufahrt Buchanan Ave oder Murray St), sind die außen laufenden verglasten Fahrstühle und das **Drehrestaurant**; Reservierung unter ✆ (905) 356-2651. Auffahrt zum **Observation Deck** $7, Kinder bis 11 Jahren $4. Bis Mitternacht im Sommer, andere Zeiten variabel.
IMAX-Kino/ Daredevils	Ein Besuch im **IMAX-Kino** (Film *Niagara Miracles, Myths and Magic*) und der damit verbundenen Ausstellung **Daredevils Adventure** (in direkter Nachbarschaft zum *Skylon Tower*) ist uneingeschränkt empfehlenswert. In der **Daredevil**-Ausstellung sind viele der für die "Bezwingung" der Fälle benutzten Behälter, Utensilien sowie Dokumente und Fotos zu sehen. Kombi-Eintritt $8, Kinder $6.
Amusement	Eine ungewöhnliche Ballung von "**Touristenfallen**" kennzeichnet das kanadische Niagara Falls. Im **Maple Leaf Village**, im Herzen von Niagara Falls, befindet sich neuerdings sogar **das größte kanadische Spielkasino** mit 9.000m^2 Fläche.
	Da fehlt auch **Marineland** nicht (südlich der Wasserfälle; Portage Rd) mit einer Delphin- und Walshow, Looping-Achterbahn und einem Zoo. Täglich von 9 Uhr bis zur Dämmerung; Eintritt in den Sommermonaten $22, im Frühsommer und Herbst $19 und von Mitte Oktober bis Mitte Mai $10.
USA	Wer sich auch die amerikanischen Fälle ansehen möchte, muß die **Rainbow Bridge** überqueren (Reisepaß obligatorisch!). Der (nicht ganz kurze) Fußmarsch ist oft vorzuziehen, denn im Auto verbringt man oft geraume Zeit im Stau.

Niagara Falls 247

Prospect Park

Auch die **American Falls** sind beeindruckend. Anlaufpunkt für die Besichtigung ist der **Prospect Park** mit Besucherzentrum und großem Parkplatz gegenüber der *Rainbow Shopping Mall*. Im **Visitor Center** gibt es laufend den **Film Niagara Wonders** in Großprojektion, eine geologische Ausstellung zum Thema "Zustandekommen der Fälle", und Karten und Informationsmaterial gratis. Nur ein paar Schritte sind es von dort zum **Observation Tower** am *Prospect Point* mit einer in den Fallkessel ragenden Aussichtsplattform.

Goat Island

Den Spaziergang hinüber zur *Goat Island*, die **mitten im Niagara River** liegt und *American* und *Horseshoe Falls* trennt, sollte man auf jeden Fall unternehmen. Gute 20 Minuten läuft man bis zum **Terrapin Point** in der Westecke von *Goat Island*, von wo man die kanadischen Fälle aus einer ganz anderen Perspektive überschaut als vom kanadischen Ufer aus.

Zurück zur kanadischen Seite:

Seilbahn über den Whirlpool

Einige Meilen nördlich der *Rainbow Bridge* beschreibt der Niagara River einen Bogen und knickt rechtwinklig ab. Das Wasser bildet dort wegen der abrupten Veränderung des Flußlaufs starke Wirbel, die diesem Abschnitt die Bezeichnung **Whirlpool** eintrugen. Über die Strudel hinweg läuft eine Seilbahn, die **Niagara Spanish Aero Car,** auf die andere Seite der Flußausbuchtung, Fahrpreis $5.

Queenston Heights Park

Folgt man weiter dem **Niagara Parkway**, der in Niagara Falls *River Road* heißt, in Richtung Lake Ontario, passiert man kurz vor dem *Queenston Heights Park* die **Floral Clock**, eine riesige "Blumenuhr" mit über 12 m Durchmesser, die alljährlich mit rund 20.000 Blumen "aufgefrischt" wird.

Wo sich heute der *Queenston Heights Park* befindet, tobte 1812 eine der Schlachten des kanadisch-amerikanischen Krieges. Eine kleine Truppe britischer Soldaten und mit ihnen verbündete Indianer schlugen damals die zahlenmäßig weit überlegenen amerikanischen Angreifer. Ein monumentales **Denkmal** (schöner Aussichtspunkt, Aufstieg über eine enge Wendeltreppe) erinnert an den Sieger, *General Isaac Brock*. In diesem Park beginnt der **Bruce Trail**, ein Wanderweg von 700 km Länge, der den Kalksteinklippen und Höhenzügen des **Niagara Escarpment** folgt und bis nach Tobermory an der Spitze der Bruce Peninsula führt (➪ Seite 256).

Fort George

Das *Fort George* am Niagara River unweit von Niagara-on-the-Lake wechselte im Krieg von 1812 bis 1814 mehrmals den Besitzer. Heute ist die alte Befestigungsanlage ein **National Historic Site** und dank seiner pittoresken Palisaden viel attraktiver als das Gegenüber *Fort Niagara* oder etwa das *Fort Erie*. *Fort George* öffnet seine Pforten für Besucher Anfang Juli bis Anfang September täglich 10–17 Uhr, ansonsten kürzer.

Als Soldaten und Handwerker kostümierte Studenten beleben im Sommer die Blockhäuser). Während der restlichen Monate kann man nur die Außenanlagen besichtigen.

Niagara-on-the-Lake

Niagara-on-the-Lake liegt an der Mündung des Niagara River in den Lake Ontario. In den Jahren nach der amerikanischen Unabhängigkeit besaß die damals noch Newark genannte Stadt dank ihrer strategisch wichtigen Lage am Grenzfluß und wegen des Hafens ein gewisse Bedeutung und war von 1791 bis 1796 sogar **Hauptstadt von *Upper Canada***. Nach dem Frieden mit den USA und mehr noch mit der Fertigstellung des *Welland Canal* (siehe oben) geriet Niagara-on-the-Lake ins Abseits. Wohl deshalb blieben alte Strukturen und das hübsche **Stadtbild des 19. Jahrhunderts** großenteils erhalten. Nur während des **Shaw Festival** im Sommer, bei dem alljährlich eine Viertelmillion Theaterfreunde anreisen, erwacht das Städtchen zu Leben, sonst geht es eher beschaulich zu.

Wer über genügend Zeit verfügt, könnte dem **Niagara Parkway** von den Fällen noch weiter nach Süden folgen. Die gut 30 km bis Fort Erie sind landschaftlich reizvoller als der beschriebene nördliche Abschnitt nach Niagara-on-the-Lake.

Etwa 3 km "hinter" den *Horseshoe Falls* liegt der **King's Bridge Park**. Dort kostet das Parken (endlich) keine Gebühren mehr, denn in den Bereich südlich der Fälle "verschlägt" es nur noch wenige Touristen. Man kann in aller Ruhe picknicken und sogar ein Bad im Welland River nehmen.

Old Fort Erie

Der *Niagara Parkway* endet in Fort Erie. Die Buffalo gegenüberliegende Stadt erhielt ihren Namen von der gleichnamigen **Befestigungsanlage,** die den Ausgangspunkt des Niagara River "bewachte". Sie wurde im Jahr 1814 von den Amerikanern erobert und bis zum Ende gehalten. Heute beherbergt das äußerlich nicht sonderlich reizvolle *Old Fort Erie* ein Museum (südlich der *Peace Bridge*, Straße #1). Im Sommer finden täglich Exerziervorführungen in alten Uniformen statt, die von Kanonenböllern begleitet werden.

Alt und neu in Downtown Toronto

3. VON TORONTO NACH WESTEN

3.1 TRANS CANADA HIGHWAY

Geschichte In Canada kam eine durchgehende Ost-West-Verbindung verhältnismäßig spät zustande. Erst 1885 wurde der Gleisbau für die **Canadian Pacific Railroad** beendet. Die Schiene blieb über Jahrzehnte der einzige transkontinentale Verkehrsweg. Ein weiträumiger Ausbau des Straßennetzes begann praktisch nicht vor Mitte der 20er Jahre und beschränkte sich zunächst auf die dichter bevölkerten Gebiete. Bis in die 60er-Jahre hinein konnte man Canada nicht auf einer durchgehenden asphaltierten Straße durchqueren. Die großen Barrieren des Lake Superior und der Rocky Mountains verhinderten eine Vernetzung der Straßensysteme im kanadischen Osten und Westen mit dem der Prärieprovinzen. Der Autoverkehr zwischen den Regionen war über den Umweg der USA dennoch möglich. Ein Blick auf die Karte zeigt, daß dabei – je nach Start- und Zielpunkt – nicht einmal unbedingt weite Umwege anfallen. Wohl auch dieser Umstand verzögerte den Bau einer lückenlosen Ost-West-Trasse.

Entstehung Der *Trans Canada Highway Act*, der schließlich offiziell den Plan zur Schaffung einer Transkontinentalstraße verkündete, war zugleich eine Demonstration der Einheit Canadas und der wirtschaftlichen Unabhängigkeit des Landes (von den USA). Ein kompletter Neubau war nicht erforderlich. Bereits existierende Strecken mußten nur um einzelne Abschnitte (zwischen Sault St. Marie und Winnipeg sowie durch die Rocky Mountains) ergänzt werden. Die **Einweihung** des *Trans Canada Highway*, der von St. John's auf Newfoundland bis Victoria auf Vancouver Island reicht, erfolgte **1962**. Aber erst 3 Jahre später war auch der letzte Kilometer asphaltiert und die Strecke damit ganzjährig witterungsunabhängig befahrbar.

Alternativrouten zum TCH Heute existieren sogar einige Alternativrouten zum TCH (in Nova Scotia/Prince Edward Island und insbesondere in Ontario), die ebenfalls die Bezeichnung TCH tragen. So teilt sich westlich von Ottawa der TCH in **zwei Arme**: der eine läuft direkt Richtung Sault Sainte Marie, der andere Arm schlägt einen südlichen Bogen bis in die Nähe von Toronto.

Ab North Bay führt eine **TCH-Nebenroute** durch die Einsamkeit des nördlichen Ontario, die sich erst bei Thunder Bay wieder mit der Hauptstrecke vereinigt. **Westlich von Thunder Bay** bis nach Kenora existiert eine **weitere Alternativstrecke** über **Fort Frances**. Die kürzeste Verbindung ist rund **7.700 km lang** und schließt zwei Fährabschnitte ein (Newfoundland–Nova Scotia/Vancouver–Nanaimo). Nur zwischen Manitoba und Ontario gibt es neben dem TCH keine weitere die Provinzgrenzen überschreitende Straßenverbindung.

Trans Canada Highway #1 mit dem Ahornblattsymbol in British Columbia. Die Straße #12 ist die alte Nugget Route aus der Goldrauschzeit

3.2 ONTARIO

3.2.1 Daten, Fakten und Informationen zu Ontario

Steckbrief ONTARIO

Konstituierung als Provinz (Gründungsprovinz):		1867
Einwohner:		10.929.000
Anteil an der kan. Bevölkerung:		37,4%
Anteil am kan. Bruttosozialprodukt:		40,3%
Fläche:		1.068.600 km²
Bevölkerungsdichte:		10,2 Einwohner pro km²
Hauptstadt:		Toronto
Größte Städte:	Toronto	3,9 Mio. Einw.
	Ottawa (mit Hull)	920.000 Einw.
	Hamilton-Wentworth	600.000 Einw.
	London	380.000 Einw.
Provinzfeiertag:	Civic Holiday, 1. Montag im August	
Höchster Punkt:	Ishpatina Ridge	693 m
Größte Seen:	Lake Superior:	84.131 km²
	Lake Huron:	61.797 km²
	Lake Erie:	25.612 km²
	Lake Ontario:	18.941 km²
Längster Fluß:	St. Lawrence River	1.290 km
Nationalparks:	Bruce Peninsula	
	Fathom Five Marine Park	
	Georgian Bay Islands	
	Point Pelee	
	Pukaskwa	
	St. Lawrence Islands	
Zeitzonen:	Eastern Time, Central Time	
	im Sommer gilt DST	
Hauptexportprodukte:	Kraftfahrzeuge/-teile	44%
	Maschinen	13%
	Elektromaschinen	5%
Sales Tax:		8%

Geschichte, Geographie und Klima

Entdecker
Der Franzose **Samuel de Champlain** gelangte 1615 als erster Europäer an den Lake Huron. 1634 und 1639 gründeten die Jesuitenpater *Jean le Brébeuf* und *Jérôme Lalemont* mehrere Missionsstationen im Siedlungsgebiet der Huronen, darunter auch das spätere Sault Sainte Marie. Trotz großer Schwierigkeiten mit den **Irokesen,** die zur Zerstörung der ersten Missionen führten, erklärte **Frankreich 1669** das dünnbesiedelte Gebiet nördlich von Ottawa River, Huron und Superior Lake zu seiner Kolonie. Die Franzosen unternahmen aber in der Folge wenig, um diesem Anspruch – etwa durch den Bau von Forts und die Forcierung von Ansiedlungen – entschieden Nachdruck zu verleihen.

18. Jahrhundert
Im selben Jahr wurden der kurz zuvor gegründeten **Hudson's Bay Company** von der englischen Krone die "Rechte" zur Ausbeutung von **Rupert's Land** übertragen (➪ im Detail Seite 285). Damit geriet der Norden der von den Franzosen beanspruchten Region unter britischen Einfluß, was ständige Gebietsstreitigkeiten nach sich zog. Rund 100 Jahre später fiel das französische Territorium *(New France)* im Frieden von Paris 1763 an Großbritannien.

Lower and Upper Canada
In der Region zwischen Lake Erie, Ontario und Huron kam es bald darauf (im Anschluß an den amerikanischen Unabhängigkeitskrieg) zu einem Zustrom königstreuer Siedler *(British Loyalists)* und damit zu einer englischsprachigen Bevölkerungsmehrheit. Dies führte 1791 zu einer **Zweiteilung der Kolonie**, in das französischsprachige *Lower Canada* (Québec) und das britisch orientierte *Upper Canada* (Ontario). Niagara-on-the-Lake wurde Hauptstadt von *Upper Canada,* verlor diese Funktion aber schon wenige Jahre später an York, das heutige Toronto. Nach einer Übergangsperiode, in der Ontario unter der Bezeichnung **Canada-West** zur britischen Kolonie Canada gehörte, wurde 1867 im **British North America Act** die Gründung des vom Mutterland Großbritannien bereits relativ unabhängigen ***Dominion of Canada*** proklamiert. Es umfaßte zu-nächst die Provinzen **Ontario, Québec, New Brunswick und Nova Scotia**. Ontario entwickelte sich seither zur bevölkerungsreichsten und wohlhabendsten Provinz des *Dominion of Canada* bzw. später des Staates Canada.

Provinz Ontario

Geographie
Mit Ontario verbindet man zunächst einmal die Südostregion um Ottawa, Toronto und Hamilton, wo sich 85% der Provinzbevölkerung und die Industriestandorte befinden. Im Osten liegen auch die bekannteren Tourismusgebiete der Provinz wie die Niagarafälle und der Algonquin Park. Über 80% der Fläche Ontarios erstrecken sich allerdings weiter westlich: zwischen der Georgian Bay des Huron Lake und dem Superior Lake einerseits sowie Hudson und James Bay andererseits.

Ontario ist die (nach Québec) **zweitgrößte Provinz Canadas.** Ihre Ausdehnung entspricht ungefähr der zusammengenommenen Fläche von Spanien und Frankreich. Die Länge des TCH durch Ontario – von Ottawa bis nach Kenora am Lake of the Woods – beträgt über 2.000 km.

Landschaftsformen
Die Landschaft der Provinz ist überwiegend flach oder leicht hügelig. Sie wird nur hier und dort durch Erhebungen bis zu **maximal 700 m Höhe** unterbrochen. In der – mit Ausnahme des Südostens – vom kanadischen Schild geprägten Geographie Ontarios (⇨ Seite 14) gibt es zahllose Gewässer und weitverzweigte Seenplatten. Vier der fünf Großen Seen (Lake Ontario, Erie, Huron und Superior) mit ihren Verbindungen, der St. Lorenz Strom und der Rainy River zwischen Lake of the Woods und Superior Lake bilden eine natürliche Grenze zu den USA. Sie entspricht ab Thunder Bay dem Verlauf des

St. Lawrence Seaway
1957 fertiggestellten *Great Lakes-St. Lawrence Seaway*, einer 3.700 km langen, für Hochseeschiffe befahrbaren Wasserstraße vom tiefsten Binnenland zum Atlantik. Bemerkenswert ist auf dieser Route der schon 1824 zur Umgehung der Niagarafälle geschaffene und später weiter ausgebaute **Welland Canal** zwischen Ontario und Erie Lake. Seine Schleusen gleichen über 100 m Höhenunterschied aus.

Klima
Starke **Gegensätze** zwischen Nord- und Südregionen kennzeichnen das Klima Ontarios. Im Süden bewirkt die Nähe der Großen Seen feuchtwarme Sommer und milde Winter bei relativ hohen Niederschlägen. Unter dem Einfluß trockener Polarluft sind die Sommer im Norden kurz und meist recht warm, die Winter lang und kalt. Zu allen Jahreszeiten fallen weniger Niederschläge als im Süden.

Informationen für Touristen

Karten/ Prospekte
Die Adresse in der *Ontario Tourist Information* lautet:

Ontario Travel
900 Bay St
Toronto, Ontario, M7A 2E1

✆ (416) 314-0944 und 1-800-ONTARIO; Fax (416) 314-7574

Internet: http://www.ontario-canada.com

Broschüren
Weitere *Ontario Travel Information Centres* befinden sich an den Hauptstraßen unweit der Provinzgrenzen. Sie sind in der **Official Highway Map** mit einem Fragezeichen markiert. Dort erhält man u.a. die folgenden nützlichen Broschüren:

Nützliche Broschüren
- ***Adventure Guides*** mit Listen zahlreicher Veranstalter für Wildnis- und Abenteuertrips

- Der ***Travel Planner*** enthält ausführliche Informationen auf über 400 Seiten: alles Wesentliche über Attraktionen, Über-

nachtungsmöglichkeiten und Campingplätze, sowie Routenvorschläge und Fakten
- *Events*, den Veranstaltungskalender

Herbstlaubfärbung

Unter ✆ (416) 314-0998 oder 1-800-ONT-ARIO können sich Herbsturlauber informieren, wann und wo die *Fall Foliage*, die spätherbstliche Laubfärbung, am ausgeprägtesten ist (Bandansage). Im Sommer unter gleicher Nummer erhalten Anrufer zusätzlich Auskunft über noch **freie Campingkapazitäten** in 55 Provincial Parks.

Provincial Parks, Camping

Ontario besitzt **über 270 *Provincial Parks***. Die meisten verfügen neben *Picnic Areas* und *Nature Trails* auch über großzügig angelegte Campingplätze. Auf vielen von ihnen gibt es Küchenhäuschen. Der jährlich neu erscheinende ***Ontario Provincial Parks Guide*** enthält alle wesentlichen Informationen. Die Campingplätze in den vielbesuchten Parks im Süden der Provinz können reserviert werden. Ein Teil der Kapazität wird aber nichtsdestoweniger nach *first-come-first-served* vergeben.

Die Preise für Eintritt und Übernachtung sind in allen Provinzparks identisch und betragen $6 für die Tageskarte und – je nach Komfort – zwischen $14 und $18 fürs Camping.

Angeln

Wer seinen Speiseplan durch selbstgefangenen, frischen Fisch bereichern möchte, muß sich eine Angellizenz besorgen (↪ Seite 37). Eine 1 Tag gültige ***Ontario Non-Resident Angling License*** kostet $10, ein 7-Tage-Paß $30.

Auf manchen Campingplätzen in der "Wildnis" haben sich junge Elche so sehr an die Menschen gewöhnt, daß sie sich erstaunlich zutraulich verhalten.

3.2.2 Der Trans Canada Highway durch Ontario

Alternativrouten

Für eine Fahrt nach Westen bietet der TCH in Ontario zwei Alternativen, wie bereits oben erläutert. Der kürzeste Weg zur südlichen Route am Lake Superior entlang führt bei Start in Toronto über Barrie. Die Autobahn #400 stößt am Severn Sound der Georgian Bay auf den TCH. Bedeutend reizvoller ist die Zufahrt über Manitoulin Island, auf der man Port Severn und die Industriestadt Sudbury umgeht und erst bei Espanola den TCH erreicht.

Von Toronto nach Sault Ste. Marie über die Bruce Peninsula und Manitoulin Island

Nach Tobermory

Das erste Teilstück der direkten Route zur Fährstation Tobermory auf der Bruce Peninsula, die Straße #10/24 von Toronto nach **Owen Sound** in der Südostecke der Halbinsel, läuft allerdings durch ein weitgehend flaches Agrargebiet ohne landschaftliche Höhepunkte. Man sollte daher zunächst die #400 als Anfahrt wählen und nördlich von Barrie die Küstenstraße #26 Richtung Owen Sound nehmen. Sie hat vor allem an der **Nottawasaga Bay** ab Wasaga Beach einen attraktiven Verlauf.

Wasaga Beach

Der *Wasaga Beach Provincial Park* besitzt einen 14 km langen weißen Sandstrand, jedoch keinen Campingplatz. Seine Hauptattraktion ist der **Nancy Island Historic Site**. Im britisch-amerikanischen Krieg von 1812–14 wurde hier, vor der Mündung des Nottawasaga River, die "*HMS Nancy*" von US-amerikanischen Kriegsschiffen versenkt. Sand und Gestein, die sich um das Wrack sammelten, sollen wesentlich zur Bildung von Nancy Island beigetragen haben. Auf dem zwischen Dünen und Fluß gelegenen **Historic Site** befinden sich heute ein Leuchtturm und ein Museum, das den Ereignissen jener Tage und der Geschichte der Schiffahrt gewidmet ist.

Craigleith

Die Region um Craigleith zieht das ganze Jahr über Touristen an. Im Sommer wird Wassersport, im Winter Skilauf betrieben. Der 300 m hohe **Blue Mountain** gehört zu den höchsten Erhebungen des *Niagara Escarpment*, ⇨ übernächsten Absatz. Der **Craigleith Provincial Park** direkt an der Straße besitzt einen komfortablen Campingplatz. Ein guter Badestrand fehlt, aber glasklares Wasser und der felsige Untergrund laden zum Schwimmen und Tauchen ein.

Owen Sound

Westlich von Owen Sound fährt man am besten den **Highway #70**, der in Hepworth auf die Hauptstraße #6 nach Tobermory trifft. Wer mehr Zeit hat und ein paar Kilometer *Gravel* nicht scheut, kann an der Küste entlang bis Wiarton fahren (Straßen #1/#26) In dieser ruhigen und abgeschiedenen Region passiert man schöne Aussichtspunkte und **Trailheads.** Einen Zwischenstop einlegen sollte man am *Colpoy Lookout*, einem kleinen Park abseits der Straße.

Niagara Escarpment

Das *Niagara Escarpment*, eine Kalksandstein-Abbruchkante, erstreckt sich auf einer Länge von 900 km von den Niagarafällen über die Ostseite der Bruce Peninsula bis nach Manitoulin Island. Ein **700 km langer Fernwanderweg** von Queenston bei Niagara Falls bis Tobermory folgt dem Verlauf des *Escarpment*. Den schönsten Abschnitt bilden die letzten Kilometer entlang der Ostküste der Bruce Peninsula. Die Westufer der Halbinsel am Lake Huron sind flach und streckenweise sumpfig. Sie verfügen aber auch über weitläufige Badestrände, z.B. im leicht erreichbaren Bereich Sauble Beach.

Stichstraßen an die Küsten

Weitere Abstecher von der #6 an die Westküste machen erst im Nationalpark Sinn (siehe unten). An die Ostküste führen dagegen mehrere lohnenswerte Stichstraßen. Eine davon, die #9A, endet in Lion's Head an einem Sandstrand. Von dort aus sind es auf einem Teilstück des ***Bruce Trail*** nur wenige Kilometer zum exponierten Aussichtspunkt **Lion's Head Point**.

Bruce Peninsula National Park

Das Gelände des erst 1987 geschaffenen *Bruce Peninsula National Park* liegt unterhalb der Nordspitze der Halbinsel beidseitig der Hauptstraße. Zur spektakulären Küste der Georgian Bay mit überhängenden Felsen, Höhlen und stillen Buchten geht es dort nur auf Schusters Rappen. Traumhaft klares blaugrünes Wasser verführt zum Baden, wenn auch die Temperaturen niedrig sind und man sich vor unberechenbaren Strömungen in acht nehmen muß. Mehrere **Orchideenarten** gehören zur ungewöhnlichen Flora des Parks. Im Westteil, am Lake Huron erstrecken sich Sümpfe, sandige Buchten und Dünen. Gut zugänglich sind die **Singing Sands** an der Dorcas Bay mit einem langen Badestrand.

Cyprus Lake

Ein *Visitor Centre* befindet sich am *Cyprus Lake*. Dort liegen auch die drei Campingplätze des Nationalparks dicht beieinander. Der ruhige See eignet sich besser zum **Schwimmen** als die kalte Georgian Bay. Der Rundwanderweg (7 km) um den Cyprus Lake ist indessen weniger attraktiv als der schon erwähnte *Bruce Trail*.

Wanderwege

Vom *Trailhead* am Cyprus Lake führen **Horse Lake**, **Georgian Bay** und **Marr Lake Trail** (alle unter 2 km Länge) zum Uferpfad. Eine Kombination des *Horse Lake Trail* mit einem Teilstück des *Bruce Trail* und dem *Marr Lake Trail* ergibt eine der schönsten Rundwanderungen der Halbinsel (ca. 6 km): Entlang der felsigen Küste geht es zum **Halfway Rock Point** und anschließend über die **Indian Head Cove** zu einer etwas versteckt liegenden Grotte. Ein interessantes Phänomen ist der unterirdische Abfluß des Marr Lake, dessen Wasser hundert Meter weiter in zahlreichen Quellen wieder an die Oberfläche tritt. Leute, für die der Rücktransport kein Problem darstellt, könnten auf dem ***Bruce Trail*** **bis Tobermory** laufen (ab Cyprus Lake etwa 16 km).

Ontario 257

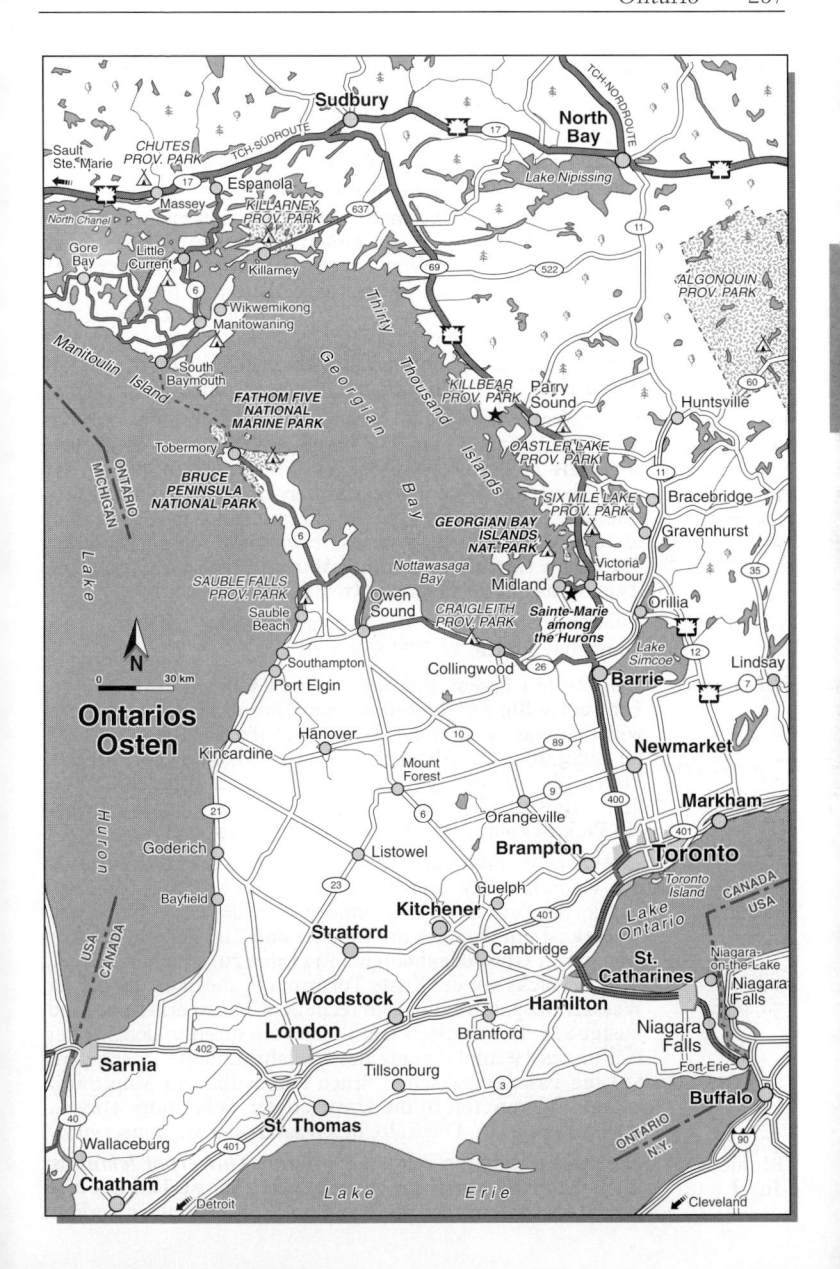

Ontarios Osten

Tobermory	Tobermory liegt an der Spitze der Halbinsel. Der malerische kleine Ort in herrlicher Umgebung ist nicht nur Heimathafen für die Manitoulin Island Fähren, sondern auch Ausgangspunkt für Ausflüge zu den Inseln des **Fathom Five National Marine Park**. Das *Visitor Centre* am Hafen informiert über den *Marine* und den *Bruce* Nationalpark.
Fähre nach Manitoulin Island	Die Fähre **MS Chi-Cheemaun** fährt Mitte Juni bis Anfang September viermal täglich auf einem wunderbaren Kurs durch die Flowerpot Islands von Tobermory nach South Baymouth auf Manitoulin Island und zurück. Mitte Mai bis Mitte Juni und Anfang September bis Mitte Oktober verkehrt sie nur zweimal täglich, freitags dreimal. Die Fahrzeit beträgt ca. 1 Std. 45 Min. Laut **Sommerfahrplan** erfolgt die erste Fahrt ab Tobermory um 7 Uhr morgens, die letzte um 20 Uhr.
Kosten und Reservierung	Pro Person kostet die einfache Fahrt $11. Für Fahrzeuge bis 2,60 m Höhe zahlt man $24, für höhere Fahrzeuge ab $52. Für mehr als 20 Fuß (6,10 m) langen Wohnmobilen werden pro Fuß Überlänge $3,50 Extragebühren fällig. Reservierungen – allerdings nur für die erste und letzte Fähre des Tages, alle andere Abfahrten werden *first come-first served* bedient – sind beim **Ontario Northland Marine Service** über folgende Telefonnummern möglich (Kreditkarte notwendig):

Tobermory: ✆ (800) 265-3163 oder (519) 596-2510
South Baymouth: ✆ (705) 859-3161

Schwimmen	Wartezeiten lassen sich durch einen kleinen Ausflug zum Fotomotiv **Big Tub Lighthouse** am Ende der Landzunge nordwestlich von Tobermory überbrücken (Front Street, am Fährterminal links ab). Abgehärtete Naturen können dort im glasklaren Wasser des Lake Huron schwimmen. Rund 200 m vor dem Straßenende befindet sich beim Hotel des Tauchclubs ein **Picknickplatz** am *Rio Tub Harbor Resort*.
Fathom Five National Park	Zum *Fathom Five National Marine Park* gehören 19 Inseln in der Georgian Bay und ein Uferstreifen entlang der Little Dunks Bay östlich von Tobermory. Canadas erster **Unterwasserpark** ist ein Paradies für Taucher und Ziel täglicher Exkursionen mit **Glasbodenbooten.** Eine Fahrt zu den über zwanzig **Schiffswracks** vor der Küste Tobermorys, die dank der großen Wassertransparenz von oben recht deutlich zu erkennen sind, kostet $13. Die meisten von ihnen verfehlten in der zweiten Hälfte des 19. und Anfang des 20. Jahrhunderts in schwerer See die Passage zwischen Bruce Peninsula und Manitoulin Island und gerieten in die Untiefen der Tobermory vorgelagerten Felsinseln. Die Kälte des Wassers hat sie konserviert.
"Blumentopf" Insel	Die etwa 6 km vom Festland entfernte **Flowerpot Island** ist die bekannteste Insel im Nationalpark. Sie ist Teil des *Niagara Escarpment*, das ab Tobermory unter Wasser verläuft

und am Ostufer der Insel beeindruckende Kalksteinformationen bildet. Wind und Regen haben zwei markante Säulen modelliert, die 7 und 12 m hohen **Flowerpots**. Ihre "Köpfe" bestehen aus festerem Fels und wölben sich wie Kappen über den stark erodierten Schaft.

Boote zur Insel

Da die Fähre nach Tobermory die Westseite der Insel in beträchtlicher Entfernung passiert, muß eine **Exkursion mit den Glasbodenschiffen** buchen, wer die *Flowerpots* und die Inselflora mit ihren zahlreichen Orchideenarten in Augenschein nehmen möchte. Gegen geringe Gebühr können sich Besucher auf *Flowerpot Island* absetzen und von einem späteren Boot wieder abholen lassen ($15, im Sommer 5 Touren täglich).

Trails

Zwei Wanderwege stehen zur Auswahl. Der schöne **Flowerpot Loop Trail** (ca. 3 km) läuft an der Küste entlang und führt an beiden *Flowerpots* vorbei zum Leuchtturm. Quer über die Insel geht es zum Ausgangspunkt zurück. Mit Taschenlampe, festem Schuhwerk und Helm kann man auch eine Reihe von Höhlen auf eigene Faust erforschen. Im Ostteil der Insel gibt es sogar einen kleinen **Campground** mit 6 Plätzen, die nach Reihenfolge der Ankunft vergeben werden.

Manitoulin Island

Manitoulin Island gilt mit einer Länge von 180 km und einer Breite von 5 km bis 80 km als weltgrößte Insel in einem Süßwassersee. Sie beherbergt ihrerseits über hundert Seen, in denen wiederum Inseln liegen. **Manitoulin** ist ein Wort aus der Ojibwe-Sprache und bedeutet soviel wie "**Heimat des Großen Geistes Manitou**". Noch in den 70er-Jahren lag die Insel völlig abseits der Touristenströme. Der Ausbau von Straßen und Infrastruktur hat aber in der Zwischenzeit für mehr Besucher gesorgt, wiewohl Massentourismus mangels "Top-Attraktionen" auf Manitoulin Island nicht existiert. Zu beachten ist, daß sich ein **Großteil der Inselfläche in Privatbesitz** befindet. Darum gibt es auf Manitoulin Island auch

Felsige Küste der Bruce Peninsula im Nationalparkbereich

South Baymouth

keine *Provincial Parks*. Selbst öffentliche **Hiking Trails** laufen streckenweise über Privatland; ein Abweichen vom Weg ist dort nicht erwünscht. Auch mancher See und viele Wasserläufe sind Privateigentum.

In South Baymouth, in der Südostecke von Manitoulin Island, legt seit Jahren unverändert die erste Fähre zur Hochsaison um 9 Uhr, die letzte um 22 Uhr ab (Telefonnummern der Fährauskunft siehe oben). Außer dem hundert Jahre alten *Little Red Schoolhouse* am Ortseingang gibt es dort nicht viel zu sehen. Campen kann man ca. 1 km außerhalb an der Hauptstraße #1 im *South Bay Resort* mit Stellplätzen an der Bay.

Manitowaning

Die Straße von South Baymouth nach Espanola bietet anfangs wenig fürs Auge. Etwa auf halber Strecke dorthin liegt Manitowaning und in seinem Hafen das **Steam Ship Norisle**, das letzte Dampfschiff auf dem Lake Huron. Unweit davon befindet sich in einem alten Gefängnisgebäude das **Assiginack Museum**, das Relikte aus der Pionierzeit ausstellt. Schiff und Museum sind von Juni bis September zu besichtigen: Juni–August 9–17 Uhr, September 11–16 Uhr; Eintritt $1.

Manitowaning spielt in der Geschichte der Insel eine gewisse Rolle. Als Anerkennung für im Krieg 1812–1814 geleistete Dienste verteilte die britische Kolonialverwaltung alljährlich Geschenke an die ehemals verbündeten Indianerstämme. Aus der Zeremonie wurde ein Ereignis, das seit 1836 am Ort des späteren Manitowaning jährlich stattfand. Er entwickelte sich daher zu einem regelmäßig besuchten **Treffpunkt kanadischer und amerikanischer Indianer**.

Manitowaning Experiment

Wohl deshalb wurde Manitowaning für das sogenannte *Manitowaning Experiment* ausgewählt, dessen Ziel es war, die **Ojibwe-Indianer** mit europäischen Landwirtschafts- und Handelsformen vertraut zu machen. Bei der Unterweisung galt das besondere Augenmerk den Kindern, denen die Eltern nach alter Tradition lieber das Fischen und Jagen beibrachten anstatt sie zur Schule zu schicken.

Wasserflugzeug am Privatanleger auf Manitoulin Island

Wikwemikong	Trotz der Förderung blieb Manitowaning ein kleines Nest, während das benachbarte Wikwemikong stetig wuchs. 1847 baute Wikwemikong sogar eine eigene römisch-katholische Schule und schickte die Kinder des Ortes nicht mehr nach Manitowaning zur protestantischen Regierungsschule. Spätestens damit scheiterte das Experiment; 1857 erklärte man es für beendet. Aber es hinterließ bis heute Spuren: viele der Familien haben europäische Vorfahren aus den Reihen der Siedler, die Mitte des vorigen Jahrhunderts ins Indianerland gesandt worden waren.
Indianer und Kirche	Die **Wikwemikong Indian Reserve** mit 2.500 Einwohnern ist eines von fünf Reservaten auf Manitoulin Island. Schon im 17. Jahrhundert hatten sich die *Wikwemikong*-Indianer zum katholischen Glauben bekehren lassen. Die Ruine der abgebrannten ersten **Holy Cross Mission** der Jesuiten ist ein bis heute sichtbarer Zeuge der Missionsgeschichte.
Indian Pow-Wow	Seit 1960 findet jedes Jahr am *Civic-Holiday*-Wochenende, dem ersten Wochenende im August, das **Wikwemikong International Pow-Wow** statt. An diesem Fest mit Folklore und traditionellen Tänzen nehmen indianische und andere Besucher aus ganz Nordamerika teil.
Straße #6	Nördlich von Manitowaning passiert die Straße #6 in High Falls Wasserfälle, die aber kleiner sind, als die Bezeichnung vermuten läßt. Attraktiver ist der etwas weiter im Norden liegende **Ten Mile Point**. Von dort hat man bei klarem Wetter eine schöne Aussicht auf die umliegenden Buchten.
Little Current	Little Current ist die größte Siedlung und wichtigster Touristenort der Insel. Eine Meerenge, der *North Channel*, trennt Manitoulin Island von der Nachbar-insel **Great La Cloche Island**. An der Straße #6 erinnert ein *Historical Marker* an den ersten Europäer auf diesem Wasserweg, den Franzosen *Etienne Brûlé*, und die Pelzhändler (*Voyageurs*), die ihm später mit ihren Transportkanus folgten. Die Strecke bis Espanola verläuft abwechslungsreich durch eine attraktive Seen- und Insellandschaft.
Westen der Insel	Wer über ausreichend Zeit verfügt, könnte auf Manitoulin Island statt der #6 die erheblich reizvollere **Alternativroute** #542/#551/#540 über Gore/West Bay wählen.

Indianerjunge beim Pow-Wow in Wikwemikong

Der populäre "Tasse & Untertasse"-Trail verläuft in der Nähe von West Bay und ist der beste Rundwanderweg der Insel

Michael Bay

Als Parallelroute käme auch eine Fahrt auf der Straße #542A nach **Providence Bay** in Frage. Etwa auf halber Strecke, rund 3 km hinter der *Manitou River Bridge*, beginnt der mückenreiche ***Carnivaron-Tekummah Line Trail***. Eine kleine Tafel bezeichnet den Anfang eines Wanderweges zur Michael Bay am Lake Huron (5 km). Auch eine enge Straße führt dorthin. Ein ruhiger, sehr hübscher, felsig-sandiger **Strand (mit Campground)** wartet auf Besucher.

Gore Bay

Von Providence Bay, das den größten Sandstrand der Insel besitzt, führt die Straße #542 nach Gore Bay. Im freundlichen Ort gibt es ein kleines Museum im ehemaligen Gefängnis und im auffällig rot bedachten Pavillon an der *Waterfront* ein **Visitor Centre**. Auf der *East Bluff Rd* geht es zu einem **Aussichtsfelsen** östlich der gleichnamigen Bucht. Auf der Anhöhe findet man gleich zwei Picknickplätze (empfehlenswert ist die Anlage des *Lion's Club*). An der Westseite der Bucht, etwa 4 km nördlich von Gore Bay, steht ein weißer Leuchtturm an der Zufahrt zum schönen ***Janet Head Campground*** am Strand. Dank des Seewindes bleibt dieser Platz weitgehend von Mosquitos verschont.

Mississagi Strait

Die Westecke der Insel erreicht man auf der Stichstraße #540. 75 km sind es von Gore Bay nach Meldrum Bay, von dort bis zum abgelegenen ***Mississagi Lighthouse*** am westlichen Ende der Insel noch einmal 10 km. Der 1873 erbaute Leuchtturm war bis 1972 in Betrieb. Herrliche Ausblicke über die *Mississagi Strait*, Wanderwege entlang des felsigen Ufers und ein sehr schön in Wald eingebetteter Campingplatz (mit Duschen) lohnen die weite Anfahrt. Legenden ranken sich um Skelettfunde und das **Wrack der *Griffon***, die 1679 in der Passage zwischen Manitoulin und Cockburn Island mit Mann und Maus gesunken sein soll. Mit diesem Schiff hatte der Franzose ***La Salle*** bereits die unteren Großen Seen erforscht und wollte einen Weg quer durch Nordamerika nach Asien finden.

Ontario

Bridal Veil Falls

Die Straße #540 von Gore Bay in östliche Richtung passiert in Kagawong einen der vielen *Bridal Veil Falls* Nordamerikas. Vom Picknickplatz an diesem nur 10 m hohen "Brautschleier-Wasserfall" führt ein Pfad zur Mudge Bay.

West Bay

West Bay gilt als Stadt der *Ojibwe*-Indianer. Das *Teepee Restaurant (*Hwy #551, im Süden der Stadt) ist Ausgangspunkt mehrerer **Loop Trails**. Der beste von ihnen, der *M'Chigeeng Hiking Trail*, windet sich auf einen Bergrücken hoch über West Bay, von dem man Lake Mindemoya und die Bucht überschauen kann.

Rund 6 km östlich von West Bay beginnt der **Cup and Saucer Trail** (5 km), der **schönste Rundwanderweg der Insel**. Der Pfad erklimmt wie der *M'Chigeeng Trail* in West Bay den bewaldeten Höhenzug des *Niagara Escarpment*, von dem die Felsen steil abfallen. Die Bezeichnung dieses Pfades spielt auf die Landschaftsform an, bei der Manitoulin Island an eine Untertasse und der Höhenzug des *Escarpment* an eine darauf stehende Tasse erinnern soll.

Chutes Park

Der TCH von Espanola bis nach Sault Ste. Marie bietet mit Ausnahme des *Chutes Provincial Park* bei **Massey** keine Höhepunkte. Der Provinzpark wird auf ganzer Länge vom verzweigten **Aux Sables River** durchflossen. Am Nordende noch voller Stromschnellen und Wirbel, beruhigt er sich im weiteren Verlauf. Südlich der Wasserfälle gibt es einen **Sandstrand** – eine gute Gelegenheit zum Baden. Dem Verlauf des Flusses folgt ein hübscher *Trail*. Von einer Aussichtsplattform überblickt man den Strand und den einstigen Standort der *Log Chute*. Bis Ende der 20er-Jahre wurden auf der Holzrutsche Baumstämme um die Fälle herumgeflößt. Der **Campingplatz** des Parks liegt wunderbar am Westufer des Flusses.

St. Joseph Island

Die **westlichste Insel** der Kette zwischen der Bruce Peninsula und Sault Ste. Marie ist St. Joseph Island. Für eine Fahrt über die – ans Straßennetz angeschlossene – Insel, verbunden etwa mit einem Besuch des **Fort St. Joseph National Historic Site**, benötigt man zwei Stunden und mehr (mindestens 80 km Hin- und Rückfahrt). Der geschichtsträchtige Platz im Süden des Eilands bezieht sich auf die Reste eines im Krieg von 1812–14 zerstörten Forts. Die abgelegene Befestigungsanlage war seinerzeit der westlichste Vorposten der Briten in Nordamerika. Ein neues **Visitor Centre** informiert über die Details der historischen Vorgänge.

Sault Ste. Marie

Bemerkenswert an Sault Ste. Marie ist nur die Lage zwischen Lake Huron und Lake Superior und die Existenz einer Schwesterstadt gleichen Namens im US-Staat Michigan jenseits der **International Bridge**. Die beiden Sault Ste. Maries sind vor Fahrten in den Provinznorden (aber auch bis Thunder Bay) die vorerst **letzte Station für Einkäufe zu "normalen" Preisen.**

	Aus luftiger Höhe (der *International Bridge* bei Grenzübertritt) fällt der Blick über die Schleusenanlagen zwischen beiden Seen. Unübersehbar sind auch die Schlote der holzverarbeitenden Industrie: Sault Ste. Marie erhielt 1990 den schönen Beinamen **Forestry Capital of Canada**.
Schleusen	Die alten Schleusen (**Locks**) des St. Mary's River stehen unter der Verwaltung des *Canadian Parks Service*. Ein eigenes ***Visitor Centre*** informiert über ihre Funktionsweise und Bootsausflüge. *Lock Tours Canada* bietet u.a. zweistündige Touren durch die Schleusen auf der amerikanischen Seite (Anfang Juni bis Anfang Oktober täglich 10–18 Uhr, $16).
Eisenbahn-Ausflug	Der ***Algoma Central Railway Terminal*** in der Bay Street im kanadischen Sault Ste. Marie ist Ausgangspunkt für einen Tagestrip (8–17 Uhr) mit der Eisenbahn zum **Agawa Canyon** am Ostrand des ***Lake Superior Provincial Park***. Etwa 180 km sind es zum Canyon des Agawa River. Der Schienenstrang führt über historische Brücken durch die Einsamkeit. Am Zielpunkt reichen die zwei Stunden Aufenthalt gerade aus für eine kleine Wanderung. Der – für Leute mit ein bißchen Extra-Zeit – empfehlenswerte Trip kostet $49 pro Person. Die Tickets sollte man einen Tag im voraus beschaffen. Nur Anfang Juni bis Mitte Oktober.

Kanuferien auf dem Huron Lake/North Channel bei Massey

Von Toronto nach Sault Ste. Marie über Sudbury

Straße #69 — Wenn auch die Route über Bruce Peninsula und Manitoulin Island mehr Abwechslung bietet als der TCH entlang der Georgian Bay, ist die Straße #69 durchaus nicht ohne Reiz.

Barrie — Von Toronto geht es zur TCH auf der Autobahn #400 über Barrie am **Simcoe Lake**. Dieser große See wird von seinen Anwohnern intensiv als Wassersportrevier genutzt, stellt aber kein besonderes Ziel für Canada-Touristen dar. Statt der #400 bis zum Vereinigungspunkt mit dem TCH zu folgen, wäre ein Umweg über Midland am Severn Sound zu erwägen.

Midland/ Sainte Marie among the Hurons — Etwa 5 km östlich des Städtchens an der Straße #12 befindet sich das hervorragende Freilichtmuseum *Sainte-Marie among the Hurons*. Französische Jesuiten errichteten dort 1639 die erste weiße Siedlung und **Missionsstation** im Gebiet der Huronen. Nach heftigen Angriffen der Irokesen sahen sich die Geistlichen und die von ihnen bekehrten Huronen gezwungen, das Dorf aufzugeben – nicht ohne es zuvor bis auf die Grundmauern niederzubrennen. Das nach historischem Vorbild gebaute Dorf vermittelt dank liebevoller Detailrestaurierung und zeitgenössisch gekleideter Fremdenführer eindrucksvoll die Atmosphäre jener Zeit (geöffnet von Mitte Mai bis Mitte Oktober täglich 10–17 Uhr, letzter Einlaß 45 min vor Schluß, Eintritt $8).

Matyr´s Shrine — Gegenüber von **Sainte-Marie** ragen die hellen Zwillingstürme des *Martyrs' Shrine* empor. Sechs der insgesamt acht von der katholischen Kirche "anerkannten" Heiligen und Märtyrer Nordamerikas waren in dieser Region als Missionare tätig. Der Schrein wurde ihnen zu Ehren geschaffen und ist Ziel von Pilgern und Touristen gleichermaßen (im Sommer Besichtigung täglich 9–21 Uhr). Große Bedeutung wird dem Papstbesuch 1984 zugemessen – die Visite von Johannes Paul II. ist ausführlich dokumentiert. Unweit der Kirche befindet sich ein **Aussichtspunkt**, von dem der Blick über den Severn Sound der Georgian Bay und die Umgebung fällt. Eintritt $2.

TCH ab Port Severn — Endlich auf dem *Trans Canada Highway* sind vor allem die ersten Kilometer dieser Route bis Parry Sound ansprechend. Abstecher in den **Georgian Bay Islands National Park** und zum **Killbear Provincial Park** sorgen für die *Highlights* der Strecke, die nördlich von Parry Sound "verflacht".

Georgian Bay Islands National Park — Ausgangspunkt für Bootstouren in den *Georgian Bay Islands National Park*, 59 Inseln in einer zigtausend Eilande umfassenden Inselwelt an der zerklüfteten Ostküste der Georgian Bay, ist der kleine Ort **Honey Harbour**. Unweit nördlich Port Severn zweigt die Straße #5 vom TCH dorthin ab. Die Inseln des Nationalparks sind nur per Boot zu erreichen. Im Blockhaus der Parkverwaltung erhält man Karten und alle notwendigen Informationen.

Beausoleil Island

Zur bedeutendsten und mit 11 km² bei weitem größten Insel des Nationalparks, Beausoleil Island, fährt ein "Wasser-Taxi" – Fahrtzeit 20 min. Ein *Visitor Centre*, der *Cedar Spring Campground* (der größte von 15 auf verschiedenen Inseln angelegten Campingplätzen) und eine Reihe hübscher Wanderwege warten auf Besucher.

Six Mile Lake Park

Einen angenehmen Übernachtungsplatz am TCH findet man im *Six Mile Lake Provincial Park*. Der landschaftliche Charakter des Parks wird von den abgerundeten grauen Granitfelsen des Kanadischen Schildes bestimmt, dessen südliche Grenze hier verläuft. Während der Hauptreisezeit ist auf dem Campingplatz am See reger Betrieb; in der Vor- und Nachsaison sind in der Regel nur wenige Stellplätze besetzt.

Oastler Lake Park

Eine weitere Übernachtungsoption am TCH bietet der *Oastler Lake Provincial Park*, etwa 70 km weiter nördlich. Wer sein Zelt dabei hat, darf ruhige **Walk-in Campsites** abseits des Autoverkehrs am Ende einer Halbinsel nördlich des Flusses nutzen. Im Südwesten, linkerhand hinter der Einfahrt, befindet sich der beste Sandstrand des Parks.

Parry Sound

Parry Sound an der gleichnamigen Bucht ist ein hübsches Städtchen, sein Hafen Ausgangspunkt für Bootsausflüge in das Gebiet der *30.000 Islands*. Die empfehlenswerte dreistündige ***30.000 Islands Cruise*** startet zwischen Juni und Mitte Oktober täglich um 14 Uhr, im Juli und August zusätzlich um 10 Uhr, Fahrpreis $15. Besonders reizvoll sind derartige Trips im Herbst, nachdem die Laubfärbung begonnen hat.

Aussichtsturm

Erwähnung verdient der alte Feuerwachtturm. Der ***Fire Lookout Tower*** aus den 20er-Jahren liegt auf dem *Forest Hill* inmitten einer hübschen Gartenanlage. Bei klarem Wetter bietet er eine fantastische Aussicht. Um dorthin zu gelangen, biegt man vom TCH am städtischen Wasserturm Richtung Parry Sound ab und hält sich am See links.

Killbear Park

Rund 15 km nördlich Parry Sound zweigt die Straße #559 zum 20 km vom TCH entfernten *Killbear Provincial Park* ab. Er ist **einer der beliebtesten Provinzparks** Ontarios. Wunderschön auf einer Landzunge im **Parry Sound** gelegen, hat er alles, was ein Urlauberherz begehrt. Die sieben Campingplätze verfügen mit einer Ausnahme über einen eigenen **Badestrand**. Wer gern direkt am breiten Sandstrand übernachten möchte, findet mit dem **Beaver Dam Campground** den idealen Platz. Ruhiger geht es auf dem **Granite Saddle Campground** zu, der nur einen kleinen Strand besitzt.

TCH nach Sudbury

Der TCH nach Sudbury entfernt sich nördlich von Parry Sound immer weiter von der Küste der Georgian Bay. Auch die schöne Bezeichnung **Lake Huron Circle Route** verhilft diesem TCH-Abschnitt nicht zu großer Attraktivität. Kanu- und Wanderenthusiasten könnten jedoch rund 20 km vor

Sudbury einen weiteren Abstecher vom TCH einlegen. Rund 60 km vom TCH entfernt (Straße #637) liegt der **Killarney Provincial Park**, eine weitgehend unberührte Wildnis.

Sudbury Basin Die Entstehung des *Sudbury Basin* ist nicht eindeutig geklärt. Der gigantische Kraters war einst ein **Vulkan** oder aber geht zurück auf einen **Meteoriteneinschlag**; letzteres würde den außerordentlichen Erzreichtum der Region erklären. Von dort stammen rund 85% der Weltnickelproduktion. Die dabei entstandene Schlacke sorgte für riesige Halden.

Sudbury Das Gesicht der 92.000 Einwohner zählenden Stadt wird durch Industrieanlagen bestimmt. Dazu paßt ein **Technikmuseum**, das in Sudbury *Science North* heißt. Das auffällige, in Form zweier Schneeflocken konstruierte Gebäude am Ram-sey Lake bietet Gelegenheit, Experimente selbst durchzuführen, Filme über Nordontario zu sehen und sich per Video über technische Sachverhalte zu informieren. Das Museum ist von der letzten Juniwoche bis *Labour Day* täglich 9–18 Uhr geöffnet, Rest des Jahres verkürzte Zeiten; Eintritt $9, Kombinationsticket mit der Big Nickelmine $14.

Nickel Mine In der **Big Nickel Mine** am TCH westlich der Stadt, einer speziell für Besucher hergerichteten alten Mine, erfährt man alles über Produktionsmethoden und Weiterverarbeitung von Nickel. Ein beliebtes Fotomotiv ist die 9 m hohe Nachbildung der kanadischen 5-Cent-Münze. Öffnungszeiten wie *Science North* im Sommer; jeweils einen Monat vorher und später nur 9–17 Uhr; Eintritt $9.

Wahrzeichen Sudburys: Der überdimensionale "Nickel"

Nach Espanola Auf der Weiterfahrt von Sudbury nach Espanola gibt es keine wesentlichen Besonderheiten. Zum TCH-Abschnitt von Espa-nola bis einschließlich Sault Ste. Marie; siehe die letzten Absätze des vorhergehenden Abschnitts.

Der alternative TCH über Northbay nach Nipigon

Straße #11

Das 50.000 Einwohner zählende North Bay am Lake Nipissing ist der Ausgangspunkt des nördlichen Arms des TCH #11. Diese Straße trägt die Bezeichnung **Frontier Route**.

North Bay

In North Bay gibt es außer der Teilnahme an einem Bootstrip mit der **Chief Commanda II** keinen Grund, länger zu verweilen. Die Fahrt auf den Spuren der alten *Voyageure* vom **Government Dock** über den See bis zum French River und zurück dauert etwa sechs Stunden (etwa Mitte Mai bis *Labour Day*; aktuelle Fahrplanauskünfte und Preise unter ✆ (705) 472-4500).

Verlauf der Frontier Route

Die *Frontier Route* führt ohne große Abwechslung durch ausgedehnte Waldgebiete und stößt erst bei Nipigon kurz vor **Thunder Bay** wieder auf den südlichen Verlauf des TCH. Obwohl diese Strecke etwas kürzer ist als die Straße #17 am North Channel des Lake Huron und am Lake Superior entlang, sollte sich dafür nur entscheiden, wer die Südroute bereits kennt. Was die *Frontier Route* auszeichnet, sind die zahlreichen, oft **sehr einsamen Campgrounds**. Viele von ihnen liegen an kleinen, verschwiegenen Gewässern, wo man angeln und baden kann. Die Möglichkeit, ab Cochrane mit der Eisenbahn zur James Bay zu fahren, ist der interessanteste Aspekt einer Reise auf der TCH-Nordroute.

Kennzeichnung der Frontier Route

Marten River Park

Etwa 50 km nördlich von North Bay liegt der *Marten River Provincial Park* am gleichnamigen Fluß. Auf beiden Ufern gibt es einen Campingplatz mit schönen Stellplätzen direkt am Wasser. Ein restauriertes **Logging Camp** und alte Maschinen demonstrieren die historische Nutzung des Gebietes. Ein 5 km langer **Forest Hiking Trail** führt zu einer über 300 Jahre alten Kiefer, die seinerzeit von den Äxten der Holzfäller verschont blieb. Auf der **Marten River Canoe Route** lassen sich der Park und seine Umgebung auch auf dem Wasserweg erkunden.

Kap-Kig-Iwan Park

Etwas abseits der Hauptstraße befindet sich westlich von Englehart der *Kap-Kig-Iwan Provincial Park*. Er besitzt zwei kleine ruhige **Campingplätze** und schöne **Wanderwege**. Sein eigentümlicher Name leitet sich aus dem *Ojibwe*-Wort für "hohe Wasserfälle" ab. Durch den Park fließt der Englehart River, mit Reihen sehenswerter Stromschnellen. An ihnen entlang führt der **Hell's Gate Trail.** Von seinem westlichen Ende läßt sich eine ebenfalls lohnenswerte Wanderung auf dem **Upland Circle Trail** anschließen.

Polar Bear Express

In Cochrane startet der **Polar Bear Express** zum 300 km entfernten **Moosonee**, 24 km oberhalb der Mündung des Moose River in die James Bay, dem südlichen Ausläufer der Hudson Bay. Außer dieser "Eisbären-Eisenbahn" fährt nur noch in Manitoba der sog. *Hudson Bay Train* in Canadas Norden:

von Winnipeg nach Churchill (teurer und zeitaufwendiger, ⇨ Seite 320). Die 4-stündige Bahnfahrt nach Moonsonee durch flache Landschaft kostet $44 retour, ein Familienticket $110. Trotz der phantasievollen Zugbezeichnung bekommt man in Moosonee keine Eisbären zu Gesicht.

Moose Factory

In der Nähe des Zielortes liegt **Moose Factory Island**. Hier errichtete die *Hudson's Bay Company* 1673 ein Fort, um das es später Streitigkeiten mit den Franzosen gab. Die Insel läßt sich mit (teurem) Helikopter oder in einem indianischen **Frachtkanu** erreichen (zwischen der letzten Juniwoche und *Labor Day* täglich um 13.15 Uhr zeitlich passend nach Ankunft des *Polar Bear Express*). Der 15-Minuten-Trip kostet hin und zurück jeweils $6. Im historischen Dorf Moose Factory erläutert ein kleines **Museum** die Geschichte der Ansiedlung.

Local Train **nach Moosonee**

Wer mindestens zwei Tage Zeit hat und eine Fahrt nach Moosonee erwägt, sollte statt des hauptsächlich von Touristen besetzten *Polar Bear Express* den langsameren *Local Train* nehmen, der unterwegs dort anhält, wo immer Passagiere aus- oder (auf Handzeichen) einsteigen möchten. Im **Bummelzug** trifft man eine **gemischte Reisegesellschaft** aus Trappern, Jägern, Indianern und abenteuerlustigen Touristen. Auch das Kanu darf man mitnehmen.

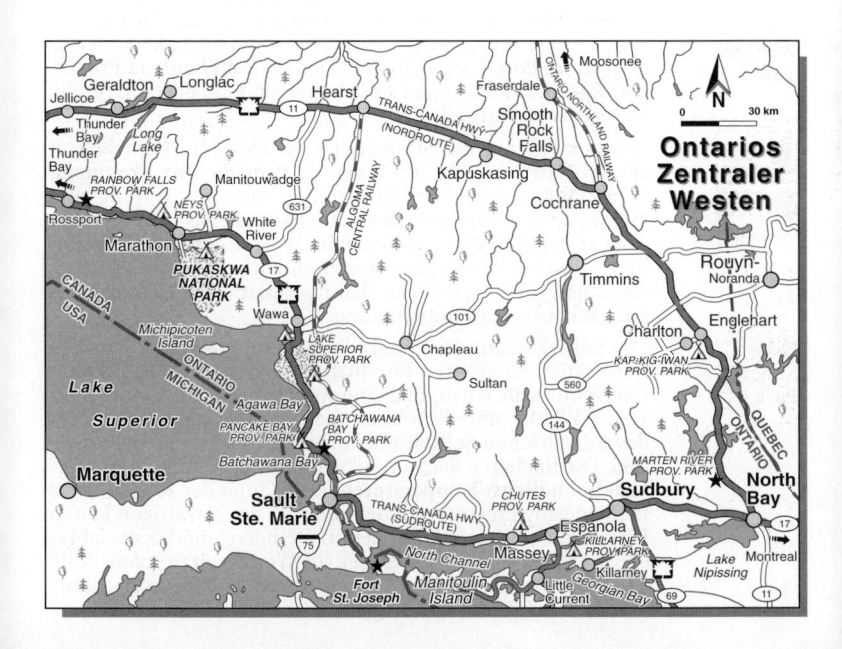

Longlac

Die Strecke von **Cochrane bis zum Lake Nipigon** ist einsam und eintönig. Die Abstände zwischen den Mini-Ortschaften und Tankstellen werden bis Longlac immer größer. Westlich dieser Zentrale der Holzindustrie wird die Landschaft wieder abwechslungsreicher, die Straße passiert viele malerische Seen.

Lake Nipigon

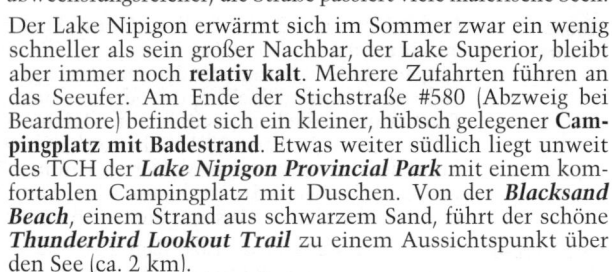

Der Lake Nipigon erwärmt sich im Sommer zwar ein wenig schneller als sein großer Nachbar, der Lake Superior, bleibt aber immer noch **relativ kalt**. Mehrere Zufahrten führen an das Seeufer. Am Ende der Stichstraße #580 (Abzweig bei Beardmore) befindet sich ein kleiner, hübsch gelegener **Campingplatz mit Badestrand**. Etwas weiter südlich liegt unweit des TCH der *Lake Nipigon Provincial Park* mit einem komfortablen Campingplatz mit Duschen. Von der *Blacksand Beach*, einem Strand aus schwarzem Sand, führt der schöne *Thunderbird Lookout Trail* zu einem Aussichtspunkt über den See (ca. 2 km).

Östlich von Nipigon vereinigen sich beide Verläufe des TCH. Zur Fortsetzung des TCH nach Thunder Bay ⇨ Seite 277.

Von Sault Ste Marie nach Thunder Bay

TCH am Lake Superior

Mit Erreichen der **Batchawana Bay** des Lake Superior, etwa 40 km nördlich von Sault Ste. Marie, beginnt einer der attraktivsten Abschnitte des TCH in Ontario: Felsige Küsten und Sandstrände prägen seinen Verlauf bis in den *Lake Superior Provincial Park* hinein. In der Nähe des *Batchawana Provincial Park* markiert eine Gedenktafel am Chippewa River die rechnerische Mitte des TCH.

Dieser direkt an der Straße gelegene *Day Use Park* besitzt keinen Campingplatz. Im größeren *Pancake Bay Provincial Park* gibt es am sandigen Uferstreifen hübsche Camping- und Picknickplätze abseits des lauten Verkehrs. Bis Anfang August hat sich das sonst eiskalte Wasser des Lake Superior in der geschützten "Pfannkuchen-Bucht" und in der Batchawana Bay soweit erwärmt, daß man dort ohne Gefahr eines Kälteschocks schwimmen kann.

Lake Superior Park

Der *Lake Superior Provincial Park* ist mit 1500 km² Ausdehnung einer der größten Provinzparks Ontarios. Über 100 km unerschlossene Küste und eine ausgedehnte Hügellandschaft voller Wälder und Gewässer (die typische Landschaftsform des Kanadischen Schildes) kennzeichnen sein Erscheinungsbild. Die flacheren Seen erreichen im Hochsommer halbwegs **badefreundliche Temperaturen**. Das Klima der Region steht nichtsdestoweniger unter dem Einfluß der gewaltigen kalten Wassermasse des Lake Superior. Wanderer und Kanufahrer sollten daher auch im Sommer auf **Wetterstürze** gefaßt sein: Trockenen und sonnigen Tagen folgen unvermittelt kühle Perioden mit Wind und Regen.

Agawa Felsmalereien

Die Zufahrt zu den **Agawa Indian Pictographs** nördlich der Agawa Bay läßt sich nicht verfehlen. Vom TCH sind es nur wenige Kilometer bis zum Endpunkt der Stichstraße. Die indianischen Felsmalereien über der Brandung des Lake Superior gehören zwar zu den Hauptsehenswürdigkeiten des Parks, sind jedoch nicht übermäßig beeindruckend. Trotzdem lohnt sich der Abstecher: für den kurzen *Trail* durch enge Felsspalten zum *Agawa Rock*.

Trails

Auch wer keinen längeren Aufenthalt plant, sollte sich die Zeit für mindesten zwei weitere **Kurzwanderungen** nehmen:

– Auf der *Frater Road* gelangt man von der Agawa Bay zum Startpunkt des *Towab Trail*. Der Pfad (6 km) führt zu den *Agawa Falls* im pittoresken *Agawa River Canyon*, die auch von der *Algoma Central Railway* (➭ oben) passiert werden.

– Am Sand River, etwa 5 km nördlich des Abzweigs von Agawa Rock, darf man den *Pinguisibi Trail* flußaufwärts einfach nicht auslassen. Der Abschnitt bis zu den ersten Stromschnellen ist der schönste. Auch die Fortsetzung bis zur zweiten Fallstufe lohnt. Ein hübscher Picknickplatz liegt am Fluß.

Camping

Von den 3 Campingplätzen des Parks ist der **Agawa Bay Campground** im Süden des Parks mit einem 3 km langen Strand, Duschen und *Coin Laundry* der größte und komfortabelste. Ein **Visitor Centre** informiert dort über organisierte Aktivitäten, Flora und Fauna, Geologie und Geschichte des Parks. Ein Nachteil ist die Nähe der meisten Stellplätze zum Tag und Nacht stark befahrenen TCH. Der **Crescent Lake Campground** an der südlichen Parkgrenze bietet zwar weniger Komfort, liegt aber sehr ruhig im Wald am See. Er ist ein idealer Übernachtungsplatz. Als Ausgangspunkt für Wanderungen und Kanutouren in das Hinterland eignet sich am besten der im nördlichen Teil des Parks gelegene **Rabbit Blanket Lake Campground**.

Nach Verlassen des Provinzparks entfernt sich der TCH vom Lake Superior und beschreibt einen 200 km langen Bogen durch das Landesinnere. Wawa und White River sind die einzigen nennenswerten Orte in diesem Bereich.

Wawa

Wawa liegt etwas abseits des TCH (Straße #101) am gleichnamigen, glasklaren See. Der Ort dient als **Versorgungszentrum** für das einsame Hinterland. Am Ortseingang wird der Besucher von einem 9 m hohen **Kanadagans** aus Stahl begrüßt. Tausende der in der Ojibwe-Sprache *Wawa* genannten Gänse machen auf ihrem alljährlichen Flug in den Süden am Lake Wawa Zwischenstation.

White River

!n White River, 95 km nördlich von Wawa, zeigt eine Eskimofigur mit einem **Riesen-Thermometer -58°C** (!), den absoluten Kälterekord der in bewohnten Regionen Kanadas

Pukaskwa Park

Der **Pukaskwa National Park** am Lake Superior schützt eines der schönsten Wildnisgebiete Ontarios. Der Abstecher vom TCH (12 km) lohnt auf jeden Fall, auch wenn die Stichstraße nur gerade bis zum äußersten Nordwestzipfel führt. Das einzige erschlossene Areal des Nationalparks (*Hattie Cove*) eignet sich hervorragend als Ausgangspunkt für Kanutouren und Wanderungen. An den Sandstränden kann man im flachen Wasser baden. Ein komfortabler Campingplatz liegt unweit des Seeufers im Wald.

Trails

Neben einer Reihe kurzer *Nature Trails* existieren mehrere Möglichkeiten für mehrtägige *Backcountry Hikes*, etwa auf dem über 60 km langen **Coastal Trail**. Er ist nach dem *Bruce Trail* (↺ *Bruce Peninsula National Park*) der bekannteste Fernwanderweg Ontarios. Der Pfad beginnt am **Hattie Cove Visitor Centre** und läuft zum *North Swallow River*. Ein weiterer Ausbau ist im Gange. Für den Rückweg nach *Hattie Cove* kann einen Transport per Boot organisieren, wer den *Trail* nicht doppelt laufen möchte. An einem Tag zu bewältigen ist die Etappe bis zur Hängebrücke über den White River – hin und zurück etwa 16 km.

Rundwanderung

Mehrere **Kurz-Trails** lassen sich zu einer reizvollen Rundwanderung kombinieren: Vom **Visitor Centre** (oder vom *Campground*) aus startet man auf dem äußeren **Southern Headlands Trail**. Vom Aussichtshügel geht es weiter in westliche Richtung zum Strand und von dort durch eine Dünenlandschaft über den Campingplatz zurück. Eine Wanderung um den Halfway Lake könnte man anschließen.

Bären

Auch Schwarzbären halten sich gerne im Gelände um **Hattie Cove** auf. Tagsüber ist es eher unwahrscheinlich, daß man Bären sieht, aber frühmorgens und ab Einbruch der Dämmerung sind Begegnungen mit ihnen nicht selten!

Alle Beschreibungen und Informationen in Nationalparks sind zweisprachig

Hinter Marathon nähert sich der TCH neuerlich dem Lake Superior; sein Verlauf gewinnt deutlich an Attraktivität.

Neys Park

Der *Neys Provincial Park* liegt auf der **Coldwell Peninsula** rund 20 km westlich von Marathon. *Dune Trail* (1 km) und *Lookout Trail* (2 km) sind Kurzbesuchern als Aktivität zu empfehlen. Auch der lange Strand lädt zu einem Spaziergang ein (Baden dort nur für Abgehärtete). Großartige Aussichten über Park-Halbinsel und Lake Superior bietet der *Point Hiking Trail* von der *Prisoner Cove Picnic Area* zu einer hochgelegenen Landzunge. Eine 2-Stunden-Wanderung zum *CBC Lookout Tower* mit schöner Rundumsicht beginnt am Parkeingang. Drei Campingbereiche befinden sich in guter Lage an der *Neys Beach*, ein vierter im Parknorden.

Rainbow Falls Park

Bei der "Besichtigung" der Wasserfälle im *Rainbow Falls Provincial Park* sollte es nicht bleiben. Die Halbstundenwanderung etwa über *Rainbow Falls* und Whitesand River hinaus zu einem Aussichtspunkt ist sehr empfehlenswert. Von dort aus kann man auf dem *Voyageur Trail* bis 50 km weit ins Hinterland vorstoßen. Eltern mit kleinen Kindern werden **Spielplatz** und Sandstrand am (im Sommer) angenehm warmen von bewaldeten Hügeln umgebenen **Whitesand Lake** zu schätzen wissen. Ein Campingplatz befindet sich ebenfalls am Whitesand Lake, ein weiterer, der *Rossport Campground*, zwischen Lake Superior und TCH etwa 5 km westlich des Hauptareals. Direkt am Wasser ist man dort allerdings Wind und Wetter stärker ausgesetzt als im geschützten Gelände nördlich des TCH.

Terry Fox

In Nipigon vereinigen sich der nördliche (Straße #11) und der südliche Ast (Straße #17) des TCH; von hier bis hinter Thunder Bay trägt der TCH die Bezeichnung *Terry Fox Courage Highway*. *Terry Fox* hatte mit 18 Jahren durch ein Krebsleiden ein Bein verloren und trug seitdem eine Prothese. Um demonstrativ Lebensmut zu beweisen und Geld für die Krebsforschung zu sammeln, startete er den *Marathon of Hope*, der von St. John's in Newfoundland über den gesamten *Trans Canada Highway* bis zu dessen Endpunkt auf Vancouver Island führen sollte. Er brach am 12.4.1980 auf; geplant waren Tagesetappen von etwa 40 km.

Anfangs blieb das Unternehmen relativ unbeachtet, erst allmählich wurden die Medien auf *Terry Fox*` Lauf aufmerksam. An den Endpunkten seiner Tagesetappen kam es schließlich zu regelrechten Volksfesten, auf denen der tapfere junge Mann – wohl eher ungewollt – als Held gefeiert wurde. Insgesamt $25 Mio Spenden für die kanadische Krebshilfe kamen zusammen. Der "**Marathon der Hoffnung**" hatte damit alle Erwartungen weit übertroffen. *Terry Fox* mußte den Lauf am 1.9.1980 nach strapaziösen 5.372 km abbrechen. Er wurde nur 22 Jahre alt.

Terry Fox Walkathon, der in vielen Regionen jährlich stattfindende Gedächtnislauf zugunsten der kanadischen Krebshilfe.

Terrys Leistung war für viele Krebskranke Ansporn, den verloren geglaubten Kampf gegen die Krankheit aufzunehmen. Sein Leben wurde später verfilmt. Bis heute finden in ganz Canada zahlreiche nach ihm benannte Läufe statt. In British Columbia tragen sogar ein Berg und ein Provinzpark seinen Namen.

Quimet Canyon

Etwa auf halber Strecke zwischen Nipigon und Thunder Bay zweigt die kurze Stichstraße zum beeindruckenden *Quimet Canyon* ab, einem **Day-Use Provincial Park** ohne Campingplatz. Ein kurzer Fußweg führt vom Parkplatz zu Aussichtsplattformen über den steilen Felswänden der 2,5 km langen, 150 m breiten und 100 m tiefen Schlucht. Da kaum Sonne den Grund der Schlucht erreicht, herrscht dort ein besonders kühles, feuchtes Klima. Es entwickelte sich eine Pflanzenwelt, wie sie sonst nur in der Arktis vorkommt. Zu ihrem Schutz sind individuelle Wanderungen in den Canyon hinein nicht möglich.

Sibley Peninsula

Ein etwas längerer Abstecher könnte dem **Sibley Peninsula Provincial Park** gelten. Er bedeckt den größten Teil der 40 km langen und 11 km breiten Halbinsel mit dem Monolithen **Sleeping Giant** (↔ Legende). Deren Ufer sind auf der Ostseite relativ flach, im Westen dagegen ragen bis zu 250 m hohe Klippen vertikal aus dem Wasser. Am Ende der Straße #587 durch den Park liegt direkt am Lake Superior das kleine Touristennest **Silver Islet**.

Trails

Über 80 km *Hiking Trails* durchziehen die Halbinsel. Mehrere Pfade führen auf den **Sleeping Giant**, die höchste Erhebung weit und breit. Wunderbare Fernsichten belohnen die Mühe des Aufstiegs. In der Höhe ist die Mückenplage weit weniger lästig als weiter unten in den Wäldern. Auf der obersten Terrasse des Bergrückens am populären **Badesee Lake Marie Louise** liegt der weitläufige, gut ausgestattete *Campground* gleichen Namens. Besonders, wenn es gelingt, einen der Stellplätze in Seeufer-Nähe zu ergattern, kann man dort bei gutem Wetter herrliche Tage verbringen.

Ontario 275

Thunder Bay Das 112.000 Einwohner zählende Thunder Bay existiert unter dieser Bezeichnung erst seit 1969 als Zusammenschluß der Städte Port Arthur und Fort William. Der drittgrößter Hafen Canadas ist die westliche **Endstation des *St. Lawrence Seaway*** und bedeutender Handels- und Umschlagplatz für das Getreide aus dem Westen Canadas. Unübersehbar sind die höchsten Getreidespeicher der Welt am Lake Superior.

Versorgung Die Stadt als solche hat Touristen zwar insgesamt nicht sonderlich viel zu bieten, ist aber eine wichtige "Versorgungsetappe". Zahlreiche Supermärkte und Einkaufszentren wie die ***Intercity Mall*** auf der Fort William Road bieten reichlich Gelegenheit zum Einkauf.

Centennial Park Erwähnenswert sind in und um Thunder Bay einige hübsche Parks. Zum 57 Hektar großen *Centennial Park* am Current River im Norden der Stadt gehören eine **Farm mit Tieren** und der Nachbau eines alten **Holzfällercamps** von 1910 mit Museum. Außerdem gibt es Naturlehrpfade, einen **Sandstrand** am Boulevard Lake und Picknickplätze. Der Park eignet sich gut für einen Zwischenstop, besonders mit Kindern.

DIE LEGENDE VOM SLEEPING GIANT

Zur Zeit, als die ersten Weißen in diese Gegend kamen, waren die Wälder am Lake Superior Heimat der *Ojibwe*-Indianer. Der Legende nach verehrten sie den Großen Geist *Nanibijou*, der sie auf ihren Reisen über den Lake Superior vor allen Gefahren schützte. *Nanibijou* – so glaubten sie – lebte auf dem Mt. McKay südlich von Thunder Bay in der heutigen *Ojibwe Reserve*. Da sie sich dem Großen Geist so wohlgefällig zeigten, sollten die Indianer eines Tages eine Belohnung erhalten. Allerdings war daran eine Bedingung geknüpft: niemals dürfte mit einem weißen Mann über diesen Lohn gesprochen werden, sonst würden der Große Geist versteinern und die Indianer zugrunde gehen. Dies sagten die Ojibwe zu, und *Nanibijou* wies ihnen darauf den Weg zu einer reichen Silbermine. Einer der Ojibwe jedoch brach das Gelöbnis. Weiße Männer kamen mit Kanus über den See, um das Silber zu suchen. Es erhob sich aber ein gewaltiger Sturm, der die Boote kentern und die Besatzung spurlos verschwinden ließ, und am nächsten Morgen breitete sich in der weiten Bucht eine große Halbinsel aus: der zu Stein gewordene *Nanibijou*. Bis auf den heutigen Tag erkennt man im *Sleeping Giant* die Gestalt eines schlafenden Riesen. Der zweite Teil der Prophezeiung wurde – wie wir wissen – ebenfalls wahr. Kurz vor Thunder Bay steht direkt am TCH ein Denkmal für *Terry Fox* (siehe oben) Von dort überblickt man die Stadt und die Halbinsel des Schlafenden Giganten.

Trowbridge Park	Das gilt ebenso für den *Trowbridge Park*, etwas weiter flußaufwärts nördlich des TCH. Die Zufahrt Copenhagen Rd zweigt einen guten Kilometer westlich des oben erwähnten **Terry Fox Memorial** ab. Über Stufen von schwarzem Schiefergestein hat der **Current River** die **Trowbridge Falls** gebildet, sie eignen sich wunderbar zum **Baden und Planschen**. Nur Benutzer des Campingplatzes haben direkten Zugang zu den Wasserfällen, alle anderen Besucher müssen vom Parkplatz noch einige hundert Meter weit laufen.
Hillcrest Park	Vom *Hillcrest Park* im Norden der Doppelstadt lassen sich Hafen und Getreidesilos von Thunder Bay sehr gut mit der Kamera erfassen. Der Park liegt an der *High Street North* unweit der Red River Road. Einen schönen **Panoramablick** aus ganz anderer Perspektive bietet der Mt. McKay in der ***Ojibwa Indian Reserve***, die man über die Straße #61B erreicht.
Mt. McKay	
Old Fort William	Die **größte Sehenswürdigkeit** der Region ist *Old Fort William*, eines der besten "lebenden" Museen Canadas. Den historischen **Stützpunkt der North West Company** aus dem frühen 19. Jahrhundert hat man am Kaministiquia River originalgetreu wiederaufgebaut (Broadway Ave südwestlich der Stadt, dann ausgeschilderte Zufahrt). Das Fort diente den Pelztierjägern westlich und nördlich des Lake Superior als Treffpunkt und zentraler Umschlagplatz. Von hier aus wurden ihre Felle auf riesigen Last-Kanus nach Montréal weitertransportiert.
Old Fort William	Die für diese Art von Museen typische Inszenierung der "guten alten Zeit" erreicht im *Old Fort William* einen hohen Grad an Perfektion. Das **Palisadenfort** selbst, die historischen Gebäude und seine in Bekleidung des vergangenen Jahrhunderts agierenden "Bewohner" vermitteln ein authentisches Bild vom Leben und Alltag am Rande der Wildnis vor 150-200 Jahren. Anfang Juli findet alljährlich das ***Great Rendezvous Pageant*** statt, das Treffen der Pelzhändler mit den Trappern, wobei kräftig gefeiert wird.

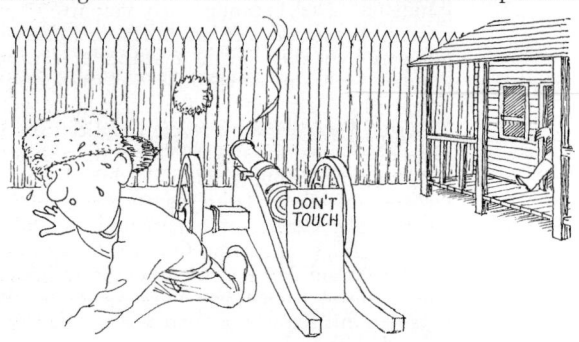

Ihren besonderen Reiz bezieht die Anlage aus der Geschlossenheit der Gesamtkonzeption, die von keinem anderen Museumsfort wieder erreicht wird. Zu diesem Eindruck trägt wesentlich die Lage in einem großen Waldstück am Fluß bei. Die Neuzeit scheint dort gänzlich ausgeblendet; nicht einmal die unvermeidlichen Parkplätze liegen im Blickfeld der Anlage. Geöffnet Mai bis Mitte Oktober täglich 10–17 Uhr, Rest des Jahres geschlossen; Eintritt Hauptsaison $10, sonst $7.

Von Thunder Bay nach Kenora/Lake of the Woods

Kakabeka Falls

Gute 30km westlich von Thunder Bay passiert man auf dem TCH (hier mit der Doppelnumerierung #11/#17) die Kakabeka Falls, laut lokaler Tourismuswerbung die "**Niagara-Fälle des Nordens**". Zumindest im Sommer ist der Vergleich ein bißchen übertrieben. Die Kontrolle der Wassermenge durch den lokalen Stromerzeuger bewirkt nicht selten, daß über die 39 m hohen Felsen nur noch ein harmloser Bach strömt. In unmittelbarer Nachbarschaft der Fälle befindet sich immerhin der *Kakabeka Provincial Park* mit einem schönen und daher beliebten Campingplatz.

Alternative Route

Der TCH teilt sich in **Shabaqua Corners**, 53 km westlich von Thunder Bay, in einen nördlichen (Straße #17) und einen südlichen Ast (Straße #11). Beide Routen vereinen sich wieder 20 km vor Kenora. Obwohl die zahlreichen Seen entlang beider Verläufe ein reizvolles Landschaftsbild erwarten lassen, sind sie nur abschnittsweise attraktiv. Die meisten Gewässer sind obendrein nicht durch Straßen erschlossen oder befinden sich in Privathand. Wegen der besonders schönen letzten Kilometer im Bereich des Lake of the Woods sollte man die südliche TCH-Alternative, die *Voyageur Route* über Fort Frances, vorziehen, auch wenn gegenüber der direkten Straße #17 zusätzliche 100 km zu bewältigen sind.

Quetico Park

Nur auf der *Voyageur Route* besteht Gelegenheit zu einem Abstecher in den *Quetico Provincial Park*. Die einzige Zufahrt bei Atikokan führt an diesen riesigen **Wildnispark** heran. Das auch architektonisch überzeugende *Visitor Centre* informiert vorbildlich über Flora, Fauna und Siedlungsgeschichte der Quetico-Region. Jenseits der Grenze, im US-Staat Minnesota, schließt die *Boundary Waters Canoe Area* an den kanadischen Provinzpark an. Beide Gebiete schützen eine von der Zivilisation weitgehend unberührte Wasserwildnis. Mit 1500 Routenkilometern gilt Quetico neben dem *Algonquin Park* im Osten als **das Eldorado Ontarios für Kanufahrer**. Ein Abstecher vom Besucherzentrum zum hübschen Picknickplatz am French Lake ist auch für Nicht-Kanuten lohnenswert. Auf einer ufernahen Insel im See sind zahlreiche sonst seltene **Weißkopfseeadler** heimisch.

International Falls (USA)

Wer über Nacht bleiben möchte, findet im Park neben vielen nur auf dem Wasserweg erreichbaren Zeltplätzen auch einen (durchschnittlich guten) Campingplatz für Autofahrer.

Über die Brücken des **Noden Causeway** – die Inselwelt des überqueren **Rainy Lake**, der mit den Gewässern des *Quetico Park* verbunden ist, bietet schöne Fotomotive – erreicht man **Fort Frances**. Einst Zentrum des Pelzhandels, ist die Grenzstadt heute ein eher unansehnlicher Industriestandort. Eine gebührenpflichtige Brücke führt hinüber in die USA.

Fort Frances

Im **Pither's Point Park** am Ortseingang von Fort Frances steht der Nachbau eines Fort, ein Aussichtsturm und der restaurierte Holzschleppkahn **Hallett**. Wer wissen möchte, wie Holz in Papier verwandelt wird, kann von Juni bis August in der **Boise Cascade Paper Mill** (145 3rd St West) wochentags zweimal täglich (10.30 Uhr und 13.30 Uhr) an kostenlosen Führungen teilnehmen. Anmeldung ✆ 274-5311. Festes Schuhwerk ist mitzubringen; Schutzbrillen, Helme und Ohrenschützer werden gestellt.

Grand Mounds

Ab Fort Frances führt der TCH (bis Caliper Lake) zunächst durch relativ eintönige Landstriche. Wer genügend Zeit mitbringt, könnte daher einen Abstecher zu den **indianischen Grabstätten** *Grand Mounds* in Minnesota/USA in Erwägung ziehen. Dafür sind gegenüber der direkten Route ca. 150 km zusätzlich zu fahren: am Rainy River entlang geht es auf der US-Straße #11 rund 27 km in Richtung Baudette. Inmitten von ausgedehnten Landwirtschaftsflächen liegt das **Grand Mound Center**. Dieses ausgezeichnete Besucherzentrum informiert mit Filmen und Ausstellungen über die historischen Hintergründe der indianischen Grabkultur.

DIE DIREKTE ROUTE (TCH #17) NACH KENORA

Der überwiegende Teil der nördlichen TCH-Variante ab **Shabaqua Corners** bietet generell nur wenig fürs Auge, wenn sich auch fast jeder Ort entlang der Straße "Kanu-" oder "Anglerparadies" nennt.

Wer tiefer in die Wildnis und Einsamkeit des nördlichen Ontario vorstoßen möchte, kann ab Ignace den TCH verlassen und die Straße #599 nach **Central Patricia** nehmen. Keine andere asphaltierte Straße Ontarios führt höher hinauf nach Norden.

Dryden, der größte Ort am TCH #17, ist Zentrum der Holzindustrie. Eine 6 m hohe **Elchstatue** neben dem Büro der *Tourist Information* ist die einzige Sehenswürdigkeit.

Erst ab Vermillion Bay, 90 km vor Kenora, gewinnt dieser Abschnitt des TCH an Reiz. In **Longbow Corners** vereinigt er sich mit dem südlichen TCH-Ast, der *Voyageur Route*.

Ontarios Westen

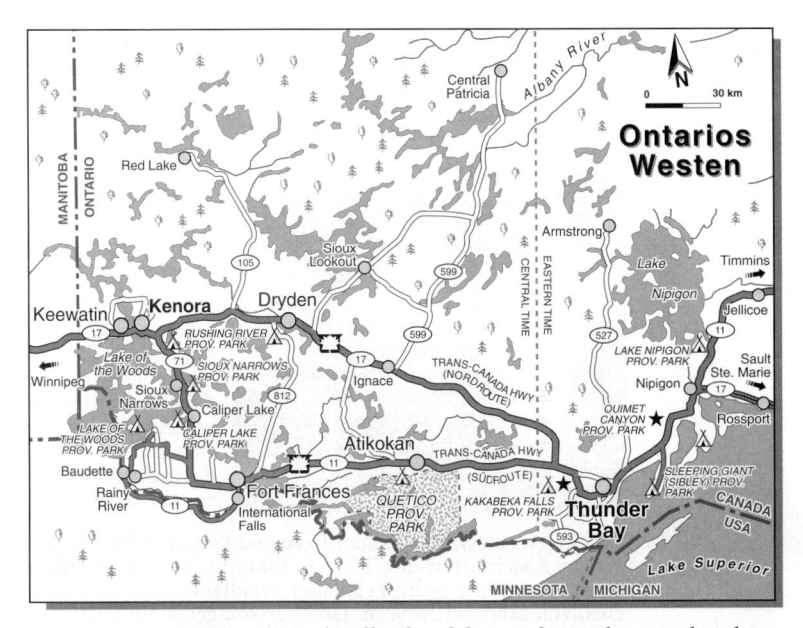

	Bei den **Mounds** selbst handelt es sich um eher unscheinbare, mit Bäumen und Farnen bewachsene Hügel. Lange Zeit blieb ihre Bedeutung unerkannt.
Rainy River	Die Brücke über den Fluß (gleichzeitig Grenzübergang) von Baudette nach Rainy River (Canada) ist gebührenfrei. Im Ort gibt es einen kostenlosen, dafür aber weniger einladenden **Campingplatz** direkt am Flußufer.
Zurück zum TCH	Über die Straße #600 oder alternativ #11/#621/#600 fährt zurück zur **Voyageur Route** des TCH (Straße #71), wem ein zusätzlicher kleiner Umweg über den *Lake of the Woods Provincial Park* in die Reisepläne paßt. Ohnedem geht es schneller auf der #11.
Lake of the Woods Park	Der **Provincial Park** im amerikanisch/kanadischen Lake of the Woods umfaßt mehrere Inseln und ein Areal am Festlandufer nördlich von Bergland. Wegen seiner abseitigen Lage wird er von auswärtigen Besuchern kaum beachtet. Die Einheimischen schätzen den Park umso mehr. Beliebt ist er insbesondere wegen seiner Angelreviere und der idyllisch gelegenen **Campingplätze.** Weit verstreut, aber windgeschützt im Wald sind die Stellplätze des *Birch Campground*. Im *Aspen Campground* liegen viele Plätzchen sehr schön direkt am Seeufer. Ein empfehlenswerter, etwa 2 km langer **Wanderweg**, führt vom *Aspen Platz* am Wasser entlang zur *Picnic*

Area im Norden des Parks. Kaum erwarten in dieser Region würde man die am Lake of the Woods heimischen **Pelikane**. Sie nisten überwiegend auf den Inseln, oft kann man sie aber auch vom Festland aus beobachten. Im Herbst fliegen sie zum Überwintern an den Golf von Mexico.

Die Provincial Parks im Bereich des Lake of the Woods gehören zu den Geheimtips einer Reise durchs westliche Ontario

Weitere Provincial Parks

Die Strecke zwischen Caliper Lake und Kenora gehört zu den besten Abschnitten des TCH in Ontario. Die Straße führt durch eine malerische **Fels- und Waldlandschaft** unterbrochen von zahlreichen Seen. **Drei hervorragende Provinzparks** – *Caliper Lake, Sioux Narrows* und *Rushing River* – bieten wunderbare **Campingplätze** und verlocken zum Bleiben.

Caliper Lake Park

Der *Caliper Lake Park* ist vergleichsweise klein, der saubere und warme Caliper Lake aber zum Baden ideal. Insbesondere Familien mit Kindern werden den Spielplatz direkt am Sandstrand und die gepflegte **Picnic Area** mit großer Spielwiese zuschätzen wissen. Auf dem See landen und starten regelmäßig bunte Wasserflugzeuge. Der hübsche *Campground* liegt in einem Kiefernwald unweit des Ufers.

Sioux Narrows Park

Sioux Narrows gilt als **der attraktivste *Provincial Park*** der Region. Dank der Aussicht auf Regina Bay und die *Narrows* ist sein Picknickplatz überaus beliebt. Von den Stellplätzen des ***Campground*** am Hang fällt der Blick über das Wasser.

Rushing River Park

Der *Rushing River Provincial Park* und sein großzügig angelegter Campingplatz nördlich und südlich des **Dogtooth Lake** können kaum genug empfohlen werden. Wegen seiner großen Popularität sichert im Sommer nur zeitige Ankunft ein Unterkommen ohne Reservierung. Im warmen, flachen See kann man herrlich **baden** – es gibt sowohl einen **Sandstrand** als auch felsige Ufer. Eine hübsche Kurzwanderung auf dem ***Lower Rapids Trail*** führt an Stromschnellen entlang. Bei niedrigem Wasserstand planschen jung und alt in den dann harmlosen *Rapids*.

Ontario

Angeln — Wer am fischreichen Lake of the Woods keine Angel auswirft, wird bei allen Einheimischen auf kopfschüttelndes Unverständnis stoßen. Zu den Kosten der **Angellizenz**, ohne die es nicht geht, ⇨ Seite 254.

Bootsvermietung — Fast ebenso populär wie das Angeln ist jede Art des *Boating*. Vor allem Motorboote liegen zu Tausenden in den Marinas rund um den Lake of the Woods. In vielen Orten gibt es Vermieter für alle Arten von Booten einschließlich Kanus. Segelboote sind allerdings relativ selten. Wegen seiner ungezählten Buchten und nahezu **14.000 Inseln** eignet sich der See ganz besonders für **Hausbootferien**.

Hausboote — Hausboote kann man tage- und wochenweise mieten. Die kleineren Typen kosten ab $150 pro Tag. Alles was das Herz für einen Urlaub auf dem Wasser begehrt, findet man mit Sicherheit in und um Kenora.

Kenora — Das Touristenstädtchen Kenora ist das **Versorgungszentrum** der Lake-of-the-Woods-Region. Während wegen des ausgedehnten Privatbesitzes die Seeufer oft nur begrenzt zugänglich sind, gibt es im Stadtbereich mehrere Parks mit öffentlichen Stränden. Großer Beliebtheit erfreut sich der *Coney Island Beach Park*, zu dem eine Fährverbindung besteht. Nur für Bootsbesitzer erreichbar ist der etwa 6 km von Kenora entfernte *Tow Island Park*.

Bootstouren — Ausflüge durch die Inselwelt des Lake of the Woods kosten ab $13 pro Person; Juni bis Mitte September Mo–Sa 12, 15+18.30 Uhr, sonntags 12.30+15.30 Uhr. Ausgangspunkt für die Rundfahrten ist die *Habourfront*. Rund $80 kostet ein halbstündiger Rundflug mit einer Cessna 180. Der **Hafen für Wasserflugzeuge**

Rundflüge befindet sich ebenfalls unübersehbar an der *Harbourfront*. Zahlreiche Starts und Landungen sorgen für regen Betrieb. Kenora ist auch Ausgangspunkt für Charterflüge zu einsamen Blockhäusern in der Wildnis und für geführte Jagdausflüge.

Museum	An der South Main Street be-findet sich das noch neue *Lake of the Woods Museum*. Es besitzt eine Kollektion indianischer Kunstwerke und dokumentiert anschaulich die Geschichte des Ortes, der früher Rat Portage hieß. Geöffnet ist es von Anfang Juli bis *Labour Day* täglich 10–17 Uhr, Rest des Jahres So+Mo geschlossen; Eintritt $2.
Nach Manitoba	Die Fortsetzung des **TCH ab Kenora ist die einzige direkte Straßenverbindung** zwischen Ontario und Manitoba. Sie existiert erst seit 1962. Bis zur Provinzgrenze sind es von Kenora noch rund 50 km.
Keewatin Potholes	Nur wenige Kilometer westlich von Kenora befinden sich südlich des TCH die *Keewatin Potholes* (Zufahrt ausgeschildert), durch Erosion entstandene **Löcher im Felsen**. Sie fallen erst bei genauerem Hinsehen auf. Die kurze Anfahrt lohnt sich aber auf jeden Fall, denn vom *Geological Site* ist der Blick über den Lake of the Woods einmalig.
	In Manitoba erwartet den Reisenden direkt am TCH ein ansehnliches *Tourist Information Centre*, das außer Karten und Informationsmaterial auch noch *Free Coffee* bereithält.

Abendstimmung am Lake of the Woods

3.3 Durch die Prärieprovinzen
3.3.1 Daten, Fakten und Informationen zu Manitoba

Steckbrief MANITOBA

Konstituierung als Provinz:		1870
Einwohner:		1.131.000
Anteil an der kanadischen Bevölkerung:		3,9%
Anteil am kanadischen Sozialprodukt:		3,4%
Fläche:		649.947 km²
Bevölkerungsdichte:		1,7 Einwohner pro km²
Hauptstadt:		Winnipeg
Größte Städte:	Winnipeg	680.000 Einw.
	Brandon	39.600 Einw.
	Thompson	15.000 Einw.
Provinzfeiertag:	Civic Holiday am 1. Montag im August	
Höchster Berg:	Baldy Mountain im Duck Mountain Provincial Park	831 m
Größter See:	Lake Winnipeg (größer als Hessen!)	24.390 km²
Längster Fluß:	Churchill River	1.610 km
Nationalparks:	Riding Mountain Wapusk NP	
Zeitzone:	Central Time; im Sommer gilt DST	
Hauptexportprodukte:	Getreide	15%
	Kraftfahrzeuge/-teile	13%
	Erdöl und -gas	12%
Telefonvorwahl (Area Code):		204
Sales Tax:		7%

Rückerstattung bei Verlassen Canadas innerhalb von 30 Tagen nach dem Kauf ⇨ Seite 165

Geschichte, Geographie und Klima

Die ersten Entdecker

Bereits 1610 entdeckte der Engländer **Henry Hudson** die riesige mit dem Atlantik verbundene Bucht im zentralen Nordosten Canadas. Aber es verstrich über ein halbes Jahrhundert, ehe die französischen Forscher *Radisson* und *Des Groseilliers* auf Überlandrouten an die James Bay gelangten und die große wirtschaftliche Bedeutung des "Binnenmeers" Hudson Bay erkannten. Von dort war der Weg zu den ertragreichen Pelztierjagdgebieten des kanadischen Nordens wesentlich kürzer als auf der beschwerlichen Route über den St.-Lorenz-Strom und die Großen Seen. Als sie von Frankreich abgewiesen wurden, wandten sich die beiden Franzosen mit dem Plan, eine Pelzhandelsstation an der Hudson Bay zu errichten, an die englische Krone. *King Charles II* ging auf den Vorschlag ein und beauftragte sie mit der Erforschung des Gebietes. 1668/69 überwinterte *Des Groseilliers* in der James Bay an Bord des Schoners *Nonsuch* (eine Nachbildung dieses bemerkenswerten Schiffes steht in Winnipeg im **Museum of Man and Nature,** ⇨ Seite 222) und kehrte mit besten Winterpelzen zurück.

Hudson`s Bay Company Aus dieser Reise resultierte die Gründung der *Hudson's Bay Company*, die das Pelzhandelsmonopol in **Rupert's Land** erhielt, dem Einzugsbereich aller in die Hudson Bay mündenden Gewässer. York Factory im heutigen Manitoba zwischen den Mündungen von Nelson und Hayes River war das erste Handelsfort der Gesellschaft und wurde rasch zu ihrem wichtigsten Stützpunkt. Es erwirtschaftete bald glänzende Gewinne, da die Trapper und Indianer des Nordwestens den kürzeren Weg an die Hudson Bay der langen Reise zu den Handelsposten am St. Lawrence River vorzogen.

Rupert`s Land Nun interessierten sich auch die Franzosen für die Hudson Bay. Bewaffnete Auseinandersetzungen ließen nicht lange auf sich warten. Mit dem Frieden zu Utrecht 1713 fanden jedoch die Streitigkeiten zwischen Franzosen und Engländern um die besten Handelsplätze an der Hudson Bay ein Ende. *Rupert`s Land* geriet endgültig unter britische Kontrolle. Wohl vorsichtshalber wurde 1717 trotzdem noch das **Fort Churchill** gegründet und später zum mächtigen **Fort Prince of Wales** ausgebaut (⇨ Seite 322).

Fort Rouge Nach dem Verlust des Seeweges über die Hudson Bay setzten die Franzosen verstärkt auf die alten Pelzhandelsrouten und errichteten 1738 am Zusammenfluß von Red River und Assiniboine River das *Fort Rouge*, die Keimzelle Winnipegs. Weitere Forts und Handelsposten der französisch dominierten **North West Company** (⇨ Seite 286) und der *Hudson`s Bay Company* entstanden in der Folge auf dem Gebiet des heutigen Manitoba und der anderen beiden Prärieprovinzen.

Die Métis 1812 brachte *Lord Selkirk* die ersten schottischen Siedler an den Red River. Sie sollten ein protestantisches Gegengewicht zu den dort mittlerweile etablierten katholischen **Métis** bilden. Zwischen dieser besonderen Volksgruppe, die aus der Verbindung französischer Trapper mit Indianerfrauen entstanden war, und den Schotten gab es schon bald Reibereien. Und als die HBC 1869 *Rupert's Land* an das *Dominion of Canada* abtrat, kam es unter Führung eines **Louis Riel** über die Frage der Land- und Jagdrechte zum Aufstand der *Métis*.

Die *Hudson's Bay Company*

Die Geschicke des kanadischen Pelzhandels lagen über einen langen Zeitraum allein in den Händen der 1670 in London gegründeten *Hudson's Bay Company* (HBC). Von *König Charles II* mit den exklusiven Handelsrechten für den gesamten Zuflußbereich der Hudson Bay ausgestattet, kontrollierte sie ein Gebiet, das etwa 15 mal größer als Großbritannien war und Teile der heutigen Provinzen Québec, Ontario, Saskatchewan, Alberta und der Northwest Territories sowie ganz Manitoba umfaßte. Damals ahnte freilich noch niemand, welch riesige Ausmaße das Territorium hatte, das – zu Ehren des britischen Prinzen – *Rupert's Land* genannt wurde.

An der Mündung des Nelson und des Hayes River gründete die HBC mit *York Factory* ihre erste Niederlassung an der Hudson Bay. Weitere Stützpunkte entstanden in rascher Folge entlang der Küste unweit der ertragreichsten Pelzfanggebiete. Das Leben der Besatzungen in diesen Handelsposten in unwirtlicher und abgeschiedener Gegend bot wenig Annehmlichkeiten und Abwechslung. Exkursionen in die Umgebung galten als gefährlich; lieber wartete man in den geschützten Forts die Ankunft der Indianer ab, die mit pelzbeladenen Kanus aus den Weiten des Hinterlandes anreisten. Obwohl der Tauschhandel oft von langen Palavern und Zeremonien begleitet wurde, ergaben sich keine tiefergehenden Kontakte zwischen den Weißen und der einheimischen Bevölkerung.

Zur Ehre der *Hudson's Bay Company* sei angemerkt, daß beim Geschäft mit den Indianern – zumindest in den ersten Jahren - Alkohol verpönt war.

Über viele Jahrzehnte arbeitete *The Bay* mit großem Erfolg und ohne ernstliche Konkurrenz. Die Monopolstellung der HBC schien unanfechtbar zu sein, bis 1779 Pelzhändler und Exporteure in Montréal eine neue Gesellschaft, die *North West Company* (NWC), ins Leben riefen. Die genossenschaftlich organisierte NWC machte mit einer flexiblen Handelsstrategie der mächtigen, aber in traditionellen Bahnen operierenden HBC rasch deutlich, daß neue Zeiten angebrochen waren.

Die Vertreter der NWC fuhren mit großen Transportkanus direkt in die Indianerdörfer und schnappten der in den Forts wartenden Konkurrenz die besten Felle weg. Außerdem besaß sie keine Skrupel, den Tauschhandel auf Alkohol und Waffen auszudehnen, wodurch sich die NWC ein großes Potential willfähriger Handelspartner sicherte. Von Bedeutung war ferner, daß die in Montréal ansässige Gesellschaft mit Land und Indianern weitaus besser vertraut wurde als die vom fernen London aus geleitete HBC. Zügig dehnte die NWC ihr Handelsgebiet aus und initiierte damit sogar neue Entdeckungen. Forscher wie *Alexander Mackenzie*, *David Thompson* und *Simon Fraser*, deren Namen heute die Landkarten des kanadischen Westens zieren, wurden von der NWC entsandt, um das Gebiet jenseits der Rockies zu erkunden.

Die Reaktion der um Einfluß und Gewinn besorgten HBC ließ nach den Erfolgen der NWC nicht lange auf sich warten. Sie begann nun ebenfalls, Transportkanus zu bauen und Inlandsposten an strategisch wichtigen Orten zu errichten (als ersten das *Cumberland House* am Saskatchewan River). Die Bedenken, Indianern Alkohol als Tauschobjekt anzubieten, fielen dem Geschäftsinteresse zum Opfer. Zwei Faktoren begünstigten die HBC bei ihrem Bemühen, dem neuen Konkurrenten Paroli zu bieten: Ihre Transportwege zur Hudson Bay waren kurz, während die Händler der NWC über Fort William (heute Thunder Bay) und Montréal eine recht beschwerliche Strecke zurücklegen mußten. Zudem konnte sich die HBC auf den noch immer gültigen Vertrag von 1670 berufen, der ihr allein das Recht einräumte, in *Rupert's Land* Handel zu treiben.

Da die *Nor'Westers* auf ihrem Rückweg von den ergiebigen Pelzgebieten am Mackenzie und Yukon River nach Montréal stets das Land der HBC durchqueren mußten, waren Konfrontationen unvermeidlich. Um den Gebietsansprüchen der HBC größeren Nachdruck zu verleihen, bewegte *Thomas Douglas, Earl of Selkirk* und einer der größten Anteilseigner der HBC, schottische Farmer dazu, in der Nähe des *Fort Rouge* am Red River zu siedeln Sowohl der NWC als auch den *Métis*, in dieser Region lebenden indianisch-französischen Mischlingen, mißfiel die demonstrative Aktion der HBC. Und so kam es immer wieder zu Überfällen auf die neuen Siedler.

Der Kampf um die Vorherrschaft im Pelzhandel spitzte sich zu Beginn des 19.Jahrhunderts dramatisch zu und drohte, in einen regelrechten Krieg auszuarten. Die gewaltsamen Auseinandersetzungen führten letztlich aber nur zu einer weiteren Schwächung beider Gesellschaften, die ohnehin schon wegen einer zurückgehenden Nachfrage aus dem krisengeschüttelten Europa in finanzielle Schwierigkeiten geraten waren. Die HBC, die in jenen Jahren weit mehr Männer zur Verteidigung ihrer Stützpunkte im Hinterland als für den eigentlichen Pelzhandel einsetzte, rutschte bald in die roten Zahlen. Der NWC erging es noch schlechter, da sie in guten Jahren ihre Gewinne an die Anteilseigner verteilt hatte und nun über keine Rücklagen mehr verfügte. Die Pelzhändler der überschuldeten NWC beschlossen daraufhin, ihre Handelsverträge mit den Exporteuren in Montréal aufzukündigen und stattdessen mit der HBC ins Geschäft zu kommen. Die Konkurrenz zwischen beiden Gesellschaften wurde schließlich 1821 durch eine Fusion beendet, die *North West* von der *Hudson`s Bay Company* "geschluckt".

Das Handelsgebiet der neuorganisierten HBC erstreckte sich von da ab vom heutigen Ontario bis zum Pazifik. Eine *Royal Licence* verlieh der neuen Gesellschaft für zunächst 21 Jahre das Pelzhandelsmonopol in ganz *British North America*. Für *Upper* und *Lower Canada*, die heutigen Provinzen Ontario bzw. Québec, sowie *Rupert's Land* behielt die HBC ihre unbegrenzten Exklusivrechte, die ihr schon im Jahre 1670 verbürgt worden waren.

Auch nach der Auflösung der NWC hatte die HBC mit erheblichen Problemen zu kämpfen. Westlich der Rockies traten neue Konkurrenten auf den Plan: russische Pelzhändler, die Ansprüche auf das Gebiet der einstigen NWC anmeldeten. Hinzu kamen die Spätfolgen der jahrzehntelangen Fehde zwischen den beiden alten Gesellschaften.

> Manche Pelztierreviere waren völlig überjagt worden und warfen keinen Gewinn mehr ab. Viele Stützpunkte mußten deshalb aufgegeben werden. Gleichzeitig wurde weit weniger Personal benötigt als in den Konfliktzeiten.
>
> 1868 forderte das junge, auf Erweiterung und Sicherung seines Territoriums bedachte *Dominion of Canada* die HBC auf, *Rupert's Land* abzutreten. Der Gesellschaft blieb nichts anderes übrig, als dem zuzustimmen.
>
> Ihre Handelsposten blieben allerdings auch nach dem Verkauf des alten Stammlandes bestehen. Sie versorgten nun die stetig steigende Zahl von Siedlern mit Gütern. In der Folgezeit wandelte sich die HBC zu einem in vielen Sparten tätigen Handelsunternehmen. U.a. führen die in allen größeren Städten zu findenden Filialen der Kaufhauskette *The Bay's* die alte Tradition fort. Auch im Immobiliengeschäft spielt die HBC in ganz Canada eine Rolle.

Provinz Manitoba

Nach Beilegung dieser sogenannten **Red River Rebellion** im Verhandlungswege erfolgte die Aufnahme Manitobas als fünfte Provinz in das *Dominion of Canada*. Das Wort *Manito bau* ("Stimme des großen Geistes") aus der Sprache der *Cree* Indianer stand Pate bei der Namensgebung. Der von *Riel* formulierte Minderheitenschutz für französische Sprache und Kultur wurde in die Verfassung (*Manitoba Act of 1870*) aufgenommen. Die neue Provinz war mit **40.000 km²** für kanadische Verhältnisse zunächst nur "briefmarkengroß". Erst 1912 wurden die heutigen Grenzen festgelegt, die nun ein Gebiet von 649.947 km² umschließen.

Geographie der Prärieprovinzen

Der US-amerikanische Mittelwesten mit seinen unendlichen Weiden und Getreidefeldern setzt sich in Manitoba, Saskatchewan und Alberta nach Norden und Nordwesten fort. Aber nur das südliche Drittel der Flächen Manitobas und seiner Nachbarn besteht aus agrarisch genutztem Flach- und Hügelland. *Trans Canada* und *Yellowhead Highway* (siehe unten) führen mitten hindurch. Im zentralen Teil der Provinz liegt die Tiefebene **Manitoba Lowland** zwischen Lake Winnipeg und der Seenplatte Lake Manitoba/Lake Winnepegosis, riesigen Überbleibseln des zu Urzeiten noch ausgedehnteren *Lake Agassiz*. Die restlichen zwei Drittel Manitobas bedeckt die bewaldete, fast menschenleere Seenlandschaft des "kanadischen Schildes" (⇨ Seite 14). Nur wenige Straßen und die Eisenbahnlinie nach Churchill an der Hudson Bay erschließen den Norden der Provinz. Viele Ansiedlungen können nur per (Wasser-)Flugzeug oder Boot erreicht werden. So gesehen ist die Bezeichnung Prärie- und/oder Weizenprovinzen für Manitoba, Saskatchewan und Alberta nur bedingt zutreffend.

Die Hügelkette des **Manitoba Escarpment** trennt das *Manitoba Lowland* von den Prärien Saskatchewans. Sie zieht sich von den Turtle Mountains an der US-Grenze über Riding Mountain und Duck Mountain Park zu den Porcupine Hills. Trotz ihrer vergleichsweise geringen Höhe (höchster Berg Manitobas ist mit 831 m der Baldy Mountain im *Duck Mountain Provincial Park*) stehen Landschaft und Vegetation dieser Regionen in erstaunlichem Kontrast zu ihrer relativ eintönigen Umgebung.

Klima

Das (kontinentale) Klima Manitobas ist durch **extreme jahreszeitliche Schwankungen** gekennzeichnet. Die Sommer sind im allgemeinen sehr warm und trocken. Im Juli und August überwiegen die Tage mit Temperaturen über 25°C; Hitzewellen mit über 30°C sind keine Seltenheit. Tiefausläufer und kräftige Gewitter sorgen nur gelegentlich für Regen und vorübergehende Abkühlung. Selbst in den nördlichen Gefilden der Provinz liegen die sommerlichen Tagestemperaturen meist noch über 20°C. **Im Winter** dagegen gelten Temperaturen **unter –20°C** über längere Perioden auch im Provinzsüden als normal. Eine lange Übergangszeit zwischen Sommer und Winter bleibt den Einwohnern von Manitoba nicht. Nur in Ausnahmejahren gibt es vier aufeinanderfolgende, völlig frostfreie Monate.

Informationen für Touristen

Karten/ Prospekte

Die zentrale Touristinformation befindet sich in Winnipeg:

Travel Manitoba
7-155 Carlton St
Winnipeg, Manitoba, R3C 3H8

✆ (204) 945-3777 und 1-800-665-0040; Fax (204) 945-2302
Internet: http://www.gov.mb.ca/travel-manitoba

Bei *Travel Manitoba* erhält man gratis folgende Broschüren:

- **Official Highway Map** im Maßstab 1 : 1.000.000; die offizielle Provinzkarte verfügt auf der Rückseite über Innenstadtpläne größerer Städte sowie eine Liste der kanadisch-amerikanischen Grenzübergange mit Öffnungszeiten. Trotz des relativ groben Maßstabs ist sie als Straßenkarte für Manitoba-Touristen völlig ausreichend.

- **Manitoba Explorer's Guide**; das umfangreiche, fast werbefreie Heft enthält alle touristisch relevanten Informationen über die Provinz up-to-date.

- **Accommodations & Campground Guide**; im Unterkunftsverzeichnis findet man eine ziemlich vollständige Liste der Motels und Hotels Manitobas einschließlich der aktuellen Preise. Außerdem sind sämtliche staatlichen und eine Auswahl privater Campingplätze mit Preisen, Ausstattungsmerkmalen und Anfahrtbeschreibungen aufgeführt.

	– **Events Guide**. Der jährlich neu aufgelegte Kalender listet chronologisch Daten und Orte aller wichtigen Veranstaltungen in Manitoba.
Provinzparks/ Camping	Die **Provincial Parks** kosten $5 Eintritt. Fürs Campen sind zusätzlich $7 (einfacher Stellplatz), $13 (Platz mit Elektroanschluß) oder $17 (*Full Hook-up*) zu entrichten. Manitoba verfügt daneben über ein Netz überwiegend schön gelegener **Wayside Parks**, die offiziell nicht als Übernachtungsplätze eingerichtet sind. Niemand hat dort jedoch etwas gegen eine Übernachtung im eigenen Fahrzeug.

3.3.2 Der Trans Canada Highway durch Manitoba

Highway #1	Mit Erreichen Manitobas erhält der TCH, nachdem er bis dort Straßen unterschiedlichster Numerierung folgte, die Ziffer 1 – wie auch schon zu Beginn seines Verlaufs auf Neufundland und Prince Edward Island. Dabei bleibt es bis zum Endpunkt in Victoria auf Vancouver Island.
Verlauf der TCH	Nach kurzer Strecke durch den unmittelbar an der Grenze zu Ontario gelegenen **Whiteshell Provincial Park** verläßt er die Seenplatte des Kanadischen Schilds (⇨ Seite 14) und läuft für rund 1.400 km durch die Agrargebiete der Prärieprovinzen. Diese bestehen – entgegen manchem Vorurteil und wie oben bereits angesprochen – durchaus nicht nur aus ebenen Weideflächen und unendlichen Weizenfeldern, sondern werden auch im Südteil von Hügellandschaften und Waldbeständen aufgelockert. Tatsächlich aber bietet eine Fahrt auf dem weitgehend autobahnmäßig ausgebauten TCH wie auch auf dem *Yellowhead Highway* **nur wenig Abwechslung**. Mit ein bißchen Extrazeit für Abstecher und Umwege läßt sich eine Reise auf beiden Strecken jedoch reizvoll gestalten.
	Ohne Eile auf dem Weg nach Winnipeg wäre vor allem bei heißem Sommerwetter zunächst ein "Schlenker" in nördliche Richtung zum angenehm temperierten Lake Winnipeg und seinen Badestränden zu erwägen, zumindest aber ein Stop im *Whiteshell Provincial Park*.
Whiteshell Park	Unweit des TCH sind Falcon und West Hawk Lake leicht erreichbare Anlaufpunkte mit *Campgrounds* und ausgebauter touristischer Infrastruktur einschließlich Bademöglichkeit und Segelbootverleih. Ruhiger wird es entlang der Straße #307 durch den zentralen Westen des ausgedehnten Parks. Für Naturfreunde einen Stop wert ist (noch am *Hwy* #44 unweit westlich der Abzweigungung der #307) das **Alf Hole Goose Sanctuary** bei Rennie. Im Sommer leben dort etwa 200 der seltenen Canada-Gänse. Das **Visitor Centre** informiert über die Eigenarten dieses Vogelschutzgebietes und die Fauna im Park insgesamt.

Die #307 läuft an einer Kette malerischer Seen und Flüsse mit Stromschnellen und Wasserfällen entlang. Auf der Stichstraße #309 erreicht man die **Rainbow Falls** und hübsch angelegte Campingplätze, die zum Bleiben einladen. Etwa 10 km östlich des White Lake (#307) beginnt ein kurzer **Trail** zu den fotogenen *Pine Point Rapids.*

Lake Winnipeg

Bei Seven Sisters Falls verläßt die #307 den Park und stößt auf die Straße #11, die rund 80 km dem breiten Winnipeg River nach Norden folgt. Ziel des Umwegs ist das Südostufer des riesigen Lake Winnipeg, ein überaus populärer Seebereich mit flachem, rasch erwärmtem Wasser, langen Sandstränden und Dünenstreifen. Das gilt insbesondere für den vor allem an Wochenenden stark besuchten **Grand Beach Provincial Park** mit hohen, weißen Sanddünen und einem **Campingplatz.** Einen kaum weniger attraktiven, im allgemeinen aber nicht so überlaufenen Strand für einen gemütlichen Badetag findet man in **Patricia Beach**. Außerhalb der offiziell öffentlich zugänglichen Strände befindet sich bis hinauf zum hübschen Sommerfrischeort Victoria Beach die Küste leider überwiegend in Privathand.

Auch auf dem Südwestufer besitzt der Lake Winnipeg eine Reihe schöner Badestrände. Besonderer Beliebtheit bei Windsurfern erfreut sich der **Winnipeg Beach Provincial Heritage Park.** Weiter nördlich sind die Strände von Sandy Hook und Gimli, einer der größten isländischen Gemeinden außerhalb Islands, hervorhebenswert.

Vogelreservat

Die Südufer des Sees sind wegen der verzweigten Mündung des Red River weitgehend versumpft und bieten einer artenreichen Vogelpopulation einen geschützten Lebensraum. Vom **Breezy Point Observation Tower** des **Netley Creek Provincial Park** am Ende der Straße #320, etwa 16 km nördlich Selkirk, überschaut man dieses in erster Linie ornithologisch interessante Gebiet.

Lower Fort Garry

Südlich Selkirk unweit der Kreuzung der Straßen #9 und #67 liegt das *Lower Fort Garry*, ein fast vollständig in seinem Originalzustand der Mitte des 19.Jahrhunderts restaurierten Handelsposten der *Hudson's Bay Company* und heute **National Historic Park**. Hinter dicken Steinmauern befindet sich das kleine *Visitor Centre*. Zeitgenössisch kostümiertes Personal erläutert Geschichte und Bedeutung des Forts. Zwar kann *Fort Garry* nicht mit herausragenden lebenden Museen wie etwa dem *Old Fort William* bei Thunder Bay mithalten, dennoch ist es einen Zwischenstop wert. Eigens von Winnipeg für eine Besichtigung des Forts anfahren (ca. 30 km) würden die Autoren allerdings nicht. Geöffnet Mitte Mai bis *Labour Day*, täglich 10–18 Uhr, im September nur an Wochenenden; Eintritt $3.

Oak Hammock Marsh

Etwa 17 km westlich des Fort Garry zweigt bei Stonewall eine kurze Stichstraße von der #67 zur *Oak Hammock Marsh* ab, ein weiteres ornithologisch interessantes Gebiet. Zugvögel nutzen es im Frühjahr und Herbst als "Etappe". Das **Visitor Centre** und die **Trails** über **Boardwalks** (Bohlenwege) und Deiche, auf denen teilweise Fahrrad gefahren werden darf, lohnen auch sommerliche Besuche. Das Visitor Centre ist geöffnet Mitte Mai bis Ende Oktober, Mo–Fr 8.30–20.30 Uhr, Sa+So 10–19.30 Uhr; Eintritt $3. Das Marschgelände ist rund um die Uhr zugänglich, Eintritt frei.

Steinbach

Auf der direkten Route von Ontario nach Winnipeg liegt ein Abstecher nach Steinbach nahe, 16 km südlich des TCH (Straße #12). Noch vor der Stadt, deren Entstehung Mennoniten deutscher und holländischer Abstammung zu danken ist (➪ Seite 338), stößt man auf das **Mennonite Village Museum**. Dabei handelt es sich um ein nach alten Vorbildern errichtetes Mennonitendorf aus der Zeit um die letzte Jahrhundertwende. Die kleine Anlage vermittelt sicher ein realistisches Bild von den damaligen Verhältnissen, ist aber als solche nicht übermäßig interessant. Der Besuch lohnt sich in erster Linie wegen der aufschlußreichen Dokumentation zur Mennonitenwanderung von Holland über Norddeutschland und Rußland nach Canada. Geöffnet täglich von Mai bis Ende September mit saisonal angepaßten Zeiten, Eintritt $3,50.

Neben Steinbach findet man noch eine ganze Reihe weiterer Ortschaften mit typisch deutschen Namen im südöstlichen Manitoba. Bezeichnungen wie Kleefeld, Altona, Gnadenthal, Reinland u.a.m. geben Aufschluß über die Herkunft der ersten Siedler. Touristisch lohnende Ziele sind diese Prärienester im allgemeinen nicht.

Planwagen-Rennen auf der Morris Stampede

Morris/ Stampede

In der Region südlich Winnipeg spielt neben Steinbach nur Morris während der alljährlichen **Manitoba Stampede** eine touristisch bedeutsame Rolle. Im Anschluß an die *Calgary Stampede* (Daten und Kennzeichnung, ⇨ Seite 196) findet dort Mitte Juli von mittwochs bis sonntags die zweitgrößte Rodeoveranstaltung Canadas statt. Die **Big M** verwandelt das ansonsten ruhige Städtchen am Zusammenfluß von Red und Morris River für fünf Tage in eine Art **Boomtown**. Motels, Hotels und Campingplätze sind dann hoffnungslos überbelegt, und auf den Freiflächen um das Stampedegelände drängen sich die Wohnmobile dicht an dicht. Eine Vielfaches der Einwohnerzahl fällt täglich nach Morris ein, um sich bei Jahrmarkt, Viehausstellung und natürlich dem Rodeo zu vergnügen. Alles, was unter dem Stichwort *Calgary Stampede* beschrieben wird, gilt auch für Morris, wiewohl in einem kleineren, überschaubaren Rahmen. Wer es einrichten kann, sollte die **Manitoba Stampede** nicht versäumen; sie ist eine der reizvollsten Veranstaltungen ihrer Art in Canada.

Zu Winnipeg siehe Citykapitel 2.4, Seite 218.

Von Winnipeg auf dem TCH nach Westen

Etwa 60 km westlich von Winnipeg passiert der TCH **Portage la Prairie**. Der Ort ging aus einem Rastplatz der *Voyageure* (⇨ Seite 285) hervor, die dort mit ihren Fellen nach einer beschwerlichen *Portage* vom Lake Manitoba kommend den Assiniboine River erreichten. Verläßt man auf der Fahrt nach Westen den TCH in Richtung Stadt (Straße #1A), liegt das **Fort la Reine Museum & Pioneer Village** gleich rechterhand an der Einmündung der #26. Der Nachbau des Postens von 1738 und einiger Nebengebäude, von wo aus *Pierre de la Vérendrye* seine Entdeckungsreisen startete, beherbergt Relikte aus alten Tagen. Geöffnet Mitte Mai bis Mitte September, Mo–Fr 9–18 Uhr, Sa+So ab 10 Uhr; Eintritt $1.

Einige Kilometer östlich, noch vor der Umgehung, von Portage la Prairie befindet sich am TCH mit dem **Norquay Beach Provincial Recreation Park** ein passabler Übernachtungsplatz.

Westlich von Portage la Prairie beginnt der eigenständige Verlauf des **Yellowhead Highway**, ⇨ Seite 309.

TCH versus Yellowhead Highway

Die Entfernung auf dieser **TCH-Alternativstrecke** ab Winnipeg nach Edmonton (1.300 km) entspricht in etwa der Entfernung Winnipeg-Calgary (1.330 km). Während der TCH überwiegend vierspurig ausgebaut ist und daher zügiger befahren werden kann, **besitzt der Yellowhead leichte landschaftliche Pluspunkte**. Von beiden Hauptstraßen sind gleichermaßen reizvolle, wiewohl recht unterschiedliche Abstecher möglich (siehe die folgenden Ausführungen). Für die Wahl der individuellen Ost-West-Reiseroute gibt es daher keine eindeutige Empfehlung.

Bei der Entscheidung sollte man sich vornehmlich vom angestrebten Zwischenziel in Alberta (Edmonton bzw. Calgary) und den darüberhinausgehenden Reiseplänen leiten lassen. Existiert keine Priorität dieser Art und keine Neigung/Zeit zur (zumindest teilweisen) Nutzung dem **Northern Holiday Highway** durch die endlosen Wälder Manitobas und Saskatchewans, empfiehlt sich eher der TCH.

Spruce Woods Provincial Park

Vom TCH durch Manitoba erscheint (neben dem Umweg über den *Riding Mountain National Park*, ⇨ Seite 309) lediglich eine weitere Abweichung sinnvoll: Der Abstecher in den S*pruce Woods Provincial Park* und *Forest*, ein großes Wald- und Hügelgebiet (siehe oben) südöstlich Brandon. Die Besonderheit dieser Region ist ein wüstenähnliches, etwa 25 km^2 großes Areal (***Bald Head Hills***) mit feinsandigen Wanderdünen und sogar Kakteenbewuchs. Der Ausgangspunkt für den *Trail* in die Dünen wie auch der nahe, sehr gut angelegte ***Campground Kiche Manitou*** liegen rund 30 km vom TCH entfernt (Straße #5). Gelegentliches Donnern in der Ferne stammt vom Truppenübungsplatz bei Shilo, wo häufig auch Einheiten der Bundeswehr mit Leopard-Panzern trainierten.

Turtle Mountain

Mitte August bietet das ***Canadian Turtle Derby*** ein eventuelles Motiv für einen Abstecher in den einsamen kanadisch-amerikanischen Grenzbereich nach **Boissevain** (Straße#10, ca. 80 km ab Brandon). Die skurril anmutende Idee für die alljährliche Austragung von Schildkrötenrennen-Meisterschaften ausgerechnet im verschlafenen Boissevain lieferte der *Turtle Mountain*, namensgebende Erhebung einer nahen, als Provinzpark ausgewiesenen Hügellandschaft. Er beherbergt den grenzüberschreitenden ***International Peace Garden***, eine blumenreiche Gartenanlage, den die USA und Canada als Symbol der Völkerfreundschaft gemeinschaftlich betreiben.

Der Verlauf des TCH ab Brandon, einer Stadt ohne nennenswerte Sehenswürdigkeiten, bis weit nach Saskatchewan hinein bietet so gut wie keine Abwechslung und keine weiteren sinnvollen Abstecher.

Leben wie die ersten Siedler, nachgestellt und -gespielt im Lower Fort Garry

Trans Canada Highway 295

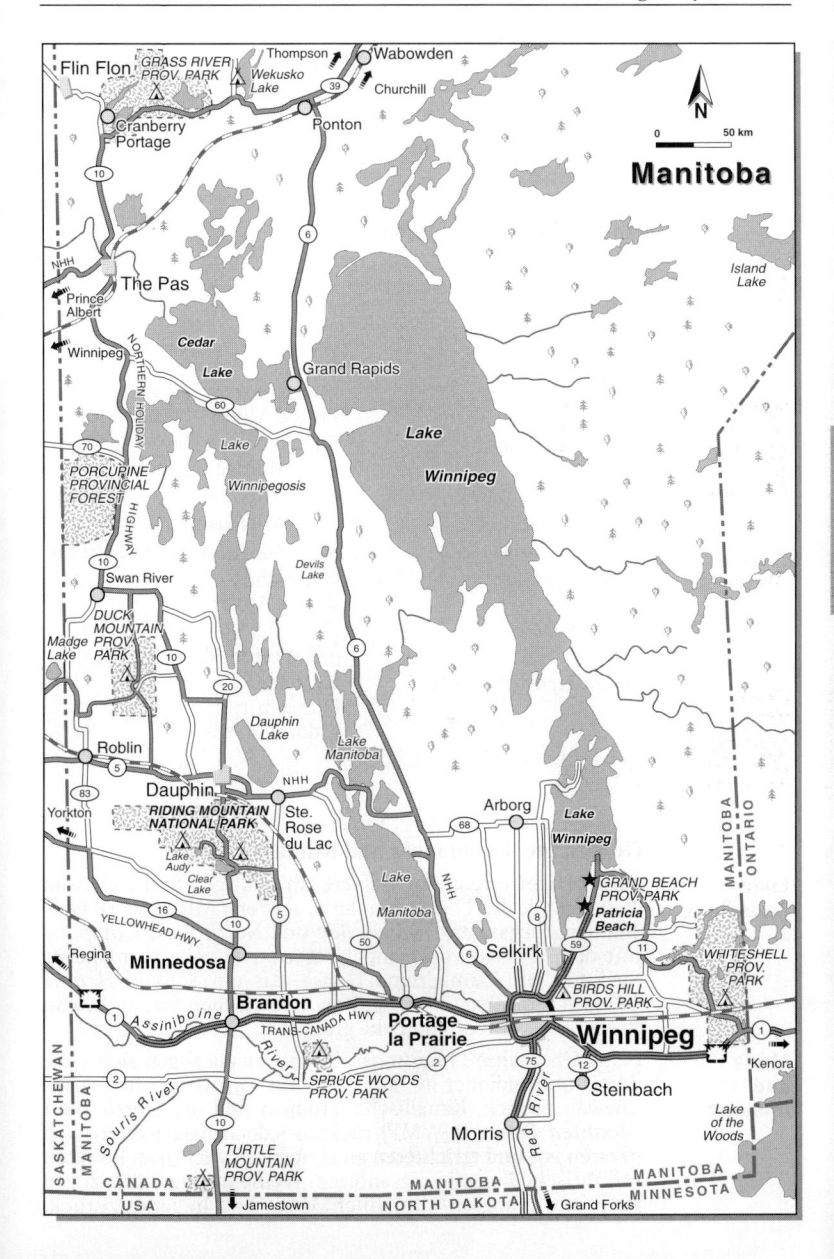

Manitoba

3.3.3 Daten, Fakten und Informationen zu Saskatchewan

Steckbrief SASKATCHEWAN

Konstituierung als Provinz:	1905
Einwohner:	1.016.000
Anteil an der kan. Bevölkerung:	3,5%
Anteil am kan. Sozialprodukt:	3,1%
Fläche:	651.903 km²
Bevölkerungsdichte:	1,6 Einwohner pro km²
Hauptstadt:	Regina
Größte Städte:	Saskatoon 210.000 Einw.
	Regina: 192.000 Einw.
	Moose Jaw 33.600 Einw.
	Prince Albert 32.800 Einw.
Provinzfeiertag:	Saskatchewan Day, am 1. Montag im August
Höchster Punkt:	Cypress Hills 1.392 m
Größter See:	Lake Athabasca 7.940 km²
Längster Fluß:	Saskatchewan River 1.940 km
Nationalparks:	Grasslands
	Prince Albert
Zeitzone:	Central Time, (im Westen Mountain Time)
Hauptexportprodukte:	Getreide 31%
	Düngemittel 20%
	Erdöl und -gas 19%
Telefonvorwahl (Area Code):	306
Sales Tax:	9%

Geschichte, Geographie und Klima

Erste Besiedlung

Pelztierjäger erreichten Gebiete im heutigen Saskatchewan bereits Ende des 17. Jahrhunderts, aber erst Mitte des 18. Jahrhunderts begannen *Hudson Bay* und *North West Company* mit dem Aufbau von Handelsposten. Als erste permanente Siedlung gilt Cumberland House, das ein *Samuel Hearne* 1774 im zentralen Osten der Provinz zwischen Saskatchewan River und Cumberland Lake gründete.

Métis und Indianer

Nach Übernahme Manitobas durch Canada zogen sich viele *Métis* und Indianer (↪ Seite 284) auf Territorien in Saskatchewan zurück. Kanadische Truppen und die **North West Mounted Police** (NWMP) rückten jedoch bald weiter nach Westen vor und errichteten an strategisch wichtigen Punkten militärische Befestigungsanlagen. Weiße Immigranten zogen nach und drängten allmählich *Métis* und Indianer zurück.

Im Gegensatz zu den USA, wo immense Einwandererströme weitgehend unkontrolliert das Indianerland besetzten und erst später die Staatsgewalt – nach damaligen Maßstäben – Recht und Ordnung herstellte, verhinderte in Canada eine "vorbeugende" Militärpräsenz zunächst größere bewaffnete Auseinandersetzungen zwischen Indianern und Siedlern.

Eisen- Kritisch wurde die Situation mit dem Bau der Eisenbahn,
bahnbau welche die Verbindung zwischen British Columbia und den Ostprovinzen herstellen sollte. Das Projekt brachte automatisch – und politisch beabsichtigt, um einer befürchteten US-Expansion entgegenzuwirken – einen verstärkten Zuzug weiterer Siedler. Nach Fertigstellung der **Canadian Pacific Railway** verschwand der bis dahin noch vorhandene Freiraum der *Métis* und Indianer vollends. Ungeschützt vom Staat – die NWMP vertrat in erster Linie die Interessen der Neusiedler – wurden sie von den Immigranten förmlich überrannt. Schließlich kam es 1885 zum Aufstand der *Métis*, der sogenannten **Northwest Rebellion**.

Aufstand Aber die schwache Koalition aus *Métis* und *Cree* Indianern
der Métis unter **Chief Big Bear** (andere Stämme ließen sich nicht zur Teilnahme bewegen) war von vornherein chancenlos. Lediglich der erste Zusammenstoß im März 1885 war für die Rebellen erfolgreich: Nach der verlorenen **Battle of Duck Lake** mußte die NWMP den Rückzug aus *Fort Carlton* antreten, siehe auch Seite 325. Dank Bahnlinie und telegrafischer Kommunikation schaffte die Bundesregierung jedoch rasch Verstärkungen in den Westen, und einen Monat später gelang der *North West Field Force* unter General *Middleton* in Batoche am South Saskatchewan River der entscheidende Sieg. Der militärische Führer der *Métis*, *Gabriel Dumont*, floh in die USA und trat später in Buffalo Bills berühmter Wildwest-Show auf. Der politische Kopf, **Louis Riel**, wurde gefangengesetzt. Während er nach der **Red River Rebellion** in Manitoba noch mit fünf Jahren Verbannung davongekommen war, kannte der Staat nun keine Gnade mehr für *Riel*. Im November 1885 endete er als abschreckendes Beispiel für alle potentiellen Aufrührer und Separatisten am Galgen.

Provinz 1905 trat Saskatchewan gleichzeitig mit Alberta dem *Domi-*
Saskatchewan *nion of Canada* bei. Die bis dahin von Regina aus mitverwalteten Northwest Territories verblieben unter Bundeshoheit.

Weizen, In der Folge entwickelte sich Saskatchewan zur führenden
Segen und Weizenprovinz Canadas. Die Technisierung der Landwirt-
Fluch der schaft und ertragreiche Getreidearten sorgten zeitweise für
Prärien Spitzenernten. Aber extrem trockene Jahre vor allem im Provinzsüden fielen zusammen mit Überproduktion in anderen Regionen Nordamerikas und in Europa. Der damit einhergehende Preisverfall und Mißernten führten in der vergangenen Dekade zu erheblichen **strukturellen Problemen**.

Einst wohlhabende Dörfer verloren einen Großteil ihrer Einwohnerschaft und sind heute sichtlich verkommen. Riesige Flächen liegen brach; die einst fruchtbare Erde wird davongeweht. An manchen Tagen **verdunkeln regelrechte Sandstürme den Himmel über der Prärie**, ein Phänomen, mit dem auch die Agrarstaaten der USA zu kämpfen haben. Denn in den Blütezeiten der Getreidewirtschaft wurde beidseitig der Grenze auch noch der letzte, die Bearbeitung der Felder mit Großgeräten "störende" Baum gerodet. Kaum ein Farmer dachte daran, daß damit das Land schutzlos der Winderosion ausgesetzt sein würde.

Entlang der Straßen in den Prärieprovinzen stehen immer wieder riesige Getreidespeicher (Grain Elevators)

Öl und Erdgas

Einen ökonomischen Ausgleich findet Saskatchewan in Öl-, Erdgas- und insbesondere in Kalivorkommen. Nichtsdestoweniger leistet der **Agrarsektor** mit 54% der kanadischen Weizenproduktion immer noch den höchsten Beitrag zur wirtschaftlichen Gesamtleistung der Provinz.

Geographie

Die Grenzen des nahezu rechteckig geschnittenen Saskatchewan verlaufen identisch mit dem 49. bzw. 60. Breitengrad sowie dem 110. und – in etwa – dem 102. Längengrad.

Süden

Die südlichen zwei Drittel der Provinz mit ihren endlosen Weizenfeldern und riesigen Getreidespeichern als einziger Abwechslung sind relativ eben und eintönig. Sie werden nur gelegentlich unterbrochen von Höhenzügen (***Moose Mountain*** im Osten und ***Cypress Hills*** an der Grenze zu Alberta), kargen Hügellandschaften mit bezeichnenden Namen wie ***Big Muddy Badlands*** oder ***Great Sand Hills*** und tiefeingeschnittenen, teilweise in Stauseen versunkenen Flußtälern (Qu'Appelle, North und South Saskatchewan River).

Norden	Der weitgehend unbewohnte und nur per Wasserflugzeug zugängliche Norden Saskatchewans zeigt das typische Landschaftsbild des kanadischen Schildes. Unendliche Nadelwälder, ausgedehnte, untereinander durch zahllose Wasserläufe verbundene Seenplatten und sumpfige Flußniederungen kennzeichnen dieses Gebiet. Es gilt als Geheimtip für Wildnisabenteuer mit Kanu und Angelroute. In völliger Einsamkeit existieren insbesondere in Saskatchewan zahlreiche *Fly-in Camps*, wo sich Urlauber absetzen lassen, um ungestörte Tage oder sogar Wochen weitab der Zivilisation zu verbringen.
Klima	Die klimatischen Verhältnisse Saskatchewans stimmen im wesentlichen mit denen Manitobas überein. Es herrscht ein kontinentales Klima mit extremen jahreszeitlichen Schwankungen. Der touristisch in erster Linie interessante Sommer ist heiß und trocken. Das Städtchen Estevan im Südosten der Provinz nahe der Grenze zu den USA nimmt sogar für sich in Anspruch, mit 2.540 Stunden Sonnenschein im Jahr die sonnenreichste Stadt Canadas zu sein.

Informationen für Touristen

Karten/ Prospekte

Die zentrale Touristeninformation befindet sich in Regina:

Tourism Saskatchewan
Saskatchewan Trade & Convention Centre
500-1900 Albert St
Regina, Saskatchewan S4P 4L9
✆ (306) 787-2300 und 1-800-667-7191; Fax (306) 787-5744
Internet: http://www.sasktourism.sk.ca

Tourism Saskatchewan gibt u.a. folgende Broschüren heraus:

- Die **Official Highway Map** zeigt auch die Nebenrouten. Die Karte enthält im allgemeinen Informationsteil neben üblichen Angaben eine Auflistung der Grenzübergänge zu den USA mit Öffnungszeiten und eine Übersicht über alle Fährverbindungen der Provinz. Auf der Rückseite befinden sich brauchbare Übersichtskarten für alle nennenswerten Ortschaften und eine Liste mit Informationen zu sämtlichen *Provincial Parks*.

- **The Saskatchewan Vacation Guide** ist die beste offizielle Veröffentlichung dieser Art in Canada. Darin wird die Provinz (Geographie, Geschichte, Tierwelt etc.) vorgestellt und die Vielfalt der Möglichkeiten für Freizeit- und Urlaubsgestaltung beschrieben.

- Der **Saskatchewan Accommodation & Campground Guide** listet nahezu alle Hotels und Motels der Provinz sowie sämtliche Campingplätze – staatlich und kommerziell – samt Gebühren, Ausstattung und Anfahrt.

- Der **Saskatchewan Hunting & Fishing Guide** enthält die Beschreibung von in freier Natur möglichen Aktivitäten und Adressen von Tour- und Abenteuer-Veranstaltern.
- Im Heft **Saskatchewan Events** findet man kurze Kennzeichnungen, Orte und Daten aller wichtigen Ereignisse und Veranstaltungen.

Provincial Parks/ Camping

Der *Saskatchewan Park Service* betreut 34 *Provincial Parks*. Der Eintritt beträgt $5 bei einmaligem Besuch oder $30 für eine Saisonkarte, die in allen Parks gilt. Die Preise fürs Camping liegen in Abhängigkeit von der Ausstattung der Plätze zwischen $9 und $17. Aktuelle Auskünfte erteilt der Park Service gebührenfrei unter ✆ 1-800-667-2757 und 1-800-66 PARKS, Mai bis August.

Regional Parks

Neben den Provinzparks verfügt Saskatchewan über ein dichtes Netz von **Regional Parks**. Selbst in an sich tristen Landstrichen liegen diese Parks manchmal in unerwartet hübschen Ecken an einem bewaldeten Flußbett, an in den Straßenkarten nicht verzeichneten kleinen Seen usw. Die Eintrittsgebühren für den *Day-Use* wie auch die Campingkosten sind sehr unterschiedlich. In einem Teil der Regionalparks ist die Benutzung gratis; Informationen im empfohlenen *Accommodation Guide*.

3.3.4 Der TCH durch Saskatchewan und Alberta

Verlauf

Wie bereits angedeutet, bleibt der Verlauf des TCH auch in Saskatchewan überwiegend reizlos. Direkt am Wege liegen **Regina,** die grüne und freundliche Kapitale der Provinz, und die Städtchen **Moose Jaw** und **Swift Current**. Abgesehen von kleinen Umwegen, etwa zu **Provincial** oder **Regional Park Campgrounds** ein wenig abseits des TCH, gibt es für regelrechte Abstecher hauptsächlich zwei nennenswerte Ziele, die Stauseen bei Fort Qu'Appelle und den **Cypress Hills Provincial Park** an der Grenze zu Alberta.

Red Coat Trail

Zu einer Abweichung vom TCH nach Süden, etwa entlang des **Red Coat Trail**, sollte man sich östlich von Regina/ Moose Jaw nur entschließen, wenn man die TCH-Strecke schon einmal gefahren ist. Der hübsche Name der Touristenwerbung für die eher langweilige Straße #13 (in Manitoba #2) besitzt einen historischen Hintergrund, ↷ Seite 337, macht die Strecke aber nicht attraktiver als den TCH. Die Seen im Bereich der "Rotjacken-Route" sind wenig einladend, und es gibt nur eine handvoll potentieller Besuchspunkte wie etwa den **Moose Mountain Provincial Park, St. Victor Petroglyphs** und **Wood Mountain Historic Park**.

Der *Dinosaur Provincial Park* und das Gebiet um Drumheller mit dem *Tyrell Museum* (beides Alberta, ↷ Seite 335) sind beeindruckender als Saskatchewans *Badlands*.

Grasslands National Park

Positiv auf die Bewertung des Südwestens von Saskatchewan wirkt sich aber langsam die Weiterentwicklung des bereits 1981 gegründeten *Grasslands National Park* aus, wo erstmals in Canada die Flora und Fauna der Prärien unter den Schutz des *National Park Service* gestellt wurden. Zwischen **Val Marie** und **Killdeer** blieben dadurch ausgedehnte noch von der Nutzung als Ackerland verschonte Prärieareale so erhalten, wie sie vor über 100 Jahren von den ersten Siedlern vorgefunden worden waren. Auch **Bisons** sollen dort wieder heimisch gemacht werden. Bislang besitzt dieser Nationalpark kaum Infrastruktur, nur eine *Dirt Road* im Westteil und einige Wanderwege. Ein *Visitor Centre* existiert in Val Marie.

Auf dem TCH nach Westen

Für Abwechslung und Erholung von langer Fahrt eignen sich die östlich und westlich von Fort Qu`Appelle aufgestauten **Qu`Appelle** und **Fishing Lakes**, vom TCH leicht erreichbar über die Straße #56 ab Indian Head. Sie sind beliebte Wassersport- und (der Name sagt es) Angelreviere. Ihre Badestrände bieten an heißen Sommertagen willkommene Abkühlung. Über mehrere *Campgrounds* – am besten *Lakeview* – verfügt einige Meilen westlich von Fort Qu'Appelle der Provinzpark *Echo Valley* (Straße #210). In dem später zum Fort verstärkten Handelsposten der HBC, der heute ein kleines Museum beherbergt, unterzeichneten vor über 100 Jahren die *Cree* und *Saulteaux* Indianer wohl oder übel die Verzichtserklärung auf einen Großteil ihrer früheren Stammesgebiete.

Lake Qu`Appelle und Fishing Lakes, die besten Freizeitreviere im Süden von Saskatchewan

Saskatchewan

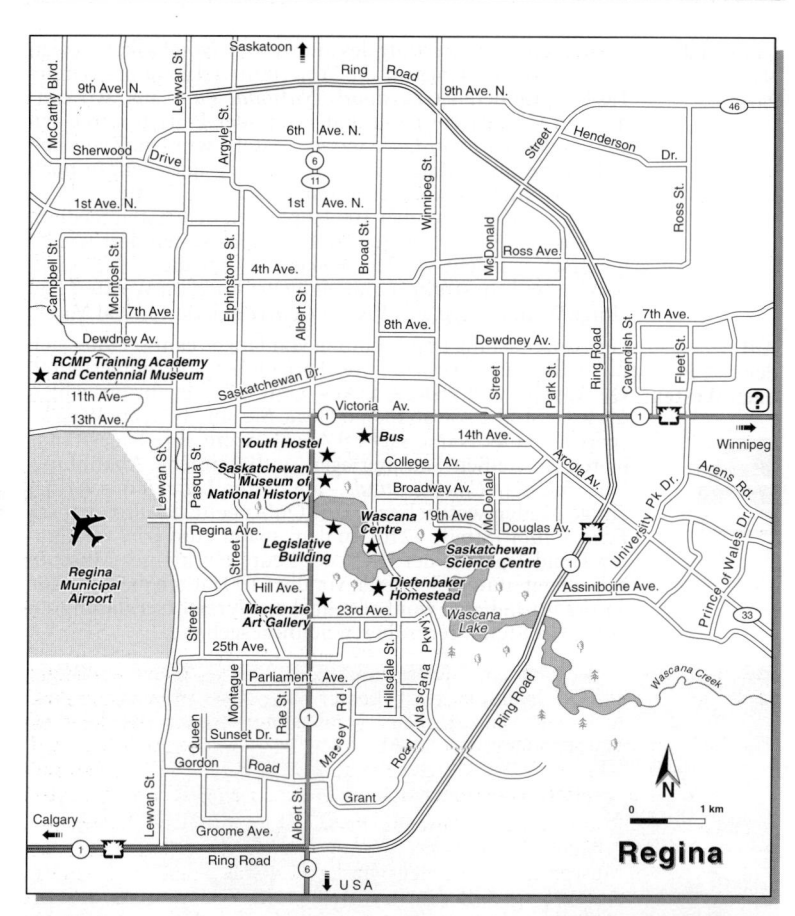

Regina

Internet-Info:
http://www.
city-
regina.com

Regina liegt in einem großflächig ebenen, baumlosen Bereich der Prärie. Seinen Aufstieg in städtische Dimensionen verdankt das einstige Dorf, das wegen der vielen in dieser Gegend von der Büffeljagd zurückgebliebenen Skelette in der Indianersprache **Wascana** und bei den Siedlern **Pile of Bones** hieß (in beiden Fällen zu deutsch "Knochenhaufen), dem Bau der **Canadian Pacific Railway**. Als die transkontinentale Verbindung im August 1882 eingeweiht wurde, entschied man sich, den unschönen Ortsnamen zu Ehren der Queen Victoria von England durch das vornehm lateinische *Regina* (= Königin) zu ersetzen. Derart geadelt erfüllte das Städtchen die Voraussetzung seiner Erhebung zur Verwaltungszentrale für das

Regina 303

damalige *North West Territory*, das die heutigen Provinzen Saskatchewan, Alberta und große Teile Manitobas umfaßte. Mittlerweile ist aus Regina, das 1905 mit der Schaffung der Provinz Saskatchewan zu deren Hauptstadt avancierte, eine kleine City mit fast 200.000 Einwohnern geworden.

Royal Mounties
Eng verbunden mit der Geschichte Reginas ist die der **Mounties**, Canadas legendärer Polizeitruppe **Royal Canadian Mounted Police**, siehe folgende Seite. Sie besitzt am westlichen Stadtrand (Dewdney Avenue West) ein wichtiges Ausbildungszentrum, zu dem auch das **RCMP Centennial Museum** gehört. Der Eintritt ist frei, Öffnungszeiten Anfang Juni bis Mitte September 8–19 Uhr, Rest des Jahres 10–17 Uhr.

Das Museum informiert ausführlich über Glanz und Gloria der Polizeitruppe von ihren Anfängen bis heute. Wer sich für die Besiedlungsgeschichte des kanadischen Westens, Uniformen und alte Waffen interessiert, sollte einen Besuch einplanen. An Werktagen kann man die Rotröcke täglich um 13 Uhr bei **Sergeant Major`s Drill Parade**, außerdem am *Canada Day* und Anfang Juli bis Mitte August Di um 19 Uhr bei den **Sunset Retreat Ceremonies** bewundern.

Wascana Park
Unmittelbar südlich des kleinen Geschäfts- und Bürozentrums von Regina erstreckt sich der *Wascana Park* mit dem gleichnamigen, durch Aufstauen des *Wascana Creek* entstandenen Sees über eine Fläche von fast 10 km². Die hügelige Parklandschaft mit schönem Baumbestand und sogar einer Insel im See wirkt nach einer Fahrt durch die Prärie besonders einladend. **Willow Island** ist ein beliebter Platz fürs sommerliche Picknick. Die Fähre hinüber vom **Willow Island Overlook** am Wascana Dr kostet $2 (Mitte Mai bis Anfang September). Auffällig viele Radfahrer bevölkern die Parkwege. Eine **Fahrradvermietung** befindet sich am Lakeshore Dr/Wascana Centre.

Sehenswertes
Rund um den **Wascana Park** liegen mit dem Parlamentsgebäude (*Legislative Building*), der Universität und diversen Museen fast alle Sehenswürdigkeiten der Stadt. Anschauenswert ist speziell das *Royal Saskatchewan Museum* (Albert St/College Ave, geöffnet Anfang Mai bis Anfang September 9–20.30 Uhr, sonst reduzierte Zeiten). Die Ausstellung bezieht sich überwiegend auf Naturgeschichte und -kunde Saskatchewans sowie auf die Geschichte der Indianer.

Royal Saskatchewan Museum

Parlamentsgebäude
Das **Legislative Building** am Südufer des Sees überschaut die "*Skyline*" Reginas. Der neoklassizistische Kuppelbau läßt sich nicht übersehen. Erwähnenswert in seinem Inneren sind der Sitzungssaal mit Holzschnitzereien und die Verwendung unterschiedlichster Marmorarten aus aller Welt

Diefenbaker House
Von der lokalen Tourismuswerbung herausgestellt wird das eigens vom Prärienest Borden in die Hauptstadt verlegte *Diefenbaker Homestead House* (Lakeshore Dr/Wascana Centre,

Ende Mai bis Anfang September 10–19 Uhr), in dem der einzige kanadische Premierminister (1957–1963) aus Saskatchewan seine Kindheit verbrachte. Legendär ist **Diefenbaker** aber auch über die Prärieprovinzen hinaus, da die konservative Partei 1958 fast 80% aller Sitze im Bundesparlament errang.

DIE LEGENDÄRE ROYAL CANADIAN MOUNTED POLICE

Die Geschichte der *Royal Canadian Mounted Police* geht auf die Übernahme von Rupert's Land durch das Dominium of Canada zurück, ⇨ Seite 288. Zur Einführung und Aufrechterhaltung kanadischen Rechts in den neuen Territorien schuf die Regierung 1873 eine spezielle Polizeitruppe, die *North West Mounted Police*. Der vorgesehene Umfang ihrer Aufgaben ging weit über die gemeinhin von der Polizei wahrgenommenen Pflichten hinaus. Der NWMP wurden neben der Exekutive auch Verwaltung und Rechtsprechung übertragen. Mit derartigen Machtbefugnissen ausgestattet besaß die NWMP im Westen (Ausnahme: British Columbia) viele Jahre die faktische Regierungsgewalt.

Die Präsenz der NWMP begann mit einer kleinen Truppe von ganzen 150 Mann im Lower Fort Garry/Manitoba. Verstärkungen sorgten aber rasch für genügend Kräfte zur Eröffnung weiterer Stützpunkte. Der Marsch der *Redcoats* nach Westen 1874 zur Unterbindung amerikanischer Grenzverletzungen, speziell des Whiskyschmuggels zwischen Montana und Alberta (⇨ Seite 328) erlangte Berühmtheit. Und nur zwei Jahre nach ihrer Gründung hatte die NWMP ein umfassendes Netz von Militärposten an bereits bestehenden Standorten der HBC oder neu aufgebaut, aus denen sich später die Städte der Prärieprovinzen entwickelten.

Von ihren Forts aus kontrollierte die NWMP die Besiedlung des kanadischen Westens vergleichsweise effektiv. Der Colt als entscheidende Instanz zur Lösung von Problemen spielte daher nie eine der Situation in den USA vergleichbare Rolle. Mit den Indianern gab es kaum bewaffneten Zusammenstöße. Man versuchte vielmehr, aufkeimende Konflikte zwischen Einwanderern und Indianern friedlich beizulegen, und achtete auf die Einhaltung geschlossener Verträge. Daß dies – abgesehen von der *North West Rebellion* der *Métis* und *Cree* (siehe oben) – gelang, ist in Anbetracht der blutigen Indianerkriege südlich der kanadischen Grenzen eine bedeutende Leistung der NWMP. Obwohl die Problematik der Besiedelung des Westens und der Verdrängung seiner Ureinwohner in Canada sich von der in den USA nicht unterscheidet.

Mit dem Abebben der ersten Einwanderungswelle reduzierten sich die Aufgaben der NWMP auf die originäre Polizeifunktion. Nach und nach verlor sie ihre juristische Sonderstellung. Die Verwaltungsaufgaben wurden von für diese Zwecke geschaffenen Behörden übernommen. Lediglich im Norden konnte sie noch einmal eine ähnliche Rolle als ordnende Kraft übernehmen wie in den Gründerjahren. Kaum war 1895 Fort Constantine im Yukon Territory errichtet, erscholl 1896 der Ruf des Goldes. Die NWMP regelte den Strom der Prospektoren von den amerikanischen Landeplätzen Skagway und Dyea (im Alaska Panhandle) nach Atlin und Dawson City, siehe dazu im Detail Seiten 495 ff.

In Anerkennung militärischer Verdienste einer NWMP Truppe im Burenkrieg 1899 verlieh ihr der britische König Edward 1904 das Recht, sich "königlich" zu nennen. Auch nach Erlangung des Provinzstatus` durch Alberta und Saskatchewan 1905 blieb die nunmehr *Royal North West Mounted Police* (RNWMP) offizielle Polizeitruppe der Prärieprovinzen. Sie vereinigte sich 1920 mit den in anderen Provinzen tätigen *Dominion Police* zur neuen Bundespolizei *Royal Canadian Mounted Police* (RCMP).

Pferde und Hundegespanne wurden zwar nach dem 2. Weltkrieg endgültig durch Autos und Motorschlitten ersetzt und auch die roten Jacken zumindest bei der Ausübung der täglichen Pflichten abgeschafft. Der Begriff "mounted" (= beritten) in der Bezeichnung blieb nichtsdestoweniger erhalten. Den rotberockten stolzen *Mountie*, inzwischen Teil des touristischen Image` Canadas wie Kanus und Bären, sieht man immer noch vor dem Parlamentsgebäude in Ottawa, bei Paraden und anderen besonderen Anlässen, und natürlich beim täglichen "Drill" vorm Museum.

Saskatchewan

Unterkunft

Zur Übernachtung in Regina herrscht weder an den Ausfallstraßen noch in der City Mangel an Hotels und Motels. Kommerzielle Campingplätze befinden sich östlich am TCH. Ruhigere, gut angelegte *Campgrounds* bieten der **Oyama Regional Park** bei Kronau (Straße #33) und der **Buffalo Pound Provincial Park,** rund 70 km westlich von Regina.

Country Music Festival

Alljährlich Mitte Juli wird im *Qu'Appelle Valley* bei Craven (37 km nordwestlich von Regina) das größte *Country Music Festival* Canadas gefeiert. Das **Big Valley Jamboree** ist ein buntes Spektakel mit viel Musik und bekannten Namen, **Fort Whoop-up Beergarden** und riesiger Tanzfläche, das Zehntausende von Besuchern anlockt. Gleich neben dem Festgelände darf man gratis campen. Auskünfte zum genauen Termin und den Veranstaltungen im einzelnen unter ✆ 1-800-667-7191.

Moose Jaw

Moose Jaw (33.600 Einwohner) bedürfte keiner besonderen Erwähnung, befände sich nicht direkt am TCH eines der vier **Western Development Museen** der Provinz. Sie beleuchten die Siedlungsgeschichte des Westens unter verschiedenen Aspekten. Das Thema für Museum in Moose Jaw ist die Geschichte des Verkehrs. Alte Propellerflugzeuge, Auto- und Motorrad-Oldtimer sowie ein historischer Eisenbahnzug bilden eine sehenswerte Ausstellung (April–Dezember 9–18 Uhr), Eintritt $5. Weitere Museen zur Entwicklung des Westens gibt es in Saskatoon, Yorkton und North Battleford, ✥ *Yellowhead Highway*-Kapitel.

Snowbirds

Der Fluglärm um Moose Jaw stammt von einem der größten Militärflughäfen Canadas. Eine Kunstflugstaffel der *Snowbirds* ist dort beheimatet. Sie zeigt ihre tollkühnen Künste alljährlich bei der **Saskatchewan Air Show** (Anfang Juli).

Cypress Hills

Die schönste Landschaft im Süden der drei Prärieprovinzen und zudem den höchsten Berg (1436 m) zwischen Rocky Mountains und Atlantik können die dichtbewaldeten *Cypress Hills* im Grenzgebiet von Saskatchewan und Alberta für sich reklamieren. Der gleichnamige Provinzpark beiderseits der Grenzlinie wird in Saskatchewan ergänzt durch ein kleineres Areal an der Straße #21. In 37 km Entfernung vom TCH bietet dieser Teil des Parks mit mehreren warmen Seen prima Wassersportreviere, Badefreuden und Angelvergnügen. Sieben **Campingplätze** aller Qualitätsstufen sorgen dafür, daß sich die **Eastern Cypress Hills** besonders bei Familienurlaubern großer Beliebtheit erfreuen. Sie sind im Sommer und an Wochenenden stark besucht.

Fort Walsh

Das vorrangige Motiv für einen Abstecher in den westlichen Teil der *Cypress Hills* ist dagegen das rekonstruierte *Fort Walsh* **(National Historic Site)**. Das Palisadenfort entspricht in perfekter Weise dem aus zahllosen Western bekannten Bild, Eintritt $6. Ausnahmsweise entwickelte sich um diesen

307

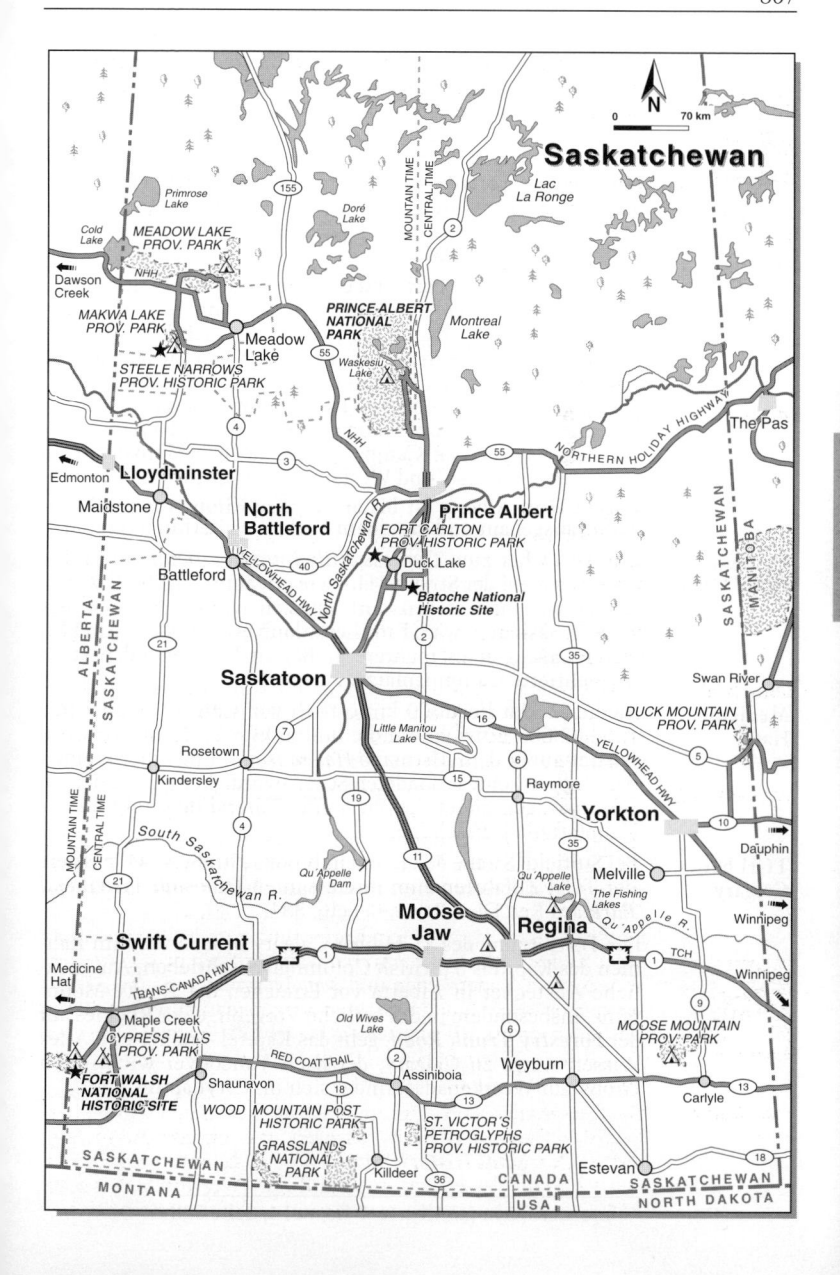

1875 angelegten, aber schon 1893 wieder aufgegebenen Stützpunkt der NWMP später keine Ortschaft, so daß die idyllische landschaftliche Einbettung der Anlage auf einer Anhöhe voll erhalten blieb. Etwa 3 km vom Fort entfernt wird durch einen weiteren *Historic Site* die Erinnerung an das **Cypress Hills Massacre** aufrechterhalten; ein hübscher **Trail** führt dorthin. Die Ermordung einer Indianergruppe durch amerikanische Grenzverletzer hatte 1873 wesentlichen Anteil an der Gründung der NWPM.

Verbindung der Cypress Hills Areale

Vom TCH bis zum Fort sind es immerhin rund 60 km Stichstraße. Die in genaueren Karten eingezeichnete Verbindung über das Alberta-Areal der *Cypress Hills* nach Elkwater mit Rückkehrmöglichkeit auf den TCH bei Medicine Hat ist eine Forststraße kritischer Qualität, die sich für Fahrzeuge ohne Vierradantrieb kaum eignet. Für Wohnmobile abzuraten ist von der rauhen, obwohl schön geführten und bei Trockenheit für Vans oder Truck Camper gerade noch befahrbaren **Gap Road** zwischen Ost- und Westareal der *Cypress Hills*.

Der TCH in Alberta ist bis auf wenige Kilometer autobahnmäßig ausgebaut und in seinem Verlauf weiterhin monoton.*)

Cypress Hills/Alberta

Ein Abstecher zum *Cypress Hills Interprovincial Park* führt in Alberta auf der Straße #41 – wie erwähnt – nach Elkwater. Im Vordergrund stehen dort, ähnlich wie im Ostareal der *Hills* in Saskatchewan, Familienurlaub und -freizeit. Am Elkwater Lake gibt es mehrere große, an Wochenenden stark frequentierte Campingplätze.

Medicine Hat

Medicine Hat liegt 300 km östlich von Calgary und ist mit rund 42.000 Einwohnern die fünftgrößte Stadt Albertas. Sie besitzt außer dem *Medicine Hat Museum* und einer kleinen *Art Gallery* keine besonderen Sehenswürdigkeiten. An heißen Sommertagen bietet die **Riverside Waterslide** direkt an der Hauptstraße Erfrischung.

TCH bei Calgary

Bei Suffield (Straße #884) und in Brooks (Straße #544) passiert der TCH Zufahrten zum interessanten **Dinosaur Provincial Park** am Red Deer River, ⇨ Seite 334.

Die Fortsetzung des TCH über Calgary hinaus wird im Rahmen des Kapitels 5 (British Columbia) beschrieben. Auf mögliche Abstecher in Alberta vor Erreichen der Rocky Mountains, insbesondere in das östliche Vorgebirge der Rockies auf der **Forestry Trunk Road**, geht das Kapitel 4 näher ein. Alles Wissenswerte zu Calgary, der nach Vancouver wichtigsten Großstadt Westkanadas, findet sich im Citykapitel 2.2.

---

*) Informationen zu Alberta ⇨ Kapitel 4, Seite 328

Kanuferien auf dem Yukon River (hier im Bereich Lake Laberge)

Segelboote auf dem eiskalten Atlin Lake, zwar gerade noch in British Columbia, aber bereits im Hohen Norden am Rande eines riesigen Gletscherfeldes

Mit der „"Maid of the Mist" direkt in den Gischt der Niagara Fälle

Sand Castle Contest: Sandburgenbau-Wettbewerb am Harrison Lake/BC

Der türkis schimmermde Emerald Lake am Klondike Highway nach Skagway

Westküsten-Indianer: Portrait als Wandbild in der "Mural-Town" Chemainus auf Vancouver Island (östlich des TCH zwischen Victoria und Nanaimo)

Das Prince of Wales Hotel im Waterton Lakes National Park/Alberta

Parade der bekannten rotberockten "Mounties", der Royal Canadian Mounted Police, während der Calgary Stampede

Chuckwagon Race (Planwagenrennen) auf der Manitoba Stampede in Morris

Sonnenuntergang in Alaska

Nachbau des historischen Segelboots Nonsuch, *mit dem der Entdecker Des Groselliers im 17. Jahrhundert erstmals die Hudson Bay erkundete, im Museum of Man&Nature in Winnipeg*

Innenansicht eines typischen Trapper-Blockhauses in der Wildnis am Yukon

Wandern im Frühsommer im Mount Revelstoke National Park

Das Wasser der Takakkaw Falls stürzt 284 m tief hinunter ins Yoho River Valley

3.3.5 Der Yellowhead Highway

Historie

Die Bezeichnung Yellowhead Highway für die Straße#16 geht auf den Halbblutindianer **Pierre Bostonais** zurück, der wegen seiner Haarfarbe von den französischen Trappern *Tête Jaune* (= *Yellowhead* bzw. Gelbkopf) genannt wurde. Ab 1819 überquerte *Bostonais* als *Voyageur* und Expeditionsleiter der *Hudson's Bay Company* regelmäßig die Rocky Mountains und soll dabei mehrmals den ebenfalls nach ihm benannten Pass im heutigen *Jasper National Park* benutzt haben. Auf solchen Touren pflegte er unterwegs zur Zwischenlagerung von Pelzen Verstecke (*Caches*) anzulegen. Der Ort **Tête Jaune Cache** in British Columbia entstand in der Nähe eines derartigen Verstecks. 1827 ermordeten Indianer *Bostonais* und seine Familie in den Rocky Mountains.

Verlauf

Der **Yellowhead Highway** ist mit einer Gesamtlänge von 2.652 km nach dem TCH die **zweitwichtigste kanadische Ost-West Straße**, obschon keine Transkontinentalverbindung. Er führt offiziell von Winnipeg über Saskatoon, Edmonton, den *Jasper National Park* und Prince George nach Prince Rupert und – auf Graham Island von Queen Charlotte nach Masset, ➪ Karte Seite 453 – noch 113 km über das Festland hinaus. In British Columbia wurde die Straße #5 zwischen Kamloops und Tête Jaune Cache als 332 km lange Zusatzroute ebenfalls mit dem Gelbkopfsymbol versehen.

Auf den ersten 100 km verlaufen *Yellowhead* und TCH gemeinsam. Erst westlich von Portage la Prairie trennen sich die Routen. Zur Frage, welcher Strecke man im Zweifel den Vorzug geben sollte, ➪ Seite 294.

In Manitoba bieten weder die Streckenführung des *Yellowhead* noch die Ortschaften am Wege ein besonderes Reiseerlebnis. Aber parallel zur #16 erhebt sich rund 40–50 km nördlich auf gut 120 km Länge der **Höhenrücken** des *Riding Mountain National Park*. Der Abstecher dorthin ist ein "Muß".

Riding Mountain National Park

Der Bezeichnung **Riding Mountain** reflektiert die ungewöhnliche Position des Höhenzuges. Er "reitet" quasi auf der bis zu 700 m tiefer liegenden Umgebung. Flora und Fauna des von drei Landschaftsformen geprägten Nationalparks unterscheiden sich erheblich von Vegetation und Tierwelt der Prärie. Überwiegend Laubwald und fischreiche Seen finden sich im Ostteil, Nadelhölzer und moosige Sumpfareale im zentralen Bereich. Espenwälder und offenes Grasland kennzeichnen das westliche Hochland. Für viele Tier- und Pflanzenarten bot *Riding Mountain* einen isolierten Lebensraum, der sie vor der Ausrottung bewahrte. Andere gefährdete Gattungen konnten sich dort dank des vom Nationalpark gebildeten Schutzraumes erholen und eine stabile Existenzbasis zurückgewinnen.

Mit etwas Glück sieht man **Bären** oder einen der über 50 **Wölfe**. **Biber** gibt es überreichlich; mehr als 2.000 Biberkolonien mit je 4 bis 6 Tieren sollen den Park zur Zeit bevölkern!

Zufahrt

Die schönste Route in den Park hinein ist die (Schotter-)**Straße #19**, anzusteuern **über Norgate**, 50 km nördlich des Yellowhead auf der #5. Bei Schönwetter gibt es auf dieser Zufahrt keine Probleme, sie wird allerdings bei Regen schnell zur Schlammstrecke. An und nach Regentagen bleibt man besser auf der Hauptstraße #10.

Einfahrt in den Nationalpark

Trails

Der Nationalpark verfügt über ein ausgezeichnetes Netz von Wanderwegen, die großenteils Lehrpfadcharakter besitzen. Ein **Park Trail Folder** (erhältlich im *Visitor Centre* in Wasagaming, siehe unten) beschreibt 17 kurze Rundwanderungen und 15 Mehrtagestrails. Für die mit einem "S" markierten Wege (*Self-guided Trails*) liegen an den *Trailheads* erläuternde Faltblätter bereit, oder Informationstafeln erklären die Natur entlang des Pfades.

Gleich eingangs des Parks am Highway #19 beginnt der **Burls and Bittersweet Trail**, ein hübscher Rundweg von etwa 2 km Länge durch einen Laubwald, wie man ihn ansonsten nur im Osten Canadas findet. Im weiteren Verlauf dieser Straße passiert man zahlreiche Seen mit Biberburgen und -dämmen sowie ein ausgedehntes Waldbrandgebiet. Der **Rolling River Fire Trail** führt durch eine 1980 verbrannte, sich aber allmählich wieder erholende Landschaft. Ebenfalls den Spuren früherer Waldbrände folgt der Rundwanderweg **Brulé Trail** (*Trailhead* an der #19 unweit östlich der #10).

Auch der kleine Abstecher von der Hauptstraße im Parknorden zum teilweise über Holzbohlen verlaufenden **Boreal Island Trail**, einem Lehrpfad zu Pflanzen- und Tierwelt des nördlichen Nadelwaldes, lohnt sich. Unbedingt besteigen sollte man den Aussichtsturm unweit der nördlichen Parkeinfahrt. Er bietet einen herrlichen Blick über die Prärie und den Anstieg des *Riding Mountain* aus der Ebene.

Clear Lake	Bei Anreise über die #19 und Fortsetzung der Fahrt in den zentralen Bereich des Parks läßt man das mit perfekter touristischer Infrastruktur gesegnete Wasagaming am Clear Lake links liegen. Wer am (nicht immer besetzten) Osteingang bei Norgate noch keine Karte des Parks und weiteres Material erhalten hat, sollte sich von den Extrakilometern (ca. 10 km hin und zurück) nicht davon abhalten lassen, kurz das **Besucherzentrum** anzusteuern. Täglich geöffnet Mai–Oktober.
Buffalo Paddock	Neben Wanderungen und einem erfrischenden Bad im Clear Lake (glasklares Wasser, hübsche Strände und im Juli/August recht erträgliche Temperaturen) gehört ein Besuch des *Buffalo Paddock* zum "Pflichtprogramm" eines Besuchs im *Riding Mountain Park*. Der **Paddock** ist ein umzäuntes Areal, in dem eine kleine **Bisonherde** von etwa 50 Tieren lebt. Eine Rund-strecke führt hindurch, und eine Aussichtsplattform hilft beim Entdecken der sich oft rar machenden Büffel. Versteckt in den Waldstücken oder im hohem Gras sind die mächtigen Tiere oft nicht zu sehen.
Audy Lake	Als Zubringer dient die **Audy Lake Road**, an deren Ende sich der schönste Campingplatz des Parks befindet. Dort gibt es keine festeingeteilten Stellplätze, sondern jeder sucht sich eine passende Ecke fürs Zelt oder Wohnmobil. Beim Lagerfeuer mit Blick auf den Sonnenuntergang über dem Audy Lake vergißt man fast, daß sich dieses wunderbare Fleckchen Erde eigentlich mitten in der Prärie befindet.

Bisons im Freigehege Buffalo Paddock

Ukraina	Die Region rund um den *Riding Mountain Park* gehörte zu den Siedlungsschwerpunkten ukrainischer Einwanderer. Die markanten **Zwiebeltürme** russisch-orthodoxer Kirchen weisen in vielen Präriedörfern auf den Ursprung der Bewohner hin,

Ukraine in Canada

z.B. südlich des Parks in Sandy Lake, nördlich in Dauphin und westlich in Wroxton (bereits Saskatchewan). In Ukraina, an der Straße #273 ca. 50 km oberhalb Dauphin, findet jährlich im August ein großes *National Ukrainian Festival* statt.

Ukrainische Kirche in Saskatchewan

Nach einem Abstecher in den Nationalpark liegt es nahe, die Fahrt zunächst auf der Straße #5, in Saskatchewan #10 fortzusetzen, die in Yorkton auf den *Yellowhead Highway* stößt. Man verpaßt bei dieser Streckenwahl zwischen Minnedosa und Yorkton keine wichtigen Sehenswürdigkeiten.

Yorkton

Yorkton ist mit 16.000 Einwohnern die fünftgrößte Stadt Saskatchewans und Zentrale der Südostregion. Am westlichen Ortsausgang steht eines der vier *Western Development Museen* der Provinz (siehe auch Seite 306). Das Thema des Yorkton Museums, des "schwächsten" der Gruppe, lautet *The Story of the People*. Die Geschichte der Pioniere wird dem Besucher u.a. durch nachgestellte Szenen aus dem kargen Leben der ersten Einwanderer nahegebracht. Geöffnet Anfang Mai bis Anfang September 9–18 Uhr; Eintritt $5.

Camping

In Nachbarschaft zum *Western Development Museum* befindet sich an einem künstlichen See mit Badestrand ein städtischer Komfort-Campingplatz. Am *York Lake Regional Park*, 3 km südlich der Stadt, ist es ruhiger und ebenfalls recht komfortabel. Den landschaftlich besten Campingplatz des Gebietes gibt es im 48 km (nordwestlich) entfernten *Good Spirit Lake*

Provincial Park. Wunderbare Sanddünen und ein langer Strand sorgen für große Beliebtheit des Parks. Spätankömmlinge werden auf *Overflow*-Plätzen untergebracht. Weniger abseits der *Yellowhead Route* liegt der hübsche **Whitesand Regional Park**, ca. 8 km nordöstlich Theodore (Straße #651).

Salzsee Eine Besonderheit bietet der **Little Manitou Lake** bei Watrous (Straße #365, 30 km südlich des *Yellowhead*). Sein Wasser ist dreimal salziger als das der Ozeane. Die Indianer nutzten es zur Salzgewinnung. Dank des hohen spezifischen Wassergewichts bleiben sogar Nichtschwimmer in diesem See bzw. im Hallenbad der *Manitou Springs Mineral Spa* oben. An der **Manitou Beach** stehen Duschen, unter denen man sich nach einem Bad das Salz wieder von der Haut waschen kann. Ein **Campingplatz** ist ebenfalls vorhanden.

Saskatoon Saskatoon, Saskatchewans "heimliche zweite Hauptstadt", wurde 1882 von einem *John Lake* und Anhängern der Enthaltsamkeitsbewegung gegründet. Alkohol war in der nach einer heimischen Beerenart benannten Siedlung verpönt, und so blieb naturgemäß weiterer Zuzug trotz des starken Immigrantenstroms in die Prärie zunächst aus. Das wurde erst anders, als um 1900 die **Grand Trunk Pacific** und **Canadian Northern Railway** zwei neue Eisenbahnlinien durch Saskatchewan legten und Saskatoon zum Kreuzungspunkt machten. In der Folge wuchs die Bevölkerung innerhalb von zehn Jahren von wenigen hundert auf 12.000 Einwohner. Heute ist **Saskatoon** mit rund 210.000 Einwohnern größer als Regina und hat sich zum zweiten wirtschaftlichen und kulturellen Mittelpunkt der Provinz entwickelt. Nicht ganz unerheblich dazu beigetragen haben dürfte die attraktive Lage der Stadt beidseitig des South Saskatchewan River und ein – verglichen mit der Kapitale – weniger tristes Umland.

Western Development Museum Noch bevor man – auf dem *Yellowhead* von Osten kommend – das von Parks und dem Universitätgelände gesäumte Flußtal und das westliche *City Center* erreicht, passiert man linkerhand die **Exhibition Grounds**. Dort befindet sich das beste der *Western Development Museen* der Provinz. Das Thema des Saskatoon Museums, dessen Besuch unbedingt ins Reiseprogramm gehört, lautet **The Integrated Story of Western Development**. Glanzstück ist die Hauptstraße einer kanadischen **Boom Town** aus den Anfängen dieses Jahrhunderts. Ergänzt wird die ausgezeichnete historische Präsentation durch eine Sammlung antiker Autos und Landmaschinen. Geöffnet täglich 9–17 Uhr, Eintritt $5.

Lage der Stadt Sechs **fotogene Brücken** über den **South Saskatchewan River** verbinden Ost- und Westteil der Stadt. Eine Fahrt entlang Spadina und Saskatchewan Crescent durch die Parkanlagen am Fluß und beneidenswerte Wohnviertel vermitteln einen guten Eindruck von der dort möglichen Lebensqualität.

Saskatchewan

Am Spadina Crescent liegen *die Mendel Art Gallery* und das *Ukrainian Museum*:

Art Gallery Die Kollektion der modernen *Mendel Art Gallery* in schöner Lage hoch über dem Fluß umfaßt Gemälde und Skulpturen überwiegend kanadischer Künstler. Wechselnde temporäre Ausstellungen unterschiedlichster Art ergänzen die permanent vorhandenen Stücke (täglich 9–21 Uhr). Das **Mendel Civic Conservatory**, ein Gewächshaus gleich nebenan, erfreut seine Besucher mit hübschen Blumenarrangements.

Ukrainemuseum Nicht zufällig gibt es in Saskatoon gleich zwei ukrainische Museen. Immigranten aus der Ukraine spielten – wie bereits erwähnt – auch bei der Besiedelung Saskatchewans eine verhältnismäßig große Rolle. Ihre Geschichte und Kultur wird im *Ukrainian Museum of Canada* angemessen erläutert. Geöffnet Mo–Sa 10–17 Uhr, So 13–17 Uhr; Eintritt $2.

1 Bus Depot
2 Riversdale Outdoor Pool
3 Ukrainian Museum of Canada
4 Mendel Art Gallery & Conservatory
5 Rt. Hon. J. D. Diefenbaker Centre
6 University of Saskatchewan

Saskatoon 315

Universität Der herrliche Campus der **University of Saskatchewan** über dem Ostufer des Flusses beherbergt u.a. einige Kunstgalerien und kleine Museen (Biologie, Geologie), die aber nur bei spezifischem Interesse den Besuch lohnen. Die aus kanadischer Sicht bedeutsamste Ausstellung auf dem Universitätsgelände ist auch in Saskatoon; ⇨ Regina Seite 302) dem ehemaligen Premierminister **Diefenbaker** gewidmet. Für die meisten europäischen Touristen dürften *Diefenbakers* Archiv und Bibliothek sowie eine Nachbildung seines Regierungsbüros keine besonderen Anziehungspunkte sein.

Schwimmbad Zur Abkühlung an heißen Prärie-Sommertagen sei auf das an der H Ave zwischen 11th und 16th St (Downtown-Seite der Stadt) gelegene – für kanadische Verhältnisse – sehr schöne Schwimmbad mit Wasserrutschanlage hingewiesen.

Camping In und um Saskatoon ist das Angebot an Campingplätzen begrenzt. Neben dem KOA-Platz an der Straße #11 gibt es den citynahen **Gordon Howe Campground** (11th St/P Ave), und den **Saskatoon 16 West RV Park** am Yellowhead Hwy westlich der Stadt. Sie kommen in erster Linie für Wohnmobile in Frage. Rund 40 km westlich findet sich mit dem **Borden Bridge Campground** am Yellowhead ein akzeptabler Platz.

Wanuskewin Ein empfehlenswertes Ziel für einen kleinen **Abstecher** ist der **Wanuskewin Heritage Park**, etwa 3 km nördlich von Saskatoon unweit der Straße #11 (Richtung Prince Albert). Die Prärieindianer Canadas haben dort ein Kultur- und Besucherzentrum errichtet mit Museum, Vorführungen und Lehrpfaden. *Victoria* bis *Labour Day* 9–21 Uhr; sonst bis kürzer; Eintritt $6.

Battleford 140 km westlich Saskatoon passiert der *Yellowhead* die 18.000 Einwohner-Doppelstadt Battleford/North Battleford. Auf der Südseite des North Saskatchewan River gelegen, war Battleford einst wichtiger Stützpunkt der *North West Mounted Police* und für kurze Zeit (vor Regina) Verwaltungssitz für die *North West Territories*. Heute ist es aber der unbedeutendere Teil der Stadt.

Museum of Western Development Das **Western Development Museum** in North Battleford an der Ecke Yellowhead/Straße #40 behandelt das Thema *The Story of Agriculture* – interpretiert als Kleinstadt- und Farmleben auf den Prärien – mit vielen Ausstellungsstücken. Im Außengelände wurde eine ländliche Siedlung aus den 20er-Jahren mit Einraum-Schule und Farm erstellt. Kollektion und Art der Präsentation erreichen nicht das in Saskatoon und Moose Jaw gezeigte Niveau. Geöffnet Anfang Mai bis Mitte September 9–19 Uhr; Eintritt $5.

Fort Battleford Auf einer Anhöhe zwischen North Saskatchewan und Battle River errichtete die NWMP 1876 *Fort Battleford*. Einige Originalgebäude und die wiederaufgebaute Palisadenumzäunung bilden heute die **Fort Battleford National Historic Site**.

Der Komplex beeindruckt vor allem durch seine Größe und dem schönen Blick über das *Sasketchewan River Valley*.

Das einstige Leben im Fort wird von zeitgenössisch kostümierten "Bewohnern" erläutert. Das Museum (antike Waffen und Gebrauchsgegenstände) im **Visitor Centre** vermittelt einen guten Einblick in die Geschichte. Geöffnet Mitte Mai bis Mitte Oktober 9–17 Uhr.

Der **Eiling Kramer Campground** in Nachbarschaft zum Fort Battleford bietet sich als Platz für eine Nacht an.

Lloydminster Westlich von Battleford verläßt der *Yellowhead Highway* die Saskatchewan River Region und führt bis Edmonton überwiegend durch abwechslungsarme Ebenen. Lloydminster, eines der Ölzentren Albertas, liegt auf der Provinzgrenze von Alberta und Saskatchewan. Der **110. Längengrad** läuft identisch mit der *Main Street* mitten durch die Stadt.

Vegreville Osterei In Vegreville, etwa 150 km westlich der Grenze, steht unübersehbar **The World's Largest Easter Egg** unweit des *Yellowhead Highway*. Das auf ukrainisch **Pysanka** genannte Osterei wiegt 2.250 kg, ist 9 m hoch und 5 m dick. Es wurde 1975 aus Anlaß der hundertjährigen Anwesenheit der RCMP in Alberta aufgestellt. Wieso die Rotröcke zum Jubiläum ausgerechnet ein Osterei verdient hatten, sagt die Tafel nicht.

Der Welt größtes Osterei in Vegreville/Alberta

Elk Island National Park

Nur 40 km östlich von Edmonton erheben sich die bewaldeten **Beaver Hills** des nur 195 km² großen *Elk Island National Park* über die umgebende Prärie. Die Zufahrt erfolgt direkt vom *Yellowhead Hwy* oder über Lamont (Straße #15). Für die Hauptstädter ist der Park ein beliebtes Ausflugs- und Wochenendziel. Insbesondere der Astotin Lake mit seiner *Sandy Beach* und die zahlreichen Wanderwege, darunter mehrere Naturlehrpfade u.a. zu **Biberburgen**, ziehen die Besucher an. Vom im Park vorhandenen Wild, vornehmlich Bisons (*Buffalos*) **Hirsche** (*Elks*) oder **Elche** (*Moose*), bemerkt man tagsüber zumeist wenig. Erst mit beginnender Dämmerung steigen die Chancen, entlang der Parkstraße Tiere zu Gesicht zu bekommen. Im Gehege südlich der #16 sieht man **Büffel** manchmal direkt an der Hauptstraße. Um das Wild im Park zu halten (die Umgebung bietet keinen Lebensraum), wurde *Elk Island* als einziger Nationalpark Nordamerikas rundum eingezäunt.

Der *Sandy Beach Campground* beim Astotin Lake, wiewohl nicht unbedingt einer der schönsten Plätze seiner Art, liegt für eine Übernachtung in günstiger Distanz zu Edmonton.

Yellowhead Highway westlich von Edmonton

Die Fortführung des *Yellowhead Hwy* über Edmonton hinaus bis Prince Rupert wird im Rahmen des Kapitels 5 (British Columbia) in unterschiedlichen Abschnitten behandelt, ▷ Seiten 412 und 452. Zur Strecke Edmonton–Jasper National Park ▷ Seite 365. Alles Wissenswerte zur Hauptstadt Albertas findet sich im Citykapitel 2.3.

3.3.6 Der Northern Holiday Highway (NHH)

Kennzeichnung

Wie eingangs dieses Kapitels erläutert, machen einsame, **unberührte Wälder und Seenplatten** rund zwei Drittel der Fläche der Prärieprovinzen aus. Durch dieses Gebiet typisch kanadischer Landschaften wie aus den Broschüren der Tourismuswerbung führt der **Northern Holiday Highway**, kurz NHH. Obwohl die Bezeichnung im Kern treffend gewählt wurde, bleibt anzumerken, daß der NHH strenggenommen nicht nördliche, sondern vielmehr die zentralen Provinzbereiche durchquert. Der Norden von Manitoba und Saskatchewan ist menschenleer und durch Straßen nicht erschlossen. Nur in Alberta gelangt man über den *Mackenzie Hwy* in den Norden der Provinz (jenseits des 60. Breitengrades) und in die Northwest Territories.

Verlauf des NHH

Der NHH wird von Touristen, die auf einer transkontinentalen Reise die Prärieprovinzen queren, kaum genutzt. Dies liegt natürlich auch daran, daß die Gesamtstrecke des NHH von Winnipeg bis Dawson Creek (BC) mit rund 2.300 km um gute 400 km länger ist als der durchgehend breit ausgebaute *Yellowhead Highway*.

Bei anderen Zielen (etwa Calgary/Edmonton/Jasper) ergeben sich noch größere Umwege. Einige **Abschnitte** der Straße im östlichen Saskatchewan weisen noch **Schotterbelag** auf. Der Verlauf des NHH wurde zwar gut gekennzeichnet, wegen der – im Gegensatz zu TCH und Yellowhead – fehlenden einheitlichen Numerierung ergeben sich aber bisweilen Orientierungsprobleme. Allein in Manitoba folgt die Route sechs (## 6/68/20/ 269/10/283), in Saskatchewan zwei (#9/#55) und in Alberta drei (#55/#2/#49), also insgesamt elf verschiedenen Straßennummern.

Empfehlung Die Autoren raten nicht zum NHH als totaler Alternative zu *Yellowhead* oder TCH. **Erwägenswert ist aber das Abfahren von Teilstücken**, beispielsweise zwischen Prince Albert und Edmonton/Lesser Slave Lake, einer attraktiven Umgehungsmöglichkeit des relativ langweiligen Abschnitts Saskatoon-Edmonton des *Yellowhead* – vorausgesetzt, es ist ausreichend Zeit vorhanden.

Bis auf die wenigen Kilometer östlich des *Duck Mountain Park* und westlich des Lesser Slave Lake bietet der NHH Anreize für Abstecher zum Fischen, Kanufahren, Wandern und Campen auf wunderschönen Plätzen irgendwo in der Einsamkeit an glasklaren Seen und Flüssen.

Der NHH in Manitoba

Lake Manitoba; siehe Karte Seite 295

Der NHH beginnt nördlich von Winnipeg mit der Straße #6, passiert das Südostufer des Lake Manitoba und durchquert ab Mulvihill als Straße #68 die *Narrows* des Lake Manitoba, einen Engpaß zwischen Nord- und Südteil des riesigen Sees. Im Gegensatz zum Lake Winnipeg gibt es nur wenige Zufahrten an seine Ufer. Zum Schwimmen und Campen lädt der **Lundar Beach Provincial Recreation Park** ein (Straße #419).

Duck Mountain Park

Der *Duck Mountain Provincial Park* gehört (zu Unrecht) zu den weniger bekannten Provinzparks. Eine recht akzeptable *Gravel Road* (#366) führt parallel zum NHH (#10) mitten hindurch. Sie passiert den bereits als höchste Erhebung der Provinz zitierten *Baldy Mountain* (831 m). Vom Aussichtsturm überblickt man Park, Prärie und – in der Ferne – den *Riding Mountain* Höhenzug, ➪ Seite 310. Entlang der Straßen gibt es Bootsverleih-Stationen, Reitställe und diverse Picknick- und Campingplätze (hübsch der Platz am **Wellman Lake** im Park-norden). Noch südlich der Kreuzung #367/#366 befinden sich ein **Forest Interpretive Centre** und in seiner Umgebung die Startpunkte mehrerer informativer **Nature Trails**. Das kleine Westareal des Parks um den *Madge Lake* liegt bereits in Saskatchewan und ist mit Freibad, Golfplatz u.a. touristisch besser erschlossen als der ruhige Ostteil.

Wer der #366 folgt, trifft in Minitonas wieder auf den NHH, die in ihrem **Verlauf in Richtung Norden** bald den *Porcupine Provincial Forest* (Ausläufer des *Manitoba Escarpment*) passiert, in den nur wenige *Dirt* und *Gravel Roads* als Stichstraßen hineinführen. Mit The Pas erreicht der NHH den nördlichsten Punkt in Manitoba.

The Pas Der einzige Ort nennenswerter Größe im gesamten zentralen Manitoba besitzt eine große Sehenswürdigkeit, i.e. die über 150 Jahre schlicht weiße *Christ Church* mit schönen Holzschnitzereien. Mitte August jeden Jahres findet mit den *Opasquiak Indian Days* **das Ereignis** der Region statt. Höhepunkte sind Tanzvorführungen und ein Langstrecken-Kanurennen.

Im Norden der Prärieprovinzen, hier Wekusko Falls/Manitoba

Abstecher per Auto und Eisenbahn an die Hudson Bay

Straße und Schiene

In **The Pas** besteht im übrigen noch Gelegenheit, in den Zug von Winnipeg nach Churchill zuzusteigen. Wer das beabsichtigt und nicht gleich ab Winnipeg fährt, sollte sich dann aber ggf. für den nur noch per Schiene machbaren Rest der Strecke ab Thompson entscheiden. Von den rund 800 Straßenkilometern von Winnipeg nach Thompson auf der #6 führen über 500 km durch absolute Einsamkeit und Wildnis. Die Abstände zwischen Tankstellen und Campingplätzen sind selbst am *Alaska Highway* geringer.

Grand Rapids

Die Strecke als solche bietet wenig Abwechslung. In Grand Rapids, dem einzigen Ort zwischen Lake Winnipeg und der nordwestlichen Seenplatte, überquert die #6 den verbindenden Saskatchewan River. Die Stromschnellen sorgten 1877 für den Bau der ersten Eisenbahn im Westen Canadas zur Umgehung der für Schiffe unpassierbaren **Rapids.**

Strecke nach Nordosten

Auch in Ponton (Straßendreieck #6/#39) läßt sich der Zug noch besteigen. Eine Station existiert allerdings nicht. Potentielle Passagiere stoppen den Zug nach altem Brauch per Handsignal. Ponton verfügt immerhin über ein kleines Hotel, Restaurant und Tankstelle. Die weiter östlich in den Karten erwähnten Ortsnamen stehen mit Ausnahme des Nestes Wabowden für winzige Ansiedlungen. Eine Stichstraße östlich Wabowden zweigt zu den hübschen, aber nicht sensationellen **Pisew Falls** ab, den zweitgrößten in Manitoba per Straße erreichbaren Wasserfällen. Gut als Übernachtungsplatz eignet sich der in dieser Wildnis überraschend komfortable Liz Lake *Campground* im **Paint Lake Provincial Park** mit Bootsverleih und Badestrand.

Thompson

Das **Bergbauzentrum** Thompson (15.000 Einwohner) ist die nach Winnipeg und Brandon drittgrößte Stadt Manitobas und gilt als "Nickelhauptstadt". Sie wurde erst 1957 durch die Bergbaufirma INCO gegründet, die seither die Nickelvorkommen der Region ausbeutet. Von Anfang Juni bis Ende August kann man an Führungen durch die Nickel-Aufbereitungsanlagen teilnehmen (Di–Sa, 10+13.30 Uhr). Ein touristisches Ziel – das sei betont – stellt Thompson nicht dar. Aber von dort dauert die (Nacht-)Fahrt nach Churchill nur 13 Stunden (für 550 km!) statt fast 35 – weitgehend monotone – Stunden ab Winnipeg. Und das Ticket ist deutlich billiger. Die Rückfahrkarte kostet von dort $138 statt $372 ab Winnipeg, ➪ Seite 111.

Fahrt nach Churchill

Der Zug verläßt Winnipeg jeweils Di, Do+So um 21.55 Uhr und Thompson um 19.20 Uhr am Folgetag. Fahrplanmäßige Ankunftszeit in Churchill ist 8.20 Uhr am übernächsten Tag der Abfahrt. Zurück geht es jeweils Di, Do+Sa um 21 Uhr. Wer nicht schon am Abend des Ankunftstages wieder den Zug besteigen möchte, muß mindestens zwei Nächte in Churchill verbringen (Reservierung speziell zur "Eisbären-Hochsaison" Ende Oktober unbedingt erforderlich, Telefonnummern der Hotels im *Manitoba Accommodation Guide*). Es sei denn, man nimmt für den Rückweg das Flugzeug. Lokale Fluglinien bedienen den nördlichen Außenposten der Provinz ab Winnipeg und Thompson.

Reservierungen für den *Hudson Bay Train**) bei:

VIA Rail Tours
123 Main St.
Winnipeg, MB, R3C 1A3
✆ (204 944-8780 und (800) 561-8630

Auch eine langfristige Vorausbuchung ist möglich über den

Canada Reisedienst
Rathausplatz 2
22926 Ahrensburg
Deutschland
✆ 04102/51167

Bedeutung Churchills

Churchill ist die **nördlichste Siedlung Manitobas** und der Überseehafen (!) der Prärieprovinzen. Mit weniger als 5.000 km ist der Seeweg von Churchill nach Europa kürzer als von den Häfen am St.-Lorenz-Strom, von der zusätzlichen langen Strecke über die Großen Seen nicht zu reden. Aus diesem Grund wurde die Bahnlinie von Winnipeg zur Hudson Bay überhaupt gebaut (bereits 1929). Obwohl dort in den knapp vier eisfreien Monaten alljährlich etwa 500.000 Tonnen Getreide umgeschlagen werden, haben sich die einstigen Erwartungen jedoch nicht erfüllt. U.a. gibt es kontinuierliche Schwierigkeiten mit dem Gleiskörper der Bahn, der während der Auftauphase des Permafrostbodens immer wieder absackt und nur relativ geringe Geschwindigkeiten zuläßt.

Eisbären

Wegen der vielen Eisbären in der Region nennt sich der kleine Ort (1.100 Einwohner) an der Mündung des Churchill River in die Hudson Bay gerne *Polar Bear Capital of the World*. Tatsächlich liegt Churchill an einer alten Route der Frühsommer- und Herbstwanderung der Eisbären: Am Ende des langen Winters verlassen die Tiere das aufbrechende Eis, um den Sommer im Inneren des Landes zu verbringen. Ab Mitte Oktober sammeln sie sich wieder zu Hunderten am Ufer der Hudson Bay und warten auf das Zufrieren der Bucht. Unterdessen inspizieren sie Müllcontainer und Abfallhalden nach Eßbarem. Besonders dreiste Bären werden eingefangen, markiert und weit im Norden wieder ausgesetzt. Die Jagd auf Eisbären ist verboten; lediglich den *Inuit* steht eine Abschußquote zu.

---

*) Wer zwar gerne eine Eisenbahnfahrt in den Norden unternehmen würde, aber vor dem zeitlichen (und finanziellen) Aufwand des Churchill Trips zurückschreckt, dem sei der *Polar Bear Express* ab Cochrane/Ontario nach Moosonee empfohlen (↩ Seite 268).

Eskimo Museum	Die wichtigste Sehenswürdigkeit im Ort selbst ist das ausgezeichnete *Eskimo Museum* mit einer bemerkenswerte Sammlung von **Inuit-Kunstwerken** und Gebrauchsgegenständen der Ur-einwohner von der ***Pre-Dorset* Periode** bis heute (im Sommer geöffnet Mo 13–17 Uhr, Di–Sa, 9–12 Uhr und 13–17 Uhr.
Tundra Buggies	Den Touristen erwarten nach langer Bummelzugfahrt die Betreiber der **Tundra Buggy Tours.** Von Juli bis September veranstalten sie mit mächtigen, geländetauglichen Spezialfahrzeugen, den *Tundra-Buggies*, 4-stündige Besichtigungsfahrten in die ***Cape Churchill Wildlife Management Area***, eines der Sommerreviere der Eisbären. (Di, Do+Sa 13–17 Uhr). $74 kostet der Halbtagesausflug, die Ganztagestour $162 (Anfang Oktober bis Anfang November). Wer an der Teilnahme interessiert ist, sollte mindestens zwei Wochen vor dem geplanten Termin reservieren: ✆ (204) 675-2121, von Anfang November bis Ende Juni auch ✆ (800) 544-5049.
Wale	Neben Eisbären gehören Belugawale in den Gewässern der Hudson Bay zu den touristischen Attraktionen. Von Land aus kann man sie mit Glück vom *Cape Merry* an der Mündung des Churchill River beobachten (ca. 3 km auf dem *Cape Merry Centennial Parkway*). Dort legt auch die kostenlose
Fort Prince of Wales	Fähre zum *Fort Prince of Wales National Historic Site* auf der anderen Seite des Flusses ab. Das heute teilweise restaurierte Fort mit bis zu 12 m dicken Mauern wurde 1771 nach einer Bauzeit von etwa 40 Jahren fertiggestellt, fiel aber schon 1782 kampflos an die Franzosen
Bootstrips	Fast alle **Whale Watching Trips** per Boot verbinden Walbeobachtung aus größerer Nähe mit einem Ausflug zur Festung. Beste Chancen, Wale zu Gesicht zu bekommen, hat man von Mitte Juni bis Ende August. Dafür machen sich um diese Zeit die **Eisbären** rarer. Immerhin werden auch im Juli/August noch auf 25% aller Trips Eisbären gesichtet. Im September verdoppelt sich diese Rate. Ende Oktober/Anfang November ist "Eisbären-Hochsaison" mit 100%iger Sichtungsquote.

Eisbär in Churchill

Northern Holiday Highway 323

Zurück nach The Pas

Bei Rückreise von Thompson in Richtung The Pas auf dem *Highway* #39 passiert man westlich Ponton den Wekusko Lake, ein ideales Kanu- und Angelrevier. An der Straße #392 liegt der **Wekusko Falls Wayside Park,** ein hübscher Campingplatz am Wasserfall. Die einzige nennenswerte Siedlung der Region ist das Nest Snow Lake. Der ausgedehnte **Grass River Provincial Park** bietet ein weiteres Naturparadies mit verbundenen Seen und Flüssen. Die drei Zeltplätze mit Bootsrampen sind von der Hauptstraße leicht zu erreichen. Ab Simonhouse verbleiben noch 75 km auf der #10 bis The Pas.

Der NHH in Saskatchewan

Verlauf; siehe Karte Seite 307

Der NHH von The Pas nach Nipawin in Saskatchewan (zunächst Straße #283, dann #9 und #55) zeichnet sich durch Einsamkeit und – etwa zur Hälfte – Schotterbelag aus. Landschaftlich besonders herausragend ist weder dieses Teilstück (170 km) noch die Weiterführung (137 km) bis Prince Albert. Von dort ab zeigt sich dafür der NHH von seiner besten Seite.

Prince Albert

Zwar gehört Prince Albert (32.800 Einwohner) zu den ältesten Ansiedlungen Saskatchewans – der Trapper *Peter Pond* gründete dort schon 1776 einen Pelzhandelsposten – bietet aber kaum Sehenswertes. Im Stadtsüden existiert ein **Visitor Centre** (3700, 2nd Ave West; Straße #2) mit zwei kleinen Museen in unmittelbarer Nachbarschaft. Das **Rotary Museum of Police and Corrections** präsentiert ein Sammelsurium an Ausstellungsstücken zur RCMP, und das **Evolution of Education Museum** erläutert die Entwicklung der Schulerziehung in Saskatchewan seit den Anfängen der Besiedlung. Wie jede größere Stadt der Provinz verfügt auch Prince Albert über ein **Diefenbaker House** (246, 19th St W) zu Ehren ihres großen Sohnes. Bei dem Museum handelt es sich um das von ihm zwischen 1947 und 1975 bewohnte Haus.

Prince Albert National Park

Nur eine gute halbe Stunde Fahrzeit benötigt man von Prince Albert zum Südeingang (Straße #263) des gleichnamigen Nationalparks. Ein Abstecher von dem weiter der Straße #55 folgenden NHH in das wunderbare Seen- und Waldgebiet dieses Parks lohnt sich auf jeden Fall. Erstaunlich für eine derart weitab der Hauptrouten gelegene Region ist die dichte und aufwendige touristische Infrastruktur im Hauptort Waskesiu Lake. Das schlichte **Visitor Centre** fällt da fast aus dem Rahmen. Neben das Naturerlebnis tritt am Waskesiu Lake ein starkes kommerzielles Freizeitangebot. Tennis- und Bowlinganlagen, Fahrradverleih, Golfplatz und Reitställe sorgen für Abwechslung auch bei längeren Aufenthalten.

Wassersport

An drei Bootsrampen kann man Motorboote und Kanus leihen. Der starke Motorbootverkehr auf den großen Seen verleidet jedoch Kanuten besonders an Wochenenden die Freude.

Ruhiger wird es westlich des Kingsmere Lake; am Kingsmere River finden sich sogar mechanische Hilfen zur Erleichterung der *Portage* (Überlandtransport des Kanus) entlang eines nicht schiffbaren Abschnitts. Grundsätzlich eignen sich die Reviere des *Prince Albert Park* sowohl für Anfänger als auch für fortgeschrittene Kanuenthusiasten. Im Hinterland gibt es für mehrtägige Touren **Backcountry Campgrounds** an den Kanurouten (*Permit* notwendig, ⇨ Seite 32).

Aufbruch zu einem Mehrtagestrip im Prince Albert Park

Trails

Eine weitere Stärke des Parks sind seine Wanderwege. An der Straße #263 zwischen Südeingang und Waskesiu liegen die Ausgangspunkte zweier empfehlenswerter *Trails:*

An der #264, unweit der Parkgrenze, beginnt der ungewöhnliche **Boundary Bog Trail**. Auf *Boardwalks*, die im Frühsommer bisweilen noch unter Wasser stehen, geht es rund 2 km durch ein Sumpfgebiet. Eine Informationsbroschüre unterrichtet über Entstehung, Flora und Fauna des *Bog*.

Mehrtagestrips

Von den längeren Wanderungen erscheint der 20-km-Weg zur Hütte **Grey Owl's** am Ajawaan Lake besonders reizvoll (*Trailhead* an der Kingsmere Road). *Grey Owl*, geboren als *Archibald Stansfeld Belaney*, war ein englischer Schriftsteller, der Anfang des Jahrhunderts mit den *Ojibwa* Indianern lebte. Zur Übernachtung auf einem der **Backcountry Campsites** (etwa am Ostufer des Kingsmere Lake) darf man das obligatorische *Permit* im *Visitor Centre* holen. Über die bedenkenswerte Kombination Leih(motor-) boot und Wanderung läßt sich der Hin- und Rückweg zur *Grey Owl's Cabin* leicht innerhalb eines Tages bewältigen. Von der Anlegestelle sind es bis zur Hütte nur noch ungefähr 3 km.

Camping	Die Campingplätze des *Prince Albert Park* erfreuen sich in der Sommersaison (Juli/August) großer Beliebtheit mit der Konsequenz voller Belegung bereits früh am Tage. Das gilt insbesondere für die Wochenenden. Wer freitags bis sonntags dort campen möchte, tut gut daran, vormittags anzukommen und als erstes einen Platz zu sichern. Der schönste, wiewohl einfach ausgestattete *Campground* befindet sich am idyllischen Trapper Lake. Er besitzt nur 5 (!) weit auseinanderliegende Stellplätze. Unweit Waskesiu Lake (Ort und See) liegt der große **Beaver Glen Campground** nur ein paar Minuten vom Strand entfernt. Den *Waskesiu Trailer Park*, eine vergleichsweise enge und unattraktive Anlage, sollte nur wählen, wer unbedingt *Full Hook-ups* benötigt.
Hostel	Sogar eine Jugendherberge mit 60 Betten ist vorhanden: Waskesiu International Hostel, Montreal Rd, ✆ (306) 663-5450.
Batoche	Etwa 70 km südlich von Prince Albert am Highway #225 (Anfahrt über die #2) liegt der **Batoche National Historic Site**, Erinnerungsstätte an die **North West Rebellion** von 1885. Im Mai jenes Jahres tobte bei Batoche ein 3-tägiger Kampf zwischen den *Métis* und den Regierungstruppen unter General *Middleton*. Die Niederlage der *Métis* bedeutete das Ende des Aufstandes, ➪ Seite 284.

Das **Batoche Visitor Centre** erwartet Besucher mit einer detaillierten Ausstellung über das Leben der *Métis* und die historische Schlacht. Die mehrfach täglich gezeigte Breitwand-Multivisionsshow (ca. 45 min; $3) ist brillant gemacht und fast allein den Abstecher nach Batoche wert. Für das Verständnis von Vorteil ist, sich über den geschichtlichen Hintergrund der *Métis*-Revolte vorher informiert zu haben. Vom Besucherzentrum führen Pfade zu den Ruinen des ehemaligen *Métis*-Dorfes, zu Kirche und Friedhof.

Exerzierplatz im hervorragend restaurierten Fort Carlton

Fort Carlton

Per kostenloser **Fähre** kann man nördlich Batoche den South Saskatchewan River überqueren und ab Duck Lake auf der Straße #11 die Reise fortsetzen. Der kürzesten Route zurück auf den NHH entspricht die #212 in Kombination mit einer Fähre über den North Saskatchewan River und lokalen Schotterstraßen nach Shellbrook. Nur wenige Extrakilometer erfordert auf dieser Strecke der Besuch des **Fort Carlton Provincial Historic Park** ($3) mit einem rekonstruierten Fort aus der Pelzhandelsära. Der abseits gelegene Handelsposten diente zeitweilig auch als Quartier der *North West Mounted Police*, die im März 1885 vor der Niederschlagung der *Métis*-Revolte zunächst das Fort geräumt hatte. In den Sommermonaten erläutern zeitgenössisch gekleidete *Park Ranger* Leben und Ereignisse der Vergangenheit. Für historisch Interessierte lohnt der Abstecher an den Nordarm des Saskatchewan River auch ohne Weiterfahrt in Richtung NHH wie beschrieben.

Steele Narrows Park

Ab Prince Albert läuft der NHH durch eine ausgedehnte Seenlandschaft zum **Meadow Lake Provincial Park**. Ein kleiner Umweg führt von Meadow Lake auf den Straßen #55/#699 über Loon Lake zum *Steele Narrows Provincial Historic Park*. Er erinnert an die letzten Scharmützel der **North West Rebellion** zwischen der NWMP unter *Major Sam Steele* und den von *Chief Big Bear* angeführten *Cree Indians* im Juni 1886. Über einen hübschen Campingplatz mit Sandstrand verfügt der Provinzpark **Makwa Lake** in der Nachbarschaft.

Meadow Lake Park

Der langgestreckte, überaus attraktive *Meadow Lake Provincial Park* gehört mit fast 1.600 km² zu den größten der Provinz. Eine **Gravel Road** durchquert ihn auf ganzer Länge. Mindestprogramm sollte ein Abfahren des mittleren Teilstücks sein (Straße #224), auf das man vom NHH über die #4 gelangt. In diesem Bereich befindet sich auch die Mehrzahl der Campingplätze. Neben Tennis, Reiten und Schwimmen steht in Anbetracht der zahlreichen miteinander verbundenen Seen (der **Waterhen River** bietet eine hervorragende 100 km lange Route für Kanuwanderer) der Kanusport ganz oben auf der Liste der Parkaktivitäten. Mehrere Stationen verleihen Kanus. Anfänger erhalten dort die nötigen Instruktionen.

Der NHH durch Alberta

Verlauf; siehe Karte Seite 344

Die verbleibende Distanz des NHH durch Alberta bis Dawson Creek beträgt 771 km. Zunächst macht die Streckenführung auch in der letzten der drei Prärieprovinzen der Bezeichnung NHH weiterhin Ehre, der Verlauf ist aber im abschließenden Teilstück ab dem Lesser Slave Lake nicht mehr besonders attraktiv.

Erst vor wenigen Jahren wurden in Alberta noch verbliebene Schotter-Abschnitte asphaltiert.

Cold Lake

Der *Cold Lake Provincial Park* gilt als Vogelparadies. Ein weißer Sandstrand und hübscher Campingplatz laden zum Bleiben ein. Ebenfalls einen attraktiven Übernachtungsplatz im Fichtenwald und Sandstrände bietet der ***Sir Winston Churchill Provincial Park*** am Lac La Biche.

Fort McMurray

241 km nördlich des Hwy #55 liegt Fort McMurray in der Einsamkeit der Wald- und Seenlandschaft des Provinznordens, erreichbar über die Stichstraße #63. Die 35.000 (!)-Einwohner-Stadt ist Zentrum der Ölsandverarbeitung Albertas. Im ***Oil Sands Interpretive Centre*** an der Ecke Hwy #63/ Mackenzie Blvd werden Geschichte und Technologie der Ölgewinnung aus *Oil Sands* anschaulich erläutert; geöffnet Mitte Mai bis Anfang September täglich 10–18 Uhr; Eintritt $3. Ca. 35 km nördlich läuft die #63 mitten durch 60 m tiefen Ölsandabbau.

Lesser Slave Lake

Ab Athabasca trägt der NHH bis hinter High Prairie die #2 und passiert überwiegend fern der Ufer den Lesser Slave Lake. Zugang zum Kleinen Sklavensee erlauben nur einige unscheinbare Ortschaften direkt am Wasser und die **Provinzparks** *Lesser Slave Lake* im Osten und ***Hilliard's Bay*** im Nordwesten des Sees. Beide besitzen lange Strände und gute Campingplätze. Einer der wenigen attraktiven ***Campgrounds*** am Südufer ist der private *Spruce Point Park* mit Zufahrt westlich von Kinuso. Kaum einen Umweg (auf den Straßen #749/#679) erfordert der ***Winagami Lake Provincial Park*** mit einem empfehlenswerten *Campground*.

Nach Dawson Creek

Der letzte Abschnitt des NHH (Straße #49) von **High Prairie bis Dawson Creek** führt auf 272 km durch eine relativ monotone Agrar- und Waldlandschaft. Hübsche Seen, schöne Kanurouten und attraktive Campingplätze, wie noch im *Lake Land* im Osten Albertas, gibt es dort nicht mehr. Deshalb ist der NHH in diesem Bereich keine echte Alternative zur Strecke Edmonton–Dawson Creek auf der Route #43/#34/#2.

4. AUSGEWÄHLTE STRECKEN UND ZIELE IN ALBERTA

4.1 DATEN, FAKTEN UND INFORMATIONEN

4.1.1 Steckbrief ALBERTA

Konstituierung als Provinz:		1905
Einwohner:		2.716.000
Anteil an der kanadischen Bevölkerung:		9,3%
Anteil am kanadischen Sozialprodukt		11,2%
Fläche:		661.185 km²
Bevölkerungsdichte:		4,1 Einwohner pro km²
Hauptstadt:	Edmonton	
Größte Städte:	Edmonton:	840.000 Einw.
	Calgary:	755.000 Einw.
	Lethbridge:	65.000 Einw.
	Red Deer:	60.000 Einw.
Provinzfeiertag:	Heritage Day am 1. Montag im August	
Höchster Berg:	Mount Columbia (Jasper National Park)	3.747 m
Größter See:	Lake Athabasca	7.940 km²
Längste Flüsse:	Peace /Mackenzie River	4.241 km
	Bow/Saskatchewan River	1.940 km
Nationalparks:	Banff, Elk Island, Jasper, Waterton Lakes, Wood Buffalo	
Zeitzone:	Mountain Time, im Sommer gilt DST	
Hauptexportprodukte:	Erdöl/-gas	60%
	Getreide	5%
	Chemikalien	4%
Telefonvorwahl:		403
Sales Tax:		keine

4.1.2 Geschichte, Geographie und Klima

19. Jahrhundert

Die **Indianer** auf dem Gebiet des heutigen Alberta (***Blackfeet, Assiniboine, Scarcee***) wurden bis Mitte des 19. Jahrhunderts kaum von den Weißen bedrängt. Nur die Pelzhandelsgesellschaften – *North West* und *Hudson's Bay Company* (↔ Seite 285) – hatten auf Indianerland bereits Stützpunkte angelegt.

Eine nennenswerte Immigration begann erst nach der Gründung des *Dominion of Canada* 1869 und der Übernahme des bis dato von der HBC beanspruchten *Ruperts Land* durch den Staat. Trotz anfänglicher, großenteils durch illegalen Alkoholhandel verursachter Probleme blieben ernste kriegerische Auseinandersetzungen zwischen Indianern und Neuankömmlingen wie in den USA aus. Im wesentlichen dank der eigens

Geschichte und Geographie

für die neuen Territorien im Westen geschaffenen berittenen Polizeitruppe **North West Mounted Police**, Vorgängerin der "Rotröcke" (⇨ RCMP Regina, Seite 304).

District of Alberta
Nicht verhindern konnte oder wollte die Polizei jedoch die mit der Besiedelung einhergehende dramatische Dezimierung der Bisonbestände, der wichtigsten Lebensgrundlage der Indianer. In der Folge mußten sie wohl oder übel der Abtretung des Großteils ihrer leergejagten Prärien zur Nutzung als Acker- und Weideland durch die Einwanderer zustimmen. Bereits 1882 entstand ein *Provisional District of Alberta*, so benannt nach der Frau des britischen Gouverneurs und Tochter der Königin, Prinzessin *Louise Caroline Alberta*.

Eisenbahn 1885
Drei Jahre später, im Jahr 1885, wurde die transkontinentale Eisenbahnlinie **Canadian Pacific Railroad** vollendet. Sie verband Alberta sowohl mit der Westküste als auch mit dem Osten des Landes und sorgte für einen kontinuierlichen Strom neuer Siedler. Mit der verkehrsmäßigen Erschließung und dem Bevölkerungsanstieg prosperierte bald die zunächst auf Ackerbau und Viehzucht basierende Wirtschaft Albertas.

Provinz Alberta
Die Festlegung der seither unverändert gültigen Grenzen (siehe unten) und die Konstituierung des bis dato voll von der Zentralgewalt abhängigen provisorischen Distrikts Alberta als selbstverwaltete Provinz erfolgte im Jahre 1905.

Öl und Erdgas
Ölfunde 1914 und – noch ergiebiger – 1947 verhalfen Alberta zu einem zusätzlichen wirtschaftlichen "Standbein". Kohle, Öl und Erdgas spülen vor allem seit den Ölkrisen der 70er-Jahre so viel Abgaben in die öffentlichen Kassen, daß Alberta ohne die sonst übliche Umsatzsteuer (*sales tax*) auskommt. Zum Wohlstand der – gemessen am Pro-Kopf-Einkommen – reichsten Provinz Canadas tragen außerdem erhebliche **Fremdenverkehrseinnahmen** bei. Die Rocky Mountain Nationalparks *Banff* und *Jasper* zählen zu den beliebtesten Tourismusregionen Canadas, und die *Calgary Stampede* (⇨ Seite 196) wie auch die *Edmonton Klondike Days* (⇨ Seite 208) sind wahre Besuchermagneten.

Tourismus

Geographie
Die Grenzen Albertas wurden im Süden und Norden entlang des 49. und 60. Breitengrades definiert und im Osten und Westen am 110. bzw. 120. Längengrad ausgerichtet. Lediglich in den Rocky Mountains verläuft die Grenze unregelmäßig auf der durch die Wasserscheide zwischen Atlantik und Pazifik (**Continental Divide**) vorgegebenen Linie. Auf jeder Seite besitzt Alberta nur einen Nachbarn: Saskatchewan im Osten, den US-Staat Montana im Süden, British Columbia im Westen und die Northwest Territories im Norden.

Waldgebiete
Da sich Albertas Tourismus-Werbung stark auf die erwähnten Nationalparks und die beiden Cities mitten in der Prärie konzentriert, entsteht leicht der Eindruck, die Provinz bestünde

fast nur aus Weide- und Ackerland, begrenzt von den Bergen der Rockies im Westen. Tatsächlich bedecken **riesige, seenreiche Waldgebiete** ungefähr zwei Drittel der Fläche Albertas nördlich und westlich von Edmonton, wohingegen die **Prärien nur ein Drittel** ausmachen. Die Hochgebirgsregion spielt flächenmäßig kaum eine Rolle.

Präire, Badlands und Berge

Die auch in Alberta nicht durchgängig ebenen Prärien steigen von etwa 600 m im Osten auf Höhenlagen bis 1.200 m im Westen. Dort enden sie an den Ausläufern der Rocky Mountains, im Bereich des **Waterton Lakes National Park** im äußersten Südwestzipfel der Provinz fast übergangslos vor dem Panorama des Hochgebirges. Ausgedehnte *Badlands* mit kargen Sandsteinformationen und tiefeingeschnittene Täler entlang des **Red Deer** und **Milk River** verhindern vor allem im Südosten die großflächige agrarische Nutzung der Prärie. Die ergiebigsten **Fossilien-** und **Dinosaurierfundstellen** Nordamerikas (*Writing-on-Stone/Dinosaur Provincial Parks*, ⇨ Seite 334) liegen in dieser Region, ebenso wie – nur wenig unter der Erdoberfläche – große Kohlevorkommen. Neben den Badlands unterbrechen zahlreiche Flußläufe, Seen und kleinere Hügelgebiete die Landschaft – am markantesten die **Cypress Hills** an der Grenze zu Saskatchewan.

Bevölkerung

Der überwiegende Teil der Bevölkerung Albertas lebt entlang der Nord–Süd-Achse Lethbridge–Calgary–Red Deer–Edmonton. Sieht man ab von der Handvoll kleinerer Städte wie Medicine Hat, Fort McMurray und Grande Prairie und ihrem jeweiligen Umfeld ist der gesamte Rest der Provinz nur spärlich, im Norden so gut wie gar nicht besiedelt.

Klima

An den **Osthängen der Rocky Mountains** fallen etwa **600 mm Niederschlag** pro Jahr, was ungefähr deutschen Mittelwerten entspricht. Das Landesinnere dagegen ist mit nur noch der halben Regenmenge vergleichsweise trocken. In den Sommermonaten sind in der Prärie – einschließlich Calgary und Edmonton – Temperaturen von 25°C bis 30°C die Regel, aber am *Icefields Parkway* in den Nationalparks *Jasper* und *Banff* kommen selbst im Juli noch Frost und Schnee vor. Im an sich bitterkalten Winter sorgt gelegentlich der **Chinook**, ein vom Pazifik über die Berge ins südwestliche Alberta steigender Föhnwind, innerhalb weniger Stunden für Temperaturwechsel von über 20°C. Während der olympischen Winterspiele 1988 war diese Alberta-Spezialität verantwortlich für einen höchst unwillkommenen Schneemangel.

Albertas Maskottchen und beliebtes Souvenir bei Touristen: der Alberta-Teddy

4.1.3 Informationen für Touristen

Besucherzentren

Alberta versorgt in seinen *Information Centres* an den Hauptstraßen Reisende fast noch besser als andere Provinzen mit Gratismaterial. Die Zentrale befindet sich in Edmonton:

Alberta Tourism
705, 10045-111 St.
Edmonton, Alberta T5K 1M5
✆ (403) 427-4321 und 1-800-661-8888
Fax (403) 427-0867   **Internet**: http://www.gov.ab.ca
(auch Infos über Alberta Provinzparks)

Informative Broschüren

Neben der sehr guten Straßenkarte erhält man in den Stationen der Besucherinformation u.a. folgende Broschüren:

– ***Alberta Explore and Experience*** mit einer Präsentation der wichtigsten touristischen Sehenswürdigkeiten und Ziele der Provinz.

– ***Alberta Accommodation and Visitors Guide***, eine umfassende Liste von Hotels und Motels aller Kategorien sowie eine Aufzählung der Möglichkeiten für Ferienaktivitäten und Abenteuer von Fahrradtouren, Bergsteigen, Golf, Ski bis zu *Whitewater Rafting* mit Veranstalternamen.

– ***Alberta Campground Guide***, eine vor allem in Verbindung mit der *Road Map* sehr hilfreiche Übersicht über Albertas Campingplätze. Grüne und schwarze Dreiecke in der Straßenkarte markieren ihre ungefähre geographische Lage. Die Broschüre erläutert alle zugehörigen Details.

Camping Alberta

Grün steht dabei für staatliche Plätze. In den Nationalparks (*Banff, Jasper, Elk Island, Waterton Lakes*) und Provinzparks sind sie gebührenpflichtig. Die ***Campgrounds*** des ***Alberta Transportation Service*** (entlang der wichtigsten Straßen, überwiegend kostenpflichtig) und des ***Alberta Forest Service*** (auch überwiegend kostenpflichtig) gehören durchweg zur Einfachkategorie, bieten aber neben der obligatorischen Wasserpumpe, dem "Plumpsklo" und Picknicktischen meist gratis grobe Holzscheite für das Lagerfeuer und oft weitere Annehmlichkeiten. Während sich die Plätze der Straßenbehörde seltener durch Schönheit der Anlage auszeichnen als durch ihre verkehrsgünstige Lage, gibt es viele ***Forest Campgrounds*** in traumhafter Umgebung (↔ *Forestry Trunk Rd*, Seite 341).

Schwarze Dreiecke in der *Road Map* kennzeichnen die Lage privater und städtischer Campingplätze. Bei weitem nicht alle privaten Plätze finden sich in dieser Karte bzw. im *Alberta Campground Guide*.

Eine ziemlich komplette Listung aller in Frage kommenden Plätze entlang der hier beschriebenen Routen liefert das diesem Buch **beigefügte Camping-Verzeichnis Alberta & BC**.

4.2 Reiserouten durch Alberta
4.2.1 Zur Streckenauswahl

Systematik

Dank der Attraktivität der Rocky Mountain Parks und ihrer zentralen geographischen Lage spielt die Provinz Alberta für die meisten Canada-Touristen eine wichtige Rolle bei der Reiseplanung. Dementsprechend berücksichtigen die in anderen Kapiteln beschriebenen Routen mit Ausgangspunkt Vancouver, Toronto und Winnipeg bereits Sehenswürdigkeiten in und Strecken durch Alberta wie folgt:

- Der *Trans Canada Highway* durchquert Alberta im Ost-West Verlauf über Calgary (↔ Seite 308).
- Ebenfalls durch Alberta in Ost-West Richtung läuft der *Yellowhead Highway* über Edmonton (↔ Seite 310/365).
- Das letzte Teilstück des *Northern Holiday Highway* (↔ Seite 327) führt durch Alberta am Lesser Slave Lake entlang nach Dawson Creek/BC.
- In Grimshaw beginnt der *Mackenzie Highway* in die Northwest Territories (↔ Seite 579).
- Dawson Creek, unmittelbar westlich der Grenze Alberta/BC besitzt den Meilenstein "0" des *Alaska Highway*. Die Erläuterung der **Anfahrtroute** dorthin von Edmonton über Grand Prairie findet sich auf Seite 471
- Der in Alberta gelegene *Icefields Parkway* durch die Rocky Mountains von Jasper nach Banff gehört zur Nationalparkroute, für die Vancouver, aber ebenso auch Calgary als Ausgangspunkt gewählt werden kann. Er ist aus routentechnischen Erwägungen unter BC zu finden (↔ Seite 370).
- **Calgary** und **Edmonton** sind im Citykapitel separat erfaßt, ↔ Seiten 292 und 204.

Inhalt des Kapitels

Hier werden daher nur eine anderweitig noch nicht beschriebene Rundreise von Calgary durch die **Badlands** Südwest-Albertas und der Verlauf der **Forestry Trunk Road** entlang der Ostseite der Rocky Mountains vom Waterton Lakes National Park bis nach Grande Prairie behandelt.

4.2.2 Albertas Badlands

Badlands Regionen in Alberta

Im Süden Albertas liegen – wie oben schon erwähnt – im Bereich von **Red Deer und Milk River** sogenannte *Badlands*, karge, durch Erosion entstandene Landschaften zerklüfteter Sandsteinformationen. Ihre Zentren sind der *Dinosaur Provincial Park* in der Nähe von **Brooks** (TCH), ein Gebiet bei **Drumheller,** etwa 140 km nordöstlich von Calgary, und der *Writing-on-Stone Provinvcial Park* unweit der amerikanischen Grenze östlich der Straße #4.

Nach Drumheller	Wer auf einer Reise durch Canadas Westen den *Banff National Park* ansteuert, wird meist erwägen, auch das nur 130 km entfernte Calgary zu besuchen. Von dort entspricht ein **Abstecher** zu den nächstgelegenen *Badlands* bei Drumheller einem **Tagesausflug.** Auf einer Strecke von nur 270 km (von Banff nach Drumheller) durchfährt man bei dieser Gelegenheit alle in Alberta vorkommenden Landschaftsformen.
Red Deer River Valley	Von mehreren möglichen Fahrtrouten ab Calgary folgt man am besten zunächst der Autobahn #2 Richtung Edmonton und dann der Straße #72 bis Beiseker. Dort zweigt die Straße #806 nach Acme ab. An tiefen Senken vorbei geht es weiter auf der #575 zum ***Dinosaur Trail***, einer gut ausgeschilderten Rundstrecke (48 km) beidseitig des Red Deer River mit offiziellem Ausgangspunkt in Drumheller. Da das erste Teilstück dieser Route über Nacmine kaum interessiert, empfiehlt sich die Fahrt im Uhrzeigersinn von der #575 nach Norden. Einen ersten schönen Überblick über den überraschenden Abbruch der Landschaft zum *Red Deer River Valley* und die Sandsteinhügel mit ihren vielfältigen Farbnuancen bietet der Aussichtspunkt ***Orkney Hill***.
Fähre/ Camping	Noch auf der Westseite des Flusses liegt ein kleiner, für eine Übernachtung gut geeigneter **Einfach-*Campground*** ($7). Etwa an seinem Umkehrpunkt kreuzt der ***Dinosaur Trail*** den Red Deer River. Eine der letzten kabelbetriebenen Fähren Albertas (*Bleriot Ferry*) verkehrt kostenlos in kurzen Abständen. Den reizvollsten ***Viewpoint*** über die *Badlands* dieser Region passiert man am ***Horsethief Canyon***. Von dort führen auch einige Pfade in den Canyon hinein.

Badlands im Writing-on-Stone Provincial Park im südöstlichen Alberta nahe der Grenze zu den USA.

Dinosaurier Museum

Das naturwissenschaftliche **Royal Tyrrell Museum** (Ende Mai–*Labour Day* 9–21 Uhr, ansonsten verkürzte Zeiten), etwa 6 km nordwestlich von Drumheller am **Dinosaur Trail** (hier Straße #838), gehört zu den faszinierendsten Museen Canadas. Der thematische Schwerpunkt "Erd- und Menschheitsgeschichte" wird spannend und leicht verständlich präsentiert. Riesige Dinosaurier-Skelette, Aquarien und Exponate zum Anfassen sind die Höhepunkte der Ausstellungen. Größter Beliebtheit bei Erwachsenen wie Kindern erfreuen sich Computer, an denen sich Dinosaurier "konstruieren" lassen. Minimaler Zeitbedarf: 2 Stunden. Eintritt $7.

In Drumheller, einem kleinen hübschen Städtchen, steht das **Dinosaur & Fossil Museum** (täglich 10–18 Uhr, Eintritt) mit weiteren Exkavaten aus den umgebenden *Badlands*. Einem Vergleich mit dem erst in den 80er-Jahren eröffneten **Royal Tyrrell Museum** hält es nicht stand.

Einer der letzten Dinosaurier sucht nach seiner Fütterung im Besucherzentrum zwischen den Hoodos (im Hintergrund) erschrocken Deckung vor neu ankommenden Touristen

Hoodoos

In den *Badlands* bei Drumheller gibt es tatsächlich nur eine Handvoll dieser eigenwillig geformten Sandsteintürmchen in der Nähe von **East Coulee** (Straße #10, etwa 18 km südöstlich Drumheller). Die **Hoodoos** sind zwar hübsche Fotomotive, leider klettern Besucher ungehindert auf ihnen herum und "unterstützen" die natürliche Erosion.

Nach Brooks

Auch ein zusätzlicher Besuch des **Dinosaur Provincial Park** ist bei frühem Aufbruch noch innerhalb eines Tages gut zu schaffen. Der kilometermäßig kürzeste, wenn auch relativ zeitaufwendige Weg von East Coulee dorthin führt über die **Gravel Roads** #573/#570/#876 durch einsame Prärie. Schneller geht es auf dem Umweg über den TCH und Brooks.

Fossilien im Dinosaur Park	In diesem Provinzpark, einem **UNESCO World Heritage Site,** befindet sich eine der weltweit ergiebigsten Fundstellen. Bislang wurden über 150 vollständig erhaltene Dinosaurierske-lette ausgegraben. Das *Royal Tyrrell Museum* besitzt dort ein Forschungszentrum. Prächtig ist der Blick über das Tal des Red River bei der Zufahrt in den Park, das Panorama der verschiedenfarbigen Sandsteinformationen wirkt attraktiver als 120 km flußaufwärts am *Dinosaur Trail.*
Trails	Ein Großteil des Parks ist zwar Forschungszwecken vorbehalten. Besucher können auf zwei *Trails* Entdeckungen auf eigene Faust machen, gelangen dabei aber nicht zu den Ausgrabungsstätten. Einer der Pfade führt vom *Visitor Centre* durch die Sandsteinhügel der *Badlands* und Trockenareale mit **Kakteenbewuchs** (!), der andere durch vegetationsreiches Gelände am Fluß. Ein guter **Campingplatz** mit schattenspendenden Pappeln lädt zum Bleiben ein.
Nach Calgary	Zurück nach Calgary sind es auf dem TCH 200 km. Die folgenden Ziele lassen sich in eine erweiterte Rundstrecke einbauen oder aber als Abstecher in andere Reiserouten integrieren.
Writing-on-Stone Provincial Park	Zum *Writing-on-Stone Provincial Park* geht es über die Straßen #36 und #4. Den **Crowsnest Highway** kreuzt man in Taber, den *Red Coat Trail* (siehe nächste Seite) in Wrentham. Der Provinzpark an der Grenze zu den USA, 40 km östlich des Ortes Milk River, liegt direkt am gleichnamigen Fluß. Seinen Namen erhielt er wegen zahlreicher frühindianischer Inschriften und Malereien im weichen Sandstein. Die **Petroglyphs** bekommen Besucher nur auf Führungen in Rangerbegleitung zu Gesicht.
	Neben den Felszeichnungen sind – wie auch im Red Deer River Valley – **Badlands** (genauso beeindruckend wie im Dinosaur Park) und eine Reihe von **Hoodoos** die eigentliche Attraktion des Parks.
Camping	Der sehr hübsch angelegte Campingplatz (mit Badestelle am Milk River) in der dichten Vegetation des Flußtals macht den Park zu einem Übernachtungsziel, für das sich auch einige Kilometer Umweg lohnen.
Lethbridge	In Lethbridge, mit 65.000 Einwohnern die nach Calgary und Edmonton drittgrößte Stadt Albertas, gibt es neben dem tief in die Umgebung eingeschnittenen Oldman River Valley mit einer sagenhaften Eisenbahn-Brückenkonstruktion und dem **Indian Battle Park** zwischen *Crowsnest Highway* (#3) und dem **Whoop-up** *Drive* nur wenig zu sehen. In den Sommermonaten erläutern historisch kostümierte Fremdenführer Geschichte und Bedeutung eines nachgebauten ehemaligen Whisky-Handelspostens aus den Anfängen Albertas mit dem schönen Namen **Fort Whoop-Up** (geöffnet Ende Mai bis Anfang September; Mo-Sa 10–18 Uhr, So 12–18 Uhr; Eintritt $3).

Albertas Süden

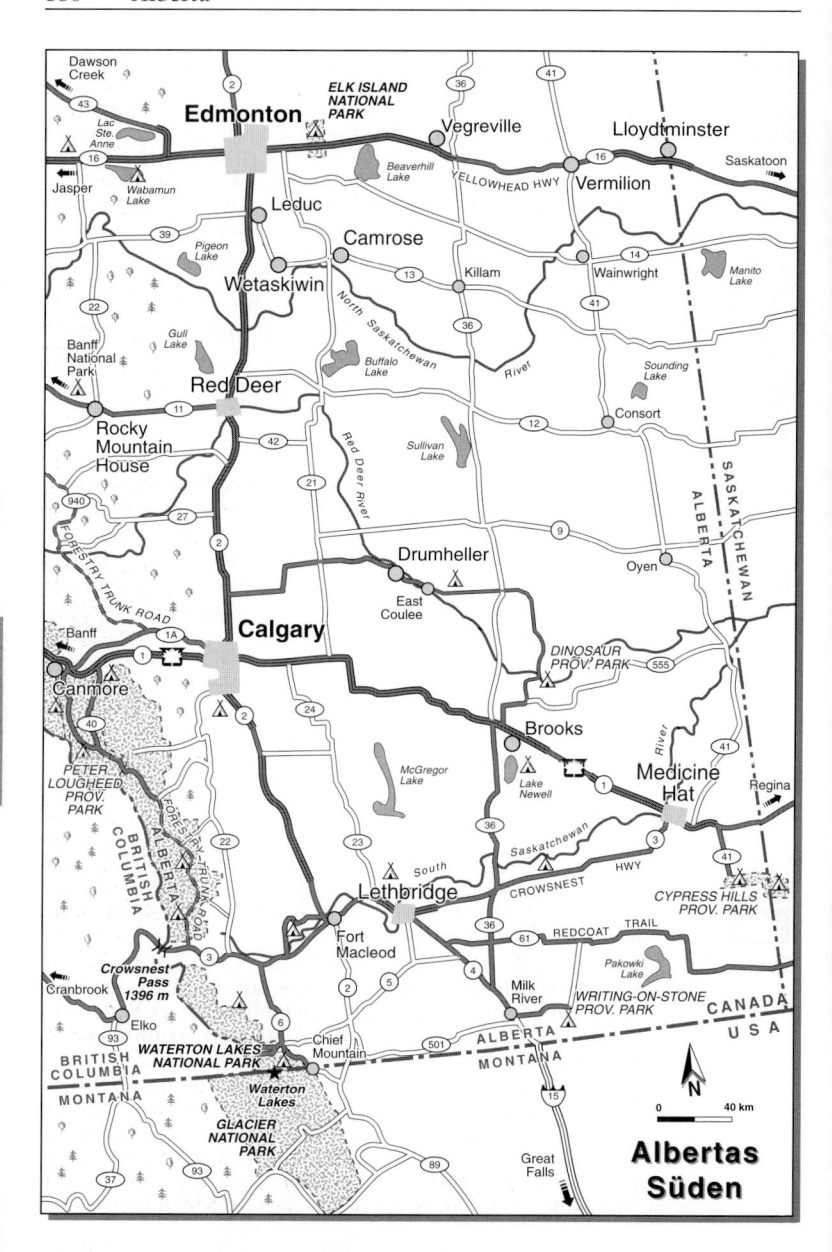

Japanischer Garten	Erwähnenswert ist auch der ansprechende japanische Garten im **Henderson Lake Park** an der Straße #5, dessen Gebäude und Brücken eigens aus Japan importiert wurden Mitte Juni bis Ende August 10–20 Uhr; sonst bis 17 Uhr, Eintritt $3.
Mennoniten und Hutterer	Wer sich für die Lebensweise der Mennoniten und Hutterer interessiert, findet südlich von Lethbridge und Fort McLeod noch intakte Gemeinden dieser ungewöhnlichen Glaubens- und Lebensgemeinschaften (↬ nächste Seite).
Fort McLeod	1874 errichtete die **North West Mounted Police** in Fort McLeod ihr Hauptquartier. Von dort aus überwachte sie die Einhaltung von "Recht und Ordnung" bei der Erschließung des heutigen Alberta und unterband den Whiskyverkauf der *Fort Whoop-Up*-Betreiber an die Indianer. Der über 1.100 km lange Marsch von Manitoba durch die Wildnis südkanadischer Prärien begründete den Ruhm der Polizeitruppe. Das *Fort Macleod Museum* (Juli bis Ende August 9–20.30 Uhr; Mai bis Mitte Juni und September bis Mitte Oktober bis 17 Uhr, ansonsten weiter verkürzte Zeiten, Eintritt $4) informiert über ihre Geschichte und die der Besiedelung Albertas. Im Juli und August paradieren die "Rotröcke" viermal täglich.
Red Coat Trail	Fort Macleod ist Endpunkt des in Anlehnung an die attraktive Uniformjacke der Polizei so bezeichneten *Red Coat Trail*. Dieser wurde entlang der damaligen Marschroute durch den Süden der Prärieprovinzen zu einer touristischen Alternative zum TCH umdefiniert. Leider bietet die Route außer den hübschen Namen wenig Anlaß, ihr zu folgen. Dasselbe gilt nebenbei auch für den Verlauf des *Crowsnest Hwy* in Alberta, während dessen Streckenführung in British Columbia gar nicht genug herausgehoben werden kann, ↬ Seiten 400 und 420.
Nach Calgary	Von Fort Macleod erreicht man Calgary auf der großenteils autobahnartigen Straße #2 in knappen zwei Stunden. Bei ausreichender Zeit und speziell bei Zielvorgabe Banff könnte man stattdessen der **Forestry Trunk Road** den Vorzug geben, siehe dazu im Detail den folgenden Abschnitt. Wie auch immer, in dieser Region ist der Abstecher zum **Head-Smashed-In Buffalo Jump** eigentlich ein "Muß". Er liegt 18 km nordwestlich von Fort MacLeod an der bis dahin durchgehend asphaltierten Straße #785, die 2 km nördlich des *Crowsnest Highway* von der #2 abzweigt. Das westliche Teilstück des Hwy #785, das zwischen Pincher und Brocket auf die #3 stößt, ist eine Schotterstraße.
Buffalo Jump	Über 6.000 Jahre lebten die Indianer in diesem Teil der Prärie von den Bisons. Um in kurzer Zeit möglichst viele Tiere zu erlegen, versetzten sie die Herden in Panik und trieben sie über Steilabbrüche. Dabei kamen oft weit mehr Büffel um, als die Jäger verarbeiten konnten. Eine der ältesten Absturzstellen hat die UNESCO zum **World Heritage Site** erklärt.

Mehr als der 10 m hohe Steilabbruch beeindruckt die Dokumentation im *Head-Smashed-in Buffalo Jump Interpretive Centre.* Sie zeigt plastisch das Leben der *Plains Indians* und die Entwicklung der Büffeljagd über die Jahrtausende (Mitte Mai bis Labor Day 9–20 Uhr; sonst 9–17 Uhr), Eintritt $7.

DEUTSCHE MINDERHEITEN IN CANADA: HUTTERER UND MENNONITEN

Die Mehrheit der deutschen Einwanderer paßte sich in Canada – wie auch andere kleinere Immigrationsgruppen – rasch der anglo-kanadischen Kultur an. Bereits die zweite Generation lernte Englisch als Muttersprache, und selbst die Familiennamen wurden oftmals von den Einwanderungsbehörden anglisiert oder – insbesondere während der beiden Weltkriege – nachträglich abgeändert. Dennoch haben sich einige deutsche Traditionen bis heute gehalten. Kitchener in Ontario beispielsweise, das bis zum 1. Weltkrieg Berlin hieß, veranstaltet eines der größten Oktoberfeste in Nordamerika. Radiosendungen in deutscher Sprache, mit zumeist kirchlicher Ausrichtung, werden außer im südlichen Ontario auch in Manitoba, Saskatchewan und Alberta ausgestrahlt. In den Prärieprovinzen ist der deutschsprachige konservative *Kanadakurier* weit verbreitet.

Darüber hinaus gibt es einige noch heute in weitgehender Abgeschiedenheit lebende deutsche Einwanderergruppen, die auf dem Boden einer strengen Religiosität nicht nur an einzelnen Gepflogenheiten festhalten, sondern nahezu ihre gesamte Kultur bewahrt haben. Dazu zählen in erster Linie die **Hutterer**, eine in urchristlicher Gütergemeinschaft lebende Sekte. Sie mußte über die Jahrhunderte viele Vertreibungen erdulden, wurde in ihren Überzeugungen und ihrem Zusammenhalt dadurch nur umso mehr gefestigt. Die Sekte entstand 1533 in Mähren, als einige von *Jacob Hutter* (der 1536 in Innsbruck verbrannt wurde) angeführte Bauern ihre Höfe zusammenlegten, um fortan – ihrem Verständnis der christlichen Lehre gemäß – als Kollektiv zu arbeiten und zu leben. Sie praktizierten nur die Erwachsenentaufe und gerieten damit als sogenannte Wiedertäufer in Widerspruch zur Amtskirche. Weil sie in Mähren verfolgt wurden, zogen sie nach Ungarn; von dort ging es weiter nach Siebenbürgen und in die Ukraine. Ab 1870 etwa wanderte ein Teil der Bruderschaft in die USA aus. Andere gingen später nach Canada. In beiden Ländern konnten sie bis heute relativ isoliert ihre Traditionen pflegen.

Gegenwärtig leben ca. 32.000 Hutterer in Nordamerika. Mehrere Familien bewirtschaften jeweils gemeinsam ein meist recht großes bäuerliches Anwesen, den "Bruderhof".

Nachwuchssorgen haben die Gemeinden nicht, denn Kinderreichtum ist bei den Hutterern keine Seltenheit. Neue Mitglieder von außen brauchen also nicht angeworben zu werden. Hutterer erkennt man auch an der äußeren Erscheinung. Ihre Trachten haben sich in den letzten 450 Jahren kaum verändert. Die Röcke und Schürzen der Frauen sind in gedeckten Farben gehalten und weisen dezente Muster auf, unerläßlich ist ein gepunktetes Kopftuch. Die Mannsleut' tragen schwarze Hosen mit Hosenträgern, einfache, gestreifte oder karierte Hemden und – als unverwechselbares Erkennungszeichen – einen Kinnbart.

Die Interessen des Individuums sind bei den Hutterern jenen der Gemeinde, der "Kolonie", grundsätzlich nachgeordnet. Die herkömmliche Rollenverteilung zwischen den Geschlechtern und den Generationen ist noch immer unangefochten: Die Frauen "regieren" in Haus und Hof, die Männer verrichten ihr Tagewerk auf dem Feld und kümmern sich um das Vieh. Die Kinder werden von klein auf daran gewöhnt, die ihnen zugedachten Rollen möglichst perfekt auszufüllen.

Die stark auf ihre Eigenständigkeit bedachten Gemeinden werden von der kanadischen Gesellschaft akzeptiert, obwohl ihre Mitglieder manche der "staatsbürgerlichen Pflichten" nicht erfüllen. So lehnen die pazifistisch gesinnten Hutterer bis heute den Wehrdienst ab und verweigern sich jeglichen Eidesformeln, etwa vor Gericht, da sie einzig und allein zu Gott schwören.

Trotz aller Bemühungen, die kulturelle Identität zu wahren, zeichnen sich jedoch in einigen Bereichen Veränderungen ab. Da dies bei den einzelnen, unabhängig voneinander arbeitenden Bruderhöfen in unterschiedlichem Tempo vonstatten geht, bieten die Hutterer heutzutage kein völlig homogenes Bild mehr. Zwar wird auch jetzt noch überwiegend Deutsch gesprochen (mit einem dialektalen Einschlag der mährischen Urheimat), in manchen Kolonien allerdings beginnt sich – besonders unter den Jüngeren – Englisch als Umgangssprache durchzusetzen.

Auch der technische Fortschritt hat seine Spuren in den Gemeinden hinterlassen. Noch immer lehnen die Hutterer Radio und Fernsehen ab, doch moderne Maschinen zur Erhöhung der Arbeitseffektivität werden in zunehmendem Maße eingesetzt. Dahinter steht die Einsicht, daß die Gemeinschaft nur dann überleben kann, wenn sie konkurrenzfähig bleibt und für ihre Mitglieder sorgen kann. Da bei den Bruderhöfen hohe Lohnkosten und strikte Arbeitszeitregelungen entfallen, wirtschaften sie ohnehin kostengünstiger als umliegende Farmen.

Die **Mennoniten,** ebenfalls Wiedertäufer, folgen den Glaubenslehren des 1559 verstorbenen Menno Simons. Sie waren ursprünglich in den Niederlanden und Norddeutschland beheimatet. Wie die Hutterer lebten sie lange Zeit in Rußland und emigrierten dann nach Amerika. Die Traditionalisten unter ihnen lehnen die Nutzung der modernen Technik immer noch rigoros ab. Wie in alten Zeiten spannen sie Pferde vor den Pflug und fahren in der Kutsche zur Kirche. Von den Mennoniten spalteten sich gegen Ende des 17. Jahrhunderts die ultrakonservativen *Amish People* - benannt nach ihrem Bischof *Jacob Amann* - ab. Sie ließen sich vor allem im amerikanischen Pennsylvania nieder und achten bis heute mit großer Strenge auf die Bewahrung der traditionellen Werte.

Daneben gibt es eine Gruppe fortschrittlicher Mennoniten, die auf ihrem Hof die neuesten Maschinen einsetzen, Autos fahren (wenn auch nur in dezenten dunklen Farben) und sich den Errungenschaften der modernen Zivilisation nicht verschließen. Sie erlauben ihren Glaubensbrüdern sogar die Ableistung des Wehrdienstes. In Canada findet man eine Reihe von Gemeinden südlich von Winnipeg/Manitoba. Im Städtchen Steinbach erläutert sogar ein kleines Museumsdorf Geschichte und frühere Lebensweise der Mennoniten. Zahlreiche Dokumente illustrieren den langen Weg der Wanderung von Deutschland und Holland in die heutige Heimat.

Hutterer Frauen in der für Landfrauen der Jahrhundertwende typischen schlichten Tracht

4.2.3 Vom Waterton Lakes National Park auf der Forestry Trunk Road nach Grande Prairie

Waterton Lakes National Park

Der kanadische *Waterton Lakes National Park* und der auf amerikanischer Seite angrenzende *Glacier National Park* bilden den *Waterton-Glacier International Peace Park*, ein für Wanderer faktisch "grenzenloses" Territorium. Bereits auf der Anfahrt (*Chief Mountain International Highway*: #6 in Alberta, #17 in Montana/USA) bietet sich dem Reisenden ein großartiges Panorama der Rocky Mountains mit den Waterton Lakes im Vordergrund. Nirgendwo sonst in Canada sieht man einen derart abrupten Übergang zwischen Prärie und Hochgebirge. Der beste Aussichtspunkt befindet sich ungefähr 8 km südöstlich des Parkeingangs an der Straße #6 (in Richtung USA).

Information

Das **Visitor Centre** des *National Park Service* an der *Entrance Road* und die kommunale **Chamber of Commerce** in der **Tamarack Mall** des Waterton Alpine Village versorgen Besucher mit Karten des Parks und weiteren Informationen. Auskünfte über Aktivitäten und Attraktionen erteilt außerdem telefonisch die **Chinook County Tourist Association** unter ✆ (800) 661-1222.

Alpine Village

Das Alpine Village verfügt über die in populären Feriengebieten übliche touristische Infrastruktur. Wer es sich leisten kann (DZ ca. ab $110), bucht das sehr schöne **Prince of Wales Hotel** auf einer Anhöhe über den Waterton Lakes mit Blick auf die Rockies. Auf keinen Fall sollte man den 1 km langen Wanderweg auf den **Bear's Hump** oberhalb des **Visitor Centre** auslassen. Von oben bietet sich eine grandiose Aussicht auf das Hotel, den Ort und die Seen. Zu den besonders beliebten Attraktionen des Parks gehört eine grenzüberschreitende Fahrt mit dem Ausflugsboot über den Upper Waterton Lake in die USA (3-5 Abfahrten pro Tag je nach Saison; $16). Statt per Schiff lassen sich die USA auch über einen Ufertrail auf Schusters Rappen erreichen (ca. 7 km).

Routen im Park

Nur zwei Stichstraßen führen in den Park hinein. Beide bieten viel "fürs Auge":

– Der **Akamina Parkway** (16 km) durch das Cameron Valley endet am gleichnamigen See. Ein hübscher 2-km-Spazierweg verläuft direkt am Ufer. Wer den (sanften) Aufstieg nicht scheut, sollte den *Trail* zum Summit Lake vorziehen (ebenfalls etwa 2 km).

– Am Ende der **Red Rock Canyon Road** (15 km) am Blakiston River entlang beginnt der wunderbare *Loop Trail* (ca. 2,5 km) in die Schlucht hinein. Die Straße ist zugleich Zufahrt zum besten per Auto zugänglichen Campingplatz des Parks, dem *Crandell Mountain Campground*.

Waterton Lakes Park: Hoch über dem See thront das Hotel Prince of Wales

Glacier National Park/USA

Wer seine Reise nach Süden fortsetzt, fährt vom Waterton Village nur rund 50 km bis St. Mary, dem östlichen Eingangstor zum *Glacier National Park* mit einer der schönsten Hochgebirgsstrecken Nordamerikas, der **Going-to-the-Sun-Road**.

Crownsnest Highway

Vom Waterton Park geht es auf der #6 über Pincher Creek zunächst zum *Crowsnest Highway*. Bei der Ortschaft Frank führt die Straße durch ein Quadratkilometer großes Felsgeröllfeld, das 1903 durch einen gewaltigen Erdrutsch entstand. Das **Frank Slide Interpretive Centre**, ein großes Besucherzentrum etwas abseits der Durchgangsstraße, erläutert Hintergrund und Folgen des Erdrutsches, der seinerzeit das Dorf Frank (daher *Frank Slide*) weitgehend zerstörte, und die Geschichte des Kohlebergbaus in der Region. Auch wer sich für diese Einzelheiten nicht so sehr interessiert, sollte kurz zum *Centre* hinauffahren. Der Blick von oben über die auch nach so langer Zeit immer noch fast vegetationslose Steinwüste ist sagenhaft.

Frank Slide

Zum **Crowsnest Pass**, dem 1.396 m hohen Paß über die Rocky Mountains und gleichzeitig Grenzpunkt zwischen Alberta und British Columbia, sind es von Frank noch rund 20 km.

Foresty Trunk Road; Karten siehe Seiten 336 und 344

Ab Coleman läuft die *Forestry Trunk Road* (Haupt-Forststraße, überwiegend gut befahrbare **Gravel** oder **Dirt Road**) entlang der Ostseite der Rocky Mountains über 1.017 km bis Grande Prairie. An ihr finden sich zahlreiche wunderschön gelegene **Campingplätze** des **Alberta Forest Service**. Die meisten gehören zur Einfachkategorie. Der südliche Abschnitt der Forststraße zwischen Coleman und Canmore bietet die landschaftlich reizvollsten Teilstrecken.

Ihr mittlerer Teil zwischen TCH und *Yellowhead Hwy* durch ausgedehnte Waldgebiete besitzt dagegen weniger Höhepunkte. Die nördliche Erweiterung zwischen *Yellowhead Hwy* und Grande Prairie wurde erst vor wenigen Jahren für den öffentlichen Verkehr freigegeben; ihre Benutzung spart auf Routen von Süden über Jasper in den hohen Norden den Umweg über Edmonton.

Befahrbarkeit Fürs Befahren insbesondere der etwas schlechteren Teilstrecken im Mittelteil gilt ähnliches, wie auf Seiten 127/128 erläutert. Tankstellen existieren zwischen den großen Querverbindungen (TCH, *Crowsnest*, *Thompson* und *Yellowhead Hwys*) so gut wie nicht. Leihfahrzeuge, für welche die Benutzung von *Gravel* und *Dirt Roads* untersagt ist, kommen nicht für eine Fahrt auf der *Forestry Trunk Road* in Frage; Wohnmobile größer als *Van Camper* 19/20 Fuß eignen sich nur bei Schönwetterperioden für den Mittelabschnitt der Strecke.

Süd-abschnitt Zunächst führt die *Forestry Trunk Rd* als (Schotter-)Straße #940 durch eine dicht bewaldete Landschaft. Von den diversen Plätzen im südlichen Bereich ist der *Campground* an den **Livingston Falls** besonders empfehlenswert. Ungefähr dort beginnt der attraktivste Teil der Strecke durch das **Kananaskis Country**. Nach insgesamt 112 km *Gravel Road* trifft die #940 auf die ashaltierte Straße #40, den **Kananaskis Trail**.

Diesem folgt sie bis zum TCH. Nördlich des **Highwood Pass** (oft erst ab Mitte Juni passierbar und Ende September wieder zugeschneit, ggf. vor Reisebeginn auf der *Forestry Trunk Road* erkunden) befinden sich die Ausgangspunkte für zwei schöne **Nature Trails**:

- Der **Ptarmigan Cirque Loop Trail** (ca. 5 km) führt auf Hochebenen mit großartigen Ausblicken auf die Gebirgswelt.

- Der nur wenige hundert Meter lange **Rock Glacier Trail** endet an einem abrutschenden Geröllfeld.

Peter Lougheed Park Nach 55 km auf dem *Kananaskis Trail* zweigt der *Kananaskis Lake Trail* (nicht zu verwechseln!) zu Campingplätzen und **Visitor Centre** des von auswärtigen Touristen kaum frequentierten *Peter Lougheed Provincial Park* ab. Daß dieser sowohl von der Hochgebirgslage her als auch bezüglich seiner *Campgrounds* zu den schönsten überhaupt gehört, haben die Bewohner von Calgary längst erkannt. An Wochenenden sind die beiden Plätze mit Duschen daher bereits lange im voraus ausgebucht. Aber auch die verbleibenden vier Plätze, die nach dem **First-Come-First-Served** Prinzip belegt werden, bieten angenehme Bedingungen.

Wanderwege Das erst kürzlich errichtete **Visitor Centre** des **Peter Lougheed Park** präsentiert sehenswerte audiovisuelle Programme zu Gebirgswelt, Flora und Fauna. Von den *Nature Trails* ist vor allem der **Canadian Mount Everest Expedition Loop Trail** (2 km) zu empfehlen. Er führt zu einem Aussichtspunkt über den beiden Kananaskis Lakes. Der *Trailhead* befindet sich am **Mount Sarrail Campground**.

Smith Dorrien/ Spray Trail

Auch ohne weiteres Abfahren der *Forestry Trunk Rd* wäre ein Abstecher zu diesem Provinzpark erwägenswert. Er ist über die Straße #40 vom TCH leicht erreichbar und kann alternativ auf dem parallel dazu verlaufenden, landschaftlich selbst vom *Icefields Parkway* kaum zu übertreffenden **Smith Dorrien/Spray Trail** wieder verlassen werden. Diese im wesentlichen gut ausgebaute, dennoch nur wenig befahrene Schotterstraße endet in Canmore. Etwa 16 km südlich Canmore passiert man den großen **West Shore Campground** am **Spray Lakes Reservoir**. Er ist idealer Ausgangspunkt für Besuche in Banff und den Nationalparks für alle, die sich gern abseits der üblichen touristischen Pfade halten.

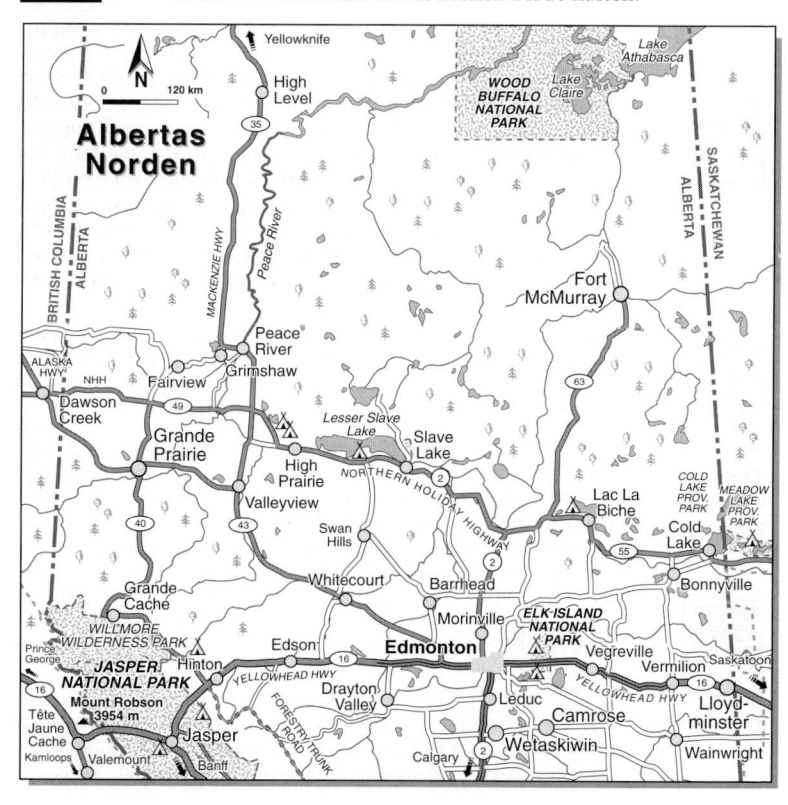

Um von Norden aus den *Smith Dorrien/Spray Trail* zu finden, muß man in **Canmore** dem Schild **Nordic Centre** (der Olympischen Spiele 1988) folgen.

Forestry Trunk Road, zentraler Abschnitt

Westlich der Linie Calgary/Edmonton endet mit den Prärien auch die Zivilisation. Durch die ausgedehnten Waldgebiete an den Osthängen der Rockies führen **nur wenige Schotterstraßen**, die mit der einzigen Ausnahme des *David Thompson Hwy* (#11) in die *Forestry Trunk Rd* einmünden. Auf diesem ältesten Teil der Forststraße (zwischen TCH und *Yellowhead*) mit besonders vielen **Forest Campgrounds** trüben streckenweise schlechte Straßenqualität und – bei der langen Fahrt durch dichten Wald – fehlende Aussicht die Freude an der Einsamkeit. Im Gegensatz zum südlichen Arm verläuft die Straße hier weitab des Hochgebirges.

Für den südlichen Startpunkt des mittleren Abschnitts der *Forestry Trunk Rd* muß man dem alten Highway #1A folgen. Zwischen dem **Ghost Lake** und **Cochrane** (etwa auf halber Strecke zwischen Canmore und Calgary) zweigt die Fortsetzung der #940 ab. Alternativ kann man auch den TCH nehmen und über Morley und die Bow River Brücke die #1A ansteuern.

Nordegg

Bis Nordegg am *David Thompson Hwy* (#11) sind es 264 km. Ein kurzer Trail führt zu den schäumenden Wasserfällen des South Ram River, die ca. 50 km südlich des Hwy #11 in eine kahle schwarze Schlucht stürzen. Das beste Teilstück dieses Abschnitts sind die letzten 50–60 km. Kurz vor Erreichen von Nordegg überquert man den malerischen North Saskatchewan River. In der Nähe der Brücke starten Kanuenthusiasten gerne zu Trips durch die Wildnis.

David Thompson Highway

Der *David Thompson Hwy* gehört auf den 87 km zwischen Nordegg und dem *Banff National Park* zu den schönsten Straßen in Alberta. Auch wer in den Nationalparks (*Icefields Parkway*) unterwegs ist, wird die Zeit für einen kleinen Abstecher nach Osten nicht bereuen – mindestens bis zum Ende des **Abraham Lake**, noch besser an den North Saskatchewan River auf der *Forestry Trunk Rd*. Eine ganze Reihe hübscher *Forest Campgrounds* im Bereich um Nordegg bieten sich im übrigen als Ausweichmöglichkeit an, wenn in der Hochsaison alle Plätze am *Icefields Parkway* besetzt sein sollten. Zur Not läßt sich mit einem geeigneten Fahrzeug oder per pedes auch noch ein verschwiegenes Plätzchen am türkis-farbenen **Abraham Lake** finden, der vor der grandiosen Kulisse der Rocky Mountains zum Verweilen einlädt. Einige holprige Zufahrten führen an den See.

Rocky Mountain House

Etwa 90 km östlich von Nordegg kurz vor Rocky Mountain House (Straße #11A) befindet sich der gleichnamige **National Historic Site**. Der *Park Service* hat sich viel Mühe mit der Restaurierung der Reste von vier Forts aus der Pelzhändlerzeit gegeben. Am *Trail* zu den beiden älteren Anlagen demonstrieren historisch gekleidete *Park Warden* in den Sommermonaten den Gebrauch alter Handwerksgeräte und damit gefertigter Produkte. U.a. wird dort **Bannock** gebacken, die unvermeidliche Trapper- und Goldsuchernahrung. Wer probiert, kommt vielleicht auf den Geschmack und läßt sich zu eigenen Backversuchen anregen (siehe **Bannock-Rezept, Seite 482**).

Forestry Trunk Road, Nordabschnitt

Ab Nordegg bis zum *Fairfax Lake Campground* (76 km) ist die in diesem Bereich weniger reizvolle Forststraße eine qualitativ mäßige **Dirt Road**. Danach folgen 120 km *Gravel Road* guter Qualität (#40) bis zum *Yellowhead Hwy*. Alternativ kann man nördlich des Brazeau River auch die sehr einsame, bei Regen aber extrem schlechte *Dirt Road* nach Cadomin wählen oder über ein kurzes Stück der #47 ab Robb wieder die originale *Forestry Trunk Rd* #940 nach Hinton nehmen, die kürzeste der drei Möglichkeiten (nur bei gutem Wetter empfehlenswert).

Von Hinton nach Grande Prairie

Der nördlichste Ast der *Forestry Trunk Rd* zwischen *Yellowhead Hwy* und Grande Prairie entspricht zunächst dem *Hwy* #40. Die ersten 100 km ab Entrance (einige Kilometer westlich Hinton) sind asphaltiert. Danach trägt die mäßig ausgebaute **Gravel Road** die **#734**. Die von Grande Cache nach Grande Prairie weitergeführte #40 ist zwar auch eine Schotterstraße, aber im Gegensatz zur parallel verlaufenden *Forestry Trunk Road* auch bei Regen noch passabel.

Dieser Teil der Forststraße bzw. der Straße #40 bietet – wie bereits oben erwähnt – eine Abkürzungsmöglichkeit bei Reiseplänen von Banff/Jasper in Richtung Norden. Ohnedem lohnt sich ein Abfahren der Strecke Hinton–Grande Prairie nicht.

Der North Saskatchewan River vor schroffer Rocky Mountain Kulisse (Blick vom David Thompson Hwy im Banff NP).

5. RUNDSTRECKEN DURCH BRITISH COLUMBIA UND ROCKY MOUNTAINS NATIONAL PARKS

5.1 DATEN, FAKTEN UND INFORMATIONEN

5.1.1 Steckbrief BRITISH COLUMBIA

Konstituierung als Provinz:	1871
Einwohner:	3.668.000
Anteil an der kanadischen Bevölkerung:	12,5%
Anteil am kanadischen Sozialprodukt:	13,3%
Fläche:	948.600 km^2
Bevölkerungsdichte:	3,9 Einwohner pro km^2
Hauptstadt:	Victoria (Vancouver Island)

Größte Städte:
- Vancouver — 1.600.000 Einw.
- Victoria — 288.000 Einw.
- Kelowna — 76.000 Einw.
- Prince George — 70.000 Einw.
- Kamloops — 67.000 Einw.
- Nanaimo — 60.000 Einw.

Provinzfeiertag: British Columbia Day, 1. Montag im August

Höchster Berg: Fairweather Mountain in der St. Elias Range — 4.663 m

Längste Flüsse:
- Peace/Mackenzie River — 4.241 km
- Columbia River — 1.953 km
- Fraser River — 1.368 km

Nationalparks:
- Glacier
- Kootenay
- Mount Revelstoke
- Pacific Rim (Vancouver Island)
- Gwaii Haanas (Queen Charlotte Islands)
- Yoho

Zeitzonen: Mountain Time, Pacific Time (im Sommer: DST jedoch nicht überall in der Provinz)

Hauptexportprodukte:
- Holz, Zellstoffprodukte, Papier — 62%
- Erdöl/-gas — 10%
- Fisch — 4%

Telefonvorwahl (Area Code): 604 (Vancouver) und 250

Sales Tax: 7%

5.1.2 Geschichte

Entdeckung Bereits 1579 soll der englische Freibeuter *Sir Francis Drake* bis nach Vancouver Island gelangt sein. Er war auf der Flucht vor spanischen Verfolgern nach Norden gesegelt in der Hoffnung, den Heimweg nach Europa durch das nördliche Eismeer zu finden. 1592 glaubte dann der Spanier *Juan de Fuca*, die Nordwest-Passage entdeckt zu haben. Tatsächlich handelte es sich jedoch um die später nach ihm benannte Wasserstraße zwischen Vancouver Island und der Olympic-Halbinsel.

Inbesitznahme Nach diesen ersten Visiten vergingen fast zwei Jahrhunderte, bis sich die europäischen Mächte Spanien, England und Rußland für den nördlichen Abschnitt der amerikanischen Pazifikküste zu interessieren begannen. 1774 landeten **Bodega Quadra** und **Juan José Pérez** auf Vancouver und Queen Charlotte Island und reklamierten sogleich die gesamte Region für die spanische Krone. Vier Jahre später erhob der berühmte Seefahrer *James Cook* britische Besitzansprüche. Der Konflikt mit Spanien wurde von den Briten durch Kriegsdrohung gelöst: Die Spanier zogen sich zurück, und **George Vancouver** erklärte 1791 den Nordwesten des Kontinents zum Besitz Großbritanniens. Dabei wurden die indianischen Ureinwohner ebensowenig gefragt wie anderswo.

Pelzhändler Über Landrouten zum Pazifik drangen als erste Weiße die *Explorer* der Pelzhandelsgesellschaft **North West Company** vor: **Alexander Mackenzie** folgte dem Peace River flußaufwärts, überquerte die Rocky Mountains und erreichte 1793 beim heutigen Bella Coola das Meer. **Simon Fraser** befuhr 1808 den später nach ihm benannten Fluß bis zur Mündung, und **David Thompson** gelangte 1811 auf dem Columbia River (US-Bundesstaaten Washington und Oregon) zum Pazifik. In der Folge etablierten sich **North West** und **Hudson's Bay Company** (↪ Seite 285) mit Stützpunkten in **New Caledonia**, was heute den östlichen und zentralen Bereich von British Columbia entspricht, aber auch auf amerikanischem Gebiet.

Grenzziehung 1846 schlossen England und die USA den **Oregon Boundary Treaty**. Dieser Vertrag legte den 49. Breitengrad, der – auf Höhe der Prärieprovinzen – schon seit 1818 die britische Kolonie Canada und die westlichen Territorien der USA trennte, als offizielle Grenze bis zum Pazifik fest. Damit gerieten die heutigen US-Nordweststaaten aus englischem unter amerikanischen Einfluß. Vancouver Island, obwohl es über den 49. Breitengrad hinausreicht, wurde ganz Großbritannien überlassen. Nur die **San Juan Islands** blieben weiter umstritten. Als sich ein britisches Schwein um die Gebietsstreitigkeiten buchstäblich einen Dreck scherte und ein amerikanisches Kartoffelfeld durchwühlte, drohte die Kontroverse im sogenannten "Schweinekrieg" zu einem ernsthaften

**Konsti-
tuierung**

Goldrausch

Konflikt auszuarten. Der als Vermittler eingesetzte deutsche Kaiser Wilhelm I. beendete erst 1872 den Streit, indem er die Inseln den USA zusprach.

In der Zwischenzeit war neben der ursprünglichen Kolonie Vancouver Island auf dem Festland das separate Territorium British Columbia entstanden. Gerade rechtzeitig, um während des *Fraser River* (1858/59) und *Cariboo Goldrush* (1861–64) einigermaßen Recht und Gesetz durchzusetzen (➪ Seite 404). Die Goldrauschzeit sorgte nicht nur für eine Zuwanderung in den bis dato menschenleeren Raum, sondern auch für die Anlage erster Straßen ins Landesinnere, namentlich des heute noch so bezeichneten *Cariboo Trail* von Yale (am TCH oberhalb Hope) nach Barkerville. Vancouver an der Mündung des Fraser River entstand ebenfalls in den Jahren des Goldrausches.

Straßenbauarbeiten zu Anfang des Jahrhunderts

Als **Provinz** – bestehend aus den bis dahin verwaltungstechnisch getrennten Vancouver Island und dem Festland westlich der Rockies – trat British Columbia dem *Dominion of Canada* 1871 bei. Hauptstadt wurde Victoria, die damals einzige nennenswerte Stadt.

**BC
und
Canada**

Die Felsbarrieren der *Rocky Mountains* und weiterer Gebirgszüge erschwerte lange Zeit die Kommunikation zwischen British Columbia und dem restlichen Canada. Haupthandelspartner war der südliche Nachbar. Sogar der Postweg von Vancouver nach Toronto lief über die USA. Die Situation änderte sich 1885 nach Fertigstellung der transkontinentalen *Canadian Pacific Railroad.*

BC heute

Bald florierte auch der Handel mit Asien. British Columbia stieg zur wirtschaftlich bedeutendsten Provinz des Westens auf und wurde zu einer Art kanadischem Kalifornien. Heute ist die Wirtschaft mehr denn je auf den pazifischen Raum ausgerichtet. Die **Region Vancouver** gilt als die reichste Kanadas.

CANADIAN PACIFIC RAILROAD

Fast bis Ende des 19. Jahrhunderts war British Columbia faktisch von den östlichen Provinzen des Landes isoliert. Bezeichnend für die Situation ist die Route einer Parlamentsdelegation, die 1870 nach Ontario reiste: Mit dem Schiff ging es zunächst nach San Francisco und von dort mit der *Central Pacific* und der *Union Pacific Railway* über Omaha und Chicago nach Toronto.

Nach amerikanischem Vorbild entschied man sich für den Bau einer transkontinentalen Eisenbahn, und am 7.11.1885 wurden in Craigellachie, 50 km westlich von Revelstoke am heutigen *Trans Canada Highway* (eine *Rest Area* mit Informations-Waggon erinnert daran) die letzten Schwellen der *Canadian Pacific Railroad* gelegt. Der erste Passagierzug aus Montréal traf am 4.7.1886 nach über 5-tägiger Fahrt in Port Moody ein, einer kleinen Stadt östlich von Vancouver. Zwei Jahre später verlängerte die CPR die Schienen nach Vancouver und verschaffte der Stadt damit einen wichtigen Standortvorteil gegenüber Victoria.

In den ersten Jahrzehnten ihres Bestehens fuhr die CPR teilweise beachtliche Gewinne ein. Sie beeinflußte die Wirtschaftsstruktur ganzer Landstriche. Doch die einst so bedeutende Eisenbahn unterlag im Wettbewerb mit der Straße. Heute läuft der größte Teil des Verkehrs über den 60 Jahre später vollendeten *Trans Canada Highway*, der weitgehend der Bahntrasse folgt. Lediglich in den Agrarregionen ist das Schienennetz noch ausgelastet. Anders als in den USA erfolgt der Getreidetransport in Canada weitgehend mit der Bahn: nach der Zwischenlagerung in den *Grain Elevators*, den unübersehbaren Lagertürmen in der Prärie, zu den Häfen am Pazifik (Vancouver und Prince Rupert), am Lake Superior (Thunder Bay) oder an der Hudson Bay (Churchill).

In der *Grain Academy* auf dem *Stampede*-Gelände von Calgary (⇨ Seite 201) stehen Modelle der kühnen Konstruktionen, die CPR Eisenbahn-Ingenieure damals ersannen hatten, um die Schienen durch die Rocky Mountains und weiter zu bringen. Vor allem chinesische Bauarbeiter sorgten unter miserablen Bedingungen für die Umsetzung dieser Pläne. Die *Chinatowns* von Vancouver und Victoria gehen auf diese ersten asiatischen Einwanderer zurück

Canadian Airlines hieß bis vor kurzem noch *Canadian Pacific*. Diese neben *Air Canada* bedeutendste Fluglinie des Landes geht auf die Eisenbahngesellschaft zurück..

5.1.3 Geographie und Klima

Gebirge
Die Geographie der Provinz wird durch zahlreiche Gebirgszüge bestimmt, die überwiegend parallel und hintereinander in Südost-Nordwest-Richtung verlaufen. Im Osten sind dies die **Rocky Mountains**. Im Westen reichen die **Coast Mountains** mit Gipfeln, welche die Höhe der BC-Rockies übertreffen *(Mount Waddington* 4.042 m), und Gletscherfeldern bis ans Meer. Dazwischen liegen u.a. die **Cassiar Mountains** im Norden und *Columbia Mountains* im Süden mit mehreren Teilgebirgen. Die höchsten von ihnen sind die **Selkirk Mountains** (mit *Glacier* und *Mount Revelstoke National Park*s) und die **Cariboo Mountains** (mit den Provinzparks *Wells Gray* und *Bowron Lake*) mit Gipfeln über 3.500 m Höhe.

Rocky Mountains
Im Südosten markiert der Hauptkamm der *Rocky Mountains* den Grenzverlauf zwischen British Columbia und Alberta. Zugleich bildet er die Wasserscheide (*Continental Divide*) zwischen Atlantik und Pazifik. Mit dem **Mount Robson** steht unweit Jasper/Alberta, aber bereits auf BC-Gebiet, der höchste Berg der kanadischen Rockies (3.954 m). Lediglich vier Pässe erlauben die Überquerung der *Rockies*: der **Crowsnest Pass** (1.396 m) im Süden, der **Vermilion Pass** (1.651 m) zwischen den Nationalparks *Banff* und *Kootenay* (Straße #93), der **Kicking Horse Pass**/TCH (1.647 m) und der **Yellowhead Pass** (1.146 m) des gleichnamigen *Highway*.

Ebenen
Zwischen den Gebirgen erstrecken sich bewaldete Ebenen, durchzogen von Seenplatten und Flüssen, darunter das riesige **Interior Plateau** zwischen *Coast* und *Columbia Mountains* und in etwa TCH (Kamloops-Cache Creek) und *Yellowhead Highway*. Im Nordosten ragt British Columbia mit einer "Ecke" in die *Lowlands* hinein, die den Norden der Prärieprovinzen kennzeichnen.

Flüsse
Viele Verkehrswege folgen dem Verlauf der großen Flüsse, wie z.B. der *Yellowhead Highway* dem oberen **Fraser River** und dem **Skeena River** oder der TCH dem *Thompson* und Unterlauf des *Fraser River*. Der (erst in den USA) mächtige **Columbia River** und seine Nebenflüsse haben ihren Ursprung in British Columbia. Ihr Fluß in Nord-Süd Richtung wird durch zahlreiche Stauseen unterbrochen, allgemein beliebte Freizeitreviere. Das von mildem Klima begünstigte (siehe unten) Seengebiet im **Okanagan Valley** ist neben den Nationalparks die meistfrequentierte Touristenregion der Provinz.

Inseln
Vor der zerklüfteten Küste liegen fast **7000 Inseln**, darunter mit Vancouver Island die größte Nordamerikas.

Fläche
British Columbia ist größer als Deutschland, Frankreich und die Schweiz zusammen und außerordentlich dünn besiedelt. Im Provinznorden kann von einer Besiedelung nur entlang

Bevölkerung der *Highways John Hart, Alaska, Yellowhead* und *Cassiar* die Rede sein; die enormen Gebiete dazwischen sind praktisch menschenleer. Dasselbe gilt für die Region zwischen Vancouver und dem *Yellowhead Hwy* westlich der Achse Vancouver–Prince George. Die **Bevölkerung konzentriert sich auf den Süden der Provinz**, und auch dort im wesentlichen auf wenige Schwerpunkte. Zwei Drittel der Einwohner leben in den Groß-räumen Vancouver und Victoria und weitere 20% im Einzugsbereich des *Okanagan Valley* einschließlich Kamloops und in Orten am *Crowsnest Hwy* entlang der US-Grenze.

Klima/ Regen Höhe und Lage der Gebirgsketten sorgen für unterschiedlichste Klimazonen. Feuchte pazifische Winde bestimmen das **Wetter im äußersten Westen** der Provinz. Sie regnen sich an den Berghängen der *Coast Mountains* ab. Die uralten Regenwälder an der pazifischen Küste verzeichnen ähnliche Niederschlagsmengen wie der tropische Amazonas-Urwald. Extreme Temperaturschwankungen, wie sie östlich der *Rockies* auftreten, sind dort unbekannt, die Sommer relativ kühl und die Winter mild. Viel Regen fällt auch an den Westhängen der **Gebirge im Inland** einschließlich der *Rocky Mountains* Region. Das **Interior Plateau** und die Täler bleiben dagegen recht trocken; im Sommer sind Regentage dort selten. Der **Nordosten** unterliegt bereits arktischem Kontinentalklima mit kurzen kühlen und gelegentlich nassen Sommern und schneereichen, kalten Wintern.

Sommer/ Temperaturen Milde Sommer mit gleichmäßig angenehmen Temperaturen um 20°C machen die Ostküsten von **Vancouver Island** im Bereich zwischen Nainamo und Courtenay zu einer beliebten Urlaubsregion. Länger als dort scheint in Canada die Sonne nur im südlichen Alberta und in Saskatchewan. Gleichzeitig sind die Winter so mild wie in keiner anderen Region. Auf der dem Pazifik zugewandten Seite dagegen herrscht Küstenklima mit Rekord-Regenmengen.

Heiß ist es während der Sommermonate oft in den breiten Tälern **im zentralen Süden der Provinz**, insbesondere entlang der Flußtäler des *Fraser* und *Thompson River* und im *Okanagan Valley*, das unmittelbar an die nördlichen Ausläufer des wüstenähnlichen *Columbia Plateau* (USA) anschließt. In dieser Region es gibt sogar Kakteen und Klapperschlangen.

BC Besucherinformation in Quesnel an der Abzweigung nach Barkerville und dem Bowron Lakes Park

5.1.4 Informationen für Touristen

Travel InfoCentres

In British Columbia existiert ein dichtes Netz von *Travel InfoCentres* für Touristen. Dank ihrer großen Zahl (ca. 150) und klaren Ausschilderung sind sie mühelos zu finden. Die Adresse der zentralen Touristeninformation ist

Tourism British Columbia
Parliament Buildings, 1117 Wharf Street
Victoria, BC, Canada V8V 1X4

✆ 1-800-663-6000 oder (250) 387-1642; Fax (250) 387-9406
Internet: http://www.travel.bc.ca

Unter der 800-Nummer kann man auch **Hotels reservieren.**

Unterlagen

In den *Infocentres* bzw. bei *Tourism BC* gibt es u.a. die folgenden Unterlagen:

– die Straßenkarte **BC Road Map and Parks Guide** im Maßstab 1: 2.500.000. Sie enthält Übersichten für alle nennenswerten Städte und eine Liste der 444 *Provincial Parks* mit Details ihrer Ausstattung, vor allem ob mit/ohne Campingplatz. Im Norden und im zentralen Bereich der Provinz leistet die Karte ausreichende Dienste, im Süden – speziell im Großraum Vancouver – ist sie aber nur begrenzt brauchbar. Für diesen Bereich sollte man sich zusätzlich eine genauere Karte kaufen bzw. beim Automobilclub CAA beschaffen (↷ Seite 132).

– den **BC Travel Guide**, ein fast reklamefreies, attraktiv gemachtes Heft, in dem die neun touristischen Regionen der Provinz vorgestellt werden. Für jede von ihnen gibt es wiederum einen *Travel Guide*; die Qualität der Einzelausgaben ist allerdings sehr unterschiedlich.

– die Broschüre **Outdoor and Adventure Vacations**, in der zahlreiche Möglichkeiten zu Freizeitaktivitäten und Anschriften von Veranstaltern genannt werden.

– das Heft **Accommodations**, ein umfassendes Hotel-, Motel-, *Bed & Breakfast*- und Campingplatzverzeichnis für British Columbia mit reisepraktischem Anhang, dem man viele wichtige Informationen (Fähren, Grenzübergänge, Adressen mit Telefonnummern etc.) entnehmen kann.

– das Heft **Super Camping**, einen Campingführer, der einen Großteil der privat betriebenen Plätze mit Telefonnummern listet und auch die mit Campingplatz versehenen Provinzparks nennt.

– die regional gegliederten **Karten der *Provincial Parks*** (*Northern BC, Kootenay, Cariboo-Shuswap-Okanagan, Lower Mainland, Vancouver Island*). Sie sind speziell für Camper eine gute Ergänzung zur *Road Map*. Zu größeren Provinzparks gibt es ein gesondertes Faltblatt. Dazu ist anzumerken,

daß die Mehrheit von ihnen hervorragend angelegt ist, wenn auch im Sanitärbereich überwiegend einfach ausgestattet (Wasser und Toilette). Fast immer gibt es Feuerholz gratis, wenn auch in groben Scheiten, die noch Nacharbeit mit der Axt erfordern. **Campingplätze in 45 Provincial Parks können unter ✆ 1-800-689-9025 zentral reserviert werden.**
Internet-Info: http://www.env.gov.bc.ca/bcparks

– BC verfügt über unzählige *Forest Campgrounds*, von denen die meisten abseits der Hauptstraßen liegen. Viele sind in keinem überregionalen Camping-Führer verzeichnet. Karten der Forste mit Markierung dieser Plätze erhält man in den lokalen Büros des *Forest Service*. Auch die **Holzindustrie** hat in manchen Gebieten Campingplätze eingerichtet.

5.2 ZU DEN ROUTEN

Basisroute für 3 Wochen

Die im folgenden zunächst vorgestellte **Nationalpark-Route** ist für eine Reisezeit von drei Wochen konzipiert. Sie führt durch zahlreiche landschaftliche Höhepunkte im Süden von British Columbia und zu den **Nationalparks** *Jasper, Banff, Kootenay* und *Yoho* in den Rocky Mountains und *Glacier* und *Mount Revelstoke* in den Columbia Mountains. Auch ein Abstecher nach Calgary läßt sich einbauen. **Obwohl die beiden populärsten Nationalparks zu Alberta gehören, werden sie aus reisepraktischen Erwägungen in diesem Kapitel (unter British Columbia) mitbehandelt.**

Erweiterung

Im Abschnitt 5.4 werden Möglichkeiten erläutert, die vorgeschlagene Routenführung je nach persönlicher Neigung abzuwandeln bzw. zu ergänzen. Für die in Kapitel 5.4 beschriebene Tour nach/auf Vancouver Island, die viele Urlauber zu Recht besonders reizt, muß eine zusätzliche Woche veranschlagt werden. Wer sich weniger Zeit lassen möchte/muß, wird feststellen, daß sie zu knapp bemessen ist, um auch nur die Südregion und den wichtigen *Pacific Rim National Park* ausreichend zu berücksichtigen.

Nordrouten

Routenvorschläge für eine ausgedehnte Reise in den Norden der Provinz findet der Leser in Kapitel 5.5. Sie beginnt mit einer Fahrt nach Port Hardy/Vancouver Island und der Schiffspassage nach Prince Rupert. Daran schließt sich eine schöne Rundfahrt auf *Cassiar* und *Alaska Hwy* an.

Ausgangspunkt

Als Ausgangspunkt aller Routen wurde **Vancouver** gewählt. Speziell für Rundfahrten im Süden kommt auch **Calgary** in Frage; **Edmonton** eignet sich eher als Startpunkt für Reisen in den hohen Norden. Vorteilhaft bei Reisebeginn in Alberta sind die ggf. gesparten Steuern auf die Kosten einer Fahrzeugmiete. Hinzu kämen noch (allerdings nicht immer gegebene) geringere Flugkosten bei Start in Calgary/Edmonton.

5.3 DIE NATIONALPARKROUTE

Strecke — Für diese Rundfahrt zu den Nationalparks (siehe oben) und einigen der großen BC Provincial Parks (*Wells Gray, Mount Robson, Manning*) sollte man eine Reisezeit von **mindestens drei Wochen** veranschlagen. Die Gesamtstrecke beträgt einschließlich kleiner Abstecher – etwa zu den *Harrison* und *Nakusp Hot Springs* – aber ohne Zusatzkilometer für Einkauf, Quartier- und *Campground*-Suche **rund 3.000 km**.

5.3.1 Von Vancouver[*] nach Jasper

Straße #7 — Von Vancouver aus geht es zunächst auf in östliche Richtung durch ebenes Farmland bis Hope. Statt der TCH-Autobahn kann man auch die Straße #7 nördlich des Fraser River nehmen. Das kostet zwar mehr Zeit, bietet aber auch ein bißchen mehr "fürs Auge". Im Juli/August gibt es an dieser Route viele Verkaufsstände mit frisch geerntetem Obst und Gemüse (**Fresh Produce**). Wer – etwa mit Zielsetzung Harrison Hot Springs (siehe unten), aber auch Hope – für den Tag ohnehin keine allzu lange Strecke mehr vor sich und keine besondere Eile hat, sollte diese Route wählen.

Trans Canada Highway — Auf dem TCH passiert man etwa 40 km östlich Burnaby die Abfahrt zum **Fort Langley National Historic Park**. 1827 als Handelsposten der *Hudson's Bay Company* gegründet, entwickelte sich das Fort am Fraser River bald zu einem wichtigen Stützpunkt.

Fort Langley — Als 1857 der *Fraser River* Goldrausch ausbrach, war es Ausgangspunkt und Versorgungsetappe für das Gros der 30.000 nach Norden ziehenden Goldsucher. Im Jahr 1858 wurde dort der zum Festland gehörende Teil der heutigen Provinz BC offiziell zur britischen Kronkolonie erklärt. Im alten Palisadenfort steht heute nur noch eine Handvoll minder interessanter Gebäude (Mai–September, täglich 10–16.30 Uhr; Eintritt $4). Ein Abstecher lohnt sich am ehesten, wenn man nach dem Besuch ohnehin die **Fähre** hinüber aufs Nordufer des Fraser River nimmt und/oder auf der Flußinsel campt: **Fort Camping Resort**, guter Privatplatz mit Pool, wenn auch tagsüber wegen eines Sägewerks am gegenüberliegenden Flußufer etwas laut.

Flugschau — In **Abbotsford** findet am zweiten Wochenende im August eine der größten Flugschauen Nordamerikas statt, die *Abbotsford International Airshow*. Alljährlich pilgern über 100.000 Zuschauer dorthin, um Ausstellungen und Vorführungen der Kunstflugstaffeln zu sehen.

---

[*] Auf die im Citykapitel ausführlich behandelten Städte (Vancouver ab Seite 171) wird bei der Routenbeschreibung nicht noch einmal eingegangen.

Minter Gardens	Östlich von **Chilliwack,** mit 40.600 Einwohnern eine der größeren Städte der Provinz und bedeutendes Agrarzentrum, liegen die *Minter Gardens*, ein etwas kleineres Pendant der bekannteren *Butchart Gardens* bei Victoria (⇨ Seite 436).
Provincial Parks	Die Campingplätze der meisten *Provincial Parks* im Großraum Vancouver sind an allen Wochenenden und im Sommer auch an Wochentagen spätestens ab Nachmittag voll besetzt. Besonderer Beliebtheit erfreuen sich der **Cultus Lake Park** mit seinem warmen Badesee (15 km südlich des TCH) und der **Sasquatch Park** (25 km nördlich des TCH, Ausfahrt Hwy #9). Der kleine **Kilby Provincial Park** (bei Harrison Mills ca. 2 km vom *Hwy* #7 entfernt, vom TCH Anfahrt ebenfalls über die #9; sanitäre Einfachstkategorie) bietet wunderbare Stellplätze direkt am Strand des Fraser River. Kurz vor dem Campingplatz befindet sich das **Kilby Country Store Museum**, das ein Sammelsurium von Objekten aus der "guten alten Zeit", das sind in Canada die 20er- und 30er-Jahre unseres Jahrhunderts, präsentiert.
Harrison Hot Springs	Etwa 16 km vom TCH entfernt liegt am Ende des *Hwy* #9 Harrison Hot Springs. Der kleine Ferienort am Südufer des **Lake Harrison** wird wegen seiner 39°C warmen, schwefelhaltigen Quellen gern besucht. Das nostalgische Hallenbad ist täglich bis 21 Uhr geöffnet. Vom breiten Sandstrand hat man einen tollen Blick über See und Berge. Alljährlich kämpfen dort Anfang September wahre Künstler um den Sieg im Sandburgenbau-Wettbewerb. Die Ergebnisse des *Sand Castle Contest* können weitere 2 Wochen besichtigt werden, siehe den Farbfototeil.
Gutes Tagesziel	Harrison Hot Springs eignet sich gut als **Übernachtungsplatz am Ende des ersten Tages** nach Übernahme eines Campers, die oft erst am frühen Nachmittag erledigt ist. Mehrere privat betriebene Campingplätze liegen in Fußgängerdistanz zu Schwimmhalle und Strand, darunter das freundliche und saubere **Sasquatch Springs RV Resort**, ℭ (604) 796-9228.
	Zum **Sasquatch Provincial Park Campground** (sanitär einfach) geht es von Harrison Hot Springs noch rund 10 km am Ostufer des Harrison Lake entlang, davon mehrere Kilometer im Park auf *Gravel*. Belohnt wird die Anfahrt durch die Lage des Platzes an und über einem glasklaren See – Canada, wie es im Buche steht. Kurz vor dem *Campground* führt ein hübscher **Nature Trail** rund um einen Biber-Teich.
Weiterfahrt	Für die Weiterfahrt in Richtung Hope sollte man unbedingt auf der verkehrsarmen und wunderbar geführten **Straße #7** diesseits des Fraser River bleiben. Sie mündet nördlich von Hope auf den TCH. Durch die Vermeidung des TCH auf dem Teilstück bis Hope verpaßt man zwar die **Bridal Veil Falls** (unweit östlich der Abfahrt Hwy #9), doch die im Sommer

Trans Canada Highway 357

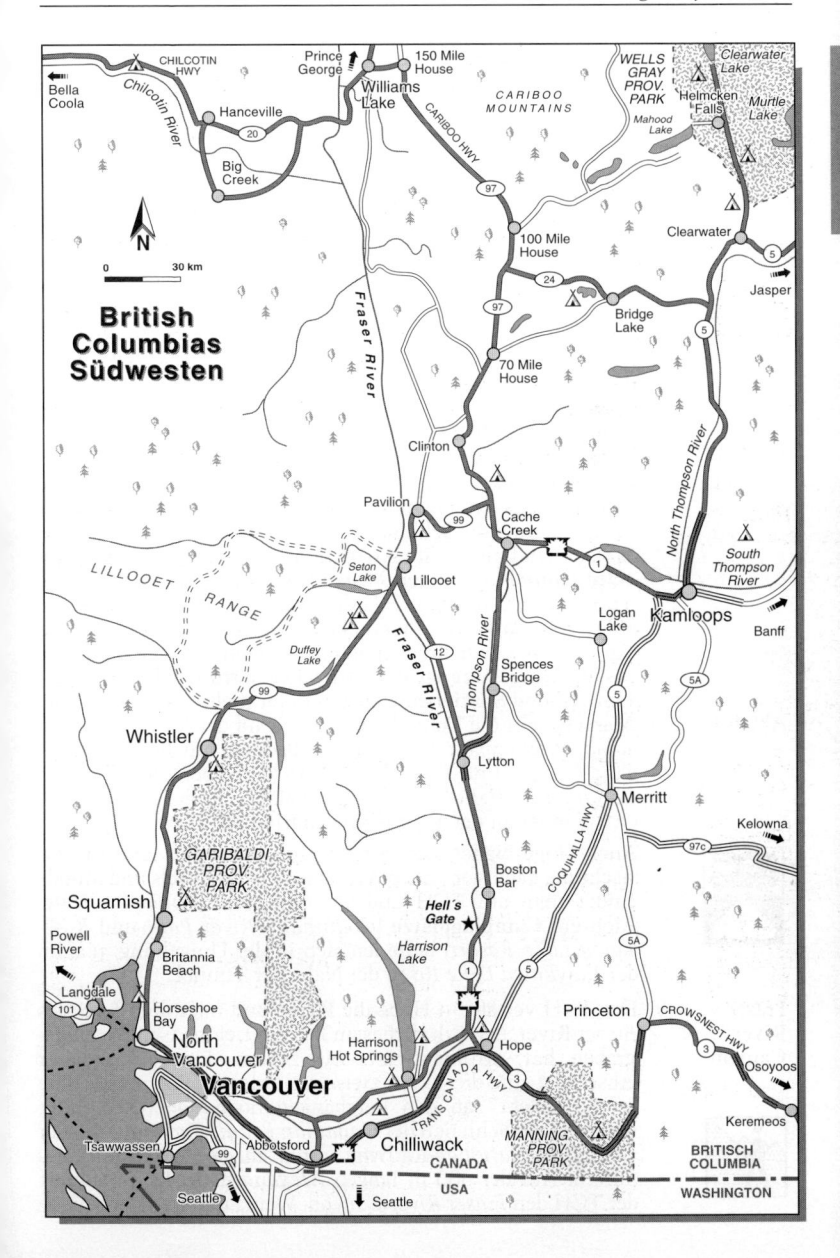

recht dünnen "Brautschleier-Fälle" muß man nicht gesehen haben. Im weiteren Verlauf der Reise liegen spektakulärere Wasserfälle am Wege. Der **Flintstone-Park** ein wenig östlich der Fälle ist eher etwas für Familien mit kleinen Kindern.

Hope

Im 6.200 Einwohner zählenden Hope, einst Drehort für einen Film der Rambo-Serie, endet der als Autobahn ausgebaute erste Abschnitt des TCH. In der Südwestecke dieser von Bergen umgebenen Kleinstadt zwischen Fraser und Coquihalla River mündet der **Crowsnest Hwy**, hier auch *Hope–Princeton Hwy* genannt, in den TCH. Nach langjähriger Bauzeit wurde 1986 der mautpflichtige **Coquihalla Hwy** ($11) über Merritt nach Kamloops als Entlastungsstrecke und Abkürzung des TCH in Betrieb genommen. Abgesehen von den ersten Kilometern durch den *Coquihalla Canyon* (dort noch keine Erhebung der Mautgebühr, des *Toll*) ist die Fahrt auf dieser Autobahn touristisch eher unergiebig.

Othello Tunnel

In der Schlucht verlief einst die Trasse der *Kettle Valley Railway* von Nelson nach Vancouver. Wegen ständiger Probleme mit Gesteins- und Schneelawinen wurden die Strecke 1961 stillgelegt und die Schienen samt Stahlbrücken entfernt. Verblieben sind als größte Attraktion Hopes die **Othello Quintette Tunnels**, in kurzen Abständen hintereinander angelegte Tunnel durch nackten Fels direkt am tosenden Fluß. Heute führt vom Park- und Picknickplatz am Ende der Zufahrt ein Fußweg über neue Brücken durch die Tunnel. Dank der pittoresken Umgebung ist der Abstecher dorthin lohnenswert – Umweg und Spaziergang kosten nicht mehr als eine Stunde.

Abfahrt

Man erreicht die Tunnel durch Hope auf der *Kawkawa Lake Road* (Provinzpark an hübschem Badesee mit Bootsverleih), dann *Othello* und *Tunnels Rd*. Man kann aber auch über den *Coquihalla Highway* anfahren, Abfahrt ausgeschildert. Ein Ortsplan ist an der **Visitor Information** am TCH erhältlich.

Auch Hope eignet sich gut für eine erste oder letzte **Übernachtung** nach/vor Vancouver. Die meisten **Hotels und Motels** findet man am TCH und am *Old Hope–Princeton Hwy*. Mehrere **Campingplätze** (*Coquihalla River Park* und *Kawkawa Lake Resort*) befinden sich in der Umgebung, u.a. an der *Kawkawa Lake Rd* in der Nähe der Tunnel.

Fraser River Canyon

Der TCH verläßt in Hope die Ebene und folgt dem Lauf des Fraser River, der sich in diesem Bereich tief ins Gebirge eingegraben hat, stromaufwärts bis Lytton. Eindrucksvollster Abschnitt sind die 40 km zwischen Yale und Boston Bar. Die Straße "klebt" an den Berghängen hoch über dem Fluß, während die Schienen der *Canadian Pacific Railway* und der *Canadian National Railway* unten an den Ufern entlangführen. Auf der 500 m langen **Alexandra Bridge** überquert der TCH den *Fraser River Canyon*. Wenig nördlich der Brücke befindet sich ein Parkplatz, von dem aus man auf der alten Straße (gesperrt für Fahrzeuge) oder auf einem Pfad "querfeldein" zur ersten *Alexandra Bridge* (1929) gelangt. Die noch intakte nostalgische Brücke ist ein gutes Fotomotiv.

Hell's Gate Zwischen *Alexandra Bridge* und Boston Bar passiert man das *Hell's Gate*, eine Verengung des *Fraser Canyon*. Im Frühjahr donnern dort bis zu 15 Millionen Liter Wasser pro Sekunde durch den 34 m breiten Engpaß. Eine **Seilbahn** transportiert Besucher zum 153 m tiefer gelegenen jenseitigen Flußufer (Mai bis September täglich 9–17 Uhr; April und nach *Labour Day* 10–16 Uhr; $9 pro Person). Das Geld für die *Airtram*-Fahrt ($9) kann sparen, wer südlich des *Hells Gate* Komplexes die kleine Straße zum Flußtal hinuntergeht.

Die **Stromschnellen** des Hells's Gate lassen sich hautnah auf **Wildwassertrips** mit motorisierten Schlauchbooten bezwingen (Infos im *Lytton Travel Information Centre*).

Über das – im Sommer nicht mehr ganz so – wilde Wasser wurde zum besseren Blick in die Tiefe eine Hängebrücke gespannt. Die Besichtigung einer "Fischleiter" ist im Fahrpreis enthalten. Sie wurde 1945 angelegt, nachdem sich die Flußrinne wegen Sprengungen für den Bau der zweiten Eisenbahnlinie so sehr verengt hatte, daß die Strömung zu stark für die bis zu zwei Millionen Lachse geworden war, die im Herbst zu ihren Laichgründen ziehen.

Straße #12 Bei Lytton mündet der Thompson in den Fraser River. Auch wer nicht vorhat, den *Hwy #12* über Lillooet zum *Cariboo Hwy* nördlich von Cache Creek zu nehmen (➪ Seite 405 bei den Erweiterungsrouten), sollte zumindest den ersten Kilometer bis zur Brücke über den *Thompson River* fahren. Von dort läßt sich der **Zusammenfluß** der grün-blauen *(Thompson)* und meist sedimentbeladen braunen *(Fraser River)* Wasserströme sehr gut beobachten.

Eisenbahnbrücken über den Fraser River

British Columbia

Wildwasser-Kurztrips

Neben dem *Fraser* ist der *Thompson River* zwischen Lytton und Kamloops ein beliebtes Revier fürs **Whitewater Rafting**. In Spences Bridge und Ashcroft gibt es Unternehmen, die Tages-, Halbtages- und Kurz-Wildwassertrips anbieten. Oft gibt`s dort auch kurzfristig noch Platz im Schlauchboot. Eine Stunde *River Rafting* kostet ab $35; ein Halbtagestrip ab $70. Einzelheiten sind aus Werbefoldern zu entnehmen oder bei den *Visitor Information Centres* zu erfahren (z.B. in Lytton, 400 Fraser St, ✆ 250-455-2523). Auch im BC *Outdoor and Adventure Guide* findet man Anschriften und Informationen.

Lytton, selbsternannte kanadische Hauptstadt (✧ Seite 399) der Wildwasserfahrten (auf Thompson und Fraser River)

Cache Creek

Von Cache Creek, dem einst bedeutenden, aber seit Eröffnung des **Coquihalla Hwy** etwas heruntergekommenen Kreuzungspunkt von TCH und **Cariboo Hwy**, sind es noch rund 80 km bis Kamloops durch eine im Sommer von Trockenheit und Hitze gekennzeichnete Landschaft.

Kamloops

Mit 67.000 Einwohnern die fünftgrößte Stadt in BC, ist Kamloops ein wichtiger Industriestandort und **Verkehrsknoten.** Hier stoßen TCH, *Yellowhead Hwy #5* und *Coquihalla Hwy* aufeinander. Die beiden großen Eisenbahnlinien trennen sich: der Schienenweg der CPR verläuft über den *Kicking Horse Pass* nach Calgary, die CNR nimmt die Route über den *Yellowhead Pass* nach Edmonton.

Kennzeichnung und Lage

Der Name der Stadt ist indianischen Ursprungs – **Cumcloups** bedeutet "Zusammentreffen der Wasser" – und bezieht sich auf die Vereinigung des *North Thompson River*, der östlich des *Wells Gray Provincial Park* entspringt, mit dem *South Thompson River*. Die Einfahrt auf dem hochgelegenen TCH mit Blick über Stadt und Flußtal verspricht zunächst mehr, als Kamloops halten kann. Die Stadt bietet trotz ihrer hübschen Lage am Flußdreieck und des meist trockenen Sommerwetters (**Canadas Sunshine Capital**) Touristen nicht viel.

Einkauf	Als Etappe zur Versorgung (nächste und erheblich teurere Stadt auf dieser Route ist Jasper) und ggf. Übernachtung bietet sich Kamloops jedoch an. Von Westen kommend empfiehlt sich die Zufahrt über Columbia Street, an der mehrere **Shopping Center** und eine Reihe von **Hotels und Motels** liegen. Weitere, überwiegend preiswerte Motels findet man östlich der Stadt am TCH. Generell sind die Übernachtungspreise in Kamloops moderat.
Downtown	Einmal in der Stadt, könnte man in das **Kamloops Museum** oder die **Art Gallery** hineinschauen (207 Seymour St, geöffnet von Anfang Juli bis Anfang September 9–20 Uhr, sonst kürzer). Die Geschichte der Stadt wurde interessant aufbereitet; die moderne Kunstgalerie ist weniger sehenswert. Die **Parkanlagen** am *Thompson River* in Nachbarschaft zur kleinen Innenstadt sind mit Badestellen, einem tollen Kinderspielplatz, Picknick- und Sportplätzen gut angelegt, aber für die meisten Canada-Touristen doch eher zweite Wahl.
Camping	Wem an heißen Sommertagen nach Abkühlung zumute ist, der findet sie besser am Badestrand des gepflegten **Paul Lake Provincial Park** (ca. 25 km nordöstlich, erst 5 km *Yellowhead Hwy*, dann *Paul Lake Rd*) oder im **Kamloops Waterslide & RV Park** mit Planschbecken und Wasserrutschen am TCH, ca. 20 km östlich der Stadt. Bei beiden gibt es Campingplätze.
Alternativer Yellowhead Highway	Von Kamloops in Richtung Jasper geht es auf dem *Yellowhead Highway #5*, der Verbindung zwischen TCH und dem "originalen" *Yellowhead Highway* (⇨ Seite 412), auf den die #5 in Tête Jaune Cache stößt. Auf fast ganzer Streckenlänge (340 km) folgt diese Straße dem Tal des Thompson River. Zunächst führt sie durch sommertrockene Gebiete vorbei an kargen, oft nur mit Salbeibüschen (*Sagebrush*) bewachsenen Berghängen, bevor die Vegetation mit der Höhe grüner wird.
Zum Cariboo Highway	In Little Fort zweigt die **Straße #24** nach Westen ab, eine ideale Verbindung vom Hwy #5 durch ein hübsches Seengebiet zum *Cariboo Hwy*. Am Wege (#24) liegt der hübsche Sheridan Lake mit **Camping direkt am See** im *Loon Bay Resort*.
	Der einzig nennenswerte Ort auf der Strecke, **Clearwater**, liegt mit separaten Ortsteilen im wesentlichen abseits der Hauptstraße. Am Nordende von Clearwater zweigt die Zufahrt zum *Wells Gray Provincial Park* ab. Dort befindet sich ein **InfoCentre** der lokalen *Chamber of Commerce*, das die üblichen Werbefolder zur Clearwater Region verteilt und auch detailliert über den Park informiert. Wer dem *Wells Gray* mehr als einen Kurzbesuch abstatten möchte, kann dort für Kanutouren und längere Wanderungen geeignete Karten kaufen und ggf. die Bootsmiete organisieren. Auf dem schönen *Clearwater River*, der seinen Namen zu Recht trägt, gibt es – wie nebenstehend beschrieben – **Rafting Trips**.

Zum Wells Gray Park

Der **Wells Gray Provincial Park** ist ein mit 5200 km² enorm großer, weitgehend unerschlossener Wildnispark, der für seine imposanten Wasserfälle und miteinander verbundenen Seen zwischen **Hochgebirgsgipfeln** (*Columbia* und *Cariboo Mountains*) bekannt ist. Nur die Straße ab Clearwater und eine *Gravel Road* ab Blue River zum *Murtle Lake* führen in den Park hinein.

Spahats Creek Park

Etwa auf halbem Weg durchquert die Straße den kleinen *Spahats Creek Provincial Park*. Zum Parkplatz in unmittelbarer Nähe der **Spahats Creek Falls** sind es nur wenige hundert Meter. Das Wasser des Baches stürzt dort in eine sich nach Westen öffnende Schlucht. Von einer Aussichtsplattform am Ende eines kurzen *Trails* fällt der Blick in schwindelerregende Tiefe und über eine unendlich scheinende Waldlandschaft. Der **Campingplatz** des Parks eignet sich gut für eine Zwischendurchübernachtung.

Aussichtsturm

Nach 36 km (ab der Abzweigung bei Clearwater) ist die Einfahrt des *Wells Gray Park* erreicht. Die erste Schotterstraße auf der linken Seite führt zum **Green Mountain Viewing Tower**; eine überwältigende Rundumsicht belohnt die kleine Mühe der Auffahrt.

Wasserfälle

Nur wenig weiter passiert die Straße den **Dawson Falls Campground** an Stromschnellen des *Murtle River* und den ansehnlichen Wasserfall, der sich nicht durch Höhe (18 m) aber durch seine Breite (91 m) auszeichnet. Stärkster Anziehungspunkt im *Wells Gray Park* sind die spektakulären **Helmcken Falls**, die aus einem schmalen Durchlaß 137 m in die Tiefe donnern. Ein Pfad führt seitlich am Wasserfall vorbei zum *Canyon*-Rand. Besonders nachmittags, wenn die Sonne im Westen steht, lassen sich von dort großartige Fotos machen. Wer sich Zeit nimmt, erreicht die *Helmcken Falls* auf einem herrlichen *Trail* auch zu Fuß: von den *Dawson Falls* am *Murtle River* entlang läuft man ungefähr eine Stunde (einfache Strecke) und spart dabei 8 km Autofahrt. Leider wird der Park im Juli/August von Moskitos besonders heimgesucht.

Lachsauftrieb

Bald hinter der *Murtle River Bridge* geht es auf *Gravel* weiter. Bis zum Straßenende am Clearwater Lake sind es vom Parkeingang etwa 28 km. Nach den *Helmcken Falls* allerdings gibt es keine weiteren Höhepunkte außer im Frühherbst (Ende August/September). Dann wandern riesige Lachse zum Laichen in den Oberlauf des Clearwater River. Die starken Stromschnellen **Bailey's Chutes** können sie nur mit Hilfe weiter Sprünge überwinden. Dieses Schauspiel sollte sich nicht entgehen lassen, wer zur richtigen Zeit den Park besucht. Der Parkplatz vor den *Chutes*, einige Kilometer nördlich der *Helmcken Falls*, ist nicht zu übersehen. Ein angelegter Weg führt zum **Salmon Viewpoint**.

Der kurze **Ray's Mineral Spring Trail** endet an einer Mineralquelle mitten im dichten, moskitoreichen Wald. Ein weiterer hübscher Kurztrail (ca. 15 min) führt an eine **Norman`s Eddy** genannte Flußerweiterung

Von dort ist es nicht mehr weit zum wunderbaren **Falls Creek Campground** mit Stellplätzen am Fluß und zum ebenfalls erfreulich angelegten **Clearwater Lake Campground** nahe dem Straßenende. Dort beginnt ein *Trail*, der mehrere attraktive Zielpunkte kombiniert: den **Osprey Overlook**, einen Aussichtspunkt über dem See, ein Feld mit Lavagestein, die **Lava Beds**, und die kleinen **Sticta Falls**; Dauer etwa 2 Stunden.

Am Ufer des **Clearwater Lake** existiert für die ersten 4 km ein **Trail**. In die Einsamkeit des Hinterlandes geht es nur per Boot. Kanumiete am See $30/Tag, auch im Ort Clearwater und an der *Helmcken Falls Lodge*.

Helmcken Falls Lodge	Wer am *Wells Gray Park* als Camper mehr Komfort benötigt oder ein Zimmer sucht, findet in der *Helmcken Falls Lodge* an der Parkeinfahrt ein akzeptables Quartier. Zwar ist die Umgebung des Platzes nicht sonderlich reizvoll und der Standard der *Lodge* mit rustikal in etwa richtig bezeichnet, aber dafür gibt`s dort ein gutes *Buffet Dinner*, Bier und Wein zum Essen. Reservierung unter ✆ (250) 674-3657.
Murtle Lake	Die Weiterfahrt in Richtung Tête Jaune Cache bleibt landschaftlich weiter reizvoll. Wie erwähnt, geht es von Blue River auf einer Stichstraße am gleichnamigen Fluß entlang in den *Wells Gray Park* zum hochgelobten Murtle Lake, der für Motorboote gesperrt ist. Er erfreut sich großer Beliebtheit als Ausgangspunkt für längere Kanutouren.
Valemount	Die letzte Ortschaft vor Erreichen des *Yellowhead Highway* ist Valemount. Motels und Restaurants sind dort noch deutlich preiswerter als in Jasper. Der **Valemount/Jasper Campground** an der #5 besitzt ein kleines Hallenbad – eine gute Abwechslung bei schlechtem Wetter. Ein wenig südlich des Ortes befindet sich ein künstlich angelegtes Sumpfareal. Wer Glück hat, sieht am **Marsh Loop Trail** Biber und Bisamratten.

Auf dem Berg Lake Trail zum Kinney Lake im Valley of Thousand Falls im Mount Robson Provincial Park

Mount Robson Provincial Park

Von Tête Jaune Cache, dem für den *Yellowhead* namensgebenden Nest (➪ Seite 309) am Straßendreieck #5/#16, geht es durch den *Mount Robson Provincial Park* zum *Jasper National Park*. Der *Mount Robson* (3.954 m) ist der höchste Berg in den kanadischen Rocky Mountains. Sein schneebedeckter Gipfel ist oft von Wolken und Nebel verhüllt. An klaren Tagen bietet er ein imposantes Bild. Den **Mount Robson Viewpoint** fürs optimale Foto passiert man 16 km östlich von Tête Jaune Cache. Ebensogut ist der Blick vom **Visitor Centre** und vom benachbarten *Café Mount Robson*. Die **Stellplätze** des **PP-Campground** südlich der Straße wurden recht lieblos in den Busch gehauen, viel besser sind das Areal am Fluß und der **Emperor Ridge Campground** 200 m abseits der Hauptstraße (Kinney Lake Road). Alternativ campt man etwas südlich im leider – wie Leser berichteten – vernachlässigten **Campground Robson Shadows** mit Stellplätzen am Fraser River.

Im Besucherzentrum gibt es Karten und (gebührenpflichtige) *Permits* für Wanderungen mit Übernachtung auf den *Wilderness Campsites*. Vorausservierung unter ✆ 1-800-689-9025, Gebühr $12. Einer der schönsten *Wege*, den die kanadischen Rockies zu bieten haben, ist der **Berg Lake Trail** (22 km; Teilstrecken möglich). Tageswanderer benötigen kein **Permit.** Allein schon das 5 km lange Stück zum *Kinney Lake* lohnt.

Zum Jasper Park

Yellowhead Hwy und die Schienen der *Canadian National Railways* passieren den langestreckten *Moose Lake* und folgen weiter dem Lauf des *Fraser River*, jenseits des *Yellowhead Pass* dem *Miette River*. Mit der Paßhöhe (1.131 m) erreicht man die Provinz Alberta und nach weiteren 24 km Jasper *Town*, touristisches Zentrum des Jasper Nationalparks. Zum bereits an der Einfahrt zu entrichtenden Eintritt ➪ Seite 29.

Parks in BC/ Alberta

Wie bereits eingangs erläutert, werden trotz ihrer Lage in Alberta auch die beiden Nationalparks *Jasper* und *Banff* im Rahmen der Rundreiseroute durch British Columbia behandelt. Denn die Mehrheit der Reisenden in Canadas Westen startet in.Vancouver und hat diese Parks "im Programm". Es wäre nicht sinnvoll gewesen, *Banff* und *Jasper National Park*s aus Gründen der politischen Zuordnung von dieser Route zu trennen und im Alberta-Kapitel gesondert zu berücksichtigen.

Bei Start der Reise in Calgary ergibt sich automatisch Anschluß an die hier beschriebenen Route in Banff, siehe unten. Bei Start in Edmonton erreicht man Jasper von Osten her ebenfalls auf dem *Yellowhead Hwy*.

Von Edmonton nach Jasper

Von Edmonton nach Jasper sind es 362 km auf dem **Yellowhead Hwy**, der zunächst schnurgerade durch flaches Farmland läuft. Erst auf ihrer zweiten Hälfte ab Edson gewinnt die Strecke landschaftlich allmählich an Reiz. Mit den Rocky Mountains erreicht man gleichzeitig die östliche Einfahrt in den *Jasper National Park*. Die folgenden 50 km bis zur Stadt Jasper im breiten urstromartigen Tal des Athabasca River verlaufen überaus malerisch.

Eine gute Gelegenheit zu einem **Abstecher von der Hauptstraße** bietet sich gleich eingangs des Nationalparks. Von Pocahontas aus fährt man durch das wunderschöne *Fiddle Valley* zu den **Miette Hot Springs**. Das schwefelhaltige Wasser der heißen Quellen kann man in **Open-air Pools** genießen. Wer übernachten möchte, findet dort Motelzimmer und *Cabins* mit offenem Kamin (Miette Hot Springs Resort: ✆ (250) 866-3750; nach den Zimmern mit *Fireplace* muß man ausdrücklich fragen). Ein schöner **Trail** (5 km) führt von dort auf den *Sulphur Mountain* (2.062 m); bis zum Gipfel sind knapp 700 Höhenmeter zu überwinden.

An Sommerwochenenden herrscht in Richtung Jasper starker Verkehr. Weil die Aussichten auf einen Campingplatz im Park oder ein Hotelzimmer in Jasper dann ungünstig sind, macht es Sinn, rechtzeitig nach Alternativen Ausschau zu halten, etwa in Hinton. Pocahontas verfügt nur über eine geringe Bettenkapazität. Etwa 3 km bzw. 5 km vom Nationalpark entfernt liegen zwei kleine *Alberta Forest Campgrounds* am **Kinky Lake**, (wenngleich dort Camping- und Parkplatz quasi identisch sind), und am **Wildhorse Lake**. Rund 30 km sind es bis zum **William A. Switzer Provincial Park** am Hwy #40.

5.3.2 Jasper National Park

Jasper Stadt

Der *Yellowhead Hwy* #16 führt als breit ausgebaute Umgehungstraße um Jasper herum. An der (Ampel-)Kreuzung *Yellowhead/Icefields Parkway* geht es in die Stadt. Erster Anlaufpunkt sollte das unverfehlbar in einem kleinen Park an der Hauptstraße (Connaught Dr) liegende **National Park Townsite Info Centre** sein. Schräg gegenüber befindet sich der Bahnhof. Dort und auf beiden Straßenseiten steht ausreichend Platz auch für größere Campmobile zur Verfügung. Nur zur Hauptsaison und an Wochenenden wird es eng.

Information

Neben dem **Parkfolder** mit Details zu den vier zusammenhängenden Rocky Mountain Nationalparks *Banff, Jasper, Kootenay* und *Yoho* und der Karte **The Icefields Parkway** kann man sich dort noch die Trailbeschreibungen **Day Hikes in Jasper National Park** für 25 Tageswanderungen besorgen. Den **Visitor's Guide to Jasper National Park**, einen übersichtlichen Faltplan mit Erläuterungen erhält ohnehin jeder Besucher schon bei der Einfahrt (Person $5; Auto ab 2 Insassen $10 pro Tag, ggf. lohnenswerter Dauerpass $35 bzw. $70).

Alberta Travel, ✆ (403) 852-4919, und die Stadt Jasper, ✆ 852-3858, unterhalten ein eigenes Informationsbüro an der Hauptstraße (632 Connaught Dr). **Internet**: http://visit-jasper.com.

Unterkunft

Bei der Reservierung von Unterkünften hilft die **Jasper/Banff/Lake Louise Central Reservation**, ✆ (403) 762-5561 oder ✆ (800) 661-1676. Eine Spitzenadresse – preislich und was Standard und exquisite Lage am Lac Beauvert betrifft – ist die **Jasper Park Lodge**, ✆ (403) 852-3301, sehr ansehnlich die **Marmot Lodge**, ✆ (403) 852-4471. In der Sommersaison ist aber dort wie anderswo ein Unterkommen ohne Reservierung schwer.

Klappt eine Quartiersuche im Park auch mit Hilfe des Reservierungsbüros nicht, ist die am wenigsten zeitaufwendige Lösung eine Fahrt in Richtung Hinton. Westlich des Parks kommen zwar auch Tête Jaune Cache und Valemount in Frage, aber beide Orte verfügen nur über eine Handvoll Motels.

Immerhin gibt es gleich **drei Jugendherbergen** bei Jasper (*Whistler*/80 Betten, *Mount Edith Cavell*/32 und *Maligne Canyon Hostel*/24) und 2 am *Icefields Parkway* (Athabasca Falls/40, Beauty Creek/24). Alle lassen sich reservieren unter ✆ (403) 852-3215 oder Fax (403) 852-5560.

Camping

Zwar sind auch die Stellplätze auf den ortsnahen *Campgrounds* im Sommer knapp, aber bei Ankunft bis zum späten Vormittag kommt man meist unter. Der riesige **Whistlers Campground** (ca. 800 Plätze), einige Kilometer südlich von Jasper, liegt im lichten Wald, bietet in zentraler Lage teilweise **Full Hook-up**, Feuerholz und gute sanitäre Anlagen mit Duschen. Alternativen sind etwas ortsferner an der Straße

	#93A die Plätze **Wapiti** und **Wabasso** mit ebenfalls erheblicher Kapazität (366 bzw 238 Plätze). Nur *Wapiti* besitzt auch Duschen. **Snaring River** nördlich von Jasper mit nur 60 Stellplätzen liegt gut, gehört aber zur Einfach-Kategorie.
Im Ort	Jasper ist zwar kleiner (4.000 Einwohner) als das "benachbarte" Banff und weder so überlaufen noch mondän, aber nicht billiger. Die Preise für Übernachtung, Restaurants und *Fast Food* und Lebensmitteln liegen über dem üblichen kanadischen Niveau. Wiewohl ein hübscher Ort, wuchert Jasper ausschließlich mit dem Pfund seiner Umgebung und bietet selbst keine besonderen Attraktionen, sieht man ab vom **Aquatic Centre**. Ein Besuch in der Poolanlage (401 Pyramid Lake Rd) mit langer Wasserrutsche und einem heißen *Whirlpool* entspannt nach anstrengenden Wanderungen.
Umgebung Jasper	Rings um die Stadt findet man kleine, angenehm temperierte und von Wanderwegen gesäumte Seen mit Badestränden und Kanuverleih (**Patricia** und **Pyramid Lakes** oberhalb des Ortes). Am Pyramid Lake kann man auch geführte Ausritte buchen (ab $19 pro Stunde). Für das – vorsichtige – Kennenlernen des **River Rafting** eignen sich zweistündige Schlauchbootfahrten (ab $30) auf dem bei Jasper relativ zahmen *Athabasca River*. Ausreichenden Wasserstand vorausgesetzt, geht es auf den *Maligne* und *Sunwapta Rivers* etwas härter zur Sache.
Edith Cavell Gletscher	Eine relativ leichte Wanderung führt zum *Edith Cavell Glacier*. Von Jasper folgt man zunächst dem *Icefields Parkway* und dann der alten Straße #93 A. Auf der **Mount Edith Cavell Rd** geht es 14 km bergauf (auch für Wohnmobile bis mittlerer Größe kein Problem, aber *one-way* mit zeitlich wechselnder Richtung; Zeiten angeschlagen) an der Jugendherberge vorbei zum *Mount Edith Cavell Parking Lot*.

Gletschersee Edith Cavell voller Eisschollen selbst im Sommer

Dort beginnt der **Path of the Glacier Loop Trail**, einer der schönsten Kurzwanderwege im Jasper Park. Er führt zum *Edith Cavell Lake* voller Eisschollen unterhalb des beeindruckenden Gletschers und weiter (plus 3 km *Loop Trail*) zu den *Cavell Meadows*.

Seilbahn

Großer Beliebtheit erfreut sich die Seilbahn auf den *Whistlers Mountain*. Die Talstation befindet sich am Ende der gleichnamigen Straße, die vom *Icefields Parkway* abzweigt und zunächst den *Whistlers Campground* passiert. Die Fahrt mit der **Tramway** kostet $12, für $27 ist ein Menü im Aussichtsrestaurant (2.285 m) inbegriffen. Der Gipfel liegt noch 200 m höher. Von oben ähnelt das 1.400 m tiefer gelegene Jasper kurioserweise einem riesigen "J". Sportliche Besucher erklimmen den Berg per Pedes: Der Ausgangspunkt des *Trails* befindet sich 1,5 km vor der Station. Der Aufstieg (10 km) ist in 4 Stunden zu schaffen. Wer sich den Rückmarsch auf demselben Weg ersparen möchte, kann zum halben Preis mit der Seilbahn abfahren.

Maligne Canyon

Als schönstes Ausflugsziel des Parks gilt der **Maligne Lake** am Ende der *Maligne Rd* (42 km), die nördlich Jasper vom *Yellowhead Hwy* abzweigt. Gleich am Anfang passiert die Straße den tief eingeschnittenen *Maligne Canyon*. Der Zwischenstop dort ist ein "Muß". Vom großen Parkplatz (mit Cafeteria und *Gift Shop*) geht es in eine äußerst pittoreske Kalksteinschlucht. Mehrfach überquert der immer holpriger werdende Pfad den engen *Canyon*. Tief unten tost das Wasser des *Maligne River* im engen Durchlaß. Wer bis zur 5. Brücke geht, braucht nicht unbedingt wieder nach oben zu kraxeln, sondern kann sich über die **5th Bridge Rd** mit dem Auto abholen lassen. Für den Weg bis zur 4. Brücke und zurück sollte man rund 1 Stunde einplanen.

Medicine Lake

Ein Phänomen ist der *Maligne River*, der vom *Maligne Lake* in den scheinbar abflußlosen *Medicine Lake* fließt. Das Wasser verschwindet unterirdisch aus dem See und taucht erst nach Kilometern wieder an der Oberfläche auf.

Maligne Lake Trails

Die Schönheit des glasklaren *Maligne Lake* läßt sich von der Bucht an seinem Nordende nur erahnen. Ein rauher Pfad am Westufer führt nach einigen Kilometern zu Stellen, von wo aus der gesamte See im Blickfeld liegt. Bequemer ist der **Mary Schaeffer Trail** am Ostufer, anstrengender und sehr empfehlenswert der 8 km lange **Opal Hills Loop Trail** zu schönen Aussichtspunkten ebenfalls auf der Ostseite des Sees.

Bootstrips

Die meisten Besucher haben bereits im voraus (in Jasper, 626 Connaught Dr) den Bootstrip über den von schroffen Gipfeln eingerahmten See reserviert und bezahlt ($31/Person/$80 pro Familie). Auf einem Inselchen dürfen sich die Passagiere ein wenig die Füße vertreten, bevor es wieder zurückgeht.

Umgebung Jasper 369

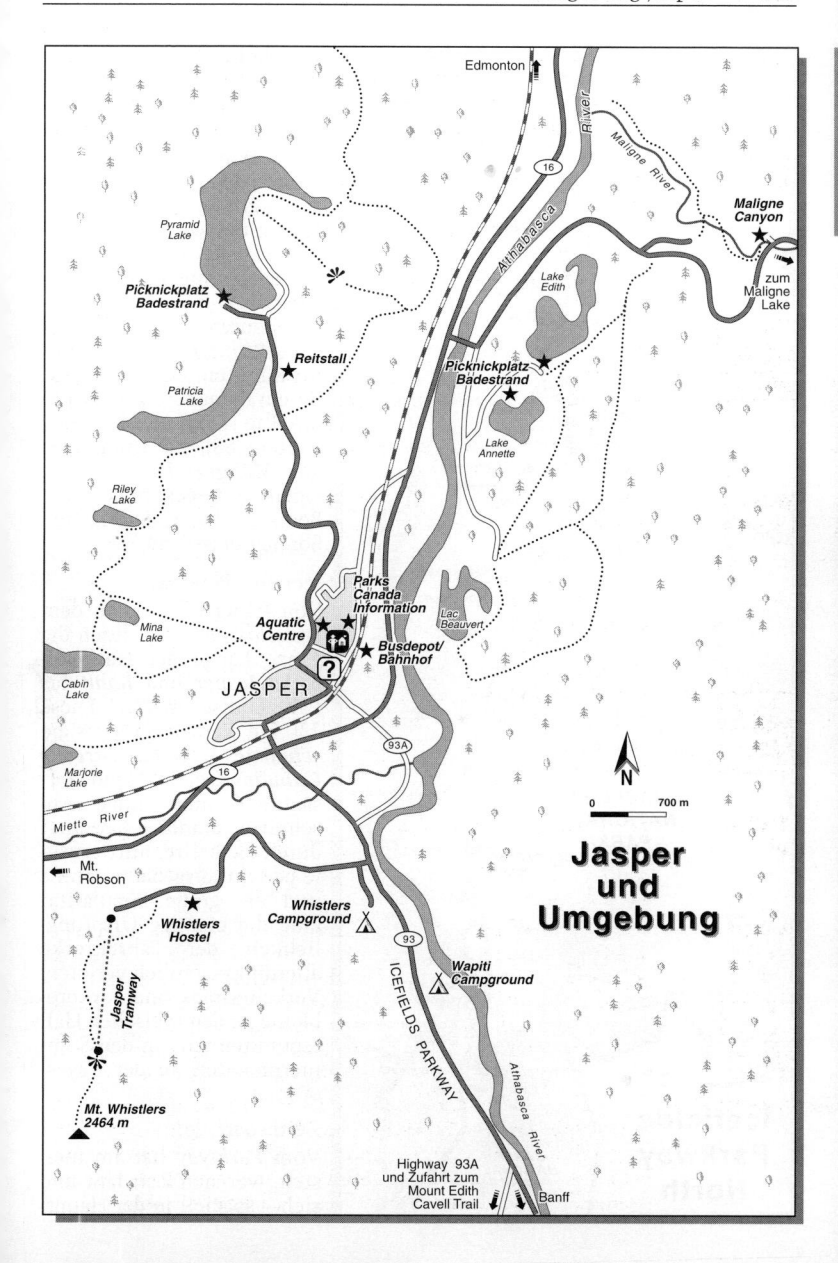

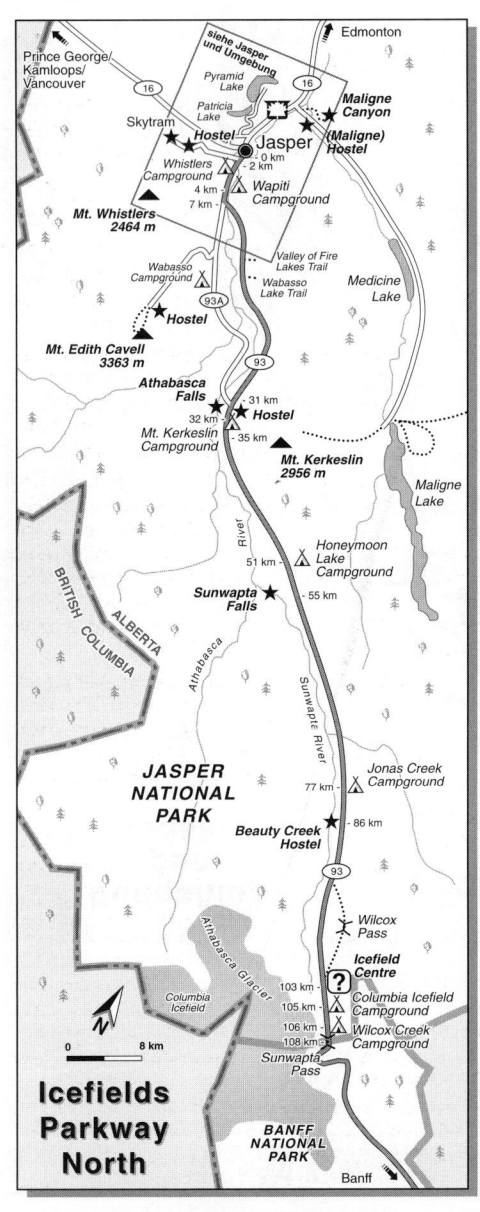

Kanuleihe

Die individuelle Alternative zum schnellen Ausflugsschiff ist das Leihkanu, obwohl man erst einige Kilometer paddeln muß, um aus der Bucht herauszukommen. Wegen des sehr kalten Wassers ist dabei auch bei gutem Wetter warme Kleidung anzuraten. Wer Zeit für Mehrtagestouren hat, findet am Ufer *Wilderness Campsites* für Kanuten. Die Mietkosten für ein Kanu betragen ab $45 pro Tag (1. Stunde $12, jede weitere $8), zu arrangieren am **Maligne Lake Chalet**, einem Servicekomplex mit Bootsanleger, Cafeteria und Sonnenterasse am See.

Icefields Parkway

Von Jasper geht es auf dem *Icefields Parkway* durch die ganze Länge der **Nationalparks Jasper** und **Banff** bis Lake Louise am *TCH*. Diese 230 km werden gerne als die ***schönste Gebirgsstrecke Canadas*** gelobt. Und tatsächlich sind einige Abschnitte grandios. Bedingt durch die breite, mittlerweile perfekt ausgebaute Straße und die große Popularität ging die einstige Ursprünglichkeit der Fahrtstrecke allerdings ziemlich verloren. Verkehrsstaus und Parkprobleme an den typischen Haltepunkten sind in den Sommermonaten an der Tagesordnung.

Zeitbedarf

Vom *Parkway* hat am meisten, wer sich Zeit läßt und sich – speziell in der Haupt-

	saison – ein wenig abseits der touristischen Brennpunkte hält. Für die mit kurzen Zwischenstops an Wasserfällen, dem *Athabasca Glacier* und Aussichtspunkten durchaus in 5–6 Stunden "machbare" Strecke (dann hat man "alles" gesehen) ist einschließlich kleiner Tageswanderungen ein **Zeitrahmen** von zwei Tagen gut bemessen. Lohnen tut sich die "Ruhe" aber nur bei gutem Wetter.
Klima	Auch mitten im Sommer wird es bei tiefer unten (Jasper) noch angenehmen Temperaturen in der Höhe schnell kühl, wenn die Sonne nicht scheint. Das gilt auch im Schatten der Berge. Nachts muß mit Frost gerechnet werden; im Juni und September herrschen nachts durchweg Minusgrade. Schnee ist weder im Frühsommer noch im Herbst eine Seltenheit.
Camping	Selbst in der Hauptsaison reicht die **Campingkapazität** entlang der Strecke im allgemeinen aus. Im Gegensatz zum Umfeld von Jasper, Lake Louise und Banff, wo man oft schon mittags nicht mehr unterkommt, findet sich auf einem *Parkway-Campground* oft sogar noch abends ein freies Plätzchen.
Wasserfälle	Auf seinen ersten 50 km folgt der *Parkway* dem Lauf des Athabasca River. Ein Abstecher zu den sehenswerten **Athabasca Falls** am Zusammentreffen des alten Parkway-Abschnitts #93A (nur für Camper und als Anfahrt zum *Mount Edith Cavell* interessant) und der neuen Trasse gehört zum Pflichtprogramm. Südlich der Wasserfälle liegt der *Mount Kerkeslin Campground*, an einer gesonderten Zufahrt eine weitere Jugendherberge, das *Athabasca Falls Hostel*.

Den nächsten Haltepunkt bilden wiederum Wasserfälle, die (weniger aufregenden) **Sunwapta Falls**. Die Straße steigt danach rasch höher und erreicht bald die Baumgrenze. Ein Stop lohnt an fast jedem Aussichtspunkt.

Columbia Icefield

Die bekannteste Attraktion des Jasper Parks, der *Athabasca Glacier*, gehört zum 300 km² großen *Columbia Icefield*, das gleich drei bedeutende Flußsysteme speist: Der **Athabasca River** ist einer der Quellflüsse des über 4.200 km langen, ins Polarmeer strömenden **Mackenzie River**. Der **North Saskatchewan River** fließt aus dem nördlichen *Banff Park* nach 2.000 km in den Lake Winnipeg in Manitoba und bahnt sich von dort als **Nelson River** seinen Weg bis in die Hudson Bay.

An der Westseite des *Icefield* wird aus den Gletscherbächen der **Columbia River**, der nach knapp 2.000 km bei Portland/USA in den Pazifik mündet.

Athabasca Falls

Höhenlage und Kälteausstrahlung der Eismassen wirken sich deutlich auf das lokale Klima aus. Im Juli beträgt die durchschnittliche Höchsttemperatur am *Parkway* in diesem Bereich nur 15°C. Bei schlechtem Wetter kommen mitten im Sommer Schneeschauer vor.

Athabasca Glacier Das Eisfeld selbst liegt verborgen in der Höhe. Nur drei seiner Gletscher (*Athabasca*, *Dome* und *Stutfield*) sind von der Straße aus zu sehen. Das **Icefield Visitor Centre** mit Aussichtsterrasse und allen Einrichtungen zur Besucherversorgung in erhöhter Position ist ganz auf den *Athabasca Glacier* ausgerichtet. *Snowmobiles*, wuchtige Spezialfahrzeuge mit mannshohen Reifen, fahren auf die Gletscherzunge, etwa 1,5 km von der Straße entfernt. Frühere Fahrten, die höher hinauf aufs Eis führten, wurden aus ökologischen Gründen eingestellt. Dennoch lassen sich viele Besucher für stolze $23 auf dieses wenig plausible "Vergnügen" ein.

Zufahrt Man gelangt auch mit dem Auto zum Parkplatz unterhalb des *Athabasca Glacier* und kann individuell das Eis erreichen. Auf der kurzen Zufahrt verdeutlichen Schilder mit Jahreszahlen den sukzessiven, in den letzten Jahrzehnten rapiden Rückzug des *Athabasca*.

Auf jeden Fall sollte man dem **Icefield Interpretive Centre** des *National Park Service* einen Besuch abstatten. Ausstellungen und ein laufend gezeigter Film erläutern Geschichte und Geologie der Region und des *Parkway*. Auch allgemeines Informationsmaterial zu den Nationalparks ist dort erhältlich.

Unweit des *Visitor Centre* liegt (außer dem **Columbia Icefield Campground** nur für Zelte) der **Wilcox Creek Campground**. Dort beginnt der historische **Wilcox Pass Trail** nach Jasper. Er diente zur Jahrhundertwende als Umgehung des *Athabasca Glacier*, der damals noch über die heutige Trasse des *Parkway* hinausreichte. Auf dem ersten Abschnitt des *Trails*, der allerdings bis in den Juli hinein schneebedeckt bzw. vom Schmelzwasser überschwemmt sein kann, lassen sich **Athabasca** und **Dome Glacier** viel besser überblicken als vom Besucherzentrum aus.

Paßhöhe Mit dem **Sunwapta Pass** (2.035 m) erreicht die Straße ihren (nach dem *Bow Summit*) zweithöchsten Punkt und gleichzeitig den *Banff National Park*. Südlich der Paßhöhe liegt exzellent das **Hilda Creek Hostel**, Reservierung ✆ (403) 762-4122.

5.3.3 Banff National Park

Kennzeichnung
Mit 4 Millionen Besuchern im Jahr ist *Banff* der beliebteste Nationalpark Canadas. Zur Ferienzeit und an Schönwetterwochenenden herrscht vor allem im Ort Banff und dessen Umgebung und im benachbarten Lake Louise Hochbetrieb. Eine **rechtzeitige Reservierung ist unerläßlich**, gleichgültig, ob man ein Hotelzimmer oder einen Campingplatz sucht.

Einfahrt
Zunächst führt der *Icefields Parkway* vom *Sunwapta Pass* auf einer langen, grandiosen Abfahrt ins Tal des *North Saskatchewan River*. 5 km südlich der Paßhöhe passiert man den Ausgangspunkt des großartigen *Parker Ridge Trail* (2,5 km zunächst Serpentinen aufwärts, dann eben). Auf der Parker-Kammhöhe liegt der *Saskatchewan Glacier* im Blickfeld.

Weiter unten befindet sich der ruhige *Rampart Creek Campground*, nebenan die Jugendherberge *Rampart Creek Hostel*, Reservierung unter ✆ (403) 762-4122. Obwohl der Campingplatz zu den schönsten des *Parkway* gehört, ist er auch zur Hauptsaison selten voll.

Saskatchewan Crossing
Am Straßendreieck *Icefields Parkway/David Thompson Highway* (Straße #11) steht die einzige Tankstelle zwischen Jasper und Lake Louise. Die 80 km zwischen Nordegg und dem *Banff Park* können mit dem Panorama des *Parkway* durchaus mithalten. Ein weiterer guter Grund für einen Abstecher nach Osten sind ggf. die *Campgrounds* nördlich und südlich des **Abraham Lake**, aber auch dieser vom Tourismus so gut wie unberührte See selbst. Siehe dazu auch Seite 345.

Trail
Eine schöne Kurzwanderung beginnt etwa 5 km südlich der *Saskatchewan Crossing* genannten Abzweigung nach Nordegg/ Red Deer: Der **Mistaya Canyon Trail** (300 m) führt zu einer tiefen Kalksteinschlucht ähnlich dem *Maligne Canyon*.

Strecke
Die nächsten 70 km sind neben der Auffahrt/Abfahrt zum/vom *Sunwapta Pass* der landschaftlich beste Abschnitt des *Icefields Parkway*. Ein ganze Reihe von Seen begleiten vor der **Gebirgs- und Gletscherkulisse** die Straße. Ungemein reizvoll ist die immer wieder andere türkis-blaue Färbung dieser Seen. Die Farbnuancen werden durch die Art der aus den Gletschern stammenden Sedimente und die wechselnde Sättigung des Wassers mit Mineralien verursacht.

Paßhöhe
Am **Bow Summit**, dem mit 2.069 m höchsten Punkt des *Parkway*, zweigt eine kurze Stichstraße zum **Peyto Lake Viewpoint** ab – ein "Muß" für Fotografen. Auf mehreren Wanderwegen kann man dort Ende Juli/Anfang August durch herrlich blühende Wiesen laufen.

Abwärts passiert die Straße den *Bow Lake* und folgt dem *Bow River*. Am *Hector Lake* liegen **Mosquito Creek Campground** und die *Cabins* des gleichnamigen *Hostel*, Reservierung wie fürs *Banff Hostel*. Wenige Kilometer vor Lake Louise liegt der *Herbert Lake* mit einem ruhigen **Picknickplatz.** Im Gegensatz zu den gletschergespeisten Seen weiter oben kann man im relativ warmen Wasser dieses abflußlosen Sees baden.

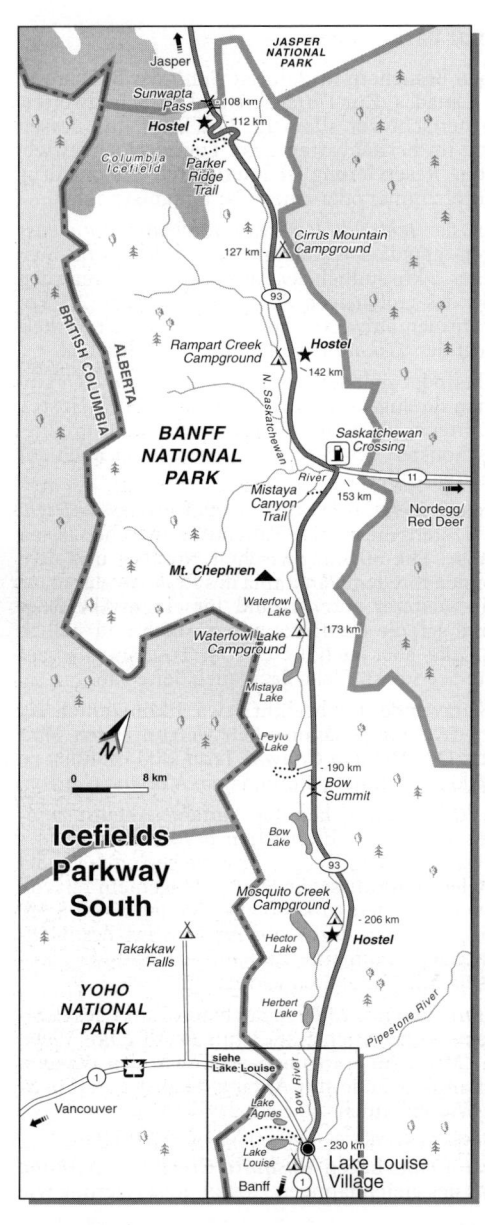

Lake Louise

Nördlich von Lake Louise, neben Banff d e r Touristenmagnet des Parks, endet der *Icefields Parkway* am *Trans Canada Hwy*. Der Ort besteht aus mehreren separaten Villen- und Ferienhausvierteln und einem kleinen zentralen **Versorgungsbereich** mit Einkaufszentrum am *Lake Louise Dr/Village Rd* unweit der TCH-Autobahn. Gleich neben der **Samson Shopping Mall** befindet sich das architektonisch auffällige **Lake Louise Visitor Centre**. Zur Übersicht über den gesamten Bereich Lake Louise und für Wanderungen gibt es nichts besseres als das Faltblatt *Lake Louise and Vicinity*, *Drives and Walks*

Seilbahn

Jenseits des TCH (Whitehorn Road, *Bow Valley Parkway* #1A) liegen die Skiabfahrten des Ortes, denen eine Gondel-Seilbahn als Zubringer dient. Sie ist auch im Sommer in Betrieb. Über abgeholzte Berghänge befördert sie Urlauber zum Aussichtsrestaurant (*Roundtrip* $9).

Nach der Unterquerung der Eisenbahn geht es gleich rechts auf der **Fairview Road** zum langgestreckten, schön

Camping	am *Bow River* gelegenen **Lake Louise Campground**. Ein separates Areal jenseits des Flusses ist ausschließlich Zeltcampern vorbehalten. Der Platz erfreut sich großer Beliebtheit, und so sichert in der Hauptsaison nur frühe Ankunft am Vormittag das Unterkommen. Eine optimale **Jugendherberge** ist das *Lake Louise International Hostel*, 155 Betten; ✆ (403) 522-2200; Fax (403) 522-2253; $20. Wer nach anstrengender Wanderung eine Dusche braucht, findet *Showers* neben der Post.
Vom Ort zum See Lake Louise	Zwei **Wanderwege** verbinden Ort und See *Lake Louise*. Der *Louise Creek Trail* (knapp 3 km) führt am gleichnamigen Bach entlang; der längere *Tramline Trail* (5 km) folgt einer ehemaligen Schmalspurbahn-Trasse. Mit dem Auto sind es zum unverfehlbaren Ziel ebenfalls 5 km.
Der meistbesuchte Bergsee der Welt	Die Zufahrt zum *Lake Louise* endet vor dem nostalgischen Nobelhotel **Chateau Lake Louise**; ab ca. $180/Nacht, Zimmer mit Seeblick mehr; Reservierung unter ✆ (403)-522-3511 oder 1-800-441-1414/*Canadian Pacific* ⇨ Seite 137; bzw. auf einem Mammutparkplatz, von dem unerhörte Besuchermassen täglich in die gepflegte Parkanlage zwischen Hotel und See strömen. Das Gros der Touristen genießt das Panorama und besucht vielleicht noch das *Chateau* mit seinen Terrassen, Restaurants und Souvenirshops. Als "Geheimtip" gilt das **Continental Breakfast Buffet** für $8. Das *Lake Louise Hotel* ist von innen insgesamt aber bei weitem nicht so eindrucksvoll wie das *Banff Springs Hotel* (siehe unten).
Abseits der Massen	Wer nicht am frühen Vormittag vor Ankunft der Busse oder erst am späten Nachmittag eintrifft, wird den Lake Louise als zu touristisch empfinden. Eine "Flucht" gelingt aber leicht per **Kanu** ($25 pro Stunde) oder noch besser per pedes. Mehrere *Trails* beidseitig des Sees laden zu **Wanderungen** ein:

Am Lake Louise

Trails

– Der gut ausgebaute ***Lake Agnes Trail*** (3,6 km) windet sich in langen, aber nicht allzu steilen Kehren hinauf zum 400 m über dem *Lake Louise* gelegenen *Lake Agnes*. Die zweite Weghälfte ist ein *Loop Trail*. Am See wartet ein kleines ***Tea House*** mit Terrasse (Snacks, Tee und Kaffee, aber kein Alkohol), ein herrlicher Rastplatz nach dem Aufstieg. Man kann den Weg auch fortsetzen um den *Agnes Lake* herum zum phantastischen Aussichtspunkt auf dem Big Beehive.

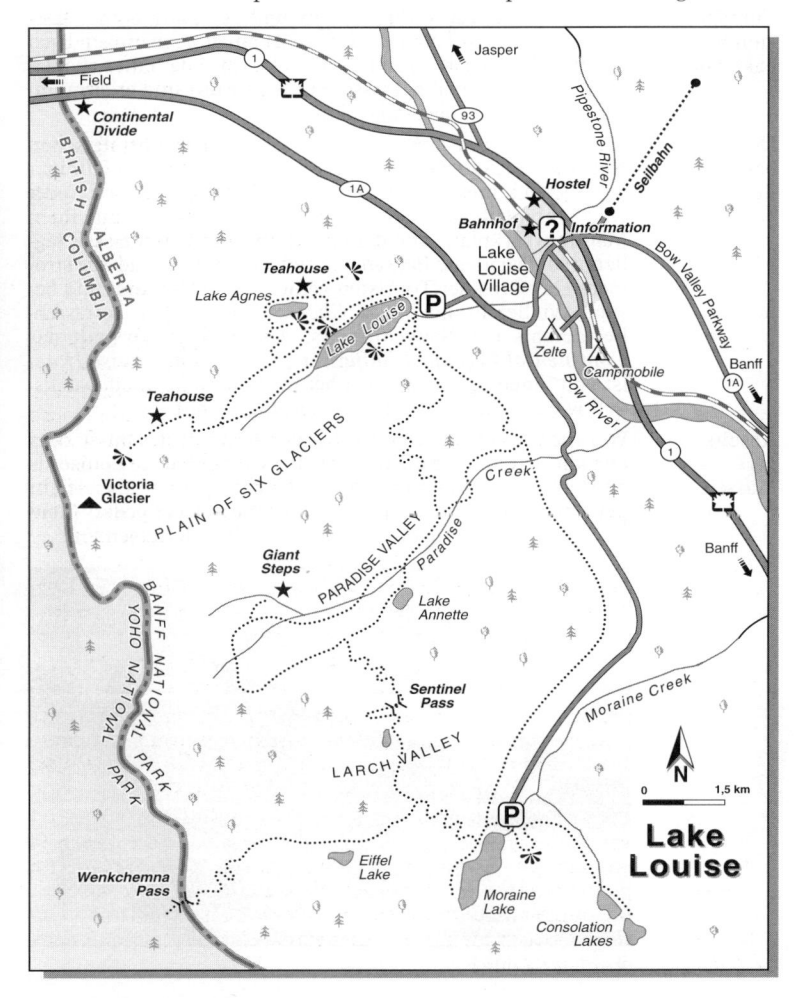

- Der **Plain of Six Glaciers Trail** zählt zu den besten Wanderwegen im Nationalpark. Er läuft zunächst am Nordwestufer des Sees entlang und endet an einem Aussichtspunkt über der "Ebene der sechs Gletscher". Bis zum Ziel sind es 7 km. Auch an diesem Weg liegt einen guten Kilometer vor dem Ende ein *Tea House*. Über *Highline* und *Agnes Lake Trail* vermeidet man das doppelte Ablaufen der Strecke bei nur geringfügig verlängerter Wegstrecke (insgesamt 14 km).
- Gut 1 km ist es vom Parkplatz zur **Fairview-Aussichtsplattform** hoch über dem Südufer des *Lake Louise*. Dieser (etwas anstrengende) *Trail* läßt sich auf unterschiedlichem Hin- und Rückweg laufen und sollte das Minimalprogramm sein, wenn Zeit und Lust für längere Wanderungen fehlen.

Moraine Lake

Vielleicht noch reizvoller als der *Lake Louise* ist sein südlicher Nachbar, der *Moraine Lake* (13 km entfernt und einige hundert Meter höher), vor einer ebenso prächtigen Kulisse. Dank der mittlerweile sehr gut ausgebauten Zufahrt, großer Parkplatzkapazität und der jüngst erweiterten Infrastruktur am Seeufer wird es dort im Sommer ähnlich voll wie am Lake Louise. Vor 10 Uhr morgens und nach 17 Uhr ist es dort ruhiger.

Trails

Das Umfeld des Sees blieb nichtsdestoweniger ursprünglicher als im Fall des Lake Louise; per Leihkanu oder auf Schusters Rappen entkommt man dem Betrieb schon nach wenigen hundert Metern. Das gilt vor allem am Westufer: ein wunderbarer *Trail* führt hinauf zum **Eiffel Lake** oberhalb der Baumgrenze (ca. 6 km). Bei guter Kondition lassen sich 3 km zum *Wenkchemna Pass* (weitere 350 m Höhenunterschied) "anhängen", der Wasserscheide und Grenze zwischen Alberta und British Columbia, gleichzeitig zwischen *Banff* und *Yoho Park*. Wem der Weg zum Eiffel Lake zu weit ist, könnte sich die ebenfalls schöne Wanderung zu den **Consolation Lakes** vornehmen.

Ein "Muß" ist auf jeden Fall der kurze Aufstieg (**Rockpile Trail**, ca. 1 km *Roundtrip*) vom Parkplatz zum Aussichtspunkt über den See und das *Valley of the Ten Peaks*.

Alter TCH

Für die Weiterfahrt nach Banff sollte man dem **Bow Valley Parkway** #1A, dem "alten" Verlauf des TCH, den Vorzug vor der neuen Autobahn geben. Seine 50 km sind nicht nur weniger befahren, sondern auch landschaftlich reizvoller. Mehrere Picknick- und Campingplätze und die **Jugendherberge Castle Mountain** (Reservierung, ⇨ Seite 378) liegen am Wege.

Johnston Canyon

Etwa 25 km nördlich von Banff passiert die Straße den Eingang zum pittoresken *Johnston Canyon*. Ein kurzer Marsch auf dem gleichnamigen *Trail* führt zu den **Lower Falls**. 2 km weiter erreicht man die oberen Wasserfälle und nach ca. 6 km die **Inkpots**, türkisfarbene Frischwasserquellen; eine herrliche Wanderung für 3-4 Stunden, auch wenn's auf gleicher Strecke zurückgeht.

Rocky Mountains

Banff, Lage und Geschichte

Das Städtchen Banff ist das überlaufene Zentrum des Nationalparks. Es liegt 140 km westlich von Calgary abseits der TCH-Autobahn mit Zentrum am **Bow River** zwischen **Tunnel** und **Sulphur Mountain**. Banffs Entwicklung begann mit der Entdeckung heißer Quellen im vorigen Jahrhundert. Zunächst wurden die **Cave and Basin Hot Springs**, später auch noch die **Upper Hot Springs** (siehe unten) zum wichtigsten Anziehungspunkt. Im Laufe der Jahre traten die Aspekte "Erholung in freier Natur" und "Skisport" mehr und mehr in den Vordergrund. Dabei sorgte ausschließlich die Nationalpark-Administration für den Lauf der Dinge in Banff. Das Unikum einer – immerhin 5200 Einwohner zählenden – Stadt in Alberta, deren Geschicke weitgehend durch Verwaltungsakte der Bundesregierung im fernen Ottawa bestimmt wurden, endete erst 1990 mit der Wahl eines Bürgermeisters und Etablierung einer Selbstverwaltung.

Information

Alle Besucher, gleich aus welcher Richtung sie kommen, landen unweigerlich auf der **Banff Ave**. Im verdichteten Bereich südlich der *Moose St* (224 Banff Ave, geöffnet täglich von Ende Juni bis Anfang September 8–20 Uhr, sonst kürzer; ✆ (403) 762-1550; tagsüber Parkprobleme!) befindet sich das gemeinsame **Information Bureau** des *National Park* und der Stadt. Neben Stadtplan, Nationalparkkarte (siehe unter Jasper) und lokalen Werbefoldern erhält man dort auch das Faltblatt ***Banff and Vicinity: Drives and Walks***, in dem alle wichtigen Ziele in und um Banff und die wichtigsten Wanderungen erläutert sind. Weitere Trailbeschreibungen liefert das Faltblatt ***Hiking Trails along the Icefields Parkway in Banff National Park***.

Internet-Info: http://www.canadianrockies.net

Unterkunft

Für Jasper, Banff und Umgebung gibt es einen zentralen Reservierungsservice für Zimmer in Hotels und Motels: *Banff/Lake Louise Central Reservation*, ✆ (403) 762-5561 oder 1-800-661-1676. Preiswerte Quartiere bieten das *Banff International Hostel* (154 Betten), Tunnel Mountain Rd, ✆ (403) 762-4122, Fax (403) 762-3441, und das *YWCA* (60 Betten), 102 Spray Ave, ✆ (403) 762-3560. Der *Alpine Club of Canada* besitzt in Canmore (*Highway* #1A, 20 km südöstlich Banff) ein *Clubhouse* mit günstiger Übernachtungsmöglichkeit; ✆ (403) 678-3200.*)

Camping

Fürs Campen kommen in Banff ausschließlich Nationalparkplätze in Frage. Über eine enorme Kapazität (ca. 1100 Stellplätze) verfügen die drei hintereinanderliegenden **Tunnel Mountain Campgrounds** an der Tunnel Mountain Road ca. 4 km vom Zentrum entfernt.

---

*) Der kanadische "Alpenverein" betreut auch unbewirtschaftete Berghütten: *Alpine Club of Canada*, P.O. Box 2040, Canmore, Alberta T0L 0M0, ✆ wie oben angegeben.

Die Anfahrt zum Einchecken zu diesen trotz ihrer Größe insgesamt nicht schlechten und sanitär ordentlichen Plätzen erfolgt am besten über den östlichen *Banff-Exit* des TCH. Die Alternative **Two Jack Lake** mit zwei Plätzen jenseits des TCH in etwa 13 km Entfernung zur Stadt besitzt keine Duschen. Sie liegen aber sehr ruhig in schöner Umgebung. Insbesondere der Platz am See ist empfehlenswert. Man könnte auch zum sanitär etwas besseren **Johnston Canyon Campground** fahren (ca. 25 km), der sich ebenfalls durch eine schöne Lage auszeichnet. Privat betriebene Campingplätze mit **Hook-up** gibt's erst in Canmore außerhalb des Parks.

Preise

Quartiere wie Campingplätze, aber auch Restaurants und Läden sind **teuer.** Banff gilt in der jeweiligen Hauptsaison im Sommer wie im Winter als **die Stadt mit dem höchsten Preisniveau Canadas**. Selbstversorger halten ihre Ausgaben in Grenzen, wenn sie nicht im Bereich der Hauptstraße *Banff Ave* einkaufen, sondern zum preiswerteren **Safeway** in der Elk St (zwischen Banff Ave und Martin St) gehen.

Internet

Weitere Informationen zu allem, was Banff und den gleichnamigen Nationalpark betrifft, holt man sich aus dem **Internet** unter: http://www.banff.net.

Übersicht

Auch wer nicht zum Campen zu den *Tunnel Mountain Campgrounds* fährt, sollte als "Einstieg" möglichst vor dem Besuch der Stadt Banff die **Tunnel Mountain Road** von Osten her (östliche TCH-Abfahrt für Banff, dann nach 500 m links) abfahren und sich dafür ein wenig Zeit nehmen. Von dieser Straße und vor allem vom anschließenden **Tunnel Mountain Drive***) aus überblickt man hervorragend Lage und Umgebung der Stadt und passiert die *Trailheads* für zwei lohnenswerte Kurzwanderungen.

Kurztrails

Der erste Ausgangspunkt liegt gegenüber der Einfahrt zum Campingplatz *Tunnel Mountain Village*, etwa 3 km vom TCH entfernt. Ein kurzer Weg führt zu **Hoodoos**, Sandskulpturen im *Bow River Valley*. Ein weiterer Pfad läuft von dort auf der Ostseite um den *Tunnel Mountain* herum zum **Bow Falls Overlook** am *Tunnel Mountain Drive* (ca. 5 km).

Nach Passieren der *Campgrounds* und des *Banff International Hostel* geht es entweder geradeaus direkt hinunter in die Stadt oder nach links in den *Tunnel Mountain Drive*. Etwa nach 2 km kreuzt der **Tunnel Mountain Trail** die Straße, der an der *St. Julien Road* weiter unten seinen Ausgang nimmt. Der schönste Abschnitt des Trails beginnt aber am Parkplatz des *Tunnel Mountain Drive*. Zum Gipfel 300 m über der Stadt sind es ca. 2 km. Die Bezeichnung *Tunnel Mountain* für einen Berg, an dem kein Tunnel zu entdecken ist, verwundert. Sie geht auf nicht realisierte Pläne zur Konstruktion eines Eisenbahntunnels zurück.

Banff Springs Hotel

Vom stets überfüllten Parkplatz am **Bow Falls Overlook** an der letzten Kehre der Straße überblickt man nicht nur die Wasserfälle des *Bow River*, sondern auch und vor allem die "Schokoladenseite" des schloßartigen *Banff Springs Hotel* sowie dessen beneidenswert gelegenen Golfplatz. Es wurde Ende des letzten Jahrhunderts von der *Canadian Pacific Railway Company* errichtet und galt lange Zeit als das beste Hotel Nordamerikas.

Museen

Über die Buffalo Street steuert man vor der **Bow River Bridge** auf die Banff Ave und damit ins Zentrum der Stadt. Am Ufer diesseits des Flusses liegt (gegenüber dem Postamt) das **Banff Park Museum** (93 Banff Ave; geöffnet Juni–August täglich 10–18 Uhr) zu Flora und Fauna des Parks, am anderen Ufer des Palisadenfort des **Luxton Museum** (1 Birch Ave; Mitte Mai bis Mitte Oktober, 9–21 Uhr), das indianische Kunst und Kultur thematisiert. Lebensgroße Szenen demonstrieren plastisch das Leben der Indianer vor Ankunft des weißen Mannes.

Ziele jenseits des Bow River

Die *Bow River Bridge* muß auch überqueren, wer zu den Mineralbädern, zum *Banff Springs Hotel*, zu den *Bow River Falls* und auf den *Sulphur Mountain* möchte:

– Die **Cave and Basin Hot Springs** befinden sich am Ende der Cave Ave, etwa 2 km vom Ortskern entfernt. Das **Cave & Basin Centennial Centre** besteht aus einem (leider nicht mehr in Betrieb befindlichen) Badepool, Teehaus und heißen Quellen, die in einer Höhle und oberhalb der Anlage auf Holzplankenwegen zugänglich sind; Eintritt $3.

– An die alte Anlage grenzt ein Sumpf- und Naturschutzgebiet, das vom **Marsh Loop Trail** umrundet wird (ca. 3 km). Zur Tierbeobachtung (in erster Linie viele Vogelarten) dient eine Plattform unweit des Pools. Der dort seinen Ausgang nehmende **Sundance Trail** folgt zunächst einer für Autos gesperrten Straße und dann einem breiten Weg bis zu einem Picknickplatz (4 km). Erst dahinter beginnt der einzig reizvolle, letzte Teil des Weges: der *Loop Trail* (2 km) durch und um den **Sundance Canyon**, den man vom Ende der Schlucht besser wieder zurückläuft als dem langen Rückweg durch den Wald zu folgen. Der *Sundance Trail* eignet sich am besten für eine Radtour (Mehrere *Bike-Rentals* im Ort).

– Ganzjährig geöffnet (im Juli/August sogar bis 23 Uhr; $7 Eintritt) ist der große *Open-air Pool* der **Upper Hot Springs** (38°C): von der *Bow River Bridge* nach links, dann die Mountain Ave bis zum abschließenden Parkplatz zwischen Badeanlage und *Sulphur Mountain* Seilbahn.

Wer seine Badehose vergessen hat, kann dort ein nostalgisches Badekostüm leihen. Besonders **am Abend** bei klarem Himmel, wenn der Betrieb ein wenig nachgelassen hat, sind diese *Hot Springs* empfehlenswert.

– Der ***Banff Sulphur Mountain Gondola Lift*** befördert seine Fahrgäste vom Ende der Mountain Ave zur Bergstation in 2.281 m Höhe. Die sagenhafte Rundumsicht solte man sich nicht entgehen lassen. Leute mit Kondition machen den Aufstieg über 700 m Höhenunterschied zu Fuß (ca. 2 Stunden) und sparen $12, denn runter ist die Seilbahn kostenlos.

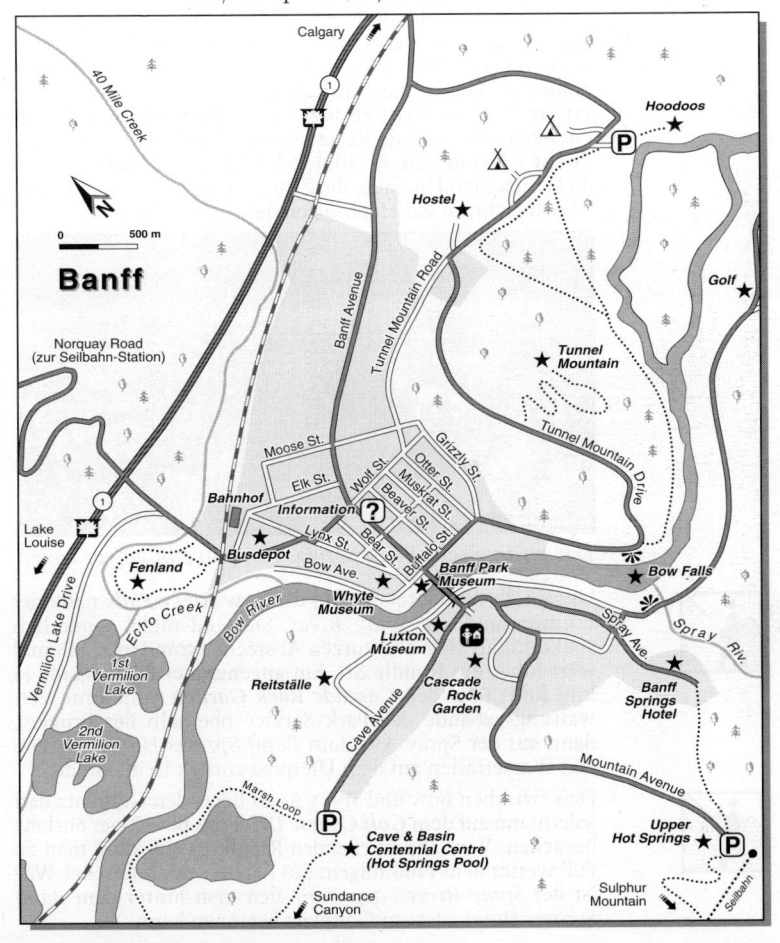

Der **Abstieg kann aber auch über einen alternativen Weg** auf der Westseite des *Sulphur Mountain* erfolgen, der 2 km vom *Cave & Basin Centennial Centre* entfernt auf den *Sundance Trail* trifft (da bergab, machbar in 2 Stunden).

- Die Zufahrt zum **Banff Springs Hotel** erfolgt ebenfalls hinter der *Bow River Bridge* nach links; man hält sich dann weiterhin links auf der *Spray Ave*. Das nostalgische Luxushotel wirkt von dieser Seite bei weitem nicht so eindrucksvoll wie vom gegenüberliegenden Aussichtspunkt (siehe oben), aber das "Innenleben" muß man gesehen haben. Einen tollen Blick über das *Bow River Valley* und den Golfplatz genießt die internationale Gästeschar von der Terrasse und auch von der hochgelegenen Bar – am besten zur **Happy Hour** am späten Nachmittag, wenn dezente Live-Musik ertönt. Wer im *Banff Springs Hotel* übernachten will, ruft entweder die zentrale Reservierung, ✆ (800) 441-1414, oder direkt im Hotel an, ✆ (403) 762-2211. Das Hotel läßt sich ab Deutschland buchen; die Zimmerpreise beginnen bei ca. $190/Nacht, in der Hochsaison deutlich mehr.

Das nostalgische Banff Springs Hotel in einmaliger Lage

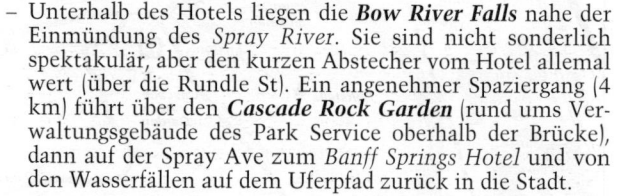

- Unterhalb des Hotels liegen die **Bow River Falls** nahe der Einmündung des *Spray River*. Sie sind nicht sonderlich spektakulär, aber den kurzen Abstecher vom Hotel allemal wert (über die Rundle St). Ein angenehmer Spaziergang (4 km) führt über den **Cascade Rock Garden** (rund ums Verwaltungsgebäude des Park Service oberhalb der Brücke), dann auf der Spray Ave zum *Banff Springs Hotel* und von den Wasserfällen auf dem Uferpfad zurück in die Stadt.

- Den zwischen *Bow* und *Spray River* liegenden Golfplatz darf jedermann auf dem **Golf Course Drive** am Bow River entlang besuchen. Vom abschließenden Rundkurs aus kann man zu Fuß weiter dem Fluß folgen. Ein leichter und hübscher Weg ist der *Spray River Loop Trail*, den man hinter dem *Banff Springs Hotel* oder am Golfplatz beginnen kann.

Lake Minnewanka	Als Haussee von Banff gilt der Lake Minnewanka, ein Stausee nordöstlich der Stadt jenseits des TCH. Die **Minnewanka Loop Rd** führt an die Bootsverleih-Station und Anlegestelle der Ausflugsschiffe (ca. 14 km von Banff entfernt), über den Damm und am *Two Jack Lake* vorbei. Eine Stichstraße läuft bis zum ruhigen *Johnson Lake*.
Bankhead Trail	Ganz interessant ist der Aufstieg zur ehemaligen **Kohlenmine Bankhead.** Der *National Park Service* hat zwar die Mine und damit verbundene Gebäude bereits vor 60 Jahren geschleift, aber ein paar Ruinen und verbarrikadierte Gruben sind noch übrig. Von der alten Abraumhalde überschaut man die tief unten liegenden Seen. Wer gut zu Fuß ist, macht den *Bankhead Trail* in einer Stunde retour (vom TCH erster *Trailhead* links).
Bike Trails	Banff besitzt ein ausgezeichnetes Netz an markierten **Mountain Bike Trails** mit einfachen Wegen für Anfäner entlang der Täler und anspruchsvollen Pfaden in die Berge, Radverleih bei *Unlimited*, 111 Banff Ave, ✆ (403) 762-3725.

Oberhalb des Bankhead Trail

Norquay Road	Von der Autobahnausfahrt gelangt man auf die *Norquay Rd*, die in Serpentinen auf den **Mount Norquay** hinaufführt. Dickhornschafe am Weg und der Blick auf Banff lohnen die Auffahrt. Die Gondel-Seilbahn ist nur im Winter in Betrieb.
Sunshine Valley Meadows	Auch die **Sunshine Village Gondola** am Ende der *Sunshine Rd* (Abzweigung vom TCH 9 km westlich Banff) ist für die Sommermonate eingestellt. Lediglich Fr, Sa und So fährt gegen Mittag ein *Shuttle Bus* auf abenteuerlichen Serpentinen hinauf ins "Sonnenscheindorf" und am späten Nachmittag wieder hinunter. Oben warten herrliche *Trails* in einer wunderschönen von Seen durchsetzten alpinen Hochebene. Eine Leserin schrieb begeistert: "Das Paradies auf Erden".

5.3.4 British Columbia National Parks

Verlauf des TCH

Westlich Lake Louise läuft der TCH durch den unmittelbar an den *Banff Park* anschließenden *Yoho National Park*, durchquert im weiteren Verlauf den *Glacier National Park* und passiert kurz darauf den *Mount Revelstoke National Park*. Diese rund 150 km sind der landschaftlich attraktivste Abschnitt des **Trans Canada Hwy**, wiewohl der oft sehr starke Verkehr das Naturerlebnis erheblich beeinträchtigt. Aber schon wenig abseits der Hauptstraße scheinen Lärm und Betrieb des TCH weit weg zu sein.

Wasserscheide

Von Lake Louise geht es entweder auf dem TCH oder besser noch zunächst auf dem alten *Hwy #1A* am See *Lake Louise* vorbei in Richtung *Yoho National Park*. Die Grenze zwischen *Banff* und *Yoho National Park* markiert gleichzeitig die Provinzgrenze zwischen Alberta und British Columbia sowie die Wasserscheide zwischen Pazifik und Atlantik. An der **Continental Divide** (#1A Park- und Picknickplatz) fließt ein zur Demonstration des Wasserscheideneffekts eigens abgeleiteter Bach in entgegengesetzte Richtungen.

An der Wasserscheide

Yoho National Park

Das Gebiet des heutigen *Yoho National Park* wurde erst Ende des 19. Jahrhunderts im Zusammenhang mit dem Bau der ersten transkanadischen Eisenbahn erforscht. Die damals für die Schiene gewählte Route über den **Kicking Horse Pass** (1.647 m) erwies sich Jahrzehnte später auch für die Trassenführung des *Trans Canada Hwy* als geeignet.

Spiral Tunnels

Da sich damals das 5 %ige Gefälle westlich des **Kicking Horse Pass** als zu steil erwies – viele Waggons entgleisten –, wurde es mit Hilfe zweier spiralförmig angelegter Tunnel verringert. Jeder dieser Tunnel schlägt einen Bogen von 270°. Weil kanadische Güterzüge oft extrem lang sind, sieht man gelegentlich die Loks bereits am unteren Tunnelausgang herauskommen, wenn die letzten Wagen noch oben hineinrollen.

Den **Lower Spiral Tunnel** kann man vom TCH einsehen, zum **Upper Spiral Tunnel Viewpoint** muß man ein Stück der Straße ins *Yoho Valley* hinein folgen. Die Zugfrequenz ist relativ hoch, so daß die Chance, Züge in die Tunnel ein- und ausfahren zu sehen, groß ist. Das durchdringende Pfeifen der Züge signalisiert ihre Tunnelnähe.

	Trans Canada Highway 385
Abstecher zu den Takakkaw Wasserfällen	Der Abstecher zu den *Takakkaw Falls* auf der **Yoho Valley Rd**, die wenige Kilometer westlich der Paßhöhe am *Kicking Horse Campground* (sehr schön, aber ziemlich laut) vom TCH abzweigt, sollte das Minimalprogramm im *Yoho Park* sein. Bis zum Straßenende sind es 14 km auf Asphalt. Auf halber Strecke machen enge Serpentinen Campmobilen über 23 Fuß Länge zu schaffen. Große RVs und Busse überwinden das Hindernis durch abwechselndes Vorwärtsfahren und Zurücksetzen auf den Geraden, wenn sie die Kurven nicht meistern können.
	Vom Parkplatz geht es auf kurzem Pfad an und über den *Yoho River* bis zum Fuß der **Takakkaw Falls**, deren Wasser 284 m tief herunterstürzt. Gespeist werden die Fälle vom nur wenige hundert Meter entfernten **Daly Glacier**.
Trails im Hinterland	Der Parkplatz an den *Takakkaw Falls* bildet eine Art Knotenpunkt im Netz der *Trails* dieses Nationalparks. Viele Wildniswanderer starten dort. Ein 5 km langer, ebener *Trail* führt zu den **Laughing Falls.** Von dort aus erreicht man – nach weiteren 3 km – das *Twin Falls Chalet* (bewirtschaftet) auf einer der beliebtesten Wanderungen im Nationalpark. Bis zur **Hütte des Alpine Club of Canada** im *Little Yoho Valley* sind es ab Laughing Falls 6 km (Reservierung ✆ 403-678-3200).
	Einer weiterer schöner *Trail* führt vom fantastisch gelegenen **Whiskey Jack Youth Hostel**, (✆ 403-762-4122/Fax 3441) auf der gegenüberliegenden Talseite in Richtung *Emerald Lake*, dem zweiten populären Besuchspunkt des Parks (ca. 12 km). Aber auch kürzere Wanderungen starten dort, so der **Hidden Lakes** oder der tolle **Iceline Trail**. Allemal lohnt sich der Aufstieg in die Höhe westlich des *Hostel* wegen der fantastischen Ausblicke auf die *Takakkaw Falls*, Berggipfel und Gletscher.
Camping	Ein noch relativ neuer, ruhiger *Campground* liegt an der *Yoho Valley Road*, etwa 5 km vom TCH entfernt
Field	In Field, einer alten Eisenbahner-Siedlung etwa 5 km westlich des *Yoho Valley Road* Abzweigs, passiert man das **Yoho Park Information Centre** (im Sommer geöffnet 9–19 Uhr, sonst bis 17 Uhr). Dort gibt es neben der Karte des Parks für Wanderer den **Backcountry Guide to Yoho National Park**. Wer längere Unternehmungen über Nacht plant, muß sich dort registrieren und ein *Permit* ausstellen lassen.
Emerald Lake	Die Zufahrt zum wunderschönen *Emerald Lake* zweigt 3 km westlich Field vom TCH ab. Gleich eingangs der Straße passiert sie die **Natural Bridge**, eine pittoreske Felsenbrücke über den *Kicking Horse River*. Bis zum glasklaren *Emerald Lake*, dessen türkise Färbung dem Namen (Smaragd) Ehre macht, sind es 8 km auf guter Straße. Ein Pfad (5 km) führt rund um den See, ein Kurztrail zu den *Hamilton Falls*. Kanus und Ruderboote können gemietet werden ($16/Std). Auch gemütliches Kaffeetrinken am Seeufer ist dort möglich.

Und wer Geld übrig hat, quartiert sich in der **Emerald Lake Lodge** ein, die über rustikale Luxus-Hütten mit Seeblick verfügt (im Sommer ab ca. $200/Nacht, ℂ (250) 343-6321 oder 1-800-633-6336.

Camping

Nahe der Westgrenze des Parks (noch vor der Brücke über den *Kicking Horse River*) liegt etwas abseits der Hauptstraße der einfache **Hoodoo Creek Campground**, dessen rückwärtiger Teil besonders schöne Plätzchen bietet. Am Bach entlang führt ein steiler Pfad zu ca. 2 km entfernten *Hoodoos*, Sandsteintürmchen ähnlich denen in Banff (siehe oben). Der **Chancellor Peak Campground** in Nachbarschaft zur Bahnstrecke etwas weiter westlich ist weniger zu empfehlen.

Golden

Bei Golden, einem Städtchen ohne besonderen Reiz, mündet der *Kicking Horse* in den *Columbia River*. Der an sich schön gelegene **Municipal Campground** besitzt den gleichen Nachteil wie der erwähnte *Chancellor Peak* Platz. Am TCH wartet noch etwas östlich der Stadt der **Whispering Spruce Campground** auf Gäste. Er ist nicht der beste, verfügt aber über gute, der Straße ausreichend abgewandte Stellplätze am Hang.

Forest Service Campgrounds

Zwischen *Yoho* und *Glacier National Park* führen Forststraßen – bei Rogers und Beavermouth – in das Gebiet am südlichen Ausläufer des **Kinbasket Lake**. Die Campingplätze des *Forest Service* sind dort auch im Sommer nur mäßig belegt – Auskunft und genaue Karten in den *Forest Offices* in Golden und Revelstoke.

Glacier National Park

Der *Glacier National Park* umfaßt ein Areal von **1350 km² mit über 400 Gletschern** in den **Columbia Mountains**. Rund 14% seiner Fläche liegen auch im Sommer unter Schnee und Eis. Vom quer durch den Park führenden TCH ist von den Gletschern aber relativ wenig zu sehen. Wer aufs ewige Eis möchte, muß einen der vielen *Trails* in Angriff nehmen.

Lawinengefahr

Auch im **Glacier Park** wurde mit Verlegung der Schienentrasse über den **Rogers Pass** kanadische Eisenbahngeschichte geschrieben. Die Witterungsverhältnisse in den Bergen (statistisch gesehen regnet oder schneit es an 3 von 5 Tagen, im Winter fallen im Schnitt über 9 m Schnee) und extreme Lawinengefahr behinderten den Betrieb jedoch derart, daß man den Paß mit einem Tunnel umging und 1916 die alte Trasse stillegte. Im Prinzip ist der Autoverkehr (erst seit 1962!) über den *Rogers Pass* ebenso lawinengefährdet wie es einst die Züge waren. Dank teilweiser Betonüberdachung der Straße und intensiver Lawinenkontrollmaßnahmen einschließlich gezielter künstlicher Auslösung läuft der Verkehr aber auch im Winter weitgehend störungsfrei.

Rogers Pass

Das **Rogers Pass Information Centre** des *Glacier Park* liegt zusammen mit einer kleinen Versorgungsinfrastruktur (*Best Western Motel, Cafeteria, Shops*) direkt am TCH, ca. 1 km

Rogers Pass	vor (östlich) der Paßhöhe. Eine Ausstellung und Filme erläutern die Konstruktion von Straße und Eisenbahn durch die Berge und Methoden der Lawinenbekämpfung gestern und heute. Am Schalter des *National Park Service* gibt`s Karte und u.a. den *Trail Guide* **Footloose in the Columbias**, in dem alle Wanderwege im *Glacier* **und** *Mount Revelstoke National Park* beschrieben sind $1,50; auch auf deutsch erhältlich). Für längere Wanderungen mit Übernachtung im Hinterland des Parks erhält man dort auch das notwendige *Permit*.
Trails	Ein Monument aus zwei sich kreuzenden Bögen markiert die Paßhöhe (1.325 m). Wie erläutert, ist der *Rogers Pass* für die Eisenbahn zwar untertunnelt, die alte Trasse existiert aber noch. Ein hübscher Kurztrail (**Abandoned Rails**) dorthin zum Beinevertreten beginnt unweit des Besucherzentrums. Am **Loop Brook Campground** (schöner Platz!), 5 km westlich vom *Rogers Pass*, startet ein weiterer *Trail* auf der ehemaligen Trasse. Er führt zu den noch vorhandenen Fundamenten der einst größten Holz-Eisenbahnbrücke der gesamten Strecke.
	Die schönsten Wanderungen im *Glacier Park* beginnen jedoch am **Illecillewaet Campground** (etwas abseits des TCH, Zufahrt 2 km westlich der Paßhöhe, auch empfehlenswert). Sie führen bis an die Ausläufer des Gletscher. Von dort sind es 4 km zum *Illecillewaet Glacier*, etwas weiter zum *Asulkan Glacier*. Bei der *Visitor Information* hängt jeden Tag der aktuelle Wetterbericht mit einer Zustandsbeschreibung der Wanderwege aus
Heiße Quellen	Zwischen *Glacier* und *Mount Revelstoke National Park* liegen nur wenige Kilometer. Die **Albert Canyon Hot Springs** am Ostrand des letzteren besitzen neben Heiß- und Warmwasserpool (40° bzw. 26°C) auch einen Komfort-Campingplatz (der in letzter Zeit von Lesern kritisch kommentiert wurde) und *General Store*. Wer dort übernachten möchte, sollte reservieren, ✆ (250) 837-2420. Im Juli/August sind die Pools 9–22 Uhr, im Mai, Juni und September 9–21 Uhr geöffnet; Eintritt $8.

Bauprinzip des Lawinenschutzes für den TCH

Mount Revelstoke National Park

Am **Mount Revelstoke National Park** fahren die meisten Touristen – zu Unrecht – achtlos vorbei, da der TCH dessen Hochgebirgsareal auf relativ uninteressanter Strecke südlich umgeht. Der Park ist mit 260 km^2 für kanadische Verhältnisse winzig und verfügt über keinen Campingplatz. Seine Gipfel gehören zur **Clachnacudainn Range** der Columbia Mountains, die auf der Westseite auch im Sommer von starken Regenfällen heimgesucht werden. Jährliche Niederschläge von 1.600 mm gibt es sonst nur an der Pazifikküste. Bei Regen lohnt sich ein Abstecher zum Gipfelplateau des *Mount Revelstoke* nicht, bei schönem Wetter sollte man aber unbedingt hinauffahren. Die 24 km lange **Summit Rd** zweigt vom TCH ab (Revelstoke Stadtumgehung).

Trails

Zunächst jedoch passiert der TCH kurz nach Erreichen der Parkgrenzen den Picknickplatz und Ausgangspunkt des **Giant Cedars Nature Trail**. Dieser Kurztrail ist den Zwischenstop wert: Auf einem **Boardwalk** (500 m) geht es durch einen – selbst bei Sonnenschein – schummrigen Regenurwald mit bis zu 800 Jahre alten Riesenzedern. Etwa 3 km weiter westlich führt der **Skunk Cabbage Trail** ebenfalls als Holzplankenweg durch ein Sumpfgelände am Illecillewaet River. Die Riesenkohlart, welche für den Namen des Pfades sorgte, steht im Juli am höchsten. So unerträglich, wie das namensgebende Stinktier, riecht sie zum Glück nicht!

Parkzufahrt

Die kurvenreiche *Mount Revelstoke* **Summit Road** zweigt bei Revelstoke vom TCH ab; sie ist 8-9 Monate im Jahr verschneit und nur von Anfang Juli bis September voll befahrbar. Sie führt durch 3 Vegetationsstufen: den unteren Bereich bildet der Regenwald; in der mittleren Region, etwa ab 1.300 m, geht der Laub- in Nadelwald über; ganz oben, ab ca. 1.900 m, gibt es kaum noch Bäume. Vom letzten Parkplatz vorm Strassenende verkehrt ein Shuttle-Bus zum Gipfel-Plateau.

Bereits von einigen Punkten der Straße, aber speziell vom **Observation Tower**, einem Feuer-Frühwarnturm auf dem Plateau, hat man eine großartige Aussicht über das *Columbia River Valley*, die Stadt Revelstoke und hinüber zu den Selkirk und Monashee Mountains. Unterhalb des Turms befindet sich ein Picknickplatz in schöner Lage.

Hochalpines Gebiet

Trails

Keine besondere Anstrengung erfordert der **Meadows in the Sky Trail** über hochalpine Wiesen, die im August voller prächtiger Blumen stehen. Der Weg führt an einer Felsspalte vorbei, aus der selbst mitten im Sommer der Schnee nicht verschwindet. Die Wanderung kann beliebig ausgedehnt werden; eine Übersichtstafel zeigt das enggeknüpfte Wegenetz. Im Nationalparkbüro in Revelstoke (313, 3rd St) erhält man einen **Trail Guide** bzw. das bereits oben für den *Glacier Park* empfohlene Büchlein "*Footloose in the Columbias*".

Trans Canada Highway 389

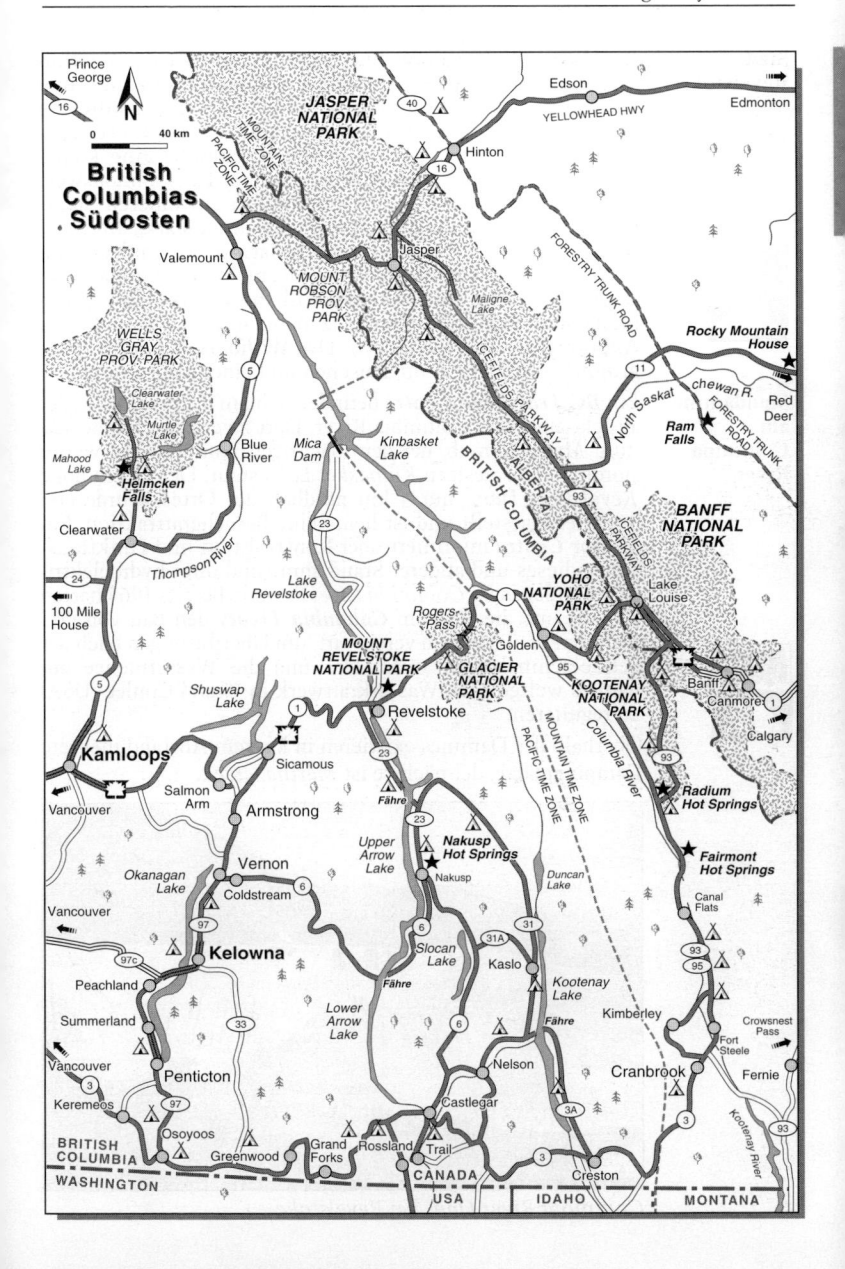

Stadt Revelstoke

Revelstoke (8.100 Einwohner), gelegen am Zusammenfluß von Illecillewaet und Columbia River, ist Versorgungs- und Verwaltungszentrale der Region und verfügt über zahlreiche Motels im nördlichen Bereich unterhalb des TCH. Das Zentrum wurde in den letzten Jahren restauriert; eine kleine Fußgängerzone lädt zum Bummel ein. Für Fans lohnenswert ist das unverfehlbare Eisenbahnmuseum am inneren Stadtring. Für Pause und Picknick eignen sich die Parks am Fluß. Wer in Revelstoke einen **Campingplatz** sucht, findet einen hervorragenden und dennoch im allgemeinen nicht stark frequentierten Platz am glasklaren Williamson Lake einige Kilometer südlich von Revelstoke (Zufahrt über 4th St und dann Airport Way, ausgeschildert). Der **Williamson Lake Campground** besitzt *Hook-up*, Duschen und einen Badestrand.

Staudämme am Columbia River

Ein *BC Travel InfoCentre* befindet sich am TCH kurz vor der Brücke über den Columbia River. Dort zweigt die Straße #23 zum *Mica Dam* ab, der den mächtigen Fluß 150 km weiter nördlich zum riesigen *Kinbasket Lake* staut. Der 175 m hohe *Revelstoke Dam*, nur 4 km nördlich des Ortes, wurde erst 1984 fertiggestellt und ist heute eine Besucherattraktion. Ein **Visitor Centre** informiert über Konstruktion und Funktionsweise dieses und anderer Staudämme und ihrer hydroelektrischen Anlagen im *Columbia River System*. Bereits 1964 hatten Canada und die USA im **Columbia Treaty** den Bau von drei weiteren Staudämmen vereinbart, um Überflutungen nach der Schneeschmelze zu verhindern und die Wassermenge am damals weltgrößten Wasserkraftwerk in Grand Coulee (USA) zu regulieren.

Oberhalb des Dammes existieren in kurzem Abstand mehrere **Campingplätze**; der nächste ist *Martha Creek*.

Columbia River Dam bei Revelstoke

5.3.5 Von Revelstoke nach Vernon

Bis Vernon im nördlichen Okanagan Valley, Tourismushochburg und zugleich Obstgarten der Provinz, sind es auf direkter Strecke ab Revelstoke noch rund 150 km. Die sehr schöne alternative Route über die Arrow Lakes ist fast doppelt so weit. Zunächst zur Fortsetzung der Fahrt auf dem TCH:

Big Eddy Jenseits (westlich) des Columbia River passiert man eine kleine touristische Infrastruktur mit Campingplätzen, Tankstellen und Motels im Revelstoke-Stadtteil Big Eddy. Dort befindet sich auch das Distriktsbüro des *Forest Service* mit viel Informationsmaterial zur Wildnis der Umgebung. Zufahrt von Revelstoke über die alte Brücke oder über die Straße #23 nach Shelter Bay.

TCH-Verlauf Der TCH läuft durch dichtes Waldgebiet und überquert beim **Summit Lake** die Wasserscheide zwischen *Fraser* und *Columbia River Basin*. Am Eagle Pass liegt die Anlage des *3 Valley Gap Motor Inn* mit originellen Felszimmern, einem *Wildwest Theatre*, Kneipe und Bootsverleih. Ein guter Platz für die Übernachtung zwischendurch, ✆ (250) 837-2109.

Last Spike Bei **Craigellachie**, 45 km westlich Revelstoke, wurde am 7. 11. 1885 der letzte Nagel *(Last Spike)* in die Schwellen der transkontinentalen Eisenbahn geschlagen. Heute befinden sich dort *Rest Area* und **BC Travel Infocentre** (in einem alten Bahnhofshäuschen). Knapp 8 km weiter passiert man den **Yard Creek Provincial Park**. Besseres Campen verspricht allerdings der private Platz auf der anderen Straßenseite direkt am Fluß.

Hausbootparadies Shuswap Lake Der **Shuswap Lake** zeichnet sich durch seine ungewöhnliche Form aus. Vier lange "Arme" sind über eine einzige Engstelle miteinander verbunden. Der *Salmon Arm* gilt als der attraktivste. An seinem östlichen "Knie" und dem damit verbundenen Mara Lake liegt der hübsche kleine Ort Sicamous, *Houseboat Capital of Canada*. Über 1000 km überwiegend einsame, bewaldete Uferlinie mit ungezählten Buchten haben den Shuswap Lake für **Hausbootferien** populär gemacht. House Boat Verleihstationen findet man an der Engstelle zwischen den Seen entlang der Riverside Ave. Minimum-Leihzeit sind 3 Tage, Tarif dafür ab $600 plus *Tax*, Infos beim **Sicamous Travel Information Centre**, ✆ (250) 836-3313; auch im Sommer hat man kurzfristig durchaus noch Chancen auf ein Boot. Durchreisende finden einen schönen Badestrand und den Komfort-Campground **RV-Country Club** am See.

Sicamous

Am unverfehlbaren **Public Dock** startet die **Shuswap Lake Ferry**. Sie schippert ihre Passagiere bis in die äußersten Ecken des Sees, z.B. nach Seymour Arm im Nordende. Der Raddampfer *Phoebe Ann* offeriert Tages- und Halbtages-Kreuzfahrten und 2- bis 3-stündige Abendtouren auf dem **Mara Lake** südlich von Sicamous.

Salmon Arm	Der TCH folgt der Uferlinie des *Salmon Arm* über den gleichnamigen größten (weniger attraktiven) Ort der Region und erreicht in Squilax das Westende des Sees. Dort verbindet der *Adams River* den *Shuswap* mit dem *Adams Lake*. Dieser Fluß steht mit seinen Uferbereichen als **Roderick Haig-Brown Park** unter Naturschutz. Alle 4 Jahre (1998, 2002 etc.) steigen dort von Mitte März bis Ende Oktober Millionen von Lachsen (*Sockeye Salmon*) zu ihren Laichgründen flußaufwärts. Aber auch in anderen Jahren sind noch Hunderttausende von Lachsen unterwegs. Die Zufahrt zum *Information Centre* des Parks erfolgt über Squilax. Eine Straße (nach Barriere an der #5) verläuft parallel zum Fluß. Von mehreren Punkten aus kann man den **Uferpfad** nehmen, im Sommer wunderbar schwimmen und – auch in lachsarmen Zeiten – die herrliche Naturlandschaft genießen. Camping gibt es in diesem Park nicht, wohl aber im nahen **Shuswap Lake Provincial Park** (frühe Ankunft notwendig).
Lachsauftrieb	
Rückfahrt nach Vancouver	Wenn die Zeit für eine Fahrt durchs *Okanagan Valley* nicht mehr reicht, ist die verbleibende Strecke **von Salmon Arm zurück nach Vancouver** (ca. 470 km) über Kamloops und den *Coquihalla Highway* innerhalb eines Tages gut zu schaffen. Wer bei knapper Zeit einen Eindruck vom Okanagan-Gebiet "mitnehmen" möchte, könnte auch über Vernon/Kelowna und den **Okanagan Connector** #97C fahren. Diese Route, obwohl etwas länger (ca. 500 km), beansprucht – je nach Verkehrsaufkommen – etwa dieselbe Fahrzeit.
Über das Okanagan Valley	Salmon Arm und Sicamous befinden sich am Nordende des "Gutwetter-Tals" *Okanagan Valley*. Über die Straßen #97A bzw. #97B gelangt man mitten hinein in den Obst- und Gemüsegarten Canadas, erreicht aber die landschaftlich reizvolle Zone erst am Okanagan Lake.
Okanagan Lake	Da die Straße bis Kelowna weit abseits des Sees verläuft und extrem ausgebaut und befahren ist, sollte man die ruhigere, aber zeitaufwendigere Straße über **Killiney Beach** wählen. Sie stößt südwestlich von Kelowna wieder auf die Hauptstraße #97 und ihren besten Abschnitt bis Okanagan Falls.
Alternative zum TCH ab Revelstoke	Für die alternative Route von Revelstoke auf den **Straßen #23 und #6** und zwei Fährverbindungen nach Vernon benötigt man mindestens einen vollen Tag. Eine Übernachtung unterwegs, etwa an den *Nakusp Hot Springs*, wäre zu erwägen.
Arrow Lakes	***Upper*** und ***Lower Arrow Lake*** im Tal zwischen Selkirk und Monashee Mountains sind keine natürlichen Seen, sondern nichts weiter als der über mehr als 200 km aufgestaute Columbia River. Auf der Strecke liegt mit Nakusp nur ein kleiner Ort (sehr schön am See) mit Versorgungsmöglichkeit. Die auf den Karten verzeichneten "Orte" Shelter Bay, **Galena Bay**, **Fauquier** und **Needles** sind lediglich Fähranleger.

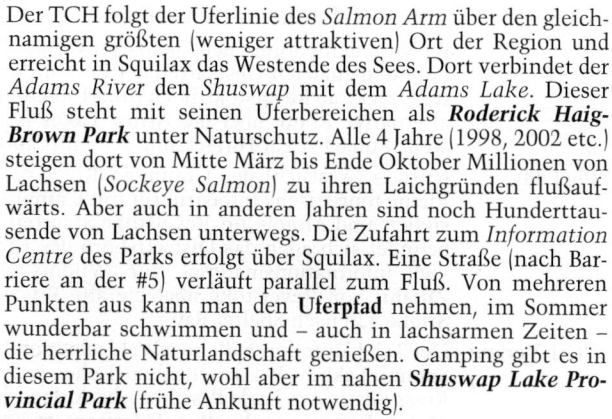

Arrow Lakes 393

Camping

Die Straße #23 von Revelstoke nach Shelter Bay verläuft zunächst hoch über dem sich langsam zum Arrow Lake erweiternden Columbia River. Außer am *Blanket Creek Provincial Park* (*Campground*) ist der Fluß/See kaum zugänglich. Wer sich vorher beim *Forest Service* in Big Eddy eine genaue Karte besorgt hat, findet am Westufer des *Arrow Lake* herrlich ruhige und einsame *Campgrounds*; Einfahrt in das rauhe Forst-Wegesystem (mit Mietcampmobilen nicht ratsam) kurz vor Shelter Bay. Direkt am Ufer unweit des Fähranlegers bietet der *Shelter Bay Campground* des *Arrow Lakes Park* einen guten Platz für die Nacht bei später Ankunft (im Sommer oft belegt).

Fähre Shelter Bay

Von Shelter Bay nach Galena Bay verkehrt die **kostenlose Fähre** *Galena* im Stundentakt bis Mitternacht (volle Stunde; umgekehrt zur halben Stunde). Trotz der geringen Kapazität von nur etwa 25 Wagen ist sie lediglich an Wochenenden voll ausgelastet – was eine Menge über die Verkehrsdichte auf dem *Hwy* #23 aussagt. Die Überfahrt dauert ungefähr 20 min; Zeit zum Genießen des Gebirgspanoramas ringsum.

Nakusp Hot Springs

Bis Nakusp folgt die Straße in schönem Verlauf weitgehend dem Ufer des Upper Arrow Lake, aber nur selten ist eine Zufahrt vorhanden. Einige Kilometer nördlich Nakusp geht es auf der *Hot Springs Road* (12 km) zu einer schön gelegenen Poolanlage. Unter freiem Himmel aalt man sich dort im 38°-42°C warmen Wasser (Juni–September 9.30–22 Uhr; Eintritt $6).

Übernachten kann man in den *Cedar Chalets* (mit Küche ab ca. $60 im Sommer, © (250) 265-4505) oder auf dem *Nakusp Hot Springs Campground* am wilden Wasser des *Kuskanax River*. Leider sind die Stellplätze unmittelbar am Ufer früh besetzt. Die *Royal Coachman Campsite* am Straßendreieck (#23) ist nicht so erfreulich, aber dafür der 10 km weiter südliche *McDonald Creek Provincial Park* mit Zugang zum See empfehlenswert.

Nach Vernon

Von Nakusp läuft die Straße #6 weiter am Ufer des Arrow Lake entlang bis zum Fähranleger Fauquier (Fähre gratis). Jenseits des Sees geht es auf schön geführter, wenig befahrener Straße quer durch die Monashee Mountains nach Vernon.

5.3.6 Durch das Okanagan Valley

Okanagan Valley Klima

In Vernon stößt die #6 auf die Hauptverkehrsachse #97 durch das *Okanagan Valley*. Das langgestreckte Tal wird als Ausläufer des trockenen intramontanen Beckens definiert, das sich von Mexico zwischen Sierra Nevada und Kaskaden im Westen sowie Rocky Mountains im Osten durch den gesamten Westen der USA bis hoch nach Canada erstreckt. Fast ungehindert dringt auf diesem Wege warme, trockene Luft aus dem Süden nach British Columbia vor und sorgt für ein Klima, das sich völlig von dem der anderen Provinzregionen unterscheidet.

Am unteren Arm des langgestreckten Okanagan Lake – auf derselben geographischen Breite wie etwa der Rheinabschnitt zwischen Mainz und Karlsruhe – fühlt man sich wie nach Südeuropa versetzt. Noch weiter südlich gibt es **subtropische Vegetation**; um Osoyoos wachsen Kakteen und Palmen. Obst und Wein würden aber kaum so gut gedeihen, wäre das Tal nicht auch noch mit unerschöpflichen Wasserreserven gesegnet. Verkaufstände für alle erdenklichen Obstsorten, Gemüse und im Herbst auch Trauben säumen die Straßen. Weingüter werben mit ihren Kreszenzen und laden zu Weinproben ein.

Vegetation

Obst- und Gemüse-Verkaufsstände säumen im Okanagan Valley in dichter Folge alle Straßen

Ferienhochburg

Touristische Hauptattraktion des Tales sind die angenehm temperierten Seen, speziell der **Okanagan Lake**. Alle Arten von Wasser- und Angelsport und alle erdenklichen kommerziell organisierten Aktivitäten sorgen für Urlaubsspaß rundum. Hotels, Motels, Restaurants und Campingplätze gibt es nirgendwo in British Columbia – sieht man ab von den Großstädten Vancouver und Victoria – in größerer Konzentration als im *Okanagan Valley*.

Okanagan Valley

Okanagan Valley
Als populäres kanadisches Urlaubsziel verheißt das Okanagan Valley Ferienfreuden wie an Italiens Gardasee. Dazu gehören auch früh ausgebuchte Nachtquartiere und überfüllte Campingplätze. Hauptanziehungsattraktion ist das trockenheiße Wetter, das mit Tagestemperaturen von über 30°C so gar nicht zum üblichen Canada-Image paßt. Wer nach kühlen, vielleicht regnerischen Tagen im Gebirge ins Okanagan Valley kommt, wird sein Klima genießen.

Okanagan Lake bei Vernon
Vernon (21.000 Einwohner), einer der Zentralorte der Region, liegt nicht unmittelbar am *Okanagan Lake*, sondern abseits seines nördlichen Ausläufers und partizipiert daher weniger am Tourismus. Der **Seezugang** ist weit entfernt, aber relativ leicht zu finden. Von der Straße #6 kommend überquert man die Hauptstraße und landet automatisch auf der 25th Ave in Richtung *Okanagan Lake*. Auch zum **Ellison Provincial Park**, ca. 16 km südlich von Vernon hoch über dem See, folgt man zunächst dieser Straße. Der Campingplatz liegt mitten im Wald. Über lange Treppenzüge geht es hinunter zum Strand.

Westufer- Straße
Wie bereits oben beschrieben, könnte man von Vernon statt die #97 nach Süden alternativ die Straße am **Westufer** über Killiney Beach nehmen, müßte dazu aber erst einige Kilometer in nördliche Richtung fahren:

Silver Star Mountain
– Am nördlichen Ortsausgang zweigt die 22 km lange *Silver Star Rd* zum gleichnamigen *Mountain* ab, einem beliebten Skigebiet. Auch im Sommer ist dort ein Sessellift in Betrieb. Oben warten eine tolle Aussicht und ein hübscher *Trail* für den Rückweg. Beliebt ist dieser Berg auch bei **Mountain Bikers**, die ihr Rad im Lift mit nach oben transportieren. *Silver Star Mountain Bikes* vermietet Räder stundenweise und organisiert geführte *Bike-Trips*.

Wasserspaß
– Auf der Weiterfahrt (Straße #97) passiert man einige Kilometer weiter **Atlantis Waterslides and Recreations**, einen Wasserplanschpark mit vielen Rutschen; geöffnet Ende Mai bis Ende Juni und ab Anfang September 10–18 Uhr, von Anfang Juli bis Ende August 10–20 Uhr; Eintritt $14.

Vergnügungs- park
– Rund 9 km nördlich Vernon am Hwy #97A befindet sich der **Okanagan Bobslide Park.** Er besitzt eine 600 m lange Sommer-Bobbahn, Riesenrad, Go-Cart-Bahn und Minigolfanlage. Geöffnet Juli–August täglich 10–22 Uhr, März–Juni und September+Oktober Mi–So 11–18 Uhr.

Ranch
– Ca. 13 km nordwestlich von Vernon liegt die historische **O'Keefe Ranch** unweit der Straße. Um 1900 *war Cornelius O'Keefe* ein "Viehbaron". Seine Nachkommen lebten noch bis 1967 dort. Heute ist die Ranch ein interessantes Museum mit mehreren restaurierten Gebäuden aus der Zeit der Jahrhundertwende (geöffnet Mitte Mai bis Mitte Oktober 9–17 Uhr; Eintritt $6).

Camping	**Nach Süden** läuft der *Highway* #97 zunächst oberhalb des **Kalamalka Lake**, eines der vielen intensiv genutzten Wassersportreviere der Region. Mehrere *Campgrounds* mit Stellplätzen direkt am Wasser säumen seine Ufer; Zufahrt in Oyama auf der Straße zwischen *Kalamalka* und *Wood Lake*.
U-Pick Fruit	Zur Erntezeit werben viele Obstplantagen mit *U-Pick*-Preisen: Kirschen, Äpfel, Birnen sind selbst gepflückt billiger!
Kelowna	In und um Kelowna (sprich: *Kilóhna*), **Heart of the Okanagan** und größte Stadt im Tal (mit 76.000 Einwohnern drittgrößter Ort in BC), ist allerhand "los". Noch vor der Einfahrt passiert man zwei Plansch- und Wasserrutschenparks, die *Flintstones Bedrock City* und eine Reihe sonstiger, vor allem auf Kinder und Jugendliche zugeschnittene Belustigungen. Die **Tourist Information** befindet sich am *Hwy* #97 (544, Harvey Ave, ✆ (250) 862-5060 und 1-800-663-4345) einige Blocks östlich der langen Brücke über den Engpaß des Sees. Dort erhält man Karten, Unterkunftsverzeichnis (*Motels, Hotels/Bed & Breakfast, Camping in the Okanagan*) und *Folder* für die kommerziellen Angebote von Bootstouren bis hin zu Weinproben.
	Internet-Info: http://www.okanagan-bc.com
Uferparks	Der zentrale Bereich Kelownas liegt nördlich der Durchgangsstraße. Im populären **City Park** gibt es u.a. eine lange **Public Beach**, Boots- und Angelausrüstungsverleih, Anleger für den Raddampfer *Fintry Queen* und vor allem eine Skulptur der Seeschlange **Ogopogo**. Sie wird in den Tiefen des Sees vermutet, ähnlich wie das Ungeheuer des *Loch Ness*. Wer das Okanagan-Monster lebend fängt, kassiert $1 Million; ein Foto bringt mehrere tausend Dollar.

Ogopogo, das Ungeheuer aus dem Okanagan Lake: Für die Beibringung des Tiers sind $1 Mio. als Prämie ausgelobt

Okanagan Valley

Aktivitäten	Vom *City Park* kann man kilometerweit nach Süden und Norden durch aneinander anschließende Parks am Ufer entlang laufen. In den südlichen **Parks Boyce, Gyro** und **Mission Beach** findet man Segelboot- und *Surfboard*-Vermieter. Ein kurzer Abstecher führt zum **Knox Mountain Viewpoint** (auf der Ellis St wenige Kilometer nach Norden). Stadt und See sind von dort hervorragend zu überblicken. Der Aussichtspunkt ist ein beliebtes Ziel der Jogger von Kelowna.
Weiterfahrt nach Süden	Auch südlich von Kelowna bleibt die #97, nun auf der Westseite des Sees, gut ausgebaut und stark befahren. Der Verkehr vermindert sich südlich von Peachland, da der **Okanagan Connector** (Autobahn) in Richtung Merritt/*Coquihalla Hwy*/Vancouver einen Teil seines Volumens aufnimmt. Von Kelowna sind es auf dieser Strecke noch rund 400 km bis Vancouver.
Lachswanderung	Ende September, zur Zeit der Lachswanderung, lohnt ein Zwischenstop im **Antlers Beach Provincial Park**. Dann wimmelt es dort von Fischen, die bachaufwärts zu einem *Pool* unterhalb eines kleinen Wasserfalls schwimmen. Der einzige Provinzpark mit Campingplatz, *Okanagan Lake*, liegt zwar am Wasser, ist aber wegen seiner Straßennähe recht laut.
Aussicht	Bei Summerland erhebt sich der **Giant Head Mountain**, der beste Aussichtsberg im *Okanagan Valley*, 450 m über den See. Die Anfahrt erfolgt über die **Valley Rd**, dann links auf der kurvenreichen *Giants Head Road* (nicht für größere Campfahrzeuge). Das letzte Stück zum Gipfel geht es nur zuFuß.
Summerland	In Summerland könnte man dem Botanischen Garten der **Agricultural Research Station** schon allein wegen seiner idyllischen *Picnic Area* einen Besuch abstatten (am südlichen Ortsausgang). In unmittelbarer Nähe steht noch die alte Eisenbahnbrücke der **Kettle Valley Railway** (⇨ Hope, Seite 358).
Penticton	Zwischen dem Südende des *Okanagan Lake* und *Skaha Lake* liegt Penticton. Lage und Beständigkeit des Sommerwetters mit täglichen Temperaturen um 30°C bei minimalen Niederschlägen haben die Stadt zur **Tourismushochburg No.1** des Okanagan Valley gemacht. Aufrund 27.000 Einwohner kommen im Juli/August bis zu hunderttausend Gäste. Das Zentrum befindet sich am *Okanagan Lake*, Zufahrt von der westlich an Penticton vorbeiführenden Hauptstraße über den *Riverside Dr*. An der Fortsetzung *Lakeshore Dr* versorgt ein aufwendiges **Visitor Centre** die Besucher mit Informationen und Broschüren. Hotels und Motels säumen diese Straße ebenso wie die *Main Street*, die zum Skaha Lake Bereich führt.
Camping	Ein hübscher *Campground* versteckt sich zwischen Bäumen etwas abseits der Straße 15 km weiter südlich bei den **Okanagan Falls** im gleichnamigen Provinzpark. Während der nahe *Vaseux Lake Provincial Park* weniger reizvoll ist, lädt der **Inkaneep Provincial Park** bei Oliver zum Campen ein.

Südliches Okanagan Valley

Das Gebiet zwischen Oliver und der Grenze zu den USA wird als **Pocket Desert** bezeichnet. Vor dessen landwirtschaftlicher Nutzung (und Bewässerung) entsprach die Vegetation der Kargheit amerikanischer Halbwüsten in Oregon und Nevada. Sogar Feigenkakteen gedeihen in einem Klima, das im Sommer oft mit trockener Hitze von über 35°C und bis Ende September mit hochsommerlichen Tagestemperaturen von 25°C und mehr aufwartet.

Osoyoos

Die letzte kanadische Ortschaft vor der US-Grenze, Osoyoos, hat sich wohl in Anlehnung an Umgebung und Klima zur **Spanish Capital of Canada** ernannt und sich ein weitgehend spanisch-mexikanisches Aussehen verpaßt. Eine holländische Windmühle setzt einen weiteren Akzent im ungewöhnlichen Ortsbild. Der **Osoyoos Lake**, einer der wärmsten Badeseen Canadas, erfreut sich bis in den Spätherbst hinein großer Beliebtheit. Das gilt ganz besonders für den **Haynes Point Provincial Park** und seinen herrlichen *Campground* an der Spitze einer schmalen Halbinsel, die gute 2 km südlich von Osoyoos weit in den See hineinragt. Die Mehrheit der Stellplätze liegt am Wasser. Um dort unterzukommen, ist selbst in der Vor- und Nachsaison Ankunft am Vormittag geboten. Reservierung unter ✆ 1-800-689-9025.

Wenn es dort nicht klappt, sind die privaten Plätze am See auch nicht schlecht. Der beste davon ist der – unter indianischer Leitung stehende – **Inkameep Campground** am Ostufer des Osoyoos Lake; von der #3 bei der Mühle 2 km nördlich.

Aussichtspunkte

Wer Osoyoos besucht, darf es auf keinen Fall versäumen, die Straße #3 durch die Weinberge noch einige Kilometer hinaufzufahren (nach Osten). Am Ende der Serpentinenstrecke erreicht man einen schönen Aussichtspunkt.

Blick über den Osoyoos Lake; im Hintergrund die schneebedeckten Gipfel des Kaskadengebirges

SUPERLATIVE

Dem Touristen wird sie kurios vorkommen, vielleicht wird er sich auch auf den Arm genommen fühlen, aber ernst gemeint ist sie allemal (und vielleicht sogar einen eigenen Superlativ wert): die Neigung der Nordamerikaner für Übertreibungen. Jeder Ort rühmt sich seiner Sehenswürdigkeiten, und seien sie noch so bescheiden, möglichst mit der Bezeichnung *world famous* und ähnlich außerordentlichen Attributen.

Aus einem kleinen, eher mittelmäßigen Museum wird so eine *Major Tourist Attraction*, und ein Ansammlung von Blockhäusern macht aus einem unscheinbaren Dorf die *Log Cabin Capital of BC*. Vielleicht ist eines davon auch das größte, älteste oder schönste Blockhaus komplett aus Kiefer-, Fichten- oder anderem Holz in der Region oder auch das höchste, breiteste oder kleinste einräumige Haus der Provinz, des westlichen oder östlichen Canada oder eben der ganzen Welt. Ist an dem Gebäude selbst absolut nichts erwähnenswert, könnte zumindest der *legendary Trapper Jim* oder *John* hier seinen *first* oder *last* Wohnsitz gehabt haben. Vielleicht besaß er damit auch die am längsten ununterbrochen bewohnte Blockhütte diesseits oder jenseits der Rockies.

Einige Superlative aus der Broschüre *Discover the Okanagan-Similkameen* sprechen für sich:

Armstrong beherbergt das *Oldest Schoolhouse* auf dem Festland von British Columbia.

Kelowna *the Largest City in the Okanagan-Similkameen*, bietet Touren durch *Canada's Oldest, Largest and Most Awarded Winery* und *Shopping in the Okanagans Largest Mall*.

Lumby ist *Home of the Most Unusual Events* im Okanagan Valley.

Oliver liegt inmitten einer der *Most Unusual Geographic Regions* von ganz Canada.

Osoyoos rühmt sich, den *Warmest Fresh Water Lake* in Canada und das *Warmest, Dryest Climate in the Valley* zu besitzen.

Vernon ist die *Oldest* und war *Largest City* im Tal.

Außerdem nennen sich:

Penticton *The Hospitality Centre of Canada*
Osoyoos *The Spanish Capital of Canada*
Keremeos *The Fruit Stand Capital of Canada*, wo im Schnitt 2.000 Stunden jährlich die Sonne scheint – nicht nur ein respektabler Wert, sondern natürlich der *highest* in Canada.

Und wenn ein werbewirksamer Slogan schon vergeben ist? Macht auch nichts, dann ignoriert man es eben wie zum Beispiel auf Vancouver Island, wo in einer Entfernung von nicht einmal 100 km gleich zwei Ortschaften, nämlich **Campbell River** und **Port Alberni**, sich als die *Salmon Capital of the World* feiern.

5.3.7 Von Osoyoos zurück nach Vancouver

Ab Osyoos folgt die Route dem **Crowsnest Hwy** nach Westen bis zu seinem Ende in Hope. Bald hinter der Stadt verläßt die Straße das Tal und passiert nach einigen Kilometern ein offenbar nur wenig beachtetes Naturphänomen (und Fotomotiv): die Oberfläche eines kleinen Sees ist von Kalzit-Ablagerungen bedeckt, wird aber gleichzeitig von runden, durch aufsteigendes Gas verursachte "Öffnungen" durchbrochen.

Keremeos Um Keremeos ballen sich wie nicht einmal im Okanagan Valley bunt dekorierte Obstverkaufsstände an den Straßenrändern. Die Abkürzung #3A von Okanagan Falls trifft dort auf den *Crowsnest Hwy*.

Kalzitablagerungen auf der Oberfläche eines Sees. Die Kreise sind "Aufbrüche", entstanden durch von unten hochdrängende Faulgase.

Cathedral Provincial Park Wenige Kilometer westlich Keremeos zweigt die **Ashnola River Rd** (Schotter, 21 km) in Richtung *Cathedral Provincial Park* ab, einem kaum erschlossenen Wildnispark. Die ohne Vierradantrieb befahrbare Straße endet an Campingplätzen an dessen Nordrand. Von dort führen *Trails* zu bizarren Gebirgsformationen und tiefblauen Seen. Ungewöhnlich an diesem Provinzpark ist die privat betriebene Lodge mittendrin. Der Komfort in der Einsamkeit der **Cathedral Lodge** am *Quiniscoe Lake* kostet $110–$170/Person inklusive Vollverpflegung, Kanubenutzung und Transport vom/bis zum *Base Camp* (Lake Quiniscoe, RR#1, Cawston V0X 1C0; Reservierung unter ✆ 250-226-7560), zwei Nächte Minimum.

Princeton Westlich von Keremeos bis *zum Manning Provincial Park* folgt der **Crowsnest Highway** auf ausgesprochen reizvoller Strecke dem Lauf des Similkameen River. Am Wege liegt Princeton, Zentrum eines in den 20er-Jahren bedeutenden Kohlereviers. Heute ist Princeton eher ein "verschlafenes" Städtchen, da es nach dem Niedergang des Bergbaus auch noch seine Funktion als Verkehrsknotenpunkt einbüßte.

Manning Park

Seit Eröffnung des *Coquihalla Hwy* und der Anschlußautobahn *Okanagan Connector* #97C fließt der Verkehr von Vancouver ins *Okanagan Valley* nicht mehr über Princeton.

Ghost Towns In der Umgebung Princetons gibt es mehrere *Ghost Towns* aus der Zeit des Goldrausches von 1885/86, mit denen gern touristisch geworben wird. Überwiegend handelt es sich aber um unsensationelle verfallene Holzhäuser. Das *Travel Infocentre* in Princeton (57 Hwy #3 East) hat einen *Folder* zu Lage und Geschichte der *Ghost Towns*. Zumindest leicht erreichbar ist **Granite City**, etwa 20 km nordwestlich bei Coalmount. In der Nähe befindet sich die **Granite Creek Recreation Area** des *Forest Service*, ein schöner Platz zum Übernachten.

Similkameen Ab Princeton führt der *Crowsnest Highway* nun endgültig ins Kaskadengebirge und den *Manning Provincial Park*. Am Wege passiert man die **Similkameen Falls** (Schild an der Straße) und einen hübschen **Campground** am gleichnamigen Fluß.

Manning Provincial Park Zwar läuft die Straße durch den *Manning Park* mitten hindurch und besitzt durchaus attraktive Abschnitte, aber die landschaftliche Schönheit des Parks erschließt sich nur abseits des Durchgangsverkehrs und auf Wanderwegen ins Hinterland. Mindestens ein Extratag Zeit sollte dafür übrig sein. Das **Visitor Centre** liegt im östlichen Parkbereich etwa am südlichsten Punkt des *Crowsnest Highway*. Nur wenig westlich davon zweigen die Zufahrten zum **Cascade Lookout/ Blackwall Peak** und zur **Lightning Lakes** Kette ab.

Cascade Lookout Auch wer nicht viel Zeit mitbringt, sollte die (asphaltierte) Stichstraße hinauf zum *Cascade Lookout* nicht auslassen (ca. 7 km). Der Blick fällt hoch über dem Similkameen Tal auf die teilweise bereits zu den USA gehörenden schneebedeckten Gipfel der **Cascade Range**.

Einfahrt zum Manning Provincial Park

Weitere 6 km auf Schotter sind es zur **Subalpine Meadow** unterhalb des **Blackwall Peak**; die Wiesen sind Ende Juli/Anfang August mit blühenden Wildblumen übersät. Am **Paintbrush Nature Trail** erfährt man alles Wissenswerte zur Flora dieser Region. Solange allerdings noch Schnee liegt, bleibt das Straßenstück bis zum *Blackwall Peak* gesperrt, oft bis Ende Juni/Anfang Juli.

Lightning Lake Bereich

Die **Gibson Pass Rd** führt zum schönsten und gleichzeitig komfortabelsten Campingplatz des Parks am *Lightning Lake* (Kanuverleih!). Von dort geht es noch weiter auf *Gravel* zur *Gibson Pass Ski Area*. Etwa 5 km sind es bis zum Ausgangspunkt des **Three Falls Trail**. Nach wenigen Schritten auf diesem Weg erreicht man die wunderschönen **Strawberry Flats** (Erdbeerebene), die vor allem zur Blütezeit Ende Juli/Anfang August sehenswert sind.

Trails

Am *Lightning Lake* beginnen mehrere völlig ebene *Trails*. Besonders der **Lightning Lakes Chain Trail** ist zu empfehlen. Dabei braucht man nicht auf demselben Weg hin und zurück zu wandern (maximal bis zum Endpunkt am *Thunder Lake*, 12 km), sondern kann *Loop Trails* um den *Flash Lake* (9 km) und/oder den südlichen *Lightning Lake* herum folgen.

Sehr populär ist der **Frosty Mountain Loop** (28 km) zum höchsten Berg des Parks (2.408 m); Zeitbedarf 8-10 Stunden. Wer unterwegs campen möchte, muß sich beim *Visitor Centre* ein *Permit* besorgen.

Erdrutsch

Eine letzte Sehenswürdigkeit vor Erreichen von Hope und dem TCH (etwa 16 km östlich) sind die Auswirkungen des **Hope Slide**, der 1965 durch ein kleineres Erdbeben ausgelöst wurde. Der Erdrutsch schüttete einen ganzen See zu und zerstörte ein 3 km langes Straßenstück. Unter Tausenden von Tonnen Felsgeröll liegen mehrere Autos samt Insassen. Auf Schautafeln wird der Ablauf des Unglücks erläutert.

Von Hope nach Vancouver sind es auf dem TCH noch 150 km, auf der schöneren Straßenkombination #9/#7 auf dem Norduferer des breiten Fraser River kaum mehr (➪ Seite 355).

Erstklassigen Kuchen und deutsches Brot gibt`s beim Bäcker aus Berlin in Lillooet (➪ Seite 405)

5.4 Erweiterungen und Abstecher von der Nationalparkroute

5.4.1 Von Vancouver über die Nugget Route zum Wells Gray Park

Siehe Karte Seite 389

Eine bedenkenswerte Alternative zum TCH bis Kamloops oder darüberhinaus – sowohl beim Start der Reise als auch für die Rückfahrt nach Vancouver – ist die **Nugget Route** im Verbindung mit einem Teil des *Cariboo Trail*. Über die Straße #24 zwischen 70/100 Mile House und Little Fort stößt man unterhalb des *Wells Gray Park* auf die bereits beschriebene Straße #5, ➪ Seite 362.

Routenbeginn

Von Vancouver geht es zunächst auf dem hoch über Stadt und Meer angelegten TCH-West zum Fährhafen Horseshoe Bay und dann weiter auf der Straße #99 – vorbei am toll gelegenen ***Campground Porteau Cove*** (➪ Seite 176) und dem Minenmuseum in Britannia Beach – nach Squamish. Einzelheiten zu beiden Orten wurden im Citykapitel *Vancouver* behandelt.

Squamish

Anfang August findet während der *Squamish Days* die **World Championship Logging Show** statt. Die Teilnehmer sägen um die Wette, balancieren auf schwimmenden Baumstämmen, werfen mit Äxten und klettern auf Bäume. Den jeweiligen Termin der Holzfäller-Konkurrenz erfährt man beim *Squamish Travel InfoCentre*, ✆ (604) 892-9244.

Nördlich Squamish passiert man den **Alice Lake Provincial Park**, eine perfekte Anlage rund um einen schönen Badesee mit Stränden, Kinderspielplätzen und großem Campingareal. Der kleine Park liegt maximal 2 Fahrstunden von Vancouver entfernt und wäre bei Reisebeginn/-ende ein geeigneter erster/letzter Übernachtungsort.

Garibaldi Park

Auf etwa gleicher Höhe beginnt der ausgedehnte **Garibaldi Wilderness Park**, der eine Fläche von rund 2000 km² hochalpiner Gebirgslandschaft umfaßt. In diesen Park führen keine Straßen hinein; lediglich einige Ausgangspunkte für Wanderungen sind per Auto zu erreichen.

Trails

Ein schönes Standquartier für längere Trips in den *Garibaldi Park* ist der Campingplatz des **Brandywine Falls Provincial Park** am Nordende des *Daisy Lake*, wo das Wasser des Callaghan Creek 70 m in die Tiefe stürzt. Im Sommer erfreut sich der kleine Platz allerdings großer Beliebtheit und ist oft voll besetzt. Schöne Tagesziele sind Garibaldi und Cheakamus Lake mit eigenen *Trailheads* nördlich und südlich der *Brandywine Falls*. Der Weg zum *Cheakamus Lake* eignet sich mit nur 3 km Länge auch für eine "Zwischendurchwanderung".

Die **Whistler Region** ist das bekannteste Skigebiet Canadas. Auf dem *Blackcomb Mountain* kann man auch im Sommer Gletscher-Skilaufen und -*Snowboard* fahren, ➪ Foto Seite 177.

British Columbia

Whistler

Blackcomb Mountain (2.284 m) und **Whistler Mountain** (2.182 m) sind auch für den Nicht-Skiläufer interessant. Eine **Gondelfahrt** ($14) auf den *Whistler Mountain* dauert eine halbe Stunde. Oben gibt es ein Restaurant und eine Aussichtsterrasse. Auf präparierten Langlauf-Loipen tummeln sich dort **Mountain Biker**. Mehr für Auge und Kamera als der *Whistler* bietet dem Sommerurlauber der *Blackcomb Mountain*. Über **drei Sessellifte** und einen Bustransfer geht es in 45 min. hinauf in hochalpine Gefilde ($20) und ewigen Schnee.

Im autofreien **Whistler Village** gibt es mehrere Firmen, die *Bikes* vermieten und organisierte Ausritte, Wildwassertrips, Drachenflüge und *Backcountry*-Expeditionen anbieten. Restaurants und Kneipen sind für kanadische Verhältnisse ungewöhnlich zahlreich. Große Portionen und maßkrugweise Bier serviert man zu moderaten Preisen in der **Old Spaghetti Factory**, die auch Filialen in anderen Städten besitzt.

Unterkunft

Quartiere gibt es sommers wie winters en masse einschließlich einer idyllisch am *Alta Lake* angesiedelten **Jugendherberge**, ✆ (604) 932-5492, Fax (604) 932-4687, und **Bed & Breakfast** wie dem **Chalet Luise**, ab $75, ✆ (604) 932-4187. Zu den renommierteren Hotels gehören die **Whistler Timberline Lodge**, ab $69, ✆ (604) 932-5211/(800) 777-0185, und das **Chateau Whistler**, ab $140, ✆ (604) 938-8000/(800) 441-1414. **Information** unter ✆ (800) WHISTLER.

Duffey Lake Road

Östlich von Pemberton beginnt die erst seit 1991 durchgehend asphaltierte *Duffey Lake Rd*. Obwohl der damit verbundene Ausbau der Straße einen Teil des alten Charmes nahm, ist sie immer noch die "Glanznummer" der *Nugget Route*. Ihr bester Abschnitt beginnt am *Duffey Lake*. Von dort folgt sie dem **Cayoosh Creek** und windet sich später durch die Berge der *Lillooet Range*. Mehrere winzige **Forest Campgrounds** direkt am Bach laden gebührenfrei zum Übernachten in idyllischer Umgebung ein. Vergleichbares gibt es allenfalls noch auf dem *Cassiar Hwy* zwischen Stewart und Watson Lake.

Kurz vor Erreichen von Lillooet passiert man das Südende des **Seton Lake** mit Badestrand und *Picnic Area*. Auf der gegenüberliegenden Straßenseite betreibt die Energiegesellschaft *BC Hydro* einem schönen *Campground*.

Nugget Route Geschichte

Lillooet am Ende der *Nugget Route* kam als **Mile 0** des **Old Cariboo Trail** während des **Cariboo Goldrush** in den 60er-Jahren des vorigen Jahrhunderts zu Berühmtheit und war damals eine der größten Städte nördlich von San Francisco. Von dort ging es über Pavilion nach Clinton, zu jener Zeit 47 Mile House, *Road House* und Mautstation in 47 Meilen Entfernung von Lillooet. Der Wegzoll betrug einen Shilling pro Tier, egal ob es sich um Pferd, Maultier oder Dromedar(!) handelte, und einen Penny pro Pfund Ladung.

Nugget Route

Nugget Route Einige Orte auf der Strecke – von 70 Mile House bis 150 Mile House – haben ihre ursprüngliche Bezeichnung bis heute behalten. Sie entstanden aus den **Road Houses** am **Cariboo Trail**, in denen die Goldsucher auf ihrem Weg nach Wells und Barkerville (siehe unten) Schlafplätze und Verpflegung fanden.

Cariboo Trail Der *Nugget Trail* bis Lillooet verlor ab 1863 seine Bedeutung, als der *Cariboo Trail* bis Yale südlich der unpassierbaren Stromschnellen des *Fraser River Hells Gate* (↔ Seite 358) nach Süden verlängert wurde. Von dort bis Soda Creek, 30 km nördlich von Williams Lake, verkehrten Postkutschen. Von Soda Creek bis Quesnel, von wo es auf dem Landweg nach Wells/Barkerville weiterging, übernahmen **Paddlewheeler** auf dem *Fraser River* den Transport. 1865 wurde auch die *Wagon Road* zwischen Soda Creek und Barkerville fertig.

Lillooet Lillooet ist heute nur noch ein kleines Städtchen über dem Fraser River, an dem vor allem die imposante Gebirgskulisse beeindruckt. Eine Fahrt einmal die **Main Street** hinauf kann nicht schaden. Wenn das winzige **Museum** mit allerlei Sammelsurium und einem rostigen **Jail-Käfig** aus alten Tagen gerade geöffnet ist, sollte man einen Blick hineinwerfen. Schräg gegenüber gibt's beim **deutschen Bäcker** Brot und Kuchen aus der Heimat (Foto Seite 402).

Alte Straße Wer dem alten **Wagon Trail** folgen möchte, verläßt in Pavilion die Straße #12 und fährt die (zunächst steile und nicht asphaltierte, daher nicht für RVs geeignete) *Pavilion Mountain Rd* direkt nach Clinton. Am Wege liegt der **Downing Provincial Park** bei Kelly Lake.

Marble Canyon Die Straße #12 passiert östlich von Pavilion einige idyllisch gelegene türkisfarbene Seen. Im *Marble Canyon* hat die Holzindustrie einen **Demonstration Forest** angelegt, der zeigen soll, daß ihr nicht nur flächendeckender Einschlag, sondern auch Aufforstung und Landschaftspflege am Herzen liegen; ausgeschilderte Zufahrt östlich des **Marble Canyon Provincial Park** (einfacher *Campground* zwischen See und Straße).

Der Verlauf des **Cariboo Hwy #97** ist von Cache Creek bis Williams Lake nur abschnittsweise attraktiv. Erst im *Fraser River Valley* gewinnt die Straße an Reiz.

British Columbia

Seengebiet zwischen Cariboo und Yellowhead Highways

Bereits in 70 Mile House kann man bei Zielsetzung **Wells Gray Park** und Jasper abbiegen und zur Straße #24 hinüberfahren. Wen die *Gravel Road* nicht stört, verkürzt die Strecke und fährt direkt nach Bridge Lake. Das Gebiet zwischen den Straßen #97 und #5 ist mit seiner **Seenplatte** ein beliebtes Revier für Angler und Wassersportler, die es ursprünglicher lieben als weiter südlich, wie etwa im *Okanagan Valley*. Auf mehreren *Campgrounds* finden sich Plätzchen direkt am Wasser, wie am Sheridan Lake im **Loon Bay Resort.** Man erreicht den *Yellowhead Hwy* #5 in Little Fort, ca. 95 km nördlich von Kamloops.

100 Mile House

Zur Aufstockung der Reisevorräte macht es Sinn, über 100 Mile House zu fahren, der Versorgungszentrale für das gesamte Seengebiet östlich des *Cariboo Highway*. 100 Mile House ist auf dieser Strecke zwischen Squamish bzw. Hope und Jasper der einzige Ort, der über eine komplette Infrastruktur und "normale" Einkaufsmöglichkeiten verfügt. Der preiswerte städtische **Campingplatz** am östlichen Ortsrand eignet sich gut für eine Übernachtung zwischendurch.

5.4.2 Cariboo Highway von 100 Mile House bis Prince George
(mit Barkerville und Bowron Lake)

Zur Streckenplanung

Über 100 Mile House geht es immer, wenn Abstecher nach Bella Coola/*Tweedsmuir Park* und/oder Barkerville/*Bowron Lake Park* geplant sind. Im letzteren Fall wäre es günstiger, die Fahrt nach Jasper – unter Verzicht auf den *Wells Gray Park* – über Prince George fortzusetzen. Wer von Vancouver auf schnellstem Weg in den hohen Norden möchte und (ggf. zunächst) nicht die Fähre durch die *Inside Passage* benutzt, kommt am *Cariboo Trail* nach Prince George nicht vorbei.

Auch bei einer Fahrt über Prince George nach Jasper ist eine kleine Stippvisite *im Wells Gray Park* möglich: ab 100 Mile House führt eine Stichstraße zu Canim und Mahood Lakes in dessen Südwestecke. Von letzterem laufen **Trails** in den Park zu **Canim** und **Deception Falls**. Am Canim Lake wartet das sehr schöne gleichnamige *Resort*, ✆ (250) 397-2355 (deutsche Leitung) mit großem Abenteuer-Angebot auf Gäste.

150 Mile House

Die nächste Etappe ist 150 Mile House, von wo man Barkerville auf der alten **Wagon Road** (Schotter) ansteuern könnte, die 1865 als Alternative zur Route über Quesnel fertiggestellt worden war. Ab **Likely** führt sie durch 100 km Einsamkeit. Vor Fahrtbeginn muß unbedingt der Zustand erkundet werden. Am Ortseingang von Likely erinnert ein 3 km langer und 100 m tiefer Canyon an die Aktivitäten der **Bullion Pit Mine**: 1938 wurde in der Goldwaschanlage dieser Grube mehr Wasser verbraucht als in ganz Vancouver.

Williams Lake

Rodeo

Williams Lake (10.000 Einwohner) liegt im Herzen des *Cattle Country*, der größten Viehzuchtregion der Provinz. Die – ansonsten eher reizlose – Stadt ist bekannt für ihre **Stampede**, die nach der *Calgary Stampede* und dem *Cloverdale Rodeo* (in Surrey bei Vancouver) zu den bedeutendsten Rodeo-Veranstaltungen Canadas gehört. Sie findet in der Woche des Monatswechsels Juni/Juli statt. In vielen kleineren Orten gibt es von Juli bis September manches lokale Rodeo; der Besuch bringt oft mehr Spaß als der einer Großveranstaltung (⇨ Seite 196).

Clinton, ein Nest am Cariboo Highway, lädt ein zum jährlichen Rodeo mit Ball Weekend

Der Chilcotin Highway (Bella Coola Road)

Zum *Tweedsmuir Provincial Park* und nach **Bella Coola** am *North Bentinck Arm*, einem tief ins Land eingeschnittenen Fjord, geht es von **Williams Lake** auf dem *Chilcotin Hwy* #20. Diese Straße (448 km) ist auf den ersten 190 und den letzten 50 km asphaltiert und ohne Einschränkung befahrbar. Die rund 200 km dazwischen (einschließlich der Strecke durch den Provinzpark) sind geschottert. In den winzigen Ortschaften gibt es selten mehr als Tankstelle, Postamt und kleinen *General Store*. Am Wege oder am Ende von Stichstraßen liegen zahlreiche *Guest Ranches* und *Lodges*, die ihren Gästen Abenteuerurlaub in allen Varianten und Komfortklassen bieten. Angeln, Kanutrips und Ausritte sind die wichtigsten Aktivitäten.

Die Frage ist, ob sich ein Abfahren des *Chilcotin Hwy* (vollständig oder teilweise) überhaupt lohnt. **Bella Coola** ist generell **kein attraktives Ziel**. Der *Tweedsmuir Park* eher, aber auch er bietet europäischen Urlaubern mit begrenzter Zeit nichts, was nicht im Prinzip auch weniger abgelegen zu finden wäre. Diesen landschaftlich zweifellos reizvollen Abstecher sollten daher nur Reisende ins Auge fassen, die länger unterwegs sind, einige Extratage erübrigen können und möglichst kein größeres **Campmobil** fahren.

Immerhin ist der **Chilcotin Hwy keine Sackgasse** mehr. Ab Bella Coola geht jeden 2. Tag eine – wiewohl kostspielige – Fähre nach Port Hardy auf Vancouver Island (⇨ Seite 428), die ggf. als Alternative zur Fährstrecke Prince Rupert–Port Hardy bzw. umgekehrt in Frage kommt.

Der Chilcotin River schneidet sich tief durchs Interior Plateau

Ein Abweichen von der Hauptstraße empfiehlt sich bei **Riske Creek**. Die qualitativ gute *Gravel Road* (knapp 50 km) führt über **Big Creek** nach **Hanceville** und kreuzt das Tal des *Chilcotin River*. Sie ist wesentlich interessanter als die direkte Route. Sandsteinformationen und Vegetation erinnern an die Halbwüsten des amerikanischen Südwestens. Etwa 10 km westlich von **Alexis Creek** liegt malerisch am Chilcotin River die kleine **Bull Canyon Recreation Area** mit *Campground*. Danach läuft die Straße überwiegend durch Weideland. Bei **Chilanko Forks** tauchen erstmals die *Coast Mountains* am Horizont auf.

Mit Überquerung des **Heckman Pass** (1.524 m) wird der **Tweedsmuir Park** erreicht. Gleichzeitig verläßt man endgültig das *Fraser Plateau* und fährt hinunter in den Regenwald der Küstenregion. Die enge, streckenweise nur einspurige Straße weist dabei bis zu 18% Gefälle und enge Haarnadelkurven auf.

Der größte Park der Provinz bedeckt eine Fläche von fast 10.000 km², die nur durch die Straße im südlichen Abschnitt und Bootzugang im Norden erschlossen sind. Er gilt als absolutes Angel- und Wildnisparadies. **Grizzlybären** halten sich auch im Bereich des *Chilcotin Highway* auf. Wanderungen in die Einsamkeit sollten dort nur erfahrene *Outdoor*-Experten unternehmen.

Die **Park Headquarters** liegen unweit des Osteingangs, zwei Campingplätze und mehrere *Picnic Areas* an der Durchfahrt. Wer gut zu Fuß ist und ausreichend Wildniserfahrung besitzt, könnte einen Marsch zu den 259 m hohen **Hunlen Falls** in Erwägung ziehen – 25 km eine Strecke. Das unumgängliche *Permit* für die Übernachtung gibt's im Parkhauptquartier.

Rund 60 km von **Bella Coola** entfernt befindet sich der **Mackenzie Rock**, auf dem sich der berühmte Entdecker 1793 namentlich mit Datum verewigt hat. Zum Felsen am *Dean Channel* fahren Charterboote.

Quesnel	Das Städtchen Quesnel (sprich: Kwanéll), am Zusammenfluß von Fraser und Quesnel River, besitzt nur ein Drittel der Einwohner von Williams Lake. Seine Geschichte begann mit dem **Goldrausch.** Die Prospektoren mußten in Quesnel den Raddampfer verlassen und noch einmal 80 km auf dem letzten Stück des *Cariboo Trail* bis Barkerville auf dem Landweg zurücklegen. Aus der alten Zeit existiert nur noch der **Hudson's Bay Store**, der heute ein Restaurant beherbergt: *Heritage House*; ✆ (250) 992-2700.
	Bei Einfahrt in die Stadt von Süden passiert man unverfehlbar rechterhand das **Travel Info Center** (mit Distriktsmuseum) am Rande eines kleinen Parks, der u.a. einen nassen **Kinderspielplatz** für heiße Tage beherbergt. Am diesseitigen Flußufer westlich der Brücke hat die Stadt eine **Dump-Station** zur freien Benutzung eingerichtet.
Nach Barkerville	Auf der Straße #26 geht es sowohl zum **Bowron Lake Park** als auch zur Goldgräberstadt Barkerville. Benannt ist der Ort nach Billy Barker, der dort 1862 auf eine ergiebige Goldader stieß. Im daraufhin einsetzenden **Cariboo Goldrush** wurde aus Barkerville für kurze Zeit die größte Stadt westlich von Chicago und nördlich von San Francisco. Als die Vorkommen erschöpft waren, verwandelte sich der Ort in eine **Ghost Town**. 1958 beschloß die Provinzregierung, aus Barkerville einen **Heritage Park** zu machen, in dem das geschichtliche Erbe der Provinz gepflegt wird.
Museumsdorf Barkerville	Heute ist Barkerville eines der besten **Living Museums** Canadas. Über 60 Gebäude aus der Zeit der Goldrausches wurden authentisch restauriert und mit zeitgenössisch gekleideten "Bewohnern" besetzt. Die haben im Gegensatz zu ihren Vorbildern geregelte Arbeitszeiten, und so ist das **Besucherzentrum** im Museumsdorf nur begrenzt geöffnet: Anfang Juni bis Anfang September täglich 8.30–17 Uhr, Rest des Jahres werktags 8–16 Uhr; Programme und Vorführungen nur während der Sommermonate. Auskunft unter ✆ (250) 994-3332. **Das Dorf als solches kann ganzjährig 8–20 Uhr** besucht werden. Eintritt nur Ende Juni bis Anfang September: $6/Person
	Durch Barkerville zu bummeln, ist interessant: im Museum gibt es viele Fotos aus den wilden Jahren und Filme zum Thema "Goldrausch". Das fürs **Goldwaschen** konstruierte Wasserrad funktioniert wie eh und je, und im *Theatre Royal* lebt die alte Zeit wieder auf (wechselnde Vorstellungen am Nachmittag, im Sommer an Wochenenden auch abends).
	Wer Lust hat, selbst Gold zu waschen, kann **Goldpanning** mit Erfolgsgarantie im Souvenirshop *Eldorado* buchen (↔ Foto Seite 39). Enttäuschung wartet allenfalls im **Saloon**: wer sich stilecht einen harten Whisky genehmigen möchte, findet lediglich alkoholfreie Getränke im Ausschank. Auch beim

Nachtleben ist es nichts mit der Authentizität. Bei Toresschluß wird alles dichtgemacht, ausnahmsweise Theaterbesucher dürfen am Samstag/Sonntag abend die Stadt betreten.

Per Postkutsche durch die Straßen des einstigen Goldrauschstädtchens Barkerville, heute ein lebendes Museum, ein nostalgisches Besuchervergnügen.

Übernachtung

Quartiere direkt im *Historic Park* gibt es in dem 1890 erbauten **St. George Hotel**; ✆/Fax (250) 994-000; zwei **Motels** begrenzter Kapazität im nahe Dorf **Wells** sowie **Beckers** und **Bowron Lake Lodge** direkt am 28 km entfernten gleichnamigen See.

Camping ist ein geringeres Problem. Von drei großen *Provincial Park Campgrounds* liegt **Rose Forest** jenseits der Brücke in Richtung Bowron Lake am besten. Viel schöner campt es sich allerdings auf dem privaten **Bowron Lake Campground** mit vielen Stellplätzen am Seeufer, die (bei nicht zu später Ankunft) selten voll besetzt sind. Auch bei *Beckers* kann man campen und Kanus leihen. Der hübsch angelegte Platz des *Provincial Park* am **Registration & Visitor Centre** ist in Anbetracht der Möglichkeiten direkt am See nur zweite Wahl. Die Anfahrt zum Bowron Lake (28 km) auf einer breiten und gepflegten *Gravel Road* ist bei gutem Wetter unproblematisch.

Kanuparadies Bowron Lake Park

Die direkt oder über Wasserläufe weitgehend miteinander verbundenen Seen des **Bowron Lake Provincial Park** sind ein Paradies für Kanufahrer. Sie werden von zahlreichen Bächen aus den *Cariboo Mountains* gespeist. Wer mindestens 5 Tage Zeit und obendrein Glück mit dem Wetter hat, kann einen traumhaften Kanutrip unternehmen. Der Rundkurs ist auch für Anfänger geeignet, doch muß man eine gute Kondition mitbringen – schließlich wollen 116 km gepaddelt und 7 Portagen (Tragen des Kanus zwischen zwei Gewässern oder Umgehung von Stromschnellen und Wasserfällen) geschafft werden! Der Trip beginnt auch gleich mit der längsten Portage (2 km). Übernachtet wird auf herrlich gelegenen **Wilderness Campgrounds**.

Gebühren/ Miettarife für Kanus	Für alle Mehrtagestrips ist eine Anmeldung im *Registration & Visitor Centre* erforderlich. Die Gebühr für die volle Runde beträgt für 2 Personen $60, für die *West End Route* $38/Kanu. Letztere führt vom Bowron Lake zu den Spectacle Lakes und besitzt den Vorzug, ohne Portage auszukommen. Kanus können vor Ort ab $30 pro Tag oder $150 pro Woche gemietet werden (Ausrüstung zusätzlich). Reservierung der Route unter ✆ (250) 992-3111, Kanureservierung ✆ (250) 992-8864.
Weiter nach Prince George	Nördlich Quesnel läuft die Straße #94 recht ereignislos durch Wald- und Hügellandschaft und stößt nach 115 km in Prince George auf den *Yellowhead Highway*.
	Prince George, mit 70.000 Einwohnern die viertgrößte Stadt der Provinz, spielt als **Knotenpunkt** der Ost-West- und Nord-Süd-Achse von Schiene und Straße sowie als Versorgungszentrum (*Hub of the North*) eines weiten Umlandes eine wichtige wirtschaftliche Rolle. Sägemühlen und Papierfabriken (*Pulp Mills*) unterstreichen die lokale Bedeutung der Holzindustrie.
Kennzeichnung	Da die letzte größere Stadt auf dem Weg nach Norden keine besonderen Sehenswürdigkeiten besitzt, dient sie den meisten Touristen hauptsächlich als Durchgangsstation. An **Unterkünften** und **Einkaufsmöglickeiten** entlang der Ausfallstraßen (speziell der #97) fehlt es nicht. Ein *Travel InfoCentre* befindet sich an der Kreuzung der beiden *Highways* #16 und #97.
Parks und Museen	Prince George rühmt sich seiner insgesamt 116 *City Park*s, von denen eventuell der **Cottonwood Island Nature Park** an der River Rd ("jenseits" der Gleisanlagen nördlich von *Downtown*) wegen seiner **Trails** an den Fluß und des dortigen **Railway Museum** einen Besuch verdient. Vom **Connaught Hill Park** hat man einen Panoramblick über die Stadt. Ein weiterer Besuch könnte dem **Fort George Regional Museum** im gleichnamigen Park gelten, das die Geschichte von Stadt und Region erhellt. Beide sind geöffnet von Mai–Oktober Di–Fr 10–17 Uhr, Sa–So 12–17 Uhr, sonst kürzer.

Internet-Info zu Prince George: http://city.pg.bc.ca

British Columbia

Weiter nach Jasper

Der Abschnitt des *Yellowhead Hwy* **zwischen Prince George und Tête Jaune Cache** besitzt trotz des an sich schönen Verlaufs im *Fraser River Valley* und der begleitenden Cariboo Mountains keine nennenswerten Höhepunkte. Zwischen dem Purden Lake (*Provincial Park* mit Camping und Badestrand) und McBride (145 km) existiert **keine Tankstelle**! Außer im Provinzpark kann man in diesem Bereich leicht **abseits der Straße** oder an einigen Rest Areas an Flüssen und Seen schön **campen**. Ab Tête Jaune Cache ⇨ Seite 364.

Von Prince George nach Prince Rupert?

Das letzte Stück des *Yellowhead Hwy* **zwischen Prince Rupert und Prince George** wird als Fortsetzung einer Fährpassage von Port Hardy nach Prince Rupert im Anschluß an das Kapitel *Vancouver Island* in West-Ost-Richtung behandelt. Eine Fahrt von Ost nach West macht nur Sinn, wenn entweder in Prince Rupert die Fähre bestiegen wird oder eine Weiterfahrt über Stewart/ Watson Lake "gegen den Uhrzeiger" geplant ist. Die Beschreibung des *Cassiar Hwy* findet sich im Kapitel 6 (⇨ Seite 476).

Siehe Karte Seite 455

Für eine Fahrt von Prince George nach Prince Rupert einschließlich Abstecher nach Stewart/Hyder mit Rückfahrt auf identischer Strecke wären knapp 2.000 km zu bewältigen. Das lohnt sich kaum, ein kürzeres "Hineinfahren" in den *Yellowhead Hwy* noch weniger, da die Straße erst westlich von Houston, mehr noch ab New Hazelton den mit Abstand besten Abschnitt ihres gesamten Verlaufs erreicht. Die Strecke bis Houston bietet dagegen nichts, was den bis Prince George gelangten Canada-Urlauber noch "vom Hocker reißt" (siehe dazu im einzelnen ab Seite 459).

Wer **von Prince George weiter nach Norden** zum *Alaska Hwy* fahren möchte, findet die Beschreibung dieser Strecke im folgenden Kasten:

JOHN HART HIGHWAY UND HUDSON`S HOPE LOOP

Seit der Eröffnung des *Cassiar Hwy* 1972 besteht die Möglichkeit, auf einer attraktiven Rundstrecke durch den Norden von British Columbia zu fahren. Ab Prince George benötigt man über Fort St. John und Watson Lake (beide *Alaska Hwy*) und weiter über Stewart zum Endpunkt Prince Rupert (um dort die Fähre zu nehmen) oder nach Prince George zurück **mindestens 8 Tage** bei relativ hoher täglicher Fahrleistung. Denn einschließlich des Abstechers nach Stewart/Hyder (Alaska) sind bis Prince George 2.750 km, bzw. bis Prince Rupert 2.500 km, zurückzulegen, davon nur noch 100 km auf Schotter. Bis auf ein kurzes Stück durchs Yukon Territory bei Watson Lake führt diese Tour ausschließlich durch British Columbia.

Da der **Abstecher in den Norden** auf dem Hin- oder Rückweg fast immer über Prince George führen muß (Ausnahmen sind nur sehr weiträumige, zeitaufwendige Rundfahrten, die den Zentralbereich von British Columbia ganz auslassen), wurde die Beschreibung der Streckenführung des *John Hart Hwy* und der anschließenden Straße nach Fort St. John, der *Hudson`s Hope Loop* hier eingefügt.

Der **John Hart Peace River Hwy #97**, wie er vollständig heißt, beginnt als **nördliche Fortsetzung des *Cariboo Hwy*** in Prince George. Außer Mackenzie (30 km abseits der Hauptstraße) und Chetwynd gibt es bis Dawson Creek auf 400 km keine wesentlichen Ortschaften. In großen Abständen passiert man **Tankstellen,** meist verbunden mit einer kleinen *Lodge* und einem *General Store*. Auf langen Abschnitten erinnern nur die Schienen der streckenweise parallel verlaufenden *BC Railway* an die Zivilisation.

50 km nördlich von Prince George passiert man am *Summit Lake* die **Continental Divide**, die Wasserscheide zwischen Pazifik und Atlantik. Nördlich des *Summit Lake* fließen alle Gewässer zunächst über den *Peace River* und anschließend über den *Mackenzie River* ins Nordpolarmeer.

Einen sehr schönen Übernachtungsplatz finden Camper im **Whisker's Point Povincial Park** am *McLeod Lake*. Dort gibt es einen Sandstrand und Kanuverleih.

Das erst 1965 im Zusammenhang mit dem **Peace River Dam Project** gegründete **Mackenzie** (5.800 Einwohner) liegt am *Williston Lake*, einem der größten Stauseen Nordamerikas mit 1.770 km Uferlinie. An der Abzweigung der Stichstraße (29 km) nach Mackenzie steht ein *Travel InfoCentre*, wo man Näheres über die Vorzüge dieser jungen Stadt erfährt. Auf jeden Fall besitzt sie einen kostenlosen kommunalen **Campground** (mit Duschen!), einen Golfplatz und sogar ein Hallenbad mit *Whirlpool* und Sauna. Zu bewundern ist dort **World`s Largest Tree Crusher**, die weltgrößte Rodungsmaschine, die während des Dammbaus im Einsatz war.

Ein besonders reizvoller Abschnitt des *Highway* beginnt nördlich der **Mackenzie Road**. Aus dem Tal des *Misinchinka River* führt die Straße über den *Pine Pass* (935 m), den einzigen Übergang über die Rocky Mountains auf mehr als 800 km Luftlinie zwischen *Jasper National Park* und *Alaska Hwy*.

Chetwynd (3.000 Einwohner) liegt am Rand eines der längsten Kohlenflöze der Welt. Auf dem *Hwy #29* gelangt man nach Tumbler Ridge (100 km), wo die Kohle oberirdisch abgebaut wird. Im Sommer kann man eine der **Open Pit Coal Mines** besichtigen; telefonische Information und Anmeldung beim **Visitor Centre** ✆ (250) 242-4702.

Ab Chetwynd gibt es **zwei Routen zum *Alaska Hwy*.** Die reizvollere Alternative von beiden ist der *Hudson's Hope Loop* nach Fort St. John (150 km). Wer sich für den *Loop* entscheidet, verpaßt weder in Dawson Creek noch auf den ersten Kilometern bis Fort St. John Wesentliches. Den *John Hart Peace River Hwy* nach Dawson Creek sollte nur fahren, wer unbedingt **Milepost 0** des *Alaska Hwy* sehen und fotografieren möchte.

Auf der ersten Hälfte des *Hudson's Hope Loop* passiert man eine Reihe schöner Campingplätze. Wassersportfreunde und Angler nehmen gern im attraktiven **Moberly Lake Provincial Park** Quartier. In der Nähe des *Peace Canyon Dam* liegt ein ebenfalls hübscher *Campground* am Dinosaur Lake.

Der kleine Ort **Hudson's Hope** ist die drittälteste Siedlung in British Columbia. Als Fort der *Hudson's Bay Company* gegründet wird er seit 1805 ununterbrochen bewohnt. Ein neues Kapitel in der Geschichte von Hudson's Hope begann in den 60er Jahren mit dem Bau von Staudämmen und Kraftwerken eingangs und ausgangs des **Peace River Canyon**. Beide zusammen produzieren fast 33% des aus Wasserkraft gewonnenen Stroms der Provinz.

Südlich des Ortes liegt noch vor der Brücke über den Peace River unweit der Straße der kleinere **Peace Canyon Dam** (50 m hoch und 532 m lang). Ein *Visitor Centre* am Ende einer kurzen Zufahrt informiert über Dammbau und Energieerzeugung, aber auch Geschichte der Region; geöffnet Ende Mai bis Anfang September täglich 8–16 Uhr.

Weiter flußaufwärts staut der gewaltige **W.A.C. Bennett Dam**, (183 m hoch und 2.000 m lang) den Peace River zum Williston Lake auf. Über die Dammkrone gelangt man zu einem Aussichtspunkt. Am Damm befindet sich ein **Visitor Centre** mit einer thematisch ähnlichen Ausstellung wie am *Peace Canyon Dam*, das über eine Stichstraße (24 km) ab Hudson's Hope erreicht wird. Interessant ist die (kostenlose) Besichtigung des Kraftwerks. Geöffnet Mitte Mai bis Ende September täglich 9.30–16.30 Uhr.

Ab Hudson's Hope verläuft die Straße bei schöner Routenführung zunächst durch das **Peace River Plateau** am Fluß entlang. Etwa 20 km vor Erreichen des *Alaska Highway* verläßt der *Hudson's Hope Loop* das Flußtal und führt in Serpentinen steil bergauf.

Zur Fortsetzung der Strecke auf dem *Alaska Highway* ⇨ Seite 472.

5.4.3 Vom Kootenay National Park über den Crowsnest Highway nach Vancouver

Kootenay oder Yoho National Park?

Von den Rocky Mountain Nationalparks läßt die Basisroute den *Kootenay National Park* aus, da er abseits des TCH liegt, der so schön hintereinander gleich vier Nationalparks von *Banff* bis *Mount Revelstoke* durchquert. Ein "Schlenker" über den *Kootenay Park* mit Rückkehr auf den TCH in Golden (über die Straße #95) erfordert erheblich mehr Zeit als die Fahrt durch den *Yoho National Park*, der bei dieser Routenvariante umgangen würde. Läßt man den Zeitfaktor beiseite, fällt eine Antwort auf die Frage "Welche der Alternativen ist besser?" schwer. Wer die Stichstraßen zu den *Takakkaw Falls* und zum Emerald Lake im *Yoho Park* fährt, findet nichts Vergleichbares im *Kootenay Park*, der aber eigene landschaftliche Reize, ebenfalls schöne *Trails* und die *Radium Hot Springs* zu bieten hat.

Alternative zum TCH

Die hier beschriebene Route kann als Alternative zum TCH, jedoch genausogut zum Abschnitt Kamloops–Jasper angesehen werden, wenn der durch den TCH von Kamloops nach Banff/Jasper ersetzt würde. Dabei wäre nur der *Icefields Parkway* ganz oder etwa bis zum *Athabasca Glacier* doppelt zu fahren.

Karte siehe Seite 389

Eine erwägenswerte Möglichkeit wäre auch ein **Ersatz der Strecke von Golden nach Vernon über Revelstoke** durch einen Teil der im folgenden beschriebenen Variante (Radium Hot Springs bis zu den Arrow Lakes über Fort Steele, Kaslo oder Nelson). Dies würde maximal zwei zusätzliche Tage erfordern, aber mehr Abwechslung als die Basisroute bringen.

Durch den Kootenay Park

Die Abzweigung des *Highway* #93 vom TCH im *Banff Park*, 30 km nördlich von Banff, wird als **Castle Junction** bezeichnet. Diese Straße trifft nach 234 km und teils wunderschönem Verlauf bei Cranbrook auf den *Crowsnest Highway*.

Geschichte

Der *Kootenay National Park* verdankt seine Entstehung hauptsächlich der einstigen Finanzschwäche der Provinz British Columbia. Bereits 1905 wurde der Bau des damals sog. **Banff-Windermere Highway** in Angriff genommen, auf dem

Straße am Kicking Horse River in den 20er-Jahren

British Columbia

Obst und Gemüse aus dem Westen in die Prärieprovinzen transportiert werden sollte, aber Finanzierungsprobleme behinderten die Fertigstellung. Als die Bundesregierung einsprang, erhielt sie als Gegenleistung einen Streifen Land von etwa 15 km beiderseits der Straße, der 1920 noch vor Ende der Bauarbeiten (1922) zum **Highway National Park** erklärt wurde. Seinen endgültigen Namen erhielt der Park nach den *Kootenai* Indianern, die vor Ankunft der Weißen dort gesiedelt hatten.

Information Im Gegensatz zu allen anderen besitzt der *Kootenay Park* kein "richtiges" **Visitor Centre.** Die Karte des Parks und Informationsmaterial wie den *Kootenay Backcountry Guide* (Verzeichnis aller Wander- und Radwege) erhält man an der **Marble Canyon Park Warden Station** oder im *Information Office* am Westeingang des Parks.

Camping Der *Hwy #93* ist keine wichtige Durchgangsstraße wie der TCH und daher verkehrsmäßig sehr viel angenehmer. Campingplätze in Straßennähe muß man nicht meiden. Empfehlenswert ist in erster Linie der großzügig angelegte **McLeod Meadows Campground.** Ein weiterer, klimatisch nicht so günstiger Platz befindet sich beim *Marble Canyon*. Beide sind selbst in der Hauptsaison selten voll belegt. Auf dem *Redstreak Campground* sichert nur frühe Ankunft einen Platz.

Klima Das Klima im nördlichen Bereich des *Kootenay Park* unterscheidet sich erheblich von dem im Südteil. Die Barriere der Rocky Mountains sorgt für hohe Niederschläge in den westlichen Höhenlagen, während die südliche, tiefer gelegene Parkregion – etwa ab *Kootenay Crossing* – relativ trocken bleibt.

Trails Der *Vermilion Pass* (1.651 m), 10 km westlich von *Castle Junction*, ist der höchstgelegene Straßenpaß über die kanadischen Rocky Mountains. Unweit der Paßhöhe schlängelt sich der **Fireweed Nature Trail** (1 km) durch ein bereits 1968 von

Waldbrand einem Waldbrand (*Vermilion Pass Burn*) geschädigtes Areal. Der Baumbestand erholt sich wegen der in dieser Höhe sehr kurzen jährlichen Wachstumsperiode nur langsam. Dafür haben sich zahlreiche Wildblumen ausgebreitet, vor allem das *Fireweed*, eine in prächtigem Rosarot blühende Weidenröschenart.

Gletscher Der **Stanley Glacier Trail** führt etwas weiter westlich durch dasselbe Waldbrandgebiet und endet unterhalb des Gletschers (2 km). Man muß auf demselben Pfad wieder zurück – insgesamt eine schöne Wanderung für etwa 2 Stunden.

Schlucht Durch starken Wasserdruck wurde der Kalkstein im Bett des *Tokum Creek* zu Marmor (*Marble*) gepreßt. Der schöne **Marble Canyon Loop Trail** (2 km) verläuft abwechselnd zu beiden Seiten einer bis zu 40 m tiefen Schlucht. Tosende Wasserfälle, Engpaßstellen und eine natürliche Steinbrücke sind die Hauptattraktionen dieses Weges, für den man einen knapp einstündigen Zwischenstop einkalkulieren muß.

An den Paint Pots im Kootenay National Park

Quellen

Die **Paint Pots**, runde, rötlich-gelbe Erdkuhlen, verdanken ihre Entstehung dem ständig zufließenden eisenhaltigen Wasser. Bevor weiße Einwanderer die Ockergruben kommerziell ausbeuteten und den Sand als Grundstoff für Färbemittel nach Calgary transportierten, verwendeten bereits Indianer die Erde zur Körperbemalung und Verschönerung ihrer *Tepees*. Noch heute künden verrostete Maschinenteile von den einstigen Aktivitäten der Weißen. Ein **Trail** (ca. 30 Min retour) führt zu den Ockerfeldern und dem rotschimmernden **Ochre Creek**.

Sinclair Pass und Canyon

Im südlichen Teil des Parks entfernt sich die Straße vom Kootenay River und läuft über den *Sinclair Pass* (1.486 m). Schautafeln am **Viewpoint** informieren über die Namen der im Blickfeld liegenden Rocky Mountain Gipfel.

Einige Kilometer vor der westlichen Parkeinfahrt passiert die Straße den pittoresken **Sinclair Canyon.** An dessen Ausgang erreicht man die *Radium Hot Springs*. Die heißen Quellen werden von Regenwasser gespeist, das bis in tiefe Erdschichten vordringt, dort verdampft und sich auf dem Weg nach oben wieder verflüssigt.

Radium Hot Springs

Bei den ursprünglich *Sinclair Hot Springs* genannten Quellen, die wegen der (geringen) Spuren an Radioaktivität ihre jetzige Bezeichnung erhielten, wurde schon zu Beginn des Jahrhunderts eine Badeanlage gebaut. Heute besteht sie aus 2 großen **Outdoor Pools**, Umkleideräumen und Cafeteria. Ein Becken ist mit 27°C zum Schwimmen geeignet, das andere enthält 40°C heißes Wasser. Geöffnet im Juli und August 9–22 Uhr, Rest des Jahres verkürzte Zeiten, Eintritt $5.

Ein Hotel, die **Radium Hot Springs Lodge**, befindet sich gleich nebenan; der sehr schöne **Redstreak Campground** – mit Duschen und teilweise *Hook-up* zugleich der komfortabelste Campingplatz des Parks – ist über einen Fußweg (ca. 2,5 km) direkt mit den *Hot Springs* verbunden.

418 British Columbia

Straße nach Golden

Der Hwy #95 verbindet Radium Hot Springs und Golden (105 km). Die Straße läuft durch das breite Tal des *Rocky Mountain Trench* am Columbia River entlang. Östlich wird sie begleitet von den Gipfeln der *Rockies* und westlich von der **Purcell Range** der Columbia Mountains. Abseits der Straße gibt es eine Reihe von *Forest Service Campgrounds*, die nicht in Campingführern verzeichnet sind (Auskünfte in Golden oder Invermere).

Nach Süden

Auch auf der Weiterfahrt in südliche Richtung verliert man das Panorama der Rocky Mountains – bis hinunter nach Fort Steele – nicht aus den Augen. Während die kalten Seen der Rockies nicht zum Schwimmen verlocken, findet man in dieser klimatisch begünstigten Region Badeseen.

Der kleine **Dry Gulch Provincial Park**, knapp 5 km südlich *Radium Junction*, empfiehlt sich nicht nur, wenn der *Redstreak Campground* im Kootenay Park belegt ist. Ein plätschernder Bach straft außerdem die Bezeichnung "Trockene Schlucht" Lügen.

Heiße Quellen

Weitere heiße Quellen gibt es in Fairmont, am Nordende des Columbia Lake. Um die **Fairmont Hot Springs** hat sich ein kleines touristisches Zentrum mit Hotels (sehr teuer), Golf- und Tennisplätzen und einem **Campground** etabliert. Das Wasser in den vier Pools ist zwischen 35°C und 45°C warm, die Anlage täglich von 8–22 Uhr geöffnet, Eintritt $5.

Canal Flats

Eine kaum merkliche Anhöhe südlich des Columbia Lake bildet die **Wasserscheide** zwischen Kootenay und Columbia River. Ein Kanal mit Schleuse, die Ende des letzten Jahrhunderts nur kurz in Betrieb war, gaben der kleinen Siedlung Canal Flats ihren Namen. Hinter Canal Flats geht es auf einer teilweise recht holprigen *Gravel Road* zum **Whiteswan Lake Provincial Park** (25 km, gute *Campgrounds*). Gleich am Westeingang befindet sich der Badepool der **Lussier Hot Springs** (43°C).

Premier Lake Provincial Park

Noch weiter südlich, etwa 16 km abseits der Hauptstraße, liegt bei **Skookumchuck** der *Premier Lake Provincial Park*. Am Ende der (teilweise schlechten) Zufahrt wartet ein Bilderbuchsee mit schönem Campingplatz an seinem Ausläufer. Leider stören oft Motorboote die ansonsten perfekte Idylle. Zwischen Whiteswan und Premier Lake gibt es eine direkte Verbindung, deren Zustand jedoch vor Fahrtantritt lokal erkundet werden sollte.

Kurz vor Wasa gabelt sich die Straße: **Hwy #93/95** führt nach Fort Steele, **Hwy #95A** nach Kimberley:

Kimberley

Das populäre Kimberley (6.500 Einwohner), die Kopie eines bayrischen Dorfes mit Fußgängerzone, dem "Platzl", und der angeblich weltgrößten Kuckucksuhr, lohnt den Umweg für Besucher aus Mitteleuropa kaum. Zur "höchstgelegenen Stadt in British Columbia" sollte nur fahren, wer einen nicht

Kimberley mehr bezwingbaren Appetit auf Sauerkraut und *German Beer* verspürt. Neben den Einnahmen aus Sommer- und Wintertourismus besitzt die **Bavarian City in the Canadian Rockies** eine weitere wirtschaftliche Basis: Die **Sullivan Mine** gehört zu den weltgrößten Zink- und Bleiminen. Eine 3 km lange Schmalspurbahn, die *Bavarian City Mining Railway*, fährt Besucher vom **Happy Hans Campground** durch die Landschaft zur Mine. Wer ein **Motelzimmer** sucht, wird auch in der Sommer-Hochsaison in Kimberley meist fündig.

Unverkennbar "bayrisches" Restaurant in Kimberley

Camping Die Straße #93 über Wasa/Fort Steele ist nicht nur kürzer, sondern auch wegen des *Fort Steele Park* vorzuziehen. Camper könnten sich bereits vor dessen Besuch im **Wasa Provincial Park** einen Platz sichern. Ein privat betriebener *Campground* befindet sich direkt bei Fort Steele, ein weiterer Campingplatz 15 km entfernt im **Norbury Lake Provincial Park**, erreichbar über die am Ostufer des *Kootenay River* entlangführende *Wardner Road* (parallel zum Hwy #93).

Fort Steele Die weiße Besiedlung der Region begann mit dem **Kootenay Gold Rush** im Jahre 1864. Ein erster Posten der *North West Mounted Police* entstand 1887 und daraus das Fort Steele. Den *Mounties* gelang es, bewaffnete Auseinandersetzungen zwischen Einwanderern und Indianern zu verhindern. Gegen Ende des 19. Jahrhunderts war aus Fort Steele eine Stadt mit fast 5.000 Einwohnern geworden. Mit dem Bau einer Eisenbahnlinie, die Fort Steele umging und stattdessen eine Station im nahen Cranbrook erhielt, begann der Niedergang. 1905 war die Bevölkerung auf ganze 500 Köpfe gesunken. Erst durch den Tourismus in der zweiten Hälfte dieses Jahrhunderts erlebte der Ort eine neue Blüte, seine Einwohnerzahl liegt heute bei rund 600.

Heritage Park

An der **Fort Steele Heritage Town** beeindruckt zunächst die herrliche Lage am *Kootenay River*. Die über 60 Gebäude des Geländes – Wohnhäuser, Werkstätten und Läden – und das Palisadenfort wurden mit viel Liebe zum Detail hergerichtet. Zeitgenössisch kostümierte "Bewohner" informieren über die *Good Ol' Times* und demonstrieren Handwerkstechniken. Restaurants und Souvenirshops fehlen natürlich auch nicht. Im **Wild Horse Theatre** werden nostalgische Stücke oder stürmische *Vaudeville Shows* aufgeführt. Als Kindervergnügen eignen sich die Postkutschenrunden oder die Eisenbahnfahrt im Zuckeltempo.

Der **Fort Steele Heritage Park** ist neben Barkerville das beste **Living Museum** in British Columbia; geöffnet Mai bis Oktober 10–17 Uhr, Juni bis August 9.30–20 Uhr; Eintritt $6.

Straße #3

Kurz vor Cranbrook vereinigt sich für gut 80 km gemeinsamen Verlauf die Straße #95 mit dem **Crowsnest Hwy #3**, der sich nahe der Grenze zu den USA über zahlreiche Gebirgspässe windet: in den Rocky Mountains (Grenze zwischen Alberta und British Columbia) über den *Crowsnest Pass* (1.396 m), in den Selkirk Mountains über den *Kootenay Pass* (mit 1.775 m der höchste Paß im Straßenverlauf), in den Monashee Mountains über den *Bonanza Pass* (1.535 m) und schließlich über den *Allison Pass* (1.342 m) in den Kaskaden.

Cranbrook

Cranbrook ist mit 16.000 Einwohnern größte Stadt im südöstlichen British Columbia. Das unverfehlbare **Canadian Museum of Rail Travel** an der Durchgangsstraße (Hwy #3/#95) im Stadtzentrum ist der einzige echte Anziehungspunkt der Stadt. Bestes Stück der Ausstellung ist der restaurierte Salonwagen eines Trans-Canada-Luxuszuges aus den 30er Jahren. Geöffnet Mitte Juni bis Anfang September 10–18 Uhr, sonst 10–17 Uhr; Eintritt $6 inklusive Führung.

Übernachtung

Wer in Cranbrook übernachten möchte, findet Motels/Hotels an der Hauptstraße. Ein städtischer **Campingplatz** mit *Hook-up* und *Pool* liegt mitten im Ort im **Baker Park**, 14th Ave/1st St. Schöner, aber sanitär einfacher campt man im ***Jimsmith Lake Provincial Park***. Die Zufahrt zweigt am südlichen Ortsausgang ab (3 km).

Creston

Der nächste größere Ort am *Crowsnest Hwy* ist Creston (4.200 Einwohner). Viele Obststände am Straßenrand verraten, daß in dieser Region die Landwirtschaft eine wichtige Rolle spielt. Etwa 11 km westlich Creston liegt das **Creston Valley Wildlife Interpretation Centre**. Das mitten im Sumpf auf Stelzen errichtete *Visitor Centre* verleiht Ferngläser und Bücher zur Vogelbestimmung. Zahlreiche Vogelarten leben dort, darunter auch Kolibris und Fischadler. Ein Holzplankenweg führt durch den Sumpf; auch Kanufahrten sind möglich. Im Sommer steht in der Nähe ein *Campground* zur Verfügung.

Kootenay Lake

Über den Kootenay Lake

Statt ab Creston weiter der direkten, einsamen Straße über die Selkirk Mountains (landschaftlich ebenfalls sehr schön) nach Castlegar zu folgen, wird nun die wesentlich abwechslungsreichere **Route #3A über Nelson** gewählt, die – ohne weitere Abstecher – rund 40 km zusätzliche Fahrt und ein Übersetzen per Fähre (im Sommer tagsüber ca. alle 50 min eine Abfahrt, keine Reservierung) über den *Kootenay Lake* in Balfour erfordert. Dieser kleine Umweg vermittelt streckenweise ein ganz anderes Canadabild als bislang gewohnt.

Highway #3A

In schönem Verlauf folgt der *Hwy* #3A weitgehend der Uferlinie des *Kootenay Lake* mal in Wassernähe, mal hoch über dem See mit herrlichen Ausblicken. Einige hübsche Orte mit kleinen Yachthäfen und Badestränden liegen am Weg. Ein sehr schöner, aber etwas schlecht zugänglicher (Parken abseits) öffentlicher Badestrand liegt an der **Twin Bays Rd** (kurzer Abstecher von der #3A ab Holbrook Falls Hotel). Etwa 10 km weiter nördlich passiert man das **Glass House**. Die spleenige Idee eines Leichenbestatters, mit einer halben Million Balsamflaschen ein Haus zu bauen, wird als Touristenattraktion vermarktet.

Balfour Fähre

Eine attraktive Unterbrechung der Autofahrt bietet die *Balfour Ferry* über die Kootenay Bay (ca. 40 min). Touristische Werbeprospekte versichern: "die längste kostenlose Fahrt mit einer Fähre in ganz Nordamerika"! Diesseits des Sees gibt es am Fährterminal keine richtige Ortschaft. Die Ufer und das Hinterland sind mit Wochenendhäusern bebaut.

Balfour auf der Westseite des *Kootenay Lake* ist dagegen ein ehemaliges Fischerdorf mit einer (begrenzten) touristischen Infrastruktur im Umfeld des Fähranlegers.

Fähre Shelter Bay–Galena: Anleger mitten in der Natur

DAS *HIGH COUNTRY* ZWISCHEN KOOTENAY UND ARROW LAKES

Kootenay Lake, Duncan Lake, Lardeau River, Trout Lake und die Arrow Lakes umschließen ein nur dünn besiedeltes Gebiet von über 10.000 km² zwischen **Purcell** und **Monashee Mountains**, das seinerseits von den **Selkirk Mountains** durchzogen wird, das sog. *High Country*. Als Umwegempfehlung über die Arrow Lakes nach Vernon wurde die Nordwestecke dieser Region bereits im Nationalpark-Kapitel beschrieben. Mit ein wenig Extrazeit könnte man von Balfour aus gut zu **Rundfahrten** zwischen einem und mehreren Tagen starten.

An der Fährstation in Balfour beginnt der *Hwy* #31 nach **Galena Bay**, Terminal für die Fähre nach Shelter Bay:

Die Straße führt zunächst am – dicht von Privatbesitz und Campingplätzen besetzten – Ufer des Kootenay Lake entlang und an den **Ainsworth Hot Springs** vorbei (nicht übermäßig einladend, viel besser Nakusp Hot Springs, Seite 393). Die Wassertemperatur beträgt im inneren *Pool* bis 45°C, draußen 32°C; im Sommer täglich geöffnet 8.30–21.30 Uhr, Eintritt $6.

Kaslo, eine ehemalige Silberminenstadt, ist der einzige "echte" Ort auf der Strecke. Die 900-Seelen-Gemeinde dient als Versorgungszentrum für den oberen Kootenay Lake und das *Lardeau Valley*; die Einwohner leben überwiegend von der Holzwirtschaft. An der Kaslo Bay steht der ausgemusterte **Raddampfer SS Moyie**, der einst zwischen Nelson und Siedlungen am Nordarm des Sees verkehrte. Der älteste noch erhaltene Schaufelraddampfer Canadas beherbergt ein kleines Museum mit Objekten und Fotos aus den aktiven Jahren des Schiffes (1898 bis 1957!); geöffnet Mai–September 9.30–18 Uhr.

Der *Hwy* #31A nach New Denver (ca. 50 km) führt in fantastischem Verlauf durch die **Selkirk Mountains**. Ein Stop könnte der 1955 von Hochwasser zerstörten **Geisterstadt Sandon** gelten, die einige Kilometer abseits der Hauptstraße liegt. Von dort führt eine enge *Logging Road* (für Campmobile ungeeignet; offiziell nur für 4WD-Fahrzeuge) zum **Idaho Mountain Lookout** mit begeisternder Aussicht! Die höheren Lagen können allerdings bis in den Sommer hinein verschneit sein.

Eine **Tages-Rundtour** läßt sich über die Straße #6 abschließen, sei es in Richtung Nakusp, wo man auf die Nationalparkroute stößt (➪ Seite 393), sei es zurück nach Süden in Richtung *Crowsnest Highway*. Dieser Abschnitt ist kaum zu überbieten: die Straße verläuft streckenweise bis zu 300 m hoch über dem **Slocan Lake**, berührt aber auch schöne Badestrände. In **New Denver** und **Silverton** kann man sie nicht verfehlen, in **Slocan** ist ein Abstecher durch den Ort nötig. Auch **Camping** direkt am glasklaren See ist möglich (in New Denver und Silverton).

Wer einen größeren Bogen fahren möchte, bleibt **ab Kaslo weiter auf der #31**. Bis Galena Bay sind es rund 140 km; Teile der Strecke sind nicht asphaltiert (zwischen Howser und Trout Lake). Die Ufer des Kootenay Lake werden mit größerer Entfernung von der Zivilisation deutlich einsamer. Dort gibt es Wege ans öffentliche Seeufer, wo viele Camper sich auch ohne offiziellen Campground ein Plätzchen suchen.

Südwestlich des **Duncan Dam** läuft parallel zur Straße der *Kokanee Spawning Channel* (3 km), der seit dem Dammbau den Lachsen den Weg zu ihren Laichgründen offenhält. Der relativ abseits gelegene **Duncan Lake** gilt unter Anglern als Geheimtip. Er ist außer über die Zufahrt bei **Howser** nur über den **Duncan Dam** und eine *Dirt Road* am Ostufer zugänglich.

Die Straße #31 folgt nördlich von Howser dem eiskalten, aber malerisch wilden **Lardeau River** und später dem Ostufer des **Trout Lake** (schönes Camping am Südende) vor der beeindruckenden Kulisse der Selkirk Mountains.

10 km vor Galena Bay befindet sich eine **Fish Hatchery** (Fischzuchtstation – kurze *Gravel Road* dorthin). Forellen, Lachse und andere Fischarten werden dort aufgezogen und in den Bächen der Umgebung ausgesetzt. Denn die Natur kann die Fischbestände schon längst nicht mehr allein erhalten (✑ Seite 38). Mit **Galena Bay** wird ein bereits behandelter Abschnitt der Nationalpark-Route erreicht. Über Nakusp und den Slocan Lake fährt man entweder zurück zum *Crowsnest Hwy* oder folgt der beschriebenen Hauptroute, ✑ Seite 393.

Abfahrt vom Idaho Mountain Lookout Point

Kokanee Creek Provincial Park

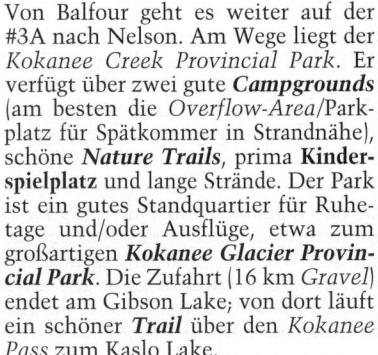

Von Balfour geht es weiter auf der #3A nach Nelson. Am Wege liegt der *Kokanee Creek Provincial Park*. Er verfügt über zwei gute **Campgrounds** (am besten die *Overflow-Area*/Parkplatz für Spätkommer in Strandnähe), schöne **Nature Trails**, prima **Kinderspielplatz** und lange Strände. Der Park ist ein gutes Standquartier für Ruhetage und/oder Ausflüge, etwa zum großartigen **Kokanee Glacier Provincial Park**. Die Zufahrt (16 km *Gravel*) endet am Gibson Lake; von dort läuft ein schöner **Trail** über den *Kokanee Pass* zum Kaslo Lake.

Crowsnest Highway #3 mit Krähe (Crow)

Nelson

Nelson (8.200 Einwohner) erreicht man auf dieser Route aus der "richtigen" Richtung. Der Ort beginnt jenseits der **Nelson Bridge**, die den Westarm des Kootenay Lake überspannt. Zur Rechten liegt zunächst der **Lakeside Park** mit Sandstrand und einer schönen **Picnic Area**.

Ortsbild

Das Ortsbild unterscheidet sich erfreulich von dem vergleichbarer Städte. Zahlreiche Gebäude aus guter alter Zeit (faktisch vom Ende des 19. Jahrhunderts, als eine Silber-Boomperiode für regionalen Reichtum sorgte), darunter manches architektonische Schmuckstück, sind nicht nur noch vorhanden, sondern in bestem Zustand. Wer ein wenig Zeit mitbringt, sollte sich nicht aufs *Sightseeing* durchs Autofenster beschränken, sondern einen Spaziergang machen, am besten nach Besuch des **Travel Infocentre** in der 225 Hall St. Dort gibt es eine Broschüre mit Erläuterungen zu den schönsten Häusern: **Heritage Walking & Motoring Tour**. Man kann sich auch Führungen anschließen. Von 1899 bis 1949 war eine Straßenbahn in Betrieb. Eine der alten **Streetcars** fährt seit kurzem wieder am Seeufer entlang.

Nelson besitzt mit dem **City Tourist Park** einen (allerdings weniger reizvollen) *Campground* in der Nähe des Stadtkerns, Einfahrt an der Ecke High/Willow St. Oberhalb des *Platzes* liegt der **Gyro Park** mit einem schönen Aussichtspunkt.

Wasserkraft

Der Verlauf der Straße #3A von Nelson nach Castlegar ist nur teilweise attraktiv. **West Kootenay Power** nutzt das starke Gefälle zwischen Kootenay Lake und Columbia River mit fünf Dämmen und Kraftwerken in kurzen Abständen hintereinander. Bereits 1898 produzierte hier ein Wasserkraftwerk Strom für die Goldmine in Rossland.

Castlegar

Castlegar (7.000 Einwohner) liegt an der Einmündung des Kootenay in den Columbia River. Die Stadt, **Crossroads of the Kootenays**, besitzt nur einen kleinen Kern südwestlich

Castlegar	des Zusammenflusses und Stadtteile auf den anderen Ufern. Westlich der #3A, auf der Ostseite des Columbia/Kootenay River, befindet sich das kleine **Historical Doukhobor Village**, der Nachbau eines Dorfes eingewanderter russischer Siedler, geöffnet Mai–September täglich 9–17 Uhr. Der **Zuckerberg Island Heritage Park** liegt auf einer kleinen Insel im Fluß, Zugang über eine Hängebrücke vom Westufer aus, geöffnet täglich 9–18 Uhr. Der schattige Rundweg mit Erläuterungen zur Botanik läßt sich gut in 20 Min ablaufen. Mittendrin ist das *Chapel House* mit einem russisch-orthodoxen Zwiebelturm. Geeignet zum Füßevertreten zwischendurch. Nördlich von Castlegar steht die Betonmauer (51 m; Straße führt über die Krone) des **Hugh Keenleyside Dam**, der seit 1965 den Columbia River zu den Arrow Lakes aufstaut. Die Straße am Südufer passiert eine riesige **Paper Mill**; die Fortsetzung am Nordufer des Arrow Lake führt zum **Syringa Creek Provincial Park**.
Trail	In Castlegar erreicht man wieder den *Crowsnest Highway*, könnte ihn aber noch ein weiteres Mal umgehen und die Straße #22 in Richtung Trail nehmen. Trail ist eine kleine Industriestadt (8.000 Einwohner) mit riesigen Blei- und Zinkhütten. Bei Interesse kann man die **Cominco Schmelzerei** besichtigen (werktags um 10 Uhr).
	Der schönste **Campground** dieser Region liegt im **Champion Lakes Provincial Park**, einem fabelhaften, dicht von Bäumen umstandenen Areal mit Badesee. Wanderwege führen zu den drei Champion Lakes und zum Aussichtspunkt über die Seen.
Rossland	Das Motiv für den Umweg liegt in der Weiterfahrt. Auf der Straße #3B läßt man Trail rasch hinter sich und erreicht nach wenigen Kilometern Rossland (3.400 Einwohner), ein von Bergen eingeschlossenes Ex-**Goldrauschstädtchen** mit allerhand Relikten aus der Vergangenheit. Nach der Entdeckung von Gold in den 90er-Jahren des letzten Jahrhunderts am *Red Mountain*, erfolgte später ein Untertageabbau in großem Stil. 6 Mio Tonnen goldhaltiges Erz sollen aus dem Berg geholt worden sein. Die alte **Le Roi Gold Mine** kann noch besichtigt werden; Touren im Sommer 9–15.30 Uhr. Aufschlußreich, aber leider ist nur ein Kombinationsticket Mine und Museum erhältlich, $8. Ein Besuch des *Historical Museum* und des Ausstellungsgeländes allein lohnt nicht unbedingt.

Minenmuseum in Rossland: Loren mit goldhaltigem Erz

Nancy Greene Park

Von Rossland zurück auf den *Crowsnest Hwy* geht es auf landschaftlich erfreulicher Strecke durch die *Nancy Greene Recreation Area*. Der gleichnamige *Provincial Park* an der Einmündung der #3B auf die #3 besitzt einen asphaltierten Picknickplatz, der auch als **Campground** genutzt wird. Ein kleiner **Badestrand** am See ist vorhanden.

Christina Lake

Der langgestreckte Christina Lake unterhalb der Höhe des **Blueberry Pass**, 20 km östlich Grand Forks, zählt zu den wärmsten Badeseen der Provinz und ist im Sommer stark besucht. Wegen ausgedehnten Privatbesitzes ist der öffentliche Zugang nur an zwei Stellen möglich. Die **Picnic Area** des *Christina Lake Provincial Park* (am *Crowsnest Hwy*) besitzt einen sehr schönen Badestrand mit Blick auf die Berge.

Beliebter Badesee Christina Lake am Crowsnest Highway

Grand Forks

Grand Forks, eine frühere Minenstadt, in der heute im hübschen Ortskern mit seinen restaurierten **Heritage Buildings** fast nur noch das **Boundary Museum** an diese Vergangenheit erinnert, liegt in unmittelbarer Nähe der US-Grenze. Die #21 (US-Staat Washington) über Republic hinunter zum *Lake Roosevelt* gehört zu den schönsten und dennoch kaum befahrenen grenzüberschreitenden Strecken. Der historische Ortskern besitzt noch einen Hauch von Wild-West-Romantik.

Midway

Midways Namensgebung beruht auf einem Rechenfehler. Jemand hatte errechnet, daß der Ort genau in der Mitte zwischen den Rocky Mountains und dem Pazifik läge. Die Rechnung war falsch, der Name blieb. Die alte Eisenbahnstation beherbergt heute das **Visitor Centre** und ein Museum.

Inner Tubing

Einen guten **Campground** direkt am Fluß bietet abseits des *Crowsnest Hwy* die **Kettle River Recreation Area**, etwa 5 km nördlich an der #33. Der *Kettle River* ist besonders populär als *Inner Tubing* Revier, wo sich jung und alt in Autoschläuchen oder auf Luftmatrazen mit der Strömung treiben lassen.

Ab **Osoyoos** ist der Verlauf des *Crowsnest Hwy* nach Westen Bestandteil der Nationalparkroute, ➪ Seite 400.

5.5 VANCOUVER ISLAND

Lage und Klima

Mit einer Länge von 450 km und einer **Fläche von 31.284 km²** ist Vancouver Island die größte Pazifikinsel Nordamerikas. Der Japanstrom vor ihrer Küste sorgt für ein deutlich gemäßigteres Klima, als es in den entsprechenden Breiten auf dem Festland herrscht. Im Winter sinken die Temperaturen nur selten unter den Gefrierpunkt, dafür regnet es praktisch jeden Tag. Im Sommer steigen die Höchsttemperaturen in den meisten Gebieten nur ausnahmsweise wesentlich über 20°C. Oft fallen auch dann erhebliche Niederschläge an der Westküste, wenn es im Südosten der Insel zwischen Victoria und Courtenay relativ trocken bleibt und die durchschnittlichen Julitemperaturen dort angenehme 23°C erreichen.

Zeitbedarf für einen Besuch

Ein Besuch von Vancouver Island lohnt sich auf jeden Fall, wenn er sich nicht nur auf eine Stippvisite – etwa in Victoria beschränkt. Man sollte sich zumindest die Zeit für eine kleine Rundfahrt nehmen. **Wenigstens vier volle Tage** sind notwendig für eine Tour von Vancouver nach Victoria und zum *Pacific Rim National Park* – Anreise über das Tsawwassen Fährterminal und Rückfahrt von Nanaimo nach Horseshoe Bay. Auch eine volle Woche und mehr läßt sich auf der Insel abwechslungsreich gestalten.

Bedeutung der Fähren

Wer nicht nur Vancouver Island sehen möchte, sondern weitere Reisepläne für den Norden von British Columbia hat, kann dank der Fähre Port Hardy–Prince Rupert beides sehr schön miteinander verbinden. Überhaupt kommt man nicht an den Fähren vorbei. Die wichtigsten Verbindungen vom Festland nach Vancouver Island, aber auch zu anderen Inseln in der *Strait of Georgia* sind im folgenden aufgelistet und näher erläutert.

Die Schnellfähre Victoria Clipper, ein Katamaran, benötigt für die Fahrt nach Seattle (ca. 135 km) ganze 2 1/2 Stunden

5.5.1 Auto-Fährverbindungen rund um Vancouver Island

Die Angaben in der Übersicht beziehen sich auf die Hauptsaison von etwa Juni bis Mitte September. Die Tarife gelten für die einfache Fahrt. Außerhalb dieser Zeiten sinken Schiffsfrequenzen und zuweilen auch die Preise.

Autofähren vom US-Staat Washington nach Vancouver Island

(Preise in US$)	Tarif pro Wagen mit Fahrer	Tarif pro Person	Anzahl der Abfahrten pro Tag	Dauer Überfahrt
1. Anacortes–Sidney	30	7	4x	3:00
2. Port Angeles–Victoria	28	7	4x	1:35
3. Seattle–Victoria	49	29	1x	4:30

Die wichtigsten Küstenfähren in British Columbia

(Preise in can$)	Tarif pro Wagen mit Fahrer	Tarif pro Person	Anzahl der Abfahrten pro Tag	Dauer Überfahrt
4. Tsawwassen–Swartz Bay	38	8	16x	1:35
5. Tsawwassen–Nanaimo	38	8	8x	2:00
6. Horseshoe Bay–Nanaimo	38	8	8x	1:35
7. Horseshoe Bay–Langdale	34	7	8x	0:40
Earls Cove–Saltery Bay			8x	0:50
8. Powell River–Comox	31	7	4x	1:15
9. Swartz Bay–Gulf Islands (retour)	24	5	10x	0:35
10. Tsawwassen–Gulf Islands	44	9	2x	1:15
11. Port Hardy–Prince Rupert	318	104	jeden 2.Tag	15:00
12. Port Hardy–Bella Coola (Stopps in Ocean Fall und Bella Bella)	337	112	jeden 2.Tag	13:00

Erläuterungen zu den Fähren:

1. Reederei sind die **Washington State Ferries**, eine Reservierung ist empfehlenswert.
   Toll-Free-Number: 1-800-84F-ERRY
   ✆ in BC: (250) 656-1531
   Internet-Info: http://www.mariteam.com
   Jeder Fuß Länge (bei Wohnmobilen) über 18 Fuß kostet $3 Aufpreis.
   Die Route dieser Fähre durch die *San Juan Islands* ist "unschlagbar".

2. Die private Reederei **Black Ball Transport** nimmt keine Reservierungen an. Die Wartezeiten sind daher im Sommer manchmal sehr lang.
   Informationen unter ✆ (360) 457-4491 (Port Angeles)
   oder (250) 386-2202 (Victoria).

3. ***Princess Marguerit III*** Autofähre verkehrt Mitte Mai–Ende September; ab Seattle 13 Uhr, ab Victoria 7.30 Uhr.
✆ (250) 382-8100, ✆ (206) 448-5000, ✆ 1-800-888-2535

4-12. Alle Überfahrten mit der kanadischen Staatsfähre ***BC Ferries***.
Aufpreise für Fahrzeuge über 7 Fuß Höhe bzw. über 20 Fuß Länge.
An Feiertagen/Wochenenden sind die Verbindungen **#4-#6** teurer.
Die Tarife bei **#7** beziehen sich auf beide Fahrten, bei **#9** auf Hin- und Rückfahrt.
Für die Fähren **#10-#12 ist mit Fahrzeug** Reservierung erforderlich:
BC Ferry Corporation
1112 Fort Street
Victoria, BC/Canada V8V 4V2
✆ (250) 386-3431 und✆ 1-888-BC-Ferry; Fax (250) 381-5452
Internet-Info: http://www.bcferries.bc.ca

Die schönste Fährstrecke vom Festland nach Vancouver Island ist die **#4**; sie führt mitten durch die Gulf Islands.

Außer der hier aufgeführten Linie **#9** existiert noch eine Reihe von Inselverbindungen. Spezielles ***Throughfare Ticket* für #10**: auf dem Weg von Tsawwassen nach Swartz Bay kann man einen Zwischenstop auf Salt Spring Island und anderen Inseln der Gulf Islands Inselgruppe einlegen.

Der **Anleger der #5** auf Vancouver Island ist ***Duke Point*** südlich von Nanaimo, der **#6 *Departure Bay*** nördlich von Nanaimo.

Eine interessante, aber relativ zeitraubende **Kombination** sind die Strecken unter **#7** und die **#8**. Sie bilden die 4. Alternative der Routen zwischen Vancouver und Vancouver Island (neben Horseshoe Bay–Nanaimo, Tsawwassen–Nanaimo und Tsawwassen–Swartz Bay)

Die **Fähre #11** verkehrt Ende Mai bis Mitte Oktober im 2-Tage-Rhythmus und legt in beiden Häfen um dieselbe Zeit ab (morgens 7.30 Uhr). Nachts liegt sie am Kai. Wer ein **Wohnmobil** (höher als 7 Fuß, bis 20 Fuß lang) transportieren möchte, zahlt für den einfachen Weg **inklusive Fahrer $460**, jeder zusätzliche Fuß Länge $18

Fähre #12 verbindet Bella Coola am Ende des ***Chilcotin Highway*** (↪ Seite 408) mit Port Hardy.

Dieses Teilstück der *Inside Passage* ist zwar weniger spektakulär als ihr nördlicher Abschnitt von Prince Rupert nach Skagway, paßt aber sehr gut in die Routenkombination Vancouver Island–Yellowhead Hwy. Den hohen Kosten sind ggf. erhebliche gesparte Kilometer gegenüberzustellen (nicht nur gesparte Benzinkosten, sondern bei Campermiete und begrenzten Freikilometern auch geringere Zusatzkilometer-Kosten). Grundsätzlich ist es praktischer, diese **Schiffspassage an den Anfang der Reise** zu stellen, um für die restliche Zeit terminlich ungebunden zu sein.

Für die **Hauptsaison** empfiehlt sich eine **Reservierung** bereits lange vor der Reise über ein Reisebüro oder direkt bei der *BC Ferry Corporation*; ✆/Fax und Internetadresse siehe oben.

5.5.2 Victoria

Charakter der Stadt

Am südlichen Zipfel von Vancouver Island liegt Victoria, die attraktive Hauptstadt der Provinz. Ihre **britische Tradition** hat sich bis in unsere Zeit "gerettet". Rein äußerlich ist sie präsent in der Architektur zahlreicher Gebäude und den roten Doppeldeckerbussen, die für Stadtrundfahrten eingesetzt werden. Der *Five O'Clock Tea* wird heute vermutlich nicht einmal mehr in England so pedantisch zelebriert wie in Victoria.

Geschichte

Die Eroberung der von Indianern seit langem besiedelten Insel durch die Weißen begann Mitte des 19. Jahrhunderts: *James Douglas* erkundete 1843 ihre Südspitze für die Pelzhandelsgesellschaft *Hudson's Bay Company*. Bald darauf entstand **Fort Victoria**, und 1849 ernannte die britische Krone Vancouver Island offiziell zur Kolonie. Es ließ sich dort gut leben. Ein florierender Pelzhandel, Holzfällerei, Kohleabbau, Fischerei und Landwirtschaft sorgten für hohe Erträge. Als einzige damals existierende "echte" Stadt übernahm Victoria 1866 die Hauptstadtfunktion der zusammengelegten Kolonien Vancouver Island und British Columbia. Dabei blieb es auch nach dem Anschluß von British Columbia als Provinz an das *Dominion of Canada* im Jahr 1871, wenngleich Vancouver ihr nach Fertigstellung der transkanadischen Eisenbahn wirtschaftlich schnell den Rang ablief.

Einwohner

Der Großraum Victoria, zu dem die 30 km lange *Saanich Peninsula* bis hinauf zu den Häfen Swartz Bay und Sidney gehört, zählt heute fast 300.000 Einwohner; im eigentlichen Stadtgebiet leben 72.000 Menschen.

Klima

Kein Landstrich in Canada, so heißt es, wird vom Wetter so verwöhnt wie Victoria. Während es an der Westküste der Insel häufig in Strömen gießt, bleibt die "unter" den Inselgebirgen liegende Stadt von Regenfällen weitgehend verschont. Strenge Winter sind völlig unbekannt. Selbst im Januar gibt es kaum einmal Frosttage denn die Kaltluft des kanadischen Festlands wird ebenfalls dank pazifischer Einflüsse abgehalten. Wenn weite Bereiche Canadas im Frühjahr noch unter Schnee liegen, freut sich der Süden von Vancouver Island bereits über Blüten und Blumen.

Verkehrsanbindung

Trotz seiner Randlage ist Victoria wichtigster Verkehrsknotenpunkt der Insel. Im **Inner Harbour** herrscht reger Fährbetrieb, siehe oben. *VIA-Rail* (Bahnhof im Stadtzentrum an der Padora Ave) unterhält eine tägliche Verbindung nach Courtenay. Wasserflugzeuge fliegen vom *Inner Harbour* nach Vancouver, Seattle und Nanaimo. Der *International Airport* liegt 30 km nördlich der Stadt.

Außerdem befindet sich in Victoria der **westliche Endpunkt des *Trans Canada Highway***.

Orientierung	Die Orientierung in Victoria ist einfach. *Trans Canada Highway* und die Straße #17 von Swartz Bay/Sidney leiten den Besucher automatisch bis zur Innenstadt. Die meisten Sehenswürdigkeiten befinden sich in einem überschaubaren Bereich zwischen Douglas St (TCH) und dem Hafen (*Inner Harbour*) und lassen sich an einem Tag leicht zu Fuß "abklappern". Victoria verfügt über ein relativ dicht geknüpftes öffentliches Nahverkehrsnetz; eine Fahrt kostet $1,35.
Besucherzentrum	Ein großes ***Travel Infocentre*** liegt direkt am Hafen oberhalb der Promenade. Es verfügt über jede Menge Material zu Victoria und Vancouver Island und unterhält Buchungsschalter für Hotels, Mietwagen und touristische Unternehmungen. Schriftliche und telefonische Anfragen an:

Victoria Travel Infocentre
812 Wharf St
Victoria, BC/Canada V8W 1T3
✆ (250) 382-2127, Fax (250) 382-6539
✆ 1-800-663-3883 Hotel- und Motelreservierung
Internet http://travel.victoria.bc.ca

Hotels/ Motels	Für die Übernachtung in einem passablen Motel in Downtown Victoria müssen mindestens $60 *plus Tax* gezahlt werden; Hotels der gehobenen Kategorie kosten ab $100. Wer im noblen ***The Empress*** (*Canadian Pacific Hotel*) am **Inner Harbour** residieren möchte, muß für ein Doppelzimmer im Sommer ab $220 anlegen. Zahlreiche **Motels** der – im weitesten Sinn – mittleren Kategorie findet man nördlich des Innenhafens an der Gorge Rd (#1A). Eine noch erschwingliche Adresse in Fußgängerdistanz zum Zentrum und *Inner Harbour* ist das **Surf Motel**;ab $95; ✆ (250) 386-3305; an der 290 Dallas Rd (Seeseite unweit des Terminals der Autofähre nach Seattle). ***Bed & Breakfast*-Quartiere** liegen im Preisbereich ab $70 für zwei Personen. ***Up-to-date* Preise** liefert nicht nur der *BC-Accommodation Guide*, sondern auch eine spezielle, bei der *Tourist Information* erhältliche Übersicht für Victoria und Umgebung.

The Empress, Nobelhotel wie aus Merry Old England

Preiswerte Quartiere

Eine Übernachtung im **YM/YWCA** in der 880 Courtney St, ✆ (250) 386-7511, ist ab ca. $28 pro Person bzw. $44 fürs Doppelzimmer noch vergleichsweise preiswert. Ebenfalls im Downtown-Bereich, 516 Yates St, liegt das **Victoria International Hostel**, ✆ (250) 385-4511, Fax (250) 385-3232. Mitglieder zahlen $15. Das preiswerte **Selkirk Guest House** in exquisiter Lage direkt am Wasser befindet sich an der 934 Selkirk Ave, einige Kilometer nördlich von Downtown. Mit dort verfügbaren Mietkanus ist man in 20 min am *Inner Harbour*. Reservierung unter ✆ (250) 389-1213, *toll-free* (800) 974-6638.

Etwa 4 km nach *Downtown* sind es zum Hotel der **University of Victoria** (mit direktem Busanschluß in die Innenstadt), wo man von Mai bis August inkl. Frühstück ab $32 pro Person übernachten kann; ✆ (250) 721-8396.

Camping

Der ruhigste Campingplatz (150 Stellplätze, Duschen) weit und breit befindet sich im knapp 20 km von *Downtown* Victoria entfernten **Goldstream Provincial Park** am TCH. Nur frühzeitige Ankunft am Vormittag sichert im Sommer einen der schattigen Plätze hoch über dem Goldstream River. Ist dieser *Campground* besetzt, kann man es im weniger frequentierten **Bamberton Provincial Park** 12 km weiter nördlich – zwischen TCH und *Saanich Inlet* – versuchen.

Erheblich stadtnäher als die Provinzparks liegt der **Thetis Lake Park Campground** (mit Badestrand) am TCH ca. 12 km westlich Downtown Victoria, ✆ (250) 478-3845. Die Stellplätze befinden sich abseits der Hauptstraße in einem Waldstück. in Seenähe. Den besten *Komfortplatz* für Wohnmobile bietet die **West Bay Marina** gegenüber von Downtown, wohin ein Wassertaxi verkehrt. Mit Glück erwischt man einen der Plätze am Wasser, 453 Head Street, ✆ (250) 721-8396.

Rundgang in der City

Zur Erkundung der Innenstadt von Victoria ist das *Information Centre* ein guter Ausgangspunkt. Auf einem etwa 4 km langen Rundgang lassen sich alle interessanten Ziele miteinander verbinden – Kultur & Shopping inklusive.

The Empress

Dem Hafen gegenüber erhebt sich das efeuumrankte Gebäude des 1905 errichteten Nobelhotels *The Empress*. Das stilvolle Interieur muß man gesehen haben. Darin geht es noch *very british* zu – vor allem beim **Afternoon Tea** um 16 Uhr. Wer es *Winston Churchill* oder *King George VI.* gleichtun und sich ebenfalls *Biscuits* oder *Sandwiches* zum erlesenen Tee reichen lassen möchte (leider mit $20 nicht ganz billig), sollte "seinen" Tisch reservieren, ✆ (250) 384-8111.

Parliament Building

Das Parlamentsgebäude an der Südseite des *Inner Harbour* ist architektonisch und mit seiner vergoldeten *George Vancouver* Statue auf der Kuppel bereits tagsüber ein Blickfang. Doch erst abends wirkt es richtig glanzvoll, wenn die Umrisse seiner Fassaden durch Tausende von Glühbirnen markiert werden.

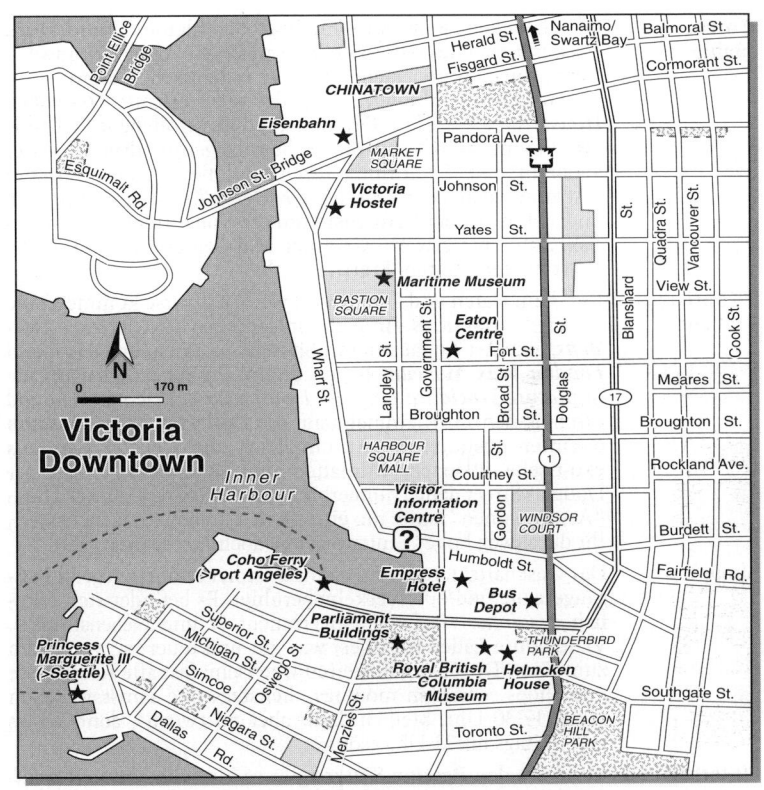

Eine Führung muß man nicht unbedingt mitgemacht haben (kostenlos, Anfang Juni bis Anfang September täglich mehrfach, auch auf deutsch; während des restlichen Jahres nur an Wochentagen). Ein Großteil der Erläuterungen bezieht sich auf provinzinterne Spezifika zu Geschichte und Politik.

Museum

Das *Royal British Columbia Museum* (*of Natural and Human History*), 675 Belleville Street, sollten sich dagegen auch überzeugte Museumsmuffel ansehen. Natur- und Kulturgeschichte der Provinz wurden dort vorbildlich aufbereitet. Glanzpunkt ist eine **vollständige Pionierstadt aus dem 19. Jahrhundert** in Originalgröße, die ein ganzes Stockwerk ausfüllt. Aber auch die Dioramen wie lebensecht wirkender Tiere der nordischen Fauna im dazugehörigen Habitat sowie Totems und Szenen aus dem Leben der Westküstenindianer sind beeindruckend. Minimaler Zeitbedarf sind hier drei Stunden. Geöffnet Juli–September 9.30–19 Uhr, sonst 10–17.30 Uhr; Eintritt $7.

Totem-pfähle	Gleich neben dem Museum liegt der kleine **Thunderbird Park** mit charakteristischen Totempfählen von der Nordwestküste. Im Sommer sieht man oft indianische Schnitzer an neuen Pfählen arbeiten. Auch das 1852 erbaute **Helmcken House**, das älteste, am Originalstandort verbliebene Gebäude der Provinz steht im Park. Zu besichtigen ist drinnen unter anderem eine Sammlung furchteinflößender chirurgischer Instrumente aus der Zeit, als *Dr. Helmcken* hier praktizierte und sich nebenbei Verdienste um die Konstituierung von British Columbia erwarb. Geöffnet Mai–September 10–17 Uhr, sonst kürzere Zeiten; Eintritt $5.
"Touristen-fallen"	Rund um Hafen und *Downtown* werben diverse kommerzielle *Tourist Attractions* um Aufmerksamkeit: die **Undersea Gardens**, eine Art Aquarium mit Show-Elementen, und das **Royal London Wax Museum** liegen direkt am *Inner Harbour*; die **Miniature World** im *Empress Hotel* zeigt Schlachtszenen und Eisenbahnen im Kleinmaßstab, das **Collector's Car Museum** dahinter nostalgische Automodelle, die **Crystal Gardens** exo-tische Pflanzen, Miniaffen und seltene Vögel (an der Douglas Street dem Thunderbird Park schräg gegenüber). Diese "Attrak-tionen" sind im einzelnen durchaus ansehenswert, ihr durchweg hohes Eintrittsgeld jedoch nur bedingt wert.
Shopping	Das Geschäftsviertel von Victoria ist heute überwiegend **Fußgängerzone** und/oder verkehrsberuhigt. Es befindet sich nördlich des *Inner Harbour* (Government St und Nebenstraßen). Viele bunte Läden für alles, was gut und teuer ist, verführen zum Kauf. Die Geschäftszeiten wechseln: fast alle Kaufhäuser und Shops schließen montags, dienstags und samstags schon gegen 17.30 Uhr, bleiben dafür aber mittwochs, donnerstags und freitags bis 21 Uhr geöffnet.
Unterhaltung	Rund um den **Bastion Square** gibt es hübsche kleine Restaurants und Kneipen mit abendlicher Live-Unterhaltung.
Schiffarts-museum	Am Rande der Shopping Zone – ebenfalls am *Bastion Square* – liegt das **Maritime Museum of British Columbia** mit einer für Schiffsfans sicher interessanten Ausstellung. Es kann aber dem Namensvetter in Vancouver nicht "das Wasser reichen". Täglich geöffnet 9.30–16.30 Uhr, im Sommer auch länger, Eintritt $6.
Chinatown	Victorias Chinesenviertel besaß einst an die 10.000 Einwohner, die zum Eisenbahnbau und für die Arbeit in Kohleminen und Goldbergwerken nach Canada emigriert waren. Hinter dem bombastischen, anläßlich der Altstadtsanierung 1981 errichteten **Gate of Harmonious Interest** (Ecke Government/ Fisgard St) erinnert nicht mehr ganz viel an eine "echte" *Chinatown*, wie sie etwa in Vancouver existiert. Hauptsächlich entlang der Fisgard Street gibt es immerhin einige preiswerte chinesische Lokale.

Holzindustrie und Naturschutz *(zur Zeit geschlossen)*	Wer sich für die Kontroversen um die auf Vancouver Island allgegenwärtige Holzindustrie interessiert, findet im **Sierra Club Ecology House** Informationen zum Themenkomplex *"Ecology* and *Logging"* (Ökologie und Holzwirtschaft). Das Haus liegt in einem Shopping-Komplex in der Johnson Street.
Marine Scenic Drive	Bei schönem Wetter sollte man unbedingt den ausgeschilderten *Marine Scenic Drive* bis zur Cadboro Bay abfahren. Am besten beginnt man am *Inner Harbor* auf der Belleville St, passiert den *Laurel Point* und den *Fisherman's Wharf Park* und erreicht die Dallas Rd westlich des *Beacon Hill Park*.
TCH-Beginn	In der Südwestecke dieses Parks steht der **Kilometerstein "0"** des *Trans Canada Highway*. Ungeklärt ist, ob der TCH dort beginnt oder vielmehr endet. Wie auch immer, ein Foto von diesem Punkt gehört zur touristischen Pflichtübung.

Im Beacon Hill Park beginnt und endet der Trans Canada Highway

Verlauf des Scenic Drive	Der Rundkurs führt an alten Herrenhäusern und herrlichen Gärten vorbei und verläuft dann durch Victorias ältesten Golfplatz, von dem man einen fantastischen Blick auf die Olympic Mountains jenseits der *Juan de Fuca Strait* hat.
Cadboro Bay	Im **Uplands Park** zwischen Oak und Cadboro Bay läßt sich gut ein Zwischenstop für einen Spaziergang am felsigen Ufer einlegen. Der eindrucksvolle Campus der **University of Victoria** liegt oberhalb dieser Bucht. Als Alternativstrecke für den Rückweg nach Downtown eignet sich die *Cadboro Bay Road*, die im Stadtgebiet in die Fort Street übergeht.
Fort Rodd Hill	Ein schönes Ziel im Westen Victorias ist der *Fort Rodd Hill Park*, Zufahrt über den Highway #1A und Ocean Blvd, geöffnet 10–17.30 Uhr. Diese Sperrfestung am Meer wurde von 1878 bis 1956 militärisch genutzt. Nach Abzug der britischen Truppen 1906 kam **Fort Rodd Hill National Historic Site** unter das Kommando der kanadischen Streitkräfte. Wer für Festungsanlagen und alte Kriegsgerätschaften kein Interesse hat, wird vielleicht lieber zum weißen Leuchtturm auf dem vorgelagerten Felsen laufen. Das **Fisgard Lighthouse** von 1860 war das erste ununterbrochen betriebene Leuchtfeuer auf dieser Seite der Insel und ist bis heute in Betrieb.

Fisgard Lighthouse vor der alten Festung Fort Rodd Hill

Royal Roads Garden

Folgt man vom *Fort Rodd Hill* weiter der **Lagoon Rd** zwischen *Esquimalt Lagoon* und Meer (dort **Picknickmöglichkeit** am treibholzübersäten Strand, Baden im kalten Meer), erkennt man jenseits der Lagune die Anlagen des **Royal Roads Military College**, wo in beneidenswerter Umgebung kanadische Offiziere ausgebildet werden. Die Besichtigung der sehr gepflegten *Royal Roads Gardens* am Hwy #14 kostet nichts und kann gut mit einem Besuch des *Fort Rodd Hill* und des *Fisgard Lighthouse* kombiniert werden.

Butchart Gardens

Auf der **Saanich Peninsula** nördlich von Victoria liegen die vielgerühmten *Butchart Gardens*. Man erreicht sie über die Straßen #17 und #17A in Richtung Swartz Bay.

Im milden Klima blüht und gedeiht dort alles prachtvoll, und die liebevoll gestalteten Gärten und farbenprächtigen Blumenrabatten sprechen nicht nur passionierte Gartenfreunde an. Besonders im Sommer ist die Menge der Besucher aber leider oft größer als der Anlage guttut. Die kommerzielle Komponente mit *Gift Shop*, Cafeterias und Restaurants wirkt überbetont. Wer **bunte Illumination** und ***Entertainment*** mag, kommt erst am Nachmittag und bleibt bis zur Dunkelheit. Samstagabend ist ein großes Feuerwerk im Eintrittspreis von $15 inbegriffen. Geöffnet Mitte Juni bis Ende August 9–22 Uhr, sonst kürzer.

Goldstream Park

Auch wer nicht ans Übernachten denkt, könnte dem als *Campground* bereits genannten **Goldstream Provincial Park** (am TCH #1, ca. 20 km nordwestlich von Victoria) einen Besuch abstatten. Die Bezeichnung verdankt der Park goldblinkenden Lachsen. Das **Freeman King Visitor Centre** (500 m vom Parkplatz der **Picnic Area** entfernt) informiert über Laich- und Wanderverhalten der Fische.

Victoria und Saanich Peninsula

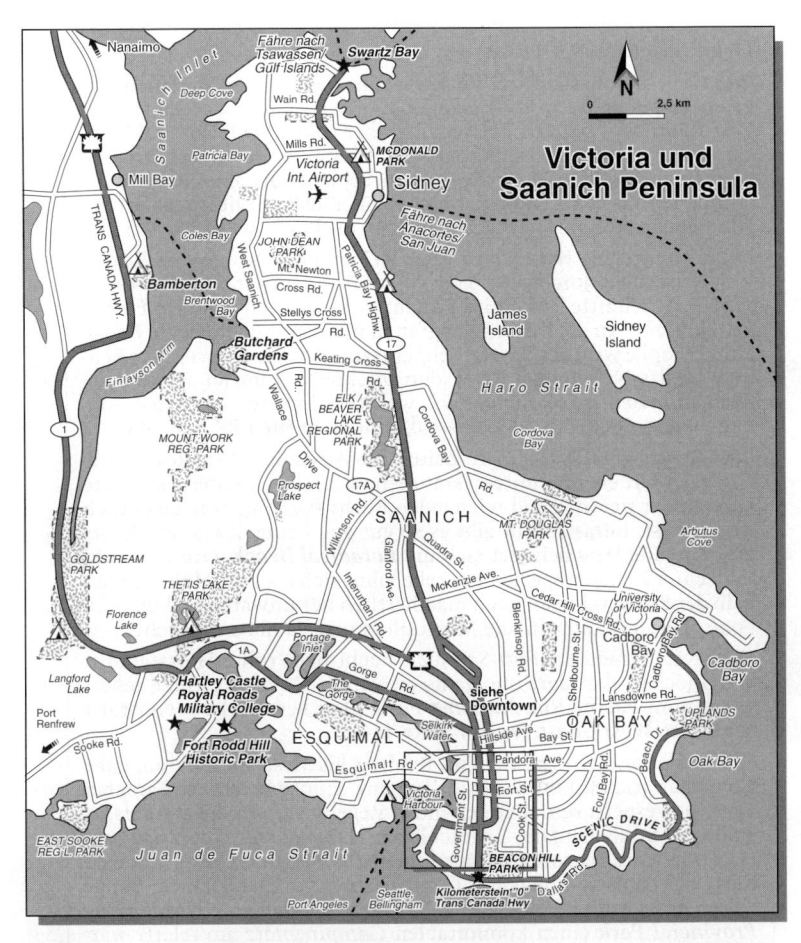

Trails

Im Besucherzentrum gibt es auch eine Karte der **Hiking Trails**, die den mit alten Douglastannen und Zedern bestandenen Park durchziehen. Besonders schön ist der *Trail* am Fluß entlang (unterhalb des Campingplatzes) zu den **Goldstream Falls**.

Auch der eineinhalbstündige **Aufstieg** zum Gipfel des **Mount Finlayson** lohnt sich. 416 m über dem Meeresspiegel bietet sich ein großartiger Blick über Victoria, den Südteil von Vancouver Island und die vorgelagerten Inseln. Bei klarer Sicht erkennt man in der Ferne Vancouver und in den USA den immer schneebedeckten Kaskaden-Vulkan *Mount Baker*.

DER PORT RENFREW LOOP

Wer nach dem Besuch von Victoria keine Gelegenheit für einen längeren Trip über Vanvouver Island hat, gewinnt auf einer Fahrt nach Port Renfrew – ggf. mit Fortsetzung über Lake Cowichan und Duncan – zumindest einen Eindruck vom Charakter der Westküste und vom Inneren der Insel. Spätestens in Sooke sollte man dabei noch einmal volltanken, denn es ist nicht sicher, daß es unterwegs Benzin gibt. Die Entfernung von Victoria nach Port Renfrew beträgt 105 km.

Die kurvenreiche **West Coast Road #17** in die Ausläufer des Regenwaldes ist nicht durchgehend reizvoll und asphaltiert, aber sie besitzt schöne Abschnitte und einige Provinzparks (Camping nur im *French Beach Park*). An die Küste gelangt man meist nur über **Beach Trails**. Hinter Sooke wird der Verlauf sehr einsam; einziger Ort vor Port Renfrew ist das Nest **Jordan River** (dort direkter Zugang an den Strand). Der **China Beach Provincial Park**, wenige Kilometer westlich davon, liegt bereits im dichten Regenwald, ✧ **Juan de Fuca PP**, Seite 445

Port Renfrew galt zu Hippie-Zeiten als **Aussteiger-Paradies**. Heute wirkt der Ort eher heruntergekommen, wenngleich seine geschützte Lage an der tief ins Land reichenden Bucht *Port San Juan* eigentlich exquisit ist. Infrastruktur gibt es so gut wie keine. Zwischen Küste und Port Renfrew befindet sich die **Botanical Beach**, erreichbar auf schlechter Zufahrt. Speziell bei Ebbe lohnt sich aber die Mühe. Unterhalb der Küstenklippen kann man herrlich herumwaten und in *Tidal Pools* (Gezeitentümpeln) die Meeresflora und -fauna untersuchen.

Der breite Strand der *Port San Juan* Bucht liegt voller Holzstämme. Wer möchte, darf dort unorganisiert campen. Das Westufer gehört schon zum **Pacific Rim National Park**. Dort beginnt bzw. endet der berühmte **West Coast Trail**, ✧ Seite 444.

Die Forststraße (*Gravel*) von **Port Renfrew bis Mesachie Lake** am Lake Cowichan (ca. 50 km) wird von *Logging Trucks* befahren. Tagsüber kann sie gesperrt sein. Die geltenden Regelungen für die Durchfahrt sind am Straßenanfang angeschlagen. Das *Travel Infocentre* am Hafen in Victoria sollte darüber ebenfalls informiert sein und eine **Karte** der *Forestry Roads* mit *Campgrounds* zur Hand haben. Einige Kilometer westlich Honeymoon Bay bietet der beliebte **Gordon Bay Provincial Park** einen komfortablen *Campingplatz* am relativ warmen See. Der 32 km lange **Lake Cowichan** läßt sich (auf einer Schotterstraße) ganz umrunden. Am Wege passiert man einfache *Forest Campgrounds* und auch Plätzchen fürs "private" Übernachten.

Im Ort Lake Cowichan gibt es ein – vom Holzgiganten *Fletcher Challenge* unterhaltenes – **Forest Information Centre**. Dort werden mehrmals wöchentlich kostenlose Touren in Forstwirtschaftsgebiete der Umgebung organisiert, siehe dazu auch Seite 450.

In Duncan, einem Städtchen voller Totempfähle im Zentrum, erreicht man den TCH; zurück nach Victoria sind es von dort 60 km.

5.5.3 Von Victoria nach Port Hardy

Trans Canada Highway – Victoria bis Nanaimo

Verlauf

Der *Trans Canada Highway* von Victoria nach Nanaimo (112 km) ist vierspurig ausgebaut. Vor nicht einmal hundert Jahren gab es hier gerade einen *Cattle Trail*, auf dem das Vieh von den Ranches aan der Küste nach Victoria getrieben wurde. Höchster Punkt der Strecke ist der **Malahat Summit** (350 m). Von dort überblickt man *Saanich Inlet* und *Peninsula* und die vorgelagerte Inselwelt. Anschließend verliert die Strecke schnell an Höhe und gleichzeitig an Reiz.

Totempfähle

Duncan macht viel Werbung für seine **60 *Totempoles***; davon am TCH 11, die anderen im Ortskern – eine Markierungslinie in Form von Fußabdrücken führt auf einem "Rundkurs" zu den teilweise sehr kunstvoll geschnitzten Pfählen). Bedingt sehenswert ist das **British Columbia Forest Museum** am TCH, ca. 1 km nördlich der Ortsdurchfahrt. Es ist dem Thema "Mensch und Waldnutzung" gewidmet und schlägt einen Bogen von den Indianern bis zur Gegenwart. Eine alte Dampfeisenbahn transportiert die Besucher durch die "Zeit" zu den verschiedenen Ausstellungsbereichen. Geöffnet Mai bis September, 9.30–18 Uhr, Eintritt $8.

Forest Museum

Murals

Im etwas abseits des TCH-Hauptverkehrs gelegenen **Chemainus** (etwa 15 km nördlich Duncan) begann man vor einigen Jahren, freie Fassadenflächen mit großflächigen Wandbildern zu bemalen. Der erhoffte Effekt trat ein: heute ist der Ort mit seinen zur Zeit **35 Murals** eine bekannte Touristenattraktion. Im unverfehlbaren ***Infocentre*** am Hauptparkplatz gibt es Stadtplan und ***Mural-Liste***. Wer den gelben Fußabdrücken auf Straßen und Gehwegen des Ortes folgt, verpaßt keines der Gemälde. Nach der Besichtigung laden Open-air Terrassen von Cafes und Restaurants ein. **Internet-Info**: http://www.ibnd.com **oder**: tourism.chemainus.bc.ca.

In Chemainus sind die Wandbilder sogar Thema einer Revue im eigens geschaffenen Theaterbau (↷ Farbteil, Seite 3 oben)

British Columbia

Der 49. Breitengrad

Ladysmith liegt exakt auf dem **49. Breitengrad**, der auf dem Festland die Grenze zwischen den USA und Canada bildet. Zunächst sollte dies auch auf Vancouver Island so sein. Erst nach langem "Tauziehen" wurde die Insel nicht zweigeteilt, sondern ganz Canada zugeschlagen.

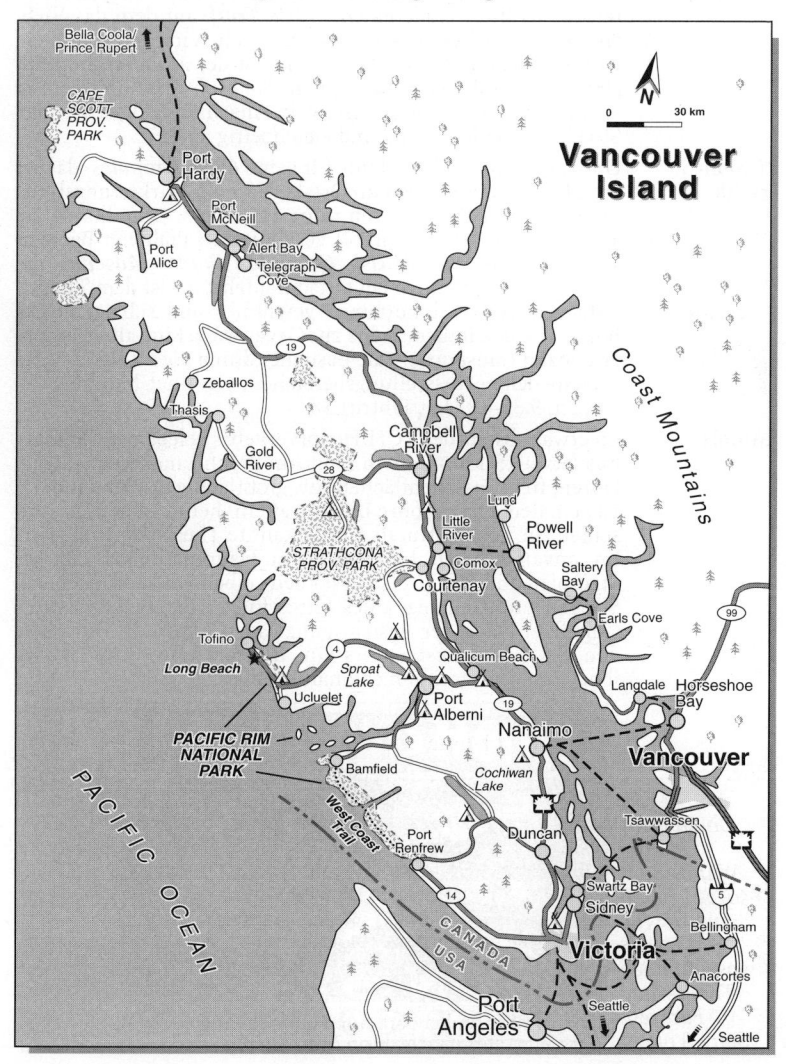

Nanaimo

Kurz vor Nanaimo passiert der TCH den **Petroglyph Provincial Park**, in dem mehrere tausend Jahre alte indianische Felsmalereien unter den Schutz der Parkbehörde gestellt sind.

Geschichte Nanaimo

Nanaimo ist mit rund 60.000 Einwohnern zweitgrößte Stadt auf Vancouver Island. Arbeit in Kohlengruben hatte schon bald nach Erschließung der Insel zahlreiche Immigranten angezogen. 1874 erhielt die damals noch **Colvilletown** genannte Siedlung Stadtrechte. Die letzten Zechen wurden Ende der 40er-Jahre geschlossen. Heute erinnert fast nichts mehr an diese Vergangenheit – bis auf das **Centennial Museum**, das die Stadtgeschichte und die Umstände des Kohleabbaus im 19. Jahrhundert beschreibt. Das Museum befindet sich im *Piper Park*, 100 Cameron Rd; geöffnet Mai bis August Mo-Fr 9–18 Uhr, Sa+So ab 10 Uhr, sonst kürzer. Eintritt $3.

Downtown

Der TCH berührt *Downtown* Nanaimo. Ein kurzer Abstecher in die zentrale Shopping- und Restaurant-/Kneipenzone an der in den 80er Jahren restaurierten **Waterfront** verursacht lediglich die Mühe der Parkplatzsuche. Am besten stellt man sein Fahrzeug im Bereich der Ablegestelle (*Maffeo-Sutton Park*) des Fährboots nach **Newcastle Island** ab, einer vollständig zum *Provincial Park* erklärten Insel.*)

Vom *Newcastle Island Terminal* geht man sehr schön am Wasser entlang durch den *Swy-A-Lana Marine Park* und den *Georgia Park* zum **Seaplane Terminal** (Wasserflugzeuge nach Vancouver und Victoria) am Rande der kleinen Innenstadt.

Fort Bastion

Auf der Ostseite der **Waterfront** (Front/Bastion St) steht das 1853 zum Schutz der Neusiedler gegen Indianerüberfälle errichtete kleine *Fort Bastion*. In authentischen Uniformen treten im Sommer täglich die *Bastion Guards* an und geben um 12 Uhr unter Dudelsackklängen einen Kanonenschuß ab.

Badewannen Rennen

Ein großes Spektakel ist das seit 1967 alljährlich am 4. Sonntag im Juli stattfindende **Great International Nanaimo Bathtub Race**, bei dem Hunderte motorisierter Badewannen in Richtung Vancouver (*Kitsilano Beach*) starten. Ein überrraschend hoher Anteil kommt nach 54 km Seefahrt tatsächlich ans Ziel.

Quartier

In Nanaimo eine Unterkunft zu finden, ist kein besonderes Problem. Zahlreiche Motels säumen vor allem den durch die Stadt laufenden TCH. Für *Bed & Breakfast*-Quartiere gibt es im **InfoCentre** am TCH im Stadtsüden Listen, ebenso im Informationsbüro in der *Bastion*. Fürs **Campen** ist der private Platz (mit *Hook-up*) am **Westwood Lake** Nanaimos beste Adresse. Der klare See ist relativ warm und verfügt über einen Badestrand und Picknickplatz. Anfahrt über die Wellington oder Jingle Pot Road.

---

*) **Zeltcamper** finden dort einen citynahen Übernachtungsplatz. Die Überfahrt dauert nur 5 Minuten.

British Columbia

Fähren zum Festland

Nur wenig nördlich von Nanaimo endet der Verlauf des TCH auf Vancouver Island. Im 2-Stunden-Takt legt an der **Departure Bay** ein Fährschiff in Richtung Horseshoe Bay oder Tsawwassen ab, siehe Übersicht eingangs dieses Kapitels.

Von Nanaimo zum Pacific Rim National Park

Kennzeichnung Straße #19

In Nanaimo beginnt der *Highway* #19, die fast 400 km lange Küstenstraße nach Port Hardy. Im Gegensatz zur Westküste existiert an der Ostküste bis Campbell River eine (streckenweise extrem) **ausgebaute touristische Infrastruktur** mit zahllosen Hotels/Motels, Restaurants und Campingplätzen. Besonders der Bereich zwischen Nanaimo und Courtenay zeichnet sich – wie oben erläutert – durch warmes Sommerklima mit wenig Regen aus. Viele Kanadier, vor allem Familien mit Kindern, verbringen daher an den langen Stränden Urlaub und Wochenenden. Am beliebtesten sind die Strände bei Qualicum Beach und Parksville.

Beach Park

Der ausgedehnte **Rathtrevor Beach Provincial Park** südlich von Parksville erfreut sich besonderer Popularität. Enorme Campingareale, große *Day-use* Anlagen, Jogging- und Bikepfade entlang teils sandiger teils felsiger Küste bieten offenbar das richtige Ambiente für intensive Nutzung.

Kennzeichnug Straße #4

Der **Highway #4** nach Port Alberni und weiter zum *Pacific Rim National Park* zweigt bei Parksville vom *Hwy* #19 ab. In seinem auf Vancouver Island von keiner anderen Straße übertroffenen Verlauf durchquert er zunächst dichten Nadelwald, passiert glasklare Seen und Flüsse und windet sich dann durch die *Mackenzie Range* hinunter zur Küste.

Englishman River Falls Park

Eine ca. 10 km lange Stichstraße zweigt bei Errington von der #4 ab zum **Englishman River Falls Provincial Park**. Wer die Zeit für den Abstecher erübrigen kann, sollte die Fälle des Englishman River in wildromantischer Umgebung unbedingt

Touristenattraktion an der Straße #4: Ziegenweide auf dem Dach eines Restaurants bei Errington

besuchen. Ein herrlicher *Trail* führt vom Parkplatz zu zwei Fallstufen und zurück. Unterhalb der Fälle gibt es fantastische Badestellen im glasklaren Wasser. Etwas zurückgesetzt liegt der **Campground** des Parks, an der Zufahrt ein privater Platz.

Little Qualicum Park

Auf halbem Weg nach Port Alberni liegt der Cameron Lake, etwas östlich davon der **Little Qualicum Falls Provincial Park.**, dessen Hauptmerkmal der *Canyon* des Little Qualicum River mit Stromschnellen und kleinen Fällen ähnlich wie am Englishman River ist. Ein Zwischenstop muß hier sein! Der Campingplatz des Parks überzeugt nicht, besser ist der private **RV-Park** am Ostende des Cameron Lake.

MacMillan Park

Ein erneuter Zwischenstop liegt im **MacMillan Provincial Park** an, am Westende des Cameron Lake. Der Spaziergang durch den **Cathedral Grove** des Parks ist ein weiteres "Muß":

Ein kleines Waldgebiet mit bis zu 600 Jahre alten und 75 m hohen Douglasfichten wurde dort in seinem ursprünglichen Zustand belassen. Früher einmal dominierten solche Bestände die Insel, fielen und fallen immer noch woanders Axt und Säge zum Opfer (⇨ Kasten Seite 450).

Port Alberni

Port Alberni (19.000 Einwohner), umrahmt von Bergen an Ende eines 50 km langen Meeresarms, lebt überwiegend von der **Holzverarbeitung** und vom **Fischfang.** Am Geruch der *Paper Mills* über der Stadt, läßt sich das Hauptgewerbe eindeutig identifizieren. Weil das aber wenig Ehre macht, nennt Port Alberni sich lieber **Salmon Capital of the World** und konkurriert mit der zweiten Welthauptstadt des Lachsfangs, Campbell River (⇨ Kasten Seite 399). Auf jeden Fall ist der durch solche Superlative unterstützte Tourismus eine wichtige Einnahmequelle.

Quartiere

Port Alberni dient vielen als Ausgangspunkt für Besuche im nahen Nationalpark. An **Motels** und **Bed & Breakfast Places** herrscht kein Mangel. Die **Chamber of Commerce** an der Hauptstraße eingangs der Stadt verfügt über eine Liste aller Unterkünfte und Campingplätze der Gegend. Wer im Ort unweit von Restaurants und Läden campen will, findet im städtischen **Campground Dry Creek Park** einen preiswerten, guten Platz.

Einige Kilometer westlich Port Alberni quert die Straße #4 den **Sproat Lake Provincial Park** (*Campground* im Sommer meist vollbesetzt) ohne besonders hervorhebenswerte Eigenschaften. Ein großer Campingplatz (Duschen und *Hook-up*) existiert direkt am *Alberni Inlet* 8 km südlich der Stadt (breite, aber teilweise schlechte *Gravel Road* nach Bamfield, dann holprige Zufahrt) in Verbindung mit der **China Creek Park Marina**. Das Reizvolle dort sind die vielen Stellplätze direkt am Wasser und für manchen sicher auch das Leben und Treiben am Yachthafen.

DER WEST COAST TRAIL

Der *West Coast Trail* gehört zu Canadas klassischen Wanderrouten. Anfang des Jahrhunderts diente er als **Rettungspfad** für schiffbrüchige Seeleute. Mit Einführung moderner Navigationshilfen verlor er diese Funktion weitgehend und galt lange als **Geheimtip für Wildnisenthusiasten**. Nachdem man jedoch den Küstenstreifen zwischen Bamfield und Port Renfrew in den *Pacific Rim National Park* integriert hatte, wurde der *Trail* allgemein bekannt und – in Anbetracht seiner Schwierigkeit und der umständlichen An- und Abfahrt – erstaunlich populär.

Der *National Park Service* hat deshalb das *Permit*-System eingeführt und die Anzahl der "zugelassenen" täglichen Abmärsche quotiert. Wer den Trail "machen" möchte, kann sich seine Daten ab März unter ✆ (250) 728-3234 und (800) 663-6000 reservieren lassen. Nur wenige "Plätze" werden vor Ort auf *first-come-first-served* Basis vergeben.

Rund **6.000 *Backpacker*** dürfen sich nun jedes Jahr zwischen dem 1. Mai und dem 1. September auf den Weg machen. Bis auf einige Hilfen zu **Flußüberquerungen** ist der 77 km lange Küstenpfad durch eine urtümliche, von Menschen kaum angetastete Landschaft nicht ausgebaut, sondern lediglich gekennzeichnet. Am Ende/ Anfang bei Port Renfrew (Gordon River) und über den Nitinat Lake gibt es **Fährboote;** sie verkehren von **Mitte Mai bis Mitte September**

Die Strecke läßt sich je nach Kondition und Wetter in **5–7 Tagen** bewältigen. Mitzunehmen sind auf jeden Fall Lebensmittel für einige Extratage und wetterfeste, warme Kleidung. Ein **Schlechtwettereinbruch** kann strömenden Regen mehrere Tage hintereinander bedeuten. Da es keine Ausweichmöglichkeiten gibt, läßt sich die Wanderung nicht einfach abbrechen. **Rangerpatrouillen** sorgen immerhin für eine gewisse Sicherheit unterwegs und kümmern sich ggf. um Notfälle. Trotz aller Beschwernisse und Unwägbarkeiten äußern sich alle begeistert, die den *West Coast Trail* geschafft haben.

Beim *National Park Service* gibt es ein **Information Package**: Pacific Rim NP, Box 280, Ucluelet, BC V0R 3A0, Canada.

Unterwegs benötigt man unbedingt die **topographische Karte** zum Trail. Es gibt`s sie bei der *Mapping Branch* des *Ministry of Environment*, 553 Superior Street in Victoria oder bei den kleinen **Information Centres** an beiden **Trailheads**. Eine nützliche Lektüre ist das Buch *The West Coast Trail and Nitinat Lakes*, erhältlich in Buchläden.

Wer die Wanderung in Port Renfrew beendet, kann für einen Transport nach Victoria den **West Coast Trail Express** anrufen: ✆ (250) 477-8700.

Bei Beginn in Port Renfrew besteht in Bamfield die Möglichkeit, mit der **Lady Rose** oder dem Bus (saisonal, nicht täglich) nach Port Alberni zurück in die Zivilisation zu fahren. Die *Lady Rose* legt um 13.30/15 Uhr zur Rückfahrt nach Port Alberni ab (je nach Wochentag, siehe nebenstehend). Von dort nach Victoria/Nanaimo verkehren Busse der **Island Coachlines**, ✆ (250) 385-4411, Abfahrt um 18.50 Uhr.

Pacific Rim National Park

Harbour Quay
Port Alberni bietet nicht viel. Treffpunkt ist der *Harbour Quay*, ein kleines Shopping- und Restaurant-Center am Wasser. Informationen zu Wald und Forstwirtschaft der Region erhält man im *Forestry Visitor Centre* an gleicher Stelle.

Lady Rose & Frances Bartley
Unweit des *Harbour Quay* hat die **MV *Lady Rose***, ein über 60 Jahre altes **kombiniertes Fracht- und Passagierschiff**, ihren Anlegeplatz. Die nostalgische Lady startet morgens um 8 Uhr in täglichem Wechsel nach Ucluelet (Mo, Mi, Fr) bzw. Bamfield (Di, Do, Sa, im Sommer auch Fr+So) zum *Pacific Rim National Park*. Im Sommer bilden überwiegend Touristen die Ladung. Ein Retourticket – bei Fahrt nach Ucluelet durch die *Broken Group Islands* – kostet $40, der einfache Trip nach Ucluelet $20, nach Bamfield $18 (Startpunkt für den *West Coast Trail*); Reservierung unter ✆ (250) 723-8313 und ✆ 1-800-663-7192; Fax (250) 723-8314. Im Sommer wird zusätzlich zur *Lady Rose* auch noch das MV *Frances Bartley* eingesetzt.

Straße nach Bamfield
Bamfield ist auch auf einer breit ausgebauten, aber streckenweise sehr rauhen *Gravel Road* zu erreichen. Im Sommer existiert dorthin ein spärlicher Busservice (*Western Bus Lines*).

Della Falls Trail
Eine – neben dem *West Coast Trail* – weitere abenteuerliche, ebenfalls mehrtägige Angelegenheit ist eine Wanderung zu den **Della Falls**, den höchsten Wasserfällen Canadas (440 m). Von der Straße #4 zweigt westlich von Port Alberni am *Sproat Lake Provincial Park* eine Stichstraße zum Great Central Lake ab. Wer sein **Kanu/Kajak** dorthin transportiert (Miete in Port Alberni am *Harbour Quay*), kann zum westlichen Ende des Sees paddeln und von dort den *Della Falls Trail* in Angriff nehmen, einfache Strecke 18 km. Genaue Routenbeschreibung beim **Port Alberni *InfoCentre***.

Zum Nationalpark
Die Straße über die Berge der *Mackenzie Range* bildet den Höhepunkt der Anfahrt zum **Long Beach** Bereich des *Pacific Rim National Park*. Zunächst geht es an Sproat Lake und Taylor River entlang zur Paßhöhe und dann auf kurvenreicher Strecke parallel zu Kennedy River und Lake hinunter zur Küste. Die Fahrt ist schön, aber ausgesprochen zeitraubend. Für die rund 100 km bis zur *Long Beach* benötigt man ohne Pausen leicht 2 Stunden und mehr.

Juan de Fuca PP
Relativ neu ist der **Juan de Fuca Provincial Park**, eine Verlängerung des *Pacific Rim Park* in Richtung Victoria. Er reicht von der *Botanical Beach* (Parkplatz mit Campmöglichkeit) bis zum *China Beach PP* (ca. 50 km). Der **Juan de Fuca Marine Trail** folgt teils der Küstenlinie, teils führt er über den Strand. *En Route* gibt es 4 *Wilderness Camps*; die Teilstrecken zwischen ihnen können auch separat gewandert werden. Leider sind die Zufahrten (*Gravel Roads*) zu den jeweiligen *Trailheads* nicht gut bzw. gar beschildert. Wanderer sollten sich vor Beginn ihrer Tour registrieren lassen.

Ucluelet

Kurz vor der Küste, rund 90 km hinter Port Alberni, teilt sich die Straße. Ein kurzer südlicher Arm (8 km) führt nach Ucluelet (sprich: Ju-clú-let) ein früher reines Fischerdorf, das heute vom Tourismus profitiert. Besonders in Herbst und Frühjahr zieht die Möglichkeit zur Walbeobachtung Besucher an, aber auch im Sommer kann man im *Barkley Sound* **Wale** sehen (siehe auch unter Tofino).

Einsamkeitsfanatiker lassen sich auf einer der 1000 Inseln der **Broken Group** absetzen – immerhin fünf von ihnen besitzen einen primitiven *Campground* mit Frischwasserdepot und Plumpsklo. Bei Fahrt dorthin mit der *Lady Rose* ab Ucluelet/Bamfield kostet der Roundtrip $25.

Ucluelet ist ebensowenig wie das Gegenüber Tofino ein attraktiver Ort. Für Nationalparkbesucher bietet er mit Motels, *Inns* und Campingpl*ätzen* vor allem **Quartiere**. Der ***Ucluelet Campground*** (vor der Ortseinfahrt gleich links) liegt direkt am Ufer des *Inner Harbour*. Die Inhaber der **Restaurants** wissen, was die Touristen erwarten, nämlich in erster Linie **Fresh Seafood**, am stilvollsten zu genießen im nostalgischen Restaurantschiff ***Canadian Princess*** (mit Hotel).

Long Beach

Bleibt man nach dem Straßendreieck (dort eine Information Station) auf der #4, erreicht man bald *Long Beach*, das "Kernstück" des *Pacific Rim Park*. Dieser von Felsen unterbrochene und eingerahmte Strand voller Treibholz (Foto vorhergehende Seite) gehört zum Schönsten, was British Columbias Küsten zu bieten haben. Bei gutem Wetter lassen sich herrliche **Wanderungen** unternehmen. Abseits der Parkplätze (Einheitsgebühr $6), *Picnic Areas* und *Campgrounds* verlieren sich selbst in der Hochsaison die Menschen rasch. Wandern kann man auch auf gut ausgebauten *Trails* im Regenwald des Hinterlands. *Im* **Visitor Centre** gibt's einen **Hiker's Guide**, in dem alle *Trails* verzeichnet sind.

Treibholzübersäter Strand der Long Beach

Wunderbar sitzt man auf der **Restaurantterrasse** des *Wickaninnish Centre* mit Blick über die volle Länge der Long Beach.

Neben dem populären ***Beachcombing*** (etwa: den Strand durchkämmen) ist – dank der langen Wellen aus der Weite des Pazifik – Surfen (im Neoprenanzug) eine beliebte Aktivität. Zum Schwimmen laden Wasser und Wogen nicht gerade ein, obwohl Unentwegte trotz eisiger Wassertemperaturen baden.

Wetter Leider liegt *Long Beach* oft selbst dann unter **Seenebel**, wenn jenseits der Berge die Sonne scheint. Auch urplötzliche Wetterumschwünge sind nicht selten, in denen sich binnen kürzester Zeit ein blauer Himmel zuzieht und Regen einsetzt.

Camping Der gute ***National Park Campground Green Point*** ist in der Hauptsaison meist schon früh am Tage voll. Aber wer nur mit Zelt kommt, darf auf den tollen ***Walk-in Campground*** in den Dünen und hat bessere Chancen unterzukommen als RVs.

Tofino Am Ende der Straße liegt außerhalb des Nationalparks am Clayocuot Sound das malerische Touristenstädchen Tofino, Fischerdorf bereits zu indianischer Zeit.

Motels und ***Campgrounds*** fehlen in Tofino ebensowenig wie gute *Seafood Eateries*.

Whale Watching gehört dort mehr noch als in Ucluelet zum touristischen Programm. Grauwale, die im März oder April von Mexico nach Alaska ziehen und im September und Oktober den Weg zurück nehmen, legen in den verzweigten Buchten der Küste eine Rast ein oder bleiben den ganzen Sommer. *Whale Watching Trips* kosten ab $40 pro Person. ***Fishing Trips*** zum Hochseeangeln gibt's in Tofino wie in Ucluelet.

Hot Springs Eine besondere Spezialität ist die Fahrt zu heißen Badepools in der Einsamkeit des ***Maquinna Provincial Park***. Zwei Bootsstunden oder einen kurzen Sprung per Wasserflugzeug entfernt liegt nördlich von Tofino ***Hot Springs Cove***. Vom Anlegeplatz geht es auf einem Plankenweg zu den über einen Wasserfall gefüllten 50° heißen Pools, die bei Flut teilweise überspült werden. Eine tolle Angelegenheit, aber wegen des Transports sehr teuer. Eine kleine ***Lodge*** wartet auf Gäste. Auskünfte unter ✆ (250) 724-8570.

Von Parksville/Qualicum Beach nach Port Hardy

An der Straße #19 Bei einer Fahrt an der Ostküste auf der #19 (ohne Abstecher in Richtung Westküste auf der #4) verdichtet sich bald die touristische Infrastruktur. Parksville bildet nach dem erwähnten *Rathtrevor Park* (✧ Seite 442) den ersten bereits städtischen Ferienschwerpunkt mit hohem Verkehrsaufkommen entlang seiner Hotel-, *Fast Food*- und Beachmeile. Die Strände in diesem Bereich sind zwar lang, und das Meerwasser ist dort einigermaßen warm, aber umwerfend schön sind sie nicht. Außerdem befindet sich der Küstenstreifen zum großen Teil in Privatbesitz. In **Parksville** gibt es indessen einen ausgedehnten *Beach Park* mit wassernahem Park-/Picknickplatz und einem tollen "nassen" **Kinderspielplatz** (frei).

Von Port Alberni an die Ostküste
Wer von Port Alberni kommt und die Reise in Richtung Norden fortsetzen möchte, nimmt die Abkürzung #4A und stößt ein wenig nördlich von Qualicum Beach auf die #19. Im Ortsbereich liegt ein Campingplatz direkt an der Küstenstraße.

Denman Island
Auf der Straße #19 passiert man zwischen Qualicum Beach und Courtenay bei Fanny Bay den Anleger der Fähre hinüber nach Denman Island, einem ruhigen **Sommerferienziel**. Die Überfahrt dauert nur 15 Minuten. Wer aufs Auto verzichtet, kann per Leihfahrrad oder -kanu auf Inselentdeckung gehen.

Courtenay
Die Doppelstadt Courtenay-Comox (zusammen 17.000 Einwohner) geht auf Kohlebergwerke zurück, von denen aber bereits 1930 das letzte die Förderung einstellte. Heute ist das Gebiet um die *Courtenay Bay* eine weitere Hochburg des Fremdenverkehrs. Wegen der Skigebiete *Forbidden Plateau* und *Mount Washington* am Rande des *Strathcona Provincial Park* lebt diese nicht nur vom Sommertourismus. Das **Comox Valley Infocentre** liegt an der Hauptstraße noch vor Erreichen des kompakten Zentrums. Wer nicht nur rasch die Stadt durchquert, sollte dort eine genaue Karte der Region besorgen. Abseits der Hauptstraße reichen die gängigen *Vancouver Island Road Maps* nicht aus.

Fähre nach Powell River
Die nördlichste Fähre hinüber zur **Sunshine Coast** des Festlands legt in Little River ab, einige Kilometer nördlich von Comox. Wie bereits an anderer Stelle vermerkt, könnte über die **Comox-Powell River Ferry** gut eine mehrtägige Vancouver Island Rundfahrt abgeschlossen werden, ↪ Seite 429.

Lohnt das?
Ohne die Absicht, in Port Hardy die Fähre nach Prince Rupert zu besteigen, lohnt eine Weiterfahrt in die Einsamkeit des Inselnordens nicht. Aber bereits die Strecke von Nanaimo etwa bis Courtenay/Comox ist mit Fragezeichen zu versehen. Bei begrenzter Zeit hat man mehr von sonst vielleicht nicht mehr "machbaren" Festlandszielen.

Campbell River
Campbell River, neben Port Alberni zweite **Welthauptstadt des Lachsfangs** (siehe oben), kann für sich reklamieren, das hübschere der beiden Städtchen zu sein. Das Gros der Touristen in Campbell River ist denn auch am Fisch-, speziell am Lachsfang interessiert. Von morgens früh bis abends spät stehen Angler am **Saltwater Fishing Pier**, der 200 m in die *Strait of Georgia* hineinragt (Zufahrt von der Hauptstraße südlich des Zentrums). Wer sein Gerät nicht dabeihat, kann *Rod & Reel* stunden- und tageweise mieten. Geangelt werden darf aber nur mit gültiger *BC Fishing License*.

Quadra Island

Ein populärer Ausflug führt nach Quadra Island (Fähre stündlich von der *Tyee Plaza* im Ortszentrum), auf dem sich eine hübsche Rundfahrt zum **Rebecca Spit Provincial Park** machen läßt. Diese Insel sperrt im Verbund mit anderen die *Georgia Strait*. Nur enge Meeresarme gewähren Durchlaß nach Norden.

Strathcona Provincial Park

Nur von Campbell River aus erreicht man auf befestigter Straße den *Strathcona Provincial Park*, eine über 2000 km² große Gebirgswildnis. Gut 50 km westlich der Stadt geht es auf einer Parkstraße herrlich am Buttle Lake entlang bis zu den *Myra Falls* am Südende des Sees (ca. 40 km). An der Strecke starten eine ganz Reihe *Trails* in die Einsamkeit. Der **Ralph River Campground** ist eine prachtvolle Anlage zwischen alten Baumriesen. Die höchsten Wasserfälle Nordamerikas, die **Della Falls** (440 m) im Süden des Parks, sind nur über die bereits beschriebene Route zu erreichen, ⇨ Seite 445.

Weitere Strecke

Der Rest der Straße nach Port Hardy (230 km) ist gut ausgebaut und rasch zu durchfahren. Sie verläßt bald hinter Campbell River den Küstenbereich und läuft durch eine überwiegend gleichförmige Waldlandschaft. Großflächige Kahlschläge nehmen ihr streckenweise jeden Reiz. Erst bei **Port McNeill** stößt sie wieder kurz an die Küste. Dieser Ort beherbergt die regionalen Hauptquartiere mehrerer *Logging Companies*. Wenige Kilometer östlich des Ortes, am Abzweig nach Telegraph Cove, steht das **North Island Forestry Centre**. Es dient in erster Linie der Imageverbesserung eines Wirtschaftszweiges, dessen "Philosophie" zunehmend auf Widerstand stößt. Kurz gesagt hält die Holzindustrie die Baumriesen des Regenwaldes für "überreif" und argumentiert, es sei besser, sie jetzt zu verwerten und durch Neuanpflanzungen zu ersetzen, als sie "vermodern" zu lassen.

Ausflüge in den Regenwald

Auf kostenlosen **Halbtagestouren** zu Sägemühlen, Holzschlagplätzen, *Tree Farms*, Aufforstungen und wenigen für die Öffentlichkeit konservierten Baumriesen wird den Teilnehmern erläutert, daß alle Aktivitäten dem Wohle der Menschen und des Waldes dienen. Ein solcher Ausflug bietet die Möglichkeit, sich vor Ort ein eigenes Bild zu machen. Die Busse und Boote fahren dabei Plätze an, die man sonst kaum zu sehen bekäme. Wohl auch deshalb sind diese Touren oft ausgebucht. Reservierungen können erfolgen über die *BC Travel Info Centres* und direkt beim **North Island Forestry Centre** (mindestens einen Tag im voraus):

Box 130, Port McNeill, BC V0N 2R0, Canada
✆ (250) 956-3844, Fax (250) 956-3848

Telegraph Cove

Das Nest Telegraph Cove am Ende einer ungeteerten Stichstraße (ca. 20 km) besitzt keine 20 ständigen Bewohner, füllt sich aber im Sommer mächtig. Vor allem die **Orcas,** die sich vom späten Frühjahr an in der *Johnston Strait* aufhalten,

REGENWALD UND *LOGGING*

Von der Bedrohung der tropischen Regenwälder ist weltweit die Rede, daß es aber auch auf Vancouver Island, an den Küsten und im Inneren von British Columbia (noch) ausgedehnte Regenwälder gibt, die aufs höchste in ihrer Existenz gefährdet sind, ist nur wenigen bekannt. Mächtige Holzkonzerne, die seit 1950 bereits 60% des kanadischen Regenwalds abgeholzt haben, rücken den jahrhundertealten Baumbeständen der Westküste immer mehr zu Leibe.

Am einfachsten und billigsten für die Unternehmen ist das *Clear Cutting*, der totale Kahlschlag ganzer Landstriche. Die ökologischen Auswirkungen sind verheerend: Durch Erosion wird der Boden in kürzester Zeit seiner Nährstoffe beraubt, und nicht selten sind Erdrutsche die Folge der radikalen Eingriffe in die Natur.

Die Verantwortlichen räumen durchaus ein, daß *Clear Cuts* die Umwelt verändern, betreiben aber gleichzeitig eine Verschleierungs- und Verharmlosungspolitik. Damit die kahlen Hänge nicht so "auffallen", wurden von Hubschraubern Grassamen zur Begrünung der Berge abgeworfen. Stolz weist die Forstindustrie auf die Hirsche hin, die sich aufgrund besserer Bewegungsfreiheit (!) nun stark vermehren. Tatsächlich breitet sich dieses Wild, das im Nadelwald der Westküste und auf Vancouver Island zuvor kaum vertreten war, in den lichten "Baumplantagen" der aufgeforsteten Gebiete rasch aus. Tiere, die sicheren Unterschlupf im dichten und feuchten Unterholz der Naturwälder fanden – zumeist seltene oder gefährdete Arten – bleiben dagegen auf der Strecke.

Daß die Provinzregierung die Holzindustrie nahezu ungestört schalten und walten ließ und den Firmen großzügig Landnutzungsrechte für bis zu 45 Jahren erteilte, erklärt sich aus der enormen Bedeutung der Holzwirtschaft auch für die Staatseinnahmen. 62% aller Provinz-Exporte beziehen sich auf Holzprodukte. 18% der Arbeitnehmer in British Columbia sind direkt oder indirekt in der Branche beschäftigt und erwirtschaften 23% des Sozialprodukts.

Umwelt- und Naturschützer haben es in einer solchen Situation schwer. Aber obwohl ihnen Geld und Personal fehlen und obendrein massive Imagewerbung der Holzgiganten ihre Argumente zu konterkarieren versucht, haben Öffentlichkeit und Provinzregierung das Problem in den letzten Jahren stärker zur Kenntnis genommen.

Vancouver Island 451

Orcas locken Besucher hierher. Die *Lukwa* schippert ab Juni jeden Morgen um 9 Uhr Touristen zur Beobachtung der Killerwale; ab Mitte Juli bis *Labour Day* meist noch einmal nachmittags. Die Touren kosten ab $60 und sind oft ausgebucht. Reservierung bei **Stubbs Charters** ✆ (250) 928-3185, 1-800-665-3066.

Einen pittoresken Eindruck machen die auf Stelzen ins Wasser gebauten Häuser mit den verbindenden Holzplanken (*Boardwalks*). Einige von ihnen können gemietet werden. Auskunft im *Coffee Shop*, dem allgemeinen Treffpunkt. Während der Sommersaison ist ein privater **Campingplatz** in Betrieb.

Alert Bay Von Port McNeill setzt eine Fähre nach Alert Bay (**Home of the Killer Whale**) auf Cormorant Island über, zwischen Juni und Oktober ebenfalls ein guter Ausgangspunkt fürs **Whale Watching**. Die meisten der 1.300 Einwohner sind Indianer vom Stamm der Kwakiutl. Der Kultur manifestiert sich in einer Gruppe von Totempfählen auf dem **Nimpkish Burial Ground** im Dorf und **World's Largest Totempole**, knapp 1,5 km vom Anleger entfernt. Im *U'Mista Cultural Centre* sind lokale Tradition und Geschichte aufbereitet.

Port Hardy Der **Highway #19** endet am *Terminal Bear Cove* der Prince Rupert-Fähre an der Hardy Bay. Zum Ort Port Hardy sind es rund um die Bucht noch einmal 5 km. Zu sehen gibt es dort außer einer hübschen Lage am Wasser nicht viel. Port Hardy (5.200 Einwohner) erfüllt Versorgungsfunktion für den Inselnorden und profitiert vom Tourismus, den der Fährbetrieb – seit der Verlegung des *Terminals* von Kelsey Bay hierher Anfang der 80er-Jahre – mit sich bringt. Die meisten **Motels** und **Restaurants** sind daher neueren Datums.

> neue Fähre Port Hardy– Bella Coola

Quartier Die **Queen of the North** legt im Wechsel jeden zweiten Tag zwischen 7 und 8 Uhr in Prince Rupert bzw. Port Hardy ab und trifft jeweils 15 Stunden später am Zielort ein, weitere Details ➪ Seite 429. Dieser Fahrplan bedingt im allgemeinen eine Ankunft am Vorabend und eine **Übernachtung in Port Hardy**. Das gilt auch nach Ankunft per Fähre aus Prince Rupert. Relativ preiswert ist das **Pioneer Inn**, ✆ (250) 949-7271, etwas teurer das **Glen Lyon Inn**. Letzteres besitzt aber Zimmer mit Blick auf die Bucht, ✆ (250) 949-7115.

Von mehreren Campingplätzen ist der *Quatse River Campground* (mit *Hook-up*) an der *Hardy Bay Road* in Ortsnähe unweit der *Fish Hatchery* die beste Wahl. Ein **Roadside Park**, wo *Overnight Campers* geduldet werden, befindet sich in der Nähe des Anlegers.

Fähren Leider darf man sich nicht mehr bereits in der Nacht auf die Wartespur für die nächste Fähre stellen. Es ist aber insbesondere für Campmobilfahrer ratsam, schon am **Vorabend das Einchecken** zu erledigen, da alle Fahrzeuge genau vermessen werden. Die Wartezeit vor der Abfahrt wird damit verkürzt.

5.6 YELLOWHEAD HIGHWAY VON PRINCE RUPERT NACH PRINCE GEORGE

Hafen Prince Rupert
Der Ausbau von Prince Rupert zum wichtigsten Fährhafen der *Inside Passage* (↳ Seite 569) begann erst in den 60er-Jahren, als der heute regelmäßige Service der *Alaska State Ferries* und der *BC Ferry Corporation* eingerichtet wurde. Bis dahin war die Stadt am Pazifik unterhalb des *Alaska Panhandle* "nur" Exporthafen für Holz, Kohle und Getreide und Heimat einer großen Flotte von Fischereifahrzeugen, wohin sich Touristen kaum verirrten.

Geschichte
Vor Ankunft der Weißen gehörte die Region um das heutige Prince Rupert zu den am dichtesten von Indianern besiedelten Gebieten in British Columbia. Erste weiße Siedlung (1790) war das **Fort Simpson** der *Hudson`s Bay Company* an der Spitze der Tsimpsean Halbinsel. An der Mündung des Skeena River südöstlich von Prince Rupert entstand bald darauf **Port Essington**, das sich zum Fischereihafen mit Fischfabriken entwickelte. Während des Klondike Goldrausches bildete er für viele Schiffe eine wichtige Etappe auf ihrem Weg nach Skagway. Als jedoch die Schiene der **Canadian National Railways** am Nordufer des Skeena River verlegt worden war und auf **Kaien Island** endete, übernahm der neue Hafen Prince Rupert ab 1914 Port Essingtons Rolle, das heute nur noch als *Ghost Town* existiert.

Entwicklung
Obwohl Prince Rupert im 2. Weltkrieg vorübergehend sogar zur Nachschubbasis der US-Armee avanciert war, die den Bau des *Alaska Highway* betrieb, blieb der einst erwartete große Aufschwung als Vancouver Konkurrenz machender Pazifikhafen aus. Immerhin rückte mit den Fähranschlüssen und dem damit verbundenen Ausbau der Straße nach Prince George sowie der Eröffnung des *Cassiar Highway* (↳ Seite 476) nach Watson Lake die Stadt in den 70er-Jahren ins touristische Blickfeld. Neben seinen noch relativ neuen verkehrstechnischen Vorzügen bieten Prince Ruperts Lage zwischen Bergen und Meer und vor allem die landschaftlich "umwerfende" Anfahrt/Abfahrt auf dem *Yellowhead Highway* bis/ab New Hazelton (rund 270 km) starke Motive für einen Besuch bzw. Einbau der Stadt in eine Rundfahrt durch Canadas Westen.

Wetter
Wie für die gesamte *Inside Passage* gilt auch für Prince Rupert die Anmerkung: Die Fahrt dorthin und die Fähre nach/von Port Hardy lohnt sich so recht nur, wenn das Wetter einigermaßen mitspielt. Auch im Sommer ist das **Regenrisiko hoch**. Der mittlere Jahresniederschlag liegt bei 2.500 mm, das ist doppelt soviel wie in Vancouver und gleich das Vierfache des in Victoria gemessenen jährlichen Regens. Wer Fährstrecke und Stadt bei guter Sicht ohne Regen oder gar bei Sonnenschein erlebt, wird begeistert sein, sich für diese Route entschieden zu haben.

Prince Rupert

Fähren, Vancouver Island und Alaska

Der **Ferry Terminal** liegt 2 km südlich von Prince Rupert. Für Passagiere ohne eigenes Fahrzeug gibt es eine Busverbindung und Taxis in die Stadt. Prince Rupert wird von **Greyhound** und auch von **VIA-Rail** bedient. Bei Anreise nach Prince Rupert auf dem Landweg ist für Autofahrer die rechtzeitige **Reservierung** der Fähre nach Port Hardy ein "Muß", mehr noch in Richtung Alaska, ➪ Seite 575! Im Fall Port Hardy sollte man sofort nach Ankunft in Canada telefonisch klären, ob und wann Platz ist. Man kann aber auch schon von zu Hause aus reservieren: ✆ (250) 386-3431 (*BC Ferries*). Kreditkarte muß dabei zur Hand sein. Für die Alaskafähre sollte in den Sommermonaten möglichst langfristig auch ohne Auto reservieren, wer Wert auf einen Kabinenplatz legt: ✆ (250) 627-1744 (*Alaska Marine* Büro in Prince Rupert). Deckspassagiere und Motorradfahrer kommen meist ohne Reservierung unter.

Holz-Truck in der Fähren-Wartespur

Queen Charlotte Islands

Neben den Fähren nach Vancouver Island und Alaska legt am *Ferry Terminal* auch die *Queen of Prince Rupert* (*BC Ferry*) nach Skidegate auf Graham Island der Queen Charlotte Inselgruppe ab. Die Fähre verkehrt im Sommer einmal täglich, und benötigt 6–7 Stunden für die Überfahrt. Auf Graham Island läuft das letzte Stück des *Yellowhead Hwy* von Skidegate nach Masset, einem Fischerdorf und Militärstützpunkt. Die Queen Charlotte Islands sind so etwas wie Canadas *Last Frontier*, eine über Straßen und Wege noch kaum erschlossene Westküstenwildnis, darunter der relativ neue **South Moresby National Park**.

Übernachten in Prince Rupert

In Anbetracht seiner Größe (17.000 Einwohner) und des zumindest im Sommer relativ starken Tourismus, ist die Zahl der Hotel-/Motelzimmer in Prince Rupert erstaunlich niedrig. Die Preise für einfache Motels starten bei etwa $50 fürs Doppelzimmer, siehe den aktuellen *BC Accommodation Guide*. Auch fürs Camping ist die Auswahl nicht groß.

Der **Park Avenue Campground** auf halbem Weg zwischen Fähre und Stadt ist wegen seiner Lage für eine Zwischenübernachtung die beste Wahl, ✆ (250) 624-5637. Der **Prudhomme Lake Provincial Park** bietet einen einfach ausgestatteten Platz etwa 25 km östlich der Stadt.

Downtown

Trotz der an sich schönen Lage bietet der Ort als solcher herzlich wenig. Die Küste von Kaien Island wird im Stadtgebiet ganz von Bahnlinie und Industrie blockiert; das **Geschäftsviertel** liegt etwas erhöht zwischen 1st und 3rd Ave. Die 2nd Ave entspricht der Durchgangsstraße #19. Auffällig sind überall die im Zentrum aufgestellten **Totempfähle** *der Tsimshian* und *Haida* Indianer.

Das **Prince Rupert Travel Info Centre** (**Internet-Info** unter http://www.city.prince-rupert.bc.ca) liegt etwas abseits der Durchfahrt an der Ecke 1st Ave/McBride St, ✆ (250) 624-5637, eine nützliche Anlaufstelle für einen Stadtplan und ggf. zur Anmeldung, für eine **Industrial Tour** nach Ridley Island zum computergesteuerten *Grain Export Terminal*, wo das Getreide aus den Prärieprovinzen verladen wird. Das aufschlußreiche, aber nicht unverzichtbare **Museum of Northern BC** für indianische Kultur und regionale Geschichte samt *Art Gallery* befindet sich nebenan. Geöffnet Mitte Mai bis Anfang September, Mo–Sa 9–20 Uhr, So 9–17 Uhr, Rest des Jahres Mo–Sa 10–17 Uhr; Eintritt frei.

Aussichtspunkt

Bei guter Sicht ist die Fahrt bzw. der Aufstieg auf den **Mount Hays** zu erwägen. Die Zufahrt Wantage Road zum 732 m hohen Gipfel zweigt auf Höhe des *Civic Centre* vom *Yellowhead Hwy* (McBride St) ab. Der Gondellift ist leider nicht mehr in Betrieb; der Fahrweg nach oben eignet sich nur für 4WD-Fahrzeuge. Man muß also den **Trail** nehmen (ca. 2 Stunden). Ein fantastischer Blick über Prince Rupert und Kaien Island, die Flugplatzinsel Digby Island gegenüber der Stadt und die gesamte Insel- und Buchtenumgebung belohnt den Aufstieg. Vor allem der Sonnenuntergang ist nicht zu schlagen. Das gilt mitunter auch bei bedecktem Himmel, wenn der Gipfel über den Wolken liegt.

Verlauf des Yellowhead Highway

Der *Yellowhead Highway* erreicht 30 km östlich Prince Rupert den fjordartig breiten **Skeena River**. Hinter der Brücke zwischen Kaien Island und Festland besteht die Möglichkeit zum Abstecher nach **Port Edward Village** (ca. 6 km). Neben einer beißenden Geruch verbreitenden *Pulp Mill* steht dort eine alte Fischfabrik, die **North Pacific Cannery** aus dem Jahr 1889, die heute **Historic Site** und Museum der Fischverarbeitung ist, geöffnet im Sommer täglich 10–17 Uhr, Eintritt.

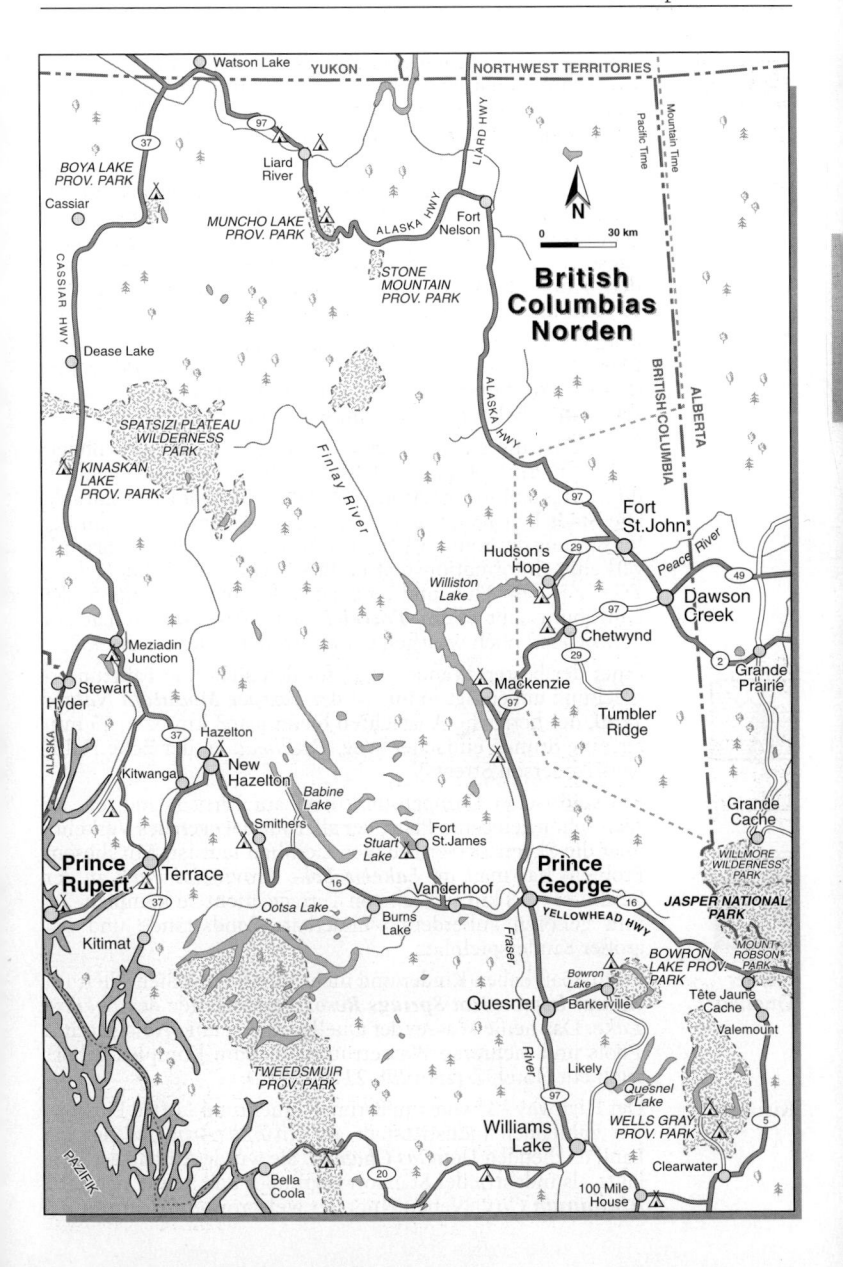

Prince Rupert 455

British Columbia

Diana Lake Provincial Park

An warmen Sommertagen lädt der *Diana Lake Provincial Park* zum **Baden**, ca. 16 km *Gravel*-Zufahrt am *Diana Creek* entlang. Einen **Campground** gibt`s dort nicht, wohl aber im **Prudhomme Lake Provincial Park** noch etwas weiter östlich.

Landschaft am Skeena River

Die Verlauf des *Yellowhead* am Skeena River entlang ist bis Terrace kaum zu überbieten: der Fluß, das Gebirgspanorama, die Steilhänge mit unzähligen Wasserfällen ... – eine traumhafte Landschaft; zwar durch Straße und Schiene ein wenig "gestört", aber nichtsdestoweniger eine der schönsten mit dem Auto zugänglichen Strecken Canadas. Zum Übernachten lädt der *Exchamisks River Provincial Park* ein.

Terrace

Kurz vor Terrace zweigt der *Nisga`a Hwy* ab, der zum *Nisga`a Memorial Lava Bed Park* und dem *Nass River Valley* führt, ➪ Seite 480. Eine genauere Karte und Details zum *Lavaflow* erhält man bei der Besucherinformation.

Terrace ist die einzige größere Stadt (ca. 11.000 Einwohner) zwischen Prince Rupert und Prince George. Der Name geht auf ihre terrassenförmige Anlage über dem Skeena River zurück. Die Stadt lebt hauptsächlich von der Holzindustrie und der Versorgung des touristischen wie kommerziellen Durchgangsverkehrs. Informationsblätter fürs *Sightseeing* und *Fishing Trips* auf dem Fluß und eine ganze Reihe von *Trails* in der Umgebung gibt es im **Travel Info Centre** unmittelbar am *Yellowhead* noch westlich der Abzweigung der Straße #37.

Einer der besten Wanderwege, für den sich eine Fahrtunterbrechung unbedingt lohnt, ist der **Terrace Mountain Nature Trail**, der herrliche Aussichten bietet (ca. 3 km bzw. 45 min bis eine Stunde einfacher Weg, *Trailhead* an der Ecke Halliwell/Anderson Streets).

Camping

Ein städtischer *Campground*, liegt auf Ferry Island, ein an sich schön gelegener Platz, der allerdings wegen des Verkehrs über die Skeena River-Brücken ziemlich laut ist. Mit diesem Problem hat man im **Lakelse Lake Provincial Park** an der Straße #37, 18 km südlich von Terrace, nicht zu kämpfen. Zu ihm gehören außerdem wunderbare Sandstrände und ein großer Kinderspielplatz.

Heiße Quellen

Ihren Spaß haben Kinder und nicht nur die mit Sicherheit im **Mount Layton Hot Springs Resort** am Südende des *Lakelse Lake*. Das heiße Wasser der Quellen speist eine Anlage mit 2 Pools und mehreren Wasserrutschen. Zum Komplex gehört auch ein Hotel; ✆ (250) 798-2214.

Kitimat

Der Highway #37 endet in Kitimat, einer rund 11.000 Einwohner zählenden Industriestadt am *Kitimat Arm* des tief ins Land reichenden **Douglas Channel**. Sie wurde Anfang der 50er Jahre als industrieller Standort gegründet und nennt sich gern **Aluminum City**. Neben einer der weltgrößten Aluminium-

Kitimat	schmelzereien (geführte Besichtigung Juni–August wochentags um 11+13.30 Uhr ab dem firmeneigenen *Visitor Centre*) gibt es dort noch einen Komplex zur Papiererzeugung und eine Methanol-Fabrik. Typisch für die Werke ist ihr hoher Strom- und Wasserbedarf. Beide Ressourcen sind dank eines Wasserkraftwerks im Überfluß vorhanden. In Werbebroschüren und Informationsblättern der örtlichen Touristeninformation wird zu Recht darauf hingewiesen, daß Kitimat (ansonsten) inmitten unberührter Natur liegt.
	Auch östlich von Terrace folgt der *Yellowhead Hwy* weiter dem Skeena River – wengleich nicht immer in Ufernähe – durch nach wie vor reizvolle Landschaften.
Abstecher nach Stewart/ Watson Lake	Wer plant, bei Kitwanga auf den **Cassiar Hwy** abzubiegen, um Stewart/Hyder zu besuchen oder bis zum *Alaska Hwy* zu fahren (Watson Lake), findet die Beschreibung der Strecke in Ost-West Richtung ab Seite 476. Die meisten Campmobilverleiher untersagen die Fahrt auf *Gravel Roads* und explizit auf dem *Cassiar Highway* oder erheben dafür einen Zuschlag. Denn (kürzer werdende) Teilstücke des *Cassiar Highway* bestehen immer noch aus Schotter (➪ Seite 476). Die **Straße nach Stewart** ist dagegen ausgezeichnet. Man sollte für die Hin- und Rückfahrt inklusive Pausen und Besichtigungen am Ziel mindestens zwei Tage Zeit haben.
"Die Hazeltons"	Die drei Ortschaften South, New und Old Hazelton werden gemeinhin als **The Hazeltons** bezeichnet. Sie liegen in einer der schönsten Regionen der Provinz, in einem weiten Tal rund um den Zusammenfluß von Skeena und Bulkley River, das umgeben ist von den meist auch im Sommer schneebedeckten Hazelton Mountains. Das neue Hazelton entstand Anfang des Jahrhunderts mit dem Eisenbahnbau.
	South Hazelton ist ein unwichtiges Dorf, während **New Hazelton** heute das Servicezentrum der Region darstellt. Die Hazeltons erfreuen sich vor allem wegen ihrer **Totempfähle** eines hohen Bekanntheitsgrades.
Nach Hazelton	In (Old) Hazelton steht das `Ksan Historic Indian Village*, der authentische Nachbau eines indianischen Dorfes. Die Zufahrt dorthin läßt sich nicht verfehlen. Eine kleine Straße führt ab New Hazelton dorthin. Sie überquert auf einer sehenswerten Hängebrücke den *Hagwilget Canyon* des Bulkley River. Vom Wege fällt der Blick auf die jenseits des Tals liegenden Gipfel der *Seven Sisters*.
Indianerdorf	Die Anlage des Dorfes der **Gitksan Indians** mit dem **Northwestern National Exhibition Centre and Museum** ist zwar als reine Touristenattraktion konzipiert, aber wegen der Schnitzarbeiten – besonders zu bewundern an den Totempfählen – unbedingt einen Besuch wert.

Drei Häuser können gegen Eintritt (mit Führer) von innen besichtigt werden (Ende Mai bis Anfang September, täglich 10.30–16.30 Uhr). Der Eintritt aufs Gelände ist frei; geöffnet Anfang Mai bis Mitte Oktober 9–18 Uhr sonst jeweils kürzer.

Totem Poles Wer sich für **Totempfähle** interessiert, kann bis **Kispiox** fahren (von Hazelton 14 km), wo weitere aus rotem Zedernholz geschnitzte *Poles* stehen. Bei ihnen handelt es sich aber nur teilweise um Originale, viele sind Kopien von in den Museen Vancouvers und Victorias ausgestellten Originalpfählen.

Im **Ksan Campground** in Hazelton gibt es hübsche Plätze am Ufer des Skeena River, der sich hinter South Hazelton nordwärts gewandt hat. Der *Yellowhead Hwy* folgt von nun an einem seiner Nebenflüsse, dem Bulkley River, nach Süden.

`Ksan Historic Indian Village in Old Hazelton

Moricetown Canyon Rund 30 km südlich von New Hazelton passiert man bei Moricetown den gleichnamigen **Canyon** des **Bulkley River**, wo der Fluß sich tosend durch eine 15 m breite Verengung seines Bettes zwängen muß. Ein kurzer Weg führt vom Picknickplatz an der Straße zur Schlucht. Die Indianer haben sich das Recht erhalten, dort nach alter Art mit langen, hakenbewehrten Stangen Lachse zu stechen. Im Juli/August sind die Aussichten besonders gut, diese eindrucksvolle Fangmethode beobachten zu können. Der **Moricetown Canyon Campground** befindet sich 1 km südlich des Flusses auf einer Anhöhe.

Smithers Mit 4.600 Einwohnern ist Smithers einer der größeren Orte an der Strecke. Wohl im Bestreben, sich touristisch zu profilieren, hat man vielen Fassaden einen alpenländischen Touch gegeben. Das **Visitor Infocentre** im Bahnwaggon an der Einmündung Main Street in die Hauptstraße läßt sich nicht verfehlen. Man erhält dort Wanderkarten für die nähere Umgebung, in der es sehr schöne **Trails** gibt, z.B. mit Ausgangspunkt Kathlyn Lake am Fuße des Hudson Bay Mountain.

West Yellowhead Highway

Camping Angenehme Campingplätze (mit *Hook-up*) findet man im **Riverside Recreation Center** am Fluß (vom *Yellowhead Hwy* ausgeschildert). Als Übernachtungsplatz noch besser geeignet ist der am See gelegenen **Campground** des *Tyhee Provincial Park*, Zufahrt etwa 10 km südlich der Stadt.

Fossilien Östlich von Smithers liegt der **Driftwood Canyon Provincial Park** (10 km, kein Camping), ein interessantes Ziel. Dort befindet sich ein **Fossil Bed**, aus dem bis zu 60 Millionen Jahre alte Versteinerungen ausgegraben wurden. Wer erfolgreich sucht, darf seinen Fund sogar behalten. Jedes dem Park überlassene Fossil wird mit einem Zertifikat "vergütet".

Houston In Houston hat der *Yellowhead Hwy* die Gebirgslandschaft endgültig hinter sich gelassen und die Seenplatte des **Interior Plateau** erreicht. Im **Infocentre** des Ortes gibt es eine Karte der Holzindustrie, die sämtliche Gewässer, Straßen und Wege des Gebietes zeigt. Sie ist auch in Burns Lake vorrätig. Hinter Topley verläßt die Straße das Tal des Bulkley River und passiert die Wasserscheide zwischen Fraser und Skeena River. Gleichzeitig wird die Strecke monotoner und bietet bis Prince George keine nennenswerten Höhepunkte mehr.

Burns Lake Von Burns Lake, das Besucher mit der Feststellung "*3000 Miles of Fishing*" begrüßt und damit die Hauptattraktion des Gebietes nennt, führt die einzige (überwiegend) asphaltierte Straße (#35) nach Francois Lake und zum Ootsa Lake (Dorf und See, 65 km). Die Fähre über den François Lake ist frei.

Zum Tweedsmuir Provincial Park Ootsa Lake ist beliebter Ausgangspunkt für eine Bootsrundfahrt durch absolute Wildnis auf verbundenen Seen im Nordteil des *Tweedsmuir Provincial Park*, ⇨ Seite 407. Kanu- und Kajakfahrer sollten sich nur nach intensiver Vorbereitung auf den Trip begeben. In Smithers und Prince George gibt es **Distriktsbüros** des *BC Ministry of Parks and Lands*, die detaillierte Informationen bereithalten. Im Gegensatz zum (viel kürzeren) Seenverbund des *Bowron Lake Park* sind auf diesen Gewässern auch Motorboote zugelassen.

Vanderhoof Einige Kilometer vor Vanderhoof im Landwirtschaftsgebiet *Nechako Valley* zweigt die Stichstraße #27 nach Fort St. James ab, dem letzten Ziel auf dieser Route für einen Abstecher (ca. 120 km hin und zurück).

Fort St. James Fort St. James (2.000 Einwohner) und beherbergt die gleichnamigen **National Historic Site**. Einige restaurierte Blockhäuser (*Log Houses*) rufen dort die Zeit der Erschließung des kanadischen Westens durch die *Hudson's Bay Company* wach. Aus einem Handelsposten, den *Simon Fraser* 1806 am Südostende des Stuart Lake gründete, entwickelte sich bald das Fort St. James. Es wurde kommerzielles Zentrum der **Hudson's Bay Company** und ihres weit nach Norden und Süden reichenden Handelsgebietes *New Caledonia*.

Living Museum

In den Sommermonaten wird das Alltagsleben während der Pelzhandelsära durch zeitgenössisch gekleidete "Bewohner" nachgestellt und erläutert. Unter ihnen sind auch *Carrier Indians*, die bereits in den 70er-Jahren bei Restaurierung und Wiederaufbau des Komplexes dabei waren. Im **Visitor Reception Centre** gibt`s Ausstellungen und eine Dia-Show. Führungen finden in regelmäßigen Abständen statt (gratis). Geöffnet von Juni bis September 9–17 Uhr.

Lohnt der Abstecher?

Wer die wesentlich größeren **Historical Parks** Barkerville oder **Fort Steele** gesehen hat oder noch besuchen wird, kann bei knapper Zeit auf den Umweg über Fort St.James verzichten. Aber wenn es gerade paßt, läßt sich der Abstecher vielleicht mit einer Übernachtung verbinden. Der **Paarens Beach Provincial Park** bietet herrliches Camping am Südufer des Stuart Lake. Viele Stellplätze befinden sich unmittelbar am Strand – ideal für Familien mit Kindern.

Auch schöne **Trails** könnten Motiv für einen Zwischenaufenthalt sein. Nordwestlich des Ortes etwa geht es über 800 Höhenmeter hinauf zum *Mount Pope*, von dessen Gipfel (1.472 m) sich eine herrliche Fernsicht bietet.

Von Vanderhoof sind es noch rund 100 km bis Prince George. Zur Fortsetzung der Reise von dort ⇨ Seite 412.

ALASKA HIGHWAY UND NEBENSTRECKEN

6.1. ZUM REISEN IM HOHEN NORDEN

Eine Reise in die einsame Nordwestregion Canadas und/oder nach Alaska per Auto ist heute im allgemeinen **kein sonderlich riskantes Abenteuer** mehr. Bis Ende der 70er Jahre dagegen, als selbst der *Alaska Highway* noch überwiegend aus Schotter bestand, waren Reisen in die einsamen Gebiete jenseits des asphaltierten Straßennetzes nicht unproblematisch. Mit dem weiteren Ausbau der in den hohen Norden führenden Straßen und des Wegesystems in den Yukon und Northwest Territories hat sich die **Befahrbarkeit seither erheblich verbessert**. Trotzdem gibt es noch eine Reihe von Aspekten, die vor jeder Reise in Gebiete jenseits des 60. Breitengrades bedacht werden sollten. Denn Fahrten in den Norden sind lang, und ab Mitte September kann Schneefall Nebenstrecken unpassierbar machen.

Wer ausreichend Zeit, genügend Dollars, mückenfeste Kleidung mitbringt und nicht zuviel Ärger mit dem Fahrzeug hat, kann gerade in den nördlichen Breiten einen unvergeßlichen Urlaub verbringen. Grandiose Landschaften in absoluter Einsamkeit, Goldrauschrelikte und lange Sommertage gefolgt von sternklaren Nächten und Nordlicht garantieren außergewöhnliche Eindrücke und Erlebnisse.

6.1.1 Die Hauptrouten

Straßenzustand

Letzteres gilt allerdings eher auf Neben- als Hauptstrecken. Wo früher etwa der **Alaska Highway** dem Auf und Ab der Topographie folgte und unzählige Zufahrtsmöglichkeiten zu Wildwassern und idyllischen Seen bot, erlaubt heute die begradigte und erhöhte Trasse seltener ein Verlassen der Straße. Ein Teil des alten Reizes ging damit verloren. Zahlreiche Urlauber in *Motorhomes* bezeugen, daß zumindest ein Befahren des *Alaska Highway* keine besonderen Ansprüche mehr an Fahrzeug und Ausrüstung stellt. Er ist durchgehend befestigt und bietet ein – gegenüber früheren Jahren – relativ dichtes Netz von Servicestationen und Campingplätzen. Der größte Abstand zwischen zwei Tankstellen beträgt heute nur noch 120 km (zwischen Whitehorse und Otter Falls Cutoff kurz vor Haines Junction).

Alternative Routen

Zu mehreren Abschnitten des *Alaska Highway* gibt es reizvolle Alternativstrecken. Das Yukon Territory kann man ab Watson Lake auch auf der **Kombination Campbell Highway** (bis Carmacks)/**Klondike Highway** (asphaltiert bis Dawson City)/ **Top of the World/Taylor Highway** (bis Tok/Alaska) durchfahren. Mit 1.270 km ist diese Strecke nur 190 km länger als der *Alaska Highway* von Watson Lake bis Tok. Allerdings sind ca. 800 km auf einsamen Schotterstraßen zurückzulegen. In British Columbia bietet der **Cassiar Hwy** eine ausgesprochen attraktive Umgehungsmöglichkeit des *Alaska*

Highway (insgesamt nur noch wenig über 100 km Schotter). Er zweigt etwa 20 km westlich von Watson Lake vom *Alaska Highway* ab und führt als Stichstraße nach Stewart (Straße #37A), einem kleinen Städtchen am *Portland Fjord*, und weiter nach Kitwanga zum *Yellowhead Highway*, etwa 240 km östlich von Prince Rupert.

Reiserouten Dank dieser Alternativrouten sind sehr schöne **Rundfahrten** unterschiedlicher Streckenlänge und Dauer in Norden möglich, ohne daß größere Abschnitte doppelt gefahren werden müssen. Bei knapper Zeit vermittelt bereits ein einwöchiger **Abstecher** ab Prince George über Fort St. John und Watson Lake (*Alaska Highway*) nach Stewart/Kitwanga und zurück nach Prince George oder Prince Rupert (von dort Fähre nach Vancouver Island) einen guten Eindruck vom Norden. Wer mehr Zeit hat, könnte eine **achtförmige Rundreise** erwägen, die Dawson City, einen kleinen "Schlenker" über Alaska, Haines und Skagway Fähre, (➪ Seite 503) einbezieht. Mehrere Varianten der Streckenführung sind denkbar.

Über die NWT in den Norden Das Yukon Territory kann statt auf dem *Alaska* oder *Cassiar Highway* auch auf dem **Mackenzie Highway** angesteuert werden, der zunächst zum Great Slave Lake führt. Von Edmonton bis zur Abzweigung des *Yellowknife Highway* ist er durchgehend asphaltiert, danach jedoch – wie auch der Northwest und Yukon Territories verbindende **Liard Highway** – geschottert. Über diese – gegenüber der direkten Route Edmonton–Dawson Creek–Fort Nelson um 1.500 km (davon 930 km Gravel) längere Strecke (einschließlich Abstecher nach Yellowknife) informiert Kapitel 8.2 (➪ ab Seite 586).

Zum Polarkreis Eine Sonderstellung besitzt der 734 km lange **Dempster Highway** (ausschließlich Schotter). Er führt vom *Klondike Highway* östlich von Dawson City nach Inuvik (NWT), der nördlichsten kanadischen Stadt, die sich mit dem Auto erreichen läßt. In seinem Verlauf durchs Yukon Territory gibt es auf einer Distanz von fast 500 km lediglich ein Hotel und eine Handvoll einfacher Wildnis-Campingplätze. Die nördlichste Straße des Kontinents findet sich in Alaska. Der **Dalton Highway** endet nach 666 km an der *Alaska Pipeline* entlang kurz vor den Erdölfeldern in der Prudhoe Bay.

6.1.2 Der Zeitfaktor

Zeitbedarf Gut Ding will Weile! Eine komplette Rundreise durch Canadas Norden **und** das Kernland Alaskas wird einschließlich einiger Nebenstrecken – ohne Fährbenutzung – unter 7.000 km und einer absoluten **Minimalzeit** von **drei Wochen** kaum zu machen sein (gerechnet ab Prince George!). Hinzu kommt noch die **Anfahrt** (kilometermäßig und zeitlich) von den südlicher gelegenen Ankunftsflughäfen (**Edmonton, Calgary oder Vancouver**). Eine durchschnittliche Fahrleistung von über 300 km/Tag ist aber im Grunde nur auf Asphaltstrecken gerade noch erträglich. Bei Einschluß von Schotterstraßen in die Reiseroute und dadurch bedingten geringen Geschwindigkeiten benötigt man für eine lohnende Fahrt, die nicht in endlose Stunden am Steuer ausarten soll, vier und mehr Wochen.

Anfahrt

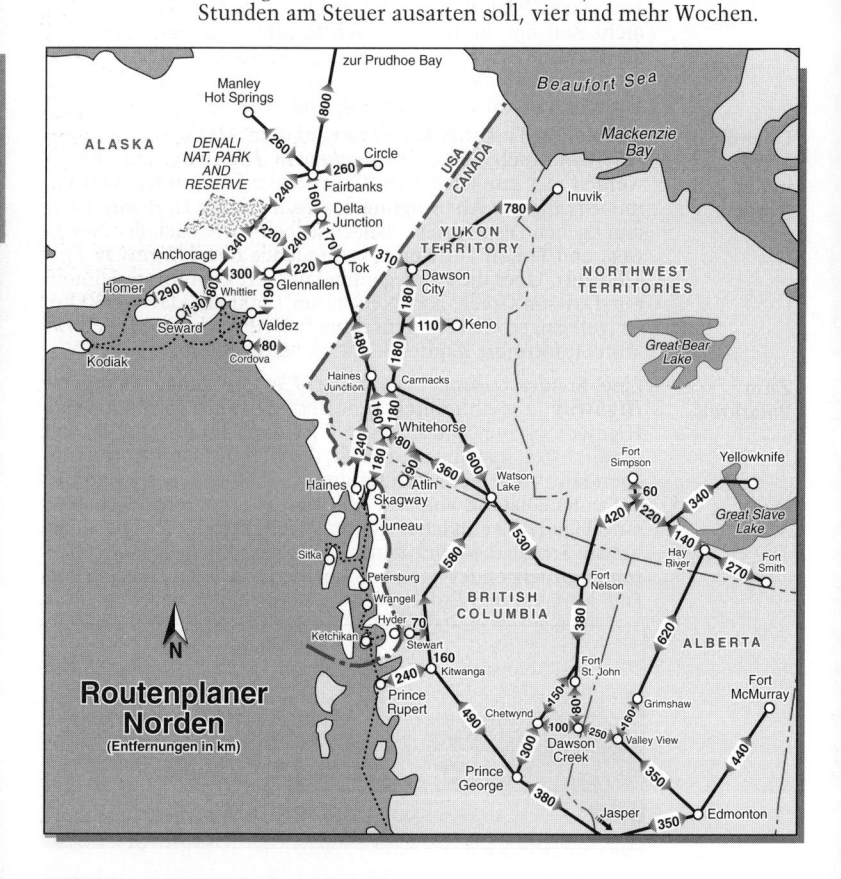

Oder aber man beschränkt sich bei weniger Zeit auf kürzere Teilstrecken, ggf. unter Einschluß der Alaskafähren. Sonst hat man am Ende weniger gesehen und erlebt, als weiter südlich zwischen den Rocky Mountains und Vancouver Island bei viel weniger Fahrerei möglich gewesen wäre.

Alaska Panhandle **Wer unbedingt einmal in Alaska gewesen sein möchte:** Vom *Yellowhead Highway* (Kitwanga) nach Hyder im *Alaska Panhandle* (Nachbarort von Stewart/BC) sind es auf gut ausgebauter Teerstraße nur 230 km.

Reisezeit Grundsätzlich können nur **Juni bis Mitte September** als Reisemonate für den Norden wirklich empfohlen werden. Die Aussicht auf sonniges Wetter steigt mit der Entfernung von der Pazifikküste. Gleichzeitig sinkt das Regenrisiko. Im **Hochsommer** ist es – an guten Tagen – tagsüber meist angenehm warm (➪ Seite 22). Selbst laue Sommernächte kommen hoch im Norden vor – zur Freude der **Stechmücken**! Auch im Juni und September gibt es schon/noch schöne Tage und erträgliche Nächte, aber dann gehören Schneefall und Nachtfrost durchaus ins "normale" Wetterbild. Zahlreiche Campingplätze werden bereits im September geschlossen.

6.1.3 Ausrüstung und Vorkehrungen*)

Wer im hohen Norden ausschließlich auf dem *Alaska* oder *Klondike Highway* bleibt, wird in aller Regel mit dem Bordwerkzeug, so vorhanden, und einem tauglichen**) Reservereifen auskommen. Vorausgesetzt natürlich, das Auto ist bei Fahrtantritt ansonsten technisch in Ordnung.

Tanken Ein voller **Reservekanister** kann nie schaden. Trotzdem sollte man es sich im Norden zur Gewohnheit machen, ab halbvollem Tank nachzufüllen, wenn sich die Gelegenheit bietet; die nächste Tankstelle nach 100 km könnte geschlossen sein.

Ersatzteile und Werkzeug Ausgedehnte Trips abseits der Hauptstrecken sollten besser nicht ohne eine gewisse Vorbereitung unternommen werden. Die Mitnahme von Ersatzteilen für typische Fehlerquellen und Verschleiß (Zündkerzen, Öl- und Luftfilter, Keilriemen usw.) sowie von etwas mehr Werkzeug als üblich, ist dann dringend anzuraten. Und zwar weniger wegen einer ernstlich höheren Reparaturanfälligkeit auf schlechten Straßen als vielmehr wegen der eventuell großen Entfernung zur nächsten Werkstatt, sollte eine Panne auftreten.

---

*) Manche Verleihfirmen untersagen ein Befahren von *Gravel Roads* bzw. Fahrten in den Norden von vornherein, andere berechnen hohe Zuschläge auf den üblichen Miettarif.

**) Die heute bei vielen Pkw zu findenden Notreifen können bei einer Panne weitab vom nächsten Ort problematisch sein und sollten vorsichtshalber ersetzt oder durch einen weiteren Ersatzreifen ergänzt werden.

Steinschlag

Vor allem durch schnell fahrende Trucks und größere Wohnmobile werden auf Schotterstraßen häufig Steine hochgeschleudert. Für die **Windschutzscheibe** gibt es keinen Schutz, der nicht gleichzeitig mit einer starken Sichtbehinderung einhergeht. Zumindest die **Scheinwerfer** lassen sich durch Gitter oder Folien gut schützen. Man findet sie im Zubehörhandel (z. B. bei *Canadian Tire*) in allen kanadischen Städten. Die beste Vorsichtsmaßnahme ist ein angemessener Abstand zum Vordermann. Bei schnell überholenden und entgegenkommenden Fahrzeugen hält man sich soweit rechts wie möglich. **Empfindliche Teile** unter dem Wagen (bei manchen Fahrzeugtypen auch der Tank) sollten ebenfalls geschützt werden: zerschnittene alte Reifen leisten dafür gute Dienste. **Stoßdämpferbefestigungen** können sich "losrütteln" und müssen ab und zu kontrolliert werden.

Staub

Auf Staubstrecken – dazu werden alle *Gravel Roads* nach einigen Tagen ohne Regen – setzen sich **Luftfilter** schnell zu. Da sie sich nicht unendlich oft reinigen lassen, kann ein Extrafilter nützlich sein. **Bremsen**, insbesondere Trommelbremsen, bleiben durch eine gelegentliche Luftdruckreinigung besser in Form. Da starke Verschmutzung der **Scheiben** (an Regentagen auf Schotterstraßen) zu hoher Abnutzung der Wischergummis führen, kann ein Ersatzset nicht schaden.

Karten

Was **Kartenmaterial** betrifft, ist man mit den folgenden Wegskizzen und Routenbeschreibungen für die Planung ganz gut gerüstet. Unterwegs benötigt man jedoch genauere Unterlagen. Die wichtigsten gibt es gratis (Landkarten und Broschüren) in den Büros der *Tourist Information* der Provinzen/Territorien und bei den Dependancen der Automobilclubs CAA bzw. AAA.

Alaska Highway "Bibel"

Wer sich damit noch nicht ausreichend präpariert fühlt, sollte sich den **Milepost** beschaffen, ein jährlich neu aufgelegtes, detailliertes Logbuch für alle Straßen, Versorgungseinrichtungen und Campingplätze im Norden einschließlich der Anfahrtsrouten. Man findet die "Bibel der Nordlandfahrer" in fast allen Buchhandlungen der kanadischen Westprovinzen und sogar in den meisten Großstädten der USA. Leider ist der *Milepost* dick wie ein mittleres Telefonbuch. Er kostet z.Zt. can$ 27,95 oder US$ 21,95 (beim Automobilclub CAA/ AAA gibt es auch für Mitglieder europäischer Clubs einen kleinen Discount). Direktbestellungen können gerichtet werden an:

Vernon Publications Inc.
3000 Northup Way, Suite 200
Bellevue, WA 98004

✆ (425) 827-9900 und ✆ 1-800-726-4707, Fax (425) 822-9372

Bei Auslandsversand fallen hohe Nebenkosten an.

6.1.4 Versorgung unterwegs

Lebensmittel

Das **Preisniveau im Norden** ist zwar insgesamt höher als im südlichen Canada, aber man kann die Kosten durch geschickten Einkauf in Grenzen halten. Das betrifft vor allem Lebensmittel, die in Siedlungen abseits der Hauptstrecken mitunter recht teuer sind. In den Supermärkten der größeren Orte bleiben zumindest Grundnahrungsmittel erschwinglich. Es ist daher nicht notwendig, das Auto vor der Reise bis an die Decke mit Vorräten zu beladen, schon gar nicht bei Fahrten nach Alaska, einem der wenigen US-Staaten ohne *Sales Tax*. In Anchorage sind Lebensmittel sogar preiswerter als in Canadas Süden. Nennenswerte Proviantvorräte (Konserven) anzulegen, lohnt sich nur vor längeren Fahrten abseits der "großen" Straßen.

Einkaufen am *Alaska Highway* kann man am besten in

Dawson Creek			12.000 Einw.
Fort St. John	km	76	14.000 Einw.
Fort Nelson	km	455	3.800 Einw.
Watson Lake	km	986	1.800 Einw.
Whitehorse	km	1.425	23.100 Einw.
Tok/Alaska	km	2.063	1.250 Einw.

Alaska

Von Tok aus sind es nur noch 520 km bis **Anchorage.** Die Stadt besitzt eine perfekte Infrastruktur. **Alle Waren sind dort preiswerter als irgendwo sonst im hohen Norden**.

Benzin

Auch Benzin kostet in Alaska weniger als in den kanadischen Provinzen und Territorien. In Anchorage bezahlt man genausoviel wie im Kernland der USA. Trotz höherer Preise außerhalb der beiden Großstadtregionen ist Treibstoff selbst in entlegenen Regionen höchstens halb so teuer wie in Deutschland. Auch in Haines und Skagway, den vom Alaska-Kernland weit entfernten Fährhäfen am nördlichen Ende des *Alaska Marine Highway*, gibt es Benzin billiger als im Nachbarland Canada.

In den größeren Orten entlang des *Alaska* und *Klondike Highway* muß man in Canada für Benzin ungefähr 50% des deutschen Preises rechnen, an Tankstellen auf Nebenrouten mehr. Wer von Canada über Beaver Creek nach Alaska einreist, sollte daher mit dem Tanken bis Tok warten.

Auf nasser Gravel Road sieht das Auto schon nach wenigen Kilometern so aus: Heck- und Seitenscheiben sind von einer Dreckkruste überzogen

6.1.5 "Liegenbleiben" im Norden

Pannen/ Unfall

Sollte im Fall einer Panne oder eines Unfalls der Wagen nicht mehr fahrbereit sein, findet sich entweder ein hilfsbereiter Autofahrer, oder es muß ein Abschleppwagen her, ein ***Towing Truck***. Das kann teuer werden! Auf dem *Dalton Highway* entlang der *Trans Alaska Pipeline* gilt ein Tarif von US$ 5 pro Meile Abschlepp- und Anfahrtstrecke.

Reparaturen

Reparaturen gehen ins Geld. Müssen Ersatzteile bestellt werden, wird es nicht nur teuer, sondern dauert. Das gilt besonders für "exotische" Autotypen (alle europäischen und viele japanische Fabrikate). Lieferzeiten von einer Woche und mehr kommen vor! Wichtige ***Spare Parts*** (Ersatzteile) für gängige amerikanische Typen sind indessen meist vorhanden.

Ein gründlicher ***Check-Up*** (Inspektion) des Fahrzeugs vor Reisebeginn und die Beachtung der Hinweise oben können Stress und Geld sparen helfen.

6.2. ALASKA HIGHWAY

6.2.1 Geschichte und Situation heute

Nüchtern betrachtet ist der 2.238 km lange, heute komplett asphaltierte *Alaska Highway* heute eine bequeme Verbindungsstraße zwischen Dawson Creek in British Columbia und Delta Junction in Alaska. Trotz markiger Slogans wie ***I survived the ALCAN*** (**AL**aska-**CAN**ada *Highway*) auf Autoaufklebern und T-Shirts stellt ein Befahren des *Alaska Highway* längst keine Herausforderung mehr dar.

So sah der Alaska Highway noch vor 20 Jahren in Canada fast durchgängig aus.

Geschichte

Vor-geschichte

Der Plan, eine durchgehende Straße oder Eisenbahn nach Alaska zu bauen, reicht bis in die Zeiten des Goldrausches zurück. Alle Ansätze zur Realisierung scheiterten jedoch zunächst. Zu stark war die Furcht der Kanadier vor einem unkontrollierten Eindringen des am Landweg nach Alaska interessierten Nachbarn USA. Was in Friedenszeiten unmöglich schien, gelang schließlich während des 2. Weltkriegs. Die japanische Bedrohung nach dem Angriff auf Pearl Harbour am 7. Dezember 1941 lieferte den Amerikanern ein Argument, dem sich die Kanadier nicht verschließen konnten: Eine **Nachschubstraße** sollte den US-Staat im hohen Norden gegen die damals befürchtete Invasion Japans absichern helfen.*)

Bau 1942

Die Bauarbeiten kamen trotz schwieriger äußerer Bedingungen rasch voran. Weder Mensch noch Maschine wurden geschont. Unfälle waren an der Tagesordnung. Eine geschickte Propaganda sorgte dennoch dafür, daß die patriotisch eingestimmte Bevölkerung in den USA wie in Canada die Realisierung des Projekts als "Heldentat" feierte – der alte amerikanische Pioniergeist (*Frontier Spirit*) lebte wieder einmal auf.

Die in British Columbia und Alaska gestarteten Baukolonnen trafen sich nach nur sechs Monaten **am 24. September 1942** am *Contact Creek*. Am 20. November 1942 folgte die offizielle Einweihung des neuen *Highway* am **Soldier's Summit**. Erste LKW-Konvois schafften die Strecke Anfang 1943; als echte Allwetterstraße war der *Alaska-Canada Highway* aber erst ein gutes Jahr später zu benutzen. Nach Kriegsende wurde er am 1. April 1946 an Canada übergeben.

Effekte

Die wirtschaftlichen und sozialen Auswirkungen waren bereits während der Bauzeit beträchtlich. Orte wie Fort Nelson, Watson Lake und Tok erlebten dank ihrer Lage am *Alaska Highway* einen ungeahnten Aufschwung; **Ureinwohner** und einstige Fallensteller fanden gut bezahlte Jobs auf Baustellen und in Militärstationen. Für viele *Inuit* und Indianer, die bis dahin nur über Pelzhändler Kontakt zur Welt der Weißen gehabt hatten, brachte das Eindringen der Zivilisation aber auch vorher nicht gekannte Probleme mit sich. U.a. der moderne Arbeitsrythmus, eingeschleppte Krankheiten und die Verfügbarkeit von Alkohol führten zu einschneidenden sozialen Veränderungen.

Da der *Alaska Highway* über Whitehorse geführt wurde, geriet Dawson City, die alte Hauptstadt des Yukon Territory, ins Abseits. Whitehorse entwickelte sich zum neuen Zentrum und wurde bald auch Sitz der Territorialverwaltung.

---

*) Im nachhinein stellte sich heraus, daß die Landverbindung nur geringe militärische Bedeutung besaß. Die strategisch wichtigsten Regionen (*Inside Passage*, Golf von Alaska und Aleüten) blieben weiterhin nur auf dem See- bzw. Luftweg erreichbar.

Erst mit der Asphaltierung des *Klondike Highway* und der Proklamation von **Dawson City** zum **National Historical Site** ging es mit der einstigen Goldrausch-Metropole in den letzten Jahren wieder bergauf.

Verkehr und Zustand

Heute verkehren auf dem *ALCAN* zumindest in den Sommermonaten fast mehr Campmobile als Lkw. Man sieht also, daß der *Highway* für das Yukon Territory nach wie vor wichtigste Versorgungsader ist, aber gleichzeitig eine hohe touristische Anziehungskraft besitzt. Ungezählte Dollars fließen alljährlich auf *Alcan* und dem *Klondike Highway* in den Norden. Damit das auch in Zukunft so bleibt und – wenn möglich – noch reibungsloser klappt, sollte der *Alaska Highway* bereits zur **50-Jahr-Feier 1992** vollständig asphaltiert sein. Dieses Ziel wurde zwar um einige Restkilometer verfehlt, aber nur wenig später erreicht. Über weite Strecken entspricht die einst abenteuerliche Strecke nun einer ausgebauten US-Bundesstraße, auf der Riesentrucks mit Höchstgeschwindigkeit ihrem Ziel entgegensteuern.

Endpunkt

Der *Alaska Highway* endet offiziell in Delta Junction. Das 158 km lange Teilstück des **Richardson Highway** von Delta Junction bis Fairbanks wird nichtsdestoweniger als "natürliche" Fortsetzung des *Alaska Highway* betrachtet und auch in diesem Buch in die Beschreibung des *Alaska Highway* einbezogen. Die Verbindung diente bereits 1902 als **Gold Digger's Trail** und ab 1910 als Postkutschenroute. In den 20er Jahren folgte ihr Ausbau zur ersten Überlandstraße Alaskas.

Abschließend noch ein Hinweis zum etwas verwirrenden Umstand, daß die **Meilensteine** (*Mileposts*) am *Alaska Highway* und die effektiven Entfernungen nicht übereinstimmen:

Distanzen

Nach Freigabe des **Alaska Highway** betrug die Distanz von Dawson Creek nach Delta Junction **2.298 km**. Im Lauf der Jahre verkürzte sich infolge von Trassenverlegungen die tatsächliche Entfernung um 61 km. Trotzdem behielten die alten Meilensteine (*Historical Mileposts*) entlang der Strecke, die längst zu festen Größen in Adressen und auf Reklameschildern geworden waren, ihren Standort. Und auch, als man in Canada 1980 das metrische System einführte, wurde die Gelegenheit nicht überall zur Korrektur genutzt, im Yukon Territory z.B. rechnete man lediglich die alten (falschen) Meilenangaben in Kilometer um. Daher springen die Angaben an den Kilometerpfosten an der Yukon-BC-Grenze kurz vor Watson Lake um 41 km nach vorne. Aus demselben Grund stimmen die *Historic Miles* und ihre Umrechnung in Kilometer (etwa im *Official Vacation Guide* des Yukon) nicht mit den gefahrenen Kilometern überein.

Die Kilometerangaben in den Routenskizzen dieses Buches entsprechen den tatsächlichen Entfernungen!

Von Edmonton nach Dawson Creek

Da der direkte Weg von Südosten (Edmonton/Calgary) zum Ausgangspunkt des *Alaska Hwy* in keine anderweitig reizvolle Reiseroute hineinpaßt, wurde diese Anfahrt bislang noch nicht beschrieben (zur Anfahrt von Vancouver/Prince George ⇨ Seite 406, von Osten über den *Northern Holiday Highway* ⇨ Seite 327).

Der **schnellste Weg** von Edmonton zum Ausgangspunkt des *Alaska Hwy* führt über Whitecourt und Grande Prairie. Die Kombination der Straßen #16/#43 und #34 ist nicht nur etwas kürzer (590 km) als die auf der Karte in etwa gleichwertig erscheinende Strecke über den Lesser Slave Lake, sondern auch besser ausgebaut und insgesamt erheblich weniger zeitaufwendig. Beide Routen führen überwiegend durch eher langweilige Agrar- und Waldgebiete. Auch die rund 60 km am Lesser Slave Lake entlang (großenteils verläuft die Straße weitab der Ufer) bilden keinen Höhepunkt, für den sich ein Verlassen der Hauptstrecke lohnte.

Erster Ort am Wege ist **Whitecourt.** Nur einige Kilometer nordwestlich an der Straße #32 liegt der *Huestis Demonstration Forest*, in dem Einflüsse holzwirtschaftlicher Aktivitäten (Abholzung und Wiederaufforstung) auf das Ökosystem – im Sinne der Betreiber – positiv dargestellt werden. Für einen Spaziergang zwischendurch ist der Besuch den kleinen Abstecher allemal wert.

Zum **Campen** eignet sich in diesem Bereich der *Carson Pegasus Provincial Park* ein wenig nördlich des Demonstrationswaldes, ausgeschilderte Zufahrt. Dieser Park ist besonders gut angelegt und verfügt neben dem großzügigen Campground über Badestrand und Kanuvermietung auf zwei verbundenen Seen.

Grande Prairie ist mit rund 30.000 Einwohnern die größte Stadt der Region. Einen besonderen Grund zum Verweilen in Grande Prairie gibt es nicht.

Internet-Information zu Grande Prairie: http://www.city.grande-prairie.ab.ca

Letzte Station vor Dawson Creek für eine Übernachtung könnte der *Swan Lake Provincial Park* sein. Kurz danach erinnert eine Gedenktafel im **Sudeten Provincial Park** an die sudetendeutschen Immigranten, denen der Park seinen Namen verdankt.

(⇨ Karte Seite 344)

6.2.2 Von Dawson Creek bis Watson Lake

Dawson Creek

Dawson Creek, **Ausgangspunkt des *Alaska Highway***, hat vom Bau der Straße besonders profitiert. Vor dem Bau des ALCAN (1942) lebten dort nur um die 500 Menschen, heute sind es 12.000. Eine dichte touristische Infrastruktur kennzeichnet den Ort.

Einen besonderen Grund, sich in Dawson Creek länger als nötig aufzuhalten, gibt es nicht. Die Hauptattraktion ist der **Historical Marker**, an der Ecke 102nd Ave/10th St, der die **Meile 0** des *Alaska Highway* markiert. Im **Visitor Centre** des *Creek Station Museum* am Kreisverkehr (900 Alaska Ave, geöffnet 8–19 Uhr), am nicht zu verfehlenden ausrangierten Bahnhof von 1931, kann man sich noch fehlende Informationen für die Weiterreise besorgen. Im **Museum** sind neben Austellungsstücken Filme über den Bau des *Alaska Highway* zu sehen. In der Nachbarschaft wurde vor einigen Jahren noch ein **Grain Elevator**, einer der für die Prärieprovinzen typischen Getreidesilos, als Demonstrationsobjekt errichtet. Am Ortsausgang liegt das **Pioneer Village**, eine Ansammlung einiger Holzhäuser aus der Gründerzeit.

Erste Kilometer; siehe Karte Seite 455

Der ***Alaska Highway*** führt zunächst durch Wald und welliges Farmland und entspricht so gar nicht dem Bild, das man sich gemeinhin von seinem Verlauf macht. Wer aus Richtung Prince George anfährt, kann aber die ersten eher langweiligen 86 km umgehen. Die **Hudson's Hope Loop Road** (↔ Kasten Seite 412) von Chetwynd nach Fort St. John ist reizvoller und 30 km kürzer als die Strecke über Dawson Creek.

Fort St. John

Schon 1793 entstand in Fort St. John ein Pelzhandelsposten und damit eine der ersten von Weißen gegründeten Siedlungen auf dem Gebiet des späteren British Columbia. Der Bau des *Alaska Highway* sorgte bereits für wichtige Impulse, aber erst die Entdeckung größerer Gas- und Erdölvorkommen machte in den 80er Jahren aus der einstigen Siedlung eine Kleinstadt mit über 14.000 Einwohnern. Zahlreiche **Bohrtürme** gaben der Region den Beinamen ***Land of New Totems***. Neben der Öl- und Erdgasindustrie spielen die früher dominierenden Wirschaftszweige Viehzucht und Holzfällerei nur noch eine untergeordnete Rolle. Für Touristen ist Fort St. John eine erste Versorgungsetappe auf dem Weg nach Norden. Ansonsten hat der Ort nichts zu bieten, sieht man ab von geführten Besichtigungen durch die Forstgesellschaft (*Canfor*).

Auch die fast 400 km von Fort St. John nach Fort Nelson sind nicht sonderlich abwechslungsreich. Eine der wenigen Attraktionen auf dieser Strecke war früher der Anstieg zum 1.260 m hohen **Trutch Mountain Summit**, den bis 1987 zweithöchsten Paß des *Alaska Highway*. Von dieser Höhe schaute man über endlose Wälder bis zu den Rocky Mountains. Die nun durch das *Minaker Valley* führende, langweilige Straße (*Trutch Mountain Bypass*) kann man auf der holprigen Schottertrasse des alten *Alaska Highway* umgehen.

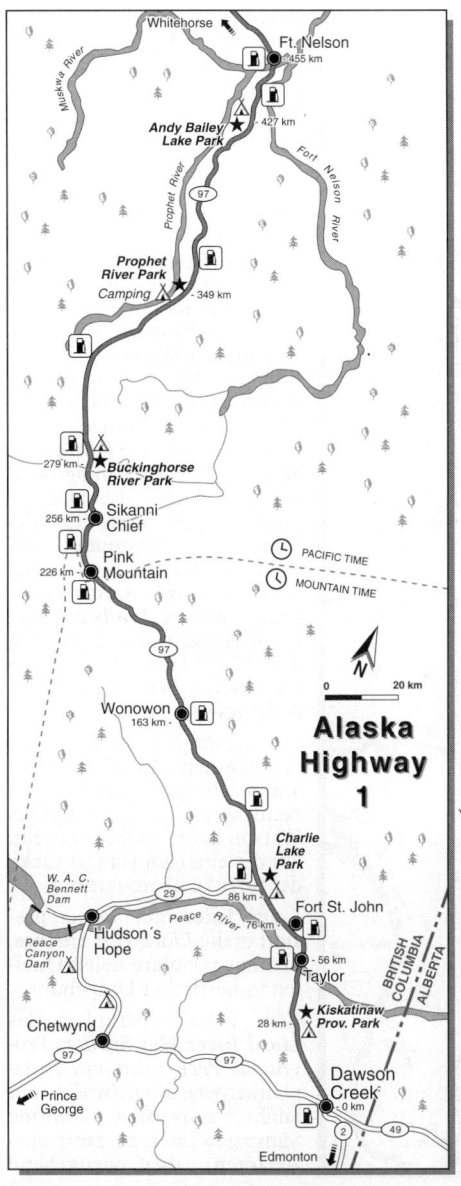

Haupteinnahmequelle sind auch in **Fort Nelson**, einem weiteren ehemaligen Pelzhandelsposten, Öl und Erdgas, außerdem die Holzwirtschaft. Im Sommer spielt heute auch der Tourismus eine wichtige Rolle.

Nördlich der Abzweigung des **Liard Highway** nach Fort Simpson, der einzigen Straßenverbindung zwischen Yukon und Northwest Territories (↔ Seite 590), gewinnt der *Alaska Highway* zunehmend an Attraktivität: Es folgen fantastische Streckenabschnitte durch die Höhen der *Rocky Mountains* und Täler entlang der Flüsse *McDonald*, *Toad* und *Trout*.

Die Ausläufer der *Rockies* umschließen hier ein enges Tal und beherrschen den **Stone Mountain Provincial Park**. Im Straßenabschnitt durch den Park erreicht man den mit 1.295 m höchsten Punkt des *Alaska Highway*, den *Summit Pass*. Ihm gegenüber liegt der Summit Peak, auf dem ein 5 km langer *Trail* gleichen Namens hinaufführt. Bei klarer Witterung belohnt eine herrliche Fernsicht die Mühe des zweistündigen Marsches. Leider zeigt sich dort der Himmel oft wolkenverhangen. Der *Campground* des Parks in prachtvoller, leider etwas windigen Lage am Seeufer ist bei schönem Wetter ein hervorragender Übernachtungsplatz.

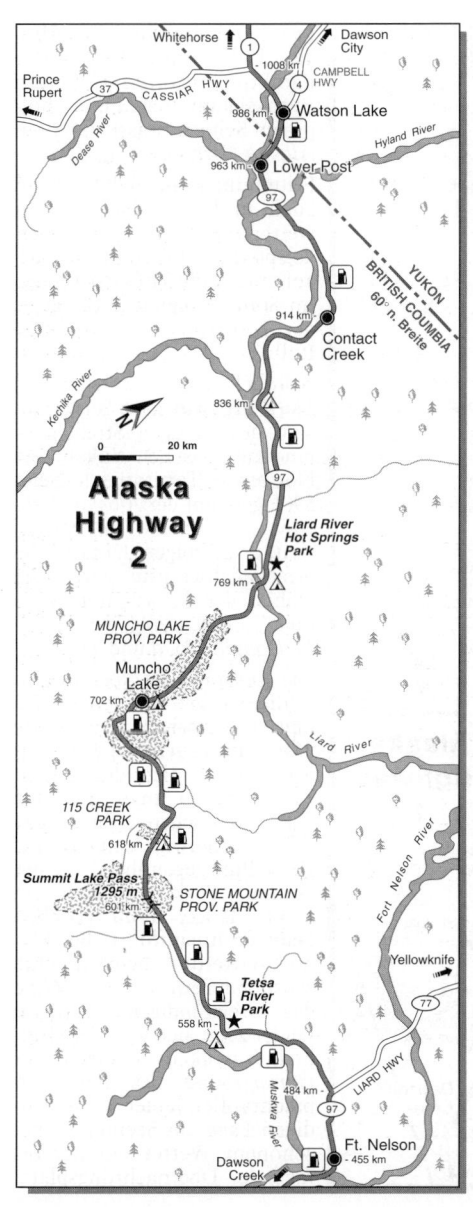

Bevor es in das weite **McDonald River Valley** hinuntergeht, windet sich die Straße pittoresk durch eine Kalksteinschlucht.

Auf den **Muncho Lake** stießen die Konstrukteure des *Alaska Highway* nur durch Zufall, als sie bei der Routenplanung nach einer Möglichkeit suchten, den *Liard River Canyon* zu umgehen. Der See gehört zu den Höhepunkten der Strecke. Die eindrucksvolle jadegrüne Färbung des Wassers wird von Kupferoxiden verursacht. Im **Muncho Lake Provincial Park** gibt es zwei Übernachtungsmöglichkeiten: den fabelhaften **Strawberry Flats Campground** am Südende des Sees und den nicht minder reizvollen **McDonald Campground** ein wenig weiter nördlich. Beide füllen sich im Sommer rasch. Etliche schöne **Trails** nehmen ihren Ausgang im Park. Auf dem 11 km langen und nur 1,5 km breiten See verkehrt ein Ausflugsboot.

Der *Alaska Highway* erreicht den kleinen Ort **Liard River** am mächtigen Fluß gleichen Namens und begleitet ihn bis Watson Lake, nachdem er ihn auf der einzigen Hängebrücke der Strecke überquert hat.

Einen Kilometer weiter passiert er die **Liard Hot Springs**, überaus populäre heiße Quellen in herrlicher Umgebung.

Vom Besucherparkplatz des **Liard River Hot Springs Provincial Park** führt ein Holzplankenweg (*Boardwalk*) über leicht schweflige, warme Sumpfgewässer zu zwar ausgebauten, aber weitgehend

Heiße Quellen	naturbelassenen Badepools mitten im Wald (***Alpha Pool*** ca. 400 m; ***Beta Pool*** 600 m). Sie sind täglich von 6 Uhr bis 23 Uhr zugänglich. Das glasklare Wasser sprudelt 60°C heiß aus dem Boden in die Pools und kühlt sich zum Abfluß hin langsam ab. Im ersten Becken gibt es sogar eine "Kinderecke", die ***Wading Area***; der weiter entfernte Pool ist größer und tiefer. Bei beiden gibt's Umkleidekabinen, denn Badekleidung ist Vorschrift.
	In den langen hellen Sommernächten herrscht bis spät abends Betrieb. Vor allem die Gäste des zum Provinzpark gehörenden Campingplatzes nutzen die Gelegenheit zum Bad. Auf dem Campingplatz unterzukommen ist allerdings nicht leicht. Im Juli/August sichert nur die Ankunft am Vormittag einen der begehrten Stellplätze. Man kann aber auch bei der ***Liard River Lodge*** campen.
Camping	67 km westlich entwickelt der *Liard River* enorme Stromschnellen. Dort lädt ein kleiner (ungepflegter) Gratis-*Campground* zum Bleiben. Die Zufahrt ist ausgeschildert mit ***Do-it-yourself Campsite***, aber leicht zu übersehen! Auch auf den ***Whirlpool Canyon*** weist ein Schild hin.

Mit der ***Contact Creek Bridge*** erreicht man den Punkt, wo sich im Jahr 1942 die aus Fort Nelson und Whitehorse heranrückenden Bautrupps trafen (siehe oben). Informationstafeln erläutern das historische Ereignis an der Grenze zwischen British Columbia und dem Yukon Territory. Von dort bis Teslin kreuzt der *Alaska Highway* die Grenze insgesamt neunmal!

Baden	Etwa 10 km vor Watson Lake passiert man, sozusagen im Grenzgebiet, linkerhand den **Lucky Lake**, einen relativ warmen Badesee mit Strand und Picknickplatz. Ein 3 km langer *Trail* führt von dort zum wilden *Liard River Canyon*.
Rundfahrt	Mit **Watson Lake** wird der erste Ort des Yukon Territory erreicht. Über den ***Cassiar Highway*** ist ein "kleiner" Rundkurs durch den Norden von British Columbia möglich:

6.2.3 Der Cassiar Highway

Geschichte

Die Straße von Watson Lake nach Kitwanga am *Yellowhead Highway* wurde als durchgehender *Cassiar Highway* erst 1972 für den öffentlichen Verkehr freigegeben. Teilstücke waren schon lange vorher befahrbar, so auch die Stichstraße vom Meziadin Lake nach Stewart/Hyder am südlichen Zipfel Alaskas. Auch nach der Freigabe blieb die Straße aber noch lange eine überwiegend von Trucks benutzte Route.

Stewart und *Cassiar Highway* bilden – rein touristisch gesehen – eine Einheit. Zur Fahrt auf dem *Cassiar Highway*, gleich aus welcher Richtung, gehört unbedingt auch der Abstecher nach Stewart.

Straßenzustand

Die Strecke war noch Jahre nach der Eröffnung eine echte Prüfung für Fahrzeug und Fahrer und bei schlechtem Wetter ohne Vierradantrieb nur mit Mühe zu bewältigen. Mittlerweile sind nur noch vier Passagen von insgesamt 130 km nicht asphaltiert. Allerdings neigt besonders im Norden zwischen Watson Lake und Dease Lake der Asphalt zum Aufbrechen. Ab Meziadin Junction gibt es weder an der Straße nach Kitwanga noch an der nach Stewart etwas auszusetzen.

Zwar ist die **Verkehrsdichte** bei weitem nicht mit der auf dem *Alaska Highway* vergleichbar, aber vorwiegend auf dem südlichen Teil sind noch viele *Logging Trucks* unterwegs, davon mancher mit "eingebauter Vorfahrt".

Tankstellen

Der größte Abstand zwischen Tankstellen beträgt 234 km. Im folgenden ihre Standorte:

Kilometer	
0	*Junction* mit *Alaska Highway*
98	Good Hope Lake (nur sporadisch geöffnet)
234	Dease Lake, mehrere Tankstellen
303	*Forty Mile Flats*
315	Iskut
331	Tatogga Lake
471	Bell Irving River
563	*Meziadin Junction*
580	*Van Dyke*
713	Kitwanga

Außerdem gibt es 2 Tankstellen in Stewart

Orte am Wege

Die *Gas Stations* sind zumeist Teil eines Servicekomplexes mit Werkstatt und *General Store* für Lebensmittel, Camping- und Angelbedarf, gelegentlich besitzen sie auch eine Cafeteria und Motelzimmer. Von einer "richtigen" Ortschaft mit einer gewissen Infrastruktur kann nur im Fall von **Stewart** die Rede sein (rund 1.000 Einwohner).

Bei **Dease Lake** handelt es sich um regionales Versorgungszentrum von wenigen hundert Menschen mit einer kleinen auch auf den Durchgangsverkehr ausgerichteten Infrastruktur; **Good Hope Lake** und **Iskut** sind auseinandergezogene Indianersiedlungen.

**Verlauf
Karte auf
Seite 455**

Die Straße läuft auf ihren ersten 300 km zunächst über die *Liard Plains* und danach durch die *Cassiar Mountains*. Dabei passiert sie unzählige hübsche Seen und Bäche. Sich irgendwo einen geeigneten Privatplatz für die Nacht zu suchen, bereitet keine Probleme. Ein wunderschöner offizieller *Campground* befindet sich im **Boya Lake Provincial Park** am namensgebenden glasklaren See, 85 km südlich des *Alaska Highway*.

Centreville

Westlich von Good Hope Lake liegt das heute praktisch unbewohnte Centreville. Während eines regionalen Goldrausches besaß der Ort über 3.000 Einwohner. Entscheidendes Ereignis war dort einst der Fund eines über 2 kg schweren Goldnugget im *McDame Creek*.

Cassiar

Von *Cassiar Junction* führt eine (heute nicht mehr öffentliche) Stichstraße in das ehemalige Asbestminendorf Cassiar, dessen Mine 1992 schloß. Cassiar ist heute eine *Ghost Town*.

**Nach
Telegraph
Creek**

Die *Telegraph Creek Road* führt von Dease Lake durch die östlichen Coast Mountains auf teilweise aufregender Strecke (speziell bei Nässe für Wohnmobile nicht zu empfehlen) hinunter zum namensgebenden Nest über dem Stikine River. Das Nest Telegraph Creek ist Ausgangspunkt für Trips in die nur mit Buschflugzeugen und über Wander- und Reitpfade zugängliche Wildnis des **Mount Edziza Provincial Park**.

Brückenüberquerung 1987 auf dem alten, damals noch vollständig geschotterten Cassiar Highway

Wildnisparks	Südlich von **Dease Lake** durchquert der *Cassiar Highway* die *Stikine River Recreation Area*, welche *Mount Edziza* und *Spatsizi Plateau Wilderness Park* miteinander verbindet. Westlich der Brücke über den Fluß beginnt der 100 km lange **Grand Canyon of the Stikine River**, dessen Felswände bis zu 300 m hoch aufragen.
Kinaskan Lake	Auf halber Strecke des *Cassiar Highway* liegt der Kinaskan Lake. Der **Provincial Park Campground** an seinem Südufer bietet viele Stellplätze direkt am Wasser. Dieser Abschnitt führt meilenweit durch vor Jahren abgebrannte Gebiete.
Straßen ab Meziadin Junction	Mit Erreichen von *Meziadin Junction* endet der südlichste Schotter-Abschnitt des *Cassiar Highway*. In beide Richtungen geht es nun weiter auf asphaltierter, gut ausgebauter Straße. An der Nordostecke des Meziadin Lake liegt in herrlicher Umgebung ein **Provincial Park Campground**, Zufahrt vom *Cassiar Highway*.
Bear Glacier	Der **Highway #37A** führt durch die herrliche Landschaft der Coast Mountains. Gletscher und Wasserfälle begleiten ihn auf beiden Seiten. Nach 24 km kommt das hellblau schimmernde Eis des eindrucksvollen *Bear Glacier* in Sicht. Vor 20 Jahren füllten Eis und Strohn Lake noch das ganze Tal, die Straßentrasse verlief rund 100 m höher. Von der *Picnic Area* am Ostende des Sees kann man während einer Rast in Ruhe beobachten, wie sich kleine Eisberge vom Gletscher lösen.
Nach Stewart	Weiter geht es am Bear River entlang und durch seinen malerischen *Canyon*. In der Höhe sieht man häufig Dallschafe und Bergziegen. Nach rund 70 km ist Stewart erreicht.
Lage	Stewart liegt – umringt von hohen Gipfeln – idyllisch am Ende des 145 km langen **Portland Canal**, der natürlichen Südgrenze zwischen dem *Alaska Panhandle* und Canada. Diese Lage und die offene Grenze mit Alaska bilden die Attraktion des Ortes, in dem es außer dem lokalen Museum nichts Besonderes zu sehen gibt.
Museum	Das **Stewart Historical Society Museum** ist zusammen mit der **Tourist Information** in einer ehemaligen Feuerwache in der Columbia St untergebracht. Unzählige Fotos und Ausstellungsstücke dokumentieren die kurze, aber recht bewegte Geschichte der Region. Da im Eis und Schnee der nahen Gletscher diverse Filme gedreht wurden (der bekannteste davon ist *The Thing* von 1981), hat sich Stewart den schönen Beinamen **Movie Capital of the North** zugelegt. Klar, daß auch Fotos von den Dreharbeiten die Wände schmücken. Geöffnet im Sommer 9–18 Uhr, kleiner Eintritt.
Quartiere	Zur Übernachtung kann man in Stewart unter **drei Motels** und in Hyder unter einem Motel und einer *Lodge* mit **Saloon** auswählen. Offizielle **Campingplätze** sind der **Stewart Lions RV Campground** und ein RV Park in Hyder.

Hyder	Unmittelbar jenseits von Stewart liegt auf dem Boden Alaskas die Gemeinde Hyder. Die nur durch zwei Schilder und bunte Wimpel kenntlich gemachte internationale Grenze wird bis auf gelegentliche Stichproben nicht kontrolliert, da fast jegliche Verkehrsanbindung zu anderen Orten Alaskas fehlt. Von mehreren Verbindungen früherer Tage blieb nur noch die Autofähre nach Ketchikan übrig, die einmal wöchentlich (mittwochs) am sonst verwaist scheinenden, weit in den Fjord hineinreichenden Anleger festmacht.
Grenze USA/Canada	Auch wenn die Grenze praktisch bedeutungslos ist, teilt sie doch offiziell zwei Nationen voneinander. Ob Stewart in Canda oder Hyder in Alaska, in beiden Siedlungen gelten unterschiedliche Regeln und Gesetze, was z.B. die Zeitzonen betrifft. In Hyder gilt *Alaska Time*, theoretisch eine Stunde Zeitgewinn gegenüber der *Pacific Time* in Stewart, praktisch aber bedeutungslos ist. Wer jenseits der Grenze angeln möchte, kann den *US-Ranger* mit einem *Fishing Permit* für British Columbia nicht beeindrucken; eine **Alaska Fishing License** muß es sein.
Kneipenparadies Hyder	Das gerade 85 Einwohner zählende Nest Hyder am Fuße der Coast Mountains nennt sich selbst gern **Friendliest Little Ghost Town in Alaska**. Vermutlich bezieht sich diese Kennzeichnung auf die erfreulichen Unterschiede der Alkoholgesetzgebung und -preise zwischen British Columbia und Alaska mit der Folge, daß in Hyder die Versorgung mit Bars (2) im Verhältnis zur Einwohnerzahl die dichteste in den gesamten USA sein dürfte. Die Mehrheit der Gäste kommt einschließlich der Touristen naturgemäß aus der kanadischen Nachbarschaft und verläßt die gastlichen Stätten – urteilt man nach den Öffnungszeiten – nur ungern vorm Morgengrauen. Noch feuchter als sowieso schon geht`s an den *International Days* vom 1. Juli, dem *Canada Day*, bis zum 4. Juli, dem *Independence Day* der Amerikaner, zu.
Post aus Alaska	Außer den Bars gilt Hyders **Postamt** touristisches Interesse. Denn die Lieben daheim kann man von dort aus – ohne Reise ins weit entfernte Kernland – mit Post aus Alaska beglücken und – dank günstiger US-Tarife – dabei noch Porto sparen.
Fish Creek	Nur wenig außerhalb von Hyder wartet ein Naturschauspiel besonderer Art. Zwischen Ende Juli und Mitte September ziehen im flachen Wasser des Fish Creek mächtige Lachse bachaufwärts. Mit etwas Glück sieht man dort Bären, die mit den nahezu bewegungslosen Fischen leichtes Spiel haben. Von einer eigens installierten Aussichtsplattform kann man dann beobachten, wie die Bären wenige Meter tiefer genüßlich ihren Fang vertilgen, ohne von den nahen Menschen Notiz zu nehmen. Auch von den Weißkopfadlern, die oft über dem Geschehen kreisen, lassen sie sich nicht stören.

Salmon Glacier

Die Stichstraße zum Fish Creek führt weiter ans Ufer des Salmon River und am Fluß entlang in einem engen kurvenreichen Verlauf zu teilweise noch aktiven Goldminen in etwa 50 km Entfernung. An dieser Strecke passiert man Drehorte der bereits erwähnten Filme; Auskunft und Karte in der *Tourist Information* in Stewart. Die ersten 10 km zu den besten Aussichtspunkten über den **Salmon Glacier** sollte man trotz schlechter Straße unbedingt fahren. Der Blick über den langen Gletscher ist atemberaubend. Der Juli, gelegentlich erst der August bietet ein besonderes Naturschauspiel: unter dem Druck des Schmelzwassers bricht die Eiskruste des Summit Lake am Fuße des *Salmon Glacier*, und eine Flut aus Eisschollen und Baumstümpfen und Geröll geht zu Tal.

Nach Kitwanga

Der *Cassiar Highway* zwischen **Meziadin Junction** und dem *Yellowhead Highway*, wiewohl nicht unattraktiv, verläuft weniger spektakulär als die Stichstraße nach Stewart/Hyder.

Abstecher durchs Nass Valley

Das gilt ebenfalls für die an der *Cranberry Junction* in Richtung Terrace abzweigende **Nass Road** durch das schöne *Nass River Valley*, eine interessante **Variante für eine Fahrt in Richtung Prince Rupert**. Bis Terrace sind es nicht mehr Kilometer als auf den Straßen #37 und #16, allerdings benötigt man deutlich mehr Zeit, denn das Teilstück bis zum Lava Lake ist eine von *Logging Trucks* befahrene *Gravel Road*. Im kleinen **Info Centre** bei Meziadin Junction (geöffnet nur im Sommer) sollte man sich ggf. erkundigen, ob es aktuelle Restriktionen für die Befahrbarkeit der *Nass Road* gibt.

Lavafluß

Motiv für eine Wahl der *Nass Road* sind die vor etwa 240 Jahren durch einen Vulkanausbruch entstandenen **T`seax Lava Beds** (18 km lang und 3 km breit) im *Nisga'a Memorial Lava Bed Provincial Park*, einem von Indianern und Weißen gemeinsam verwalteter Park. Man passiert sie etwa auf halbem Weg nach Terrace und kann dem Lavafluß zu Fuß bis zum Vulkan folgen. Die **Vetter Creek Campsite** bietet sich als Übernachtungsplatz an. Südlich des Lava Lake stößt die *Nass Road* auf den asphaltierten *Nisga`a Highway* nach Terrace.

Wer auf dem *Cassiar Highway* bleibt, sollte auf den kurzen Umweg nach **Kitwancool** (*Kitwancool Loop Rd*) nicht verzichten. Dort steht eine Gruppe schöner **Totem Poles**, darunter der mit 140 Jahren älteste Totempfahl der Provinz. **Kitwanga** besitzt ebenfalls Totempfähle und einen **Battle Hill National Historic Site**, eine Stätte indianischer Geschichte.

Kurz hinter Kitwanga trifft der *Cassiar* auf den **Yellowhead Highway**, ⇨ Seite 457.

6.2.4 Daten Fakten und Informationen zum Yukon Territory

Steckbrief YUKON TERRITORY

Konstituierung als eigenständiges Territorium:	1898
Einwohner:	32.000
Fläche:	483.450 km²
Bevölkerungsdichte:	ein Einwohner auf 15 km²
Hauptstadt:	Whitehorse
Größte Orte:	Whitehorse 23.100 Einw.
	Dawson City 1.900 Einw.
	Watson Lake 1.800 Einw.
Territorialer Feiertag:	Discovery Day, 3. Montag im August
Höchster Berg:	Mount Logan 5.959 m (höchster Berg Canadas)
Längster Fluß:	Yukon River 3.185 km
Nationalparks	Kluane
	Ivvavik
	Vuntut
Zeitzone	Pacific Time
Hauptexportprodukte:	Metalle 95%
Telefonvorwahl/*Area Code*:	867
Sales Tax:	0%

Geschichte, Geographie und Klima

Geschichte

Das Gebiet am Oberlauf des Yukon ("großer Fluß" in der Sprache der Ureinwohner) mit seinen reichen Jagd- und Fischgründen war seit jeher nur äußerst dünn besiedelt. Erste Kontakte zwischen Yukon-Indianern (*Kutchin, Tagish, Tlingit* u.a.) und Weißen ergaben sich erst im 19. Jahrhundert, als die Trapper der Pelzhandelsgesellschaften weit nach Norden vordrangen. Sie veranlaßten die **Indianer** zur verstärkten Jagd auf Pelztiere. Die Lebensgewohnheiten der **Inuit**, Bewohner der Eismeer-Küstengebiete, wurden durch Walfangjäger verändert, die ihr Revier ebenfalls bis in den hohen Norden ausdehnten.

1869 trat die **Hudson's Bay Company** Rupert's Land (später umbenannt in Northwest Territories), wozu damals auch die Yukon-Region gehörte, an das *Dominion of Canada* ab. Zwei spektakuläre Ereignisse rückten das einsame Land am nordwestlichen Rand Canadas später ins Bewußtsein der Öffentlichkeit: der **Klondike Gold Rush** zur Jahrhundertwende und der Bau des **Alaska Highway** 45 Jahre später.

Klondike Goldrausch

Zwar gab es bereits 1863 erste Berichte von Goldfunden im hohen Norden, aber erst Jahrzehnte später lösten spektakuläre Nachrichten vom Gold am **Bonanza Creek**, einem Bach zwischen Klondike und Yukon River, die *Stampede* von 1898 aus. Tausende von potentiellen Prospektoren machten sich auf den Weg. Die langwierige und gefahrvolle Anreise bis **Dawson City**, dem Zentrum des Goldfiebers, schreckte sie offenbar nicht. Die meisten kamen per Schiff von Seattle, Portland oder San Francisco nach Skagway und überquerten in entbehrungsreichen Fußmärschen den **Chilkoot** oder **White Pass**, um ans Ufer des Lake Bennett zu gelangen (↳ Seite 495). Von dort ging es auf dem Yukon River nach Dawson City.

Von insgesamt 805 km Distanz wurden 740 km unter erheblichen Risiken in Booten zurückgelegt, die in der Wildnis zusammengehauen worden waren. Nur wenige konnten sich die bequemere, aber auch weit längere Route an der Küste entlang bis zur Mündung des Yukon ins Beringmeer und dann per Raddampfer stromaufwärts zum 2.400 km entfernten **Dawson City** leisten. Als Folge des Goldrausches spaltete sich 1898 das Yukon Territory von den Northwest Territories ab. Kurz vor dem Ende des 19. Jahrhunderts lebten in der zur Hauptstadt des neuen Territoriums avancierten **Boom Town** und ihrer Umgebung mehr Menschen als heute im gesamten Yukon Gebiet. Als der Rausch nach wenigen Jahren abflaute, kehrten die weitaus meisten Goldsucher ärmer, als sie gekommen waren, dem Norden wieder den Rücken.

BANNOCK

Oft sind es kleine und – eben nur scheinbar nebensächliche Dinge des Alltags, die Abschnitten der Geschichte gewisse unverwechselbare Charakterzüge verleihen. Zur Zeit des Pelzhandels und der Entdeckungen in Canada, als die Trapper und Goldsucher oft monatelang in der Wildnis unterwegs waren, zählte der Sauerteig zum unverzichtbaren Bestandteil der Grundausrüstung. Nach dieser Basissubstanz für die Herstellung bestimmter Brotsorten, welche die Pioniere des Nordens immer bei sich trugen, bezeichnete man sie auch als *Sourdoughs*.

Damals wurde der *Sourdough* vor allem fürs *Bannock* gebraucht. Denn die Herstellung dieser traditionsreichen Brotart ist denkbar einfach und auch das Backen über dem offenen Feuer kein Problem: Man verrührt 8 Eßlöffel Mehl, ein paar Löffel Wasser, etwas Backpulver und eine Prise Salz zu einem geschmeidigen Teig. Den backt man bei niedriger Hitze in einer leicht gefetteten Pfanne, die möglichst zugedeckt sein sollte. Sobald die untere Kruste braun geworden ist, wendet man das *Bannock*.

Nach etwa einer halben Stunde Backzeit hat man ein herrlich frisches Brot. Der Sauerteig kommt als ein besonderes Geschmacksingrediens ins Spiel, wobei dessen Menge nach eigenem Gusto variiert werden kann: Pro Eßlöffel Sauerteig nimmt man einen Eßlöffel Mehl weniger. Für weitere Varianten kann man dem Teig beispielsweise Blaubeeren, Zimt, Rosinen oder Kümmel hinzufügen oder das Bannock nach dem Wenden mit Käse überbacken.

Der erforderliche Sauerteig-Starter ist in heimischen Bioläden oder in den Naturkostabteilungen der Supermärkte erhältlich. Selbst für längere Transporte gut geeignet sind kleine, in verschweißte Folien abgepackte Portionen. Zur Herstellung des eigentlichen Sauerteigs benutzt man am besten eine hohe, verschließbare Plastikdose. Da hinein legt man die Starter-Portion, "füttert" sie mit einigen Eßlöffeln Mehl und Wasser und läßt den zähflüssigen Brei an einem warmen Platz "gehen". Schon am nächsten Tag wirft die Mixtur Blasen. Bei deutlich vergrößertem Volumen hat sie dann den typischen, leicht säuerlichen Geruch angenommen. Damit ist der Teig fertig fürs *Bannock*-Backen!

Und nicht vergessen, immer genügend vom Sauerteig für das nächste Brot übrigzulassen! Diesem Rest fügt man wieder soviel Mehl und Wasser hinzu, daß die entstehende Masse für die nächste Brotzubereitung ausreicht. Nach ein paar Versuchen hat man das im Griff. Sauerteig ist außerordentlich genügsam und übersteht sowohl Kälte als auch einige Tage ohne Nachschub an Mehl und Wasser. Sollte er zu langsam "gehen", beschleunigt ein Päckchen Trockenhefe den Prozeß.

Bannock-Zubereitung auf dem Benzin-Kocher

Alaska Highway

Der Bau des *Alaska Highway* brachte dem Yukon Territory die zweite "Invasion". Zwar blieb der Bevölkerungszuwachs wiederum eine vorübergehende Erscheinung, die neue Straße förderte jedoch nachhaltig die Entwicklung der Region. **Whitehorse**, als Endpunkt der *White Pass & Yukon Railway Route* bis dahin eine eher unbedeutende Zwischenstation auf dem Weg nach Dawson City, löste dank seiner Lage am *Alaska-Canada Highway* das alte Goldgräberzentrum als Zentralort ab und übernahm 1953 auch die Hauptstadtfunktion.

Bevölkerung

80% der Bevölkerung des Yukon Territory leben im Einzugsbereich des *Alaska Highway*, und davon wieder die meisten in Whitehorse und Umgebung (⇨ "Steckbrief"). Siedlungen wie Watson Lake (1.800 Einwohner), Teslin (460 Einw.) und Haines Junction (800 Einw.) sind die einzigen "größeren" Ortschaften an der Hauptverkehrsader. Nur ein abseits des *Alaska Highway* gelegener Ort besitzt nennenswerte Größe: **Dawson City** weist zwar mit gerade 2.000 Einwohnern nur einen Bruchteil seiner Bevölkerung um die Jahrhundertwende auf, entwickelt sich dank eines steigenden Fremdenverkehrs seit einigen Jahren aber überdurchschnittlich.

Geographie

Die südliche Grenze des Yukon Territory entspricht exakt dem Verlauf des 60. Breitengrades, die westliche (zu Alaska) dem 141. Längengrad. Das **Mackenzie Massiv**, eine Teilformation der *Rocky Mountains*, trennt Yukon und Northwest Territories; die Grenze verläuft im Südosten streckenweise entlang der Wasserscheide zwischen Pazifik und Eismeer. Die Umrisse des Yukon Territory bilden damit ein fast geschlossenes Dreieck mit einer **Fläche**, die in etwa der von Deutschland, Österreich und der Schweiz zusammengenommen entspricht.

Die landschaftliche Gliederung ähnelt der des südlichen Nachbarn British Columbia: Im Westen und Osten begrenzen hohe Gebirge (*Coastal* bzw. *Rocky Mountains*) das Territorium, dazwischen erstrecken sich ausgedehnte Ebenen unterbrochen von weiteren Höhenzügen.

Die *Coast Mountains* und die vergletscherte *St. Elias Range* mit dem **Mount Logan** (5.959 m), dem höchsten Berg Canadas, schirmen das Yukon Territory weitgehend gegen pazifische Einflüsse ab und sorgen für ein Abregnen der vom Meer heranziehenden Wolken. Die Niederschlagsmenge im Inland ist daher vergleichsweise niedrig. Im Regenschatten der Berge liegt das durchschnittlich 800 m hohe **Yukon Plateau**, durch dessen nordische Nadelwaldbestände *Alaska* und *Klondike Highway* führen. Der *Yukon River*, mit knapp 3.200 km einer der längsten Flüsse Nordamerikas, durchschneidet die Hochebene über 1.200 km. Lange war er der einzige Transportweg zwischen der Küste und dem Inland (⇨ Geschichte).

Permafrost

Ganzjährig gefrorener Boden, Permafrost, ist charakteristisch für weite Regionen der Yukon und Northwest Territories und Alaskas. Er entsteht bei jahrelangen Bodentemperaturen von unter 0°C und reicht vielfach mehrere hundert Meter tief. Die dickste Schicht, die von Forschern registriert wurde, maß 500 m. Auch das oft angenehm warme Wetter im Juli und August kann dem Dauerfrost nichts anhaben. Trotz Tagestemperaturen von bis zu 20°C taut das Erdreich nur maximal einen Meter tief auf. In einigen Gebieten entstehen im Sommer ausgedehnte Sümpfe.

Der Permafrost stellt für den Straßen- und Häuserbau eine besondere Herausforderung dar. Denn taut der Untergrund, verliert er seine Stabilität und gibt unter Druck nach. Wenn der Tauprozeß durch Heizungen ausgelöst wird, erfolgt dies in der Regel höchst ungleichmäßig. Nicht nur sinken die Häuser allmählich ein, sondern sie verkanten sich gleichzeitig. Die dabei entstehende Spannung führt zu Rissen, im Extremfall zum Bruch des Mauerwerks. Heute gibt es aber (kostspielige) Möglichkeiten, das Auftauen des Bodens unter Bauwerken zu verhindern. So isolierte man Teilabschnitte des *Dalton Highway*, der bis zur *Prudhoe Bay* führenden, nördlichsten Straße des Kontinents, mit Plastikschaum. Die *Alaska Pipeline* von der Prudhoe Bay nach Valdez wurde kilometerweit auf Stelzen oberirdisch verlegt (Foto Seite 538). Dadurch werden ein Auftauen des Bodens durch das warme Öl und unregelmäßiges Absinken der Rohre (mit der Gefahr der Entstehung von Rissen oder sogar des Bruchs der Leitung) verhindert.

1955 investierte die kanadische Regierung $34 Mio für Inuvik, eine Stadt nördlich des Polarkreises. Die Rohrleitungen der Versorgungseinrichtungen verlaufen dort ähnlich wie bei der *Alaska-Pipeline* über dem Erdboden. Nach der Fertigstellung des Ortes im Jahre 1961 die alte Stadt Aklavik geräumt werden. Dort hatten schlecht isolierte Häuser den Boden aufgetaut, in den sie dann allmählich versanken.

Klima

Das Yukon Territory liegt größtenteils im Wirkungsbereich des trockenen Kontinentalklimas. Die dafür typischen starken Temperaturunterschiede zwischen den Jahreszeiten werden durch die lange Sonnenscheindauer im Sommer und die ausgedehnten Winternächte verstärkt. Selbst am südlichsten Punkt des Yukon, in Watson Lake, scheint die Sonne im Juni/Juli bis zu 19 Stunden täglich, während sie sich an Wintertagen im Dezember und Januar höchstens 6 Stunden zeigt.

Permafrost

Obwohl die durchschnittliche Tiefsttemperatur dort −30°C beträgt, zeigt das Thermometer zwischen Juni und August im Tagesmaximum über 20°C an. Die höchste Temperatur im Yukon überhaupt wurde in Mayo mit 36°C gemessen, die niedrigste in Snag bei Beaver Creek mit −63°C. Beide Orte liegen fast auf derselben Breite.

Das Erdreich im nördlichen Teil des Yukon ist permanent gefroren (Kasten umseitig). Im Sommer taut lediglich die Oberfläche auf. Permafrost erreicht am *Dempster Highway* eine Tiefe bis 300 m, aber auch weiter südlich dringt er noch bis zu 30 m in den Boden (siehe letzte Seite).

Regen/ Schnee

Im Süden und Nordwesten des Yukon Territory sorgen feuchte Pazifikwinde für Niederschläge, speziell in den Küstengebirgen an der Grenze zu British Columbia und Alaska. Die *Saint Elias Mountains* verzeichnen im Winter bis zu 5 m Schneefall. In den nördlichen Regionen dagegen fällt kaum Regen und selten mehr als 50 cm Schnee.

Informationen für Touristen

Broschüren und Karten für das Yukon Territory gibt es bei den lokalen Touristenbüros und bei der Zentrale in Whitehorse.

Tourism Yukon
P.O. Box 2703
Whitehorse, Yukon Territory Y1A 2C6
✆ (867) 667-5340; Fax (867) 667-3546
Internet-Info: http://www.touryukon.com

Das beste **Infozentrum** vor Ort existiert in Watson Lake in räumlicher Einheit mit dem **Interpretive Center** zum Bau des *Alaska Highway* am *Sign Forest* (siehe unten). Weitere befinden sich in Whitehorse, in Haines Junction und in Beaver Creek. Am *Klondike Highway* gibt es Informationsbüros in Carcross und Dawson City.

Unbedingt beschaffen sollte man sich:

- die *Official Highway Map*
- den *Official Vacation Guide To Canada's Yukon*, der dem Leser umfassende Reise-Informationen für alle Straßen liefert. Die Lage von *Campgrounds* und Sehenswürdigkeiten ist kilometergenau angegeben.
- die Broschüre **Yukon Government Campgrounds** (YGC) sofern man mit Zelt oder Wohnmobil unterwegs ist. Darin findet man die Beschreibungen der staatlichen *Campgrounds* und *Day Use Areas* (durchweg schön gelegen, aber ohne zivilisatorischen Komfort; Gebühr $8/Nacht).

Die folgende Übersicht zeigt alle für den öffentlichen Verkehr freigegebenen Strecken im Yukon Territory. Soweit unter touristischen Aspekten lohnenswert, sind sie in den anschließenden Kapiteln behandelt. Trotz der ebenfalls vorhandenen Numerierung benutzt man im Yukon zur Kennzeichnung der *Highways* fast ausschließlich die Straßennamen.

Straßen-qualität

Nur *Alaska*, *Klondike* und *Haines Highway* sind durchgehend asphaltiert. Der *Silver Trail* besitzt **Asphaltbelag** bis Mayo, die *Tagish Road* von Carcross bis Tagish. Alle anderen Straßen weisen **Schotterbelag** wechselnder Qualität auf. Frisch planierte Schotterstraßen (nach dem sogenannten *Grading*) können ausgezeichnet sein. Mit zunehmendem zeitlichen Abstand zur letzten Pflege wandeln sie sich zur Stoßdämpfer mordenden "Wellblechpiste" voller Schlaglöcher. Längere Regenfälle lassen manche Schotterstraße zum Schlammstrecke werden, Trockenperioden zur Staubpiste.

Highways des Yukon Territory im Überblick

No	Bezeichnung	von	nach
1	*Alaska Highway*	Dawson Creek, BC	Delta Junction,
2	*Klondike Highway*	Dawson City	Skagway
3	*Haines Road*	Haines Junction	Haines
4	*Campbell Highway*	Watson Lake	Carmacks
5	*Dempster Highway*	Dawson City	Inuvik, NWT
6	South Canol Road	Johnson`s Crossing	Ross River
	North Canol Road	Ross River	Macmillan Pass
7	*Atlin Road*	Jake`s Corner	Atlin, BC
8	*Tagish Road*	Jake`s Corner	Carcross
9	*Top of The World Hwy*	Dawson City	Taylor Highway
10	*Nahanni Range Road*	Campbell Hwy	Tungsten
11	*Silver Trail*	Stewart Crossing	Keno

6.2.5 Von Watson Lake nach Whitehorse

Watson Lake Watson Lake ist der nach Whitehorse wichtigste Verkehrsknotenpunkt des Yukon Territory. Siedlung und See wurden benannt nach Trapper *Frank Watson*, den es vor fast einem Jahrhundert mit seiner indianischen Frau in die Abgeschiedenheit dieser Gegend zog. Mit der Ruhe war es vorbei, als in den 30er-Jahren der damals noch als *Fish Lake* bezeichnete See für Starts und Landungen von Wasserflugzeugen erwählt und an seinem Ufer ein Benzindepot errichtet wurde. 1941 erhielt das inzwischen entstandene Dorf eine "richtige" Landebahn. Beim Bau des *Alaska Highway* wuchs Watson Lake daher eine nachschubtechnische Schlüsselrolle zu, die trotz veränderter Bedingungen nicht wieder verlorenging: in einem Umkreis von fast 300 km ist Watson Lake der einzige Ort mit kompletter Versorgungsinfrastruktur vom Waschsalon bis zum Supermarkt.

Signpost Forest Bekanntheit verdankt die mit 1.800 Einwohnern drittgrößte Stadt im Yukon Territory in erster Linie den **Watson Lake Signposts**, zahlreichen Holzmasten, an die Besucher aus aller Welt Wegweiser, Autonummern, Orts- und andere irgendwie beschriftete Schilder genagelt haben. Der Legende nach soll der heimwehkranke Soldat *Carl K. Lindle* aus Danville, Illinois, während der Bauarbeiten am *Alaska Highway* mit einem Schild seines Heimatortes den Anstoß zu dieser Sammlung gegeben haben. Andere Arbeiter, Lastwagenfahrer und später Touristen folgten seinem Beispiel. Mittlerweile ist die bunte **Schildersammlung** auf über 30.000 angewachsen. Was als ein *Signpost* begann, wird wegen der erreichten Ausmaße mittlerweile als *Signpost Forest* bezeichnet. Der *Lions Club* Watson Lake stellt ab und zu weitere Pfosten auf, wenn der Platz für neue Schilder knapp wird. Wer ein ausgedientes Nummernschild oder gar einen heimatlichen Wegweiser dabei hat (die Stadtverwaltung zuhause besitzt vielleicht ein paar ausgediente Exemplare), darf das Mitbringsel dort aufhängen. Auf der anderen Straßenseite gibt`s im **Northern Lights Centre** Lasershows mit Musikuntermalung zum Thema "Nordlicht".

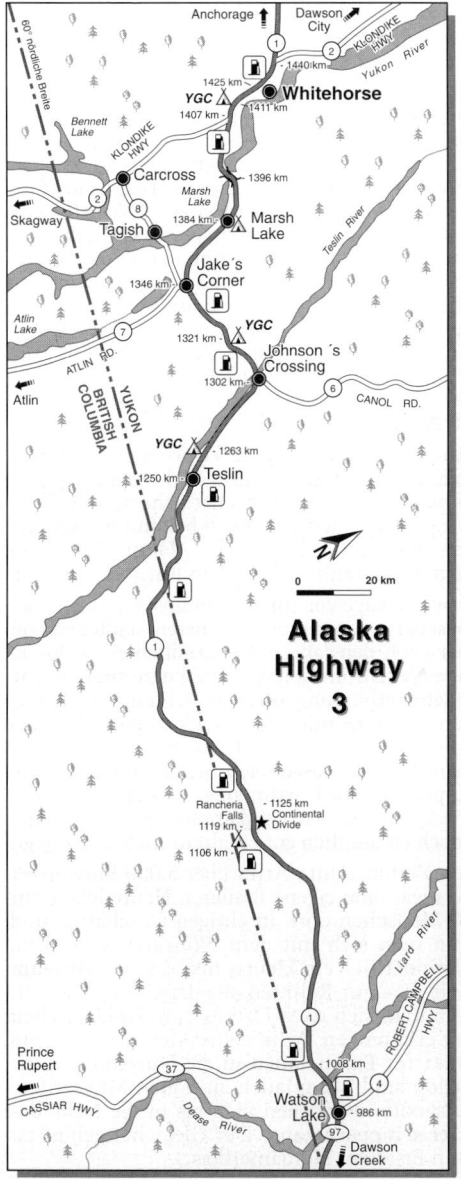

Im **Interpretive Center** ist eine Ausstellung mit Video- und Dia-Show sowie Fotodokumenten zum Bau des *Alaska Highway* zu sehen. Dort erhält man alle touristischen Informationen (siehe oben) und die **Yukon Fishing License**, ohne die nicht geangelt werden darf. 1980 trugen sich kaum 10.000 Besucher ins Gästebuch des Centers ein, 1990 waren es mit weit über 30.000 schon fast mehr, als das ganze Yukon Territory an Einwohnern besitzt. Das 50jährige Jubiläum des *Alaska Highway* (1992) sorgte für ein weiteres kräftiges Steigen des Touristenstroms.

Am *Signpost Forest* zweigt der nur wenig befahrene **Campbell Highway** (Schotter) in Richtung Ross River/Carmacks ab, die gegenüber der Kombination *Alaska/Klondike Highway* kürzere, aber rauhere und zeitlich aufwendigere Alternativroute nach Dawson City, ⇨ Seite 518.

22 km westlich Watson Lake stößt der **Cassiar Highway**, eine der attraktivsten Routen des Nordwestens, auf den *Alaska Highway*, ⇨ Seite 476.

Zwischen Watson Lake und Teslin gibt es auf einer Distanz von über 260 km auf gut ausgebauter Straße trotz schöner Teilabschnitte nicht viel zu sehen und nur wenige Möglichkeiten für Zwischenstops.

Etwa 13 km westlich der *Rancheria Lodge (auch Campground)* führt ein kurzer Wanderweg vom Parkplatz zu den **Rancheria Falls.** Die Wasserfälle sind nicht überwältigend,

Teslin Lake

bieten aber eine gute Gelegenheit, sich die Beine zuvertreten. Einige Kilometer weiter erreicht man die **Continental Divide**. Jenseits der Wasserscheide fließen alle Gewässer mit dem Yukon River in das Beringmeer des Pazifiks.

Zwischen Teslin und Johnson's Crossing begleitet der *Alaska Highway* auf 55 km Länge den bildschön von Bergen eingerahmten Teslin Lake. Angelfreunde können hier ihren Speiseplan leicht durch frische Forellen ergänzen. Teslin (460 Einwohner), unmittelbar westlich der pittoresken **Nisutlin Bay Bridge**, ist die einzige Ortschaft zwischen Watson Lake und Whitehorse. Die frühere Sommersiedlung der *Tlingit* Indianer war beim Bau des *Alaska Highway* eine weitere wichtige Etappe. Noch heute lebt in der Umgebung von Teslin ein großer Teil der indianischen Bevölkerung des Yukon. Die hohe *Teslin River Bridge* bei Johnson's Crossing, wo die Straße den See hinter sich läßt, lohnt einen Fotostop.

Abstecher nach Atlin

Atlin Road

Ein herrlicher Abstecher führt von **Jake's Corner** nach Atlin in British Columbia. Die Fahrt auf der über 90 km langen *Atlin Road*, dem *Yukon Highway* #7 (zunächst Schotter, die letzten 30 km sind asphaltiert) wird reichlich belohnt mit großartigen Ausblicken über *Little Atlin Lake*, *Mount Minto* und *Atlin Lake*, den größten natürlichen See in British Columbia.

Atlin

Atlins beneidenswerte Lage vor einem grandiosen Gebirgspanorama am See bescherte dem nordwestlichsten Städtchen von British Columbia nach den Jahren des Goldfiebers, während der Atlin nur eine Nebenrolle spielte, eine **kurze touristische Blüte**. Über die Bahnverbindung Skagway–Whitehorse gelangten Reisende von Carcross mit einem Raddampfer über den Südarm des *Tagish Lake* nach *Taku Landing*, von wo es per Dampfroß auf einer 3-km-Trasse nach *Scotia Bay* am Atlin Lake und weiter per Boot nach Atlin ging. Von 1916 bis 1936 verkehrte auf dieser Strecke der Raddampfer *SS Tarahne*, der seither (immer noch erstaunlich gut erhalten) am Seeufer liegt.

Zu seinen besten Zeiten zählte Atlin über 5.000 Einwohner und beherbergte sogar eine eigene Brauerei. Heute leben nur noch knapp 500 Menschen dort; in einigen Geschäften und Tankstellen kann man sich mit dem Nötigsten versorgen. Mitten im Ort befindet sich ein kleines historisches **Museum** – vormals die Schule – mit Relikten aus der Goldgräberzeit. Im Museum kann man sich nach Details zum **Goldwaschen** am **Spruce Creek** erkundigen. Atlin eignet sich hervorragend als Ausgangspunkt für **Exkursionen** in die Umgebung. Eine spezielle Attraktion sind, wenn auch zu hohen Mietarifen, Motor- und Hausboote, mit denen man bis in die Nähe des **Llewellyn Glacier** schippern kann. Der Gletscher gehört zu einem der größten Eisfelder Nordamerikas.

| Umgebung | Nach ungefähr 10 km auf der **Discovery Road** in Richtung Osten erreicht man die **Ghosttown** Discovery. Der Boden wurde dort schon 'zigmal um – und umgewühlt, und trotzdem sind immer noch unentwegte Goldwäscher am Werk. Am Spruce Creek versuchen sich **Hobby-Goldwäscher**. Auf der **Warm Bay Road** kann man noch weitere 27 km am See entlang nach Süden fahren. Ca. 3 km hinter Atlin liegt der hübsche kleine Community Campground **Pine Creek**. Am letzten Stück der Straße passiert man in kurzen Abständen Picknickplätze. Fast am Straßenende zwischen Warm Bay und The Grotto sprudeln die **Warm Springs** östlich der Straße. |

Abstecher nach Skagway

Tagish Road	Ab *Jake's Corner* geht es nicht nur nach Atlin, sondern auch nach Tagish/Carcross und ggf. auf dem *Klondike Highway* weiter nach Skagway. Der 54 km lange *Yukon Highway* #8 (Beginn nach kurzem gemeinsamen Verlauf mit der *Atlin Road*) über Tagish nach Carcross hat außer 63 km Wegersparnis bei Fahrtziel Skagway wenig zu bieten. Eine Alternative zum *Alaska Highway* wäre die Kombination *Tagish Road/Klondike Highway* trotz ihres schönen Verlaufs im Abschnitt von Carcross nach Whitehorse nicht.
Tagish River	Die *Tagish Road* entstand 1942 parallel zu einer Gas-Pipeline als *Service Road*. Nur die ersten 22 km dieser Straße bestehen aus Schotter; in Tagish beginnt die Asphaltierung. Während des Goldrausches kontrollierten kanadische Zöllner am Ufer des Tagish River (noch einmal, siehe unten: *Chilkoot Pass Trail*) die Prospektoren, die vom – Lake Bennett kommend – auf dem Tagish River den *Marsh Lake* und damit den Yukon River erreichen wollten. An manchen Tagen sollen sich dort bis zu 1000 Boote gestaut haben.
Carcross	Im kleinen Carcross (420 Einwohner) ist das historische **Caribou Hotel** am Ufer des Verbindungsarms zwischen dem *Lake Bennett* und dem *Lake Nares* einzige Sehenswürdigkeit.
Klondike Highway	Das Teilstück des *Klondike Highway* zwischen *Alaska Highway* und Skagway (160 km) ist eine der schönsten Strecken des Yukon Territory. Zwischen Carcross und Skagway verführen **spektakuläre Landschaftspanoramen** zum Anhalten an jedem Aussichtspunkt.

Am *Windy Arm* des Tagish Lake passiert man die Ruinen einer ehemaligen **Goldmine** am Montana Mountain. Eine für den Transport des goldhaltigen Erzes vorgesehene Seilbahn, die wegen Unergiebigkeit der Mine nie in Betrieb genommen wurde, ist noch relativ gut erhalten. Bei Log Cabin überquert der *Klondike Highway* die Schienen der **White Pass & Yukon Railway**, die danach am jenseitigen Ufer des Summit Lake und des Skagway River parallel zur Straße verlaufen.

Bis 1981 war die **Eisenbahn** die einzige Verbindung zwischen Skagway und Whitehorse. Zu exorbitanten Preisen beförderte sie auch Fahrzeuge über den *White Pass*. Nach Fertigstellung der Straße wurde der Linienbetrieb eingestellt (siehe unten).

Grenze Der *White Pass* (1.003 m, noch 23 km bis Skagway) markiert die Grenze zwischen den USA und Canada. Die **Grenzstation** befindet sich heute 800 m nördlich der Passhöhe. Sie bleibt im Sommer rund um die Uhr geöffnet. Hinter dem Pass geht es in steilem Verlauf hinunter.

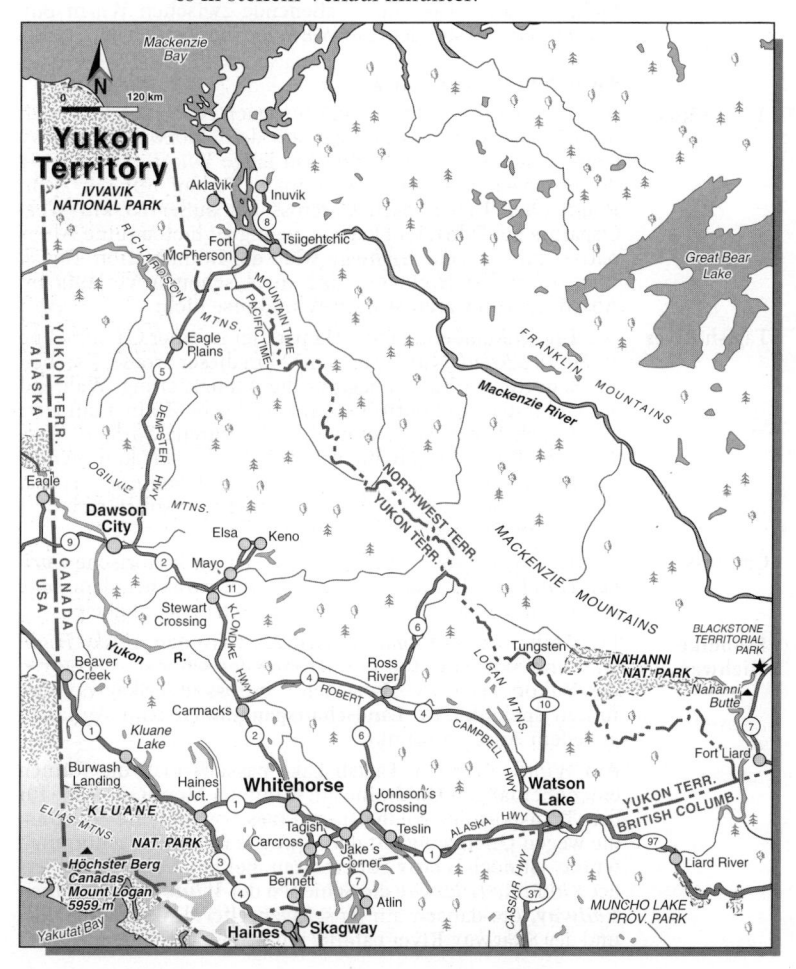

Skagway

Skagway — Allein die Anfahrt und Skagways einzigartige Lage an **Taiya Inlet** des langgestreckten Fjords *Lynn Canal* und Skagway River unter hochaufragenden Bergen rechtfertigen schon den Abstecher in die nördliche Ecke von Alaskas "Pfannenstiel". Der **Klondike Gold Rush National Historical Park** liefert ein weiteres reizvolles Motiv. Wer es zeitlich irgendwie einrichten kann, sollte darauf nicht verzichten. Wenn die Fähre von/nach Prince Rupert oder Haines in die Reiseroute "eingebaut" wurde, führt der Weg ohnehin über Skagway; mehr dazu weiter unten.

Geschichte — Skagway und das heute nicht einmal mehr als eine "Geisterstadt" identifizierbare **Dyea** (sprich: Dei-ih) verdanken dem **Klondike Gold Rush** einen kurzen Höhenflug. Im Juli 1897 trafen die ersten Boote mit Goldsuchern ein, und im Oktober desselben Jahres hausten an den Ufern des Inlet 20.000 Menschen. Aber bereits 1899 war das Goldfieber wieder vorüber. Die provisorische, überwiegend aus Holzverschlägen und Zelten bestehende Stadt Dyea, die zeitweise über 10.000 Einwohner beherbergt hatte, war schon 1903 fast menschenleer und verkam zur **Ghost Town.** Skagway erging es kaum besser, aber immerhin blieb der Ort erhalten. Nach einem raschen Bevölkerungsrückgang auf wenige hundert Personen und noch in den 70er Jahren unübersehbarem Niedergang begann mit der Verkehrsanbindung und der Gründung des *Klondike Gold Rush National Park* ein kontinuierlicher Aufschwung. Heute zählt Skagway 760 Einwohner.

Nationalpark — Für die Erhaltung der historischen Stätten wurde vor allem in den letzten Jahren viel getan. Die meisten Gebäude an der alten Hauptstraße **Broadway,** die mit ihrem New Yorker Namensvorbild nichts gemein hat, stehen heute als Bestandteile des **Klondike Gold Rush National Historical Park** unter Denkmalschutz. Sie wurden entweder restauriert oder erhielten neue Vorderfronten im alten Stil. Das *White Pass & Yukon Railway Building* an der *1st Ave* dient als *Visitor Centre*. Eine kleine Ausstellung, Dia-Shows und Filme zum Thema Goldrausch vermitteln einen plastischen Eindruck vom Chaos und den Entbehrungen an Skagways Gestaden und auf dem beschwerlichen Weg in Richtung Dawson City.

Boomtown Skagway — Während in Canada die *North West Mounted Police* für Ordnung sorgte, war Alaska damals faktisch ein rechtsfreier Raum. So konnte etwa ein *Jefferson Randolph "Soapy" Smith* Skagway ungestraft drangsalieren. U.a. brachte er Neuankömmlinge mit gefälschten Telegrammen dazu, ihren Familien hohe Dollarbeträge zu überweisen, die nie ankamen, sondern in seinen Taschen landeten. *Soapys* "Herrschaft" fand im Sommer 1898 ein jähes Ende, als er in einem Pistolenduell gegen einen *Frank Reid* unterlag. Die Gräber der beiden sind auf dem **Gold Rush Cemetery** zu besichtigen.

Alaska Highway

Show
Sie hätten sich bestimmt nicht träumen lassen, daß ihr zum **Historical Shootout** hochstilisierter Schußwechsel eines Tages Höhepunkt der Show **Skagway Days of '98** werden würde, die in der Sommersaison allabendlich in der *Eagles Dance Hall* (6th Street/Broadway) stattfindet. Sie erfreut sich seit Jahren größter Beliebtheit und ist ihre US$14 Eintritt wert.

Fähren
Skagway ist wie Haines Zielhafen der Fährschiffe des **Alaska Marine Highway**. Der Fähranleger befindet sich unverfehlbar am südlichen Ortsende/Verlängerung des Broadway. Zwischen dem *State Ferry Dock* und dem *Visitor Center* des Nationalparks liegt ohne spezifischen Reiz, aber in strategisch günstiger Position für den Ortsbummel der **Pullen Creek Campground** mit allem Komfort für Wohnmobilfahrer.

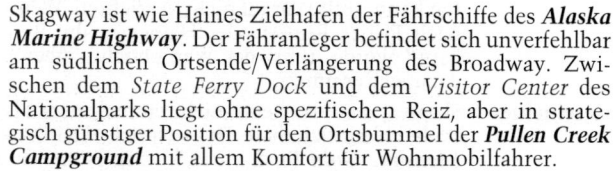

nach Haines
Mit einem Fahrzeug benötigt man für den Transport nach Prince Rupert auf jeden Fall eine Reservierung, ✧ Seite 575ff. Aber für die **Überfahrt nach Haines** sind die Chancen, auch ohne Reservierung unterzukommen, relativ gut, da ein Teil der Kapazität für Haines- und spätere Zusteiger freigehalten werden muß. Eine Voranmeldung kann jedoch nicht schaden. Die einstündige Überfahrt ist relativ preiswert (Tabelle auf Seite 576) und eine bedenkenswerte Alternative zur zweimaligen Fahrt auf derselben Straße, zumal Haines und die *Haines Road* ebenfalls einiges zu bieten haben, ✧ Seite 502.

Dyea
Nach Dyea führt die gleichnamige *Road*, die am nördlichen Ortsausgang auf der Westseite der Brücke über den Skagway River vom Klondike Highway abzweigt: Nach zwei asphaltierten Kilometern erreicht man einen tollen Aussichtspunkt auf Skagway, danach geht es weiter auf einer *Dirt Road*. Von Dyea blieben im flachen Wasser nur noch eine Holzfassade und die fauligen Pfähle der damals weit in die Bucht reichenden Landungsbrücken übrig. Insgesamt sind es vom Straßenanfang bis zum idyllisch gelegenen **Campingplatz** (fast) am Ausgangspunkt des legendären **Chilkoot Pass Trail** 11 km.

White Pass
Eine Alternative zum *Chilkoot Trail* war der längere Weg über den weniger steilen *White Pass*, über den auch Pferde und Maulesel eingesetzt wurden. Über 3.000 der Transporttiere sollen am Wege verendet sein. Bedeutung gewann die *White Pass* Route erst im Jahr 1900 mit der Inbetriebnahme der Eisenbahn nach Whitehorse. Aber da war der Goldrausch bereits wieder vorbei.

Eisenbahn
Die **White Pass & Yukon Railway** kam dank ihres Transportmonopols zwischen dem Hafen Skagway und dem Yukon Territory auch ohne die ihr ursprünglich zugedachten Aufgaben über die Runden und wurde mit ihrer reizvollen Trassenführung zur Touristenattraktion. Die Eröffnung des *Klondike Highway* beendete indessen die Wirtschaftlichkeit des Betriebes. Seit 1988 dient der nostalgische Zug ausschließlich dem Tourismus und befördert Fahrgäste nur noch auf der 45 km

CHILKOOT PASS TRAIL

Der steile Pfad über den *Chilkoot Pass* stand 1898/99 für die meisten Ankömmlinge am Beginn ihres Weges zu den Klondike-Goldfeldern, die ab dem *Lake Bennett* auf dem Wasserweg erreicht werden konnten (siehe oben). Wer rechtzeitig zum Sommeranfang, wenn der Boden langsam auftaute, am Ziel sein wollte, mußte den schroffen Paß im Winter erklimmen, am Seeufer beim Bootsbau mitmachen (oder sogar in Einzelteile zerlegte Boote über den Pass schleppen, wie tatsächlich geschehen) und nach dem Aufbrechen des Eises in Richtung *Yukon River* ablegen. Ein Unternehmen von gnadenloser Härte.

Ab Februar 1898 kontrollierten die kanadischen Grenzer hinter der Paßhöhe, ob jeder den geforderten Einjahres-Vorrat mitbrachte. Die legendäre *Ton of Goods* bestand aus etwa 520 kg Lebensmitteln und 180 kg an Ausrüstungsgegenständen und Kleidung. Packtiere kamen wegen der kolossalen Steigung nicht in Frage; die Prospektoren selbst mußten den Transport übernehmen. Die Bilder der endlosen Menschenkolonne auf dem verschneiten Pfad hinauf zum *Chilkoot Pass* sind berühmt geworden. Wer einmal aus der Schlange ausscherte, mußte oft stundenlang warten, um sich erneut einreihen zu können. Den Rückweg machten sich viele einfacher und rutschten auf dem Hosenboden hinunter.

Wer angesichts der Sysiphus-Arbeit nicht vorher aufgab, benötigte gut und gerne drei Monate, bis er seine Ausrüstung Stück für Stück zum 53 km entfernten *Lake Bennett* verbracht hatte. Insgesamt kamen mindestens 2.000 km Fußmarsch in Eis und Kälte zusammen, die Hälfte davon mit schwerem Gepäck. Dennoch überstanden im Winter und Frühjahr 1897/98 über 30.000 Männer und einige Frauen diese Tortur. Die Wälder rund um den Lake Bennett wurden abgeholzt, um Boote und Flöße zu bauen, die im Mai in Richtung Klondike aufbrachen. Manches Boot kenterte zwar in den Stromschnellen des *Yukon River*, aber die Mehrheit erreichte letztlich Dawson City.

Heute ist der *Chilkoot Pass Trail* Teil des *Klondike Gold Rush National Historical Park* und wird vom *Park Service* unterhalten. Sogar Schutzhütten für Schlechtwettereinbrüche sind vorhanden. Wer es den *98er-Stampeders* gleichtun möchte, erhält im *Visitor Center* in Skagway alle nötigen Informationen und eine genaue Karte. Eine *Ranger Station* existiert in Dyea, sie ist aber nicht immer besetzt. Der Zeitbedarf für den *Trail* heute wird mit mindestens 3 Tagen angegeben, da zur Distanz Dyea–Lake Bennett noch 10 km

> Fußweg von Skagway und weitere 11 km vom See bis zur Straße (*Log Cabin*) oder sogar 19 km bis nach Fraser (Eisenbahnstation) gerechnet werden. Wer sich in Dyea absetzen läßt, kann die Strecke bei guter Kondition auch in zwei Tagen schaffen. Man muß dabei bedenken, daß 13 km des *Trails* oberhalb der Baumgrenze verlaufen und die Wetterbedingungen ausgesprochen widrig sein können. Auf der Paßhöhe hält sich der Schnee gewöhnlich bis in den Hochsommer hinein.
>
> Mit dem *Chilkoot Pass* überquert man die kanadische Grenze (➪ Kapitel Einreise Seite 40).

Der lange Marsch nach Dawson City im Winter 1898 begann für die meisten Goldsucher mit der Überwindung der Chilkoot Paßhöhe

langen Teilstrecke von Skagway über den *White Pass* nach Fraser. Die **Hin- und Rückfahrt** dauert **knapp 3 Stunden** und kostet stolze US$75. Eine kombinierte Fahrt nach Whitehorse – mit der Bahn nach Fraser, von dort weiter mit dem Bus – ist ebenfalls möglich und kostet US$95. Auskünfte zu Fahrplan und aktuellen Preisen erhält man unter ✆ (907) 983-2217 und (800) 343-7373 in den USA oder ✆ (800) 478-7373 in Canada.

Benzinpreis Wer Skagway auf dem *Klondike Highway* verläßt, sollte noch einmal volltanken. Das Benzin ist preiswerter als in Canada.

Klondike Road Nördlich von Carcross, gut 1 km nördlich der Abzweigung der *Tagish Road*, passiert die Straße die **Carcross Desert** mit einigen Sanddünen und der schönen Bezeichnung "Kleinste Wüste der Welt". Ein paar Kilometer weiter liegt westlich der Straße der wunderbar blaugrün schimmernde **Emerald Lake** (Foto Farbteil). Wegen seiner zahlreichen Farbabstufungen wird er auch *Rainbow Lake* genannt. Eine Zufahrt führt zu einem schönen Picknickplatz über dem See.

Von der Einmündung des *Klondike* auf den *Alaska Highway* sind es noch rund 20 km bis Whitehorse. Den gut angelegten **Wolf Creek Government Campground** am *Alaska Highway* passiert man einige Kilometer weiter.

6.2.6 Whitehorse

Ortsname Die Ortsbezeichnung geht auf die hochaufschäumende Gischt der einst gefährlichen Stromschnellen im *Miles Canyon* zurück. Sie erinnerte die Prospektoren an die wehende Mähne eines Schimmels. Heute ist diese Assoziation nicht mehr nachvollziehbar, denn die einstigen *Rapids* "ertranken" im *Lake Schwatka*, einem Stausee, der den Wasserstand im *Canyon* dauerhaft erhöhte.

Geschichte An diesem größten Hindernis auf dem Weg nach Dawson City entwickelte sich rasch die wichtigste Etappe der Goldsucher. Es war nur logisch, daß die **White Pass & Yukon Railway**, die den Pazifikhafen Skagway mit dem *Yukon River* verbinden sollte, nach Whitehorse geführt wurde. Von dort bis zur Mündung in das Beringmeer ist der Fluß schiffbar. Die großen Raddampfer (*Sternwheeler*), wie man sie auch vom Mississippi her kennt, kamen auf diesem Weg in den hohen Norden Kanadas. Stromabwärts schafften sie die Strecke von Whitehorse nach Dawson City in 2 Tagen, für den Rückweg benötigten sie doppelt so lange.

Der Yukon River ist bis in die heutige Zeit der einzige Schiffahrtsweg in das Yukon Territory.

Entwicklung Mit dem Bau des *Alaska Highway* (siehe oben) begann die Entwicklung von Whitehorse zum wirtschaftlichen Zentrum des Territoriums. 10 Jahre nach Fertigstellung desALCAN verlegte die Regierung – im März 1953 – ihren Sitz von Dawson City nach Whitehorse. Heute leben mit rund 23.000 Einwohnern gute zwei Drittel der Yukon-Gesamtbevölkerung in der Hauptstadt.

Der wunderbar restaurierte Raddampfer "Klondike II", ein National Museum, am Ufer des Yukon River

Alaska Highway

Information

Das moderne **Yukon Beringia Interpretive Centre** liegt am *Alaska Highway* unweit der Zufahrt zum *Airport*. Eine Multi-Media-Show thematisiert Eiszeit, Entwicklungsgeschichte des Yukon, die Nationalparks und historischen Stätten.

Das vorzügliche **Transportmuseum** in unmittelbarer Nachbarschaft ist in erster Linie den im hohen Norden genutzten Transportmitteln gewidmet.

Ein **Visitor Centre** von **Tourism Yukon** befindet sich in Downtown an der 2nd Ave (Mitte Mai bis Mitte September), ✆ (867) 667-2915; **Internet** http://www.beringia.com.

Raddampfer

Auf der South Acces Rd, der südlichen Einfahrt vom *Alaska Highway* nach Whitehorse, gelangt man an den Yukon River. An seinem Ufer liegt der *Sternwheeler* **Klondike II**. Der 1937 erbaute Raddampfer wurde mit den Maschinen des gesunkenen Vorgängers **Klondike I** ausgerüstet und tat bis zur Fertigstellung des *Klondike Highway* im Jahr 1955 Dienst. Seit der Restaurierung Ende der 60er Jahre ist die *Klondike II* das Schmuckstück der Stadt und darüberhinaus ein **National Historic Site**. Besichtigungen Mitte Mai bis Mitte September 9–18 Uhr. Das Eintrittsgeld von $5 schließt den Besuch einer Filmvorführung zur Geschichte der Yukon-Schiffahrt ein (im Zelttheater neben dem Dampfer).

Museen

Die Ausstellungen im **MacBride Centennial Museum** (1st Ave) thematisieren in erster Linie Goldrausch, Bergbautechniken und nordische Tierwelt. Die präparierten Tiere vom Adler bis zum Grizzly sind sehenswert. Geöffnet Mitte Mai bis Anfang September 9–21 Uhr, sonst 12–18 Uhr (Eintritt).

Die Geschichte der anglikanischen Kirche im Yukon wird im **Old Log Church Museum** erzählt, das in einem der ältesten Bauwerke der Stadt untergebracht ist (3rd Ave/Elliot St). Die Ausstellung bezieht sich vornehmlich auf die ersten Kontakte zwischen Weißen und Indianern und die Christianisierung der Ureinwohner. Geöffnet Ende Mai bis Anfang September wochentags 9–18 Uhr, sonntags 12.30–16 Uhr; Eintritt $3.

Die **Yukon Historical and Museums Association** veranstaltet im Sommer kurze Führungen in der Innenstadt, die **Yukon Conservation Society** mehrstündige Wanderungen zu diversen Zielen in der Umgebung (*Grey Mountain*, *Miles Canyon* etc.); nähere Auskünfte bei der *Visitor Information*.

Frantic Follies

Eine besondere Attraktion sind die **Frantic Follies** im *Westmark Whitehorse Hotel*, eine bunte **Vaudeville Revue** im Stil der Jahrhundertwende. Über knapp zwei Stunden geht das bunte Programm mit viel Musik, **Can-Can Girls** und Zauberkunststücken. Vorstellungen finden von Ende Mai bis Anfang September jeweils um 21.15 Uhr statt, von Mitte Juni bis Mitte August zusätzlich auch um 19 Uhr. Eintritt ab $18. Reservierung unter ✆ (867) 668-2042.

Mitbringsel	Als Souvenirs aus dem Yukon sind **Native Products** beliebt, von Indianern und Eskimos gefertigte Gebrauchsgegenstände und hübsches Kunsthandwerk. Der bekannteste und bestsortierte Laden ist die Filiale von **Northern Images** (311 Jarvis St). Diese von den **Inuit** betriebene Kooperative bürgt für die Authentizität der Waren und sorgt für ein auskömmliches Preisniveau. Abseits der touristischen Hauptpfade findet man ähnliche Produkte zwar zu günstigeren Preisen, aber meist ohne Herkunftsgarantie.
"Fischleiter"	Folgt man im Vorort **Riverdale** jenseits des Yukon der Uferstraße stromaufwärts (*Nisutlin Drive*), gelangt man zum **Whitehorse Power Dam**, der den Lake Schwatka staut. Um den Lachsen den vom Damm versperrten Weg zu den Laichgründen dennoch zu ermöglichen, wurde eine der längsten Fischleitern der Welt gebaut. Am verglasten Teil der **Fish Ladder** lassen sich vor allem ab Ende Juli die Fische – darunter erstaunlich große Exemplare – beobachten, wie sie die Stufen der Leiter überwinden. Ende Mai bis Ende Juni 9–17 Uhr; Juli bis Anfang September 8–20.30 Uhr.
Bootstour	Gleich hinter dem Staudamm auf der gegenüberliegenden Seite des Flusses befindet sich der Anleger der *M.V. Schwatka*. Das kleine Schiff startet von dort ab Juni bis Mitte September zu einem zweistündigen Ausflug durch den *Miles Canyon*. Anfang bis Mitte Juni und Mitte August bis Mitte September Abfahrten um 14 Uhr und Mitte Juni bis Mitte August auch um 19 Uhr; $15 pro Person.
Miles Canyon	*Der Miles Canyon* läßt sich auch mit dem Auto erreichen. Am *Alaska Highway* weist etwa 4 km vor der südlichen Zufahrt nach Whitehorse ein Kamera-Piktogramm den Weg. Von Whitehorse aus folgt man der Straße Richtung *Alaska Highway* und dann der **Miles Canyon Road** an Wasserflughafen und Anlegestelle der *Schwatka* vorbei zum Parkplatz oberhalb des Yukon-Durchbruchs.

Die "Schwatka" im heute ruhigen Wasser des Miles Canyon

Neuerdings werden dort **Ausgrabungen** vorgenommen in der Hoffnung, noch brauchbare Reste der vor fast 100 Jahren wichtigsten Station der Goldsucher auf ihrem Weg nach Dawson City zu finden und der Nachwelt zu erhalten.

Eine Fußgängerbrücke führt auf das andere Ufer. Wer sich auf dem Ostufer befindet, gelangt über die **Chadburn Lake Road**, die am Lake Schwatka entlang in südliche Richtung läuft, zum *Trailhead* nördlich des Canyon. Von dort führen zwei alternative Wege zur Hängebrücke (je eine gute Meile).

Aktivitäten

Whitehorse ist ein hervorragender Ausgangspunkt für Kanufahrten, geführt oder auf eigene Faust. Wer es den Goldsuchern von 1898 nachtun und den Yukon River bezwingen möchte, kann **Boote** *one-way* nach Dawson City mieten; u.a. bei *Kanoe People* in der 1st Ave nördlich vom *Bus Depot*, weitere Auskünfte erteilt die **Visitor Information**. Kürzere Strecken (und weniger Tage) z.B. bis Carmacks sind ebenfalls möglich. **Bootreservierung** unter ✆ (867) 668-4899. **Reitpferde** und organisierte Ausritte gibt es beim *White's Horse Riding Stable* am *Alaska Highway* hinter dem Abzweig zum *Miles Canyon* und in Takhini Hot Springs.

Camping

Im Einzugsbereich von Whitehorse existieren mehrere Campingplätze. Der bereits erwähnte **Wolf Creek Campground** am *Alaska Highway* ist der schönste Platz, wenngleich recht laut. Der private **McKenzie's RV Park** am *Alaska Highway* unweit der Abzweigung des *Klondike Highway* nach Dawson City besitzt *Full-Hook-up* und Duschen. Nur für Zelte und zum Picknicken eignet sich der **Robert Service Campground** am Ufer des Yukon, etwa 2 km südlich von Whitehorse.

Picknick

Sehr schön ist der Picknickplatz am **Chadburn Lake** am Ende der gleichnamigen Stichstraße. Nur zu Fuß über eine Hängebrücke erreicht man den *Picnic Ground* auf **Kishwoot Island** im Yukon (2nd Ave jenseits des zweiten Bahnübergangs).

Ranger und Touristen bei einer Exkursion im Kluane Park. Im Hintergrund der Kathleen Lake

Quartier	Die meisten Hotels und Motels findet man in Whitehorse im zentralen Bereich und auf der nördlichen Ausfallstraße in Richtung Alaska Highway. Das Preisniveau ist relativ hoch. Bereits ohne Schwierigkeiten von der Heimat aus reservieren lassen sich die Häuser größerer Ketten (➩ Seite 120) wie etwa das *Best Western Gold Rush Inn* in der 411 Main St, vor Ort ✆ (867) 668-4500.

6.2.7 Von Whitehorse nach Alaska

Der Verlauf des *Alaska Highway* ist nördlich von Whitehorse zunächst nicht besonders attraktiv. Nach etwa 15 km zweigt der **Klondike Highway** nach Dawson City ab. Die 527 km lange, durchgehend asphaltierte Strecke befindet sich heute in ausgezeichnetem Zustand.

Hot Springs	Ein kleiner **Abstecher** vom *Alaska Highway* könnte den *Takhini Hot Springs* gelten. Vom *Klondike Highway* (ca. 6 km nördlich des *Alaska Highway*) führt eine 10 km lange Stichstraße zu einem relativ kleinen Warmwasserpool, der sommers wie winters eine Temperatur von rund 38°C aufweist. Auch **Campingplatz** und *Coffee Shop* gehören zur insgesamt allerdings nicht sehr attraktiven Anlage.
St. Elias Montains	Erst kurz vor Haines Junction wird die Landschaft reizvoller. Die Straße führt schnurgerade auf die *St. Elias Mountains* mit den höchsten Bergen Canadas zu. Bei klarem Wetter sieht man die schneebedeckten Gipfel des *Mount Kennedy* (3.991 m) und *Mount Hubbard* (4.577 m). Ein großer Teil dieser weitgehend unberührten Gebirgsregion gehört zum *Kluane National Park* (sprich: Klu-a-nie), der ein hervorragendes **Visitor Centre** 300 m östlich der Kreuzung des *Alaska Highway* mit der *Haines Road* unterhält.
Kluane National Park	Die Ausstellungen und Filme im Kluane Besucherzentrum sollte man sich auf keinen Fall entgehen lassen. Sie zeigen das unerschlossene "Parkinnere" und eine Tierwelt, die Touristen sonst kaum zu Gesicht bekommen. Denn die meisten **Wanderpfade**, die an *Haines Rd* und Kluane Lake (*Alaska Highway*) ihren Ursprung nehmen, sind kurz. Nur wenige längere *Backcountry Trails* führen in hochalpines Terrain.
	Der *Kluane National Park* und seine geographische Fortsetzung, der *Wrangell St. Elias National Park* auf dem Territorium von Alaska bilden zusammen als besonders schützenswerte Naturlandschaft einen **World Heritage Site** der UNESCO.
Haines Junction	Haines Junction (810 Einwohner) besteht aus einer Reihe von Motels und *RV-Campgrounds*, Tankstellen und Läden. Der Ort entstand rund um das Straßendreieck *Alaska/Haines Highway* und ist heute in erster Linie Service- und Versorgungsetappe der Alaskafahrer.

Die Haines Road

Geschichte und Zustand

Die 244 km lange Straße zum Alaska-Hafen Haines folgt dem Verlauf des alten **Dalton Trail**, der um die Jahrhundertwende einen alternativen Weg nach Dawson City bot. Ein gewisser *Frank Dalton* hatte das erste Teilstück angelegt und sich damit seine eigene Goldgrube geschaffen. Hohe Wegzölle für die Benutzer seiner Straße produzierten mehr Gewinn als die meisten *Claims* der Goldfelder. Im Zweiten Weltkrieg baute die US-Armee den *Trail* als strategisch wichtige Verbindung von der Küste zum *Alaska Highway* aus. Heute ist die herrlich geführte und mittlerweile vollständig asphaltierte *Haines Rd* grundsätzlich zu jeder Jahreszeit und bei jedem Wetter befahrbar, wenngleich Schneefälle die Fahrt noch bis in den Mai hinein und ab September behindern können. Auf den 164 km vom *Kathleen Lake* bis zum *33 Mile Roadhouse* in Alaska gibt es keine **Tankstelle.** Das Benzin in Alaska ist, daran sei erinnert, etwas billiger als in Canada.

Camping und Wandern

Auf den ersten 65 km läuft die Straße parallel zum *Kluane National Park*. Der einfache *Kathleen Lake Campground* ist dessen einziger mit Auto zugänglicher **Campingplatz**. *Park Ranger* veranstalten dort an Sommerabenden *Campfire Programs*. Am *Campground* beginnt auch der 85 km lange **Cottonwood Trail** durch die Berge hinüber zum *Dezadeash Lake*. Das erste Stück führt am Ufer des *Kathleen Lake* entlang hinauf zum *Louise Lake*. Der Hin- und Rückweg läßt sich gut an einem Tag erledigen. Eine schöne, etwa halbstündige **Kurzwanderung** bietet mit Ausgangspunkt westlich des *Dezadeash Lake* der *Rock Glacier Trail* (teilweise über Holzplanken). Noch etwas kürzer und ebenfalls reizvoll ist der *Trail* zu den **Million Dollar Falls** am gleichnamigen *Yukon Government Campground* 89 km von Haines Junction.

Straßenverlauf

Der *Haines Highway* erreicht nach 103 km durchs Yukon Territory British Columbia und nach weiteren 75 km die Grenze zum US-Bundesstaat Alaska. Dabei wechselt die Straßennumerierung von #3 auf #4 und schließlich auf #7 und in Alaska auch die **Zeitzone**: statt *Pacific Time* gilt *Alaska Time* (eine Stunde früher). Die Grenzstation ist von 8–24 Uhr *Pacific Time* geöffnet. Wer angeln möchte, benötigt entlang der *Haines Road* bis zu vier verschiedene Angelscheine, denn British Columbia, das Yukon Territory, Alaska und auch der *Kluane National Park* stellen separate **Fishing Licenses** aus (➪ "Fischen und Jagen", Seite 37/38).

Seeadler

Weißkopf-Seeadler haben der **Chilkat Bald Eagle Preserve** nördlich des *Haines Highway* zu einem besonderen Ruf verholfen. Auf dem letzten Stück der Straße am Chilkat River entlang lassen sich die mächtigen Vögel gut beobachten. Je später im Jahr, umso zahlreicher werden sie.

Die beste Zeit für **Adlerbeobachtungen** ist zwar die "touristenarme" Zeit von Oktober bis Januar. Aber schon Ende August beginnt der Lachsauftrieb in Flüssen und Bächen, ein gefundenes Fressen für die *Bald Eagles*. Ein kleiner **Einfach-Campingplatz** im Adlergebiet liegt am Mosquito Lake (westlich von Klukwan) etwa 4 km von der Hauptstraße entfernt.

Fähren Die *Haines Road* endet im Ort. Zum **Terminal** der *Alaska State Ferries* geht es auf dem **Lutak Highway**, der am *Ufer des Chilkoot Inlet* entlang zum *Chilkat State Park* (sehr schönes **Camping**) führt. Der Anleger befindet sich etwa 5 km außerhalb des Ortes. Die Entfernung nach Skagway beträgt lediglich 21 km (zum Vergleich: Landweg von Haines nach Skagway 580 km); die Überfahrt dauert 45 min. Die Chancen, ohne Voranmeldung mit dem Auto überzusetzen, sind meist gut, da ein Teil der Fahrzeuge die Fähre bereits in Haines verläßt. In der *Visitor Information* in Haines Junction kann man ggf. reservieren. Weitere Einzelheiten zum Fährbetrieb stehen auf Seite 575. Passagiere ohne Auto können das *Water Taxi* nehmen, ✆ (907) 766-3395, das im Sommer 2x täglich verkehrt; die Fahrt kostet retour ca. $30. Nach Juneau geht einmal am Tag eine Fähre der *Alaska State Ferries*, US$ 20/ Person (one-way).

Haines Haines` Lage ist überaus reizvoll. Der Ort auf einer weit in den *Lynn Canal* hineinreichenden Landzunge zwischen *Chilkoot* und *Chilkat Inlet* wird von schneebedeckten Gipfeln umrahmt. Seine ursprüngliche indianische Bezeichnung *Dtehshuh* bedeutet sehr treffend "Ende des Weges". Außer einigen mäßig interessanten historischen Gebäuden – darunter vor allem das restaurierte **Fort William H. Seward**, der erste dauerhafte Armeeposten der USA in Alaska, der heute indianische Holzschnitzer beherbergt; (geöffnet Anfang April bis Ende Oktober wochentags 9–12 Uhr und 13–17 Uhr), sowie die Nachbauten einer Trapperhütte und eines indianischen Hauses aus dem 19. Jahrhundert – gibt es in Haines nicht viel zu sehen. Die **Visitor Information** befindet sich in der Willard St, Ecke 2nd St.

Im **Chilkat Center for the Arts** auf dem Gelände des **Fort Seward** setzen u.a. die *Chilkat Dancers* die Legenden der *Tlingit* Indianer tänzerisch um (Anfang Juni bis *Labour Day Weekend* jeweils montags, mittwochs und samstags um 20 Uhr). Im August findet in Haines der **Southeast Alaska State Fair** statt, eine Mischung aus Jahrmarkt, Ausstellung und Konzertveranstaltungen.

Das **Sheldon Museum and Cultural Center** (Ende Mai bis Mitte September täglich 13–17 Uhr) ist in einem modernen Gebäude am Ende der Main Street untergebracht. Gezeigt werden Kunsthandwerk der *Tlingit Indians*, Relikte russischer und amerikanischer Pioniere, eine Diashow über Haines und ein Film über die **Bald Eagles Preserve**. Außerdem wartet russischer Tee aus dem Samowar auf Museumsgäste.

Quartiere

Haines besitzt eine Handvoll Motels und Hotels, einige **Bed & Breakfast** Quartiere, mehrere kommerzielle **RV-Parks** und eine preiswerte **Familienunterkunft** (*Bear Creek Cabins*), ca. 5 km südlich der Stadt an der *Mud Bay Road*. Diese Straße führt am Ufer des *Chilkat Inlet* entlang zum *Chilkat State Park*. Der Blick über das Inlet auf die Gletscher in den umliegenden Bergen ist einmalig.

Mud Bay

Man sollte die **Mud Bay Road** auch dann abfahren, wenn nicht beabsichtigt ist, im **State Park** zu übernachten. Ein weiteres Motiv für die Fahrt könnte der **Seduction Point Trail** sein, ein Pfad, der vom **Campingplatz** zum Ende der Landzunge zwischen den beiden Inlets läuft. Ebenfalls an der *Mud Bay Road* liegt der Startpunkt des **Mount Riley Trail**, von dessen Endpunkt in 500 m Höhe man einen sagenhaften Blick über die gesamte Haines Region und die Fjorde genießt.

Informationen zu Haines liefert das

Visitors Bureau,
PO Box 530, Haines AK 99827 USA
✆ (907) 766-2234
✆ 1-800-458-3579 (aus den USA)
✆ 1-800-478-2268 (BC und Yukon).
Internet-Info unter http://www.haines.ak.us/deutsch

Alaska Highway im Bereich des Kluane National Park

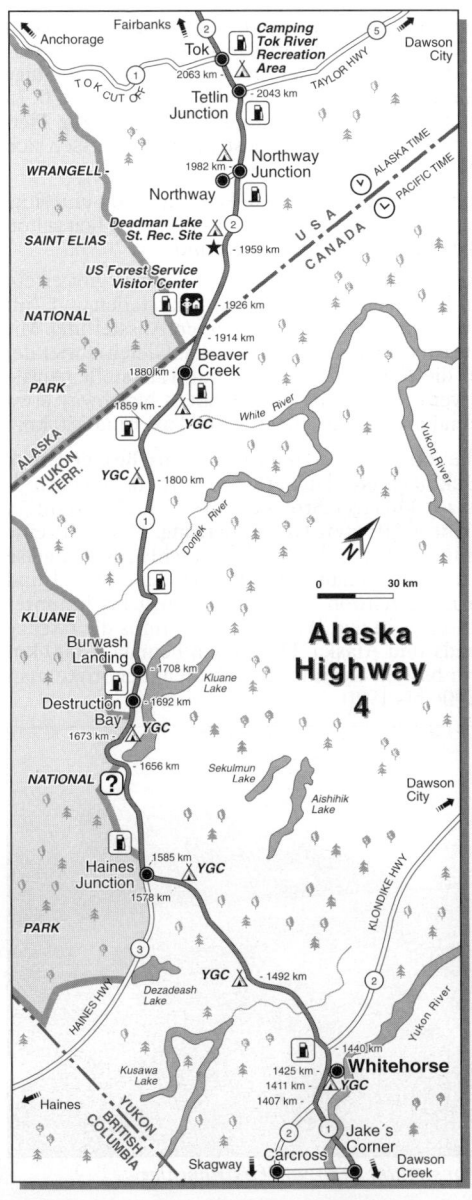

Von Haines nach Tetlin Junction

Der Streckenabschnitt durch die Nordausläufer der *St. Elias Mountains* von Haines Junction bis hinter den *Kluane Lake* (Burwash Landing) gehört zu den schönsten des *Alaska Highway*. Am **Boutillier Summit**, einem 1000 m hohen Paß, überblickt man erstmalig den mit 400 km² größten See des Yukon Territory. Etwa 1 km westlich vom Paß zweigt eine *Gravel Road* (ca. 5 km) zur Geisterstadt **Silver City** am Südostufer des Kluane Lake ab (ein Schild für historische Stätten am *Alcan* weist den Weg). Die verfallenen Blockhäuser der **Ghost Town** sind ein vorzügliches Fotomotiv.

Am Südende des Sees befindet sich das **Sheep Mountain Visitor Information Centre** des *Kluane National Park*. Von dort geht es auf dem **Slims River Trail** hinauf in ein für seinen Wildreichtum bekanntes Gebiet. Die **Bergschafe** sind oft bereits vom Besucherzentrum aus zu sehen. In unmittelbarer Nähe führt der *Alaska Highway* über den **Soldier's Summit**, wo die Straße am 20. Nov 1942 offiziell eröffnet wurde. 18 km weiter nördlich liegt der prima **Congdon Creek Yukon Government Campground** am Ufer des *Kluane Lake*. Der **Mount Logan** (5.959 m) ist leider von der Straße aus nicht sichtbar. Nur auf sehr teuren *Flightseeing Trips* mit Kleinflugzeugen über Gipfel und

Kluane Lake Gletscherfelder gelangen Touristen in die Nähe des höchsten Berges in Canada. Sowohl in Haines Junction als auch in Burwash Landing am Nordende des *Kluane Lake* kann man **Flüge über die St. Elias Mountains** buchen; sie kosten ab $70. In Burwash Landing befindet sich ein gutes **Museum zur Tierwelt** im *Kluane Park*. Dort und in Destruction Bay lassen sich auch Boote mieten.

Die Fahrt wird nördlich von Burwash Landing etwas eintönig. Kurz hinter der *Koidern River Bridge* passiert man den schön gelegenen ***Lake Creek Yukon Campground***.

Grenze Canada/ Alaska In winzigen Beaver Creek, 34 km vor der Grenze, gibt es ein letztes Mal auf kanadischer Seite Motel, Tankstellen und – im *Visitor Reception Centre* – eine Wildblumen-Ausstellung. Mit dem Tanken wartet man besser bis Alaska. Gleich hinter der Grenze gibt es die *Border City Lodge* mit Tankstelle (April–Oktober); ein wenig billiger ist das Benzin in Northway etwa 70 km weiter und noch etwas günstiger in Tok, rund 150 km .

1983 wurde die kanadische Grenzstation aus **Beaver Creek** heraus ein Stück nach Norden verlegt. Hinter dem Kontrollpunkt geht es auf kurviger Strecke zum 30 km entfernten, rund um die Uhr geöffneten **Grenzübergang.** Dort fällt eine mächtige, schnurgerade durch den Wald geschlagene **Schneise** ins Auge. Sie verläuft genau auf dem 141. Längengrad und markiert vom *Demarcation Point* am Eismeer bis hinunter zum *Mount St. Elias* in den *Wrangell Mountains* die Grenze zwischen Canada und Alaska. Um diesen beinahe 1.000 km langen und 6 m breiten Korridor zu schaffen, benötigte man 14 Jahre von 1906 bis 1920.

Donjek River: Flüsse im Norden sind oft breit wie Urstromtäler

6.3 "KLONDIKE LOOP" UND ROBERT CAMPBELL HIGHWAY
6.3.1 Von Tetlin Junction nach Dawson City

Alternative zum Alaska Highway

In Tetlin Junction, 125 km hinter der Grenze, beginnt (bzw. endet) eine reizvolle **Alternativstrecke zum Alaska Highway** über *Taylor Highway*, *Top of the World Highway*, *Klondike Highway* (*Klondike Loop*) und *Campbell Highway* nach Watson Lake. Diese Route ist nur 190 km länger als die Verbindung Watson Lake – Tetlin Junction auf dem *Alaska Highway*. Sie erfordert aber wesentlich mehr Zeit, da bis auf den *Klondike Highway* alle anderen Straßen geschottert sind. Wie bereits oben ausgeführt (↪ Seite 463), bietet die Kombination von *Alaska Highway* und *Klondike Loop*/ *Robert Campbell Highway* die Möglichkeit zu einer weiträumigen **Rundreise durch das gesamte Yukon Territory** – vorausgesetzt, man fährt ein für *Gravel Roads* zugelassenes Fahrzeug. Die Fahrt kann außerdem über den *Cassiar Highway* in British Columbia fortgesetzt werden (↪ Seite 476).

Auch die Strecke **Whitehorse–Dawson City–Tetlin Junction** erfordert nur 210 zusätzliche Fahrkilometer gegenüber der Direktroute Whitehorse–Tetlin Junction auf dem *Alaska Highway*, wobei insgesamt nur noch 100 km auf Schotterstraßen (*Top-of-the-World-Road* und *Taylor Highway*) zurückgelegt werden müssen.

Taylor Highway

Der bis **Chicken** sehr gut ausgebaute und weitgehend asphaltierte *Taylor Highway* führt von Tetlin Junction nach Eagle am Yukon River. An der *JW-Junction* zweigt die Straße nach Dawson City ab.

Top of the World Highway

Von dieser Ecke bis zur Fähre über den Yukon in Dawson City sind es auf dem heute ebenfalls ohne Schwierigkeiten machbaren *Top of the World Highway* noch 127 km (Asphaltierung begonnen). Ihre Bezeichnung erhielt die Straße wegen der eindrucksvollen Streckenführung entlang einer Art Kammlinie mit weiten Ausblicken über die Unendlichkeit des Landes. Nur an der **Boundary Lodge** (Alaska-Seite) gibt es eine – weder ganzjährig noch abends geöffnete – **Tankstelle**.

Der **Grenzübergang** ist nur von Mitte Mai bis Mitte September 8–20 Uhr *Alaska Time* (9–21 Uhr *Pacific Time*) besetzt. Außerhalb dieser Zeiten kann die Alaska/Canada-Grenze dort nicht überquert werden!

Ein besonders schönes **Panorama** bietet die *Top of the World Road* kurz vor ihrem Abstieg hinunter nach Dawson City noch oberhalb der Baumgrenze. Sehr gut zu überblicken ist von einigen Punkten auf den letzten Kilometern der Zusammenfluß von Klondike und Yukon River.

Yukon-Fähre

Eine kostenlose Fähre überquert den Fluß im Sommer Tag und Nacht bedarfsabhängig.

Camping

Noch diesseits des Flusses liegtder mit 100 Stellplätzen relativ große *Yukon River Government Campground* etwa einen halben Kilometer von der Fähre entfernt direkt am Fluß. Hinter dem Campingplatz stromabwärts verrotten drei einst mächtige Riverboats (**Sternwheeler Graveyard**). Die vor einigen Jahren noch relativ gut erhaltenen Wracks sind heute wegen der immer zahlreicheren Besucher, die den morschen Planken zusetzten, nur noch Trümmerhaufen.

6.3.2 Dawson City

Geschichte

Am 17. August 1896 stießen *George Washington Carmack* umd die Brüder seiner indianischen Frau, *Skookum Jim* und *Tagish Charlie*, am *Rabbit Creek* (später in *Bonanza Creek* umbenannt), einem Nebenfluß des Klondike River, auf Gold und lösten damit den **Klondike Goldrush** aus. **An jedem dritten Wochenende im August** wird seither im ganzen Yukon Territory der **Discovery Day** gefeiert. Dawson City legt sich dabei mit Umzügen und viel Trubel besonders "ins Zeug".

Neuankömmlinge im hohen Norden wurden **Cheechakos** (Wort der Chinook-Indianer für Neuankömmlinge) genannt. Wenn sie den ersten kalten Winter erfolgreich überstanden hatten, hießen sie **Sourdoughs** (ᛐ Seite 482), weil sie stets einen Klumpen Sauerteig zum Brotbacken mitführten.

Der Goldrausch begann, als im Sommer 1897 (daher 1997 100-Jahr-Feiern) die ersten erfolgreichen Goldsucher nach Seattle, Portland und San Francisco zurückkehrten und mit ihren frisch geschürften Vermögen Furore machten. Über 100.000 Menschen sollen damals in der Hoffnung auf den schnellen Reichtum den Weg nach Norden genommen haben. Immerhin 30%-40% von ihnen erreichten ihr Ziel. Die meisten überquerten im Winter 1897/98 den berüchtigten *Chilkoot Pass* (ᛐ Seite 495), um dann im Sommer 1898 erkennen zu müssen, daß die besten *Claims* der **Klondike Goldfields** bereits lange vergeben waren. Der Mehrheit blieb nur, zu miserablen Konditionen für die wenigen glücklichen *Claimholders* zu arbeiten.

Dawson City wuchs **1898** auf über **30.000 Einwohner** und war damit vorübergehend die größte Stadt westlich von Chicago und nördlich von San Francisco und mit Sicherheit die teuerste Stadt Amerikas. Denn Lebensmittel und alle Güter mußten über Tausende von Kilometern herangeschafft werden. Kein Problem waren die hohen Preise für die Erfolgreichen: in wenigen Jahren wurde Gold im Wert von (damals) über 100 Mio. Dollar gefunden. Im Jahre 1900 betrug die Gesamtausbeute im Yukon Territory 1,1 Mio. Unzen. Aber auch heute sollen es immer noch 80.000 Unzen (2.400 kg) jährlich sein, was einem Wert von annähernd 50 Mio. DM entspricht.

Hauptstadt

Als 1898 das Yukon Territory von den Northwest Territories getrennt wurde und eine eigenständige Verwaltung erhielt, rückte Dawson City zur Hauptstadt auf. Einen annehmbaren Verkehrsanschluß erhielt die Stadt aber erst 1900 mit der Fertigstellung der *White Pass & Yukon Route Railway*: von der Endstation Whitehorse ging es mit Raddampfern auf dem Yukon weiter nach Dawson City.

Der *Boom* dauerte nur wenige Jahre. Die Prospektoren verschwanden, und Dawson City schrumpfte zu einem Dorf. Zu **Anfang des 2. Weltkriegs** wurden zwar immer noch 1.000 Einwohner registriert, aber die Zahl trog. Viele der ehemaligen Bewohner bzw. ihre Nachkommen hatten sich längst woanders niedergelassen, zahlten jedoch weiterhin Steuern für ihre Häuser, um dabeizusein, sollte ein neuer *Boom* ausbrechen. Schließlich verlegte man 1953 den Regierungssitz nach Whitehorse, das nach Fertigstellung des *Alaska Highway* zum neuen Zentrum des Nordens aufgestiegen war.

Dawson City heute

Dawson City erlebte seinen **Tiefpunkt 1979**. Die Bevölkerung betrug weniger als 900 Personen. Aber in den 80ern, nachdem der Ort bereits in den 60er-Jahren zum ***National Historic Site*** erklärt worden war, kam es zu einer "Wiederbelebung". Unter der Regie des *Canadian Parks Service* wurden 35 historische Gebäude im Stadtkern mit großer Sorgfalt restauriert. Wo der Verfall zu weit fortgeschritten war, baute man neue Häuser nach altem Vorbild. Ziel war es, den gesamten Kern des Ortes getreu dem Aussehen zur Zeit des Goldrausches zu rekonstruieren. Dies und die Asphaltierung des *Klondike Highway* haben einen bemerkenswerten Aufschwung bewirkt. Dawson City entwickelte sich zum Besuchermagneten und zählt heute fast 2000 Einwohner.

Goldsucher mit Waschpfanne 1898

Information	Wer sich für die Geschichte des Goldrausches intensiver interessiert, sollte sich Diashow und Filme im *Visitor Reception Centre* anschauen, Ecke Front St/King St, geöffnet Mitte Mai bis Mitte September 8–20 Uhr; ✆ (867) 993-5566; **Internet-Info** unter http://dot.state.ak.us.

Dort starten auch die **Stadtführungen**. Im *Dawson City Museum* (5th Ave/Church Street) sind Originaldokumente und -gegenstände und Filme aus dem ersten Viertel unseres Jahrhunderts zu sehen; geöffnet Mitte Mai bis Anfang September 10–18 Uhr, Eintritt. *Harrington's Store* (3rd Ave/Princess St) zeigt unter dem Titel "*Dawson As They Saw It*" eine Fotodokumentation über das Dawson City der Boomjahre.

Das nostalgische *Original Post Office* von 1901 (Truro Ave/King St) beherbergt eine reguläre Dienststelle der kanadischen Post: aufgegebene Briefe und Karten werden vorschriftsgemäß befördert; geöffnet nur von Juni bis September, 12–18 Uhr. Die "eigentliche" Post befindet sich in der 5th Ave.

Bootstouren Am Ufer des Yukon liegt der kleine Raddampfer *SS Keno*. Das 1960 ausrangierte Schiff leistete seit 1922 Fährdienste auf dem Yukon; leider ist es nur noch von außen zu besichtigen. Moderne **Ausflugsboote** haben den Platz der alten Raddampfer eingenommen. Die anderthalbstündige Tour mit der *Yukon Lou* kostet $15.

Dichter-
lesungen Für Leute mit Englischkenntnissen sind die Originaltexte von *Jack London* und des gefeierten Yukon-Poeten *Robert Service* (↔ vordere Umschlagklappe) vielleicht reizvoll. Anfang Juni bis Mitte September wird vor den ehemaligen Häusern der beiden Autoren (8th Ave) aus deren Werken vorgelesen, 10 und 15 Uhr Robert Service, Jack London um 13 Uhr.

In Dawson City garantieren die *Gaslight Follies* und *Diamond Tooth Gertie's Gambling Hall* Abendunterhaltung, wie man sie mitten in der nordischen Wildnis nicht erwarten würde:

In Diamond Tooth Gertie's Spielhölle

Spielkasino	"Gertie's Spielhalle" in der 5th Ave/Queen Street wurde 1971 eröffnet. Sie war zu jener Zeit das einzige legale Spielkasino in Canada. Von 19 Uhr bis in den frühen Morgen darf dort bei Roulette, Poker und Black Jack "gezockt" werden. Ein Rahmenprogramm sorgt mit Musik und Shows aus der "guten alten Zeit" 3x am Abend für Unterhaltung (nicht montags); geöffnet Mitte Mai bis Mitte September, Eintritt $5. Betreiber ist die Klondike Visitors' Association. Die Bezeichnung *Diamand Tooth Gertie* (Diamantzahn Gertie) geht auf die Tänzerin **Gertie Lovejoy** zurück, die einen blinkenden Diamanten zwischen ihren Schneidezähnen eingeklemmt hatte. In der damals fast frauenlosen Stadt kam *Gertie* während der Goldrauschjahre als "Königin der Ballsäle" zu Wohlstand.
Gaslight Follies	Die *Gaslight Follies*, eine größtenteils aus Bewohnern des Ortes bestehende Truppe, präsentieren im wiederaufgebauten **Palace Grand Theatre** in der King St eine **Turn of the Century Show** (zwischen Ende Mai und Anfang September täglich außer dienstags jeweils 20 Uhr). Für $14-$17 Eintritt erlebt man Jahrhundertwende-Atmosphäre mit kräftigen Tupfern Lokalkolorit. Kartenvorbestellungen sind möglich unter ✆ (867) 993-5575). Das 1899 eröffnete Theater kann Anfang Juni bis Mitte September von 10–18 Uhr besichtigt werden.
Goldfelder	Ohne die Goldfelder wäre Dawson City nicht, was es ist. Wo schon vor nun 100 Jahren unendliche Sand- und Schottermengen wieder und wieder durchwühlt wurden, schürfen immer noch unentwegte Goldsucher nach dem gelben Metall. Auch **Touristen** dürfen zur Goldwaschpfanne greifen, aber nicht an beliebiger Stelle. Denn alle **Claims** sind "gesteckt". Ohne die ausdrückliche Genehmigung eines *Claim*- Inhabers gibt es Ärger.
Touristen Claim	Glücklicherweise existieren am **Bonanza Creek** – 4 km östlich Dawson City zweigt die *Bonanza Creek Road* vom *Klondike Highway* ab – auch **Claims für jedermann**. Allen Besuchern gebührenfrei offen steht der **Claim #6** der **Klondike Visitors Association**, etwa 18 km von der Hauptstraße kurz hinter dem berühmten *Discovery Claim*, wo George Carmack erstmals auf **Pay Dirt** stieß. Wer sich im Goldwaschen versuchen möchte und vorsorglich in Dawson City eine Waschpfanne gekauft hat, findet am Touristenclaim aber selten mehr als winzige Goldspuren am Pfannenboden.
Kommerzielles Goldwaschen	Unter Anleitung geht es meistens besser, speziell, wenn der Sand vorher präpariert wurde. An mehreren privat betriebenen *Claims* weiht man die Touristen – zu festen Preisen pro gefüllter Pfanne – in die Geheimnisse effizienten Goldwaschens ein, z.B. am **Claim 33**. Er liegt in "originaler" Goldgräberumgebung am *Bonanza Creek* unweit der **Dredge #4**. Camper auf dem **GuggieVille RV Park**, der auf dem Gelände einer

ehemaligen Goldmine liegt, sparen die Anfahrt und waschen Gold direkt auf dem Campingplatz *(Klondike Highway* unweit der *Bonanza Creek Road)*

Wer sich fit genug fühlt, kann an der alljährlich am *Canada Day* ausgetragenen **Yukon Gold Panning Championship** für Touristen teilnehmen.

Goldwaschen am Touristenclaim

Gold Dredge

Die **Gold Dredge #4**, an der Bonanza Creek Rd 10 km südlich Dawson City wurde bereits erwähnt. Der größte je für die Förderung und Durchspülung goldhaltigen Gesteins gebaute Schwimmbagger war bis 1966 in Betrieb und wurde später in desolatem Zustand vom *Canadian Parks Service* übernommen und restauriert. *Park Ranger* veranstalten regelmäßig Führungen durch die enorme Maschinerie. Das Gelände der *Dredge* ist von Mitte Juni bis Ende August 9–21 Uhr geöffnet, die Austellung im **Info-Trailer** mit alten Fotos und Erläuterungen zur Funktionsweise nur bis 17 Uhr. Eintritt $3.

Midnight Dome

Auf keinen Fall auslassen darf man die Auffahrt zum *Midnight Dome Mountain*. Der **Aussichtspunkt** hoch über der Stadt (790 m) bietet einen tollen 360°-Rundumblick. Hinauf geht es auf der 9 km langen *Dome Rd*, die östlich von Dawson City vom *Klondike Highway* abzweigt, oder von der Stadt über die Verlängerung der King St. Am 21. Juni erlebt dort halb Dawson die **Mitternachtssonne**, die nur für einen Augenblick hinter den *Ogilvie Mountains* versinkt.

Die Sonnenwende ist ein lokales Top-Ereignis. Später im Jahr läßt sich vom *Midnight Dome* aus in sternklaren Nächten das **Nordlicht** besonders gut beobachten. Mitte Juli ist er Ziel des **International Midnight Dome Race**, eines kräftezehrenden Bergauf-Laufs, der am *Palace Grand Theatre* gestartet wird.

Unterkunft In der Hochsaison kann es in Dawson City mitunter ausgesprochern schwierig sein, ein Zimmer zu finden. Die **Kapazität von Hotels, Motels** und *Bed & Breakfast* Pensionen ist recht begrenzt. Unter $50-$60 ist selbst das einfachste Quartier nicht zu haben, sieht man ab vom **Dawson City River International Hostel** am Westufer des Yukon; 30 Betten; ✆ (867) 993-6823. Das *Visitor Reception Centre* hilft bei Reservierungen; ✆ (867) 993-5566, Fax (867) 993-6449.

Camping Die meisten Besucher kommen mit Wohnmobil oder Zelt. Neben einigen privaten Camping- und RV-Plätzen gibt es zwei *Yukon Government Campgrounds*; der erste liegt am *Klondike Highway* 19 km außerhalb der Stadt in Airport-Nähe, der andere – wie eingangs beschrieben – am jenseitigen Ufer des Yukon.

DAS NORD- ODER POLARLICHT – *AURORA BOREALIS*

Wer diese Erscheinung noch nie gesehen hat, wird die zarten Lichtspiele am nächtlichen Himmel leicht für vereinzelte helle Wolken halten. Erst bei genauerem Hinsehen bemerkt man, daß sich die schleierähnlichen Gebilde dafür viel zu schnell bewegen. Sie zucken lautlos über den Himmel, verschwinden und tauchen unvermittelt in veränderter Form und überraschender Leuchtkraft wieder auf. Die Farben des Nordlichts sind abhängig von der Höhe, in der es erscheint; sie reichen vom verschwommenen Weiß über Gelbnuancen bis zu Rottönen. Je weiter man in den Norden Canadas und Alaskas kommt, desto intensiver gestalten sich die bezaubernden Farbenspiele.

Die *Aurora Borealis*, so der wissenschaftliche Name dieses Phänomens, tritt gewöhnlich in einer Höhe von 80 bis 100 km über der Erdoberfläche auf, kann aber auch bis auf 1.000 km emporsteigen. Die Wissenschaft hat das Geheimnis des Nordlichts noch nicht vollkommen klären können. Man nimmt an, daß die Erscheinungen von kleinen Sonnenteilchen mit hoher elektrischer Ladung herrühren, die im Magnetfeld der Erde in Lichtenergie umgesetzt werden. Dafür spricht, daß die Intensität der Teilchen und damit die Stärke des Nordlichts ganz offensichtlich von der Sonnenfleckentätigkeit beeinflußt wird.

6.3.3 Dempster Highway

Kennzeichnung

40 km östlich von Dawson City (*Dempster Corner*) zweigt der *Dempster* vom *Klondike Highway* ab. **Nach Inuvik** sind es **734 km**. Die lange Fahrt führt überwiegend durch einsame, hügelige Tundralandschaft. Auf der Suche nach der *Last Frontier* (etwa: letzte Herausforderung) besitzt der geschotterte *Dempster Highway* einen ähnlichen Stellenwert wie einst der *Alaska Highway*. Denn auf keiner anderen Straße ist die Einsamkeit des Nordens noch so spürbar. Außerdem führt in Canada nur der *Dempster Highway* bis über den Polarkreis hinaus. Die Straße in den hohen Norden zeichnet sich durch eine abwechslungsreiche Streckenführung mit mehreren Pässen oberhalb der Baumgrenze aus.

Siehe Karte Seite 492

Orte

Auf der gesamten Strecke gibt es nur drei Ortschaften: die erste, **Fort McPherson**, erreicht man nach 550 km Fahrt, die folgende, **Tsiigehtchic** (früher Arctic Red River), liegt abseits der Straße auf Höhe von Kilometer 608, die dritte schließlich ist bereits **Inuvik**. Nicht viel enger ist das Tankstellennetz geknüpft. Bei *Dempster Corner* muß man auf jeden Fall volltanken, da erst nach 369 km am **Eagle Plains Hotel** die nächste Tankstelle steht. Eine weitere folgt in Fort McPherson.

Wer auf dieser Strecke liegenbleibt, den trifft es hart. Bei **Abschleppgebühren** von $5 pro Kilometer (die Anfahrt des *Tow Trucks* muß ebenfalls bezahlt werden) hat schon mancher den *Dempster Highway* verwünscht. **Werkstätten** befinden sich an der *Dempster Corner* und in Inuvik. Die Tankstellen unterwegs sind nur für kleine Reparaturen ausgerüstet.

Zustand

Der 1959 begonnene Bau des *Dempster Highway* nahm fast 20 Jahre in Anspruch. Nach Erweiterungsarbeiten ist die einspurige Straße mit breiten Ausweichstellen derzeit in gutem Zustand. Trotzdem sollte man auf Überraschungen gefaßt sein, da die klimatischen Verhältnisse für **ständige Erosion** sorgen und vor allem die schweren Trucks ihre Spuren hinterlassen. Die Routenführung wurde teils der Topographie angepaßt, teils nicht. Die Straße verläuft dabei erhöht auf einer isolierenden Schotterschicht über Permafrostboden. Streckenweise begleitet den Autofahrer ein phantastisches Panorama oberhalb der Baumgrenze.

Camping

Vorsicht ist beim (erlaubten) wilden Campen angebracht: Abseits der Fahrbahn kann der Boden leicht nachgeben. Vor dem Verlassen der Straße sollte man sich erst von der Tragfähigkeit des gewählten Weges überzeugen.

Offizielle *Campgrounds* gibt es wie folgt:
- Tombstone Mountain Yukon Government (km 72)
- Engineer Creek Yukon Government (km 194)
- Eagle Plains Hotel, Trailer Park (km 369)

– Rock River Yukon Government	(km 446)
– Nutuiluie NWT	(km 541)
– Caribou Creek NWT	(km 686)
– Chuk Park NWT	(km 731)

Information — *Up-to-date* Informationen zum *Dempster Highway* hat das ausgezeichnete **Visitor Centre** der NWT in Dawson City, direkt gegenüber dem *Yukon Visitor Centre* am Yukon River.

Verlauf — Die Straße verläuft ab Dempster Corner zunächst durch Waldland, läßt es aber bald hinter sich und steigt entlang des *North Fork Klondike River* hinauf zu den **Ogilvie Mountains**. Dies ist der attraktivste Abschnitt der gesamten Strecke. Der *North Fork Pass* auf fast 1.300 m führt über die *Continental Divide*, die zugleich die Wasserscheide zwischen Mackenzie und Yukon River bildet. Der erste **Campingplatz** (*Tombstone Mountain*) liegt knapp unter der Baumgrenze. Dort beginnt ein schöner **Trail** zu den Quellen des *North Fork Klondike River*. Das folgende Teilstück bietet herrliche Fernsichten.

Am Kilometerstein 116 erinnert ein Straßenschild an die Hundeschlitten-Patrouillen der *North West Mounted Police*. Auf dem *Chapman Lake* starten und landen regelmäßig Wasserflugzeuge; 8 km weiter quert die Landebahn des **Government Airstrip** die Straße.

Der **Engineer Creek Campground** liegt kurz vor der Brücke über den Ogilvie River. Jenseits des Flusses stößt man auf das *Yukon Government Maintenance Camp*, wo es hin und wieder Benzin gibt und Notreparaturen möglich sind. Auf den anschließenden 40 km schlängelt sich der *Dempster Highway* durch das enge Tal des Ogilvie River.

Dempster Highway: Einsamkeit und Natur im hohen Norden

	Die Straße führt danach in eindrucksvollem Verlauf quer durch die **Eagle Plains**, eine weite Ebene zwischen den *Richardson* und *Ogilvie Mountains*, und kreuzt ein weiteres Mal die **Continental Divide**.

Eagle Plains — Erst beim **Eagle Plains Hotel** auf nicht ganz halber Strecke stößt man wieder auf einen Vorposten der menschlichen Zivilisation. Es gibt hier Hotelzimmer, Restaurant (preiswert und gut), RV Park, Tankstelle und Reparaturwerkstatt; und sogar ein Geschäft, wo man das Nötigste kaufen kann.

Nach 403 km Fahrt ist der Polarkreis erreicht. Dort breitet sich inmitten der Tundra ein riesiges **Blaubeerengebiet** aus. Aber Achtung! Bären futtern sich in den Feldern gerne ihr winterliches Fettpolster an. Mit ihnen ist nicht zu spaßen.

In den **Richardson Mountains** überquert der Highway bei Kilometer 471 ein drittes und letztes Mal die Wasserscheide zwischen Arktik und Pazifik. Mit dem gleichzeitigen Übergang vom Yukon nach Northwest Territories ist ein Zeitzonenwechsel verbunden (von der *Pacific* zur *Mountain Time*). Die Uhren müssen um eine Stunde vorgestellt werden.

11 km vor Fort McPherson setzt man auf einer gebührenfreien **Fähre** über den Peel River. Sie verkehrt 15 Stunden täglich etwa Mitte/Ende Juni bis ungefähr Mitte Oktober, wenn der Fluß wieder zufriert. Auskunft über Straßen und Witterung unter ✆ 1-800-661-0752. Ringsum wird das sumpfige Mündungsdelta des Mackenzie und seiner Nebenflüsse im Frühling von Überschwemmungen heimgesucht. Nördlich des Flusses liegt der **Nutuiluie Campground** mit Informationszentrum der Northwest Territories (Juni bis September).

Fort McPherson — Fort McPherson hat 630 Einwohner, von denen die meisten *Locheux*-Indianer (Déné) sind. Viele leben vom Pelzhandel, von der Herstellung kunsthandwerklicher Gegenstände oder sind bei der Regierung angestellt. Im Ort gibt es ein Café, Tankstellen und Lebensmittelgeschäfte.

Arctic Red River — Per Fähre geht es über den Mackenzie River (ebenfalls etwa Mitte/Ende Juni bis Anfang Oktober; 8–24 Uhr Yukon Time, bzw. 9–1 Uhr NWT-Time) und weiter durch überwiegend flaches Land. Ein Abstecher nach Tsiigehtchic/Arctic Red River, einer abgelegenen, nur 120 Einwohner zählenden *Gwichin*-Siedlung ist möglich, lohnt aber kaum. Kurz vor Inuvik liegt der **Chuk Park Territorial Campground**.

Inuvik — Inuvik ist eine der größten kanadischen Siedlungen nördlich des Polarkreises und mit 3.200 Einwohnern (**Déné** Indianer, **Inuit** und Weiße, die meisten davon Regierungsangestellte) das Zentrum der westlichen Arktisregionen Canadas.

Quartier — Inuvik verfügt über eine Handvoll **Motels** (Reservierung: über Arctic Hotline: ✆ 1-800-661-0788) und die für einen Ort dieser

	Größe übliche kommerzielle Infrastruktur. Die Anfang der 60er Jahre neu entstandene Stadt "ersetzte" das langsam im Sumpf versinkende, aber immer noch existente Aklavik in der Nähe (↪ Kasten Seite 485).
"Ewiger" Tag	Zwischen dem 24. Mai und dem 24. Juli geht die Sonne in Inuvik nicht unter. Dafür sehen die Bewohner zwischen dem 6. Dezember und 6. Januar überhaupt kein Licht.
Iglu Kirche	Die schneeweiße *Inuit Igloo Church* an der Hauptzufahrtsstraße ist die einzige nennenswerte Sehenswürdigkeit der Stadt. Als Touristenaktivität kommen **Bootstouren** zum *Mackenzie Delta*, dem größten Flußdelta Canadas, oder Flüge zu abgelegenen Inuitsiedlungen in Frage. Information bei *Western Arctic Tourism*; ✆ (867) 777-4321.

6.3.4 Silver Trail

Ausgangspunkt	Zwischen **Dempster Corner** und *Silver Trail Junction* (139 km) führt der *Klondike Highway* durch Sumpfgebiete und überquert zahlreiche Bach- und Flußläufe. Unmittelbar nördlich der *Stewart River Bridge* zweigt der nur wenig befahrene *Silver Trail* ab. Bei *Stewart Crossing* gibt es eine Tankstelle.
Situation	Eine Tafel informiert über den aktuellen Zustand der Straße. Der 111 km lange *Silver Trail* läuft über Mayo (einzige Tankstelle) bis Keno City in eine Region reicher Silbervorkommen. Die ersten 60 km bis über Mayo hinaus zum **Five Mile Lake Campground** (sehr schön am See) sind geteert.
Mayo	Im 450-Seelen-Ort Mayo wurden die silberhaltigen Erze früher auf Boote verladen und über Mayo, Stewart und Yukon River verschifft, bis der Transport auf der Straße möglich war. Der Preisverfall in den 80er Jahren führte 1989 zur Schließung der **Silberminen** und damit auch zur Beendigung der Funktion Mayos als Nachschubbasis. Das *Binet House* in Mayo beherbergt ein **Informationszentrum** zum *Silver Trail*.
Elsa und Keno	Elsa, 46 km nordöstlich Mayo, wenige Kilometer vor Keno City, ist als Folge der Aufgabe der *United Keno Hill Mines* die jüngste **Ghost Town** des Yukon mit angeblich noch 10 Einwohnern von 500 vor noch wenigen Jahren, als die Silbermine zu den größten Nordamerikas zählte.
	Keno City am Ende des *Silver Trail* erging es kaum besser. In der einst bedeutenden Minenstadt leben heute kaum mehr 50 Menschen. Schachtgerüste und die Aufbereitungsanlage stehen noch. Das **Keno City Mining Museum** beschwört vergangene, "bessere" Zeiten. Der nahegelegene **Keno Mountain** (1.890 m) ist der beste Aussichtspunkt weit und breit, aber nur eine schmale, für Wohnmobile nicht geeignete *Gravel Road* führt hinauf.

Duncan Creek Road

Für den Rückweg von Keno kommt auch die *Duncan Creek Rd* in Frage, eine Alternativstrecke bis kurz vor Mayo, die in den 30er Jahren als Transportweg für das Silber diente. Sie ist zwar teilweise relativ gut erhalten, aber die ersten 15 km sind problematisch. Von der *Duncan Creek Rd* zweigt eine kurze Stichstraße am Fluß entlang zum einsamen *Mayo Lake* ab.

Die Strecke ab *Stewart Crossing* nach Elsa/Keno und zurück läßt sich gut an einem Tag bewältigen, ist aber nur Leuten mit viel Zeit zu empfehlen.

6.3.5 Klondike Highway

Minto

Siehe Karte Seite 492

Von *Stewart Crossing* bis zum Abzweig des *Robert Campbell Highway* wenige Kilometer vor Carmacks sind es 176 km. Auf diesem langen, relativ eintönigen Streckenabschnitt liegen mit Pelly Crossing und Minto nur zwei kleine Dörfer; beide mit Campingplatz, bei Minto direkt am Yukon River.

Five Finger Rapids

Nach rund 150 km passiert man den einfachen **Tatchun Creek Campground** (schöner ist der *Tatchun Lake Campground*, erreichbar auf einer 9 km langen Stichstraße) und 2,5 km weiter den Aussichtspunkt über die *Five Finger Rapids*. Von dort sieht man gut die Stromschnellen, in denen mancher Goldsucher auf dem Weg nach Dawson City umkam. Als sicherste Passage gilt der östliche der 5 Finger, deren Strömung aus der Entfernung nicht sonderlich gefährlich wirkt. Ein guter **Trail** führt zum Yukon hinunter an die *Rapids* (2 km retour).

Carmacks

Carmacks war einst eine bedeutende Zwischenstation der **Sternwheeler** auf dem Weg nach Dawson City und überstand die Einstellung des Schiffsbetriebs wegen seiner verkehrsgünstigen Lage am *Klondike* unweit des *Campbell Highway* besser als andere Orte. Gegenwärtig leben 480 Einwohner hier, der Ort ist für Touristen aber kaum mehr als ein Etappe am Wege mit Servicefunktion. Ein kleiner *Campground* befindet sich am Yukon-Ufer.

Lake Laberge

Landschaftlich bietet der *Klondike Highway* auch auf dem Rest der Distanz bis zum *Alaska Highway* nicht viel Abwechslung. Erwähnenswert ist aber der langgestreckte *Lake Laberge*, eine Erweiterung des Yukon River zu einem See. Der schöne *Government Campground* mit Bäckerei und *Bed & Breakfast* liegt 3 km östlich der Straße. 10 km vor Erreichen des *Alaska Highway* zweigt die Zufahrt zu den **Takhini Hot Springs** ab, ↔ Seite 501.

6.3.6 Campbell Highway

Geschichte — Der *Campbell Highway* (*Yukon Highway* #4), eine wenig befahrene **Gravel Road von Carmacks nach Watson Lake** (600 km/80 km asphaltiert) wurde bereits 1968 fertiggestellt. Für seine Bewältigung benötigt man wesentlich mehr Zeit als für den Weg auf dem *Klondike* und *Alaska Highway* über Whitehorse (620 km). *Robert Campbell*, ein Pelzhändler der *Hudson's Bay Company*, fand bereits Mitte des vorigen Jahrhunderts eine Kanuroute, die quer durchs Yukon Territory zum Yukon River führte. Die heutige Straße folgt ihr weitgehend. Viele Kilometer Fahrt durch eine kaum berührte Gegend machen sie zum Geheimtip für Leute, die Einsamkeit suchen, ohne in weiter entlegene Regionen reisen zu wollen.

Tanken — **Tankstellen** sind auch am *Campbell Highway* dünn gesät: abgesehen von den Endpunkten befindet sich eine an der Zufahrtstraße nach Faro (von Carmacks aus nach 173 km) und eine weitere an der nach Ross River (nach 226 km).

Camping — An der Strecke liegen 7 *Government Campgrounds*:

- Frenchman Lake   (km 41)
- Little Salmon Lake (km 83)
- Drury Lake   (km 118)
- Johnson Lake   (km 168)
- Lapie Canyon   (km 225)
- Frances Lake   (km 425)
- Simpson Lake   (km 517)

Darüberhinaus gibt es zahlreiche wunderbare Plätzchen an Seen und Bächen ganz ohne offizielle Campingeinrichtungen.

Landschaft — Der Straßenverlauf entlang weitgehend miteinander verbundener Seen und Flüsse ist geprägt durch Flußtäler und zahllose zu überquerende Wasserläufe einerseits und den Blick auf Gebirgsformationen andererseits. Zwischen Carmacks und Ross River begleiten die **Pelly Mountains** (südlich) und die **Anvil Range** desselben Massivs den *Campbell Highway*. Weiter östlich sind es die Berge der **Campbell Range**, während nördlich die Landschaft flacher ist.

Faro — Die erste wichtige Abzweigung nach 170 km Fahrt auf schöner Strecke wird durch die 9 km lange Stichstraße nach Faro markiert. Der Ort (1.500 Einwohner) mit sämtlichen wichtigen Service-Einrichtungen, wurde erst 1969 von der *Cyprus Anvil Mining Corporation* als Basis für ihre Blei-, Silber- und Zinkbergwerke gegründet. Nach Einstellung des Betriebes 13 Jahre später verkam Faro zur **Ghost Town**. 1986 nahm eine andere Gesellschaft, die *Curragh Resources*, die Produktion wieder auf und machte Faro wieder zur wichtigsten Minenstadt des Yukon Territory. Im Sommer kann man den Erzabbau in der **Open Pit Mine** (25 km oberhalb Faro) besichtigen.

Alaska Highway

Canol Road

Die im 2. Weltkrieg befürchtete japanische Invasion führte nicht nur zum Bau des *Alaska Highway*. Um die Ölversorgung Alaskas zu gewährleisten, wurde auch eine Pipeline von Norman Wells (NWT) nach *Johnson's Crossing* am Alaska Highway verlegt (825 km). Die *Canol* (***Can**adian **O**i**l***) *Rd* war zunächst eine *Service Road* entlang des Pipeline-Verlaufs, verfiel aber bald. Erst Jahre später wurde sie instandgesetzt und 1958 für den allgemeinen Verkehr freigegeben.

Die **North Canol Road** beginnt bei Ross River (380 Einwohner). Von Ende Mai bis Mitte Oktober verkehrt ab dort täglich 8–12 Uhr und 13–17 Uhr eine gebührenfreie Autofähre über den *Pelly River*. Zu Fuß kann man den Fluß auf einer kleinen Brücke überqueren. Vom Nordufer aus geht es auf einer einfachen Schotterstraße bis zur 232 km entfernten Grenze der Northwest Territories. An ihr gibt es keine Versorgungsmöglichkeiten, aber noch heute namenlose Flüsse, Seen und Berge. Gelegentlich trifft man auf Reste von Maschinen, Fahrzeugen und Gebäuden aus den 40er-Jahren.

Canol Heritage Trail

Wen das Abenteuer lockt, kann – ohne Auto und mit der richtigen Ausrüstung – der *North Canol Road* weiter ins Gebiet der Northwest Territories hinein folgen. Denn einst führte die Straße bis Norman Wells am Mackenzie River. Da die Piste aber seit 1945 nicht mehr gepflegt wird (u.a. sind die meisten Brücken verfallen), eignet sie sich nur noch für Unentwegte auf Gelände-Motorrädern oder **Mountain Bikes.** Sie gilt unter *Survival* Experten unter der Bezeichnung *Canol Heritage Trail* (372 km!) als besonders anspruchsvolle Route.

Lapie Canyon

Die **South Canol Road** (ebenfalls ohne jede Service-Einrichtung) verbindet auf einer kurvenreichen, 220 km langen Berg- und Talfahrt *Campbell* und *Alaska Highway*. Diese Piste mit vielen einspurigen Brücken ist eine der am wenigsten befahrenen des Yukon Territory. Enge und kurvige Passagen machen sie für Wohnmobile ungeeignet. Bei schlechten Wetterbedingungen wird sie ohne Vierradantrieb unpassierbar. Der reizvollste Streckenabschnitt beginnt etwa 7 km südlich vom *Campbell Highway* und führt 18 km am **Lapie River Canyon** entlang. Dieses erste Teilstück der *Canol Rd* (25 km und zurück) lohnt sich – bei genügend Zeit – sehr als Abstecher. Empfehlenswert ist auch der *Lapie Canyon Campground*, Zufahrt vom *Campbell Highway* aus.

Nahanni Range Road

Bis zur *Miner's Junction* führt der *Campbell Highway* durch wahre Angel- und Kanu-Paradiese und absolute Einsamkeit. An der **Miner's Junction** zweigt die 201 km lange *Nahanni Range Road* nach Tungsten nahe der Grenze in den *North West Territories* ab. Wiederum existieren auch dort keine Service-Einrichtungen. Die Straßenbauverwaltung betreut nur die ersten 132 km, danach läßt der Straßenzustand sehr zu wünschen übrig.

Touristen wird empfohlen, auf eine Weiterfahrt zu verzichten. Den Endpunkt der Straße bildet eine verlassene **Wolframmine** (*Tungsten*).

Watson Lake Der *Campbell Highway* stößt in Watson Lake am ***Sign Post Forest*** auf den *Alaska Highway*, ➪ Seite 488. Eine Fortsetzung der Fahrt nach Süden ist auch auf dem *Cassiar Highway* möglich, ➪ Seite 476.

Autor Bernd Wagner hat es sich nicht nehmen lassen, ein ausrangiertes Ortsschild seiner Heimatstadt bis Watson Lake zu schleppen. Da hängt es nun im Signposts Forest.

7. ALASKA

Reiseziel Alaska

Alaska besitzt mit seinen Küsten, Gebirgslandschaften und Naturphänomenen herausragende touristische Attraktionen. Mangelt es nicht an Zeit und Geld für Ausflüge und Abstecher, die einen Alaskabesuch erst richtig abrunden, kann der nördlichste Bundesstaat der USA Eindrücke und Erlebnisse vermitteln, für die sich jede weite Reise lohnt.

Anreise auf dem Landweg

Wer nicht nach Alaska fliegt, sondern von Canada aus auf dem Landweg anreist, muß bedenken, daß selbst die kürzeste Straßenroute etwa bis Tok unweit der Grenze mit dem Yukon Territory ab Vancouver 3.110 km, ab Calgary 2.960 km und ab Edmonton 2.670 km lang ist.

Bei knapper Zeitvorgabe fragt sich, ob nicht eine kilometermäßig kürzere, dafür intensivere Reise durch den Norden von British Columbia und/oder das Yukon Territory – vielleicht unter Einschluß eines Abstechers in den Alaska *Panhandle* – letztlich mehr bringt.

Zum Zeitbedarf des Reisens in den und im hohen Norden ➪ Abschnitt 6.1.2, Seite 463.

Kanu auf dem Byers Lake im Denali State Park (Seite 549); im Hintergrund der Mount Denali

7.1 Daten Fakten und Informationen zu Alaska

7.1.1 Steckbrief ALASKA

Kauf durch die USA:		18.10.1867
Konstituierung als 49. Bundesstaat der USA		3.1.1959
Einwohner:		600.000
Fläche:		1.700.138 km²
		(größter US-Bundesstaat)
Anteil an der Gesamtfläche der USA:		17,8 %
Bevölkerungsdichte:		1 Einwohner auf 3 km²
Hauptstadt:	Juneau	28.800 Einw.
Städte:	Anchorage	248.000 Einw.
	Fairbanks	32.000 Einw.
	Sitka	8.600 Einw.
	Ketchikan	8.300 Einw.
	Kenai	6.600 Einw.
	Kodiak	6.400 Einw.
Staatsfeiertag:	Alaska Day, 18. Oktober	
Höchster Berg:	Mount McKinley/Denali	6.194 m
	(höchster Berg Nordamerikas)	
Größter Gletscher:	Malaspina Glacier	3.000 km²
	(größer als das Saarland)	
Größtes Eisfeld:	Bagley Icefield	
	im Wrangell/St. Elias National Park	
Längster Fluß:	Yukon River	3.185 km
Größte Ausdehnung	Nord-Süd	2.400 km
	Ost-West	1.300 km
Nationalparks:	Denali	
	Gates of the Arctic	
	Glacier Bay	
	Katmai	
	Kenai Fjords	
	Kobuk Valley	
	Lake Clark	
	Wrangell-St. Elias	
Zeitzonen:	Alaska Time (–10 Stunden MEZ)	
	Aleutian Time (–11 Std MEZ);	
	im Sommer *Daylight Saving Time*	
Wirtschaftszweige:	Erdöl, Erdgas, Tourismus, Fischfang	
Leitspruch:	*North to the Future*	
Telefonvorwahl (Area Code):		907
Sales Tax:		0%

7.1.2 Geschichte

Die Zeit vor Ankunft der Weißen in Alaska liegt im Dunkel. Von den Ureinwohnern ist wenig mehr überliefert als die Bezeichnung, die sie dem Festlandsausläufer gaben: *Alyeska*, ein Wort der Aleuten-Indianer für "mächtiges Land".

Erste Entdecker

Europäische Forschungsreisende entdeckten Alaska relativ früh. Der Däne **Vitus Bering**, von Peter dem Großen mit der Suche nach einer vermuteten Landbrücke von Sibirien nach Amerika beauftragt, mußte 1728 zunächst feststellen, daß Rußland und Amerika durch eine Meerenge, die später nach ihm benannte Beringstraße, getrennt sind. Eine zweite Großexpedition unter gleicher Leitung erreichte 1741 die Inselkette der Aleuten und nordamerikanisches Festland am Golf von Alaska vor den *St. Elias Mountains*. Bering nahm den Küstenstreifen "für den Zaren in Besitz".

In den 70er Jahren des 18. Jahrhunderts segelten im nördlichen Pazifik Spanier und der britische Kapitän **James Cook**, der 1778 Alaskas Küste bis nördlich der Beringstraße kartografierte. Die erste Besiedlung Alaskas blieb jedoch (ab 1784) russischen Trappern und Pelzhändlern vorbehalten.

Rußland/ Verkauf an die USA

Das Interesse der Russen an Alaska beschränkte sich im wesentlichen auf die Pelztiere. Der Verkauf ihrer Felle versprach hohe Einkünfte. Eine gnadenlose Jagd führte aber bald zur fast vollständigen Ausrottung der Seeottern und zu einer erheblichen Dezimierung anderer Arten. Da deshalb die Kolonie ab Mitte des 19. Jahrhunderts nicht nur keinen Ertrag mehr für die Zarenkrone abwarf, sondern sogar hohe Kosten verursachte, wurde Alaska international zum Verkauf angeboten.

Der amerikanische **Außenminister *Seward* unterschrieb 1867 den Vertrag:** Alaska ging für die aus heutiger Sicht lächerliche Summe von **7,2 Mio. Dollar** (weniger als $5 pro km^2!) an die Vereinigten Staaten. Trotz des günstigen Preises spottete man in den USA zunächst über *Sewards* "Eiskasten", aber nur 13 Jahre später sollte sich die öffentliche Meinung gründlich ändern.

Russisch-orthodoxe Kirche in Juneau

Geschichte

Gold 1880 fand *Joe Juneau* Gold, wo heute die nach ihm benannte Hauptstadt steht. Weitere Goldvorkommen wurden anderswo entdeckt, und amerikanische Prospektoren strömten nach Alaska, das bis dahin (unter russischer Herrschaft) nur am schmalen Küstenstreifen dünn besiedelt war. 18 Jahre später folgte der legendäre *Klondike Gold Rush*. Zehntausende von Goldsuchern machten im Winter 1897/98 die Hafenstadt Skagway zur größten Stadt Alaskas, als sie von dort ins benachbarte Yukon Territory strömten (⇨ Seite 494). Als 1898 auch in Nome Gold gefunden wurde, drängte es 30.000 Goldsucher sogar in den äußersten Westen Alaskas.

2. Weltkrieg Die Jahre des Goldrausches blieben aber eine kurze Episode. Nach Ausbeutung der Lagerstätten und einem Abklingen der vom Gold verursachten Boom-Jahre verlor sich das öffentliche Interesse rasch. Erst 1942 geriet Alaska wieder ins Blickfeld der Öffentlichkeit, als die Japaner die Aleuten besetzten. Das amerikanische Militär reagierte auf die vermeintliche Bedrohung mit dem Bau neuer Stützpunkte und des *Alaska Highway*, ⇨ Seite 468. Zwar kam es im hohen Norden letztlich nicht zu Kampfhandlungen, aber das Militär war nun präsent und gab wesentliche Anstöße auch für die Nachkriegsentwicklung. Mit dem neuen "kalten" Kriegsfeind Sowjetunion jenseits der Beringstraße stieg Alaskas strategische Bedeutung.

Bundesstaat Seine Konstituierung als 49. US-Bundesstaat war nur eine Frage der Zeit und erfolgte 1959.

Erdbeben Am 27. März 1964 machte Alaska wieder von sich reden. Das mit weit über 8 auf der Richterskala verzeichnete Karfreitagsbeben (**Good Friday Earthquake**) markierte das stärkste je gemessene Beben Nordamerikas. Hohe seismische Flutwellen zerstörten – ausgehend vom Meeresboden im Golf von Alaska – viele Ortschaften. Unter anderem wurden Valdez, Seward und Anchorage verheerend getroffen; Valdez mußte an anderer Stelle neu errichtet werden. Das noch immer in einigen Karten eingezeichnete Portage am Nordende der Kenai Halbinsel wurde ganz aufgegeben.

Öl Das entscheidende Jahr für die weitere Entwicklung Alaskas war 1968, als man in der *Prudhoe Bay* im Nordmeer auf Öl stieß. Seit 1977 fließt es über die 1.285 km lange **Alaska Pipeline** quer durch Alaska zum eisfreien Hafen Valdez. Dank des "schwarzen Goldes" verzeichnete **Alaska bis 1986 das höchste Pro-Kopf-Einkommen aller US-Bundesstaaten**, allerdings auch das höchste Preisniveau.

Preise Zu Alaskas Boomzeit lag der Lebensmittelpreisindex von Anchorage bis zu 15% über dem von Seattle, in anderen Landesteilen noch erheblich darüber. Die in den 80er-Jahren sinkenden Ölpreise bremsten die Einkommensentwicklung und damit auch den Preisauftrieb: Anfang der 90er-Jahre kosteten Lebensmittel in Anchorage sogar 6% weniger als in Washington State.

Alaska

Öl-katastrophe

Zuletzt geriet Alaskas Erdölindustrie 1989 durch die Havarie der **Exxon Valdez** in die Schlagzeilen der Weltpresse. Der *Prince William Sound* vor Valdez und die Küsten der *Kenai Peninsula*, von *Kodiak Island* und der sich weit nach Westen ziehenden Alaska Halbinsel wurden vom Öl verseucht. Säuberungsaktionen und die Natur selbst haben zwar dafür gesorgt, daß kaum noch Spuren der Katastrophe zu sehen sind; Küstenflora und Meeresfauna wurden jedoch stark geschädigt.

7.1.3 Geographie

Lage

Mit Alaska verbindet man weitgehend zu Recht Vorstellungen von arktischer Kälte, langen schneereichen Wintern und nur kurzen Sommern. Nichtsdestoweniger entspricht Alaskas geographische Lage (auf der anderen Seite des Pols) alles in allem der Skandinaviens: Derselbe Breitengrad läuft durch Anchorage und Helsinki, und Fairbanks liegt auf der Höhe von Island, kaum nördlicher als das norwegische Trondheim. Selbst *Cape Barrow*, Alaskas nördlichster Punkt, teilt noch den Breitengrad mit dem skandinavischen Nordkap.

Fläche und Ausdehnung

Alaskas über **1,5 Millionen km²** entsprechen einem Sechstel des gesamten US-Territoriums oder der vierfachen Größe Deutschlands. Auf drei Seiten ist diese enorme Fläche von Meer umgeben. Im Osten läuft auf exakt 141° westlicher Länge schnurgerade die Grenze zum Nachbarn Canada, sieht man ab vom *Panhandle* an der Pazifikküste: Vom *Wrangell/St. Elias* Massiv ragt ein schmaler Streifen Land mitsamt der Inselwelt der *Inside Passage* pfannenstielartig 800 km tief hinunter nach Süden. Vom *Cape Wales*, dem westlichsten Punkt Alaskas, zum sibirischen Festland sind es über die Beringstraße nur 89 km.

Mehrere mächtige Gebirgsformationen prägen Alaskas Landschaftsbild. Die bogenförmige *Alaska Range* mit dem *Mount McKinley/Denali* (6.194 m), dem höchsten Berg Nordamerikas,

Denali National Park: Straße zum einsam gelegenen Wonder Lake

Topographie trennt das südliche Alaska von den inneren Plateaus, die im Norden mit der *Brooks Range* enden. Hohe Berge liegen auch zwischen pazifischer Küste (Golf von Alaska) von der *Kenai Peninsula* bis nach Valdez und dem Hinterland. Sie gehen über in das bereits erwähnte *Wrangell/St. Elias*-Massiv.

Etwa ein Drittel Alaskas liegt nördlich des Polarkreises. In dieser Region befinden sich die Gebirge der *Brooks Range* mit dem größten Nationalpark der USA *Gates of the Arctic*, und die ausgedehnte arktische Küstenebene, eine flache, baumlose Tundra. Als einzige Straße führt der *Dalton Highway*
Pipeline entlang der *Alaska Pipeline* in dieses Gebiet. Um den problematischen Permafrost-Boden zu meiden, wurde die *Pipeline* über weite Strecken oberirdisch auf Stelzen gebaut.

Alaska Pipeline im Übergang auf oberirdischen Verlauf. Markierungspfosten zeigen auch bei Schnee die Trassenführung

Erdbebenzone Alaska Die Südwestküste Alaskas gehört zur aktiven Erdbeben- und Vulkanzone rings um den Pazifik (*Ring of Fire*) und erlebte in jüngster Vergangenheit mehrere größere Eruptionen. Der Ausbruch des *Novarupta* im *Katmai National Park* auf der Alaska Peninsula war 1912 – bezogen auf die Eruptionsmenge von 30 Kubikkilometern – der zweitgrößte der Neuzeit. Das phantasievoll bezeichnete Gebiet des *Valley of 10.000 Smokes* mit dem in diesem Jahrhundert bereits viermal ausgebrochenen *Mount Trident* liegt ebenfalls im *Katmai National Park*. Im "benachbarten" *Lake Clark National Park* steht der *Mount Redoubt*, dessen Ausbrüche vor einigen Jahren den Flugverkehr in Anchorage lahmlegten und erst Anfang der 90er Jahre wieder für Aufsehen sorgten.

Verkehrsanbindung In Alaska kann nur im südöstlichen Bereich des Kernlands von einem Straßennetz die Rede sein. Von ihm zweigt eine Reihe von Stichstraßen ab, die wichtigste davon ist der *Dalton Highway*. Zum *Panhandle* besteht keine Straßenverbindung. Lediglich Haines, Skagway und Hyder sind über das Yukon Territory bzw. British Columbia auf Straßen zu erreichen. Die Küstenstädte werden aber alle von Fährschiffen angelaufen. Kleinere Ortschaften sind per Flugzeug mit der Außenwelt verbunden, wie auch die Mehrheit der Siedlungen im Norden und Westen Alaskas.

7.1.4 Klima

Pazifischer Einfluß
Das Wettergeschehen wird wie im Westen Canadas vom Pazifik bestimmt. Der warme, nordwestwärts fließende Alaskastrom hält die Südküsten Alaskas eisfrei und versorgt die aus Westen heranziehenden Luftmassen mit Feuchtigkeit. Auf der *Kenai Peninsula* und insbesondere im *Panhandle* regnet es ausgiebig. In Ketchikan etwa beträgt der Niederschlag 4 m im Jahr, östlich der Küstengebirge dagegen weniger als ein Zehntel davon. Während sich die Küste selbst im Sommer gerne unter Nebel und Regenwolken versteckt, verzeichnet das Inland oft lange Schönwetterperioden.

Temperaturen
Die pazifischen Westwinde sorgen aber nicht nur für Regen, sondern verhindern auch extreme Temperaturschwankungen. In Anchorage kennt man kaum strenge Kälte und hat bereits im März die ersten frostfreien Tage. Im Sommer mißt man selten höhere Tagestemperaturen als 18°C. Im Winter liegen sie an der *Inside Passage* meist oberhalb der Frostgrenze.

Inland
Das Landesinnere Alaskas weist ein trockenes Kontinentalklima mit einem sehr ausgeprägten Jahreszeitenwechsel auf. In Fairbanks sind Wintertemperaturen von minus 30°C keine Seltenheit, während im Juli die lange Sonnenscheindauer meist für angenehme Temperaturen um 20°C und oft deutlich mehr sorgt. Die höchste jemals in Alaska gemessene Temperatur war **36°C am Polarkreis** (!) in Fort Yukon, die niedrigste **minus 62°C** am *Prospect Creek/Dalton Highway* auf gleicher Breite.

Arktik
Die extrem trockene arktische Tundra nördlich der *Brooks Range* erhält nur 100-200 mm Niederschlag im Jahr. Den größten Teil des Jahres (Oktober bis August) bedeckt Packeis die Küste an der *Beaufort Sea*, so daß der Erdöltransport aus der *Prudhoe Bay* nicht per Schiff erfolgen kann. Im langen Polarwinter sieht Barrow vom 18.11 bis zum 24.1 kein Sonnenlicht. Zum Ausgleich versinkt die Sonne vom 10.5 bis zum 2.8. insgesamt 84 Tage lang nicht hinter dem Horizont.

6.1.5 Informationen für Touristen

Informationen erhält man bei den folgenden Stellen:

Alaska Division of Tourism
Friedberger Landstraße 96
60316 Frankfurt/Main
✆ 0180/5215253   Fax 069/43 83 88

Alaska Division of Tourism
PO Box 110801
Juneau AK 99811   **Internet-Info**: http://www.state.ak.us
✆ (907) 465-2010   Fax (907) 465-2287

Caribous

Die *Caribous*, wildlebende Verwandte der nordeuropäischen Rentiere, sind im Sommer in der unwirtlichen Tundra des Hohen Nordens zu Hause. Sie ernähren sich vorwiegend von Gräsern und Moosen. Die harten Winter zwingen sie zu alljährlichen Wanderungen in die ausgedehnten Waldgebiete des Südens. Dort bilden Flechten die Hauptnahrung dieser genügsamen Tiere.

Riesige *Caribou*-Herden waren für die Ureinwohner Canadas und Alaskas die wichtigste Lebensgrundlage. Durch deren Jagd mit primitiven Waffen wurde im dünnbesiedelten Norden der Rentierbestand nicht gefährdet. Nachdem aber europäische Pelzhändler und *Voyageure* die *Inuit* (Eskimos) und Indianer mit Gewehren versorgt hatten, änderten sich rasch die Jagdgewohnheiten, und die Zahl der *Caribous* nahm drastisch ab. Heute behindern *Pipelines* und befestigte Straßen die Herdenwanderung und schränken damit den Lebensraum der *Caribous* weiter ein. Immerhin hat sich – dank strenger Jagdbestimmungen vor allem in Canada – ihr Bestand in jüngster Zeit ersichtlich stabilisiert.

An Hauptstraßen wird man dennoch nur selten *Caribous* zu Gesicht bekommen. Gute Chancen, freilebende Tiere zu sehen, bietet die Busfahrt durch den *Denali National Park* zum Wonder Lake (➪ Seite 547). Auch entlang der weniger befahrenen Straßen, wie etwa dem *Tok Cut-off*, sind in Alaska die Aussichten nicht schlecht, *Caribous* zu Gesicht zu bekommen.

Unterlagen

Folgende Gratis-Unterlagen kann man dort anfordern:

- der **Official Alaska State Guide**, eine ideale Informationsquelle, die detaillierte Angaben zu Orten, Parks und sonstigen touristischen Attraktionen enthält und Hotels, Motels, *Bed & Breakfast*-Vermittlungsagenturen und Campingplätze listet.*)
- **Alaska Reiseplaner** (deutsch) mit aktuellen Transportmöglichkeiten (Eisenbahn, Fähren und Busse) und Infoblatt über Möglichkeiten zur Bärenbeobachtung.
- die **Official Highway Map** (*and Campgrounds Guide*) im Maßstab von ca. 1:4,3 Millionen. Diese Karte ist für Autofahrer ebensowenig ausreichend**) wie die des *Rand McNally Road Atlas*, enthält aber eine Übersicht aller mit Fahrzeug zugänglichen öffentlichen Campingplätze in Alaska (⇨ weiter unten).

Camping

Campen in Alaska ist auf den (zahlreich vorhandenen) **State Campgrounds** besonders empfehlenswert. Sie zeichnen sich mehrheitlich durch eine besonders schöne Lage aus. Die gebührenpflichtigen Plätze ($6-$15 pro Nacht) haben im allgemeinen Trinkwasser und oft Feuerholz zur freien Bedienung. In den **Nationalparks** gibt es ebenfalls erfreulich angelegte Campingplätze. Das **Bureau of Land Management** (BLM) betreut 25 überwiegend gebührenfreie *Campgrounds*, der **US Fish and Wildlife Service** (USFWS) im *Tetlin National Wildlife Refuge* sowie im *Kenai National Wildlife Refuge* 16 Plätze. Der **US Forest Service** (USFS) unterhält im *Chugach National Forest* 18 und im *Tongass National Forest* 8 Plätze. Von diesen können einige über die Agentur DESTINET reserviert werden: ✆ (800) 365-CAMP – Kreditkarte notwendig

Die Büros der **Alaska Public Lands Information Center** in **Anchorage,** 605 West 4h Ave, ✆ (907) 271-2737; **Fairbanks,** 250 Cushman St, Suite 1A, ✆ (907) 456-0527 und **Tok,** ✆ (907) 883-5667, verfügen über eine Beschreibung aller öffentlichen Campingplätze. Sie zeigen darüberhinaus Ausstellungen, Videos und Filme zu den rund 120 Naturschutzgebieten, die von *Alaska Public Lands* verwaltet werden.

---

*) Informationen zu den Jugendherbergen erhält man bei *Hostelling International*, Alaska Council, 700 H Street, Anchorage, AK 99501; ✆ (907) 243-3844. Die AYH-Häuser sind auch im Hostelling-Handbuch für ganz Nordamerika zu finden.

) Die **Karte des AAA/CAA im Maßstab 1:2,5 Millionen (für Mitglieder europäischer Partnerclubs kostenlos) ist unterwegs erheblich brauchbarer. Sie besitzt detaillierte *Strip Maps* mit Angaben zu Tankstellen, Motels, *Campgrounds* und *Stores*.

Die aktuellen Reservierungsmodalitäten für *Campgrounds* und sogar den *Bus-Shuttle* im **Denali National Park** (➪ Seite 544) sollte man am besten schon in den Informationszentren, etwa in Anchorage oder Fairbanks erfragen. Dort läßt sich auch die Reservierung von über 250 Hütten (*Remote Cabins*) im Hinterland arrangieren, die nur auf Wanderwegen, per Flugzeug oder Boot erreicht werden können.

Bären

Die **Beobachtung von Bären beim Lachsfang** ist eine der besonderen Alaska-Attraktionen. Während sich die Lachse mühsam flußaufwärts zum Laichplatz quälen, bedienen sich die Bären wie im Schlaraffenland. Sie lassen sich dabei von Menschen kaum stören, solange die ihnen nicht zu dicht auf den Pelz rücken. Die beliebtesten Lachsfangplätze der Bären sind wohlbekannt. Problemlos lassen sich die Schwarzbären in Hyder (➪ Seite 478) oder am Anan Creek (➪ Seite 570) beobachten. Um den großen Andrang der "Beobachter" andernorts zu kanalisieren, stellt die zuständige Behörde regelrechte ***Permits*** fürs ***Bear Watching*** aus. Ohne eine derartige Erlaubnis ist die gezielte Fotojagd in den Schutzgebieten nicht möglich. Das gilt u.a. für

- das **McNeil River State Game Sanctuary** nördlich des *Katmai National Park*. Informationen beim *Alaska Department of Fish and Game, Division of Wildlife Conservation*, 333 Raspberry Rd, Anchorage AK 99518.

- das **Brooks Camp** im *Katmai National Park*. Information beim *Katmai NP*, PO Box 7, King Salmon, AK 99613, ✆ (907) 246-3305.

- den **Pack Creek** im *Admiralty Island National Monument*, Infos: *Forest Service Information Center*, Centennial Hall, 101 Egan Dr, Juneau, AK 99801; ✆ (907) 586-8751

- die **Kodiak National Wildlife Refuges** (➪ Seite 561).

Bären beim Lachsfang

7.2 TRANSPORT NACH UND IN ALASKA
7.2.1 Straße und Auto

Zur Anfahrt nach Alaska auf der Straße kommen nur der *Alaska* und der *Klondike Highway* in Frage, siehe dazu ausführlich das vorstehende Kapitel.

Straßennetz Das Alaska-Straßennetz ist nur teilweise in gutem Zustand. obwohl alle wichtigen *Highways* asphaltiert sind. Lediglich einige Nebenstrecken (*Copper River, Dalton, Denali, Edgerton, Elliott, Steese, Taylor* und *Top of the World*) besitzen streckenweise oder durchgehende Schotterbelag.

ALASKAS STRASSEN IM ÜBERBLICK			
Bezeichnung	**von**	**nach**	**Nummer**
Alaska Highway	Delta Junction	Dawson Creek, BC	2
Chena Hot Springs Road	Fairbanks	Chena Hot Springs	-
Copper River Highway	Cordova	Million Dollar Bridge	10
Dalton Highway	Elliott Highway	Prudhoe Bay	11
Denali Highway	Richardson Hwy	George Parks Hwy	8
Edgerton Highway	Richardson Hwy	Chitina	10
Elliott Highway	Fairbanks	Manley Hot Springs	2
George Parks Highway	Anchorage	Fairbanks	3
Glenn Highway	Anchorage	Tok	1
(Tok Cutoff	Richardson Hwy	Tok	1)
Haines Highway	Haines	Haines Junction, Yukon	7
Klondike Highway	Skagway	Whitehorse, Yukon	-
Richardson Highway	Valdez	Fairbanks	2/4
Seward Highway	Anchorage	Seward	1/9
Steese Highway	Fairbanks	Circle	6
Sterling Highway	Seward Highway	Homer	1
Taylor Highway	Tetlin Junction	Eagle	5
Top of the World Hwy	Taylor Highway	Dawson City	-

7.2.2 Busverbindungen

Situation

Von den USA gibt es keine direkte Busverbindung nach Alaska, ebensowenig von den südlichen Provinzen Canadas. Wer im Bus nach Alaska möchte, muß auf jeden Fall in Whitehorse umsteigen, sofern er nicht über die *Inside Passage* per Fähre anreist: Mit *Alaskon Express/Gray Line of Alaska* kann man von Skagway und Haines direkt nach Anchorage fahren. Busfans erhalten Informationen bei:

Alaskon Express/Gray Line of Alaska
300 Elliott Ave West
Seattle, WA 98119
✆ 1-800-544-2206; Fax (206) 281-0621

Innerhalb Alaskas sind die Busverbindungen alles in allem schlecht. Lediglich von Anchorage aus lassen sich ausreichend viele Orte ohne größere Komplikationen erreichen. Außerdem gilt: zu zweit ist eine Pkw-Miete für denselben Zeitraum billiger.

Einen öffentlichen **Personennahverkehr** gibt es nur in den vier Städten Anchorage, Fairbanks, Juneau und Ketchikan.

7.2.3 Eisenbahn

Seward – Fairbanks

Eine Anreise nach Alaska ist mit der Eisenbahn nicht möglich. Im Landesinneren existiert mit der **Alaska Railroad** von Seward über Anchorage nach Fairbanks nur ein einziger Schienenstrang als Städteverbindung. Anschrift/Telefon für Informationen und Reservierungen:

Alaska Railroad
Passenger Services Dept.
PO Box 107500
Anchorage, AK 99510
✆ (907) 265-2494 oder ✆ 1-800-544-0552
Fax (907) 265-2323

Ticketkosten

Die Linie Fairbanks-Anchorage wurde 1923 in Betrieb genommen. Sie war bis 1971 einzige Landverbindung zwischen den beiden Städten. Der einfache Fahrpreis für die 560 km lange, zwölfstündige "Expressfahrt" von Anchorage nach Fairbanks mit Zwischenstop im *Denali National Park* beträgt in der Hauptsaison Mitte Juni bis Ende August $149. Von Anchorage und Fairbanks zum *Denali National Park* kostet das *Oneway Ticket* $99 bzw. $53. Die Anschlußstrecke von Anchorage nach Seward (185 km) kostet als *Roundtrip* $86.

Portage – Whittier

Wer – mit oder ohne Auto – zum Fährhafen des *Alaska Marine Highway* nach Whittier möchte, kommt mangels Straße an der Bahn nicht vorbei. Die 40-minütige Zugfahrt kostet $20/Person und $72 für Fahrzeuge bis 23 Fuß Länge inkl. Fahrer.

7.2.4 Die Fähren

Südwest-Alaska

Zwischen der US-Pazifikküste bzw. Süd-Canada und Alaskas Kernland gibt es keine kombinierte Fährverbindung Autos/ Passagiere. Lediglich Kreuzfahrtschiffe ohne Autotransport laufen Häfen wie Seward oder Anchorage an.

Die Staatsfähren des *Alaska Marine Highway* operieren in zwei voneinander unabhängigen Systemen im Bereich des *Alaska Panhandle* (⇨ "Fähren in den Norden", Seite 575) und zwischen Häfen des Kernlandes von Alaska einschließlich *Kodiak Island* und der Aleuten. Für letztere zeigt die folgende Tabelle die touristisch interessanten Verbindungen.

Hinweise zu den einzelnen Passagen:

zu 1.) Für 2 Personen und einen maximal 15 Fuß großen Pkw kostet die Überfahrt ab Portage $284 (einschließlich Eisenbahntransport von Portage nach Whittier). Dafür werden immerhin 570 km Straße von Portage nach Valdez eingespart und eine eindrucksvolle Fahrt durch den vergletscherten *Prince William Sound* geboten.

zu 2.) Diese Strecke kostet trotz größerer Entfernung mit $228 für dieselbe Konstellation sogar etwas weniger. Sofern man an Bord unterkommt, ist sie vor allem dann eine erwägenswerte Alternative, wenn ein (empfehlenswerter) Abstecher nach Seward geplant ist und so 700 km gespart werden.

zu 3.) Wer sein Ticket ab Whittier oder Seward auf Cordova statt auf Valdez ausstellen läßt, erhält faktisch einen Gratisausflug von Valdez nach Cordova, da die Ticketpreise für beide Ziele identisch sind. Die Fahrt darf am Zwischenstop in Valdez unterbrochen und später fortgesetzt werden. Einmal pro Woche bleibt die Fähre in Cordova tagsüber am Kai und kehrt erst am Abend nach Valdez zurück.

Für den Sommer sollten alle Fähren zeitig gebucht werden.

7.2.5 Alaska Pass zu Wasser und zu Lande

Mit dem sogenannten *Alaska Pass* kann man Fahrten nach und in Alaska per Fähre, Bus und Bahn vielfältig kombinieren. Dabei gibt es zwei Varianten, den **Normalpass** und den **Flexibel Pass**, mit sechs unterschiedlichen Laufzeiten. Beide bieten bei entsprechender Nutzung erhebliche Ersparnissen gegen-über den Einzeltarifen.

Ein Normalpass für 22 Tage kostet
pro Person $799 und für 30 Tage $939.

Ein 45-Tage *Flexible Pass* mit max. 21 Reisetagen kostet $979

Alle Pässe erlauben innerhalb der Geltungszeit unbegrenzte Nutzung folgender Verkehrssysteme:

WICHTIGSTE FÄHRVERBINDUNGEN IM GOLF VON ALASKA (ALASKA MARINE HIGHWAY)

(Preise in US$)	Person	Auto bis 15 feet ohne Fahrer	Camper bis 21 feet ohne Fahrer	Fahrtzeit	Sommer-Abfahrten pro Woche
1. Whittier–Valdez	58	112	172	7 Std	5x
2. Seward–Valdez	58	112	172	11 Std	1x
3. Whittier–Cordova	58	112	172	7 Std	1x
4. Cordova–Valdez	30	64	97	6 Std	2x
5. Homer–Kodiak	48	106	162	10 Std	1–3x

- Streckennetz des *Alaska Marine Highway* von Bellingham im US-Bundesstaat Washington bis nach Dutch Harbour auf den Alëuten, ⇨ auch Seite 575.
- *British Columbia Ferries* auf den Routen Port Hardy–Bella Coola–Prince Rupert/Prince Rupert-Queen Charlotte Islands, ⇨ Seite 428.
- *Alaska Railroad* von Fairbanks nach Seward, ⇨ Seite 533.
- *Gray Line of Seattle* von Seattle nach Victoria, ⇨ Seite 429, ✆ 1-800-426-7505
- *Alaskon Express* von Skagway/Haines nach Anchorage und Fairbanks mit Weiterfahrt nach Valdez und Seward, ⇨ 533.
- **Greyhound of Canada** für die Strecken von Prince George nach Prince Rupert und Vancouver–Prince George–Dawson Creek– Whitehorse, ⇨ 104.
- *Laidlaw Coach Lines* auf der Strecke Victoria–Port Hardy; ✆ (604) 388-5248
- *Norline Coaches* von Whitehorse nach Dawson City; ✆ (867) 663-3864
- *Quick Shuttle* (Bus) Seattle–Bellingham–Vancouver; ✆ 1-800-665-2122

Weitere Einzelheiten, Fahrpläne, Telefonnummern für die Reservierung etc. gibt es bei

Alaska Pass Inc.
PO Box 351
Vashon, WA 98070-0351

✆ 1-800-248-7598 und ✆ (206) 463-6550;
Fax (206) 463-6777

Internet-Info unter http://www.alaskapass.com

7.2.6 Flüge nach Alaska (1998)

Charter — Anchorage wird von **Condor** per Charterflug ab Frankfurt und Köln non-stop; Hochsaison 1.939 DM (DERTOURS) und ab Zürich von **Balair** bedient.

Alaska Air — Über das beste Flugangebot nach bzw. innerhalb Alaska verfügt **Alaska Airlines**. Ab **Seattle** werden in der Hauptsaison folgende Ziele nonstop angeflogen (Anzahl der täglichen Flüge in Klammern): Anchorage (22), Fairbanks (3), Ketchikan (5), Juneau (6); von **Portland** geht es einmal täglich nach Anchorage. Innerhalb Alaskas gibt es 19 Ziel-Airports.

Air-Pass — Der **Best of West-Air Pass** von *Alaska Airlines* und *Horizon Air*: Einfachflug vom Hauptgebiet der USA $149; Einfachflug innerhalb Alaskas $99; Minimum 2 Coupons, Coupons müssen in Europa gekauft werden, ein Coupon pro Flugnummer (Direktflug ohne Flugzeugwechsel), Routing muß festgelegt werden, Transatlantikflug mit beliebiger Airline.

Kombination aus Air Pass und Flug in die Lower 48 — Kombiniert man den *Air Pass* mit einem günstigen **Transatlantikflug** nach Seattle (z.B. *British Airways*, Hochsaison (!) 1.479 DM) mit einem Alaska Airlines Hin- und Rückflug nach Anchorage (umgerechnet ca. 570 DM inkl. Steuern) kommt man auf Gesamtkosten von rund 2.050 DM.

US-Airlines — Folgende Fluggesellschaften bieten in der Hauptsaison ebenfalls Nonstop-Passagen nach Anchorage mit 1-3 täglichen Abflügen: **Continental** (ab Seattle), **Delta** (ab Salt Lake City und Seattle), **Northwest Airlines** (ab Detroit und Minneapolis/St. Paul); **United Airlines** (ab Seattle).

Flüge mit Stopover — Trotz der relativ geringen Entfernung von Frankfurt nach Anchorage (nur 500 Flugkilometer weiter als Frankfurt–Chicago) besitzen die Umwege mit US-Airlines von Deutschalnd über US-Flughäfen (plus 3.000 km und mehr) ihre Vorzüge. Dabei muß der Passagier zwar deutlich längere Flugzeiten in Kauf nehmen, hat aber durchweg die Möglichkeit zur – meist kostenfreien – Unterbrechung. Flüge mit *Continental*, *Delta*, *Northwest* oder *United* nach Anchorage kosten ab Deutschland zur Hauptsaison 1998 ca. 2.050 DM-2.200 DM.

Coupontickets — Mit diesen Airlines gibt es theoretisch eine weitere Flugoption nach Alaska, nämlich die Kombination aus Transatlantikflug, drei Basis- und zwei Alaska-Zusatzcoupons (➪ Seite 64). Dies ist aber meist teurer als der Direktflug Europa–Anchorage. Den damit eventuell verbundenen möglichen **Vorteil einer variablen Routenführung** in den *Lower 48* läßt sich insofern nur schwer realisieren, da man allein für den notwendigen Hin- und Rückflug zu den genannten Gateways nach Alaska schon zwei Coupons benötigt.

7.3 ALASKA-RUNDREISE

Die im folgenden beschriebene Fahrt durch Alaska schließt direkt ans Ende des Kapitels 5.2 (*Alaska Highway*) an und setzt die in Dawson Creek begonnene Fahrt auf dem *Alaska Highway* hinter der Grenze Canada/Alaska fort.

7.3.1 Von Tetlin Junction nach Fairbanks

Tetlin Wildlife Refuge

Jenseits der Grenze liegt das Gebiet der *Tetlin National Wildlife Refuge*. Das seenreiche Naturschutzgebiet, Lebensraum für zahlreiche Wasservogelarten, erstreckt sich südwestlich des *Alaska Highway* auf einer Länge von etwa 100 km. Dort vereinigen sich Nabesna und Chisana River zum Tanana River, die Straße verläuft bis nach Fairbanks daneben. 12 km hinter der Grenze befindet sich das *Visitor Center* in einem Blockhaus; danach passiert man einige *Camgrounds*.

In Tetlin Junction, 20 km vor Tok, zweigt der **Taylor Highway** in Richtung Eagle/Dawson City ab, ✧ Seite 507).

Tok

Tok ist nach rund 150 km Fahrt in Alaska der erste größere Ort. Er entstand 1942 aus einem Straßenbaucamp und besitzt für Touristen im wesentlichen Versorgungsfunktion. Bekannt ist Tok für seine Schlittenhunde und die regelmäßig im Winter stattfindenden Rennen, die der Stadt die Beinamen **Sled Dog Capital of the World** und **Dog Capital of Alaska** einbrachten. Im Sommer demonstriert man den Besuchern die Hundeleistungen mit "geräderten" Schlitten allabendlich auf Asphalt. Die gern erwähnte Bisonherde, die durch die Umgebung streifen soll, hält sich oft versteckt.

Ein Anlaufpunkt in Tok am *Alaska Highway* ist das **Alaska Public Lands Information Center**, das insbesondere für Camper allerhand nützliches Material bereithält, ✧ Seite 530. Gleich nebenan befindet sich das örtliche **Visitor Center**.

Von Tok führt der **Glenn Highway** (*Tok Cutoff* = Abkürzung) direkt nach Anchorage. Am **Tok Cutoff**, ca. 2 Meilen vom *Alaska Highway* entfernt, wirbt der **Sourdough Campground** mit echtem *Sourdough Pancake Breakfast*, ✧ Seite 482.

Der weitere Verlauf der Straße bis Fairbanks ist eher eintönig; ein wenig Farbe ins Landschaftsbild bringen lediglich die schneebedeckten Gipfel der *Alaska Range* in der Ferne.

Delta Junction

In **Delta Junction endet** – wie ein unübersehbares Monument vor dem *Visitor Center* ausweist – **der "offizielle" Alaska Highway**. Der Rest der Strecke bis Fairbanks ist strenggenommen Teil des *Richardson Highway*. Dennoch werden die verbleibenden 160 km im allgemeinen auch noch dem *Alaska Highway* zugerechnet.

Delta Junction

Delta Junction ist Zentralort einer Landwirtschaftsregion. Für ständigen Konfliktstoff sorgt eine der lokalen Attraktionen, die größte freilaufende Bisonherde Alaskas. Sie wurde bereits 1920 in der Gegend heimisch gemacht. Da die Büffel erhebliche Flurschäden verursachten, erreichten die Farmer nach jahrzehntelangen Protesten 1980 die "Verlegung" der Bisons in die *Delta Bison Range* südlich des *Alaska Highway* am Fuße der *Alaska Range* unweit des *Richardson Hwy* etwa 40 km südlich Delta Junction. Heute weiden die Büffel in einem Gebiet ca. 30 km südlich von Delta Junction.

In Big Delta, 15 km nördlich von Delta Junction, überqueren *Highway* und *Alaska Pipeline* den Tanana River. Dort bietet sich eine gute Gelegenheit, die Ölleitung aus der Nähe in Augenschein zu nehmen: südlich der Brücke findet man einen eigens für diesen Zweck angelegten Parkplatz. 3 km weiter zweigt rechts die Zufahrt zur *Quartz Lake Recreation Area* ab, wo nach 4 km links der Lost Lake mit kleinem *Campground* liegt (schöner als der komfortablere Platz am Quartz Lake). Vom Lost Lake führt ein *Trail* zunächst auf die gegenüberliegende Seeseite; an der Gabelung folgt man dem oberen Weg, der unvermittelt aus dem Wald ins Freie führt und eine herrliche Aussicht auf das Tal des Tanana River mit den schneebedeckten Gipfeln im Hintergrund freigibt.

Anfangs-/Endpunkt des Alaska/Highway

An heißen Sommertagen, die in dieser Gegend im Gegensatz zur Küste nicht selten sind, läßt sich die Fahrt gut an einigen Badeseen zwischen Big Delta und Fairbanks unterbrechen. Besonders verkehrsgünstig liegen *Recreation Areas* mit Badestränden, Picknick- und Campingplätzen südlich der Ortschaft Salcha am *Harding Lake* und bei North Pole am *Chena Lake*.

Dauer-Weihnacht

Der Weihnachtsmann, so vermuten amerikanische Kinder, lebt am Nordpol. Und so wurde aus dem Dorf **North Pole**, 24 km vor Fairbanks, das seinen Namen besonders tiefen Wintertemperaturen verdankt, eine wichtige Adresse für Kinderbriefe an *Santa Claus*. Das *Santa Claus House*, ein *Gift Shop* voller Weihnachtsdekorationen, ist in North Pole ganzjährig geöffnet. Von dort verschickt der überdimensional auch mitten im Sommer präsente Weihnachtsmann seinerseits Briefe an Kinder in aller Welt.

Nach insgesamt 2.400 km wird am Zusammenfluß von Tanana und Chena River Fairbanks und damit auch "inoffiziell" das **Ende des *Alaska Highway*** erreicht.

Zum Denali National Park
über Richardson und Denali Highways

Für alle, die auf Fairbanks und gut ausgebaute Straßen verzichten mögen, führt eine alternative, aber rauhe Anfahrt zum *Denali National Park* über den *Richardson* und weiter auf dem *Denali Highway*. Bis 1957 war dies die einzige Straße, die zum *Denali Park* führte. Die Route ist 40 km länger und erheblich mühsamer zu befahren als die Straße über Fairbanks, aber ihr Verlauf durch ein wilde unberührte Landschaft ähnlich der im Nationalpark entschädigt für Querrillen und Schlaglöcher. Der **Straßenzustand** des Denali Hwy ist bei gutem Wetter passabel, bei Regen schlecht.

Entlang des durchgehend asphaltierten *Richardson Highway* läuft teilweise über-, teilweise unterirdisch die *Alaska Pipeline*. Sie kreuzt die Straße mehrfach und ist an manchen Punkten ein interessantes Fotomotiv. Schautafeln erläutern Details zu Verlauf und Technik dieser Ölleitung vom Nordmeer nach Valdez. Die Fahrt beeindruckt außerdem durch die Gebirgskulisse der vergletscherten *Alaska Range* mit dem 4.216 m hohen **Mount Hayes** als höchstem Berg eines Gipfel-Dreigestirns im Blickfeld. Von der Passhöhe am **Summit Lake** (978 m) geht es hinunter ins Tal des Gulkana River.

Bei Paxson zweigt nach 130 km der *Denali Highway* ab. Nur die ersten 34 von gesamt 218 km sind asphaltiert. Am Ausbauende liegt nördlich der Straße der idyllische **Tangle Lakes Campground**, Ausgangspunkt für Kanu- und Angeltouren auf der ausgedehnten Seenplatte. Ausrüstungsverleih in zwei nahegelegenen Lodges.

Der *Denali Highway* überquert 57 km hinter Paxson den **Maclaren Summit,** den mit 1.245 m zweithöchsten Paß des öffentlichen Alaska-Straßennetzes, und verläuft überwiegend oberhalb der Baumgrenze in großer Einsamkeit. Das **Hochgebirgspanorama** der *Alaska Range* begleitet den Autofahrer eindrucksvoll auf der ganzen Strecke. Außer auf einigen offiziellen **Einfach-Campgrounds** gibt es viele Gelegenheiten, irgendwo ganz privat zu campen. Bei Wildnisenthusiasten und Anglern genießt der *Denali Highway* einen besonderen Ruf.

7.3.2 Fairbanks und Umgebung

Fairbanks besitzt heute rund 32.000 – mit seinem Einzugsbereich sogar 84.000 – Einwohner und ist nach Anchorage zweitgrößte Stadt Alaskas.

Geschichte Die Geschichte der Stadt begann vor nicht einmal 100 Jahren. 1901 entstand ein Handelsposten, und nur ein Jahr später entdeckte ein Italiener namens *Felix Pedro* Gold in einem später nach ihm benannten Flüßchen in den *Tanana Hills* 26 km nördlich der neuen Siedlung. Ein "kleiner" Goldrausch folgte 1903/04. 1910 zählte die in der Zwischenzeit Fairbanks getaufte Stadt 3.500 Einwohner, 1920 dann aber nur noch ganze 1.100.

Doch die günstige Lage "am Wege" ins Landesinnere sorgte bald für eine Neuorientierung. Mit der weiteren Besiedelung Alaskas entwickelte sich Fairbanks zur Versorgungs- und Ver-waltungshauptstadt der zentralen und nördlichen Regionen. Im 2. Weltkrieg gaben Straßenbau und Militärpräsenz weitere Impulse. Nach ruhigeren Jahren führte von 1974 bis 1978 der Bau der *Alaska Pipeline* zu einem erneuten starken Bevölkerungsanstieg.

Flug-anbindung Der Flughafen von Fairbanks reklamiert für sich die Bezeichnung *International Airport*, da von hier aus auch das Yukon Territory im benachbarten Canada direkt angeflogen wird. Alle anderen internationalen Flüge starten und landen in Anchorage. Alaska Airlines und Delta bieten Direktflüge nach Seattle. Alaskaintern läßt sich von Fairbanks aber nahezu jeder Ort per Flugzeug erreichen.

Innenstadt Eine Handvoll historischer Gebäude und hübsche Blumenbeete im Stadtzentrum können über die fehlende Atmosphäre der Stadt nicht hinwegtäuschen. Die **Visitor Information** logiert zentral in einem Blockhaus am *Golden Heart Park*; 550 1st Ave; ✆ (907) 456-5774 und 1-800-327-5774; **Internet** http://fcvb.polarnet.com/~avb; unweit der *Tanana River Bridge*. Dort wie auch im oben bereits erwähnten **Alaska Public Lands Information Center**, *Courthouse Square* Ecke Cushman St/3rd Ave; ✆ (907) 456-0527, gibt es jedes erdenkliche touristisches Informationsmaterial. Letzteres fungiert gleichzeitig als eine Art **Museum** zu Natur und Kultur Alaskas; im Sommer täglich 8.30–21 Uhr.

University of Alaska Museum Auf keinen Fall entgehen lassen sollte man sich den Besuch des ausgezeichneten natur- und kulturhistorischen Museum der Universität jenseits des Tanana River, einige Meilen vom Zentrum entfernt am nordwestlichen Stadtrand. Zur *University of Alaska* gelangt man von *Downtown* über die Illinois Street und dann auf der College Road. An dieser Straße liegt das **Creamer's Field Wildlife Refuge**. Ab Mai nisten dort Tausende von Canadagänsen und andere Wasservögel. Ein Lehrpfad zu Vogelwelt und Flora Alaskas lädt zum Spaziergang ein.

The University of Alaska Museum besitzt u.a. Abteilungen zu Flora und Fauna, Ureinwohnern und weißer Besiedlung Alaskas. Glanzstücke sind die 36.000 Jahre alten Knochen eines im Permafrost entdeckten Bisons, eine Goldausstellung, die Konstruktionsgeschichte der *Alaska Pipeline* und die Nordlichtshow. Wochentags kann man sich kostenlosen Führungen anschließen; geöffnet Juni bis August 9–19 Uhr, Mai und September 9–17 Uhr; Eintritt $4.

Alaskaland Am *Airport Way*, der südlichen Hauptumgehung von *Downtown* Fairbanks liegt *Alaskaland*, eine Mischung aus **Amusement Park** und **Living Museum** mit *Riverboat* und Indianerdorf, im Sommer täglich geöffnete 9–21 Uhr. Im alten **Sternwheeler** *"Nenana"* befindet sich das *Visitor Center* des Parks. Einige Original-Gebäude aus dem frühen 20. Jahrhundert und der Eisenbahnwaggon des ehemaligen Präsidenten *Harding* (für den Alaskakauf verantwortlich) sorgen für Nostalgie, während man im **Native Village** das Alltagsleben der *Athabasca*-Indianer und im **Mining Valley** Goldsuchtechniken demonstriert. Ende Mai bis Mitte September werden 17–21 Uhr **Lachse und Steaks** gegrillt. Der Zutritt zum Gelände ist frei, einzelne Attraktionen kosten Eintritt.

Camping In Gehentfernung von *Alaskaland* (Pager Road) befindet sich der **Norlite Campground** (*Full Hook-up*), an der University Ave/Chena River Brücke unweit Downtown liegt die staatliche **Chena River State Recreation Site**

Raddampfer Nicht ganz billig ($34), aber "authentisch" ist die vierstündige Fahrt (Ende Mai bis Mitte September 8.45 Uhr und 14 Uhr) mit dem **Sternwheeler** *"Discovery"* auf dem Chena und Tanana River. Die Anlegestelle des Raddampfer befindet sich unweit des Flughafens an der *Discovery Road*.

Veranstaltungen Mitte Juli jeden Jahres finden in Fairbanks die **Golden Days** statt, Rennen, Wettbewerb und Paraden zum Gedenken an die Goldfunde von 1902. Im Februar startet das 1.000 mi lange **Yukon Quest International Sled Dog Race** nach Whitehorse, eines der bedeutendsten Schlittenhundrennen des Nordens.

Goldfelder Mehrere Unternehmen sind darauf spezialisiert, Touristen durch die alten Goldfelder und zu den Minen in Fairbanks Nähe zu fahren. Auch Goldwaschen gehört meist zum Programm (⇨ Dawson City, Seite 511). Die Besichtigung der 1928 erbauten **Gold Dredge #8** (etwa 16 km nördlich von Fairbanks *am Steese Highway*), einer alten Schürfmaschinerie, die noch bis 1959 in Betrieb war, kann man ebenfalls gut mit ein bißchen Goldwäsche kombinieren; geöffnet Ende Mai bis Mitte September 9–18 Uhr, Eintritt $15.

Umgebung Von Fairbanks führen mehrere Stichstraßen in die weitere Umgebung bzw. in den hohen Norden:

Alaska
GATES OF THE ARCTIC NATIONAL PARK
Prudhoe Bay
DALTON HWY
Coldfoot
YUKON FLATS NAT. WILDLIFE REFUGE
POLARKREIS (ARCTIC CIRCLE)
CANADA
USA
YUKON TERR.
ALASKA
PACIFIC TIME
ALASKA TIME
0 70 km
Yukon River
Circle City
White Mountains Nat. Rec. Area
WHITE MOUNTAINS
STEESE HWY
Circle Hot Springs
ELLIOTT HWY
Minto
Manley Hot Springs
Fairbanks
Chena Hot Springs
YUKON-CHARLEY RIVERS NAT. PRESERVE
Eagle
Nenana
RICHARDSON HWY
Mt. Hayes 4216 m
ALASKA RANGE
Delta Jct.
ALASKA HWY
TAYLOR HWY
Kantishna
DENALI NATIONAL PARK
Denali 6194 m
GEORGE PARKS HWY
DENALI HWY
DENALI STATE PARK
Paxson
Tok
Tetlin Jct.
TOK CUT OFF
North-way Jct.
Northway
Nabesna
Talkeetna
TALKEETNA MOUNTAINS
Gulkana Jct.
Glennallen
WRANGELL MOUNTAINS
Willow
GLENN HWY
Mt. Blackburn 4996 m
Palmer
Kennicott
LAKE CLARK NATIONAL PARK
Eklutna
Eagle River
CHUGACH
Chitina
McCarthy
Mt. Bona 5005 m
Anchorage
CHUGACH STATE PARK
Valdez
Hope
Portage
WRANGELL-SAINT ELIAS NATIONAL PARK & PRESERVE
Kenai
Soldotna
Whittier
Cordova
Pr. William Sound
MOUNTAINS
Miles Glacier
Cook Inlet
STERLING HWY
MTNS.
Bering Glacier
Ninilchik
Seward
Mt. St. Elias 5489 m
Homer
KENAI FJORDS NATIONAL PARK
KENAI
Blying Sound
Golf von Alaska
Fähre nach Kodiak

Fairbanks

Chena Road — Die asphaltierte *Chena Hot Springs Rd* zweigt 8 km oberhalb Fairbanks vom *Steese Hwy* ab. Zum **Chena Hot Springs Resort** (mit komfortablen **Campingplatz**), einem populären Freizeitkomplex mit **Heißwasser-Schwimmbad**, sind es 91 km. Auf den ersten 40 km führt die Straße durch besiedeltes Gebiet, danach wird ihr Verlauf einsamer. Am Ufer des Chena River befinden sich *Picnic*- und *Campgrounds*.

Dalton Highway — Der *Dalton Highway*, eine reine *Gravel Road*, beginnt 137 km nördlich von Fairbanks bei Livengood (*Elliott Highway*) und führt parallel zur **Alaska Pipeline** über 666 km zur Prudhoe Bay an der Beaufort Sea. Die nördlichste Straße des Kontinents läuft über den 70. Breitengrad hinaus und endet in Deadhorse (Tankstellen, Hotel). Zufahrt zum 5 km entfernten Nordmeer und den Ölfeldern nur per geführter Bustour.

An dieser Straße gibt es lediglich zwei Service-Stationen mit Tankstelle, Werkstatt, Restaurant, Motel und **Campground:** die erste in *Five Mile Camp* an der einzigen Straßenbrücke über den Yukon River in Alaska und die zweite im alten Minencamp *Coldfoot* – mit Postamt und *Visitor Center* des **Gates of The Arctic National Park**.

Steese Highway — Der 261 km lange *Steese Highway* führt von Fairbanks nach Circle am Yukon River. Mehrere *Campgrounds* liegen am Wege, am schönsten der Platz am Flußufer im *Upper Chatanika River State Recreation Site*. Lediglich die ersten 71 km sind asphaltiert, der Rest ist eine gute Schotterstraße, die Streckenführung großartig.

Circle Road — In Central – hier kann das Nötigste gekauft werden – zweigt die *Circle Hot Springs Road* ab. Wo einst Goldsucher und Minenarbeiter an den heißen Quellen überwinterten, findet man heute vor allem Touristen und Wochenendurlauber. Das **Circle Hot Springs Resort** verfügt neben dem Heißwasser-Freibad über **Hotel**, Restaurant und **RV Park**.

Die Straße endet in Circle, vor dem *Klondike Gold Rush* größte Goldgräberstadt am Yukon River. Heute leben noch 90 Menschen in Circle. Der Name geht auf Prospektoren zurück, die glaubten, dort bereits am Polarkreis zu sein

Elliot Highway

Heiße Quellen

— Der *Elliott Highway* zweigt in Fox, 18 km nördlich von Fairbanks, vom *Steese Highway* ab. Die 245 km lange Straße (45 km Asphalt, danach Schotter) führt durch eine ebenso grandiose wie einsame Landschaft; sie endet in **Manley Hot Springs**. Aus den Quellen der *Manley Hot Springs* strömen **800.000 Liter 57°C warmes Wasser täglich!** Neben dem Quellbereich liegt ein *RV Park* mit Mineralbad, nahe der Brücke in Fußgängerdistanz ein *Public Campground*. Das **Manley Roadhouse**, eines der ältesten Gasthäuser Alaskas, stammt noch aus Goldrauschzeiten.

7.3.3 Von Fairbanks nach Anchorage über den Denali National Park

Der 576 km lange *George Parks Highway* existiert erst seit 1971. Streckenweise führt er durch eine fantastische Landschaft. Aussichtspunkte lohnen immer wieder eine Unterbrechung der Fahrt.

Nenana Bei Nenana schlug am 15. Juli 1923 Präsident *Harding* in einem symbolischen Akt den letzten Nagel in eine Eisenbahnschwelle der **Alaska Railroad**. Der Ort am Zusammenfluß von Tanana und Nenana River ist ansonsten für das **Nenana Ice Classic** bekannt, eine Art Wette, bei der jeder Teilnehmer versucht, auf die Minute vorauszusagen, wann im Frühjahr das Eis des Tanana River aufbricht. *Ratetickets* kann man während des ganzen Jahres im *Nenana Visitor Center* erwerben. Der Ortsname besagt in etwa: "eine gute Stelle, um zwischen den Flüssen zu lagern". Das findet mancher Camper auch heute noch, obwohl dort kein offizieller Platz existiert, aber die Behörden dulden "wildes" Campen.

Denali National Park 195 km südlich von Fairbanks erreicht man den überaus populären *Denali National Park*. **Denali** bedeutet **"Der Hohe"** und ist die indianische Bezeichnung für den immer schneebedeckten Gipfel. Seinen heutigen Namen erhielt dieser Park erst 1980. Benannt wurden der höchste Berg Amerikas – und der Park einst nach dem ehemaligen US-Präsidenten **William McKinley** (1897-1901). Abgeordnete aus *McKinley*s Heimatstaat Ohio setzten sich bislang erfolgreich gegen eine Umbenennung auch des Berges zur Wehr, der daher offiziell noch immer **Mount McKinley** heißt. Dennoch findet man ihn in einigen Karten als **Mount Denali.**

Service-Bereich Noch vor der eigentlichen Parkeinfahrt am **Park Headquarters** befinden sich Flugpiste, Bahnhof der *Alaska Railroad*, **Hotelkomplex**, *General Store* mit Lebensmitteln und *Outdoor*-Bedarf, Tankstelle und das *Visitor Center*. Dort gibt es alle wichtigen Parkinformationen und **Reservation Desks** für *Shuttle Bus* und *Campgrounds*, siehe unten.

Besucherorganisation Leider reißen die Wolken um den 150 km von der Parkeinfahrt entfernten, 6.194 m hohen Berg (statistisch) nur jeden dritten bis vierten Tag auf. Das scheint der Faszination des *Denali Parks* keinen Abbruch zu tun. Er gehört im Juli und August zum festen Programmpunkt unzähliger Alaska-Touristen, *rain or shine*. Immer vollbesetzte *Campgrounds* und Sitzplätze in den Parkbussen *(Shuttle Buses)* sind die Folge. Die Busse rollen Ende Mai bis Mitte September von morgens bis nachmittags halbstündlich vom **Visitor Center** die **Park Road** zum **Eielson Visitor Center** und teilweise bis zum Wonder Lake (ca. 140 km und 5 Stunden!) und zurück.

Denali Nationalpark

Wer – vor allem in der Hoffnung, den Berg aller Berge zu Gesicht zu bekommen – in den Park hinein und sich nicht mit ein bißchen *Sightseeing* und Kurzwanderungen rund um die ersten 20 km vom Parkeingang bis zum *Savage River Campground* zufrieden geben möchte, ist auf das *Shuttle-Bus*-System angewiesen. Mit eigenem Wagen dürfen nur Inhaber reservierter Plätze auf dem *Teklanika River Campground* im Parkinneren die Schranke bei km 24 passieren. Ihnen, Einwohnern des Minenstädtchens Kantishna jenseits des Wonder Lake und den Gästen der Handvoll dortiger (teurer) *Lodges* gehören die wenigen Privatautos auf der *Park Road*.

Shuttle Bus System

Trotz der hohen Besucherzahlen wurde die **Frequenz der Shuttle Busse** auf dem Stand von 1984 eingefroren und ein – immer wieder modifiziertes – Verteilverfahren für die knappen Plätze eingeführt. Am besten erkundigt man sich bereits vor Ankunft im Park bei den **Public Lands Information Centers** von Anchorage, Fairbanks und Tok (➪ Seite 530) über die aktuellen **Vergaberegelungen** (ggf. auch für die Campingplätze). Als Faustregel gilt, daß im Sommer am "Wunschtag" Aussicht auf **Platz im Morgenbus** nur sichert, wer sich spätestens am Tag vorher **persönlich im *Visitor Center*** um Reservierung kümmert. Telefonische Reservierungen sind nur bis 5 Tage vor Termin und früher möglich. Rund **40% der Plätze** werden unter ✆ (800) 622-PARK oder (907) 272-7275 oder Fax (907) 264-4684 vergeben. 60% der Plätze sind vor Ort zu buchen und zwar bis zu 2 Tagen im voraus. Für Plätze am selben Tag stellen sich Besucher **ohne Reservierung** schon ab 5 Uhr morgens am *Visitor Center* an (Öffnung um 7 Uhr) und hoffen auf letzte freie bzw. freiwerdende Plätze von Leuten, die ihre Reservierung nicht in Anspruch nehmen. Die Schlangen für die Plätze eventueller *No-Shows* sind bisweilen sehr lang. Je nach Streckenlänge kostet die Busfahrt $12-$30.

Im Bus

Unterwegs melden die Fahrer das Auftauchen von Großwild und geben bereitwillig Auskunft über Flora und Fauna. Auf Wunsch legen sie Foto-Stops ein. Man darf die Fahrt auch

In den Denali Park hinein geht`s nur per Shuttle Bus

Im Bus	unterbrechen und mit einem nachfolgenden Bus fortsetzen, der auf Handzeichen hält, sofern noch freier Platz verfügbar ist. Die Realität an "vollen Tagen" sieht so aus, daß viele Mitfahrer aus Furcht, für eine Weiterfahrt stundenlang warten zu müssen, den Bus vor der Endstation nicht verlassen.
Camping	Das Überfüllungsproblem betrifft auch die 7 *Campgrounds* mit ihren ganzen 287 Stellplätzen. **Morino, Sanctuary River, Igloo Creek** und **Wonder Lake** sind nur für Zeltcamper zugelassen; im Parkinneren ist ausschließlich der **Teklanika River Campground** mit Auto bzw. Wohnmobil zu erreichen. Der Wagen muß dann allerdings bis zur Rückfahrt abgestellt werden. Ohne *Permit* zugänglich sind der **Savage River Campground** an der Straßensperre, **Riley Creek** am *Visitor Center* und *Morino Backpacker* (dort gibt es aber keine Autostellplätze in Zeltnähe).

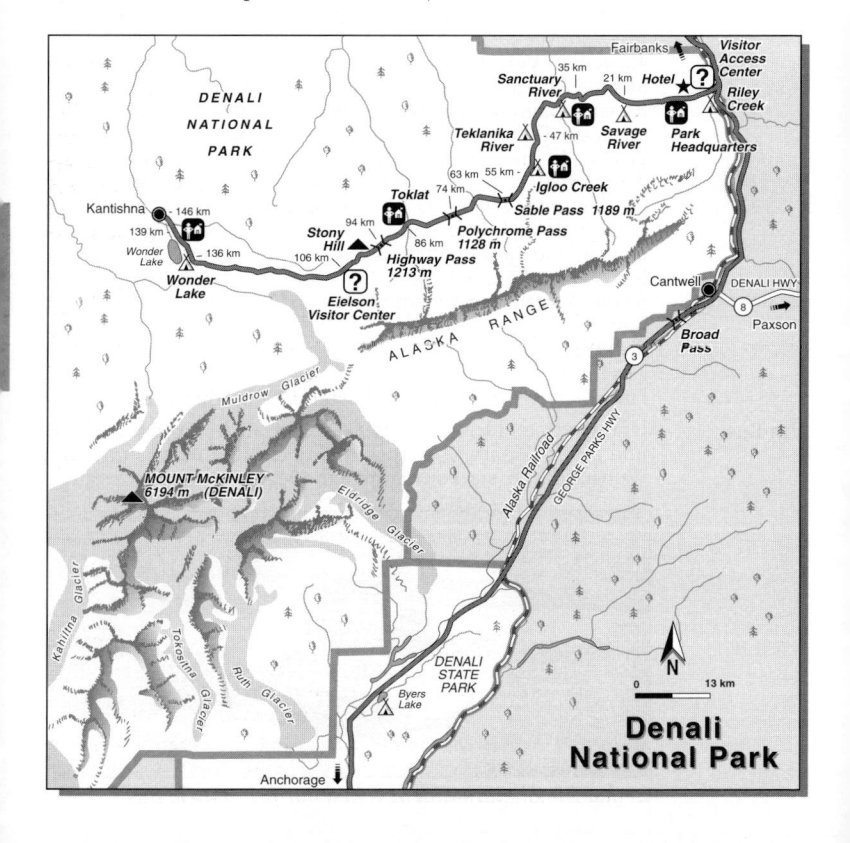

Denali Nationalpark

Reservierung — Für die *Campgrounds* gilt ein ähnliches Reservierungssystem wie für die Shuttle-Busse. Kurzentschlossene finden in der Hauptsaison kaum einen freien Platz.

Camping — Ein kommerzieller Platz ist **Denali Grizzly Bear Campground**, Milepost 231 *George Parks Highway*, ✆ (907) 683-2696.

Quartiere — Das **Denali Hostel**, eine inoffizielle (nicht *Hostelling International*) Jugendherberge, muß im Sommer ebenfalls reserviert werden, ✆ (907) 683-1295. Die Übernachtung kostet ca. $25 einschließlich *Breakfast*. Gäste ohne Auto werden am *Visitor Center* abgeholt und auch zurückgebracht.

Motels und **Hotels** im Umfeld des Nationalparks sind teuer, besonders Übernachtungen im **Denali Hotelkomplex** und in Kantishna. Die Gratis-Broschüren der *Alaska Division of Tourism* enthalten aktuelle Preise und Telefonnummern. Zentrale Reservierung ebenfalls (↷ oben) unter ✆ (907) 272-7275 oder Fax (907) 264-4684

Unterwegs im Park — Hauptaktivitäten der Parkbesucher sind ohne Zweifel die Fahrt im *Shuttle Bus* und mehr oder weniger ausgedehnte Wanderungen in die Wildnis. Wenn das Wetter einigermaßen mitspielt und nicht gerade tiefhängende Wolken die gesamte *Denali Range* verbergen, lohnt sich die anstrengende Tour durchaus (mindestens bis zum *Eielson Visitor Center*). Bei Sonne und klarer Sicht wird sie zu einem großartigen Erlebnis. Direkt an der Straße können Landschafts- und Tierfotos gelingen, wie sie sonst nur im Hinterland möglich sind.

Mit etwas Glück sieht man *Caribous* (↷ Kasten, Seite 529), Elche, Bergziegen, Dallschafe, Grizzlies und *Willow Ptarmigans* (eine Schneehuhnart), die Nationalvögel Alaskas. Seit dem Verbot des Privat- und der Limitierung des Busverkehrs haben die Tiere ihre Scheu verloren und sind leicht zu beobachten. Die Parkstraße verläßt nach wenigen Kilometern die bewaldete Taiga und verläuft oberhalb der Baumgrenze durch die Tundra. Am **Sable Pass** (1.189 m), einem Gebiet mit besonders reichem Tierbestand, wurde das Terrain rechts und links der Straße auf einer Länge von jeweils einer Meile für Wanderer gesperrt. Die Chancen, dort vom Bus aus **Grizzlies** zu Gesicht zu bekommen, sind sehr günstig. Auf Wanderungen sind Begegnungen mit Bären, aber auch mit Wölfen im ganzen Park möglich.

Mit 1.213 m ist der *Highway Pass* hinter der **Toklat Ranger Station** der höchste Punkt der Straße. Nicht weit von hier führt ein Trail auf den 1.374 m hohen **Stony Hill** mit vorzüglicher Aussicht auf den Berg der Berge und seine Nachbarn.

Vom *Eielson Visitor Center* bietet sich an guten Tagen ein außergewöhnlicher Blick auf die zerklüfteten, verschneiten Gipfel des *Denali* und auf den *Muldrow Glacier*.

Mount Denali/ McKinley

Von dort starten von Rangern geleitete Wanderungen. Zwischen Wonder Lake, an dessen Ufer ein hübscher **Einfach-Campground** liegt (nur für Zelte) und Gipfel des *Denali* beträgt der Höhenunterschied stolze 5.500 m. Selbst im Himalaja gibt es keine so steil aufragenden Bergmassive.

Touren auf den *Denali* werden nur von erfahrenen Alpinisten unternommen; die extremen Witterungsverhältnisse mit Stürmen und gewaltigen Temperaturunterschieden zwischen Tal und Gipfel fordern jedes Jahr Opfer. Die erste erfolgreiche Besteigung gelang 1910, als eine Gruppe von *Sourdoughs* (so nannten sich damals wildniserprobte Trapper und Goldsucher) den niedrigeren Nordgipfel erklomm. Erst drei Jahre später wurde der Hauptgipfel bezwungen. Heute versuchen sich jedes Jahr zwischen April und Juni etwa 1.000 Bergsteiger am *Denali*. Zur Verkürzung des Anmarschwegs lassen sich die meisten von Talkeetna zum *Basecamp* auf dem *Kahiltna Glacier* (ca. 2.100 m) fliegen.

Aktivitäten

Wer wegen frühzeitiger Shuttle-Bus-Reservierung über einen Zusatztag verfügt, kann eventuell das reiche Angebot an Aktivitäten vor den Parktoren nutzen. Namentlich **River Rafting**, Wildwasser-Schlauchboottouren auf dem Nenana River, und Flüge über das *Denali*-Massiv, **Flightseeing**, können bei mehreren Veranstaltern gebucht werden. Vom Parkhotel führt ein **Trail** zum schönen **Mount Healy Overlook Trail** hoch über dem Tal des Nenana River.

Mount Denali an einem der seltenen klaren Tage

George Parks Highway

Weiterfahrt

Auf der Weiterfahrt vom *Denali Park* in Richtung Anchorage passiert man bei Cantwell den westlichen Endpunkt des *Denali Highway*, ⇨ Seite 539. Einer der schönsten Abschnitte der Strecke ist die danach folgende Auffahrt zum *Broad Pass* (700 m) über die *Alaska Range*.

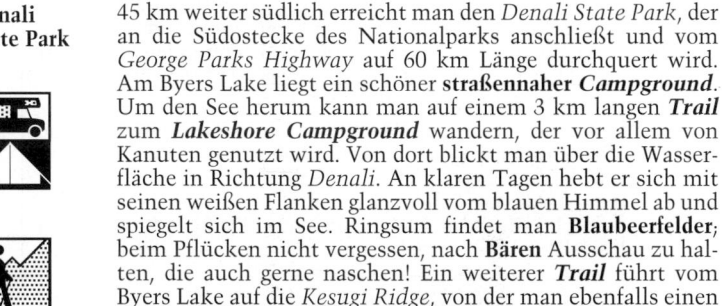

Denali State Park

45 km weiter südlich erreicht man den *Denali State Park*, der an die Südostecke des Nationalparks anschließt und vom *George Parks Highway* auf 60 km Länge durchquert wird. Am Byers Lake liegt ein schöner **straßennaher Campground**. Um den See herum kann man auf einem 3 km langen **Trail** zum **Lakeshore Campground** wandern, der vor allem von Kanuten genutzt wird. Von dort blickt man über die Wasserfläche in Richtung *Denali*. An klaren Tagen hebt er sich mit seinen weißen Flanken glanzvoll vom blauen Himmel ab und spiegelt sich im See. Ringsum findet man **Blaubeerfelder**; beim Pflücken nicht vergessen, nach **Bären** Ausschau zu halten, die auch gerne naschen! Ein weiterer **Trail** führt vom Byers Lake auf die *Kesugi Ridge*, von der man ebenfalls einen Panoramablick auf den *Denali* genießt.

Talkeetna

Über eine Stichstraße (23 km) parallel zum *George Parks Highway* geht es jenseits des Susitna River in nördliche Richtung nach Talkeetna, einer 500-Seelen-Siedlung, deren Umgebung als Angelparadies gilt. Sie ist wichtigster Ausgangspunkt für Besteigungen des *Denali*, da die meisten Bergsteiger von dort zum *Basecamp* fliegen. Kaum einer unternimmt den beschwerlichen Anmarsch zu Fuß. In Talkeetna starten auch viele Touristen zu einem Rundflug über das *Denali*-Massiv – sofern die Reisekasse es zuläßt (ab ca. $75). Auch Gletscherlandungen können gebucht werden.

Matanuska Valley

Im weiteren Verlauf läßt die Straße die *Alaska Range* allmählich hinter sich. Der Susitna River begleitet sie hinunter ins *Matanuska Valley*. Westlich und südlich des *Highway* liegen zwischen Willow (das in den 70er und 80er Jahren beinahe Hauptstadt Alaskas geworden wäre, ⇨ Seite 572) und Wasilla*) zwei Seenplatten.

Seengebiete

Über eine Zufahrt (10 km) nördlich des Nancy Lake erreicht man die einsameren Seen der **Nancy Lake State Recreation Area**. Am Wege passiert man eine Reihe von **Trailheads** für schöne Wanderungen. Einen **Kanuverleih** gibt es am großen **South Rolly Lake Campground**. Über ausgebaute Portagen gelangen Kanufahrer von einem See zum anderen.

---

*) Von Wasilla aus wird das berühmteste Schlittenhunderennen der Welt, das **Iditarod Trail Sled Dog Race**, über eine Distanz von 1.688 km von Anchorage nach Nome an der Beringstraße organisiert. Das jeweils Anfang März stattfindende Rennen geht auf eine Aktion im Jahr 1925 zurück, als das zur Eindämmung einer Diphtherie-Epidemie benötigte Serum mit Hundestaffeln zu abgelegenen Siedlungen gebracht wurde.

SCHLITTENHUNDE

Noch vor 70 Jahren wurden im Norden Canadas und in Alaska Lasten im Winter ausschließlich mit Hundeschlitten transportiert. Heute haben Schneemobile und Flugzeuge das traditionelle Fortbewegungsmittel selbst in solchen Regionen verdrängt, wo keine winterfesten Straßen existieren. Die Züchtung von Schlittenhunden wurde zur Liebhaberei, und Hunderennen mit Schlitten brachten es zu enormer Popularität.

Die bei derartigen Wettbewerben eingesetzten Hunde haben allerdings nicht mehr allzuviel mit den halbwilden, wolfsähnlichen Geschöpfen gemein, die Indianer und *Inuit* einst vor ihre Schlitten spannten. Die Hunde sind heute durchtrainiert und leichtgewichtig. Denn es kommt – da sie keine Lasten mehr schleppen – weniger auf Kraft, als vor allem auf Schnelligkeit an.

Eine der Hauptaufgaben des *Mushers,* des Hundeschlittenführers, besteht darin, die ideale Zusammensetzung des Gespanns zu finden; dabei spielt die reinrassige Abkunft eine eher untergeordnete Rolle. Sehr oft werden die Renngespanne aus *Alaskan Huskies* gebildet, die samt und sonders Mischlinge sind. Die populärsten reinblütigen Schlittenhunde, die *Siberian Huskies,* erkennt man an ihren charakteristischen blauen Augen. Die *Alaskan Malamutes,* ihre größeren und kräftigeren Verwandten, eignen sich eher zum langsameren Lastentransport als für den Rennwettbewerb.

Das bedeutendste Rennen ist das seit 1973 durchgeführte *Iditarod Trail Sled Dog Race* von Anchorage nach Nome. Der Start erfolgt am ersten Samstag im März, zehn Tage später kommen die Teilnehmer am Ziel an. Offiziell ist die Strecke 1.688 km lang, tatsächlich legen die *Musher* aber knapp 1.900 km zurück. Libby Riddles gewann 1985 als erste Frau das Rennen. In den folgenden Jahren sauste *Susan Butcher* aus Eureka/Alaska fünfmal mit ihrem Hundeteam als erste durchs Ziel. Für das *Yukon Quest International Sled Dog Race,* ein Langstreckenrennen von Fairbanks nach Whitehorse und den beiden berühmtesten Kurzstreckenrennen über etwa 50 km, dem *World Championship Sled Dog Races* in Anchorage und dem *Limited North American Sled Dog Race* in Fairbanks, stehen beträchtliche Preisgelder zur Verteilung an. Mittlerweile gibt es schon einige *Sled Dog Race* Profiteams, die mit Preis- und Sponsorengeldern ihren Lebensunterhalt bestreiten können. Für die meisten *Musher* ist die Hundezucht jedoch ein Hobby; allenfalls verdienen sie sich mit Züchtung und gelegentlichen Verkäufen von Huskies ein kleines Zubrot.

Die Rennsaison dauert von Dezember bis April, im Sommer trainieren die Gespanne mit Rollen unter den Schlitten. In Tok (der Ort nennt sich – wie bereits im Text erwähnt – gerne *Dog Capital of Alaska*), Fairbanks und im *Denali National Park* finden während der Touristensaison täglich Vorführungen mit Schlittenhunden statt.

Die Anfahrt zum größten und mit allen Zutaten moderner Sommerfrische erschlossenen See der Region erfolgt über die **Big Lake Rd** (ebenfalls 10 km vom *George Parks Highway*): Ausflugsboote, Kanuverleih, Motels, Supermärkte, Campingplätze, sogar Einkaufszentrum und Flugplatz – alles ist dort vorhanden.

Hatcher Pass Road

Als Alternativroute zur Hauptstraße kann man 3 km nördlich von Willow die 79 km lange *Hatcher Pass Rd* (*Fishhook–Willow Rd*) wählen. Die überwiegend geschotterte Paßstraße mäßiger Qualität führt in mehreren engen Serpentinen (für Wohnmobile problematisch) zum 1.184 m hohen *Hatcher Pass* (bis Juni und bereits wieder ab September Schneefall). Zahlreiche noch aktive und stillgelegte **Goldminen** säumen die Strecke. Einige Kilometer östlich des *Hatcher Pass* befindet sich der **Independence Mine State Historical Park**, in den 30er-Jahren eine der größten Goldminen Alaskas, heute eine eindrucksvolle *Ghost Town* mit *Visitor Center* (täglich geöffnet 11–19 Uhr, Anfang Juni bis Anfang September, sonst nur an Wochenenden, in der Hauptsaison täglich Führungen). Besucher können Pfannen leihen und sich im **Goldwaschen** versuchen. Wer nur die Mine besuchen möchte, fährt am besten den östlichen, besser ausgebauten Abschnitt der Straße, die 2 km nordöstlich von Palmer abzweigt.

Palmer

Palmer liegt im Herzen des fruchtbaren *Matanuska Valley*, der bedeutendsten Landwirtschaftsregion Alaskas. Erst in den 30er-Jahren begann man dort in großem Stil mit dem Aufbau

Super-gemüse

landwirtschaftlicher Betriebe. Das Gebiet bietet mit hundert frostfreien Tagen und der extrem langen sommerlichen Sonnenscheindauer ideale Wachstumsbedingungen für zahlreiche Obst- und Gemüsearten.

Die Universität von Fairbanks unterhält in der Nähe eine landwirtschaftliche Forschungsstation: **Matanuska Research Farm**. Stolz führt man dort Besuchern Kohlköpfe bis zu 30 kg Gewicht und andere überdimensional geratene Exemplare von **Agricultural Produce** vor. Die Zufahrt erfolgt vom *George Parks Highway* ein paar hundert Meter westlich des *Glenn Highway*. An der Hauptstraße befindet sich ein großes **Matanuska Valley Visitor Center**.

Glenn Highway

Der *Glenn Highway*, an dem der *George Parks Highway* beginnt/ endet, verbindet Anchorage direkt mit dem *Alaska Highway*. Der schönste Abschnitt der ganzen Strecke liegt gleich am Anfang zwischen Palmer und dem **Eureka Summit Pass**, dem mit 1.013 m höchsten Punkt des *Glenn Highway*. Gekrönt wird diese Etappe vom *Matanuska Glacier*, den man von der hochgelegenen Straße und **vom Matanuska Glacier State Recreation Site** (12 Campplätze) sehr gut überblicken kann. Wanderungen zum Gletscher sind von dort aus möglich. Die einzige Zufahrt zum Gletscher führt über Privatgelände des **Glacier Park Resort** und kostet Eintritt.

Chugach State Park

Bereits zum *Chugach State Park* gehört die **Eklutna Lake Recreation Area.** Die Zufahrt erfolgt vom *Glenn Highway* über die 16 km lange *Eklutna Rd*. Der **Campground** am gleichnamigen See ist ggf. eine, wenn auch weniger attraktive Alternative zum *Eagle River Campground* (siehe unten). Aber auch ohne Übernachtung liefert der blaugrün schimmernde, von Bergen eingerahmte See Motiv genug für den Abstecher. Er wird vom *Eklutna Glacier* gespeist, zu dem ein schöner Wanderpfad führt. Ebenfalls empfehlenswert ist der *Trail* auf die *Twin Peaks* (8 km).

Vom Ort Eagle River geht es auf der Nordseite des gleichnamigen Flusses zum 20 km entfernten **Visitor Center** des *Chugach State Park*. Es ist Ausgangspunkt mehrerer Wanderwege, darunter der kurze (1 km), aber besonders attraktive **Rodak Nature Trail** mit Erläuterungen zu Geologie und Fauna, insbesondere zum **Laichverhalten** der Lachse im *Eagle River Valley*.

Camping

Etwa 20 km nordöstlich von Anchorage (Abfahrt *Hiland Rd*, auf der Südseite des *Eagle Rivers*, vom dort autobahnartigen *Glenn Highway*) liegt der beliebte **Eagle River Campground** ein bißchen versteckt am Südufer des Flusses. Er ist unter den öffentlichen Campingplätzen die beste Wahl im Umfeld der Stadt, sehr weitläufig und gut gepflegt. In der Hauptsaison ist er deshalb oft schon früh am Tage besetzt. Wer am Vormittag

	ankommt, hat aber in der Regel gute Aussichten, einen Platz zu finden. Dasselbe gilt auch für den dritten *Campground* im *Chugach State Park*, den **Bird Creek State Recreation Site**, etwa 42 km südöstlich von Anchorage am *Seward Highway*.
Arctic Valley	Ein letzter Abstecher vor Erreichen von Anchorage könnte auf der **Arctic Valley Road** zum gleichnamigen **Skigebiet** führen. Die kurvenreiche Straße bietet in ihrem Verlauf einen hervorragenden Blick über Anchorage, das *Cook Inlet* und auf den *Mount Denali* in weiter Ferne.

7.3.4 Anchorage

Lage und Klima

Anchorage ist mit rund 258.000 Einwohnern, der halben Gesamtbevölkerung des Staates, Alaskas größte Stadt. Sie liegt am Ende der tief ins Land reichenden Bucht **Cook Inlet** und wird im Nordwesten und Südosten umschlossen von dessen Ausläufern, dem *Knik* und *Turnagain Arm*. Die Barrieren der **Kenai Mountains** im Süden (jenseits des *Turnagain Arm*) halten einen Großteil des vom Pazifik kommenden Regens ab; die Nähe zum Meer sorgt für relativ milde Wintertemperaturen. In Fairbanks, im Einflußbereich des Kontinentalklimas, ist es im Winter im Durchschnitt 16°C kälter. Die Sommer sind an der Küste kühler, die Höchsttemperaturen in Anchorage liegen durchschnittlich 4°C unter denen von Fairbanks.

Geschichte

Bereits 1778 erforschte der britische Kapitän *James Cook* auf der vergeblichen Suche nach der Nordwestpassage das später nach ihm benannte *Cook Inlet*. 16 Jahre später traf **George Vancouver** während einer Vermessungsfahrt am **Cook Inlet** auf russische Pelztierjäger, die die Küsten Alaskas schon seit Mitte des 18. Jahrhunderts besiedelten. Anchorage` Gründung

Blick auf Anchorage

im Jahre 1915 geht ausnahmsweise nicht auf Goldsucher zurück; Pate stand vielmehr die **Alaska Railroad**. Sie ließ an der Mündung des *Ship Creek* ins *Cook Inlet* zunächst ein Bauarbeitercamp errichten und verlegte zwei Jahre später ihr Hauptquartier von Seward dorthin. Danach profitierte Anchorage sowohl von der landwirtschaftlichen Erschließung des *Matanuska Valley* als auch von Ölfunden im *Cook Inlet* und in den 70er-Jahren vom Bau der **Alaska Pipeline**.

Preise Anchorage ist heute das ökonomische und kommerzielle Zentrum Alaskas und bei der Versorgung (Lebensmittel, *Fast Food*, Tanken) deutlich preiswerter als alle anderen Städte.

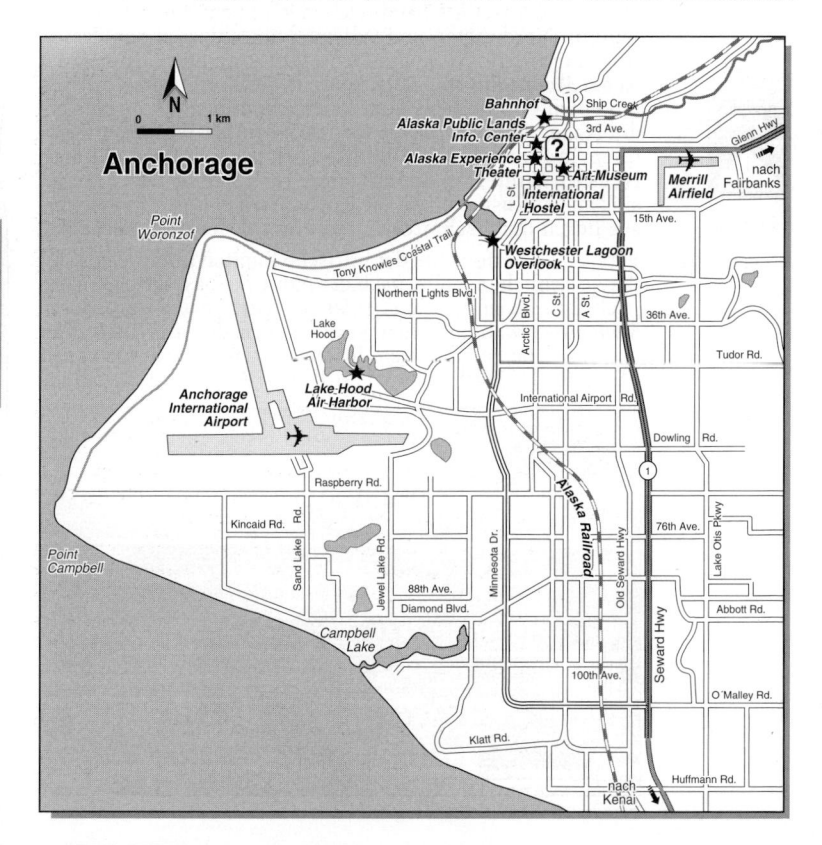

Quartiere Die Übernachtung allerdings in **Motels und Hotels** ist, wie überall in Alaska, nicht ganz billig.*) Einfache Quartiere kosten etwa ab $50 aufwärts. In der unteren Mittelklasse zahlt man $70–80 für die Nacht. In der Mittelklasse beginnen die Tarife selten weit unterhalb $100 – das gilt auch für Häuser bekannter Kettenhotels wie *Best Western, Comfort Inn, Days Inn, Holiday Inn, Quality Inn* etc. Kaum eine andere Stadt in Nordamerika verzeichnet (vielleicht deshalb) soviele **Bed & Breakfast** Unterkünfte wie Anchorage. Reservierungsagenturen vermitteln sie; Anschriften und Telefonnummern findet man im *Anchorage Visitors Guide* und *Alaska State Guide*.

Information Beide sind erhältlich bei der **Besucherinformation** an der Ecke 4th Ave/F St in einem Blockhaus, ✆ (907) 274-3531. Weitere *Information Center* der Stadt Anchorage gibt es am Flughafen und im *Parkgate Building* (11723 Old Glenn Hwy). Auch das *Alaska Public Lands Information Center* (605 W 4th Ave, Suite 105) sei hier noch einmal erwähnt, ➪ Seite 530.

Internet-Info: http://www.anchorage.com

Vom Camping im *Chugach State Park* war bereits ausführlich die Rede. Stadtnäher (Bus von dort nach Downtown) und sanitär komfortabler übernachtet man im **Golden Nugget Camper Park**, 4100 De Barr Rd, östlich Downtown zwischen Glenn Highway und Northern Lights Blvd (engere Stellplätze, aber dafür ist *Full Hook-up* verfügbar).

Transport In Downtown Anchorage braucht man kein Auto. Die **People Mover** Busse verkehren in der Innenstadt auf der *5th* und *6th Ave* zwischen Denali und *K St* kostenlos außer Mo-Fr zur jeweiligen *Rush Hour (DASH-Zone)*. Allerdings gibt es im Zentrum dieser jungen Stadt nicht so ganz viel zu sehen. Die *People Mover* bedienen das gesamte Stadtgebiet, Fahrpreis $1, Infos unter ✆ (907) 343-6543.

Alaska Experience Erwägenswert ist ein Besuch im *Alaska Experience Theater* (705 West 6th Ave). Anfang Juni bis Anfang September wird dort zu jeder vollen Stunde von 9–21 Uhr auf der Omnimax Leinwand **Alaska, the Great Land** gezeigt. Dieser ausgezeichnete Film ist seinen Eintritt wert ($7). Eine Ausstellung zum Erdbeben von 1964 hilft Wartezeiten vertreiben.

Anchorage Museum Einen weiteren Film über Alaska gibt`s jeden Nachmittag im sonst eher architektonisch interessanten **Anchorage Museum of History and Art** (121 West 7th Ave, Mitte Mai bis Mitte September 9–18 Uhr, sonst kürzer; Eintritt $4). Die Ausstellungen des Museums rund um ein lichtes Atrium sind umfassend, qualitativ aber nicht überwältigend.

---

*) Ausnahme ist das *International Hostel Anchorage* in der 700 H St, Anchorage AK 99501, ✆ (907) 276-3635, Fax (907) 276-7777; zentral einen Block vom Busbahnhof gelegen). Jugendherbergsmitglieder übernachten für $15, Nichtmitglieder zahlen etwas mehrf. Die nur 95 Betten sind häufig ausgebucht.

Airport	Anchorage schmückt sich immer noch gern mit der Bezeichnung *Air Crossroads of the World*. Das hatte seine Berechtigung, solange zahlreiche Flugzeuge aus Europa auf den Routen von und nach Asien dort zwischenlandeten. Nach der Öffnung des Ostblocks ergaben sich neue Möglichkeiten, der internationale Flugverkehr verminderte sich erheblich. Ein Flug von Europa über Anchorage nach Asien ist – wie der Blick auf einen Globus beweist – für viele Verbindungen aber nach wie vor die kürzeste Route.
Wasser-flughafen	In unmittelbarer Nachbarschaft zum *International Airport* befindet sich der **Lake Hood**, der einer Armada von Wasserflugzeugen, die auf dem See und an Land "geparkt" sind, als Start- und Landebahn dient. Der See ist der geschäftigste Wasser-Flughafen der Welt. Im nahegelegenen **Alaska Aviation Heritage Museum** (4721 Aircraft Dr) dokumentieren historische Filmausschnitte, Fotos, Erinnerungsstücke und rund 15 Oldtimer die Luftfahrtgeschichte Alaskas und den Wagemut seiner Piloten, täglich geöffnet 9–18 Uhr, Eintritt $6.
	Auf dem **Merrill Airfield**, einem Airport für (landgebundene) Kleinflugzeuge östlich des Stadtzentrums an der 5th Ave (*Glenn Highway*) herrscht mit rund 240.000 Starts und Landungen pro Jahr noch mehr Betrieb als auf dem *Lake Hood*.
Flightseeing	Auf beiden gibt es zahlreiche **Charterflieger**, die vom kurzen Rundflug bis zum Tagestrip und Transport zu einsamen Seen mit verabredeter Abholung eine große Bandbreite an Möglichkeiten anbieten. Speziell ab Anchorage empfehlenswert sind *Flightseeing*-Flüge über die Gletscherwelt des *Prince William Sound*. Für Flüge in den *Denali National Park* ist Talkeetna bester Ausgangspunkt, siehe oben.

7.3.5 Von Anchorage nach Seward/Kenai Peninsula

Turnagain Arm	Von Anchorage zur *Kenai Peninsula*, einer der attraktivsten Regionen im südlichen Alaska, geht es auf dem **Seward Highway**. Der erste Abschnitt dieser gut ausgebauten Straße verläuft am *Turnagain Arm* entlang. Dort ist der Gezeitenwechsel mit rund 12 m Tidenhub besonders ausgeprägt; bei Ebbe bleibt im breiten Fjord nur noch ein schmaler Streifen Wasser. Vor dem Betreten des freiliegenden weichen Sandbodens (teilweise Treibsand/*Quick Sand*) wird gewarnt.
Railroad Museum	Ein kurzer Abschnitt der Straße führt wiederum durch den **Chugach State Park**, siehe oben. Ein **Visitor Center** im *State Park Office*, 19 km südöstlich Anchorage, zeigt Relikte aus der Eisenbahnzeit; interessant ist dort die vor eine alte Lokomotive montierte Schneeräum-Turbine. Der **Rastplatz** an den **McHugh Creek Falls** eignet sich – nach Überwindung der steilen Zufahrt – gut für ein Picknick. Von dort fällt der Blick über den Fjord auf die gegenüberliegenden Berge.

Alyeska

Über die **Alyeska Access Rd** (3 km) und die *Crow Creek Rd* (5 km) geht es zur **Crow Creek Mine**, einem *National Historic Site*, wo bereits 1898 nach Gold geschürft wurde. Acht Gebäude aus jenen Jahren stehen noch und dienen teilweise dem Geschäft mit Touristen. **Goldwaschen** gehört dort nach wie vor zu den beliebten Aktivitäten.

Das **Mount Alyeska Resort** um Girdwood, 65 km südlich Anchorage, ist Alaskas größtes Skigebiet. Im Sommer bringt der Skilift *Sightseeing*-Touristen auf den Berg. 600 m über dem Meeresspiegel hat man einen tollen Panoramablick. Das zugehörige Hotel zählt zu den besten von ganz Alaska (✆ 1-800-WESTIN1), ebenfalls das Restaurant an der Bergstation.

Portage

Der Ort Portage am äußersten Ostende des *Turnagain Arm* wurde beim Erdbeben 1964 vollkommen zerstört. Heute gibt es dort nur noch die Verladestation der *Portage-Whittier-Railroad* zur Fähre durch den *Prince William Sound* nach Valdez, ➪ Seite 534. In Whittier legt aber nicht nur die Fähre ab, man kann auch eine Rundfahrt buchen: **Phillips' 26 Glacier Cruise** (✆ 800-544-0529) bietet für ca. $120 (inkl.Verpflegung) einen 180 km langen Tagestrip vorbei an 26 Gletschern.

Portage Glacier

Südlich der Brücke über den Portage Creek zweigt die Zufahrt zum *Portage Glacier* ab, einem der attraktivsten Ziele in ganz Alaska. Auf dem 200 m tiefen Gletschersee (*Portage Lake*) treiben blauweiße Eisberge und unzählige große und kleine Schollen. Das eindrucksvoll gestaltete **Visitor Center** des *National Forest Service* befindet sich am Seeufer. Dort gibt es einen sehenswerten Film zum Thema "Gletscher" und Informationen zu *Portage Glacier* und Flora und Fauna der Region.

Der Gletschersee des Portage Glacier (Aufnahme im August)

Byron Glacier

Der *Portage Rd* kann man noch weitere 2,5 km folgen. Vom Straßenendpunkt fährt das Ausflugsschiff *Ptarmigan* mehrmals täglich über den See an den Gletscher heran. Wer eine Stunde Zeit hat, sollte vom Parkplatz nach etwa 2 km den *Trail* hinauf zu den Ausläufern des *Byron Glacier* machen. Ein herrlicher Blick lohnt den Aufstieg.

Zwei schöne **Forest Service Campgrounds** liegen an der Straße noch westlich der Abzweigung zum Besucherzentrum.

Hope

Südwestlich von Portage beginnt die *Kenai* Halbinsel. Nach 37 km geht es hinter der Brücke über den *Canyon Creek* auf dem **Hope Highway** zur gleichnamigen Siedlung an der Mündung des *Resurrection Creek* in den *Turnagain Arm*. Hope wurde 1896 von Prospektoren gegründet, die den Bach nach Gold durchwühlten. Geblieben ist aus jener Zeit der **Resurrection Pass Trail** (61 km), heute der populärste Mehrtagestrail Alaskas, der einst der Versorgung der Goldgräbercamps diente. Er endet am *Sterling Highway* in der Nähe des *Russian River*. Am Wege gibt es mehrere Hütten, die man für $20 pro Nacht mieten kann. Eine möglichst frühzeitige Reservierung der *Chugach National Forest Cabins* ist erforderlich beim **Alaska Public Lands Information Center** in Anchorage (↳ Seite 530).

Gold Panning

Goldwaschen am *Resurrection Trail* gilt als vergleichsweise aussichtsreich. Dort wie anderswo müssen jedoch ggf. private *Claim*-Rechte beachtet werden – **No Panning, Private Claim**!

Über Goldschürfmöglichkeiten und -regeln auf Ländereien, die vom *Forest Service* verwaltet werden, informieren auch die anderen *Alaska Public Lands Information Center* und die *Kenai National Wildlife Refuge*.

Sterling Highway

60 km nördlich von Seward beginnt der *Sterling Highway*, der zum 222 km entfernten Homer an der Westseite der Kenai Peninsula führt. Die beiden Haupt- und wenige Nebenstraßen erschließen nur Randgebiete und schmale Streifen im Inneren der Halbinsel. Der größte Teil ihrer Fläche steht als weitgehend unzugängliche **Kenai National Wildlife Refuge** und **Kenai Fjords National Park** unter Naturschutz. Eisfelder, darunter das 800 km² große **Harding Icefield**, bedecken riesige Gebiete im Osten und Süden.

Auf dem ersten Abschnitt durch das "Herz" Kenais passiert der *Sterling Highway* zahlreiche Seen und Flüsse. Vor allem abseits der Hauptstraße (*Gravel Roads*) liegen schöne Campingplätze, z.B. nach etwa 25 km, dann 3 km Stichstraße, der *Russian River Campground* mit Stellplätzen direkt am Fluß. 8 km weiter westlich steht ein **Visitor Information Center** des *Chugach National Forest* und der *Kenai National Wildlife Refuge*. Dort erhält man Faltblätter zu *Trails* und *Campgrounds* der Umgebung.

Skilak Lake

An gleicher Stelle zweigt die *Skilak Lake Loop Rd* vom *Sterling Highway* ab, eine 31 km lange parallele *Gravel Road*, die sich bei ausreichend Zeit als Alternative zur Hauptstraße anbietet. Mehrere **Campingplätze** vor der Kulisse der **Kenai Mountains** liegen direkt am *Skilak Lake*.

Kenai

Einige Kilometer nördlich von Soldotna beginnt die **Kenai Spur Rd** (64 km). Sie führt zunächst nach Kenai, der bereits 1791 als St. Nicholas von den Russen gegründeten und heute mit 6.600 Einwohnern größte Stadt der Halbinsel. Die russisch-orthodoxe Kirche erinnert mit ihren 3 Zwiebeltürmen an die Ursprünge Kenais. Zum 200. Geburtstag wurde ein attraktives *Visitor Center* eröffnet, das Ausstellungen, Filme und historische Fotos zeigt. Von dort ist es nur ein kurzer Weg entlang der Main Street zum **Beluga Whale Watchout**. Die weißen Belugawale halten sich häufig im Mündungsbereich des Kenai River auf.

Ganz am Ende des *Kenai Spur Highway* liegt die **Captain Cook State Recreation Area** mit herrlichem *Campground* und einem Picknickplatz auf Felsen hoch über dem *Cook Inlet*. Jenseits des Meeresarms sieht man den zuletzt 1993 ausgebrochenen Vulkan *Mount Spurr* (3.374 m).

Soldotna

In Soldotna überquert der *Sterling Highway* zum zweiten Mal den Kenai River, der wegen seines Bestandes an Forellen und riesigen **Lachsen** unter Sportfischern einen legendären Ruf besitzt. Am Südende der Brücke befindet sich das **Visitor Center** der Stadt, nicht weit davon (über *Funny River* und *Ski Hill Road*) ein weiteres Besucherzentrum der *Kenai National Wildlife Refuge*.

Anglerglück in Alaska: Solche Beute ist nicht selten

560 Alaska

Ninilchik

Auf seiner zweiten Hälfte folgt der *Sterling Hwy* der Uferlinie des *Cook Inlet*. Vieles an dieser Küste erinnert an die russische Besiedelung Alaskas, z.B. das malerische Old Ninilchik mit einer orthodoxen Kirche auf einem Hügel. Vom **Ninilchik View State Campground** überblickt man Dorf und Meer.

Auf der anderen Seite des *Cook Inlet*, im *Lake Clark National Park & Preserve*, steht der immer schneebedeckte **Redoubt Volcano** (3.108 m). Ein Aussichtspunkt bei Kilometer 178 wurde zum wahren "Publikumsmagneten", als der Vulkan zur Jahreswende 1989/90 mehrfach ausbrach.

Anchor Point

Wer in Anchor Point der 2 km langen **Anchor River Road** bis zum Ende folgt, darf von sich behaupten, am westlichsten, auf durchgehender Straße erreichbaren Punkt Nordamerikas gewesen zu sein, nur 3° östlicher als Hawaii. Die genaue geographische Länge ist: 151° 50'.

Nach Homer

Ab Anchor Point wendet sich die Straße allmählich ostwärts und folgt der *Kachemak Bay*, einem Seitenarm des *Cook Inlet*. Kurz vor Homer kann man über **West Hill Road** und **Skyline Drive** einen Abstecher in die Höhenzüge oberhalb der Stadt machen (bis *Ohlson Peak*; Rückweg über *East Hill Rd*) und das Panorama der Umgebung genießen.

Homer Spit

Der **Sterling Highway** endet in Homer (4.100 Einwohner) auf dem sogenannten **Spit**, einer 8 km langen, schmalen Sandzunge, die tief in die Bucht hineinreicht. An deren Ende liegt ein ganzjährig eisfreier Hafen, von dem aus die *Alaska State Ferry* u.a. Seward, Valdez und Kodiak ansteuert. Am *Spit* herrscht in den Sommerwochen viel Betrieb. Camping ist nur an markierten Stellen erlaubt; Informationen dazu gibt es beim **Camper Registration Office** direkt am Spit.

Homer nennt sich **Halibut Fishing Capital of the World**, wo selbst Sportfischer Heilbutte von 140 kg und mehr Gewicht aus dem Meer ziehen. Die frische Beute können sie zur Transporterleichterung in den Fischfabriken am *Spit* gegen geräucherte oder eingefrorene Ware tauschen.

Kachemak Bay

Auf der anderen Seite der Bucht, 5 km Luftlinie vom *Homer Spit* entfernt, liegt der *Kachemak Bay State Park* inmitten einer urtümlichen Fjordlandschaft. Er ist nur per Boot oder Wasserflugzeug zu erreichen. Detaillierte Informationen über Transportmöglichkeiten (nach Halibut Cove), Camping und Wanderwege im Park erhält man im *Alaska State Parks South District Office* knapp 7 km vor Homer.

Homer

Homer als Ort hat nur wenig zu bieten. Das **Pratt Museum** (Bartlett Street, geöffnet Mai–September täglich 10–18 Uhr) erläutert Besiedlungsgeschichte und Meeresfauna der Region. Allgemeine Informationen gibt`s beim **Homer Visitor Information Center**, Homer Bypass/Main St, Homer AK 99603, ✆ (907) 235-5300.

Kodiak

Von Homer (12 Stunden) oder Seward (13 Stunden) nach Kodiak Island verkehren Fähren des *Alaska Marine Highway*. Bereits 1792 wurde auf der größten Insel Alaskas (9.200 km^2) die Siedlung Kodiak gegründet. Die **Zwiebeltürme der orthodoxen Kirchen** belegen den russischen Ursprung des heute 7.400 Einwohner zählenden Ortes. Das **Baranov Museum** (101 Marine Way, im ältesten Haus der Insel) wurde von *Alexander Baranov* zu Anfang des 19. Jahrhunderts als Warenhaus der Russisch-Amerikanischen Pelzhandelsgesellschaft erbaut, Mai–August, 10–16 Uhr; Eintritt $2.

Kodiaks touristische Attraktionen sind seine unberührte Natur und der Fischfang. Nur wenige Straßen – insgesamt rund 150 km, überwiegend Schotter – erschließen die Insel. Eine Fahrt auf den 390 m hohen **Pillar Mountain** erlaubt herrliche Fernblicke. Auch ein Picknick am Strand oder am malerischen *Miller Point* nördlich von Kodiak Stadt hat seinen Reiz. Das im 2. Weltkrieg errichtete **Fort Abercrombie**, heute ein *State Park*, erinnert an die einstige strategische Bedeutung von Kodiak Island.

Kodiakbären

Weltweit bekannt ist Kodiak wegen der riesigen **Braunbären**, den **Kodiak Bears**. In der **Kodiak National Wildlife Refuge**, die zwei Drittel der Inselfläche ausmacht, leben rund 3000 Exemplare dieser Bärenart. Sie sind am besten im Juli/August beim Lachsfang zu beobachten. Allerdings ist die Wildnis dieses Gebietes nur per Boot oder Flugzeug zugänglich. Auskünfte beim *Kodiak National Wildlife Refuge Visitor Center* (1390 Buskin River Rd, Kodiak, AK 99615, ✆ (907) 487-2600) oder dem *Kodiak Island Convention & Visitors Bureau*, 100 Marine Way, Kodiak, AK 99615, ✆ (907) 486-4782.

Kodiak Bär

Alaska

Beurteilung der Fahrt

Lohnt es sich, den *Sterling Highway* bis nach Homer hinunterzufahren (und dann auch wieder zurück) und/oder sogar Kodiak Island zu besuchen?

– nach Homer

Generell gilt: Sehenswürdigkeiten, die den langen Weg nach Homer absolut unverzichtbar machten, gibt es kaum. Aber das ist eine Frage der individuellen Bewertung. Letztlich kommt es auf die zur Verfügung stehende Zeit und die Wetterbedingungen an. Bei insgesamt knapper Reisezeit muß man Kenai und Homer nicht unbedingt gesehen haben.

– nach Kodiak

Auch ein Abstecher nach Kodiak Island will gut überlegt sein. Er kostet Zeit und Geld, nicht nur für die Überfahrt, sondern zusätzlich für den Transport zu den besonders reizvollen, aber abgelegenen Plätzen. Die Witterung zeigt sich auf den Inseln noch unbeständiger als auf Kenai.

Seward Highway

Dagegen sollte man eine Fahrt bis Seward, wenn irgend möglich, immer in Erwägung ziehen. Der Straßenverlauf **durch die Kenai Mountains** ist wunderschön. Bäche und Seen laden ein zu Zwischenstopps, herrlich gelegene *Forest Campgrounds* zum Bleiben. Die kleine, zwischen hohen Bergen gelegene Stadt an der *Resurrection Bay* ist Ausgangspunkt für Kreuzfahrten durch den *Blying Sound* und zu den Eisbergen des *Kenai Fjord National Park*.

Lachse

Fünf Kilometer nördlich von Moose Pass, der einzigen Siedlung auf der Strecke, befindet sich ein Laichplatz von Lachsen. Dort lassen sich die Fische – speziell im August – besonders gut beobachten. Vom **Observation Deck** bei der *Trail Lakes Hatchery* blickt man von oben ins glasklare Wasser. Eine Informationstafel des *Forest Service* erläutert den Lebenszyklus der Lachse.

Exit Glacier

Etwa 6 km vor Seward zweigt die *Exit Glacier Road* von der Hauptstraße ab. Ein kurzer *Trail* führt vom Parkplatz am Ende der Straße (15 km) bis an den Fuß des zum **Harding Icefield** gehörenden *Exit Glacier*. Nirgendwo sonst im *Kenai Fjords National Park* kommt man so leicht an einen Gletscher heran. Auf anstrengendem, steilem Pfad (5 km) kann man auch bis zum Eisfeld hinaufkraxeln. Oben erwartet den Wanderer ein prächtiges Panorama.

Bootsausflüge

Weitere Ausflüge in den **Kenai Fjords National Park** sind nur per Boot möglich. Tagesfahrten zu Gletschern und Eisbergen werden von mehreren Veranstaltern in Seward angeboten. Sie starten im *Small Boat Harbor* und kosten ab $100 pro Person für Ganztagestouren, z.B. *Kenai Fjords Tours*, ✆ (907) 224-8068 oder ✆ (800) 478-8068 und gehören zum besten, was Alaska zu bieten hat: Gletscher, Seelöwen, Wale, Ottern und eine einmalige Vogelwelt. Trotz der hohen Kosten bei gutem Wetter unbedingt zu empfehlen.

Kenai Halbinsel 563

Sewards Geschichte

Schon 1791 diente die *Resurrection Bay* dem Russen *Alexander Baranov* als Schutzhafen vor einem Sturm. Da er dort am Auferstehungssonntag ankerte, nannte er die Bucht nach diesem Tag. 1903 wurde sie von einem Pioniertrupp, der einen geeigneten eisfreien Hafen und Ausgangspunkt für eine Eisenbahnlinie – die spätere *Alaska Railroad* – vom Meer nach Fairbanks suchte, "wiederentdeckt". Der Ortsname bezieht sich auf den amerikanischen Außenminister *Seward*, der 1867 den Kauf Alaskas veranlaßte.

Camping

Seward ist im Sommer populäres Ziel zahlreicher Wochenendtouristen, die in Zelten und Wohnmobilen rund um die Bay campen (überwiegend Ballaine Blvd, der **Uferstraße** nördlich der Fähre). Sanitäre Anlagen einschließlich *Dump Station* sind vorhanden, die Gebühren werden per Selbstregistrierung erhoben ($8).

Wer es ruhiger mag, fährt bis ans Ende der holprigen **Lowell Point Rd** (10 km südlich vom Fähranleger). Bei **Miller's Landing** oder direkt am Wasser ein paar hundert Meter weiter campt es sich schöner als in Seward. **Bei Ebbe** kann man von einem Parkplatz an der *Lowell Point Rd* (3 km südlich Seward) über einen Uferpfad die *Caines Head State Recreation Area* erreichen (ca. 7 km, dort alte Bunker aus dem Weltkrieg). Bei Flut geht es nur per Boot zurück.

Trails

Schöne Trails beginnen auch im Ort, z.B. hinauf zum **Mount Marathon** (921 m) ab Lowell St (3–4 Stunden). Das *Mount Marathon Race* am 4. Juli jeden Jahres gilt als absoluter Härtetest. Die Sieger bewältigen den Weg zum Gipfel und zurück ins Tal in knapp über 40 Minuten. Der nur 1,5 km lange **Two Lakes Loop Trail** mit Aussicht über Hafen, Bucht und Berge hat seinen Startpunkt an der 2nd Ave, Ecke C St, dann 1st Ave. Kostenlose Wanderkarten erhält man beim **Visitor Center** in der 3rd Ave/Jefferson Street, das in einem alten Eisenbahnwaggon untergebracht ist. Informationen zu den *Trails* im *National Forest* erhält man im Büro in der 4th Ave #334, zum *Kenai Fjords NP* im Büro in der 4th Ave #1212.

Information

Am Hafen von Seward. Im Hintergrund die Fähre nach Valdéz

7.3.6 Von Seward nach Valdez/Cordova per Schiff

Route

Die Schiffspassage von Seward nach Valdez durch den *Prince William Sound* ist ein Erlebnis (zu den technischen Details ➪ Seite 534). Die Fahrt geht vorbei an kalbenden Gletschern und riesigen Eisbergen. Der an seiner Basis beinahe 10 km breite *Columbia Glacier* (45 km westlich von Valdez) gilt dabei als Hauptattraktion. Allerdings halten die Fähren bei der Vorbeifahrt respektvolle Distanz. Ausflugsschiffe fahren nah an den Gletscher heran; zu buchen in Valdez ab $60 für den 4-Stunden-Trip.

Valdez' Geschichte

Valdez (4.100 Einwohner), entstanden 1898 als ein (unbedeutender) Ausgangspunkt der Klondike-Prospektoren auf ihrem Marsch nach Dawson City, wurde als Terminal der **Alaska Pipeline** bekannt. Weltweit traurige Berühmtheit erlangte Valdez 1989 wegen der folgenschwersten **Tankerhavarie** der US-Geschichte. Dies war die zweite Katastrophe innerhalb vergleichsweise weniger Jahre: 1964 zerstörte eine durch das damalige starke Erdbeben ausgelöste Flutwelle Valdez derart, daß der Ort neu aufgebaut werden mußte.

Alaska Pipeline

Nach dem Bau der 1.285 km langen *Pipeline* zum eisfreien Hafen Valdez verließ am 1. August 1977 der erste Tanker mit Erdöl aus der *Prudhoe Bay* den Hafen Valdez. In den Folgejahren flossen nicht nur ungeheure Mengen Öl – heute ca. 1,2 Millionen Barrel, i.e. fast 200 Millionen Liter pro Tag – durch die Rohre, sondern auch viel Geld in öffentliche und private Kassen Alaskas. Nicht nur Valdez, sondern der gesamte Staat erlebte einen kräftigen wirtschaftlichen Aufschwung.

Ölkatastrophe

Mitte März 1989 ereignete sich der **Exxon Valdez Oil Spill**. Die Küstenwache hatte dem Supertanker *Exxon Valdez* erlaubt, die sonst übliche Tankerroute in den Süden, die seit

Flardino Icefield vor der Küste Alaskas

Ölpest	dem Abschmelzen der großen Gletscher von immer zahlreicheren Eisbergen gekreuzt wird, zu verlassen, obwohl der Lotse schon von Bord gegangen war. Der Riesentanker lief südöstlich von Valdez auf das *Bligh Reef*. **41.000 Tonnen Öl ergossen sich in den *Prince William Sound*,** 1.500 Kilometer Küstenlinie wurden verseucht, unzählige Tiere verendeten.
Folgen	Nach dem ersten Schock begann jedoch für fast alle Beteiligten das **große Geschäft**. Die \$2 Milliarden, die der Öl-Multi Exxon für Säuberungs- und Tier-Rettungsaktionen ausgab, werden von vielen als durchaus werbewirksam und imagefördernd angesehen. Die jahrelangen Arbeiten brachten zusätzliche Beschäftigung. Etliche Einwohner (nicht nur) von Valdez gaben dafür ihre Arbeitsplätze auf. Die Stadt konnte das Heer der Katastrophenhelfer – zu Spitzenzeiten waren es mehr als 10.000 – kaum beherbergen. Die Fischer lamentierten zwar, wurden aber großzügig entschädigt. Die Tourismusbranche boomte unter dem Motto ***See the Spill*!**
	Die großangelegte Reinigung und die Natur haben in der Zwischenzeit zumindest oberflächlich die Spuren der Katastrophe beseitigt. Vom ***Oil Spill*** ist kaum mehr etwas geblieben. Nur einige grauschwarze Eisberge erinnern noch daran. Die ökologischen Langzeitwirkungen jedoch sind unabsehbar.
Museum	Mehr über die Ölkatastrophe, den Bau der *Alaska Pipeline* und das Karfreitagserdbeben erfährt man im kleinen *Valdez Museum* (217 Egan Dr, geöffnet 8–19 Uhr von Ende Mai bis Anfang September). Etwa 11 km östlich des Ortes zweigt vom *Richardson Highway* die *Old Dayville Rd* zu den **Pipeline Terminals** ab (9 km). Schautafeln vor der Einfahrt zum *Alyeska Marine Terminal* informieren über Einzelheiten des Pipelinebaus und -betriebs.
Quartiere	Wer nicht campt, muß in Valdez fürs Hotel-/Motelzimmer besonders tief in die Tasche greifen. Unter \$80–\$100 pro Nacht läuft dort im Sommer fast nichts. Etwas günstiger sind die *Bed & Breakfast* Angebote.
Camping	Aber es gibt eine ganze Reihe von Campingplätzen, allein am *Small Boat Harbor* gleich drei **RV-Parks**. Der öffentliche ***Valdez Glacier Campground*** befindet sich am Ende der *Airport Rd*, ca. 10 km vom Ort entfernt (zunächst 6 km auf dem *Richardson Highway*). Folgt man dieser Straße über den Campingplatz hinaus, gelangt man nach einigen Kilometern ans Straßenende vor dem **Valdez Glacier**.
Mineral Creek Road	Ein anderer schöner Ausflug (mit Wanderung) führt auf der *Mineral Creek Rd* (Anfahrt über die Hazelet Ave und Hanagita Street mit Aussicht über Valdez) an Wasserfällen vorbei zum *Mineral Creek Canyon* (9 km). Vom Straßenendpunkt läuft ein **Trail** zur alten **Hercules Mine** (ca. 30 Minuten; Achtung, gelegentlich **Bären!**).

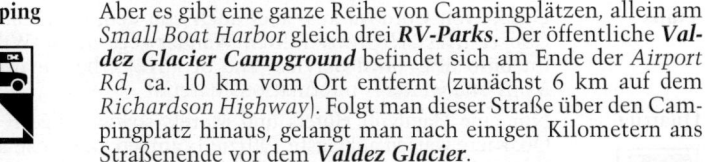

Information	Das *Valdez Convention and Visitors Bureau*, 200 Chenenga St, P.O. Box 1603, Valdez AK 99686, ✆ (907) 835-2984 oder 1-800-770-5954; versendet auf Anforderung die für Reservierungen von Hotels, RV-Plätzen und Ausflügen mit Booten/Flugzeugen hilfreiche Broschüre **Valdez Facilities and Services**. **Internet-Info**: http://www.alaskagold.com
Cordova	Eine Straßenverbindung nach Cordova existiert nicht. Außer der Fähre aus Valdez versorgt ein Flugservice, u.a. *Alaska Airlines*, die Hafenstadt am **Orca Inlet**. Ein Ausflug nach Cordova ist gratis für Benutzer der Fähre von Seward bzw. Whittier nach Valdez, sofern sie ihr Ticket auf Cordova ausstellen lassen; ⇨ Seite 535.
Geschichte	Cordova entstand wie Valdez zur **Goldrauschzeit** und verkam dank seiner reichen Fischgründe auch nach dem Abklingen des Booms nicht zur *Ghost Town*. Bereits Anfang des 20. Jahrhunderts fand man Kupfer und Kohle in den *Wrangell Mountains* (Kennicott, McCarthy) und konstruierte eine **Erzbahn,** die bis 1938 – dem Ende des Kupferabbaus – in Betrieb blieb. Als die Mine schloß, nahm auch die Bevölkerung Cordovas stark ab. Der Ort lebte wieder von Fischfang und -verarbeitung, in den letzten Jahren aber mehr und mehr auch vom Tourismus. Trotz seiner isolierten Lage zählt Cordova heute wieder rund 2.600 Einwohner.
Copper River Highway	Die Touristen zieht in erster Linie der landschaftlich einmalige *Copper River Highway* an, eine Straße, die Cordova über Chitina mit den *Edgerton/Richardson Highways*, d.h. mit dem Alaska-Straßennetz, verbinden sollte, aber nie vollendet wurde. Sie läuft auf der alten Trasse der früheren Erzbahn von Cordova über die Inseln im **Copper River Delta** bis zur **Million Dollar Bridge**. Diese Brücke über den *Copper River* kurz vorm Gletschersee *Miles Lake* (77 km) brach beim Erdbeben 1964 zusammen und wurde nur notdürftig wieder repariert, der Weiterbau des *Highway* ganz aufgegeben. Wenige Kilometer nordöstlich der Brücke endet die Straße im Nichts.
Trails	Direkt von Cordova aus, aber auch von den *Trailheads* am *Copper River Highway* führen Wanderwege in die Wildnis. Im Büro des *Forest Service* (2nd St #612) erhält man *Trail Maps* und weiteres Informationsmaterial.
Quartier	Nur eine Handvoll Hotels und Motels sowie einige *B & B*-Quartiere warten auf Gäste. Offiziell campen kann man an der Whitshed Road am Ufer des **Odiak Slough**. Am *Copper River Highway* finden sich leicht inoffizielle Plätzchen.
	Allgemeine Cordova Informationen sind verfügbar bei der **Chamber of Commerce**,1st St, P.O.Box 99, Cordova, AK 99574; ✆ (907) 424-7260.

7.3.7 Von Valdez nach Tok

Der *Richardson Highway* verbindet Valdez mit dem Alaska-Kernland. Parallel zur Straße läuft die *Alaska Pipeline* und kreuzt sie mehrfach.

Richardson Highway

Hinter Old Valdez geht es hinauf in die *Chugach Mountains*. Nach rund 46 km erreicht man den **Thompson Pass** (845 m). Entlang der ganzen Strecke bieten sich immer wieder schöne Ausblicke über Valdez und die Küste. Ein Höhepunkt dieses Abschnitts ist der **Keystone Canyon** des Lowe River mit seinen Wasserfällen (33 km). Kurz vor der Passhöhe passiert man die Zufahrt zum windigen **Blueberry Lake Campground** über der Baumgrenze. Wenn nicht gerade Nebel und Wolken über der Landschaft liegen, campt man dort vor einem atemberaubenden Panorama. Die feuchten pazifischen Westwinde sorgen jedoch gerade in diesem Bereich für erhebliche Niederschläge. In einigen Wintern werden über 20 m Schneefall gemessen!

Der **Worthington Glacier**, nur wenige Kilometer östlich des Passes, ist über eine kurze Stichstraße leicht zugänglich.

Edgerton Highway und McCarthy Road

Etwa 95 km hinter hinter Valdez zweigt der (asphaltierte) *Edgerton Highway* ab. Er endet nach 56 km hinter dem Nest Chitina (50 Einwohner) nach der Überquerung des Copper River. Der Ort besitzt eine Tankstelle, einen Laden und ein Motel. Als Fortsetzung des *Highway* führt die schmale *McCarthy Road*, eine mäßig instandgehaltene Schotterstraße, auf der alten Bahntrasse der *Copper River & North Western Railway* (CR&NW: *Can't run and never will*) in den **Wrangell St. Elias National Park** hinein. Vor der Fahrt sollte man in der *Ranger Station* des *National Park* in Chitina den aktuellen Straßenzustand erkunden.

McCarthy

Die Straße endet am Kennicott River; Parkplatz am Fluß $5; Camping $10. Campground ca. 1 mi weiter $6 (einfache Dusche). Auf einer neuen Brücke geht es – nur zu Fuß – über den Fluß. Am anderen Ufer liegt **McCarthy** (800 m Fußweg, Hotels, Restaurants).

Unterwegs im Wohnmobil, hier nördlich von Gakona Junction. Im Hintergrund der Gakona Glacier.

Kennicott	Die Minenstadt **Kennicott** in 7 km Entfernung mit der einst reichsten Kupfermine der Welt ist heute eine sehenswerte *Ghost Town und National Historic Site.* Dorthin fährt ein *Shuttle Bus* ($8 retour). Der Abstecher nach Kennicott lohnt sich insbesondere bei gutem Wetter. Wegen der zeitraubenden An- und Abfahrt (ca. 4 Stunden ab *Richardson Highway* bis McCarthy) benötigt man einschließlich der Busfahrt nach Kennicott und einer Wanderung durch die alten Anlagen und zu nahen Gletschern leicht zwei volle Tage.
Copper Center	Zurück auf dem *Richardson Highway* führt bei Copper Center der neue **Copper Center Bypass** um die historische Siedlung herum. Die schönere Variante bleibt die Fahrt durch den Ort, wo es in der historischen **Copper Center Lodge**, © (907) 822-3245, traditionelle Sauerteig-Pfannkuchen und -Brötchen gibt (dem Schild "**Roadhouse**" folgen). Nur auf der alten Straße nördlich von Copper Center passiert man das **Visitor Center** des **Wrangell St. Elias National Park**, der zusammen mit dem **Kluane National Park** im Yukon Territory eines der weltweit größten Gebiete unberührter Bergwildnis umschließt. Allerdings steht der Park dem allgemeinen Tourismus nicht offen. Es gibt keine Service-Einrichtungen. Lediglich die beschriebene *McCarthy Road* und die *Nabesna Road* ab Slana (siehe unten) führen in Randgebiete des Nationalparks.
Glenn Highway	Rund 190 km nördlich von Valdez trifft der *Richardson Highway* bei Glennallen auf den *Glenn Highway* von Anchorage nach Tok. Bis **Gakona Junction** verlaufen sie für einige Kilometer gemeinsam. Von dort geht es auf dem **Tok Cutoff** genannten Teilstück des *Glenn Highway* zurück zum *Alaska Highway*. Die Straße bietet keine überragenden landschaftlichen Höhepunkte, aber einen besonders einsamen Verlauf. Die Chancen, Wild (Rotwild, Elche und eventuell *Caribous*) zu Gesicht zu bekommen, sind auf dieser Strecke besonders groß. Eindrucksvoll ist im Osten das Panorama der **Wrangell Mountains**, das den *Tok Cutoff* begleitet.
Nabesna Road	Die *Nabesna Road* führt zur ehemaligen, heute weitgehend verlassenen Minenstadt **Nabesna**. Unweit der Hauptstraße befindet sich eine **Ranger Station** des *National Park Service*, wo Auskünfte zum Straßenzustand eingeholt werden können. Am Wege bestehen zahlreiche Campingmöglichkeiten.

Die Rundreise durch das zentrale Alaska endet in Tok.

7.4 Alaska Panhandle und Inside Passage

Kennzeichnung

Als **Panhandle** (Pfannenstiel) wird der bis Prince Rupert in British Columbia reichende Küstenstreifen Alaskas bezeichnet, der durch das unzugängliche *Wrangell/St.Elias*-Gebirgsmassiv vom Kernland getrennt ist. Dieses Gebiet besteht zum großen Teil aus Inseln und vor dem Pazific geschützten Wasserstraßen. In den letzten Jahren hat sich der Begriff **Inside Passage** zur Kennzeichnung nicht nur des Schiffahrtsweges, sondern auch für das gesamte Land- und Seegebiet des *Panhandle* eingebürgert.

Touristisch gesehen ist die *Inside Passage* – vielleicht zu ihrem Glück – eher "**unterentwickelt**". Nicht nur die isolierte Lage, sondern wohl auch die Unbilden des wechselhaften Wetters sind dafür verantwortlich. Tatsächlich verfügt der *Panhandle* über die attraktivste Küste Alaskas.

Zum Reisen im Panhandle

Leider sind Reisen ins Gebiet der *Inside Passage* mit hohen Ausgaben verbunden, sieht man ab von Haines und Skagway, die sich per Straße vom Yukon Territory aus erreichen lassen und bereits ausführlich behandelt wurden, ⇨ Seiten 493 bzw. 503. Mit der Anreise ist es im übrigen nicht getan. Erst (meist teure) Abstecher und Ausflüge – und damit verbunden auch Aufenthaltskosten – machen die *Inside Passage* lohnenswert.

Information

Auskünfte über die aktuellen Möglichkeiten und Daten:

Southeast Alaska Tourism Council
P.O. Box 20710
Juneau, Alaska 99802

✆ (907) 586-4777; **Internet-Info**: http://www.wwa.com/~satc

Einzelheiten zu den Fähren in und durch die *Inside Passage* finden sich im Kapitel "Fähren in den Norden", Seite 575.

Zu den Zielen im einzelnen:

Ketchikan

Ketchikan, die südlichste und mit 8.300 Einwohnern fünftgrößte Stadt Alaskas, erstreckt sich über mehrere Kilometer auf einem schmalen Uferstreifen zwischen Bergen und Meer (*Tongass Narrows*) in der regenreichsten Region der *Inside Passage*. Dort ist die jährliche Niederschlagsmenge sechsmal so hoch wie in Deutschland.

Der Anleger in Ketchikan besitzt für das Alaska-Fährsystem die Funktion eines Knotenpunktes. Fähren mehrerer Routen legen dort an. Insgesamt 80 km Straße führen in den Süden und Norden und zum Lake Harriet im Inneren der **Revillagigedo Island**. Die Übernachtungskosten in Ketchikan beginnen bei etwa $60 für *Bed & Breakfast*-Quartiere. Es gibt sogar ein *International* Hostel, Grant/Ecke Main St in Downtown, ✆ (907) 225-3319, geöffnet Anfang Juni bis Ende August.

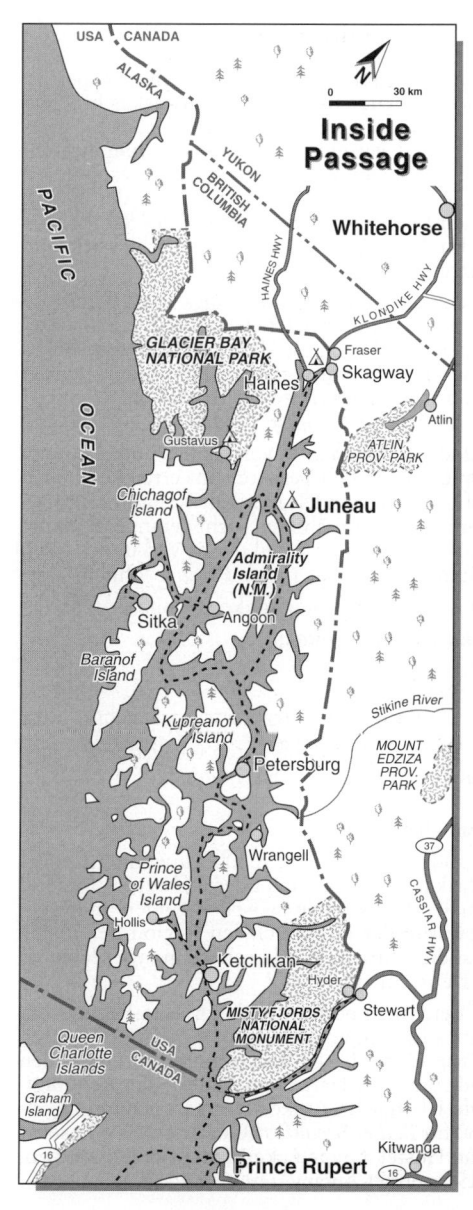

Touristisches Zentrum ist die historische **Creek Street** an der **Waterfront** in *Downtown*. Bis in die 50er Jahre war dies ein bekannter Rotlicht-Bezirk. Die meisten der auf Pfeilern gebauten Häuser an und über dem **Ketchikan Creek** wurden restauriert und beherbergen heute *Shops*, Restaurants und Kneipen.

Totempfähle der *Tlingit*-Indianer gehören in Ketchikan zum Stadtbild. Im **Totem Heritage Cultural Center** in der Deermount Street, im **Saxman Totem Park** am *South Tongass Highway* ca. 4 km südlich und im **Totem Bight State Historical Park** am *North Tongass Highway*, ca. 16 km nördlich der Stadt sind Totempfähle zu bewundern.

Informationen beim **Visitors Bureau**, 131 Front St, Ketchikan AK 99901, ✆ (907) 225-6166 oder (800) 770-2200.

Wrangell

In Wrangell, einst Etappe für Goldsucher am Stikine River, scheint die Zeit stehengeblieben zu sein. Die 2.400 Einwohner leben von Fischfang und der Holzindustrie.

Die *Totem Poles* auf **Chief Shakes Island** im Hafen bilden die Hauptattraktion des Ortes. Idealer Spot zur Bärenbeobachtung ist der Anan Creek, 56 km südöstlich von Wrangell. Dort gehen die gefräßigen Vierbeiner im Juli und August auf Lachsfang, Zugang per Charterboot bzw. Buschflugzeug. Info: ✆ (907) 772-4636.

Petersburg	Petersburg auf *Mitkof Island* wurde nach dem Norweger Peter Buschmann benannt, der dort Ende des 19. Jahrhunderts eine Sägemühle baute und einen Betrieb für die Lachsverarbeitung gründete. Die Fischindustrie blieb neben der Holzfällerei bis heute wichtigste Wirtschaftsbasis. Den nur 3.400 Einwohnern steht ein "Straßennetz" von immerhin 100 km zur Verfügung.
Tagesaufenthalt	Der Fähranleger befindet sich einen knappen Kilometer südlich der Stadt, aber Petersburg selbst bietet – obwohl hübsch anzusehen und prächtig gelegen – touristisch denkbar wenig. Ein wichtiger Anziehungspunkt ist indessen der mächtige **LeConte Glacier** in etwa 40 km Entfernung. Touren per Boot und Flugzeug sind möglich.
	Informationen bei der **Petersburg Chamber of Commerce**, PO Box 649, Petersburg, AK 99833, ℂ (907) 772-3646. Hier befindet sich auch das *US Forest Service Information Center*.
Sitka	Die 8.600 Einwohner von Sitka, der viertgrößten Stadt Alaskas, leben auf geschichtsträchtigem Boden. Der Russe *Alexander Baranof* gründete hier auf einem alten Siedlungsplatz der *Tlingit*-Indianer 1799 ein Fort, das sich rasch zum größten Ort der Westküste entwickelte und neun Jahre später die Hauptstadt von Russisch-Alaska wurde. Am **Baranof Castle Hill Historic Site** fand 1867 die offizielle Übergabe Alaskas aus russischem in amerikanischen Besitz statt.
Sitka National Park	Einige Gebäude aus russischer Zeit gehören heute zum *Sitka National Historic* Park, darunter das **Russian Bishop's House** aus dem Jahr 1842 (Lincoln St in der Stadt) und das alte Fort (Ende Lincoln St einige hundert Meter weiter nördlich), 1804 Schauplatz der **Battle of Sitka**. Der Kampf zwischen Indianern und russischen Pelzhändlern wird in einer Dia-Show im **Visitor & Cultural Center** dokumentiert.
Totempoles	Eine Reihe schöner Totempfähle steht vor dem Gebäude und entlang eines *Nature Trail*. Eine Rekonstruktion ist die russisch-orthodoxe *St. Michael's Cathedral* (ebenfalls Lincoln St); das Original aus dem Jahre 1848 brannte 1966 ab.
Baranof Island.	Im Gegensatz zu den anderen wichtigen Orten des *Panhandle* liegt Sitka nicht im Schutz der *Inside Passage*, sondern an der Westseite von *Baranof Island*. Bei einer Ausdehnung von über 10.000 km² gibt es außerhalb der Stadt nur ganze 40 km Straße, sieht man ab von nicht-öffentlichen Forststraßen.
Quartiere	Vor allem an *Bed & Breakfast*-Quartieren (ab $60/2 Personen) herrscht in Sitka kein Mangel. Hotels sind entsprechend teurer; ein *International Hostel* ist vorhanden, 303 Kinsham St, ℂ (907) 747-8661, Juni–August.
Info Sitka	Infos gibt es beim **Sitka Convention & Visitors Bureau**, Centennial Building Harbor Dr, Sitka AK 99835,ℂ (907) 747-5940.

Alaska

Juneau Geschichte

Juneau, die seltsam abseits gelegene **Hauptstadt Alaskas** am geschützten *Gastineau Channel*, besitzt rund 30.000 Einwohner und ist damit nach Anchorage und Fairbanks **drittgrößte Stadt** des Staates. Ihre Geschichte begann 1880, als *Joe Juneau* und *Dick Harris* an einem später *Gold Creek* genannten Bach fündig wurden. Mehrere **Goldminen** entstanden, darunter die enorm reiche *Treadmill Mine* auf Douglas Island, die aber 1917 voll Wasser lief. Erst in den 40er Jahren gab als letzte Mine die **Alaska Juneau Mine** nach 50 Jahren Produktion ihren Betrieb auf. Insgesamt soll die Region rund 7 Mio. Unzen (über 200 t) reines Gold hervorgebracht haben.

Hauptstadt

Dank des Goldrausches und der damit verbundenen Einwohnerentwicklung wurde Juneau rasch die bedeutendste Stadt Alaskas und bereits 1906 Hauptstadt. Nach mehreren "Anläufen", die Hauptstadtfunktion auf einen Ort im Alaska-Kernland zu übertragen, votierten 1976 die Einwohner Alaskas endlich für den Umzug der Regierung nach Willow (100 km nördlich von Anchorage), stimmten aber 1982 gegen die damit verbundenen Ausgaben in Milliardenhöhe. Seither ruht die Angelegenheit zur Erleichterung der Bevölkerung von Juneau, deren Arbeitsplätze überwiegend von der öffentlichen Verwaltung gestellt werden bzw. von ihr abhängen.

Fähren

Juneau läßt sich am besten mit den Fähren des *Alaska Marine Highway* ab Haines/Skagway erreichen. Der Anleger befindet sich 21 km nördlich der Stadt. Busse und Taxen sorgen für den Transport nach Downtown Juneau.

Gleich am Informationsschalter des Fährhafens oder im **Log Cabin Information Center** in der Stadt (3rd St #134, ✆ 907-586-2201), sollte man sich eine *Walking Tour Map* besorgen.

Internet-Info: http://website.juneau.com

Downtown Juneau

Neueste Attraktion in Downtown ist die Seilbahn auf den Mt. Roberts. An der Bergstation beginnen Wanderwege mit prächtiger Aussicht auf Stadt und Umgebung. Unbedingt besuchenswert ist das **Alaska State Museum** (395 Whittier St), das seinen Schwerpunkt auf die russisch-amerikanische Geschichte und indianische Kultur gelegt hat. Unweit des *State Capitol* an der Main St liegt das **Juneau-Douglas City Museum** (im *Veteran's Memorial Building*), das insbesondere dem Goldrausch und den Goldminen viel Raum widmet.

Umgebung

Juneau verfügt über eine attraktive Umgebung mit vielen Ausflugsmöglichkeiten. Der **Glacier Highway** läuft 65 km nach Norden an der Küste entlang und passiert *Forest Service Campgrounds* und *Trailheads*, von denen Pfade in die Wildnis des dichten Regenwaldes und zu mehreren Gletschern führen. Die Forstverwaltung betreibt ein eigenes **Information Center** in der *Centennial Hall*, 101 Egan Dr, das Karten und weitere Unterlagen bereithält.

Zu den Attraktionen zählt ein **Bootsausflug** in den *Tracy Arm*, wo kalbende Gletscher direkt ins Meer stürzen.

Mendenhall Glacier

Das erste Ziel in Juneau ist der 20 km lange und 2,5 km breite *Mendenhall Glacier*, der vom 3000 km² großen **Juneau Icefield** hinunter ins Tal drückt. Die **Mendenhall Loop Rd** zweigt 15 km vom Fähranlegers vom *Glacier Highway* ab und führt hinauf zum Mendenhall Lake, an dem ein sehr gutes **Visitor Center** steht. Auch ein Bus verkehrt auf dieser Straße. *Nature Trails* führen um den See dicht an den Gletscher.

Quartiere

Die Hotels und Motels kosten im Minimum ab $80, die meisten über $100 fürs DZ. **B & B** beginnt bei etwa $60 für 2:
- **Cozy Log B & B**, ✆ (907) 789-2582, preiswert
- **Mt. Juneau Inn**, ✆ (907) 463-5855, mittel
- **Pearson's Pond Luxery Inn**, ✆ (907) 789-3772, elegant

Die einzige preiswerte Alternative bietet das **International Hostel**, 614 Harris St, Juneau, AK 99801, ✆ (907) 586-9559; nur langfristige schriftliche Reservierung sichert Platz.

Camping

An Campingmöglichkeiten fehlt es in Juneaus Umgebung nicht; am besten campt man am **Mendenhall Lake Campground**. Informationen dazu beim **Juneau Visitor Information** bzw. beim *US-Forest Service*.

Admiralty Island

Südwestlich Juneau liegt Admiralty Island, eine Insel, die zu 90% als *National Monument* unter Naturschutz steht. 1.500 Braunbären sollen auf Admiralty Island leben; die *Tlingit* Indianer nennen die Insel "Bärenburg" (*Kootznoowoo*). Während der Lachswanderung Mitte Juli bis Ende August gehen die Bären auf Fischfang. Sie an den Seen und Bächen zu beobachten, ist eine beliebte Sommeraktivität. Es bedarf dazu aber einer ausdrücklichen Genehmigung. **Permits** erhält man im *Forest Service Information Center* in Juneau (siehe oben). Die Forstverwaltung vermietet auch C*abins* an Wildniswanderer.

Der **Transport nach Admiralty Island** erfolgt per Fähre nach Angoon, dem einzigen Ort auf der Insel, oder per Wasserflugzeug von Sitka bzw. Juneau aus.

Glacier Bay National Park

Der einzigartige *Glacier Bay National Park* schließt im Norden die *Inside Passage*. Seine Gletscher und Eisberge zählen zu den touristischen Höhepunkten Alaskas.

Zur Zeit der ersten Erkundung der Westküste um das Jahr 1800 war die *Glacier Bay* noch vollkommen mit Eis bedeckt, das sich in der Zwischenzeit aber rund 100 km zurückgezogen und eine bis 20 km breite Bucht freigegeben hat, in die 12 kalbende Gletscher "münden". Zwischen Juni und September ziehen **Buckelwale** in dem nahrungsreichen Wasser ihre Jungen auf. Ebenfalls zum Nationalpark gehört der rund 30 km von der *Glacier Bay* entfernte **Mount Fairweather**, mit 4.670 m der höchste Gipfel Südostalaskas.

Alaska

Lage

An der *Icy Street*, der *Glacier Bay* abgewandt, liegt **Gustavus,** eine "Service-Siedlung", deren 400 Einwohner im Nationalpark, in der Fischerei oder im Touristen-Business beschäftigt sind. Von dort führt eine kurze Straße nach **Bartlett Cove** am Ausgang der *Glacier Bay* (Verbindung durch *Shuttle Bus* und Taxi). Bartlett Cove besteht aus einem Bootsanleger, dem *Park Headquarters*, einer *Lodge* (Schlafsaalbetten ab $28; Zimmer $153; Bar und Restaurant, Reservierung unter ✆ 1-800-451-5952) und einem Campingplatz.

Transport und Übernachtung

Den Nationalpark erreicht man naturgemäß nur per Schiff oder Flugzeug. Die meisten Fluggäste landen mit kleinen Charterfliegern in Gustavus, die in Haines, Skagway, Juneau und Sitka starten. Den zur Zeit preiswertesten Transport mit Wasserflugzeug ab Haines ($70 retour) bieten Haines Airways, ✆ (907) 766-2646.

Die Schiffe des *Alaska Marine Highway* laufen die *Glacier Bay* nicht an. Die einfache Fahrt Juneau–Gustavus mit der AUK-NU-Ferry kostet $45. Für die 9,5 stündige Exkursion per Ausflugsboot ab Bartlett Cove in die *Glacier Bay* muß man rund $150 veranschlagen, eine rund 4-stündige *Whale Watching Cruise* ab Gustavus in die *Icy Street* kostet $78, Info: AUK NU Tours, ✆ 1-800-820-2628.

Bei ausreichend Zeit und großzügig bemessenem Reiseetat ist die **Glacier Bay Cruise** ein einmaliges Erlebnis.

Informationen für **Glacier Bay Trips** findet man in Unterlagen der Touristenbüros der umliegenden Städte. Man kann sich auch direkt wenden an **Glacier Bay National Park**; Bartlett Cove, AK 99826; ✆ (907) 697-2230.

Touristen während der Glacier Bay Cruise

7.5 Fähren in den Norden

System

Die Städte im *Alaska Panhandle* sind untereinander, mit Prince Rupert (British Columbia) und Bellingham (am *Puget Sound* nördlich Seattle/US-Staat Washington) durch Fähren verbunden. Sie gehören zum System des *Alaska Marine Highway**), das einen weiteren, mit der *Inside Passage* nicht verbundenen Liniendienst im Südwesten Alaskas aufrechterhält, ⇨ Seite 534.

Es sei noch einmal betont, daß es keine Fähren gibt, die von Ausgangspunkten im *Panhandle* bzw. noch weiter südlich, etwa Vancouver oder Seattle, Häfen im Golf von Alaska ansteuern.

Netz

Die in der *Inside Passage* operierenden Schiffe pendeln entweder zwischen den wichtigen Städt(ch)en und kleineren Ortschaften (vor allem) auf den der Küste vorgelagerten Inseln oder gehören zu der Handvoll sog. **Alaska-Fähren**. Diese verkehren zwischen **Bellingham** (USA, siehe oben) bzw. **Prince Rupert** und den Zielhäfen **Haines** und **Skagway**. Nur an den letztgenannten drei Punkten besteht Anschluß ans kanadische Straßennetz:

– in Prince Rupert an den *Yellowhead Highway*
– in Haines über die *Haines Road* zum *Alaska Highway*
– in Skagway über den *Klondike* zum *Alaska Highway*

Hinzu kommt einmal wöchtlich die Möglichkeit, von Stewart/Hyder am verlängerten *Cassiar Highway* nach Ketchikan überzusetzen und auf die Alaska-Fähre umzusteigen.

Häfen

Außer an den Endpunkten legen alle Fähren in Ketchikan, Wrangell, Petersburg und Juneau an; nur ein Teil von ihnen fährt den Umweg über Sitka.

Reservierung

Wer auf einer Sommerreise zu vorgeplanten Daten die Alaska-Fähre benutzen möchte, sollte möglichst frühzeitig reservieren. Kabinenplätze sind oft schon Mitte Januar für die gesamte Hauptsaison ausgebucht, die Fahrzeugkapazität nicht viel später – speziell was Campmobile betrifft. Ohne Auto und dem Wunsch nach einem Kabinenbett kommt man als Deckspassagier (immer knappe Pullmannsessel zum Schlafen oder einfach Schlafsack irgendwo) oft auch kurzfristig auf den Fähren noch unter. Dabei sind die Chancen ab Prince Rupert besser als ab Bellingham. Das gilt auch für Motorradfahrer. Reservierungen und aktuelle Informationen wie Fahrpläne und Tarife gibt es unter folgender Anschrift (nächste Seite oben):

---

*) Der Begriff *Highway* mag in diesem Zusammenhang irritieren, aber in Kombination mit dem Wort *Marine* wird daraus die Übersetzung "Wasserstraße".

Alaska Marine Highway
P.O. Box 25 535, Juneau, AK 99802
✆ 1-800-642-0066 und ✆ (907) 465-3941
Fax (907) 277-4829
Internet-Info unter http://alaskan.com

Reservierungen per Post oder Telefon sind nur unter Angabe einer Kreditkartennummer und ihres Verfalldatums möglich.

Einige Tarifbeispiele (Stand 1998) vermitteln einen Eindruck der in etwa zu erwartenden Kosten:

Tarife Alaska-Fähren in US$, jeweils einfache Fahrt
(Fahrzeugtarife ohne Fahrer)

	PKW bis 15 Fuß	Camper bis 21 Fuß	Pers.	Motorrad
Bellingham–Skagway	581	893	246	208
Prince Rupert–Skagway	286	440	124	104
Ketchikan–Skagway	213	327	92	77
Haines–Skagway	21	31	14	8
Haines–Juneau	39	59	20	15
Stewart–Ketchikan	83	127	40	31
2-Personen-Kabine	Bellingham – Skagway: Prince Rupert – Skagway: (beides ohne Verpflegung)		ab $227 ab $98	

Die Alaska-Fähre kostet also:

– von **Bellingham nach Skagway** für **zwei Personen mit Kabinenplatz und kleinerem Pkw** in der günstigsten Kategorie mindestens **US$1.300.**

– für den landschaftlich reizvolleren Nordabschnitt der *Inside Passage* von **Prince Rupert nach Skagway** bei identischer Konstellation **US$632**.

Folgendes ist darüberhinaus wichtig zu wissen:

Frequenz der Fähren

Im Mai starten von Bellingham zwei Fähren pro Woche, in allen anderen Monaten lediglich eine (Abfahrt am frühen Morgen); ab Prince Rupert fährt hingegen im Sommer täglich ein Schiff nach Skagway (Abfahrt vormittags). Die schnellste Fähre benötigt ab Bellingham **62 Stunden**, bei Fahrt über Sitka bis zu **77 Stunden**. Von **Prince Rupert nach Skagway** ist man ohne Zwischenaufenthalt **33-48 Stunden** unterwegs. Je nach Ab-fahrtszeit und Dauer sind ab Bellingham 2 oder 3 Nächte, ab Prince Rupert mindestens eine Nacht zu überbrücken.

Schlafen	Während der Überfahrten ist der Aufenthalt im eigenen Auto im Fahrzeugdeck untersagt. Wer sich nicht mit einem der (unbequemen) Schlafsessel oder dem ausgerollten Schlafsack unter selbsttragenden Kuppelzelten an Deck begnügen mag, muß sich rechtzeitig um einen Kabinenplatz kümmern.
An Bord	Der Komfort auf den Schiffen ist nicht überragend. Neben **Bar** und **Cafeteria** mit Restaurantbetrieb gibt es lediglich ein kleines, relativ teures Geschäft mit einem begrenzten Angebot. Zuweilen sind **Ranger** des *Alaska Department of Fish & Game* oder des *National Forest Service* an Bord, die **Vorträge über Geographie, Flora und Fauna der *Inside Passage*** halten. Bei schlechtem Wetter, wenn Wolken und Regen die Aussicht trüben, wird die Fahrt aber rasch langweilig H Auch bei guten Witterungsbedingungen bleibt manches Sehenswerte während der Nachtstunden im wahrsten Sinne des Wortes im Dunkeln.
Unter- brechung	Die Häfen werden nur zum Be- und Entladen angelaufen, so daß nicht genug Zeit bleibt, einen Landausflug zu machen. Wer die Fähre spontan verläßt, ist für die Weiterreise mit nachfolgenden Schiffen auf – vielleicht – freie Plätze angewiesen. Sicherer ist, vor dem ersten Einschiffen die Belegung nachkommender Fähren über die oben angegebene *Toll-Free-Number* zu erfragen und erst dann Fahrtunterbrechungen zu planen und ggf. umzubuchen. Autofahrer können Unterbrechungen (geringer Aufpreis) ohne Vorausplanung und -buchung nur mit Glück realisieren.
Beurteilung	Die Frage, ob sich die mit Auto oder Camper extrem hohen Ausgaben für die Fähre überhaupt lohnen, läßt sich nicht klar beantworten. Rein ökonomisch auf den ersten Blick kaum, denn die eingesparten 2.400 Straßenkilometer (ab Bellingham) bzw. 1.200 km (ab Prince Rupert) verursachen im allgemeinen keine vergleichbaren Kosten. Anders sieht es eventuell aus, wenn man die Fährpassage zunächst als "Anreise" ohne Auto plant, so daß sich ggf. die Mietzeit für ein Campmobil um einige Tage verkürzt – z.B. bei Übernahme des Fahrzeugs erst ab Whitehorse.
	Haines und Skagway (von dort ggf. Juneau und den *Glacier Bay National Park* per Boot) kann man genausogut über das Straßensystem besuchen und dabei den besonders attraktiven Teilabschnitt der *Inside Passage* zwischen Skagway und Haines (Juneau) ebenfalls vom Wasser aus erleben, ➪ Seite 494.
Fähre oder Nebenrouten?	Da eine Fahrt in den hohen Norden dank *Klondike Loop*, *Dempster* und *Cassiar Highways* auch nicht mehr notwendigerweise auf derselben Route zurückgehen muß, entfällt das frühere Argument, daß nur mit Hilfe der Fähren eine schöne Rundstrecke gefahren werden kann. Allerdings untersagen viele Vermieter das Befahren von *Gravel Roads* bzw. belegen dies mit hohen Zuschlägen.

Alaska

Ohne Auto — Für Leute ohne Auto oder mit einem flexibler und weniger kostspielig zu transportierenden Motorrad fällt die Entscheidung leichter. Der Einbau der Alaska-Fähre in die Reiseroute dürfte für sie in den meisten Fällen eine gute Idee sein.

Steward–Ketchikan — **Eine sehr hübsche Kombination – mit oder ohne Fahrzeug – ist nur einmal wöchentlich möglich**: Anfahrt vom *Yellowhead Highway* über den auf seinem südlichen Abschnitt voll asphaltierten *Cassiar Highway* nach Stewart. Weiter mit der Fähre von Stewart/Hyder durch den malerischen *Portland Canal* nach Ketchikan. Dort umsteigen auf die Alaska-Fähre nach Skagway oder Haines und vom Yukon Territory zurück auf dem *Alaska Highway* und/oder Nebenstrecken.

Kreuzfahrtschiffe — Wie bereits erwähnt, gibt es zwar keine Personenbeförderung mit Linienschiffen aus südlichen Gewässern ins Alaska-Kernland, aber privat bereederte **Kreuzfahrer** operieren durchaus auch nördlich der *Inside Passage*. Die Kosten liegen noch erheblich über den ohnehin nicht billigen Fährpassagen, dafür wird aber auch ein wesentlich höherer Komfort geboten, und die Mahlzeiten sind im Preis inbegriffen. Zum Service zählen außerdem nahe Vorbeifahrten an kalbenden Gletschern und Zwischenstopps in Häfen mit Ausflugsmöglichkeiten.

Kosten — In der Hauptsaison berechnet z.B. die **Holland-America-Line** für 2 Personen bei Belegung der preiswertesten Doppelkabine inklusive aller Mahlzeiten und Trinkgelder (jedoch kein Autotransport möglich)

– $3.600 von Vancouver nach Seward mit der Möglichkeit zu Landausflügen in Ketchikan, Juneau, Sitka und Valdez

– $3.100 von Vancouver zum *Glacier Bay National Park* mit Aufenthalten in Ketchikan, Sitka und Juneau.

Weitere Informationen findet man in Reisebüros auch hierzulande. Der **Official State Guide** von Alaska enthält Werbung und Anschriften weiterer Kreuzfahrtlinien.

Kreuzfahrtschiff in der Glacier Bay

8. DIE NORTHWEST TERRITORIES

8.1 DATEN, FAKTEN UND INFORMATIONEN

8.1.1 Steckbrief NORTHWEST TERRITORIES

Konstituierung als eigenständiges Territorium:	1912
Einwohner:	64.000
Fläche:	3.376.689 km² (größer als Indien)
Bevölkerungsdichte:	ein Einwohner auf 53 km²
Lage:	zwischen 60° und 136° Längengrad
Magnetischer Nordpol:	liegt auf Bathurst Island in den NWT
Nördlichster Punkt:	Cape Columbia auf Ellesmere Island (750 km vom Nordpol entfernt)
Hauptstadt:	Yellowknife
Größte Orte:	Yellowknife 16.000 Einw.
	Igaluit 3.600 Einw.
	Inuvik 3.200 Einw.
	Hay River 3.100 Einw.
Territorialer Feiertag:	Civic Holiday am 1. Montag im August
Höchste Erhebung:	Mount Barbeau 2.616 m (im Ellesmere Island National Park)
Größte Seen:	Great Bear Lake 31.153 km²
	Great Slave Lake 28.438 km²
Längster Fluß:	Mackenzie River 4.241 km
Größte Insel:	Baffin Island 507.451 km² (größer als Spanien)
Nationalparks:	Aulavik
	Auyuittuq
	Ellesmere Island
	Nahanni
	Tuktut Nogait
	Wood Buffalo
Zeitzonen:	Mountain Time
	Central Time
	Eastern Time
	Atlantic Time
	Im Sommer gilt Daylight Saving Time
Hauptexportprodukte:	Metalle 95%
Telefonvorwahl	867
Sales Tax:	keine

8.1.2 Geschichte, Geographie und Klima

Geschichte Bereits 1779 erreichte der Entdecker **Alexander Mackenzie** im Auftrag der *Hudson's Bay Company* den Great Slave Lake und wagte sich den später nach ihm benannten Strom hinunter bis an seine Mündung. Ihm folgten Trapper und Pelzhändler; feste Siedlungen entstanden aber nicht. Dennoch betrachtete die **Hudson's Bay Company** das riesige Gebiet im Nordwesten als ihren Einflußbereich. Es wurde als Teil des sogenannten *Rupert's Land* 1868 der *Confederation of Canada* überlassen. Zu **Rupert's Land** gehörten damals unter der neuen Bezeichnung *Northwest Territories* u.a. der Norden der heutigen Prärieprovinzen und alle Gebiete bis zur Alaska-Grenze. Mit der Abtrennung des Yukon Territory 1898 von Alberta und Saskatchewan 1905, sowie Manitobas Norden 1912 ergaben sich in etwa die gegenwärtigen Grenzen der Northwest Territories.

Verwaltungsgebiet Es dauerte aber noch, ehe erste Ansätze einer staatlichen Verwaltung zustande kamen. Die **Royal Canadian Mounted Police** übernahm dabei zunächst administrative Aufgaben, die Kirche die schulische und medizinische Versorgung. Mit dem 2. Weltkrieg erwachte das strategisch-militärische Interesse am unerschlossenen Land im Norden und die Bundesregierung begann, Flugplätze und Radarposten einzurichten.

Status heute 1967 verlegte die Bundesregierung die **Territorialverwaltung**, die bis dato in Ottawa erledigt worden war, nach **Yellowknife.** Das erste *Territorial Council*, eine Art Parlament mit eingeschränkten Befugnissen, wurde 1975 gewählt, ⇨ Seite 608.

Geographie Die Bezeichnung *Northwest* gibt die wahre **Ausdehnung der Territorien** nicht recht wider. Sie liegen zwar exakt nördlich des 60. Breitengrades, umfassen aber den gesamten Norden Canadas über 76 (!) Längengrade von Baffin Island im Atlantik bis zum Yukon Territory. In diesem riesigen Gebiet (3,37 Mio km^2) leben ganze 64.000 Menschen, womit rein rechnerisch auf jeden einzelnen eine Fläche von 53 km^2 kommt.

Lowlands Das waldreiche **Mackenzie Lowland**, Einzugsgebiet des Mackenzie River und nördliche Fortsetzung der *Great Plains* der Prärieprovinzen, bestimmt das Landschaftsbild der westlichen Northwest Territories. Das **Straßennetz** beschränkt sich auf den südwestlichen Bereich und damit weitgehend auf diese Ebene, lediglich der *Yellowknife Hwy* führt in die hügelige Felslandschaft des Kanadischen Schildes, ⇨ Seite 14.

Klima **Permafrost** (⇨ Seite 485) kennzeichnet den Großteil der Fläche. Die Seen füllen sich im (späten) Frühjahr mit Schmelzwasser aus den an der Oberfläche tauenden Böden, Schnee und Eis. Sie bleiben daher auch im Sommer sehr kalt und sorgen im allgemeinen für eine kühlfeuchte Luft. Dennoch kann man in Orten wie Hay River oder Fort Simpson im Juli/August dank der langen Tage bei Sonnenschein mit angenehmen **Tagestemperaturen von über 20°C** rechnen. Sogar Höchsttemperaturen von über 30°C wurden schon gemessen. Die **Niederschläge** liegen in den *Lowlands* und in der arktischen Tundra im Jahresschnitt noch niedriger als etwa im *Okanagan Valley* oder im trockenen südlichen Saskatchewan.

8.1.3 Informationen für Touristen

Folgende nützliche Unterlagen sind bei den *Information Centres* der Northwest Territories erhältlich:

- der **Explorers' Guide**, Hochglanzprospekt mit einem informativen Anhang
- die **Explorers' Map**, Karte mit einer Liste der *Territorial Camp* und *Picnic Areas* sowie umfangreichen Kurzinfos.

Explorer's Guide und *Map* erhält man auch per Post bei:

Nothwest Territories Tourism

P.O. Box 1320

Yellowknife

NT/Canada X1A 2L9

✆ (800) 661-0788 (die *Arctic Hotline*)
✆ (867) 873-7200
Fax (867) 873-0294

Weitere wichtige Telefonnummern der *NWT*, besonders für Herbst- und Frühjahrsurlauber sind

✆ (800) 661-0750 für den Straßenzustand im Süden
✆ (800) 661-0751 für Verkehrszeiten der Fähren im Süden
✆ (800) 661-0752 für Straßenzustand und Fähren im Norden

Die *Inuit* (Eskimos)

Inuit bedeutet "Mensch", "Eskimo" dagegen stammt aus der Sprache der Déné Indianer und heißt "Rohfleischesser".

Die Ahnen der *Inuit* überquerten in mehreren Einwanderungswellen die Bering-Landbrücke nach Alaska. Vor ungefähr 1.000 Jahren kamen sie als *Thule People* in die Northwest Territories. Diese gelten als direkte Vorfahren der *Inuit*. Als Halbnomaden jagten sie Großwale. Nach deren Verschwinden im 18. Jahrhundert – vermutlich aufgrund von Klimaänderungen – verlegte man sich auf kleinere Beutetiere wie Seehund und Walroß. Caribous, eine weitere wichtige Nahrungsquelle, wurden ins Wasser getrieben und vom Kayak aus erlegt.

Kontakte mit weißen Forschern wie *Martin Frobisher* und *John Franklin* kamen gelegentlich vor, doch erst die Walfänger des frühen 19. Jahrhunderts veränderten das Leben der *Inuit*. Im *Keewatin District* an der Westküste der Hudson Bay tauschten sie Frischfleisch und Pelze gegen Waffen und Gerätschaften der Walfänger.

Zwischen 1900 und 1925 brachten Pelzhändler, Missionare und die RCMP weitere "Errungenschaften" der Zivilisation ins Land der *Inuit* und beendeten das überlieferte Jagdverhalten und damit die Lebensgewohnheiten. Aus den Selbstversorgern wurden nach und nach Handeltreibende. Die Missionare sorgten für Christentum und Schriftsprache, aber auch für medizinische Versorgung und Schulen.

Die *Inuit* sind kein einheitliches Volk, sondern umfassen unterschiedliche Gruppen. Nach grob geschätzten Zahlen existieren heute um die 25.000 Angehörige dieser Ethnie, von denen etwa zwei Drittel in den Küstengebieten der Northwest Territories leben – der Rest im arktischen Teil Québecs, in Nord-Ontario und in Labrador (Neufundland). Bedingt durch ihre abgelegenen Lebensräume hat sich bei ihnen die alte Sprache, das *Inuktitut*, vollständiger erhalten als die Muttersprachen vieler Indianervölker.

Die kanadische Regierung kam erst mit dem 2. Weltkrieg in den Norden. Da etwa gleichzeitig der Pelzhandel zurückging und Jagd und Fischfang allein die *Inuit* nicht mehr ernähren konnten, kümmerte sich der Wohlfahrtstaat um die Ureinwohner. Gutgemeinte Sozialleistungen und Fertighaussiedlungen führten aber zur Auflösung der traditionellen Mehrfamilienverbände und – als Folge der Ernährungsumstellung – einer Verschlechterung des Gesundheitszustands. Viele *Inuit* starben an eingeschleppten Krankheiten, gegen die sie keine Abwehrkräfte besaßen.

Um dem wirtschaftlichen und sozialen Verfall der *Inuit*-Siedlungen entgegenzuwirken, förderte die Regierung u.a. ein Programm zur kommerziellen Nutzung von Kunsthandwerk. Die traditionelle Fertigung von Gebrauchsgegenständen und Werkzeugen aus Stein und Knochen wurde als eine Möglichkeit zur Existenzsicherung erkannt. Heute arbeiten *Inuit* in regelrechten Künstlerkolonien wie Cape Dorset, Baker Lake, Rankin Inlet oder Spence Bay, die ihre Produkte über Kooperativen vermarkten. Eine davon ist die Ladenkette *Northern Images* mit Filialen in der *West Edmonton Mall*, der *Winnipeg Portage Place Mall* sowie in Whitehorse, Yellowknife, Churchill und Inuvik.

Die in der gegenwärtigen Form erst in den letzten 40 Jahren entstandene "typische" Kunst der *Inuit* besitzt heute einen hervorragenden Ruf. Für die Objekte werden hohe Preise gezahlt, und bekannte Museen wie die *Winnipeg Art Gallery* sind stolz auf ihre *Inuit Art*-Sammlungen.

Gleichzeitig haben die *Inuit* auch insgesamt – so scheint es – die Zeit der Agonie überwunden. Heute sind ein Drittel der gewählten Mitglieder der *Legislative Assembly* der Northwest Territories *Inuit*, die ihr Volk im *House of Commons* und im Senat von Canada repräsentierten. In der *Legislative Assembly* der NWT und in politischen Gruppen wie dem *Committee for Original Peoples' Entitlement*, dem *Inuit Capirisat of Canada* und anderen vergrößerten sie ihren Einfluß. Zur Jahrtausendwende erhalten die Inuit ihr selbstverwaltetes Territorium Nunavut (↔ Seite 608).

Nomadisierende *Inuit* gibt es nur noch wenige. Und die verknüpfen beim Fischen und Jagen moderne Technik mit alten Traditionen. Im Winter gehört das Schneemobil zu ihrer Grundausstattung.

Bärenfalle (kein Scherz!) auf einem NWT Campground

8.2 Routen durch die Northwest Territories
8.2.1 Zur Planung

Rundfahrt

Wer mit dem Gedanken spielt, die Canada-Reise um eine Fahrt in die Einsamkeit der Northwest Territories zu ergänzen, muß bedenken, daß damit etliche Mehrkilometer und – wegen der Schotterstraßen – ein überproportionaler zusätzlicher Zeitaufwand verbunden sind. Aber im Gegensatz zu früheren Jahren, als jede Reise in die Northwest Territories eine lange Hin- und Rückfahrt auf derselben Straße bedeutete, gibt es seit Eröffnung des *Liard Highway* die Möglichkeit zu einer die Territories einschließenden Rundfahrt.

Kilometer

Die dabei anfallenden **Zusatzkilometer** hängen vom Ausgangspunkt ab. Bei Anreise etwa von Calgary/Edmonton sind auf *Mackenzie* und *Liard Highway* nach Fort Nelson am *Alaska Highway* 800 km mehr zu fahren als auf direktem Weg über Dawson Creek. Wer auch den Abstecher nach Yellowknife und Hay River unternimmt, kommt auf über 1.500 km, davon 930 auf **Gravel Roads**. Von Vancouver sind es nach Fort Nelson über die Northwest Territories (einschließlich Yellowknife-Besuch) sogar mindestens 1.800 km mehr als bei direkter Fahrt auf dem *Alaska Highway*.

Lohnt sich die Fahrt?

Wer über ausreichend Zeit verfügt und ein Fahrzeug besitzt, dem Schotterstraßen zugemutet werden dürfen, sollte den Umweg in Erwägung ziehen. Die Strecke "entschädigt" allerdings nur für die Mühe, wenn genügend Zeit (Minimum 3-4 Tage) für den Abstecher nach Yellowknife und ggf. noch einen Ausflug in die Wildnis bleibt (etwa Flug zu den *Virginia Falls*). Andererseits bieten speziell der westliche Abschnitt des *Mackenzie Highway* und der *Liard Highway* mehr Einsamkeit des Nordens als der mittlerweile doch ziemlich populäre *Alaska Highway*. Und wer kann schon von sich sagen, er sei in Yellowknife gewesen?

Kurze Erläuterung der Geschichte des Mackenzie Highway (noch in Alberta)

8.2.2 Übersicht über das NWT-Straßennetz

Nr.	Bezeichnung	von	nach
1	Mackenzie Hwy	Grimshaw, Alberta	Wrigley
2	Hay River Hwy	Enterprise	Hay River
3	Yellowknife Hwy	Mackenzie Hwy	Yellowknife
4	Ingraham Trail	Yellowknife	nach Osten
5	Fort Smith Hwy	Hay River	Fort Smith
6	Fort Resolution Hwy	Fort Smith Hwy	Fort Resolution
7	Liard Hwy	Mackenzie Hwy	Alaska Hwy, BC
8	Dempster Hwy*)	Klondike Hwy, Yukon	Inuvik
9	North Canol Rd*)	Ross River, Yukon	Macmillan Pass
10	Nahanni Range Rd*)	Campbell Hwy, Yukon	Tungsten

Straßenqualität — Sieht man ab vom *Mackenzie Highway* von Alberta bis zum Abzweig des *Yellowknife Highway* sind nur der kurze *Hay River Highway* und die westlichen Abschnitte des *Fort Smith Highway* (ca. 90 km), des *Fort Resolution Highway* (ca. 25 km) und gut die Hälfte des *Yellowknife Highway* (180 km) asphaltiert. Das Gros der **Gravel Roads** ist problemlos mit PKW oder Wohnmobil (so erlaubt) zu befahren.

Tanken — **Tankstellen** besitzen im Nordwesten **Seltenheitswert**. Ausschließlich im Umkreis der in der Übersichtskarte verzeichneten Ortschaften am Abzweig des *Liard Highway* vom *Mackenzie Highway* und an der Mackenzie-Fähre am *Yellowknife Highway* gibt es Benzin. Bei jedem Tanken und an den *Visitor Centres* sollte man aber besser noch einmal nachfragen, ob die fürs nächste Nachfüllen ins Auge gefaßten Tankstellen gegenwärtig in Betrieb sind!

Fähren — Die NWT unterhalten fünf kostenlose **Autofähren**. Sofern die Flüsse eisfrei sind, verkehren sie täglich:

– **Mackenzie Highway**: östlich Fort Simpson über den Liard River 8–23.40 Uhr, **und** westlich Fort Simpson über den Mackenzie River, 9–11 Uhr, 14–20 Uhr.
– **Yellowknife Highway**:
  bei Fort Providence über den Mackenzie River, 6–24 Uhr
– **Dempster Highway*)**:
  bei Fort McPherson über den Peel River*) 9–0.45 Uhr
– **Dempster Highway*)**:
  bei Arctic Red River über den Mackenzie River*) 9–0.45 Uhr

Vorbereitung — Zur grundsätzlichen Vorbereitung einer Fahrt in den Norden sei auf die Seiten 465 ff. verwiesen.

---

*) Beschreibung im Kapitel 6 (*Alaska Highway*/Yukon Territory)

8.2.3 Mackenzie Highway

Der *Mackenzie Highway* von Grimshaw/Alberta in das südwestliche Kernland der Northwest Territories wurde 1949 eingeweiht und blieb lange die einzige Landverbindung. Die *Great Slave Lake Railroad* wurde erst 1964 fertiggestellt.

Verlauf in Alberta
Der offizielle **Mile 0-Marker** des *Mackenzie Highway* befindet sich in **Grimshaw** unweit der *Tourist Information*. Die folgenden 500 km der Straße laufen ohne besondere Höhepunkte durch unendlich scheinende Landwirtschafts- und später Waldgebiete. Unterwegs lohnen sich eigentlich nur zwei Stopps: der erste in High Level zum letzten Tanken zu "normalen" Preisen und der zweite beim **Government Visitor Information Centre** an der Grenze Alberta/Northwest Territories am 60. Breitengrad (*60th Parallel*).

Informationen NWT
Dieses Besucherzentrum der Northwest Territories schließt im Hochsommer erst um 20.30 Uhr seine Pforten. Ungefähr 12.000 Personen tragen sich während der nur viermonatigen Öffnungszeit ins Gästebuch ein. Zum Gratisbecher Kaffee gibt's die unabdingbare *Highway Map* und alle gewünschten Informationen *up-to-date*. Ein kleiner **Campground** mit überdachtem Küchenhäuschen liegt nebenan am Hay River.

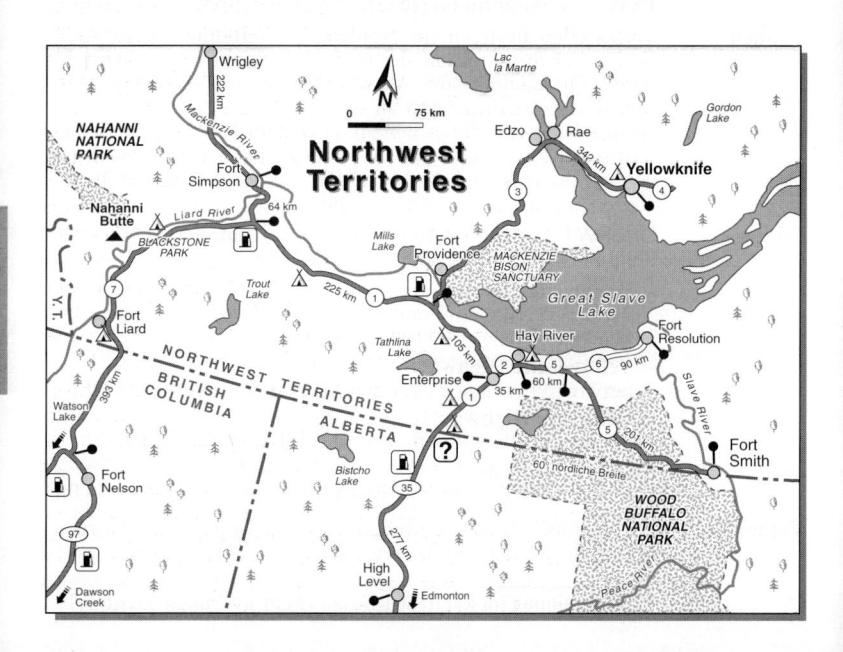

Wasserfälle	73 km hinter der "Grenze" hat sich der die Straße begleitende Hay River eine 70 m tiefe Schlucht mit Wasserfällen und Stromschnellen geschaffen. Die **Alexandra Falls** (33 m hoch, Aussichtsplattform), als Fotomotiv in vielen Broschüren zu finden, sind auf mehreren kurzen *Trails* zu erreichen.
	Zwei Kilometer weiter zweigt die Zufahrt zu den **Louise Falls** ab. Dieser dreistufige Wasserfall ist nur halb so hoch wie die *Alexandra Falls*, aber dafür lädt ein großzügig angelegter *Campground* zum Bleiben ein (Duschen). Man kann vom Campingplatz auch flußaufwärts zu den *Alexandra Falls* (ca. 5 km) und flußabwärts zu den kleinen Wasserfällen des ***Escarpment Creek*** (3 km) laufen. Dort befindet sich ein hübscher auch von der Straße aus erreichbarer *Picnic Ground*.
Hay River	In Enterprise wendet sich der *Mackenzie Highway* nach Westen; hier gibt es Versorgungsmöglichkeiten und eine Tankstelle. Geradeaus geht es auf dem **Hay River Highway** zur drittgrößten Ortschaft der NWT (ca. 3.800 Einwohner), Standort des mit 18 Stockwerken höchsten Gebäudes der Territories. Unübersehbar ist das lilafarbene Schulgebäude. Hay River besitzt einen kleinen Hafen, in dem Fischerboote und kleine Frachter liegen, die entlegene Gebiete bedienen. Motiv für den Abstecher vom *Mackenzie Highway* nach Hay River (38 km auf guter Straße) liefert ggf. die Absicht, am Ufer des Great Slave Lake entlangzuspazieren oder die Vorräte aufzustocken. Zudem besitzt Hay River die letzte noch halbwegs preiswerte Tankstelle im Norden. Die **Greyhound** Busse erreichen mit Hay River ihre Endstation in den NWT.
	Der **Hay River Campground** befindet sich auf Vale Island, einer Insel im Mündungsbereich des Hay River, die früher den ganzen Ort beherbergte. Nach mehreren Überflutungen wurde er Mitte der 60er Jahre um einige Kilometer nach Süden verlegt. Einige Gebäude der *Old Town* existieren noch.
Fort Smith	Nach Fort Smith, der mit etwa 2.500 Einwohnern fünftgrößten Siedlung der NWT sind es von Hay River 273 km. Auf dem Weg dorthin gibt es keine Tankstellen! Die Fahrt führt etwa zur Hälfte durch den *Wood Buffalo National Park*, dessen **Visitor Centre** sich in Fort Smith befindet.
Wood Buffalo National Park	Auch wenn die Geschichte der **Wood Buffalos** ganz interessant ist, für den weiten Ausflug von Hay River zum *Wood Buffalo National Park* und ggf. weiter nach Fort Smith spricht wenig. Nur wer neben einer (prioritären) Fahrt nach Yellowknife noch Zeit hat, könnte einen Abstecher auch in den Nationalpark ins Auge fassen. Er ist auf dem Landweg ausschließlich über den **Fort Smith Highway** zu erreichen, obwohl der größte Teil seiner riesigen Fläche (45.000 km²) in Alberta in der Übergangszone zwischen den Nordausläufern der *Great Plains* und den borealen Waldgebieten liegt.

Bisons in den Northwest Territories

Die Präriebüffel (Präriebisons), die einstmals in riesigen Herden durch die weiten Grassavannen zogen, standen gegen Ende des 19. Jahrhunderts kurz vor der Ausrottung. Nur in wenigen abgelegenen Reservaten und auf verstreuten *Ranches* gab es noch einzelne geschützte Bestände. Auch in den *Northwest Territories* hatte eine Gruppe reinrassiger Büffel überlebt. Bei ihnen handelte es sich allerdings um Waldbisons, eine eigenständige Unterart, die sich äußerlich nur durch wenige Merkmale wie den etwas größeren Körperbau und die dunklere Behaarung von dem Präriebüffel unterschied.

Zwischen 1925 und 1928 wurden mehrere Tausend Bisons aus den südlichen Prärieregionen in den gerade gegründeten *Wood Buffalo National Park* gebracht. Beide Büffelarten vermischten sich, und die Zahl der Tiere nahm zu. Der "Erfolg" dieser Aktion war sogar so groß, daß es nach wenigen Jahrzehnten keine reinrassigen Waldbisons mehr gab und sie um 1950 als ausgestorben angesehen werden mußten.

Völlig überraschend fand man 1959 am Nyarling River in den nördlichen Waldregionen des Nationalparks vereinzelte reinrassige Waldbüffel. Sie wurden separiert und in einem Gebiet bei Fort Smith angesiedelt. Man achtete nun darauf, diese letzten *Wood Buffalos* möglichst reinblütig zu erhalten. Das Ziel der Bemühungen ist, den Waldbison von der Liste der gefährdeten Arten streichen zu können.

Die Lage der Mischrasse im *Wood Buffalo National Park* ist dagegen problematisch. Denn die Präriebisons hatten Krankheiten mitgebracht, von denen auch die neue Mischart nicht verschont blieb. Rund 50% der in diesem Park lebenden Bisons galten 1997 als von Tuberkulose und und knapp 30% von Brucellose befallen. Nach langjährigem Streit mit den Viehzüchtern in den an den Nationalpark angrenzenden Gebieten, die eine Übertragung der Krankheiten auf ihre Rinder befürchteten, wurde zunächst vorgeschlagen, die erkrankten Tiere nach und nach zu töten und durch gesunde Exemplare aus anderen Reservaten zu ersetzen.

Waldbison/ Wood Buffalo

Aussicht	Vom *Mackenzie Highway* geht es 46 km westlich von Enterprise zum **Hart Lake Fire Lookout Tower**. Eine kleine Holztafel weist den Weg. An sich darf nur das Wachpersonal den Turm benutzen, Besucher dürfen aber schon mal mit nach oben. Von der Beobachtungsplattform aus überschaut man ein riesiges Waldgebiet und in der Ferne den Great Slave Lake und den Lauf des *Mackenzie River*. Waldbrände sind in dieser Gegend wegen der erwähnten Trockenheit nicht selten. Ein *Trail* führt zu einem – vom Turm aus gut erkennbaren – Steilabbruch, Überbleibsel eines urzeitlichen Korallenriffs.
Evelyn Falls	Nach weiteren 39 km auf dem *Mackenzie Highway* erreicht man über die Straße Richtung Kakisa Lake die *Lady Evelyn Falls* (7 km) mit schönem **Territorial Campground** (dem letzten Campingplatz für die nächsten 150 km) oberhalb des 15 m hohen Wasserfalls. An dessen Basis kann man schwimmen.
Tanken	Rund 4 km vor der **Junction Mackenzie/Yellowknife Highway** sollte auf jeden Fall volltanken, wer nicht in Richtung Yellowknife weiterfährt und in Fort Providence auffüllen kann. Auf den folgenden über 650 km bis Fort Nelson gibt es nur noch zwei weitere Tankstellen!
	140 km weiter passiert die Straße den kleinen, an einem Hang oberhalb des Trout River gelegenen **Whittaker Falls (Saanba Deh) Territorial Park**. Acht Plätzchen, Duschen und bereitliegendes Feuerholz warten auf Camper. Die beiden Wasserfälle verbindet ein 1 km langer *Trail am Fluß* entlang.
Fort Simpson	Von der Abzweigung des *Liard Highway* sind es nach Fort Simpson noch 64 km. Sollte die Tankstelle an der Straßenkreuzung (wie gelegentlich der Fall) geschlossen sein, bleibt zum Auftanken nichts anderes übrig, als nach Fort Simpson zu fahren. Dabei geht es 20 km vor der "Stadt" per kostenloser Fähre über den Liard River. Eine neue *Gravel Road* führt von Fort Simpson nach **Wrigley,** 222 km weiter nordwestlich.
Nahanni National Park	Das knapp 1.500 Einwohner zählende Fort Simpson mit einer kompletten Versorgungsinfrastruktur ist Ausgangspunkt für Flüge (*Flightseeing*) und Fahrten ins Hinterland, zum Beispiel in den abgelegenen *Nahanni National Park*. Dieser Nationalpark läßt sich per Straße nicht erreichen. Für einen Flug zu den 90 m hohen, mächtigen Virginia Falls – Höhepunkt vieler Trips in die NWT – zahlt man ab $200 pro Person. Beliebt sind ausgedehnte **Kanutrips** auf dem South Nahanni River. Im **Nahanni Information Centre** gibt`s Fotos und Filme von derartigen Unternehmungen.

8.2.4 Liard Highway

Verlauf

Der 393 km lange *Liard Highway*, auch *Moose Highway* genannt, führt durch eine abschnittsweise wunderschöne Waldlandschaft, in der Elche, Bisons und Bären leben. Obwohl er die einzige direkte Verbindung zwischen den Northwest Territories und British Columbia darstellt, ist das Verkehrsaufkommen gering.

Geschichte und Qualität

Vorgänger des *Liard Highway* war eine "Winterroute" zwischen Fort Simpson und Fort Nelson/Yukon Territory. 1975 entstand eine *Dirt Road*, für welche die ersten mutigen Benutzer allerdings bis zu 44 Stunden brauchten. Das brachte der Straße einen schlechten Ruf ein, der bis heute nachwirkt. Seitdem sie im Juni 1984 offiziell als *Gravel Road* für den öffentlichen Verkehr freigegeben wurde, läßt sie sich relativ gut befahren. Es kann aber auch heute nicht schaden, vor der Fahrt in Fort Simpson bzw. Fort Nelson den aktuellen Zustand zu erkunden. Unterwegs gibt es nur eine (!) **Tankstelle in Fort Liard**.

Blackstone Park am Liard River unweit der Mackenzie Mountains

Blackstone Park

Der *Blackstone Territorial Park* am Ostufer des breiten Liard River (105 km) ist der erste markante Punkt für einen Zwischenstop. Jenseits des Flusses beginnen die Mackenzie Mountains. Vom **Visitor Centre** (geöffnet von Mitte Mai bis Mitte September) hat man einen herrlichen Fernblick auf den *Nahanni Butte* (1.396 m) am Zusammenfluß von South Nahanni und Liard River. Ein hervorragender *Campground* mit Duschen lädt zum Bleiben ein.

Fort Liard

Das Nest Fort Liard (420 Einwohner) liegt 6 km abseits des *Liard Highway*. Die einzige Tankstelle weit und breit befindet sich am Abzweig. Ein "Touristenzentrum" mit Motel und **Visitor Centre** ist im Bau. Gleich am Anfang der Stichstraße passiert man den kommunalen Liard River *Campground* am Hay Lake. Der Ort selbst zeichnet sich im wesentlichen nur durch seine Lage unmittelbar am Ufer des hier 500 m breiten Liard River aus. Kanus können gemietet werden. Im Shop gibt es ***Indian Handicraft***, insbesondere Mokassins, Körbe und andere Artikel aus Leder und Birkenrinde.

Letzte Kilometer	Etwa 40 km weiter westlich passiert der *Liard Highway* die Grenze zwischen den North West Territories (*Mountain Time*) und British Columbia (*Pacific Time*). Kurz darauf überquert man den **Petitot River**, einen für sein **warmes Wasser** bekannten Fluß. Im Sommer erreicht es bis zu 21 C°; eine gute Gelegenheit für ein Bad.
	Die einspurige **Holzplankenbrücke** über den Fort Nelson River liefert noch einmal ein gutes Fotomotiv auf dem *Liard Highway*, der 27 km nordwestlich von Fort Nelson auf den *Alaska Highway* stößt.

8.2.5 Yellowknife Highway

Tanken	Direkt am *Yellowknife Highway* (342 km) gibt es vor der Fähre einen *Campground* mit Tankstelle, eine weitere Tankstelle an der Abzweigung nach Fort Providence. Eine dritte Möglichkeit, vor Yellowknife noch einmal zu tanken, bietet 245 km weiter nördlich Rae, 11 km abseits der Straße.
Fähre	Bis zur kostenlosen Fähre über den hier bereits erstaunlich breiten Mackenzie River sind es 15 km. Wegen Eisgangs kann die Strecke bis Mitte Mai gesperrt sein. Oft verschwinden die letzten Eisschollen nicht vor Ende Juni. Auf den nächsten 100 km bildet die Straße die Westgrenze des **Mackenzie Bison Sanctuary**, Reservat einer weiteren Herde reinrassiger *Wood Buffalos* (siehe oben). Aber nur mit Glück sieht man die Waldbüffel direkt an der Straße.
Bisons	

Fort Providence	Fort Providence ist ein 680-Seelen-Dorf mit überwiegend indianischer Bevölkerung. Interesse an **Indian Handicraft** – dort vor allem Stickereien aus Elchhaar – wäre ein Motiv für den Abstecher (5 km). Der schöne **Fort Providence Territorial Campground** liegt am Ufer des Mackenzie River etwa 1,5 km vom *Yellowknife Highway* entfernt.
Territorial Park am Great Slave Lake	Der *Yellowknife Highway* bietet auf den folgenden 200 km kaum Abwechslung. Beidseitig der Straße fallen die Tümpel auf, aus denen man seinerzeit den Kies zu ihrem Bau entnahm (1960). Am *North Arm Territorial Park* (232 km) gibt es einen schönen Picknickplatz am Great Slave Lake.

Der Übergang von den bewaldeten Ebenen der *Mackenzie Lowlands* zur felsigen Hügellandschaft des Kanadischen Schildes erfolgt in diesem Bereich. Die restliche Strecke bis Yellowknife ist erheblich reizvoller als der erste Abschnitt.

Rae Nach 239 km bzw. 245 km passiert man die Zufahrten zu den *Déné*-Siedlungen Edzo und Rae. Nur Rae, mit 1.400 Einwohnern die größte Déné-Stadt der NWT, bietet Versorgungsmöglichkeiten.

Yellowknife Einige Kilometer vor der Ortseinfahrt von Yellowknife liegt der **Fred Henne Recreational Park**, dessen Sandstrand am Long Lake beliebtes Ausflugsziel ist. Die Sommersonne erwärmt das Wasser des kleinen Sees auf badefreundliche Temperaturen. Der **Campground** bietet trotz des nahen Flugfeldes relativ ruhige Übernachtungsplätze in Ortsnähe. Auf dem **Prospector's Trail** (4 km) kann man die geologischen Besonderheiten der Region studieren.

Hauptstadt Yellowknife an der *Back Bay* der Slave-Lake-Nordküste beherbergt mit **17.500 Einwohnern** ein Viertel der Bevölkerung der Territories. Als Hauptstadt und Verwaltungszentrum verfügt sie über eine komplette Infrastruktur; auch der Anschluß ans nationale Flugnetz per Linienjet fehlt nicht.

Geschichte Die nach den kupfernen Messern der *dort ansässigen* Indianer benannte Stadt existiert erst seit knapp 60 Jahren. Die Entdeckung von **Gold** hatte **1934** erstmals weiße Siedler in die Gegend nördlich des Great Slave Lake gebracht. Anders als etwa beim *Klondike Goldrush* der Jahrhundertwende kamen damals nicht Tausende, um in mühseliger Handarbeit *Pay Dirt* zu waschen, sondern die Goldgewinnung nahm relativ rasch industrielle Formen an. Bis heute sind drei **Goldminen** in Betrieb, die im Jahr 6 Tonnen Gold produzieren. Die alten *Giant Mines* lassen sich besichtigen.

Der erste Weg in Yellowknife sollte zum gustausgestatteten **Northern Frontiers Regional Visitors Centre**, 4807 49th St, führen. Dort erhält man einen Ortsplan und ausführliche Unterlagen. Gratis-Kaffee, Ausstellungen und ein simulierter Flug mit einem Buschflugzeug vervollständigen den ebenso unterhaltsamen wie informativen Aufenthalt.

Museum Unbedingt besuchen sollte man das **Prince of Wales Northern Heritage Centre**, das sich von der Touristeninformation zu Fuß über einen Damm im Frame Lake erreichen läßt. Mit dem Auto fährt man einen kleinen Umweg. Das *Heritage Centre*, faktisch ein kombiniertes **Naturkunde- und Kunstmuseum**, ist ausgesprochen informativ; es thematisiert u.a. die Geschichte sowie Flora und Fauna des Nordens. Auch Kunst und Kultur der Indianer und *Inuit* wird gewürdigt. Geöffnet Juni bis August 10.30–17 Uhr, Rest des Jahres verkürzte Zeiten. Eintritt frei.

Überblick	Nicht nur durch seine Größe, sondern auch hinsichtlich der landschaftlichen Einbettung unterscheidet sich Yellowknife erheblich von anderen Orten in den Northwest Territories. Den besten Überblick über die Stadt, speziell die *Old Town* von 1934, hat man vom **Pilot's Monument** auf der dem heutigen Stadtzentrum östlich vorgelagerten Landzunge. An **Back Bay** und **Yellowknife Bay** liegen zahllose Wasserflugzeuge. Am *Government Dock* der **Old Town** legen Ausflugsschiffe, zu zweistündigen Rundfahrten in die Yellowknife Bay und vierstündigen Ausflügen auf den Great Slave Lake ab.
Abstecher	Von Yellowknife in die absolute Einsamkeit führt der **Ingraham Trail** (71 km in östliche Richtung bis zum Tibbett Lake). Jede *Picnic Area* und die beiden *Territorial Campgrounds* am Wege eignen sich gut für Kanu- und Angeltouren. Am *Prelude Lake* (30 km von Yellowknife entfernt) gibt es eine **Lodge** mit Kanuverleihstation. Mit viel Mühe und Liebe zum Detail wurde im Prelude Lake Park ein **Wildlife Trail** angelegt, an dem die Besonderheiten der Tier- und Pflanzenwelt unter den herrschenden klimatischen Verhältnissen erläutert werden.
Beurteilung	Touristisch gesehen wäre eine Fahrt in die Northwest Territories ohne den Abstecher nach Yellowknife wenig sinnvoll. Die reine einfache Fahrtzeit beträgt auf der bereits weitgehend asphaltierten Straße höchstens fünf Stunden. Einschließlich Pausen, Besichtigungen und Stippvisite auf dem *Ingraham Trail* ist der Abstecher in 3-4 Tagen gut zu "machen".

Fahrt auf dem Liard Highway nach Fort Nelson am Alaska Highway: Schotterstraße durch unendliche Weite und Einsamkeit

9. ROUTENVORSCHLÄGE

Die folgenden Vorschläge ergänzen die in den vorstehenden Kapiteln bereits großenteils als Rundfahrten angelegten Routenbeschreibungen. **Sie kombinieren in unterschiedlichen Abschnitten erläuterte Routen** so, daß möglichst viele der jeweils attraktivsten Ziele und Teilstrecken "mitgenommen" werden. Überwiegend beziehen sie sich auf Reisezeiten von 3–4 Wochen. Erweiterungen sind kein Problem. Auf einige Möglichkeiten wird hingewiesen. Sie ergeben sich aus der Lektüre der Reisekapitel fast automatisch. Für kürzere Aufenthalte von 1–2 Wochen sind in Abhängigkeit vom Startpunkt – zum Beispiel auf Basis der Übersicht in der vorderen Umschlagklappe – in Frage kommende Routen leicht zusammenzustellen.

Die **Kilometerangaben** beziehen sich auf die Summe der Entfernungen zwischen allen Punkten einer Route. Die effektiv gefahrenen Kilometer werden deutlich über dieser Zahl liegen, da Stadtverkehr, Unterkunfts-/Campingplatzsuche, Fahrten innerhalb von Nationalparks und zum Einkauf/für Unternehmungen nicht berücksichtigt wurden. Erfahrungsgemäß fallen dafür zusätzlich 15%-30% der Entfernungskilometer an.

Die Angaben zum **Zeitbedarf** beinhalten keine Aufenthaltstage am Start-/Zielpunkt und beziehen sich auf Rundfahrten ohne längere Zwischenaufenthalte. Zwar bleibt auf der Basis der gemachten Wochenangaben durchaus Zeit für "Kurzaktivitäten" wie kleine bis zu Halbtageswanderungen, für ein Entspannen in heißen Quellen und den Besuch eines Museums, sogar für volle Tage etwa in Banff oder Jasper, aber nicht für ausgedehnteres, spontanes Verweilen etwa an einem einsamen See über mehrere Schönwettertage, einen Ganztagstrip per Kanu oder Pferd etc. Wer diese Art einer ruhigen und erholsamen Reise dem Abfahren möglichst vieler Sehenswürdigkeiten vorzieht, braucht 25%-50% mehr Zeit als unten angegeben.

ROUTE 1: Durchs südliche British Columbia
Routenverlauf:

Vancouver – Whistler – Duffey Lake Road – Lillooet – 100 Mile House – Clearwater – Wells Gray Park – Jasper Nationalpark – Icefields Parkway – Abstecher in den Yoho Nationalpark (Takakkaw Falls) – Lake Louise – Banff – Abstecher nach Calgary – Kootenay Nationalpark – Radium Hot Springs – Fort Steele – Creston – Nelson/ Kootenay Lake – Nakusp Hot Springs – Vernon – Okanagan Valley – Osoyoos – Manning Park – Hope – Harrison Hot Springs – Vancouver.

Ausgangspunkte: **Vancouver, Calgary,** ggf. auch Edmonton

Streckenlänge: mit Abstechern etwa 3.100 km. Ab und bis Edmonton verlängert sich die Tour um rund 700 km.

Zeitbedarf: 3 Wochen

Empfohlener Reisebeginn:

Da der *Icefields Parkway* bis Mitte Juni noch und ab Mitte September wieder verschneit sein kann, nicht vorher und aus demselben Grund nicht später als Mitte September. Ideal wäre die zweite Augusthälfte, wenn der Reiseverkehr langsam abnimmt. Anfang September ist man dann im warmen Süden von British Columbia.

Bemerkungen:

Der Hauptakzent dieser Route liegt auf dem Besuch der Rocky Mountain Nationalparks mit viel Natur "am Wege", auf heißen Quellen und Badeseen. Die in 3 Wochen bequem zu bewältigende Rundfahrt entspricht mit kleinen Varianten der Nationalparkroute erweitert um einen "Schlenker" nach Süden zwischen Rocky Mountains und Okanagan Valley.

Erweiterungsmöglichkeiten:

Jede Reise durch British Columbia kann mit einem Abstecher nach Vancouver Island sehr schön abgerundet werden. Dabei sollte man zumindest Victoria und den Pacific Rim Nationalpark ansteuern. Die zusätzliche Streckenlänge beträgt mehr als 500 km, der minimale zusätzliche Zeitbedarf 4 Tage.

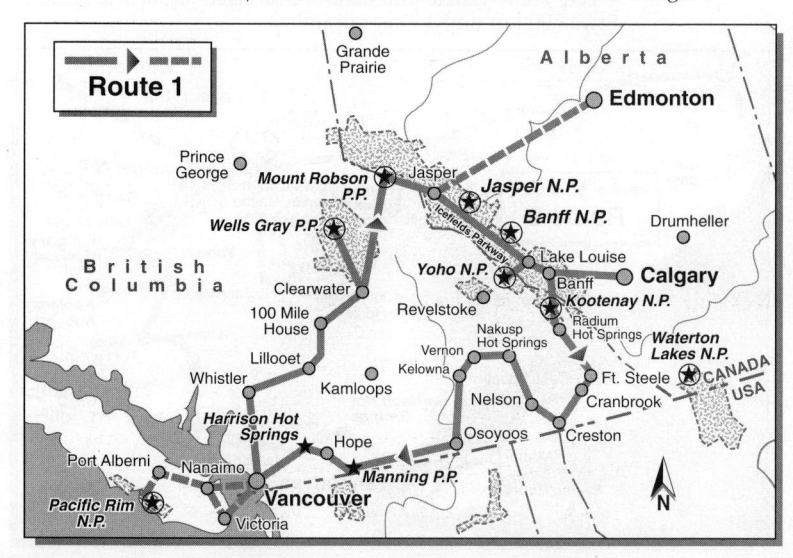

ROUTE 2: Vancouver Island und Rocky Mountain Nationalparks

Eckpunkte der Route:
Vancouver – Fähre Swartz Bay – Victoria – Nanaimo – Pacific Rim Nationalpark – Port Hardy mit Fähre nach Prince Rupert – Abstecher Stewart/Hyder – Yellowhead Hwy – Jasper – Icefields Parkway – Lake Louise – Abstecher Yoho Nationalpark – Banff/Abstecher Calgary – Kootenay Nationalpark – Glacier Nationalpark und weiter wie Nationalparkroute ab Seite 386.

Ausgangspunkte: **Vancouver** oder **Calgary**, ggf. auch Edmonton

Streckenlänge:
Mit Abstecher nach Stewart und Calgary etwa 4.300 km. Ab und bis Edmonton verlängert sich die Strecke um 700 km.

Zeitbedarf: 4 Wochen

Empfohlener Reisebeginn:
Mitte Juni bis Anfang September, siehe dazu Route 1

Bemerkungen:
Für diese äußerst abwechslungsreiche Rundstrecke muß man die Fähre Port Hardy-Prince Rupert unbedingt vorbuchen. Die Route kombiniert die Kapitel 5.5, 5.6. und 5.3.

Erweiterungsmöglichkeiten
Ab Prince George ließe sich der *Yellowhead Hwy* #16 durch folgende reizvolle Route umgehen: Prince George – Quesnel – Barkerville/Bowron Lake – 100 Mile House – Wells Gray Park – Tête Jaune Cache und dann weiter nach Jasper wie gehabt. Etwa 700 km und 3 Tage zusätzlich.

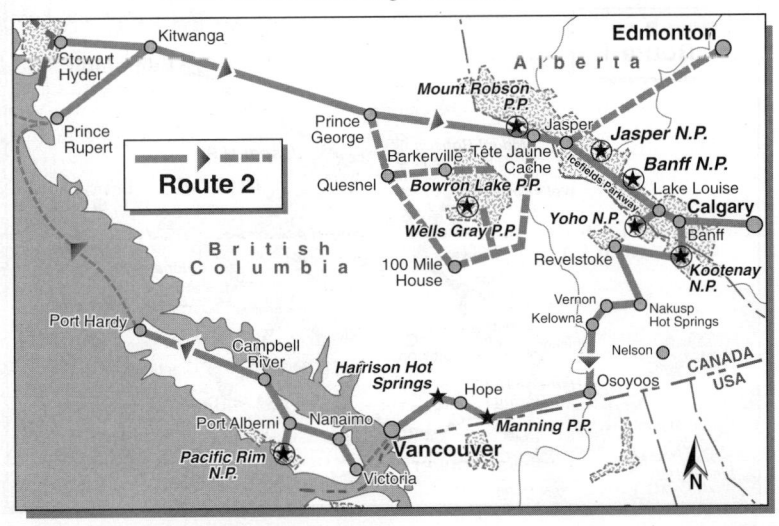

ROUTE 3: Durchs Yukon Territory und zu den Alberta Rocky Mountains

Eckpunkte der Route:
Vancouver – Hope – Barkerville – Prince George – Fort St. John – Alaska Hwy BC – Watson Lake – Alaska Hwy Yukon – Skagway/Haines (Alaska ggf. Fähre) – Alaska Hwy bis Tetlin Junction/Alaska – Dawson City – Carmacks – Campbell Hwy – Watson Lake – Cassiar Hwy – Abstecher nach Stewart/Hyder – Hazelton – Prince George – Jasper – Icefields Parkway – Lake Louise – Abstecher Banff (ggf. Calgary) – Yoho National Park – Glacier NP – Mount Revelstoke NP – Kamloops – Cache Creek – Lillooet – Vancouver.

Ausgangspunkte: Vancouver oder **Calgary/Edmonton**

Streckenlänge: mindestens 7.000 km ab Vancouver (davon 930 km Schotter). Ab Calgary bei Verzicht auf Vancouver ca. 6.300 km. Ab Edmonton bei Verzicht auf BC-Parks und Vancouver ca. 5.800 km.

Zeitbedarf:
Absolutes Minimum 4 Wochen, besser 5–6 Wochen

Empfohlener Reisebeginn:
Mitte Juni bis spätestens Mitte August. Bei Start im Juni die Rocky Mountain Parks zuerst besuchen.

Bemerkungen: Schönste und abwechslungsreichste der hier vorgeschlagenen Routen. Voraussetzung ist ein Fahrzeug, das für Fahrten in den Norden und am besten auch für Schotterstraßen zugelassen ist. Wenn *Gravel Roads* nicht befahren werden dürfen, besteht die Möglichkeit, *Campbell* und *Cassiar Highway* durch die **Fähre Skagway-Prince Rupert** zu "ersetzen". Eine ohnehin erwägenswerte und zeitsparende, aber auch teure und im voraus zu planende Alternative. Mit und ohne Fähre kombiniert diese Route viele ***Highlights des Nordens*** mit den Nationalparks im Süden.

Ersetzt man die Anreise von Vancouver nach Watson Lake über den *Alaska Hwy* durch die **Fährstrecke Vancouver Island-Prince Rupert und den *Cassiar Hwy*** nach Watson Lake (zurück dann über *Alaska Hwy*), spart man theoretisch 600 km. Praktisch wird man jedoch – einmal auf Vancouver Island – Victoria und den Pacific Rim Nationalpark besuchen, so daß beide Varianten etwa gleich lang sind. Wer die Fährkosten in seinem Urlaubsbudget verschmerzen kann, sollte sich für die Vancouver Island Route entscheiden und rechtzeitig einen Platz auf den ***BC-Ferries*** reservieren lassen.

Erweiterungsmöglichkeiten:
Insbesondere durch Umwege in den Süden von British Columbia wie in Route 1, wenn 6 Wochen oder mehr Zeit zur Verfügung stehen.

Abkürzungen:
Die Streckenführung erlaubt einige "Auslassungen". Wer allerdings auf dem *Cassiar Hwy* unterwegs ist, sollte sich den Abstecher nach Stewart/Hyder nicht entgehen lassen. Dasselbe gilt für Skagway und/oder Haines und den langen Umweg über Dawson City. Den *Icefields Parkway* könnte man zur Not auch "kippen" oder für eine weitere Reise "aufbewahren".

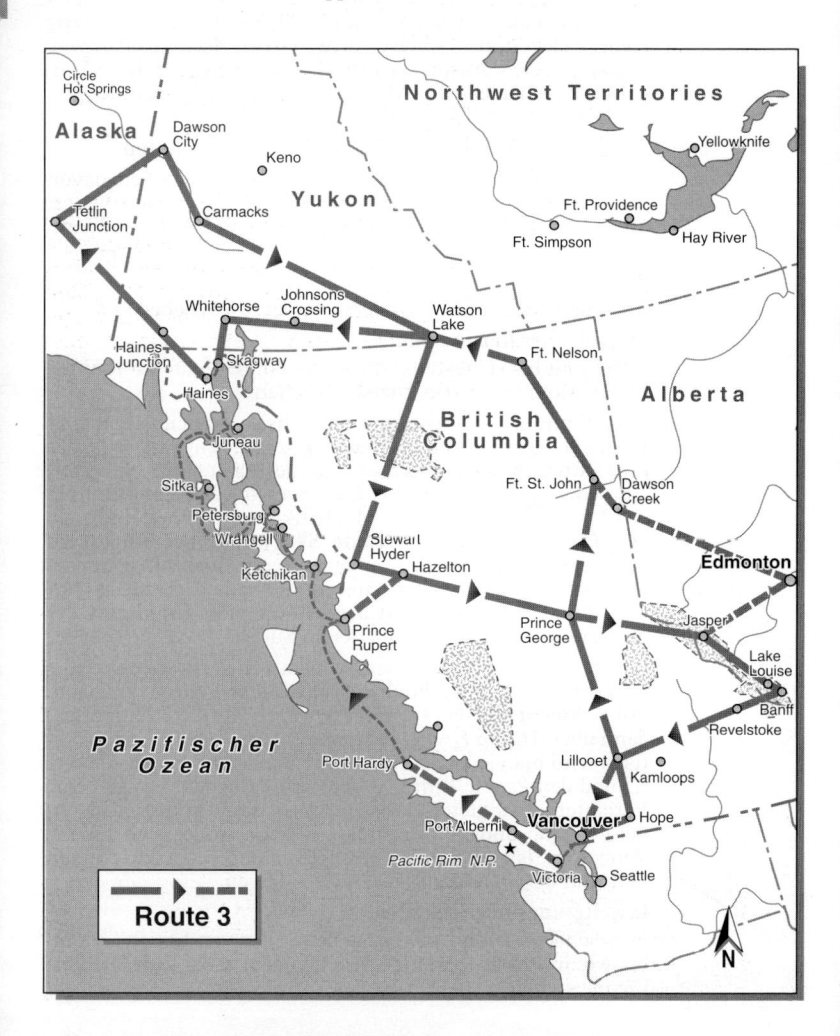

ROUTE 4: Alaska und Yukon Territory

Eckpunkte der Route:

Anchorage – Kenai Peninsula – Abstecher nach Seward – Fähre Whittier-Valdez – Glennallen – Tok – Dawson City – eventuell Abstecher nach Keno (Silver Trail) – Whitehorse – Skagway/Haines (Fähre) – Haines Junction – Alaska Hwy – Fairbanks – Denali Nationalpark – Anchorage.

Ausgangspunkte: Anchorage oder **Whitehorse**

Streckenlänge: 3.400 km (davon 280 km Schotter)

Zeitbedarf: gut machbar in 3 Wochen, minimal 17 Tage

Empfohlener Reisebeginn: Ab Mitte Juni bis Mitte August

Bemerkungen:

Die Route entspricht der Alaska Rundtour des Kapitels 7.3 ergänzt um Teile des *Alaska Hwy* (Abschnitt 6.2.6) und den *Klondike Hwy* (Kapitel 6.2.4 und 6.3). Damit kombiniert sie die meisten Alaska *Highlights* mit den attraktivsten Strecken und interessantesten Zielen im Yukon Territory. Die **Fähre Whittier-Valdez** sollte, die **Fähre Seward-Valdez** muß vorgebucht werden. Auf der Strecke Skagway–Haines kommt man mit Glück auch kurzfristig unter; zur Not fährt man den *Klondike Hwy* bis Whitehorse zweimal.

Erweiterungsmöglichkeiten:

Mit ein bißchen Extrazeit könnte man noch zusätzlich Atlin, Keno oder Homer besuchen und von Skagway/Haines aus einen Abstecher zum *Glacier Bay National Park* machen.

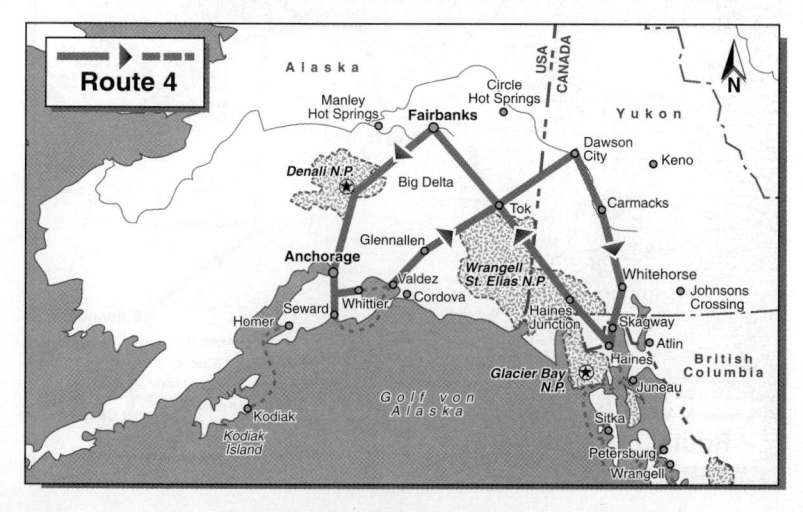

ROUTE 5: Northwest Territories, Cassiar Highway und Rocky Mountains

Eckpunkte der Route:

Edmonton – Peace River – Mackenzie Hwy – Hay River – Abstecher nach Yellowknife – Liard Hwy – Alaska Hwy – Watson Lake – Cassiar Hwy – Abstecher nach Stewart/Hyder – Kitwanga/Hazelton – Prince George – Jasper – Icefields Parkway – Lake Louise – Yoho Nationalpark – Golden – Radium Hot Springs – Kootenay Nationalpark – Banff – Calgary – Edmonton.

Ausgangspunkte: **Edmonton** oder **Calgary**

Streckenlänge: ca. 5.800 km, davon 1.060 km Schotterstraße

Zeitbedarf: 4 Wochen, 3 Wochen bei Auslassen des Abstechers nach Yellowknife und ohne Umweg über Yoho und Kootenay Nationalparks

Empfohlener Reisebeginn: Mitte Juni bis Mitte August

Bemerkungen:

Die Route entspricht der in Kapitel 8 beschriebenen Tour durch die Northwest Territories in Kombination mit dem Abschnitt 6.2.2 im Kapitel *Alaska Hwy* und den Abschnitten 5.3.3-5 und 5.4.3 im British Columbia Kapitel. Eine schöne Erweiterung wäre eine Fahrt durch das Yukon Territory (der nordwestliche Teil der Route 3; 2.600 km ab/bis Watson Lake), ggf. mit anschließender Fährstrecke Skagway–Prince Rupert.

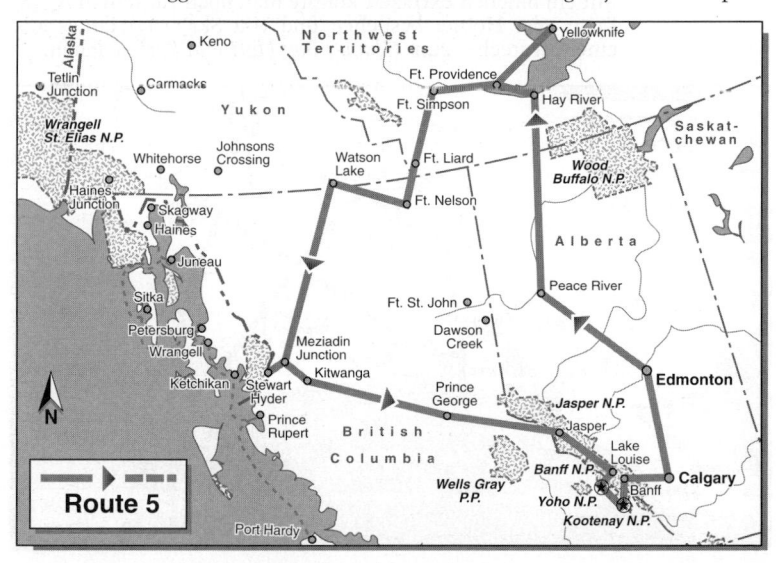

ROUTE 6: Transkontinentalreise von Toronto nach Vancouver

Eckpunkte der Route:
Toronto – Bruce Peninsula – Manitoulin Island – Sault Ste. Marie – Thunder Bay – Fort Frances – Kenora – Winnipeg – Portage La Prairie – Riding Mountain Nationalpark – Saskatoon – Prince Albert Nationalpark – Meadow Lake Provinzpark – Edmonton – Jasper – Icefields Parkway – Lake Louise – Abstecher in den Yoho Nationalpark – Banff – Abstecher nach Calgary – Kootenay Nationalpark – Glacier Nationalpark – Mount Revelstoke Nationalpark – Arrow Lake/Nakusp – Kootenay Lake/Nelson – Rossland – Osoyoos – Manning Provinzpark – Vancouver.

Ausgangspunkte: **Toronto** oder **Vancouver**

Streckenlänge: 6.300 km einschließlich der Abstecher

Zeitbedarf: 4 Wochen, besser wären 5-6 Wochen Zeit

Empfohlener Reisebeginn: Ab Ende Mai bis Mitte August; bei Start in Vancouver ab Mitte Juni bis Anfang September.

Bemerkungen:
Die Route entspricht durch Ontario der Beschreibung im Abschnitt 3.2.2, durch die Prärien den Abschnitten 3.3.5 und 3.3.6 in Saskatchewan. Bis einschließlich Jasper ist die hier vorgeschlagene Fahrtstrecke nach Meinung der Autoren die reizvollste. Allerdings können bei dieser Routenentscheidung schöne Ziele im Einzugsbereich des *Trans Canada Hwy* durch die Prärien nicht besucht werden. In Edmonton bzw. Jasper wird die Nationalparkroute (Kapitel 5.3) durch British Columbia erreicht, die hier mit einer kleinen Variante (Abschnitt 5.4.3) durch den Süden der Provinz abschließt.

Alternative Routenführung:
Bei knapper Zeit und für den Fall, daß Ziele weiter südlich reizen (*Cypress Hills, Dinosaur Park*, Regina), könnte man westlich des *Riding Mountain* Park den *Yellowhead Hwy* verlassen, über Fort Qu'Appelle nach Regina fahren und dann weiter dem *Trans Canada Hwy* folgen.

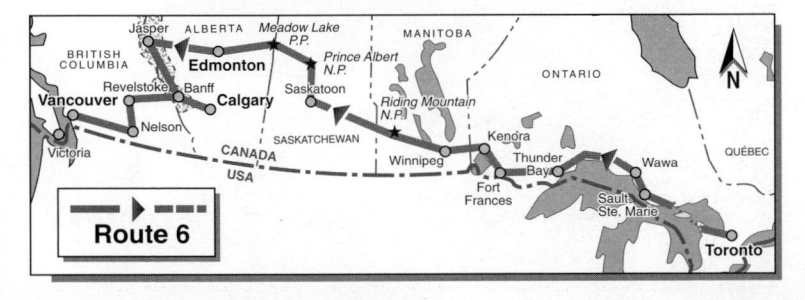

ANHANG

A. **AKTUELLES CANADA** **604**
- Steckbrief 604
- Bevölkerung 605
- Sprachen 606
- Politik 606
- Wirtschaft 609

B. **ADRESSENANHANG** **610**
- Fremdenverkehrsbüros 610
- Botschaften Canada 611
- Diplomatische Vertretungen in Canada und den USA 611

C. **VERZEICHNISSE** **613**
- Index Sachbegriffe 613
- Index geographische Begriffe 615
- Kartenverzeichnis letzte Seite

A. AKTUELLES CANADA

Steckbrief CANADA

Unabhängigkeitsjahr	
de facto im *Britisch North America Act*:	1867
nominell im *Statute of Westminster*	1931
Eigene Verfassung:	seit dem 17.4.1982
Staatsoberhaupt:	Queen Elizabeth II.
Staatsflagge:	Ahornblatt, seit 1965
Nationalfeiertag:	1. Juli, Canada Day
Gebiet:	9.976.139 km^2
	(einschließlich 755.169 km^2 Binnengewässer)
Bevölkerung:	29.248.000
Bevölkerungsdichte:	3 Einwohner pro km^2 Landfläche
Hauptstadt:	Ottawa (seit 1858)
Provinzen:	Alberta, British Columbia, Manitoba, New Brunswick, Newfoundland, Nova Scotia, Ontario, Prince Edward Island, Québec und Saskatchewan
Territorien:	Yukon Territory, Northwest Territories
Amtssprachen:	Englisch und Französisch
Höchster Berg	Mount Logan 5.959 m
Längster Fluß:	Mackenzie River 4.241 km
Größte Insel:	Baffin Island 507.451 km^2
Größter See:	Lake Superior 84.131 km^2
Einwohner der Metropolen:	Toronto 3.900.000 Einw.
(jeweils Einzugsbereich)	Montréal 3.100.000 Einw.
	Vancouver 1.600.000 Einw.

Hauptexportländer: USA 80%, Japan 4%, Großbritannien 2% Deutschland 1%, Südkorea 1%

Hauptimportländer: USA 75%, Japan 4%, Großbritannien 3%, Mexiko 2%, Deutschland 1%

Hauptexportprodukte:	Kraftfahrzeuge/teile	25%
	Erdöl/gas	9%
	Maschinen	23%
	Industriegüter	19%
	Forstwirtschaft/Papier	15%
Hauptimportprodukte	Kraftfahrzeug/teile	22%
	Maschinen	34%
	Andere Industriegüter	20%
	Konsumgüter	12%
	Landw. Produkte	6%

Bevölkerung

Verteilung

Mit 3 Einwohnern pro km^2 (zum Vergleich 223 Einwohner pro km^2 in Deutschland) ist Canada eines der am dünnsten besiedelten Länder der Erde. Allerdings liefert diese rein statistische Zahl ein ziemlich verfälschtes Bild der tatsächlichen Besiedelungsverhältnisse. Rund ein Drittel der Bevölkerung lebt im Einzugsbereich der 3 Metropolen Toronto, Montréal und Vancouver und ein weiteres Drittel in Städten über 10.000 Einwohnern. Weit über 90% aller Kanadier haben ihren Wohnsitz innerhalb eines 500 km breiten Streifens entlang der Grenze zu den USA. Die wenigen Bewohner außerhalb dieser Zone konzentrieren sich auf Siedlungen entlang einer Handvoll Straßen. Unglaublich ausgedehnte Gebiete im Norden sind völlig menschenleer.

Einwanderung

Zwar kontrollieren seit den 50er Jahren strenge Einwanderungsbeschränkungen Zahl und Zusammensetzung der kanadischen Bevölkerung, aber dennoch nahm das Land seither über 5 Millionen Immigranten auf, fast 20% der derzeitigen Bevölkerung. Zukünftige Kanadier müssen einer gesuchten Berufsgruppe angehören, ein gutes Finanzpolster mitbringen oder (erfolgreich) politisches Asyl beantragen, um Einlaß zu erhalten. Den Wunsch, sich als Aussteiger in die Wildnis zurückzuziehen und sich am einsamen See ein Blockhaus zu bauen, dürfen sich nur Kapitalkräftige erfüllen.

Ethnische Gruppen

Kanadier britischer (40%) und französischer (27%) Abstammung stellen die größten Bevölkerungsanteile. Menschen anderer Herkunft (einschließlich der Ureinwohner, der Indianer und *Inuit*), machten bei Gründung des *Dominion of Canada* 7% aus. Heute sind es 33%. Deutsche Einwanderer kamen regelmäßig ins Land, wobei das Ende des 2. Weltkriegs bis Mitte der 50er Jahre einen besonders starker Immigrationsschub brachte. Noch 1960 machten Deutsche rund 10% der Canada-Einwanderer aus. Insgesamt besitzen heute 5% der Kanadier deutsche Vorfahren. Ebenfalls nach dem 2. Weltkrieg gab es einen starken Zuzug aus Italien. Über eine halbe Million Italiener ließen sich vor allem in den Großstädten des Ostens, besonders im Raum Toronto, nieder. Ukrainer stellen die nächstgrößte Minderheit. Viele ihrer Vorfahren kamen schon zu Anfang dieses Jahrhunderts und sorgten in den Prärieprovinzen für starke ukrainische Gemeinden.

Während bis in die 60er Jahre hinein die Einwanderer im wesentlichen aus Mittel- und Osteuropa kamen, sind seither Immigranten aus Asien in der Mehrheit. Die Zahl Schwarzer blieb in Canada vergleichsweise niedrig.

Sprachen

Situation 66% der Kanadier pflegen Englisch und ca. 27% Französisch als Umgangssprache. Hinzu kommen in bestimmten Regionen verschiedene Inuit- und Indianeridiome sowie die Sprachen ethnischer Minderheiten, darunter Deutsch, Ukrainisch, Italienisch, Chinesisch und Japanisch.

Offizielle Zweisprachigkeit Canada tat mit dem *Official Languages Act* von 1969, der dem Land zwei Amtssprachen gab, einen wichtigen Schritt zur Beruhigung eines nichtsdestoweniger bis heute schwelenden Sprachenkonflikts. Jeder Bürger hat seither das Recht, bei Ämtern und Behörden in Englisch oder Französisch vorzusprechen und Formulare in der Sprache seiner Wahl zu verlangen. In der Realität jedoch ist Canada von einer echten Zweisprachigkeit weit entfernt. In der Provinz Québec wird fast ausschließlich Französisch, im Rest des Landes ganz überwiegend Englisch gesprochen. In den Westprovinzen ist Englisch faktisch alleinige Umgangssprache. Französisch hört man nur vereinzelt und in eng umgrenzten Bezirken (z.B. St. Boniface in Winnipeg). Besuchern fällt die Zweisprachigkeit allenfalls an den in Französisch **und** Englisch gehaltenen Broschüren und Schildern der Nationalparks und Veröffentlichungen anderer regierungsoffizieller Organisationen und Stellen auf.

Problem Québec Trotz des *Languages Act* weigert sich die Provinz Québec hartnäckig, Englisch neben Französisch gleichberechtigt zuzu-lassen. Unter Mißachtung eines Urteils des obersten kanadischen Verfassungsgerichtshofes lehnte die Regierung in Québec die Errichtung zweisprachiger Hinweisschilder ab.

Im sogenannten *Meech Lake Agreement* sollte 1987 sogar eine eigenständige kulturelle Entwicklung der französischsprachigen Bevölkerungsgruppe verfassungsrechtlich festgeschrieben werden. Kritiker an dieser Regelung wendeten sich gegen Sonderbestimmungen für nur eine Bevölkerungsgruppe, die andere Minoritäten, wie z. B. Indianer und Inuit nicht berücksichtigten. 1990 wurde das *Meech Lake Agreement* dennoch in den meisten Provinzen ratifiziert, aber in Manitoba und Neufundland abgelehnt. Die Verfassungsänderung trat daher nicht in Kraft. Ergebnis war eine weitere Verstärkung separatistischer Bewegungen in Québec. 1995 sprach sich die Bevölkerung Québecs in einem Referendum mit der denkbar knappen Mehrheit von 50,6 % für den Verbleib in Canada und gegen eine eigenstaatliche Unabhängigkeit aus.

Politik

Verfassung Mit dem *British North America Act* (auch: *Constitution Act*) gab Großbritannien seinen Provinzen New Brunswick, Nova Scotia, Ontario und Québec 1867 eine eigene Verfassung und einte sie im *Dominion of Canada*. Nach wenigen Jahren schlossen sich Prince Edward Island, British Columbia und Manitoba dem Bund an, Anfang dieses Jahrhunderts Alberta und Sasketchewan, 1949 als letzte Provinz Newfoundland.

Die Konstitution unter britischer Oberhoheit sah eine Kompetenzenteilung zwischen Bund und Provinzen vor, der Zentralregierung die bundesweite Verantwortung insbesondere für die Außen- und Verteidigungspolitik sowie Wirtschaft und Finanzen übertrug. Eine eigenständige von der einstigen Kolonialmacht unabhängige kanadische Verfassung löste erst 1982 den *Constitution Act* von 1867 ab.

Konstitutionelle Monarchie

Canada blieb auch unter der neuen Verfassung eine konstitutionelle Monarchie mit *Queen Elizabeth II.* von England als offiziellem Staatsoberhaupt. Die englische Krone wird in Canada durch einen vom kanadischen Premierminister vorgeschlagenen Generalgouverneur vertreten. Seine Befugnisse beschränken sich auf wenige formale Amtshandlungen; die Regierungsgewalt liegt beim Premierminister.

House of Commons und Senat

Die Legislative setzt sich aus dem *House of Commons* (Unterhaus) und dem *Senate* (Oberhaus) zusammen. Das *House of Commons* bestimmt die Gesetzgebung des Bundes. Seine 295 Mitglieder werden direkt in ebensovielen Wahlkreisen gewählt, wobei mindestens alle fünf Jahre eine Neuwahl abgehalten werden muß. Bedingt durch das Mehrheitswahlrecht ist ein Abgeordneter schon gewählt, wenn er die relative Mehrheit in seinem Wahlkreis erreicht hat. Die 104 Mitglieder im *Senate* werden nach einem regionalen Schlüssel auf Vorschlag des Premierministers durch den Generalgouverneur ernannt. Dadurch liegen die Mehrheitsverhältnisse in *Senate* manchmal anders als im *House of Commons*. Allerdings kann der *Senate* die Verabschiedung eines Gesetzes nur hinauszögern, nicht verhindern.

Parteien

Die Parteienlandschaft in Canada wurde im wesentlichen von drei überregionalen Parteien bestimmt, der *Liberal Party*, der *New Democratic Party* und der *Progressive Conservative Party*. In der Provinz Québec spielt die separatistische *Parti Québécois* eine starke Rolle.

Aktuelle Situation

1984 kam der konservative Politiker *Brian Mulroney* an die Macht, er konnte seinen Wahlerfolg 1988 wiederholen. 1993, als seine Wiederwahl kaum noch zu retten war, trat er ab und übergab sein Amt an *Kim Campbell*. Bei den Neuwahlen im selben Jahr vollzog sich eine erdrutschartige Umschichtung der Wählergruppen. Die bisher mit absoluter Mehrheit regierende *Progressive Conservative Party* fiel auf 16,1% zurück und mußte sich mit nur 2 (zuvor 170) Sitzen im Unterhaus begnügen. Ebenfalls einen drastischen Rückschlag erlitt die *New Democratic Party*. Sie gewann mit 6,6% nur 9 Sitze (zuvor 43). Nur die Liberalen konnten sich mit 41,6% der

Stimmen als einzige überregionale Partei halten (176 Sitze, zuvor 82 Sitze). Dafür rückten zwei regionale Parteien ins Parlament ein. Die ausschließlich in der Provinz Québec angetretene separatistische *Parti Québécois* erhielt in Québec 49,2%, landesweit umgerechnet 13,9% und damit 54 Sitze. In den Westprovinzen gewann der populistisch konservative Reformblock zahlreiche Anhänger und konnte mit 18,1% der Gesamtstimmen 53 Sitze gewinnen. Er wurde in Alberta und British Columbia stärkste Kraft, während in allen anderen Provinzen (bis auf Québec) die Liberalen die Mehrheit erhielten. Die regierende bundesweit vertretene *Liberal Party* trifft damit im Parlament auf nur noch zwei nennenswerte Oppositionsparteien, die beide ausschließlich regional aktiv sind. Bei den Wahlen 1997 konnte die Liberal Party unter Premierminister *John Chrétien* knapp ihre Mehrheit behaupten. Größte Oppositionspartei ist der sog. Reformblock.

Die Territorien Das Yukon Territory und die Northwest Territories unterstehen direkt der Bundesregierung in Ottawa. Ein Beauftragter, der *Commissioner*, verwaltet die Gebiete im Norden mit Hilfe eines direkt gewählten Territorialrates. Seit einigen Jahren sind Bestrebungen im Gang, mehr Selbständigkeit zu erlangen. Die Wähler in den Northwest Territories stimmten 1992 bereits für ein eigenes von den *Inuit* ab 1999 selbstverwaltetes Territorium *Nunavut* ("unser Land"), das für die rund 18.000 *Inuit* eine Fläche von 2 Mio km² vorsieht (mehr als die Hälfte der heutigen Northwest Territories).

Indianer und Inuit Weitere Diskussionspunkte in den Territorialparlamenten ergeben sich aus den Ansprüchen und Konflikten der unterschiedlichen Indianer- und Inuitverbände bei der militärischen und wirtschaftlichen Erschließung des Nordens. Sie geben sich nicht mehr allein mit Geldzuwendungen zufrieden, sondern setzen der Bevormundung aus dem Süden politischen Widerstand entgegen und fordern Mitbestimmung und Lizenzabgaben der kanadischen und ausländischen Firmen direkt an ihre Stämme.

Rechtswesen Das kanadische Rechtswesen geht – mit Ausnahme von Québec, welches den *Code Civil* Frankreichs adaptiert hat – zurück auf das britische *Common Law*. Von Ottawa erlassene Gesetze haben im ganzen Land Gültigkeit, die oberste Instanz für alle Rechtsfragen ist das *Supreme Court of Canada*, vergleichbar unserem Bundesgerichtshof. Provinzgesetze gelten ausschließlich in der jeweiligen Provinz. Dadurch ergeben sich teilweise erhebliche Unterschiede in der Rechtsprechung benachbarter Provinzen.

Sozialstaat Canada besitzt eine provinzübergreifende Sozialgesetzgebung, dessen Maschen wesentlich dichter geknüpft sind als etwa in den USA. Insbesondere bei der Krankenversicherung gibt es gravierende Unterschiede. Während Erkrankungen für viele US-Bürger zum finanziellen Ruin werden können, wurde in Canada schon Ende der 50er Jahre die allgemeine Krankenhausversicherung eingeführt. Ein Jahrzehnt später kam eine allgemeine Krankheitskostenversicherung hinzu. Der Grad der Absicherung ist mit dem in Deutschland vergleichbar. Auch Arbeitslosen- und Rentenversicherungsregelungen ähneln eher europäischen Normen als denen des Nachbarn.

Wirtschaft

Industrienation Canada

Bereits Ende des 19. Jahrhunderts begann die Entwicklung des zunächst weitgehend agrarisch orientierten Landes zu einer Industrienation; und schon in den 20er Jahren lebte nur noch ein Drittel der Erwerbstätigen von der Landwirtschaft. Bis heute spielen aber Getreide und Fleisch der Prärieprovinzen für die Gesamtwirtschaft und den Export Canadas immer noch eine große Rolle. Angesichts der dort vorhandenen enormen Anbauflächen und Viehweiden überrascht, daß gegenwärtig nur noch 3% der Erwerbstätigen im Agrarsektor arbeiten. Auch in den einstmals bedeutenden Wirtschaftszweigen wie Fischfang, Jagd und Holzfällerei sind insgesamt nicht mehr als 1% der Erwerbstätigen beschäftigt. Die verarbeitende Industrie Canadas konzentriert sich stark auf den Süden Ontarios. Dort findet man zahlreiche Betriebe der Automobil- und Maschinenbaubranche.

Rohstoffreserven

Vor allem im Norden lagern noch weitgehend unangetastete Bodenreserven, darunter unermeßliche Vorräte an Ölsänden. Aber bereits mit dem jetzt erreichten Grad der Ausbeutung seiner Rohstoffe zählt Canada zu einem der größten Produzenten der Welt. Canada oder besser die Provinz Alberta, deren Förderung über 90% der kanadischen Gesamtmenge ausmacht, steht auf der Rangliste der Erdöl produzierenden Länder auf Platz 10, in der Erdgasproduktion sogar auf Platz 3. In der Nickel-, Uran- und Zinkproduktion nimmt Canada eine Weltspitzenposition ein, bei Aluminium Platz 3, Kupfer Platz 4, Gold und Blei Platz 5, Silber Platz 6. Trotz seiner geringen Einwohnerzahl besetzt Canada daher einen der oberen Plätze im internationalen Wirtschaftsgefüge und gehört zum illustren Kreis der sieben wichtigsten westlichen Industriestaaten G 7.

Struktur der Arbeitnehmer

Über 74% aller Erwerbstätigen arbeiten heute im Dienstleistungssektor, davon ein großer Teil im Tourismus und von ihm abhängigen Branchen. Nur 22% sind in Produktionsbetrieben beschäftigt. Insbesondere im Norden ist ein Großteil der Arbeitsplätze direkt oder indirekt vom Staat abhängig. Die Arbeitslosenquote liegt mit 10%-11% und mehr traditionell relativ hoch. Dabei sind bestimmte Bevölkerungsgruppen wie Indianer und Inuit überproportional betroffen.

Außenhandel Die wirtschaftliche Struktur Canadas ist eng mit dem Haupthandelspartner USA verwoben. 80% der kanadischen Exporte (überwiegend industrielle Halb- und Fertigfabrikate) gehen zum südlichen Nachbarn, 75% der Importe kommen von dort. Schwankungen der Wirtschaftsentwicklungen in den USA übertragen sich daher in starkem Maße auf die Wirtschaft Canadas - positiv wie negativ. In andere wichtige Industrieländer (Japan, Großbritannien und Deutschland) werden hauptsächlich Rohstoffe, Holz- und Landwirtschaftsprodukte exportiert. 1994 trat das nordamerikanische Freihandelsabkommen (*North American Free Trade Agreement*, kurz NAFTA) zwischen Mexiko, USA und Canada in Kraft, das ähnlich dem Vorbild der EG die Grenzen für einen gegenseitigen Warenaustausch weiter öffnet. Canada verspricht sich davon zusätzliche Impulse.

Umweltprobleme Wenngleich Canada wegen seiner Geographie und der in weiten Landesteilen extremen Klimabedingungen nur regional industrialiert werden konnte, blieben typische Probleme der Industrieländer nicht aus. Selbst in Canada sind Umweltprobleme nicht unbekannt. Beispielsweise verursacht durch die Abholzung der Westküsten-Regenwälder und die damit einhergehende Wasser- und Luftverschmutzung durch riesige Pulp *Mills* (Papiermühlen) in British Columbia oder durch – größtenteils aus den USA kommenden – "Sauren Regen", der sich in Regionen Ontarios und Québecs abregnet, die fernab der industriellen Zentren liegen.

B. ADRESSEN

Unterlagenversand für deutschsprachige Länder:

Canada Tourismus Programm
Postfach 200247
63469 Maintal
℡ (06181) 45178 (*Canada Hotline* und Versandservice)
Fax (06181) 497558

Fremdenverkehrsbüros der einzelnen Provinzen
Travel Alberta
705, 10045-111 St
Edmonton, AB T5K 2M5
℡ (403) 427-4321 und ℡ 1-800-661-8888; Fax (403) 427-0867
Internet-Info unter http://www.gov.ab.ca

Tourism British Columbia
Parliament Buildings
1117 Wharf Street
Victoria, BC V8V 1X4
✆ 1-800-663-6000 und ✆ (250) 387-1642; Fax (250) 387-9406

Internet-Info unter http://www.travel.bc.ca

Travel Manitoba
7th Floor, 155 Carlton St.
Winnipeg, MB R3C 3H8
✆ (204) 945-3777 und ✆ 1-800-665-0040
Fax (204) 945-2302

Internet-Info unter http://www.gov.mb.ca/travel-manitoba

Northwest Territories
Yellowknife, NWT X1A 2L9
✆ (867) 873-7200 und ✆ 1-800-661-0788
Fax (867) 873-0294

Internet-Info unter http://www.nwtravel.nt.ca

Ontario Travel
900 Bay St
Toronto, ON M7A 2E1
✆ 1-800-668-2746 und ✆ (416) 314-0944
Fax (416) 314-7574

Internet-Info unter http://www.ontario-canada.com

Tourism Yukon
P.O. Box 2703
Whitehorse, YT, Y1A 2C6
✆ (867) 667-5340, Fax (867) 667-3546

Internet-Info unter http://www.touryukon.com

Tourism Saskatchewan
Saskatchewan Trade & Convention Centre
500-1900 Albert St
Regina, SK S4P 4L9
✆ (306) 787-2300 und ✆ 1-800-667-7191; Fax (306) 787-5744

Internet-Info unter http://www.sasktourism.sk.ca

Alaska Division of Tourism
P.O. Box 110801
Juneau, AK 99811-0801
✆ (907) 465-2010
Fax (907) 465-2287

in Deutschland:
Friedberger Landstraße 96
60316 Frankfurt/Main
✆ (01805) 215253
Fax (069) 438388

Internet-Info unter http://www.state.ak.us/tourism

Kanadische Botschaften

Deutschland:
Godesberger Allee 119
53175 Bonn
✆ (0228) 9680
Fax (0228) 9683900

Schweiz:
Kirchenfeldstr. 88
CH-3005 Bern
✆ (031) 3573200
Fax (031) 3573210

Österreich:
Laurenzerberg 2
A-1010 Wien
✆ (01) 531 383000
Fax (01) 531383906

Botschaften in Canada:

Deutsche Botschaft

Embassy of the Federal Republic of Germany
275 Slater Street, 14th Floor
Ottawa, ON K1P 5H9
✆ (613) 232-1101

Österreichische Botschaft

Austrian Embassy
445 Wilbrod Street
Ottawa, ON K1N 6M7
✆ (613) 789-1444   Fax (613) 789-3431

Schweizer Botschaft

Embassy of Switzerland
5 Marlborough Ave.
Ottawa, ON K1N 8E6
✆ (613) 235-1837   Fax (613) 563-1394

Botschaften in den USA:

Deutsche Botschaft

Embassy of the Federal Republic of Germany
4645 Reservoir Road NW
Washington DC 20007-1998
✆ (202) 298-4000   Fax (202) 298-4249

Österreichische Botschaft

Austrian Embassy
3524 International Court NM
Washington DC 20008
✆ (202) 895-6700   Fax (202) 895-6750

Schweizer Botschaft

Embassy of Switzerland
2900 Cathedral Ave NW
Washington DC 20008
✆ (202) 745-7900   Fax (202) 387-2564

INDEX SACHBEGRIFFE

Alkoholika	150 f
Hudson's Bay Compamy	285
Angeln	36 f
Apotheke	158
Ärzte	158
Auto-Drive-Away	116
Autokauf	99 ff
Automiete	66 ff
Automobilklubs	132
Bäder	33
Banken	158
Bären	17 f, 561, 573
Bargeld	48
Bargeld per Kreditkarte	53
Bed & Breakfast	140
Bergsteigen	32
Bisons	588
Botschaften	611
Busse	104 ff
– Buspässe	105
– Greyhound	104 ff
– Kosten Busreise	107
Camp-Tickets	61 f
Camperkauf	95 ff
– Werkzeug	92, 123, 160
Campermiete	76 ff
– Campertypen	76 ff
– CDW	87
– Einwegmiete	87
– Haftpflicht	87
– Kaution	88
– Konditionen	83 ff
– Kosten	96 ff
– Kosten, Berechnung der	84
– Motorhome	78, 82
– Pick-up Camper	79, 81
– Recreational Vehicle	76
– Reparaturen	92
– Rückgabe	93
– Tarife	83
– Transfer	94
– Übernahme	91
– Van Camper	77, 81
– VIP	88
– Vollkasko	87
– vor Ort	89
– Voraussetzungen	66, 76, 87
– VW-Camper	77, 81
– Wartung	92
– Wohnwagen	80
Camping	142 ff
– "Schwarz" campen	147
– Campingführer	142
– Details	142
– Forest Service	144
– Hook-up	143
– KOA	146
– Komfort	143
– kommerzielle Plätze	145
– Kosten	143
– Nationalparks	143
– öffentliche Plätze	143 f
– Provinzparks	144
– Reservierung	146
– Vergaberegeln	145
Canada	
– Bevölkerung	14, 605
– Fläche	14
– Fremdenverkehrsbüros	610
– Geographie	14
– Geschichte (siehe unter den einzelnen Provinzen)	
– Kanadischer Schild	14
– Klima	20
– Niederschläge	23
– Politik	607 f
– Sprachen	606
– Temperaturen	20 f, 165
– Tiere	14
– Umwelt	610
– Vegetation	14
– Wirtschaft	609
Credit Cards	51 ff
CVJM	140
Datum	159
Deutsche Welle	123
Dirt Road	128
Einreise Canada	40
Einreise USA	41
Eisenbahn	109 ff
Eishockey	216
Elektrizität	159
Elektroadapter	121, 159
Erste Hilfe	122
Eskimos	582

Fast Food	153 ff
Feiertage	159
Filme	120
Flüge	56 ff
– Buchung in Canada/USA	65
– in Canada	61
– Kanadische Airlines	61
– Last Minute	60
– nach Canada	56 ff
– nach Canada über USA	59
– Tarife	57, 58
– US-Airlines	64
– Vielfliegerprogramme	59
Fluggepäck	57
Fremdenverkehrsbüros	611
Führerschein	66, 125
Gewichte	159
Goldwaschen	39
Gravel Road	127
GST (General Sales Tax)	165
Hausboote	34
Heiße Quellen	33
Hotels/Motels	133 ff, 118 ff
– Absage	137
– Ausstattung	134
– Betten	135
– Cabin	133
– Coupons	119
– Frühstück	135
– Großstädte	118
– Kosten	135
– Lodge	134
– Motel	133
– Motor Inn	134
– Nationalparks	118
– Reservierung	136 ff
– Steuern	135
– Suche	133
– Telefonnummern	137
– Trinkgeld	137 f
– Verzeichnisse	136
– Vorbuchung	118, 120
Hutterer	388
Inuit	582
Jagen	38
Jugendherbergen	140
Kamera	121

Kanu	34
Kneipen	157
Kocher	123
Konsulate	611
Kreditkarten	51 ff
Lebensmittel	149 f
"Lebende Museen"	13
Living Museum	13
Logging Road	129
Maße	160
Medikamente	122
Motels	133 ff, 118 ff
Mountain Bikes	36
Mücken	27
Nationalparks	28, 143
Notfall	161
Ölwechsel	131
Orientierung	129 f
Per Anhalter	113
Permafrost	485
PKW-Miete	66 ff
– CDW/LDW	73
– Einwegmiete	68
– Fahrzeugtypen	67
– Gebietsausschlüsse	
– Haftpflicht	70
– Kosten	95 ff
– Kurzmiete	75
– lokale Vermieter	75
– Radio/Cassette	122
– Rückgabe	90
– Tanken	74, 88
– Tarife	69, 74
– Tarifdiscount	75
– Tarifelemente	68
– Übernahme	90
– Versicherung	67
– Vollkasko	73
– vor Ort	74
– Voraussetzungen	66
– Zusatzversicherungen	73
Polarlicht	513
Polizei	125
Post	161
Provinzparks	28, 144
Radfahren	36
Radio	123

Rail & Fly	58	Tempolimit	125
Rastplätze	126	Terry Fox	273
Regenwald	450	Trampen	113
Reiserouten	594	Traveller Cheques	49
Reisesaison	25		
Reiseschecks	49	**Ü**berführung	116
Reiten	33	Umsatzsteuer	
Reparaturen	130	siehe Sales Tax	165
Restaurants	156 f		
River Rafting	35	**V**erkehrsregeln	124
Royal Canadian Mounted Police		Versicherungen	45
(RCMP)	304	– über Kreditkarte	54
		VIA-Rail	109 ff
Sales Tax (Rückerstattung)	165	Video	121
Schlafsäcke	123	Visum USA	42
Schlittenhunde	550		
Schotterstraßen	126 f	**W**andern	31
Schulbusse	124	Waschsalons	138
Schwimmen	33	Wildwassertrips	35
Selbstverpflegung	148		
Sommerzeit	162	**Z**ahnärzte	158
Straßen	126	Zeitzonen	166
Studentenwohnheime	141	Zoll	167
		Zoll Canada	44
Tankstellen	130	Zoll USA	43
Telefon	163		

INDEX GEOGRAPHIE

		Antlers Beach PP	397
100 Mile House	406	Arrow Lake	392 f
150 Mile House	406	Athabasca Falls	371
		Athabasca Glacier	372
Abbotsford	355	Atlin	490
Abraham Lake	345		
Admirality Island	573	**B**adlands	332
Agawa	270	Balfour	421
Alaska	522 ff	Bamfield	444
– Geschichte	524	Banff	378 ff
– Information	523, 528	Banff NP	373 ff
Alaska Highway	462 ff	Banff Springs Hotel	382
Alaska Panhandle	569 ff	Barkerville	409 f
Alaska Pipeline	564	Barrie	264
Albert Canyon Hot Springs	388	Batoche	325
Alberta	328 ff	Battleford	315
– Geschichte	329	Bear Glacier	478
– Information	328, 331	Beausolcil Island	265
Alert Bay	451	Beaver Creek	506
Alice Lake PP	403	Bella Coola	409
Alyeska	557	Blackstone Park	590
Anchorage	553 ff	Bow Valley Parkway	377

Bowron Lake PP	410
Britannia Beach	190
British Columbia	347 ff
– Geschichte	348 f
– Information	347, 353
– Geographie	351
Bruce Peninsula NP	256
Bruce Trail	256
Buffalo Jump	337
Burns Lake	459
Butchart Gardens	436
Byron Glacier	558
Cache Creek	360
Calgary	192 ff
– Geschichte	192
– Information	193
– Camping	196
– Hotels	195
– Stampede	196
– Downtown	198
– Vororte	201 ff
Campbell Highway	518
Campbell River	448
Canal Flats	418
Canol Road	520
Carcross	491
Cariboo Highway	406 ff
Cariboo Trail	405
Carmacks	518
Cassiar	477
Castlegar	425
Cathedral PP	400
Cedar Hot Springs	355
Centreville	477
Chemainus	439
Chetwynd	413
Chilcotin Highway	407
Chilkoot Pass Travel	495
Chilliwack	356
Christina Lake PP	426
Chugach State Park	553
Churchill	321 f
Chutes PP	263
Circle Road	543
Clearwater	361 f
Cold Lake PP	327
Columbia River Dams	390
Comox	448
Copper Center	568
Copper River Highway	566
Cordova	566
Courtenay	447
Craigleith	255
Cranbrook	420
Creston	420
Crowsnest Highway	342, 400, 420
Cypress Hills	306 f
Dalton Highway	543
David Thompson Highway	35, 373
Dawson City	13, 508
Dawson Creek	472
Della Falls	445
Delta Junction	537
Demman Island	447
Dempster Highway	514
Denali NP	531, 539, 544 ff
Denali State Park	549
Diana Lake PP	456
Dinosaur PP	334
Discovery	491
Drumheller	333 f
Dryden	278
Duck Mountain PP	318
Duffey Lake Road	404
Duncan Lake	423
Duncan/Vancouver Island	439
Dyea	494
Eagle Plains	516
Eagle River	278
Edgerton Highway	567
Edmonton	204 ff
– Geschichte	204
– Information	205
– Hotels	207
– Camping	208
– Klondike Days	208
– Downtown	209 f
– Umgebung	215
Elk Island NP	317
Elliot Highway	543
Elsa	517
Emerald Lake	385
Englishman River PP	442
Exit Glacier	562
Fähren Alaska	534, 575 ff
Fähren BC	428
Fairbanks	540 f
Fairmont Hot Springs	418
Faro	520

Fathom Five NP	258 f	Hope/Alaska	558
Field	385	Hot Springs Cove	447
Five Finger Rapids	518	Houston	459
Flowerpot Island	259	Hudson`s Hope	414
Forestry Trunk Road	342 ff	Hudson`s Hope Loop	413
Fort Battleford NP	315	Hyder	479
Fort Carlton	325		
Fort Erie	248	**I**cefields Parkway	370 ff
Fort Frances	279	Inside Passage	569 ff
Fort Garry	292	Inuvik	516
Fort George	248		
Fort Langley NP	355	**J**asper NP	366 ff
Fort Liard	590	Jasper Stadt	366 f
Fort McLeod	337	John Hart Highway	412
Fort McMurray	327	Johnston Canyon	377
Fort McPherson	516	Juneau	572
Fort Nelson	473		
Fort Providence	591	**K**akabeka Falls	277
Fort Simpson	589	Kamalka Lake	396
Fort Smith	587	Kamloops	360
Fort St. James	460	Kelowna	396 f
Fort St. John	472	Kenai	559
Fort Steele	419 f	Keno	517
Fort Walsh	306	Kenora	281 f
Fraser River	358 f	Keremeos	400
		Ketchikan	569, 578
Galena Bay	423	Kettle River PP	426
Garibaldi PP	403	Killbear PP	266
Georgian Bay Islands NP	265	Kimberley	419
Glacier Bay NP	574	Kinaskan Lake PP	478
Glacier NP	386 f	Kitimat	457
Glenn Highway	552, 568	Kitwanga	480
Golden	386	Klondike Gold Rush NP	493
Golden	418	Klondike Highway	**491,507,** 518
Goldstream PP	436	Klondike Loop	507
Gore Bay	262	Kluane Lake	506
Grand Forks	426	Kluane NP	501, 505
Grand Prairie	471	Kodiak	561
Grand Rapids	320	Kootenay Lake	421 f
Granite City	401	Kootenay NP	415
Grasslands NP	301		
		Lake Laberge	518
Haines	494, 502	Lake Louise	374 f
Haines Junction	501	Lake Minnewanka	383
Harrison Hot Springs	356	Lake of the Woods	280 ff
Hatcher Pass Road	551	Lake Superior PP	270
Hay River	587	Lake Winnipeg	291
Hazelton	458	Lapie Canyon	520
Hell`s Gate	359	Lesser Slave Lake	327
Homer	560	Lethbridge	335
Hope	358	Liard Highway	473, 590
Hope Slide	402	Liard Hot Springs PP	475

Lillooet	405
Little Current	261
Little Manitou Lake PP	313
Little Qualicum Falls PP	442
Lloydminster	316
Long Beach	446
Longlac	269
Lytton	360
Mackenzie	413
Mackenzie Highway	586
MacMillan PP	442
Maligne Canyon	368 f
Manitoba	283 ff
– Geschichte	283 f
– Information	283, 289
Manitowaning	260
Manley Hot Springs	544
Manning PP	401 f
Mantoulin Island	258, 260 ff
Maquinna PP	447
Marble Canyon	416
Matanuska Glacier	552
Matanuska Valley	549, 552
Mayo	517
McCarthy	567
Meadow Lakes PP	326
Medicine Hat	308
Mendenhall Glacier	573
Meziadin Junction	478
Midway	426
Miles Canyon	499 ff
Moose Jaw	306
Moosonee	268
Moraine Lake	377
Morris	293
Morristown	458
Mount Denali	548
Mount Edith Cavell	367 f
Mount Layton Hot Springs	456
Mount McKinley	548
Mount Norquay	383
Mount Revelstoke NP	388
Mount Robson PP	364
Muncho Lake PP	474
Nahanni NP	589
Nahanni Range Road	521
Nakusp Hot Springs	393
Nanaimo	441
Nancy Green PP	426
Nass Valley	480
Nabesna Road	568
Nelson	424
Nenana	544
Neys PP	273
Niagara Escarpement	256
Niagara Falls	243 ff
Ninilchik	560
Nipigon Lake	269
Nordegg	345
North Bay	267
North Pole	538
Northwest Territories	579 ff
Northern Holiday Hwy	317
Nugget Route	404
Okanagan Lake	392, 394
Okanagan Valley	392, 394 ff
Old Fort William	277
Ontario	251 ff
– Geschichte	252
– Information	251, 253
Osoyoos	398
Owen Sound	255
Pacific Rim NP	444 ff
Palmer	552
Pancake Bay PP	270
Paint Pots	417
Parksville	448
Parry Sound	266
Paul Lake PP	361
Peace River	586
Peace River Canyon	414
Penticton	397
Peter Lougheed PP	343
Petersburg	571
Polar Bear Express	268, 320
Port Alberni	443 ff
Port Hardy	451
Port McNeill	449
Port Renfrew	438
Port Severn	265
Portage Glacier	557 f
Portage la Prairie	293
Premier Lake PP	418
Prince Albert	323
Prince Albert NP	323 f
Prince George	411
Prince Rupert	452 f
Princeton	401
Pukaskwa NP	272

Quadra Island	448
Qualicum Beach	447
Queen Charlotte Islands	453
Quesnel	409
Quetico PP	278
Quimet Canyon PP	274
Radium Hot Springs	417
Rainbow Falls PP	273
Rainy River	280
Rathtrevor Beach PP	442
Red Coat Trail	300, 337
Red Deer Valley	333
Regina	302 ff
Revelstoke	390
Richardson Highway	539, 567 f
Riding Mountain NP	309 ff
Rocky Mountain House	345
Rogers Pass	387
Rossland	425
Sainte Marie	264 f
Salmon Arm	392
Saskatchewan	296 ff
Saskatoon	313 f
Sasquatch PP	356
Sault Ste Marie	263
Seward	563
Seward Highway	557, 562
Shelter Bay	393
Sheridan Lake	361, 406
Shuswap Lake	391
Sibley Peninsula PP	275
Sicamous	391
Silver City	505
Silver Star Mountain	395
Silver Trail	517
Sunwapta Falls	371
Sinclair Canyon	417
Sitka NP	571
Skagway	493
Skilak Lake	559
Sleeping Giant	275
Slocan Lake	422
Smithers	459
Soldotna	559
South Baymouth	260
Spahats Creek PP	362
Spruce Woods PP	294
Squamish	191, 403
St. Joseph Island	263
Steel Narrows PP	326
Steese Highway	543
Steinbach	292
Sterling Highway	558
Stewart	478
Strathcona PP	448
Sudburry	267
Sulphur Mountain	381 f
Summerland	397
Sunshine Valley	383
Tagish	491
Takakkaw Falls	385
Takhini Hot Springs	501
Talkeetna	549
Taylor Highway	507
Telegraph Cove	449
Telegraph Creek	477
Terrace	456
Teslin Lake	490
Tetlin Junction	507
The Empress	432
The Pas	319
Thompson	320
Thunder Bay	276
Tobermory	258
Tofino	446
Tok	537
Top-of-the-World Road	507
Toronto	230 ff
– Geschichte	230
– Information	231
– Hotels	232 f
– Camping	233
– Lake Ontario	234
– Downtown	237 ff
– Vororte	241 f
Trail	425
Trans Canada Highway	250, 264 ff, 290 ff, 435
Tseax Lava Beds	480
Tunnel Mountain	379
Turtle Mountain PP	294
Tweedsmuir PP	408, 459
Ucluelet	445
Ukraine in Canada	312
Valdez	564
Valmount	364
Vancouver	171 ff
– Burnaby	187
– Camping	176

Vancouver Fortsetzung	
– Chinatown	182
– Downtown	178
– Gastown	181
– Geschichte	171
– Hotels	176 f
– Information	173
– North Vancouver	187 ff
– Surrey	187
Vancouver Island	427 ff
Vanderhoof	459
Vegreville	316
Vernon	395
Victor Lake PP	391
Victoria	430 ff
Voyagen Route	277
Wasaga Beach	255
Waterton Lakes NP	341
Watson Lake	488
Wawa	271
Wells Grey PP	362, 405
West Bay	263
West Coast Trail	444
Whistler	404
White Pass Railway	491, 494
White River	272
Whitecourt	471
Whitehorse	497 ff
Whiteshell PP	290
Whittier	557
Williams Lake	406
Winnipeg	218 ff
– Geschichte	218
– Information	219
– Hotels	220
– Camping	221
– Downtown	222 f
– Umgebung	227 ff, 291
Wood Buffalo NP	587 f
Wrangell	570
Wrangell St. Elias NP	567
Writing-on-the-Stone PP	335
Yellowhead Highway	309 ff, 365, 412, 454
Yellowknife	592
Yellowknife Highway	591
Yoho NP	384
Yorkton	312
Yukon Territory	481 ff
– Geschichte	481
– Information	481, 486

Max Rauner

Als Gastschüler in den USA

Erfahrungen, Fakten und Informationen

Dieses kenntnisreich und spannend formulierte Buch liefert Insider-Know-How für Schüler, die eine Teilnahme an US-Highschool-Programmen erwägen. Der Autor war ein volles Schuljahr drüben und hat neben den eigenen Erfahrungen alle relevanten Informationen up-to-date aufbereitet: Auswahlverfahren der Programmträger, Vorbereitung auf den Aufenthalt in Amerika, in etwa zu erwartende Kosten, "Alltag" in Schule, Familie und Öffentlichkeit, Anerkennung von Leistungen, die in den USA erbracht wurden, durch die Kultusbehörden und manches andere mehr. Von vielen Austauschorganisationen empfohlen. Das Buch hat 244 Seiten, 18 s/w-Fotos, 15 Zeichnungen und weitere Abbildungen

Auflage 1998: ISBN 3-89662-163-7

RKH-Verlag Dr. Hans-R. Grundmann GmbH, 27777 Steinkimmen

Amerikanisch sprechen

Sprachführer der Reihe KAUDERWELSCH

American Slang
das andere Englisch
112 Seiten, über 1000 Stichworte
DM 14.80

More American Slang
mehr anderes Englisch
112 Seiten, über 1000 Stichworte
DM 14.80

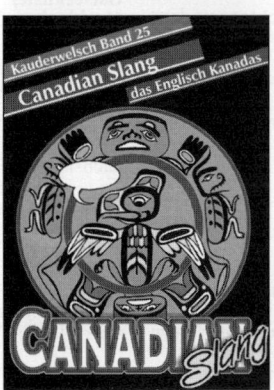

Canadian Slang
das Englisch Kanadas
96 Seiten, über 1000 Stichworte
DM 14.80

Franko-Kanadisch Québécois
das Französisch Ost-Kanadas
96 Seiten, über 1000 Stichworte
DM 14.80

Shulenglisch oder -französisch ist eine Sache, das, was man wirklich spricht, eine andere
Die Slang-Bände der KAUDERWELSCH-Reihe vermitteln die heute gesprochene Alltagssprache, ohne ein Blatt vor den Mund zu nehmen. Wörter, Sätze und Ausdrücke, die man in Kneipen, Discos, auf der Straße oder im Bett hört und sagt. Die Sprache der Szene und des "einfachen Mannes". Umgangssprache, die man kaum im Wörterbuch findet und garantiert nicht in der Schule gelernt hat. Alle Stichworte sind erklärt, ehrlich übersetzt und praxisorientiert geordnet.

Kauderwelsch: REISE KNOW-HOW Verlag Peter Rump GmbH, Bielefeld

REISE KNOW-HOW

REISE KNOW-HOW Bücher werden von Verlegern gemacht, die Freude am Reisen haben und selbst Autoren sind. Wichtig ist uns, daß der Inhalt nicht nur im reisepraktischen Teil "Hand und Fuß" hat, sondern daß er unterwegs wirklich hilft, die Reise zum Erlebnis zu machen.

Die Reihe REISE KNOW-HOW soll auch dazu beitragen, andere Kulturkreise, ihre Menschen und ihre Natur kennenzulernen.

Wir achten darauf, daß jeder Band gemeinsam gesetzten Qualitätsmerkmalen entspricht. Um in einer Welt rascher Veränderungen laufend aktualisieren zu können, drucken wir kleine Auflagen.

SACHBÜCHER

Die Sachbücher vermitteln KNOW-HOW rund ums Reisen: Wie bereite ich eine Motorrad- oder Fahrradtour vor? Wie bleibe ich unterwegs gesund? Wie komme ich zu besseren Reisefotos? Und anderes mehr.

In der Sachbuchreihe von REISE KNOW-HOW geben Autoren, die sich auskennen, ihre Erfahrungen und ihr Wissen weiter.

Welt

Achtung Touristen
DM 16,80   ISBN 3-922376-32-0

Äqua-Tour (RAD & BIKE)
DM 28,80   ISBN 3-929920-12-3

Auto(fern)reisen
DM 34,80   ISBN 3-921497-17-5

Die Welt im Sucher
DM 24,80   ISBN 3-9800975-2-8

Fahrrad-Weltführer
DM 44,80   ISBN 3-9800975-8-7

Motorradreisen
DM 34,80   ISBN 3-921497-20-5

Um-Welt-Reise
DM 22,80   ISBN 3-9800975-4-4

Wo es keinen Arzt gibt
DM 26,80   ISBN 3-89416-035-7

Unsere Bücher:
Aus Platzmangel können hier nicht alle Titel der Reihe aufgelistet werden. Bitte fordern Sie unseren Katalog an:
Reise Know-How
Hauptstraße 198
33647 Bielefeld,
e-Mail: reise-know-how
@t-online.de.
Oder schauen Sie in unsere Internet-Seiten:
www.reise-know-how.de
und www.reisebuch.com

STADTFÜHRER
Die Bücher der Reihe REISE KNOW-HOW CITY führen in bewährter Qualität durch die Metropolen der Welt. Neben ausführlichen praktischen Informationen zu Hotels, Restaurants, Shopping und Kneipen findet der Leser alles Wissenswerte über Sehenswürdigkeiten, Kultur und "Subkultur" sowie Adressen und Termine, die besonders für Geschäftsreisende wichtig sind.

Europa

Amsterdam
DM 26,80   ISBN 3-89416-231-7

Bretagne
DM 39,80   ISBN 3-89416-175-2

Budapest
DM 26,80   ISBN 3-89416-212-0

Bulgarien
DM 36,80   ISBN 3-89416-220-1

England, der Süden
DM 36,80   ISBN 3-89416-224-4

Irland-Handbuch
DM 39,80   ISBN 3-89416-194-9

Litauen mit Kaliningrad
DM 29,80   ISBN 3-89416-169-8

London
DM 26,80   ISBN 3-89416-199-x

Madrid
DM 26,80   ISBN 3-89416-201-5

Mallorca, Handbuch für den optimalen Urlaub
DM 36,80   ISBN 3-89662-156-4

Mallorca für Eltern und Kinder
DM 24,80   ISBN 3-89662-158-0

Eine mallorquinische Reise, Mallorca 1929
DM 29,80   ISBN 3-89662-153-x

Geschichten aus dem anderen Mallorca
DM 29,80   ISBN 3-89662-161-0

Mallorca, Wandern auf
DM 29,80   ISBN 3-89662-162-0

Malta mit Gozo/Comino
DM 32,80   ISBN 3 89416 659-2

Paris
DM 26,80   ISBN 3-89416-200-7

Prag
DM 26,80   ISBN 3-89416-204-x

Rom
DM 26,80 ISBN 3-89416-203-1

Schottland-Handbuch
DM 39,80   ISBN 3-89416-621-5

Skandinaviens Norden
DM 39,80   ISBN 3-89416-191-4

Tschechien
DM 36,80   ISBN 3-89416-600-2

Toscana
DM 39,80   ISBN 3-89416-664-9

Warschau/Krakau
DM 26,80   ISBN 3-89416-209-0

Wien
DM 26,80   ISBN 3-89416-213-9

Deutschland

Berlin mit Potsdam
DM 26,80   ISBN 3-89416-226-0

Frankfurt/Main
DM 24,80   ISBN 3-89416-207-4

Borkum
DM 19,80   ISBN 3-89416-632-0

Mecklenburg/Vorp. Binnenland
DM 19,80   ISBN 3-89416-615-0

München
DM 24,80   ISBN 3-89416-208-2

Nordfriesische Inseln
DM 19,80   ISBN 3-89416-601-0

Nordseeinseln
DM 29,80   ISBN 3-89416-197-3

Nordseeküste Niedersachsens
DM 24,80   ISBN 3-89416-603-7

Ostdeutschland individuell
DM 36,80   ISBN 3-89622-480-6

Ostfriesische Inseln
DM 19,80   ISBN 3-89416-602-9

Ostharz mit Kyffhäuser
DM 19,80   ISBN 3-89416-228-7

Ostseeküste/ Mecklenburg-Vorp.
DM 19,80   ISBN 3-89416-184-1

Ostseeküste Schleswig-Holstein
DM 24,80   ISBN 3-89416-631-2

Rügen/Usedom
DM 19,80   ISBN 3-89416-190-6

Sächsische Schweiz
DM 19,80   ISBN 3-89416-630-4

Land Thüringen
DM 24,80   ISBN 3-89416-189-2

Westharz mit Brocken
DM 19,80   ISBN 3-89416-227-9

Wasserwandern Mecklenb./Brandenb.
DM 24,80   ISBN 3-89416-221-x

Reif für Mallorca?
DM 24,80   ISBN 3-89662-168-8

Das Yanomani Massaker
DM 36,00   ISBN 3-89416-624-x

PROGRAMM

Afrika

Äthiopien
DM 44,80 ISBN 3-89662-043-6

Durch Afrika
DM 56,80 ISBN 3-921497-11-6

Ägypten individuell
DM 36,80 ISBN 3-921838-10-x

Tonführer Ägypten: Kairo
DM 32,00 ISBN 3-921838-91-6

Tonführer Ägypten: Luxor, Theben
DM 34,80 ISBN 3-921838-90-8

Agadir, Marrakesh und der Süden Marokkos
DM 29,80 ISBN 3-89662-072-x

Eritrea $ Tigray
DM 36,80 ISBN 3-89662-044-4

Kairo, Luxor, Assuan
DM 29,80 ISBN 3-89662-460-1

Kamerun
DM 44,80 ISBN 3-89662-302-0

Libyen
DM 44,80 ISBN 3-89662-005-3

Madagaskar, Seychellen, Mauritius, Réunion, Komoren
DM 39,80 ISBN 3-89662-062-2

Marokko
DM 44,80 ISBN 3-921497-81-7

Namibia
DM 34,80 ISBN 3-89662-320-9

Nigeria – hinter den Kulissen (REISE STORY)
DM 26,80 ISBN 3-921497-30-2

Tansania Handbuch
DM 44,80 ISBN 3-89662-048-7

Tunesien
DM 44,80 ISBN 3-921497-74-4

Tunesiens Ferienzentren
DM 29,80 ISBN 3-921497-76-0

Westafrika Küstenländer
DM 39,80 ISBN 3-89662-002-9

Westafrika – Sahel
DM 39,80 ISBN 3-89662-001-0

Zimbabwe
DM 39,80 ISBN 3-921497-26-4

Asien

Bali & Lombok mit Java
DM 39,80 ISBN 3-89416-604-5

Bangkok
DM 26,80 ISBN 3-89416-205-8

China Manual
DM 44,80 ISBN 3-89416-626-6

China, der Norden
DM 39,80 ISBN 3-89416-229-5

Sprachbuch China
Hoch-Chinesisch (Mandarin), Kantonesisch, Tibetisch
DM 24,80 ISBN 3-922376-68-1

Indien, der Norden
DM 44,80 ISBN 3-89416-223-6

Reisen mit Kindern in Indonesien
DM 26,80 ISBN 3-922376-95-9

Jemen
DM 44,80 ISBN 3-89622-009-6

Kambodscha
DM 36,80 ISBN 3-89416-233-3

Komodo/Flores/Sumbawa
DM 36,80 ISBN 3-89416-060-8

Ladakh und Zanskar
DM 36,80 ISBN 3-89416-176-0

Laos
DM 36,80 ISBN 3-89416-637-1

Malaysia & Singapur mit Sabah & Sarawak
DM 39,80 ISBN 3-89416-178-7

Myanmar (Burma)
DM 36,80 ISBN 3-89662-600-0

Nepal-Handbuch
DM 36,80 ISBN 3-89416-193-0

Phuket (Thailand)
DM 29,80 ISBN 3-89416-182-5

Singapur
DM 26,80 ISBN 3-89416-210-4

Sri Lanka
DM 39,80 ISBN 3-89416-170-1

Sprachbuch Südostasien
Indonesisch, Thai, Tagalog
DM 24,80 ISBN 3-922376-33-9

Sulawesi (Celebes)
DM 36,00 ISBN 3-89416-635-5

Thailand Handbuch
DM 39,80 ISBN 3-89416-625-8

Vietnam-Handbuch
DM 44,80 ISBN 3-89416-620-7

Ozeanien

Neuseeland (REISE STORY)
DM 29,80 ISBN 3-921497-15-9

Bikebuch Neuseeland (RAD & BIKE)
DM 39,80 ISBN 3-929920-16-6

Neuseeland Campingführer
DM 24,80 ISBN 3-921497-92-2

RAD & BIKE

REISE KNOW-HOW RAD & BIKE Bände sind Führer für wichtige Rad-Reiseländer und Reise-Stories von außergewöhnlichen Radtouren durch außereuropäische Länder und andere Kontinente.
Die Autoren sind entweder bekannte Biketouren-Profis oder "Newcomer", die mit ihrem Bike in weniger bekannte Länder und Regionen vorstießen. Wer immer eine Fern-Biketour plant - oder nur davon träumt - kommt an unseren RAD & BIKE-Reihe nicht vorbei!

Amerika

Argentinien mit Uruguay und Paraguay
DM 44,80 ISBN 3-921497-51-5

Ecuador/Galapagos
DM 39,80 SBN 3-921497-55-8

Honduras
DM 36,80 ISBN 3-89416-608-8

Peru/Bolivien
DM 44,80 ISBN 3-89662-330-3

Venezuela
DM 44,80 ISBN 3-89662-040-1

Atlanta & New Orleans
DM 28,80 ISBN 3-89416-230-9

Amerika

Canadas Osten/USA Nordosten -
Reisen zwischen Atlantik und Großen Seen
DM 44,80 ISBN 3-89662-151-3

Canadas großer Westen mit Alaska
DM 39,80 ISBN 3-89662-157-2

Durch den Westen der USA
DM 44,80 ISBN 3-89662-165-3

Durch die USA mit Flugzeug und Mietwagen
DM 39,80 ISBN 3-89662-150-5

San Francisco
DM 26,80 ISBN 3-89416-232-5

USA für Sportfans
DM 32,80 ISBN 3-89416-633-9

USA als Gastschüler
DM 24,80 ISBN 3-89662-163-7

USA/Canada Bikebuch (RAD & BIKE)
DM 46,80 ISBN 3-929920-17-4

USA/CANADA Das Handbuch für individuelles Reisen
DM 44,80 ISBN 3-89662-154-8

Hawaii
DM 36,80 ISBN 3-89416-860-9

Costa Rica
DM 39,80 ISBN 3-89416-641-x

Guatemala
DM 36,80 ISBN 3-89416-214-7

Honduras
DM 39,80 ISBN 3-89416-666-5

Mexiko
DM 42,80 ISBN 3-89662-310-9

Panama
DM 36,80 ISBN 3-89416-225-2

Radabenteuer Panamericana (RAD & BIKE)
DM 28,80 ISBN 3-929920-13-1

Traumstraße Panamerikana (REISE STORY)
DM 24,00 ISBN 3-9800975-3-6

Barbados& St. Lucia
DM 24,80 ISBN 3-89416-639-8

Trinidad & Tobago
DM 24,80 ISBN 3-89416-638-x

Sprachbuch Lateinamerika
Spanisch, Quechua, Brasil
DM 24,80 ISBN 3-922376-18-5

ÜBERSICHT

Laut Buchhändler-Umfrage der Zeitschrift *Buchmarkt*
Top-Seller aller Reiseführer in 1996 und in 1997

mit
Beileger
Wander-
und
Naturführer

Hans-R. Grundmann
MALLORCA
Das Handbuch für den optimalen Urlaub

Ein kritischer Reiseführer, speziell konzipiert für Deutschlands beliebteste Ferieninsel. Er zeigt Mallorcas Licht und Schatten und sagt, wo und wie man die Schokoladenseiten findet.

Das Buch kommentiert und wertet alle Ferienziele auf der Insel und gibt über 150 kommentierte Hoteltips mit Veranstalter. Ein neues **Extrakapitel** befaßt sich mit den schönsten **Finca-Hotels**.

Zur individuellen Inselentdeckung findet der Leser 14 Routenvorschläge für Tagesausflüge mit tabellarischen Übersichten zu Sehenswürdigkeiten, Buchten und Stränden, Museen, Märkten, Restaurants und Picknickplätzen. **Ausführliche Kapitel sind den kulinarischen Genüssen** (samt originalen Rezepten aus Mallorcas Küche) und **Poeten und Schriftstellern gewidmet**, die auf Mallorca gelebt und geschrieben haben.

480 + 48 Seiten mit 55 eigens für dieses Buch angefertigten Farbkarten, davon 8 Wanderkarten, und über 250 Fotos. Unterkunftsempfehlungen in 48 Ferienorten mit aktuellen Kostenbeispielen.

Separate Straßenkarte der Insel und Stadtplan Palma mit kulinarischem Kurzlexikon.

Seit 1989 jedes Jahr aktualisiert   ISBN 3-89662-156-4

by Reise Know-How Verlag, Hohenthann
© **Dr. Hans-R. Grundmann GmbH   27777 Steinkimmen**

GO FOR THE MAGIC...

Rad & Bike-Faszination **Amerika**...
Ob eine Coast-to-Coast-Tour, ein Scenic-Ride von Nationalpark zu Nationalpark, ein Stollen-Trip zu den Top-Bikerevieren im Westen der USA, ob geruhsames Radeln im Indian Summer durch die Neuengland-Staaten oder gar Aufbruch zur „Last frontier" vom Westen Canadas hoch nach Alaska – in den grandiosen nordamerikanischen Landschaften zwischen East Coast und Kalifornien und von Florida bis zum Yukon warten Traumtouren für jeden Tourenradler und Mountainbiker!

Mit diesem **Bike-Guide** kannst Du Radreisen durch die USA und Canada optimal planen und verwirklichen. Über 600 Seiten detailliertes Touren-, Routen- und Country-Know-How:

So get your wheels turning, hit the open road and...

...BIKE THE AMERICAN DREAM!

- ★ Die besten Kurz- und Langstrecken
- ★ Die heißesten MTB-Trails und Single Tracks
- ★ Scenic Highways and Byways
- ★ Abstecher, Tageswanderungen
- ★ Sportliche Aktivitäten und Kulturgenuß
- ★ Berichte und Raderfahrungen von Co-Autoren

- ★ Airport – Downtown-Radrouten großer Cities
- ★ Radfahren in den Nationalparks
- ★ Einkaufen, Übernachten, „how to save money"
- ★ What you need to know about Americans and Canadians
- ★ Alles zur Reisevorbereitung, Ausrüstung, Flüge
- ★ With this book you're really prepared

Reise Know-How Verlag Helmut Hermann · D-71706 Markgröningen

Mit separater USA- und Canada-Karte und Taschenführer New York City

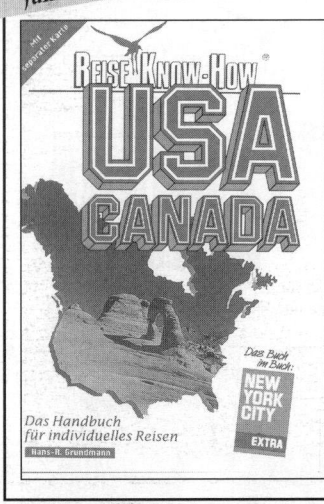

Hans R. Grundmann
USA/CANADA
Das Handbuch für individuelles Reisen

Dieser praxisorientierte Reiseführer ist der richtige Begleiter für alle, die eine grenzüberschreitende Reise durch die USA und Canada oder eine Fahrt von Ost nach West planen. Routenvorschläge und -beschreibungen beruhen auf 350.000 km Unterwegs-Erfahrung des Autors kreuz und quer durch Nordamerika. Seit dem erstmaligen Erscheinen im Jahresrhythmus immer wieder verbessert und aktualisiert. Ein separater New York City Taschenführer steckt im Umschlag. Mit **separater farbiger Karte Nordamerika.**

788 Seiten, 87 Karten, über **200 Farbabbildungen** und zahlreiche Illustrationen.

New York City Extra: 44 Seiten, 8 Karten
ISBN 3-89662-154-8
by Reise Know-How Verlag Hohenthann
© Dr. Hans-R. Grundmann GmbH
27777 Ganderkesee-Steinkimmen

Eyke Berghahn, Petrima Thomas, Hans R. Grundmann
Canada, der Osten/Nordosten der USA
Reisen zwischen Atlantik und Großen Seen

2. Auflage 1998 mit zahlreichen Internet-Adressen

Dieser neue Reiseführer behandelt auf kanadischer Seite Ontario, Québec und die Küstenprovinzen New Brunswick, Nova Scotia und Newfoundland. In den USA sind es die Neu-England-Staaten mit Boston und New York sowie Michigan mit Chicago und Detroit. Das Buch setzt Schwerpunkte auf Natur und Kultur, Geschichte und City-Life und eignet sich vor allem für Reisen auf eigene Faust per Pkw oder Campmobil. Die Kapitel zu Reiseplanung und -vorbereitung und unterwegs sind fundiert und umfassend wie gewohnt.

680 Seiten, 56 Karten, zahlreiche **Farbabbildungen. Mit separater Karte der Region** und beigelegtem **New York City Extra** (44 S.)
ISBN 3-89662-151-3
by Reise Know-How Verlag Hohenthann
© Dr. Hans-R. Grundmann GmbH
27777 Ganderkesee-Steinkimmen

Hans R. Grundmann
Durch den Westen der USA

8. Auflage 1998 mit zahlreichen Internet-Adressen

1991 erstmalig erschienen, liegt dieses Titel **1998** bereits in 8. aktualisierter und wiederum erweiterter farbiger Auflage vor. In nur wenigen Jahren hat sich das Buch zu einem Standardwerk für alle entwickelt, die den Westen der USA auf eigene Faust kennenlernen wollen. Der Allgemeine Teil zu Reiseplanung und -vorbereitung und zum Thema "Touristischer Alltag" läßt keine Frage offen. Der Reiseteil führt den Leser über ein dichtes Routennetz zu allen populären Zielen und unzähligen kaum bekannten Kleinoden in den 11 Weststaaten.

716 Seiten, 77 farbige Karten, 250 Farbbilder und zahlreiche Illustrationen. **Separate vierfarbige Straßenkarte** des US-Westens.

ISBN 389662-165-3

by Reise Know-How Verlag Hohenthann
© Dr. Hans-R. Grundmann GmbH
27777 Ganderkesee-Steinkimmen

Hans R. Grundmann
Martin Stoll
Die USA mit Flugzeug und Mietwagen
Unabhängig Reisen durch Städte und Nationalparks

Mit Karten aller wichtigen Cities und Airports/ 1998 neu mit Internet-Adressen

Dieser Spezialführer bezieht sich auf Rundreisen durch die **USA und nach Canada** mit Coupon-Tickets (auch) zu weit auseinanderliegenden Zielen. Die Autoren haben das komplette Know-How für derartige Reisen einschließlich aller notwendigen organisatorischen und geldsparenden Informationen für die **30 wichtigsten US-Städte und für Calgary, Vancouver und Toronto (und ihre Airports) samt Umgebung** zusammengetragen. Spezielles Augenmerk galt dabei dem Weitertransport ab Flughafen und der optimalen Unterbringung und Versorgung.

580 Seiten, 75 Karten, zahlreiche Illustrationen. **Mit separater Karte USA** und beigelegten **New York City Extra** (44 S.)

ISBN 3-89662-150-5

by Reise Know-How Verlag Hohenthann
© Dr. Hans-R. Grundmann GmbH

KARTENVERZEICHNIS

Stadt- und Umgebungspläne in Canada — Seite

- 1 Banff — 381
- 2 Calgary Übersicht — 201
- 3 Calgary Downtown — 199
- 4 Edmonton Übersicht — 212
- 5 Edmonton Downtown — 211
- 6 Jasper — 369
- 7 Lake Louise Bereich — 376
- 8 Niagara Falls — 245
- 9 Regina — 302
- 10 Saskatoon — 314
- 11 Toronto Übersicht — 240
- 12 Toronto Downtown — 236
- 13 Vancouver Übersicht — 186
- 14 Vancouver Downtown — 179
- 15 Victoria Downtown — 433
- 16 Victoria/Saanich Peninsula — 437
- 17 Winnipeg Übersicht — 229
- 18 Winnipeg Downtown — 223

Provinzen und Regionen

- 19 Albertas Süden — 336
- 20 Albertas Norden — 344
- 21 British Columbia, Südwesten — 357
- 22 British Columbia, Südosten — 389
- 23 British Columbias Norden — 455
- 24 Manitoba — 295
- 25 Northwest Territories — 586
- 26 Ontario, Süden und zentraler Osten — 257
- 27 Ontarios zentraler Westen — 269
- 28 Ontario Westen — 279
- 29 Saskatchewan — 307
- 30 Vancouver Island — 440
- 31 Yukon Territory — 492

Alaska

- 32 Anchorage — 554
- 33 Denali National Park — 546
- 34 Gesamtübersicht — 542
- 35 Inside Passage — 570

Streckenkarten — Seite

- 36 Alaska Highway 1 — 473
- 37 Alaska Highway 2 — 474
- 38 Alaska Highway 3 — 489
- 39 Alaska Highway 4 — 505
- 40 Icefields Parkway North — 370
- 41 Icefields Parkway South — 374

Sonstige Karten

- Kanadische Nationalparks — 29
- Greyhound-Netz — 104
- VIA-Rail-Netz — 112
- Zeitzonen — 167
- Routenplaner Hoher Norden — 464

Routenvorschläge 1 bis 6 — 595 ff

KARTENLEGENDE

- Trans-Canada-Highway *(TCH)*
- Autobahnen und wichtige Fernstraßen
- befestigte Provincial und County Roads
- Im Buch beschriebene Strecken
- Wanderwege *(Trails)*
- unbefestigte Straßen
- Streckenhinweise
- Nationalparks / Provincial Parks
- ★ Sehenswürdigkeiten und wichtige Anlaufpunkte
- ? P ⛽ Information, Parkplatz, Tankstelle
- Ranger-Station
- ⛺ Campingplätze
- ▲ ✈ 🌲 Berg, Pass, Ausblick